KLASSIKER DER GESCHICHTSSCHREIBUNG

PHAIDON

CURTIUS RUFUS
ALEXANDERGESCHICHTE

Die Geschichte Alexanders des Großen
von Q. Curtius Rufus
und der Alexanderroman

Nach den Übersetzungen
von J. Sibelis und H. Weismann
neu bearbeitet
von Gabriele John

PHAIDON

© 1987 Phaidon Verlag, Essen und Stuttgart
Gesamtherstellung: SVS, Stuttgart
Satz: Typobauer Filmsatz GmbH, Scharnhausen
ISBN 3-88851-036-8

INHALTSVERZEICHNIS

EINLEITUNG

Alexander der Große gilt seit der Antike als die Verkörperung des Feldherrn und Welteroberers. Trotz seines kurzen Lebens – er wurde nur 33 Jahre alt – und der Kurzlebigkeit des von ihm geschaffenen Reiches – der Verfall begann gleich nach seinem Tod – wurden Alexander und seine Feldzüge zum Sagenstoff für viele Völker.

Da uns keine zeitgenössische Beschreibung erhalten blieb, sind wir auf spätere Aufzeichnungen angewiesen. So hatte Alexander auf seinen Feldzügen einen Stab von Historikern bei sich, der bekannteste ist sicherlich Kallisthenes, und auch andere Teilnehmer zeichneten später ihre Erlebnisse auf, aus denen die uns erhaltenen Quellen schöpften. In der Folgezeit wurde das Alexanderbild stark durch philosophische Maßstäbe beeinflußt, deren Nachwirkungen in fast allen Darstellungen spürbar sind.

Das Mittelalter schöpfte sein Wissen über Alexander den Großen vornehmlich aus zwei Werken: den Historiae Alexandri Magni des Quintus Curtius Rufus und den zahlreichen Versionen des griechischen Alexanderromans, der, da er ursprünglich dem Kallisthenes zugeschrieben wurde, seit der Humanistenzeit auch als Pseudo-Kallisthenes bezeichnet wird.

Den Autoren beider Werke ging es nicht immer um die Authentizität der dargestellten Fakten. Curtius legte zu oft die Maßstäbe der eigenen Zeit an, so daß seine Schrift auch die Probleme des römischen Prinzipats spiegelt.

Der Alexanderroman stellt eine Sammlung von Anekdoten und Legenden um die Person des Königs dar, die auch seine Verfasser nicht immer für realistisch gehalten haben können, die aber nur die Konsequenz eines mythischen Alexanderbildes sind, das schon zu Lebzeiten des Makedonen entstanden ist. Breite Ausmalung der verschiedensten Episoden, die Darstellung eines „persischen" Alexander bei Curtius und die z. T. absurden Wundererzählungen des Romans haben die Phantasie des Lesers wohl immer stärker anregen können als etwa der nüchterne Bericht eines Arrian, der versuchte, diesem mythischen Bild einen „rationalen Alexander" entgegenzustellen.

Die Alexandergeschichte des *Quintus Curtius Rufus* ist die einzige erhaltene lateinische Monographie des Makedonenkönigs. Über ihren Autor ist nichts bekannt, über ihre Entstehungszeit können nur Vermutungen angestellt werden, da neben Teilen der Bücher 5, 6 und 10 die ersten beiden Bücher ganz fehlen und damit auch die Einleitung, in der die römischen Historiker bisweilen Aufschluß über ihre Person und die Zielsetzung ihres Werkes gaben. Der im 10. Buch angesprochene Princeps wurde mit verschiedenen Kaisern zwischen Augustus und Konstantin zu identifizieren gesucht, das Bild, mit dem der neue Herrscher gefeiert wird, ist jedoch zu sehr Allgemeingut der Herrscherideologie, als daß es mit Sicherheit einer bestimmten Person zugeordnet werden könnte. Sprache und Stil der Schrift, insbesondere die Ausgestaltung der zahlreichen Reden, verweisen auf die Rhetorik des 1. Jh. n. Chr., Anklänge an Tacitus und Kenntnis der Werke der griechischen Geschichtsschreiber Ptolemaios und Arrian legen eine Abfassung im 2. Jh. nahe.

Seit dem Ausgang der Republik war in Rom das Interesse an Alexander gewachsen, in der Kaiserzeit war die Alexanderimitatio fester Bestandteil der Selbstdarstellung der Herrscher von Caligula über Caracalla bis zu Alexander Severus. Um so verwunderlicher ist es, daß Curtius' Werk in der Antike keine Resonanz gefunden zu haben scheint: Der römische Gelehrte Quintilian erwähnt ihn in seiner Übersicht über die Geschichtsschreiber nicht einmal. Dies und scheinbare Mängel in Sprache und Konzeption des Werkes ließen sogar die Vermutung aufkommen, der Autor habe seine Alexandergeschichte gar nicht veröffentlicht.

Curtius hat offensichtlich auf verschiedene Quellen zurückgegriffen. Neben Elementen einer historisch gut unterrichteten Tradition weist die Schrift auch viele romanhaft ausgeschmückte Episoden auf, die ihm verschiedentlich die Kritik moderner Historiker eingebracht haben. Der Autor nennt nur zwei Quellen: neben Timagenes, einem Historiker des 1. Jh. v. Chr., beruft er sich zweimal auf Kleitarch, einen griechischen Alexanderhistoriker, der entweder selbst an den Feldzügen teilnahm, oder wahrscheinlicher kurz nach dem Tod Alexanders schrieb. Der Bericht des Kleitarch war durch die effektvolle Ausmalung von Sensationen und Wundererzählungen gekennzeichnet und ist darin sicher auf Kallisthenes und Onesikritos, einen weiteren Feldzugsteilnehmer, zurückzuführen.

Auch andere Schilderungen Alexanders beruhen auf Kleitarch, der nach einem Zeugnis Ciceros der meistgelesene Alexanderhistoriker des 1. Jh. v. Chr. gewesen ist.

Neben dem Rückgriff auf Kleitarch spielt noch eine andere Tradition bei Curtius eine große Rolle: die Beurteilung der Person des Herrschers aus der Sicht der von Aristoteles gegründeten Philosophenschule, des sog. Peripatos. Ein wesentliches Thema des Werkes ist die Entwicklung Alexanders vom maßvollen Herrscher zum Despoten, womit Curtius Elemente einer älteren Alexanderkritik aufnimmt.

Die These von der Wandlung eines zunächst positiven Charakters, wie er bei einem Schüler Aristoteles auch nicht anders zu erwarten ist, vertrat gegen Ende des 4. Jh. v. Chr. als erster der attische Philosoph Theophrast. Festgemacht wird die Entwicklung an der Verschlechterung des Verhältnisses zwischen Alexander und Kallisthenes: Dessen Entwicklung vom Hofhistoriographen zum – in der Sicht des Peripatos – Märtyrer in der Auseinandersetzung zwischen Macht und Geist findet eine Parallele in der Entwicklung Alexanders. Die spätere Kritik an Alexander stützt sich in vielem auf dieses erste Urteil. Eine maßgebliche Rolle für solch negative Einschätzung spielt Alexanders vom Affekt bestimmtes Handeln, dessen Bedeutung auch Curtius hervorhebt. Alexanders Zorn ist es, der ihn zur Belagerung von Tyros treibt, Zorn über Verwundungen steigert seine Kampfbereitschaft, er wird zur blinden Wut, als nach der Entlassung der Veteranen in Opis Unmut über seine Anordnungen laut wird. Jedoch verläuft diese Entwicklung für Curtius nicht ganz geradlinig. Den entscheidenden Bruch bildet Alexanders Streben nach Vergöttlichung, das zum ersten Mal 331 v. Chr. nach der Schlacht von Issos mit dem Zug zum Ammonorakel sichtbar wird. Nicht alle Auswüchse aber legt der Autor Alexander zur Last: Vielmehr zeigt er, wie sehr auch die Umgebung des Königs zu der negativen Entwicklung beiträgt. Als Beispiel hierfür sei auf die Rolle der Freunde in Zusammenhang mit der Verurteilung des Philotas hingewiesen, die Alexander merkwürdig passiv erscheinen läßt. Mit seiner Interpretation nimmt Curtius Elemente der zeitgenössischen Herrschaftskritik auf, die sich ebenfalls nicht nur gegen den Kaiser, sondern auch gegen dessen Umgebung richtete. Besonderes Interesse entwickelt Curtius sowohl bei der Charakterisierung von Einzelfiguren als auch bei der Gestaltung von Massenszenen. Mehrfach werden Alexanders Fähigkeiten herausgestellt, seine Soldaten für schwierige Ziele zu begeistern, ihnen ihre Angst – des öfteren als Motiv für irrationales Handeln angeführt – zu nehmen. Auch hier muß die Schilderung des Philotasprozesses als besonders eindrucksvolles Bild für die Schilderung massenpsychologischer Phänomene genannt werden.

Wie sehr der Autor seiner Zeit verhaftet war, zeigt nicht nur diese Art der Darstellung. Auf römisches Denken verweisen auch die zahlreichen Anachronismen: So überträgt Curtius römische Militärbegriffe auf die Zeit Alexanders (wenn er vom Lager der Makedonen spricht, beschreibt er in Wirklichkeit das römische Lager, die castra, Alexanders Truppen bezeichnet er als legiones) und übernimmt die römischen Ämterbezeichnungen; seiner Darstellung des Verfahrens gegen Philotas liegen die Vorstellungen des römischen Prozeßrechtes zugrunde. Für die fremden Götter verwendet er durchweg die lateinischen Namen und läßt Alexanders Soldaten sogar den Wunsch äußern, zu ihren Penaten (den römischen Hausgöttern) heimzukehren.

Der griechische *Alexanderroman* ist weniger Zeugnis für die Geschichte Alexanders als für die Geschichte seines Fortlebens.

Zusammengestellt wurde er auf der Grundlage verschiedenster Quellen wahrscheinlich im 3. Jh. n. Chr. in Alexandreia; neben einer letztlich wohl auf Kleitarch zurückgehenden Fassung hat der Autor mehrere fiktive Briefsammlungen, vielleicht einen Briefroman, ursprünglich selbständige Schriften über Alexanders Gespräche mit den Gymnosophisten, einer Sekte indischer Asketen, und über seine letzten Tage, sowie die ägyptische Erzählung von der Vaterschaft des Nektanebos verwendet. All dies ergibt keine einheitliche Erzählung, sondern eine Sammlung aller möglichen Sagen und Anekdoten um die Gestalt Alexanders, die mehr oder weniger miteinander verknüpft werden. Doch macht gerade diese Zusammenstellung von Möglichem und gänzlich Unwahrscheinlichem einen besonderen Reiz des Romans aus, der in seinen zahllosen Übersetzungen eines der weitest verbreiteten Werke der Weltliteratur geworden ist. Die Urfassung des Textes ist nicht erhalten, der Roman liegt uns in mindestens fünf, z. T. sehr stark voneinander abweichenden Fassungen (Rezensionen) vor, von denen keine vollständig überliefert ist. Die verschiedenen Schreiber haben, was ihnen unklar schien, oft recht willkürlich abgeändert, Passagen, die sie für uninteressant hielten, ausgelassen, an anderen Stellen Zusätze angebracht oder sogar selbständig existierende Schriften eingefügt. Keine der erhaltenen Fassungen bietet also eine homogene, in sich geschlossene Erzählung.

Ziel der Übersetzung Weismanns, die dieser Ausgabe zugrunde liegt, war es in erster Linie, einen umfassenden, lesbaren Text zu schaffen; zwar stützt er sich weitgehend auf die Handschrift B, anderes aber ergänzt er aus A und C oder der lateinischen Übersetzung des Iulius Valerius Alexander Polemius (Anfang des 4. Jh. n. Chr.). Wo Weismann in größeren Passagen von B abweicht, wurde in den Anmerkungen gekennzeichnet.

Der Roman enthält historisch Unsinniges (die Unterwerfung des Westens einschließlich der Römer; Verwechslung der Führer der promakedonischen und makedonenfeindlichen Partei in Athen; Charakterisierung der Spartaner als bedeutendes Seefahrervolk und vieles andere), Erzählungen, die auf einen histori-

schen Kern zurückzuführen sind (z. B. die Meutereien am Hyphasis und in Opis) und Passagen, die den Berichten der Historiker
sehr nahe kommen (etwa die Hochzeit Philipps mit Kleopatra,
die Beschreibung der Schlachten von Issos und Arbela).

Vor allem aber ist er ein Dokument der Phantasien, die sich an
die Gestalt des Makedonen knüpften. Demgegenüber mag es
nebensächlich erscheinen, daß die chronologischen und geographischen Vorstellungen völlig unzutreffend, bisweilen absurd
sind. Die Geschichte Alexanders ist eben nicht nur die seiner
Feldzüge und militärischen Erfolge. Der griechische Kulturkreis
trat mit Völkern in Berührung, die er nicht kannte und verstand.
Alexander wurde noch zu Lebzeiten zum Mythos. Zeitgenossen
und Nachwelt schufen sich nach ihren Vorstellungen, Wünschen
und Phantasien einen eigenen Alexander, dem nicht weniger
historische Bedeutung zukommt als dem Makedonen, der Dareios besiegt hat.

Q. CURTIUS RUFUS

GESCHICHTE
ALEXANDERS DES GROSSEN

DRITTES BUCH

1. Mittlerweile hatte Alexander den Kleander[1] mit Geld abgeschickt, um aus der Peloponnes Truppen zu werben, und führte, nachdem er die Angelegenheiten in Lykien und Pamphylien geordnet hatte, sein Heer zu der Stadt Kelainai[2]. Mitten durch die Stadt strömte zu jener Zeit der Fluß Marsyas[3], berühmt durch die Sagendichtung der Griechen. Seine Quelle entspringt aus dem höchsten Gipfel eines Berges und stürzt mit lautem Wassergebrause auf den darunter befindlichen Felsen; von da breitet er sich aus und bewässert die umliegenden Felder, klar und nichts andres als sein eignes Wasser mit sich fortführend. Daher gab seine dem ruhigen Meere ähnliche Färbung den Dichtern Gelegenheit zu einer Erzählung. Man erzählte nämlich, die Nymphen ließen sich, von Liebe zu dem Flusse gefesselt, auf jenem Felsen nieder. Übrigens behält er seinen Namen, so lange er innerhalb der Stadtmauern fließt; hat er sich dagegen aus den Befestigungswerken hinausgewunden, wo er mit gewaltigerem Wogendrange flutet, nennt man ihn Lykos.

Alexander zog in die von ihren Bewohnern verlassene Stadt ein, die Burg aber, in die sie geflohen waren, schickte er sich an zu bestürmen. Vorher sandte er jedoch einen Herold, ihnen anzukündigen, wenn sie sie nicht übergäben, sollte ihnen das Äußerste widerfahren. Jene führten den Herold auf einen sowohl durch seine Lage als seine Mauern hoch emporragenden Turm und hießen ihn schauen, was das für eine Höhe sei, und Alexander ausrichten: er und die Bewohner der Burg schätzten die Befestigungswerke nicht nach gleichem Maßstabe. Sie wüßten sich uneinnehmbar; im äußersten Falle wollten sie ihrer Pflicht getreu

8 sterben. Als sie aber sahen, daß die Burg ringsum eingeschlossen und alles für sie von Tag zu Tage knapper wurde, schlossen sie einen Waffenstillstand auf sechzig Tage, mit der Vereinbarung, die Stadt zu übergeben, wenn unterdes Dareios ihnen keine Hilfe gesandt hätte. Nachdem von dort keine Verstärkung erschien, stellten sie sich zur festgesetzten Frist dem Könige zur Verfügung.

9 Dann kamen gleichzeitig Gesandte der Athener zu ihm mit der Bitte, ihnen die am Granikos gemachten Gefangenen[4] zurückzugeben. Er gab den Bescheid, nicht nur diese, sondern auch die übrigen Griechen werde er den Ihrigen zurückstellen lassen, sobald der Krieg gegen die Perser beendet sei.

10 Nun aber zog er, da sein Trachten gegen Dareios ging, der, wie er erfahren, noch nicht den Euphrat überschritten hatte, überallher sämtliche Truppen zusammen, um mit seiner ganzen Macht

11 an die Entscheidung dieses gewaltigen Krieges zu gehen. Phrygien war das Land, durch das das Heer marschierte, reicher an Dörfern als an Städten. Damals war dort die ehedem berühmte

12 Residenz des Midas; Gordion heißt die Stadt, vom Sangarios durchströmt und in gleicher Entfernung vom Schwarzen wie

13 vom Kilikischen Meere gelegen.[5] Es ist das, wie ich in Erfahrung gebracht habe, die Strecke, wo Kleinasien zwischen diesen Meeren am schmalsten ist, indem beide das Land gleichsam in einen engen Hals zusammendrängen; und weil es, wiewohl mit dem Festlande zusammenhängend, großenteils von den Fluten umschlossen ist, sieht es aus wie eine Insel und ließe ohne die geringe Scheidewand, die es ihnen entgegenstellt, die Meere, die es jetzt trennt, zusammenfließen.

14 Nachdem Alexander die Stadt unterworfen hatte, trat er in den Tempel des Jupiter. Dort sah er den Wagen, auf welchem sicherer Kunde zufolge Gordios, des Midas Vater, gefahren war[6], in seiner Ausstattung von den geringeren und gewöhnlich gebrauchten

15 Wagen nicht eben sehr verschieden. Merkwürdig war das Joch, das durch mehrere ineinander verschlungene Knoten, deren Ver-

16 knüpfung sich nicht wahrnehmen ließ, angebunden war. Als ihm hierauf die Einwohner versicherten, es gebe einen Orakelspruch, daß sich derjenige der Oberherrschaft über Asien bemächtigen

werde, der die unentwirrbaren Bänder löste, so ergriff ihn die
Begierde, diesen Spruch zu erfüllen. Um den König befand sich 17
eine Schar sowohl von Phrygiern als auch von Makedonen, jene
in banger Erwartung, diese ob der verwegenen Zuversicht des
Königs in Besorgnis: denn da die Lagen des Bandes in der Art
gebunden waren, daß man weder erraten noch mit dem Blick
wahrnehmen konnte, wo die Verschlingung beginne oder ende,
hatte er sie, als er sich an die Lösung machte, mit der Sorge erfüllt,
sein vergebliches Bemühen könne als Vorzeichen gedeutet werden. Er jedoch mühte sich gar nicht mit den versteckten Verkno- 18
tungen ab, sondern rief: „Es kommt auf eines heraus, wie man sie
löst!" und indem er alle Riemen mit dem Schwerte durchhieb,
machte er den Orakelspruch zunichte oder, wenn man will, erfüllte ihn.

Da er hierauf beschlossen hatte, dem Dareios, wo er immer 19
wäre, zuvorzukommen, setzte er, um sich den Rücken gesichert
zu halten, den Amphoteros[7] über die Flotte an der Küste des
Hellespont, über die Truppen aber den Hegelochos[8] und beauftragte sie, Losbos, Chios und Kos von den feindlichen Besatzungen zu befreien. Für die Kriegsbedürfnisse wies er ihnen 500 20
Talente[9] zu: an Antipatex[10] und diejenigen, welche die griechischen Städte befehligten, schickte er 600; den Bundesgenossen
wurde geboten, die vertragsmäßigen Schiffe zu stellen, die den
Hellespont[11] beschützen sollten. Denn noch wußte er nicht, daß 21
Memnon[12] gestorben war; auf ihn hielt er daher alle seine Sorge
gerichtet, wohl wissend, daß alles ohne Schwierigkeit sein werde,
wenn dieser nichts unternähme.

Schon war man bis zur Stadt Ankyra[13] gekommen, wo er nach 22
einer Zählung seiner Truppen Paphlagonien betrat. In der Nähe
waren einst die Sitze der Heneter, von denen, wie manche glauben, die Veneter[14] abstammen. Diese ganze Landschaft zeigte sich 23
dem Könige unterwürfig, und durch Stellung von Geiseln erreichten sie es, keine Tribute zahlen zu müssen, da sie auch den
Persern keinen bezahlt hätten. Zum Befehlshaber dieser Gegend
machte er den Kalas[15]; er selbst zog, durch die vor kurzem aus
Makedonien Angekommenen verstärkt, nach Kappadolien. 24

1 2. Aber Dareios, den die Nachricht vom Tode des Memnon, wie ganz natürlich, sehr erschüttert hatte, gab jegliche andere Hoffnung auf und beschloß, selbst den Entscheidungskampf herbeizuführen: denn was durch seine Heerführer geschehen war, das verwarf er alles und meinte, der Mehrzahl von ihnen habe es an 2 Sorgfalt, allen an Glück gefehlt. Nachdem er also bei Babylon ein Lager aufgeschlagen, stellte er, damit man den Krieg mit um so größerem Mute begänne, seine gesamte Streitmacht zur Schau und veranstaltete nach Xerxes' Beispiel[16] mit Hilfe einer herumgeführten Umzäunung, die eine Menge von zehntausend Be-3 waffneten faßte, eine Zählung seiner Truppen. Von Sonnenaufgang bis zur Nacht zogen die Scharen in der bestimmten Reihenfolge in die Umzäunung. Daraus entlassen, lagerten sie sich auf den Gefilden Mesopotamiens, eine beinahe unzählbare Masse zu Roß und zu Fuß, dem Anschein nach noch größer, als sie in 4 Wirklichkeit war.[17] Perser waren es 100000, darunter volle 30000 5 Reiter. Die Meder[18] hatten 10000 zu Pferde, 50000 zu Fuß. Barkanische Reiter[19] waren 2000, mit Streitäxten und leichten, am meisten der Cetra ähnelnden Schilden bewaffnet; ihnen folgten 6 10000 Fußsoldaten mit gleicher Bewaffnung wie die Reiter. Die Armenier hatten 40000 zu Fuß nebst 7000 Reitern geschickt; die Hyrkaner volle 6000 nach dem Maßstab jener Völkerschaften 7 vortreffliche Reiter nebst 1000 tapurischen Reitern.

Die Derbiker hatten 40000 zu Fuß bewaffnet, von denen die Mehrzahl Spieße mit eherner oder eiserner Spitze trug, manche das Holz nur im Feuer gehärtet hatten; auch ihnen folgten 2000 8 Reiter von gleichem Stamme. Vom Kaspischen Meere war ein Heerhaufe von 8000 Fußsoldaten gekommen, dazu 200 Reiter. An sie schlossen sich andere wenig bekannte Völkerschaften, die 9 2000 zu Fuß und die doppelte Anzahl von Reitern gerüstet hatten. Zu diesen Truppen kamen noch 30000 griechische Söldner, ausgezeichnete Soldaten: denn die Baktrianer, Sogdianer, Inder und die übrigen Anwohner des Roten Meeres[20], Völkerschaften, deren Namen sogar dem König selbst unbekannt waren, herbei-10 zurufen, hatte die Eile des Aufgebots verhindert. Und so fehlte es ihm an nichts weniger als an der Masse der Truppen.

Über den Anblick dieser Masse hocherfreut und durch die gewöhnliche Lügenhaftigkeit der Hofschranzen in seinen Hoffnungen noch bestärkt, wandte er sich an den Athener Charidemos[21], der ein kriegskundiger Mann und dem Alexander seiner Verbannung wegen feind war, da man ihn auf dessen Befehl aus Athen vertrieben hatte, und begann ihn zu fragen, ob er ihm ausreichend gerüstet scheine, den Feind zu zermalmen. Doch 11 dieser vergaß seine Lage und den hochfahrenden Sinn der Könige und erwiderte: „Die Wahrheit wirst vielleicht du nicht hören wollen, und ich, wenn ich sie jetzt nicht sage, werde sie ein andermal vergeblich aussprechen. Diese gewaltige Heeresrü- 12 stung, diese Masse unzähliger, aus dem ganzen Orient aufgebotener Völkerschaften kann wohl bei deinen Nachbarn Furcht erregen; sie glänzt in Purpur und Gold und strahlt in Waffen und einem Reichtum, von dem sich, wer ihn nicht mit Augen gesehen, keine Vorstellung machen kann. Die makedonische 13 Schlachtreihe dagegen, von ziemlich wildem und schmucklosem Äußern, deckt mit ihren Schilden und Sperren unerschütterliche Kolonnen und dichtgefügte Mauern von Männern. Sie selbst nennen es Phalanx, eine standfeste Schar von Fußvolk: Mann schließt sich an Mann, Waffe an Waffe; des Winkes ihres Befehlshabers gewärtig, sind sie geschult, den Feldzeichen zu folgen und Reih und Glied zu halten. Was immer befohlen wird, jeder hat 14 sorgsam acht darauf: Front zu machen, zu schwenken, nach den Flügeln zu marschieren, die Kampfart zu verändern verstehen die Soldaten ebensogut wie die Führer. Und damit du nicht glaubst, 15 es fessele sie die Begierde nach Gold und Silber, so wisse: bis jetzt hat sich diese Disziplin unter der Zucht der Entbehrung erhalten. Der Erdboden dient den Ermüdeten als Lager; die Speise, die sie sich neben ihrer Kriegsarbeit bereiten, sättigt sie; die Stunden des Schlafes sind knapper bemessen als die der Nacht. Meinst du nun, 16 die thessalischen Reiter, die Akarner und Ätoler, diese im Kampf unbesiegte Mannschaft, werden sich mit Schleudern und im Feuer gehärteten Spießen in die Flucht schlagen lassen? Dazu bedarf es ebenbürtiger Kräfte. In jenem Lande, das sie hervorgebracht hat, mußt du deine Hilfstruppen suchen, dorthin schicke

17 dies Gold und Silber hier, um dir Soldaten zu werben." Dareios
war von weicher und sanfter Gemütsart, aber meistens verdirbt
eine hohe Stellung die natürlichen Anlagen. Unfähig also, die
Wahrheit zu hören, befahl er, den Gastfreund und Schützling, der
ihm gerade damals so nützlichen Rat gab, fortzuschleppen und
18 hinzurichten. Dieser, ohne auch jetzt seine Freimütigkeit zu verleugnen, sagte: „Der Rächer meines Todes steht vor der Tür: er
selbst, gegen den ich dir meinen Rat gegeben, wird dich dafür,
daß du ihn verschmäht hast, bestrafen. Du aber, den die Schran-
kenlosigkeit der Herrschergewalt so plötzlich verwandelt hat,
wirst der Nachwelt ein Zeugnis sein, wie die Menschen, wenn sie
blind dem Glücke vertrauen, ihren eigentlichen Anlagen untreu
19 werden." Indem er dies rief, ermordeten ihn die damit beauftragten Diener. Zu spät erst beschlich Reue den König; er gab zu, daß
jener die Wahrheit gesagt hatte, und hieß ihn beerdigen.

1 3. Thymodes war ein Sohn Mentors[22], ein energischer junger
Mann; ihm wurde vom Könige aufgetragen, alle fremden Söldner, auf die er seine meiste Hoffnung setzte, von Pharnabazos[23] in
Empfang zu nehmen, um sie während des Krieges zu verwenden.
Dem Pharnabazos selbst übertrug er den Oberbefehl, den er
vorher an Memnon gegeben hatte.
2 Besorgt der bevorstehenden Ereignisse wegen beunruhigten
den König auch im Schlaf Bilder dessen, was ihm drohte, mochten sie aus Kummer oder prophetischer Vorahnung hervorgehen.
3 Es schien ihm, das Lager Alexanders leuchte von einem hellen
Feuerscheine, und kurz darauf, als werde Alexander in dem gleichen Gewande, das er selbst einst getragen, zu ihm hergeführt,
und als ritte er dann durch Babylon und wäre plötzlich samt dem
4 Rosse vor seinen Augen verschwunden. Dazu hatten die Wahrsager durch verschiedene Auslegung die Gemüter in sorgenvolle
Spannung versetzt. Einige erklärten diesen Traum als günstig für
den König, weil das feindliche Lager gebrannt und er den Alexander ohne sein königliches Gewand im gewöhnlichen persischen
5 Anzuge hätte zu sich führen sehen. Manche gaben eine entgegengesetzte Deutung: nämlich die Erscheinung des leuchtenden ma-

kedonischen Lagers zeige Glanz für Alexander an; daß er ein persisches Gewand angehabt hätte, kündige unzweifelhaft an, daß er sich der Herrschaft über Asien bemächtigen werde, da Dareios, als er zum König ernannt wurde, die gleiche Tracht getragen hätte. Wie gewöhnlich hatte die Sorge auch alte Vorzeichen 6 wieder ins Gedächtnis zurückgerufen. Man erinnerte sich nämlich daran, wie Dareios im Beginn seiner Herrschaft befohlen, die persische Säbelscheide mit der Form zu vertauschen, wie sie die Griechen hatten[24], und wie die Chaldäer[25] dies sofort dahin gedeutet hätten, die Herrschaft über die Perser werde auf die übergehen, deren Waffen er nachgeahmt. Er selbst übrigens zeigte sich 7 sowohl über die Auslegung der Wahrsager, die man unter dem Volke verbreitete, als über die nächtliche Traumerscheinung sehr erfreut und befahl, an den Euphrat vorzurücken.

Es ist eine von den Vätern her überlieferte Gewohnheit der 8 Perser, erst nach Sonnenaufgang weiterzumarschieren. Wenn es schon heller Tag war, wurde vom Zelte des Königs mit dem Horn das Zeichen gegeben. Über dem Zelte, so daß es von allen gesehen werden konnte, erglänzte das in Kristall gefaßte Bildnis der Sonne.[26] Die Ordnung des Zuges war aber folgende: Voran 9 wurde auf silbernem Altar das sogenannte heilige und ewige Feuer[27] getragen. Als nächste kamen Magier[28], die ein altüberliefertes Nationallied sangen. Den Magiern folgten 365 Jünglinge in 10 purpurnen Mänteln, an Zahl den Tagen des ganzen Jahres gleich, da auch bei den Persern das Jahr in so viele Tage geteilt ist. Hierauf zogen weiße Rosse den dem Jupiter[29] geheiligten Wagen, 11 worauf ein Pferd von ausgezeichneter Größe folgte, welches das Sonnenroß hieß. Goldene Gerten und weiße Gewänder schmückten diejenigen, welche die Pferde führten. In geringer 12 Entfernung kamen zehn Wagen mit reicher Gold- und Silberverzierung. Ihnen folgte die Reiterei von zwölf Stämmen, verschieden durch Bewaffnung und Gebräuche. Hieran schloß sich zu- 13 nächst die Schar, welche bei den Persern die der Unsterblichen[30] heißt, gegen 10000 Mann stark. Keine andere war in höherem Grade mit der Pracht barbarischen Reichtums ausgestattet: sie trugen goldene Ketten, desgleichen ein goldgesticktes Kleid und

14 Ärmelröcke, die sogar mit Edelsteinen verziert waren. In kurzem Abstand folgten die sogenannten Verwandten des Königs[31], 15000 Mann; doch war diese Schar weibisch gekleidet und mehr durch verschwenderische Pracht als durch schöne Waffen auffal-
15 lend. Die ihnen nachfolgende Abteilung hieß die der Speerträger, gewohnt, das königliche Gewand in Empfang zu nehmen. Sie schritten dem Wagen des Königs voran, auf dem er selbst hoch-
16 thronend einherfuhr. Beide Seiten des Wagens zierten aus Gold und Silber gearbeitete Götterbildnisse; bunt mit schimmernden Edelsteinen war das Joch besetzt, über welches zwei goldene, eine Elle hohe Bilder emporragten, das eine zeigte den Ninos, das andere den Belos[32]; zwischen beiden das geweihte Symbol eines goldenen Adlers, der seine Fittiche auszubreiten schien.
17 Die Kleidung des Königs stach vor allen durch verschwenderi-sche Pracht hervor. Dem Purpurrock war in der Mitte Weiß eingewebt, den goldgestickten Mantel schmückten goldene Ha-bichte, die mit den Schnäbeln gegeneinander zu kämpfen schie-
18 nen, und an dem goldenen Gurt, der ihn nach Weiberart um-schloß, hatte er einen Säbel hängen, dessen Scheide aus Edelstein
19 bestand. Der königliche Kopfschmuck hieß bei den Persern Kida-
20 ris[33]; er war mit einer blau und weißen Binde umschlossen. Dem Wagen folgten 10000 Lanzenträger, die silberverzierte Lanzen
21 und Wurfspieße mit goldenen Spitzen trugen; zur Rechten aber und zur Linken begleiteten den König ungefähr 200 der vor-nehmsten seiner Verwandten. Diesen Zug schlossen 30000 Mann
22 zu Fuß, denen vierhundert Rosse des Königs folgten. Im Abstand von einem Stadion[34] fuhr auf einem Wagen die Mutter des Da-reios, Sisygambis, und auf einem andern befand sich seine Gattin. Die Schar der die Königinnen begleitenden Frauen ritt auf Pfer-
23 den. Hierauf folgten fünfzehn Wagen, die man Harmamaxen[35] nennt, worauf sich die Kinder des Königs nebst ihren Erzieherin-nen befanden und die Schar der Eunuchen, die allerdings bei
24 jenen Völkern nicht so verachtet sind. Dann fuhren die 360 Ne-benfrauen des Königs, ebenfalls in königlichem Gewand und Schmuck. Hinter ihnen wurde von 600 Maultieren und 300 Ka-melen der Schatz des Königs getragen, unter dem Geleit einer

Wache von Bogenschützen. Nach diesem Zug kamen die Frauen 25
der Verwandten und Freunde des Königs, gefolgt von den Scharen der Marketender und Troßknechte. Zum Schluß folgten,
jeweils mit ihren eigenen Anführern, Leichtbewaffnete, die die
Nachhut bilden sollten.

Wenn man dagegen die makedonische Heeresordnung be- 26
trachtete, so bot sich ein ganz anderes Bild: Männer und Pferde
schimmerten nicht von Gold noch bunten Gewändern, sondern
in Eisen und Erz. Ein Zug, gleich bereit stillzuhalten oder weiterzuziehen, weder durch Troß noch Gepäck sehr beschwert, nicht 27
nur des Zeichens, sondern sogar des Winkes seines Führers gewärtig. Dem Lager fehlte es nicht an Raum, dem Heere nicht an
Lebensmitteln. So stand dem Alexander in der Schlacht seine 28
Mannschaft völlig zu Gebote; Dareios, der Gebieter über so ungeheure Massen, sah sich durch das enge Gelände, auf dem er
kämpfte, auf eben die geringe Anzahl beschränkt, die er an seinem Feinde verachtet hatte.

4. Unterdeß hatte Alexander den Abistamenes zum Befehlshaber 1
über Kappadokien gemacht und war auf seinem Marsche nach
Kilikien mit seinem ganzen Heere in die Gegend gekommen, die
das Lager des Kyros heißt. Dort nämlich hatte Kyros, als er gegen
Kroisos nach Lydien zog, ein Standlager gehabt.[36] Die Stelle war 2
50 Stadien[37] von dem Zugang nach Kilikien entfernt: bei den
Einwohnern heißt dieser äußerst enge Paß, der durch seine natürliche Lage künstlich angelegten Befestigungswerken gleichkommt, Pylai[38]. Der Befehlshaber über Kilikien, Arsames, erin- 3
nerte sich an das, was Memnon zu Beginn des Krieges geraten
hatte, und beschloß, diesen unter den früheren Umständen heilsamen Rat – allerdings zu spät – in Ausführung zu bringen. Er
verwüstete, um dem Feinde eine Einöde zu schaffen, Kilikien mit
Feuer und Schwert und zerstörte alles, was von Nutzen sein
konnte, um das Land, das er nicht zu schützen vermochte, unfruchtbar und nackt hinter sich zu lassen. Weit nützlicher dagegen 4
wäre es gewesen, den engen Zugang, der den Schlüssel zu Kilikien bildet, mit einer starken Besatzung zu versehen und den

günstigerweise die Straße beherrschenden Bergrücken besetzt zu
halten, von wo aus er ohne Gefahr den unten anrückenden Feind
5 entweder hätte aufhalten oder vernichten können. So aber ließ er
nur eine geringe Anzahl zur Besatzung der Gebirgspfade dort
und wich selbst zurück, ein Verwüster des Landes, das er vor
Verwüstungen hätte schützen sollen. Natürlich hielten die Zurückgelassenen sich für verraten und vermochten nicht einmal
vor dem Anblicke des Feindes standzuhalten, obwohl eine noch
geringere Anzahl den Platz hätte behaupten können.

6   Kilikien wird nämlich von einem ununterbrochenen rauhen
und steilen Gebirgsrücken eingeschlossen, der sich vom Meere
aus erhebt und wie in einer busen- oder bogenförmigen Krümmung mit seinem andern Ende wieder an einem entfernten
7 Punkte der Küste ausläuft. Über diesen Gebirgsrücken, wo er sich
am weitesten vom Meere landeinwärts zurückzieht, führen drei
beschwerliche und äußerst enge Pässe, von denen einer den einzi-
8 gen Zugang nach Kilikien bildet. Doch ist das Land, wo es sich
nach dem Meere hin absenkt, auch eben, und zahlreiche Bäche
durchschneiden seine Gefilde: die berühmten Flüsse Pyramos und
Kronos fließen dort. Der Kydnos ist nicht wegen seiner Breite,
sondern wegen der Durchsichtigkeit seiner Gewässer bemerkenswert, denn weil er von seinen Quellen aus in sanfter Strömung
über einen kiesigen Boden dahingleitet, ohne Gießbäche aufzunehmen, die das Bett des ruhig Fließenden aufwühlen könnten,
9 ergießt er sich ungetrübt und zugleich äußerst kühl, da ihn sehr
anmutige Ufer umschatten, an Klarheit überall seinen Quellen
10 gleich, in das Meer. Viele durch Dichtungen bekannte Denkmä-
ler jener Gegend hatte die Zeit zerstört. Man zeigte, wo einst die
Städte Lyrnessos und Thebe[39] gestanden, ferner die Höhle des
Typhon[40] und den korykischen Wald, wo der Safran wächst, und
noch anderes, wovon nichts als die Kunde übriggeblieben war.

11   Als Alexander in die Gebirgspässe, die den Namen Pylai führen, eingerückt war und die Lage der Örtlichkeit betrachtete, soll
er sich wie kein anderes Mal über sein Glück gewundert haben:
bloß durch Steine, gestand er, hätte er verschüttet werden können, wenn Leute da gewesen wären, sie auf die unten Heranzie-

henden herabzuwälzen. Die Straße war kaum für vier Bewaffnete 12
breit genug, und der Rücken des Berges überragte den nicht nur
engen, sondern meist auch sehr steilen Pfad, den häufige, aus dem
Fuß des Berges hervorquellende Bäche durchschnitten. Doch 13
hatte er leichtbewaffnete Thraker vorausgehen lassen, um die
Gebirgspfade zu durchforschen, damit kein verborgener Feind
auf die Heranziehenden hervorbreche. Auch eine Schar Bogenschützen hatte die Höhe besetzt, mit gespannten Bogen; sie hatten
Weisung, ihrerseits nicht weiterzumarschieren, sondern sich
kampfbereit zu halten. Auf diese Weise gelangte der Zug nach 14
Tarsos, das die Perser gerade in dem Augenblicke anzündeten, um
dem Feinde den Eintritt in die reiche Stadt zu verwehren. Alex- 15
ander sandte jedoch den Parmenion[41] mit einer kampffertigen
Abteilung zur Löschung des Brandes voraus, und nachdem er
gehört, daß die Barbaren bei der Ankunft der Seinigen die Flucht
ergriffen hätten, zog er in die von ihm gerettete Stadt ein.

5. Mitten durch die Stadt strömt der oben genannte Kydnos, und 1
es war gerade Sommerszeit, deren Hitze keine andere Küste mehr
als die kilikische mit ihrer Sonnenglut versengt, und die heißesten
Tagesstunden hatten begonnen. Den mit Staub und Schweiß 2
bedeckten König lud die klare Flut des Flusses ein, den noch
erhitzten Körper zu baden. Er legte also vor den Augen des
Heeres sein Gewand ab (denn auch das, meinte er, werde ihm
wohl anstehen, den Seinen zu zeigen, daß er sich mit einer
schlichten und leicht zu beschaffenden Körperpflege begnüge)
und stieg in den Fluß. Kaum aber war er hineingetaucht, so ließ 3
ein plötzlicher Frostschauer seine Glieder erstarren, Blässe überzog ihn, und fast alle Lebenswärme wich aus dem Körper. Einem 4
Sterbenden gleich hoben ihn die Diener in ihren Armen auf und
brachten ihn, kaum noch bei Besinnung, in sein Zelt. Grenzenlose
Besorgnis, ja fast schon Trauer wie um einen Toten herrschte im
Lager; unter Tränen jammerte man, daß in solch stürmischem 5
Lauf der Ereignisse der berühmteste König, den die Geschichte
aller Zeiten kenne, nicht etwa in der Schlacht, nicht von Feindes-
hand niedergestreckt, sondern beim Baden im Flusse ihnen entris-

6 sen und dahingerafft sei. Heran dringe Dareios, jetzt als Sieger, bevor er den Feind gesehen. Sie selbst müßten nach denselben Ländern, die sie siegreich durchzogen, zurückweichen; alles sei entweder von ihnen oder vom Feinde verheert; bei ihrem Zug durch wüste Einöden könnten sie, auch wenn sie niemand verfol-

7 gen wollte, durch Mangel und Hunger vernichtet werden. Wer wollte den Fliehenden Befehle erteilen? Wer es wagen, Alexanders Stelle einzunehmen? Vorausgesetzt, sie gelangten auf ihrer Flucht bis zum Hellespont, wer würde ihnen die Flotte bereithal-

8 ten, mit der sie ihn überqueren könnten? Und wieder wandte sich ihr Mitleid dem König zu, und, ihr eigenes Schicksal vergessend, klagten sie, daß diese Jugendblüte, diese Geisteskraft, dieser ihr König und Kamerad zugleich von ihnen getrennt und losgerissen werde.

9 Unterdessen ging sein Atem langsam freier, der König schlug die Augen auf, und als er bei allmählich zurückkehrender Besinnung die umstehenden Freunde erkannte, schien die Gewalt der Krankheit schon dadurch gemindert, daß er nun selbst die Größe

10 der Gefahr fühlte. Niedergeschlagenheit wirkte sich aber auf seinen Körper aus, als gemeldet wurde, daß Dareios in fünf Tagen in Kilikien stehen werde. Gebunden also, klagte er, werde er diesem ausgeliefert, der gewaltigste Sieg ihm aus den Händen gerissen, und er sterbe im Verborgenen eines unrühmlichen Todes in sei-

11 nem Zelte. Und nachdem er zugleich mit den Ärzten auch seine Freunde hatte hereinkommen lassen, sprach er: „In welchem entscheidenden Augenblick mich das Verhängnis erfaßt hat, seht ihr. Mir scheint, ich höre das Klirren der feindlichen Waffen, und ich,

12 der den Krieg begonnen, werde jetzt herausgefordert. Dareios hat also, da er mir einen so übermütigen Brief schrieb[42], mit meinem Verhängnis gerechnet; aber umsonst, wenn ich mich nach mei-

13 nem Ratschluß heilen lassen kann. Langsam wirkende Mittel und bedächtige Ärzte abzuwarten, erlaubt meine Lage nicht: es ist besser für mich, entschlossen zu sterben als langsam gesund zu werden. Und somit sei den Ärzten, wenn sie irgendeine Hilfe, irgendeine Kunst besitzen, dies gesagt: Ich begehre nicht so sehr

14 Hilfe gegen den Tod als gegen die Kriegsgefahr." Durch solch

vorschnelle Tollkühnheit waren alle in die äußerste Besorgnis versetzt. Jeder begann also, ihn zu bitten, er solle durch Voreiligkeit die Gefahr nicht vermehren, sondern sich den Ärzten anvertrauen; unerprobte Heilmittel seien ihnen nicht ohne Grund verdächtig, da, ihn zu verderben, der Feind sogar seine nächste Umgebung durch Bestechung zu verlocken suche. Dareios nämlich hatte bekanntmachen lassen, wer Alexander töte, solle von ihm 1000 Talente erhalten. Darum, meinten sie, würde keiner auch nur wagen wollen, ein Mittel zu versuchen, das wegen seiner Unerprobtheit Verdacht wecken könnte.

6. Unter anderen berühmten Ärzten war dem Könige aus Makedonien auch Philippos gefolgt, ein Akarnanier von Geburt und dem Alexander äußerst treu gesinnt. Denn da er schon dem Knaben als Begleiter und Leibarzt beigegeben worden war, so hing er an ihm nicht nur als seinem König sondern auch als seinem Pflegling mit außerordentlicher Liebe. Dieser versprach, ein zwar nicht sofort, aber doch nachhaltig wirkendes Mittel zu bringen und die heftige Gewalt der Krankheit durch einen Heiltrank zu mindern. Keinem gefiel sein Versprechen außer dem einzigen, auf dessen Gefahr er es gab. Denn alles vermochte er leichter zu ertragen als Aufschub: er hatte Schlacht und Waffen vor Augen, und der Sieg, meinte er, beruhe darauf, wenn er sich nur an die Spitze stellen könne. Es war ihm ganz und gar nicht recht, daß er das Heilmittel, wie der Arzt ihm angekündigt, erst am dritten Tage nehmen sollte. In dieser Zeit erhält er von Parmenion, dem treuesten seiner Würdenträger, einen Brief, in dem ihn dieser warnt, sein Leben nicht dem Philippos anzuvertrauen, da der von Dareios durch 1000 Talente und die Aussicht auf Vermählung mit dessen Schwester bestochen sei. Dieser Brief stürzte den König in größte Unruhe, und im stillen erwog er bei sich, was ihm nach beiden Seiten hin bald Furcht bald Hoffnung einflüsterten. „Soll ich dabei bleiben, den Trank zu nehmen? Daß, wenn ich Gift erhalte, nicht einmal ohne meine eigene Schuld zu geschehen scheint, was mir widerfährt? – Über meinen treuen Arzt soll ich den Stab brechen? In meinem Zelte geduldig der

Krankheit erliegen? – Nein, besser ist's, durch das Verbrechen
eines andern als durch meine eigene Furcht umzukommen!"
7 Nachdem er lange hin und her geschwankt, teilte er niemandem
mit, was ihm geschrieben war, und schob den Brief, mit seinem
Fingerringe versiegelt, unter sein Ruhepolster.

8   Als unter diesen Überlegungen zwei Tage verstrichen waren,
kam der vom Arzte bestimmte Tag, und jener trat mit einem
9 Becher herein, worin er die Medizin aufgelöst hatte. Bei seinem
Anblick erhob sich Alexander auf seinem Lager, nahm, den Brief
Parmenions in der Linken haltend, den Becher und trank ihn
unerschrocken aus: dann befahl er Philippos, den Brief zu lesen
und wandte kein Auge von der Miene des Lesenden, ob er wohl
irgendeine Spur von schlechtem Gewissen in seinem Gesicht ent-
10 decken könne. Als er den Brief durchgelesen, zeigte er mehr
Entrüstung als Furcht, und indem er seinen Mantel und den Brief
vor dem Bette niederwarf, rief er: „Mein König, zwar hing mein
Leben schon immer von dem deinigen ab, jetzt aber, meine ich,
beruht es in Wahrheit ganz auf deinen heiligen und teuren Atem-
11 zügen. Die Beschuldigung des Königsmordes, die gegen mich
erhoben ist, wird deine Genesung widerlegen; von mir gerettet,
wirst du auch mir das Leben erhalten. Laß, so bitte und beschwöre ich dich, ohne alle Furcht die Arznei deine Adern durchdringen und gönne deinem Geist eine kurze Zeitlang die Ruhe,
die dir deine zwar treuen, aber unbequem geschäftigen Freunde
durch ihre unzeitige Besorgnis rauben." Diese Worte nahmen
dem König nicht nur die Sorge, sondern erfüllten ihn auch mit
12 Freude und froher Hoffnung. Darum sprach er: „Mein Philippos,
wenn es dir die Götter freigestellt hätten, auf welche Art du am
besten meine Gesinnung gegen dich erproben wolltest, so hättest
du gewiß einen andern Weg gewählt, doch einen besseren Beweis, als du erhalten, hättest du gar nicht wünschen können.
13 Obwohl ich diesen Brief empfangen habe, habe ich, was du mir
gemischt, getrunken, und nun glaube mir, daß ich nicht weniger
um die Rechtfertigung deiner Treue, als um meine Wiederherstellung besorgt bin." Mit diesen Worten reichte er Philippos
seine Rechte.

Übrigens war die Wirkung des Arzneimittels so stark, daß das, 14
was folgte, die Anklage Parmenions zu unterstützen schien. Der
Atem stockte und ging mühsam. Doch Philippos ließ nichts
unversucht: er machte Umschläge, er weckte den Ohnmächtigen
bald durch den Geruch von Speise, bald durch den von Wein, und 15
sobald er ihn wieder zur Besinnung kommen sah, ließ er nicht ab,
ihn abwechselnd an seine Mutter und Schwestern[43] und an den
nahen großen Sieg zu erinnern. Wie sich aber die Medizin durch 16
die Adern verbreitet hatte und ihre heilsame Kraft allmählich im
ganzen Körper zu spüren war, erlangte erst der Geist, danach,
schneller als man erwarten konnte, auch der Körper seine alte
Kraft wieder. Denn schon am dritten Tage, nachdem er sich in
diesem Zustande befunden, trat er vor die Augen seiner Soldaten.
Aber nicht minder als den König selbst begehrten die Soldaten, 17
den Philippos zu sehen: jeder einzelne erfaßte seine Rechte und
drückte ihm wie einem hilfreichen Gotte seinen Dank aus. Denn
kaum auszusprechen ist es, wie sie, abgesehen von der diesem
Volke angeborenen Verehrung für ihre Könige, besonders für
diesen König teils von Bewunderung erfüllt, teils von Liebe entbrannt waren. Erstens schien er schon nichts ohne göttliche Hilfe 18
zu beginnen; denn da ihm überall das Glück zur Seite stand, war
ihm seine Tollkühnheit zum Ruhme ausgeschlagen. Auch seine 19
Jugend[44], für so große Unternehmungen kaum reif, ihnen dennoch vollkommen gewachsen, verlieh allen seinen Taten einen
gewissen Glanz. Und was man gewöhnlich für weniger wichtig
hält, gewinnt meist desto mehr die Zuneigung des einfachen
Soldaten: die in ihrer Mitte vorgenommenen körperlichen
Übungen, die nur wenig von der gewöhnlichen unterschiedene
Lebensweise und Kleidung, das kriegerische Feuer: durch alles 20
dies, mochten es nun angeborene Gaben oder durch Bildung
gewonnene Eigenschaften sein, hatte er bewirkt, daß er so sehr
geliebt wie verehrt wurde.

1 7. Dareios aber zog auf die Nachricht von der Krankheit Alexanders, so schnell er es mit einem so schwerfälligen Heerhaufen vermochte, an den Euphrat und setzte, nachdem er darüber Brücken geschlagen hatte, sein Heer hinüber – er brauchte aller-
2 dings fünf Tage –, voller Eile, Kilikien zu besetzen.[45] Alexander war nach Wiederherstellung seiner Körperkräfte bereits zur Stadt Soli[46] gelangt; und nachdem er sie eingenommen hatte, trieb er eine Geldbuße von 200 Talenten ein und legte in die Burg eine
3 Besatzung. Dann erfüllte er durch Spiel und Rast die für seine Genesung geleisteten Gelübde und zeigte hierbei, wie zuversichtlich er die Barbaren verachte: es wurden nämlich zu Ehren des
4 Aeskulap und der Minerva[47] feierliche Spiele veranstaltet. Während er noch zuschaute, kam ihm von Halikarnaß die frohe Botschaft, die Perser seien von den Seinen in einer Schlacht überwunden, und auch die Myndier, Kaunier, sowie der größte Teil jenes
5 Landstriches ihm unterworfen[48]. Nach Beendigung des Festspiels also brach er mit seinem Heer auf, schlug über den Fluß Pyramos eine Brücke und gelangte zu der Stadt Mallos; sodann durch
6 einen zweiten Tagesmarsch nach Kastabulon. Hier begegnete dem König Parmenion, den er vorausgesandt hatte, den Weg über das Gebirge zu erforschen, das man durchdringen mußte,
7 um zur Stadt Issos zu gelangen[49]. Und zwar hatte sich dieser der dortigen Engpässe bemächtigt, eine mäßig große Besatzung zurückgelassen und sogar Issos eingenommen, das von den Barbaren verlassen war. Von da war er vorgerückt, hatte die Truppen, welche die inneren Teile des Gebirges besetzt hielten, verjagt, alles durch Besatzungen gesichert und kam nun, nachdem er auch die Straße hatte besetzen lassen, wie eben gesagt worden ist, zugleich
8 als Vollbringer und Bote des ihm Aufgetragenen herbei. Der König führte hierauf sein Heer nach Issos. Als er dort einen Kriegsrat hielt, ob man weiter vorrücken oder hier die neuen Truppen erwarten solle, die, wie man wußte, aus Makedonien heranzogen, meinte Parmenion, daß kein anderer Ort für eine
9 Schlacht geeigneter sei. Hier nämlich würden die Truppen beider Könige einander an Zahl gleich sein, weil der enge Raum keine großen Massen fassen könne: sie müßten die Ebenen und offenen

Felder meiden, wo sie umgangen und von zwei Seiten her vom
Feinde erdrückt werden könnten. Er befürchte nicht, daß man
durch die Tapferkeit der Feinde, sondern durch die eigene Ermattung besiegt werde, während die Perser, wenn sie sich weitläufi-
ger aufstellen könnten, nach und nach durch frische Mannschaft
ersetzt werden würden. Leicht überzeugte sich der König, wie   10
begründet dieser nützliche Rat sei, und so beschloß er, den Feind
in den engen Tälern des Gebirges zu erwarten.

Es befand sich im Heer des Königs ein Perser mit Namen   11
Sisenes, der einst von Satrapen[50] Ägyptens an Philipp[51] geschickt
und von diesem durch Geschenke und jegliche Art von Ehrenbezeigung ausgezeichnet worden war, so daß er den Aufenthalt im
Vaterland mit dem Leben in der Fremde vertauschte. Dann war
er dem Alexander nach Asien gefolgt und zählte zu dessen treuen
Freunden. Diesem überbrachte ein Soldat aus Kreta[52] einen mit   12
einem Siegelring versiegelten Brief, dessen Zeichen freilich nicht
bekannt war. Dareios' Feldherr Nabarzanes[53] hatte ihn geschickt
und ermunterte den Sisenes, eine seiner edlen Abkunft und seines
Charakters würdige Tat zu vollbringen, das werde ihm beim
Könige große Ehre eintragen. Diesen Brief versuchte Sisenes, im   13
Bewußtsein seiner Unschuld, mehrmals zu Alexander zu bringen; doch da er den König von soviel Sorgen und Vorbereitungen
zum Kampfe bedrängt sah, wollte er immer wieder eine günstigere Gelegenheit abwarten, erregte aber dadurch den Verdacht,
er gehe mit einem verbrecherischen Plane um. Der Brief war   14
nämlich, bevor er ihm übergeben worden war, in die Hände
Alexanders gefallen. Dieser hatte ihn gelesen, mit einem unbekannten Siegelring verschlossen und ihn so dem Sisenes bringen
lassen, um die Treue des Fremden auf die Probe zu stellen. Weil er   15
nun aber mehrere Tage nicht zum König gekommen war, so
schien es, als ob er den Brief in verbrecherischer Absicht verschwiegen habe, und er wurde auf dem Marsch von den Kretern,
ohne Zweifel auf Befehl des Königs, getötet.

1 8. Und schon waren die griechischen Söldner, welche Thymodes von Pharnabazos übernommen hatte, Dareios hauptsächlichste 2 und nahezu einzige Hoffnung, zu ihm gestoßen.[54] Diese rieten ihm dringend, wieder umzuwenden und sich auf die weiten Ebenen Mesopotamiens zurückzuziehen. Verwerfe er diesen Rat, so solle er wenigstens seine unzähligen Truppen teilen und nicht zulassen, daß die ganze Macht seines Reiches einem einzigen 3 Schicksalsschlag zum Opfer falle. Dieser Rat erregte weniger das Mißfallen des Königs als das seiner Großen. Der Griechen Treue, hieß es, sei zweifelhaft und bestechlich und eine Teilung der Truppen wünschten sie nur, um selbst, von den übrigen getrennt, das, was ihnen etwa anvertraut sein würde, an Alexander 4 ausliefern zu können. Am sichersten sei es, sie rings mit dem ganzen Heere einzuschließen und unter einem Hagel von Geschossen zu begraben, um als warnendes Beispiel zu dienen, wie 5 Treulosigkeit nicht ungerächt bleibe. Doch Dareios, seinem reinen und milden Charakter gemäß, erklärte entschieden, daß er eine solche Untat nicht begehen werde, Leute, die seinen Versprechungen gefolgt wären, seine eigenen Soldaten, niedermetzeln zu lassen. Welcher Mensch, der nicht Perser wäre, könnte ihm dann noch sein Leben anvertrauen, wenn er seine Hand durch den 6 Mord so vieler Söldner befleckt hätte? Niemand dürfte einen törichten Rat mit dem Leben büßen; denn wäre es gefährlich zu raten, so würde es niemand geben, der raten wollte. Schließlich würden sie ja selbst täglich zu ihm zur Beratung berufen und sprächen ihre verschiedenen Meinungen aus, und dennoch gelte 7 nicht der für treuer, der den klügsten Rat gegeben. Daher ließ er den Griechen sagen, er für seinen Teil danke ihnen für den gutgemeinten Rat, doch würde er, wenn er sich immer zurückziehen wollte, ohne Zweifel den Feind sein Reich preisgeben. Der Ausgang eines Krieges hänge von der öffentlichen Meinung ab, und 8 wer zurückweiche, von dem glaube man, er fliehe. Den Krieg aber in die Länge zu ziehen, dafür sei schwerlich irgendein Grund vorhanden, da für eine so gewaltige Masse, zumal bei schon bevorstehendem Winter, in einer wüsten und abwechselnd von seinen und des Feindes Soldaten verwüsteten Gegend die Lebens-

mittel nicht ausreichen würden. Auch teilen könne er das Heer 9
nicht, ohne gegen der Väter Sitte zu handeln, die stets ihre gesamte Streitmacht in den Entscheidungskampf geführt hätten.
Und in der Tat habe sich der vorher so furchtbare und, solange er 10
selbst fern gewesen, von eitler Zuversicht geblähte König jetzt,
seitdem er seine Annäherung gemerkt, von einem tollkühnen in
einen vorsichtigen Mann verwandelt und sich in den engen
Schluchten des Gebirges versteckt, ähnlich dem feigen Wilde, das
sich bei dem Geräusch Vorübergehender in den Schlupfwinkeln
der Wälder verberge. Jetzt täusche er gar seine Soldaten durch 11
eine vorgeschützte Krankheit. Doch länger wolle er ihn nicht den
Kampf verweigern lassen: in jener Höhle, in die sie sich zaghaft
verkrochen, wolle er die Zögernden überwältigen. So sprach
Dareios, mehr großtuerisch als wahr.

Übrigens schickte er all sein Geld und seine besten Kostbarkei- 12
ten unter einer mäßigen militärischen Bedeckung nach Damaskos
in Syrien. Das übrige Heer führte er nach Kilikien, wobei nach
alter Sitte seine Gattin und Mutter dem Zuge folgten. Auch seine
Töchter und ein kleiner Sohn begleiteten den Vater.[55]

Zufällig gelangte in ein und derselben Nacht hier Alexander zu 13
den Engpässen, die den Zugang zu Syrien bilden, dort Dareios an
das sogenannte Amanische Tor.[56] Und die Perser bezweifelten 14
nicht, daß die Makedonen das bereits eingenommene Issos wieder
geräumt hätten und auf der Flucht seien; denn sie hatten sogar
einige Verwundete und Kranke, die dem Zuge nicht folgen
konnten, aufgefangen. Allen diesen befahl Dareios auf Antrieb 15
seiner von barbarischem Blutdurst lechzenden Höflinge die
Hände abzuhauen, die Wundflächen auszubrennen und sie dann
umherzuführen, um sein ganzes Heer zu sehen und, wenn sie alles
genügend betrachtet, ihrem König das Gesehene zu verkünden.
Er brach also mit seinem Heer auf und setzte über den Fluß 16
Pinaros, um dem, wie er meinte, Fliehenden dicht auf dem Nakken zu bleiben.

Aber die, denen er die Hände hatte abhauen lassen, gelangten
in das makedonische Lager und meldeten, Dareios folge ihnen, so
schnell er nur immer könne. Kaum wollte man ihnen Glauben 17

schenken. Daher sandte Alexander Späher in die Gegenden am Meere voraus und hieß sie erforschen, ob Dareios selbst da wäre oder ob einer seiner Feldherrn den Anschein erweckt hätte, es 18 rücke das gesamte Heer an. Doch als die Späher zurückkehrten, erblickte man in der Ferne eine ungeheure Heeresmasse. Dann begannen auf dem ganzen Gelände die Wachtfeuer zu leuchten, und alles schien wie von einer einzigen Feuersbrunst entflammt, da sich die ungeordnete Masse, hauptsächlich wegen der Lasttiere, 19 ziemlich weitläufig lagerte. Schnell erteilte er daher den Seinen Befehl, da, wo man stand, das Lager abzustecken, hocherfreut, daß es nun, wie er so sehnlichst gewünscht, gerade auf jenem 20 engen Gelände zur Schlacht kommen solle. Jedoch verwandelte sich, wie häufig, wenn der Zeitpunkt der letzten Entscheidung herannaht, seine Zuversicht in Besorgnis. Eben jenes Glück, durch dessen Begünstigung er so große Erfolge errungen, fürchtete er jetzt, und schloß nicht mit Unrecht aus dem, was es ihm gewährt, auf seine Wandelbarkeit. Nur eine einzige Nacht sei es noch, die den Ausgang dieser wichtigen Entscheidung verzögere. 21 Dann wieder dachte er daran, wieviel größer der Lohn als die Gefahr, und sei es auf der einen Seite ungewiß, ob er siegen, so auf der andern jedenfalls gewiß, daß er ehrenvoll und ruhmbedeckt 22 sterben werde. Er befahl also den Soldaten, sich körperlich zu stärken und dann in der dritten Nachtwache geordnet und bewaffnet zu sein. Er selbst stieg auf den Rücken eines hohen Berges und brachte unter dem Schein zahlreicher Fackeln nach Vätersitte 23 den Schutzgöttern des Ortes ein Opfer dar. Und kaum hatte, wie vorher angeordnet war, der Soldat das dritte Trompetensignal vernommen und stand gerüstet zum Marsch wie zum Kampf, da kam der Befehl, im Eilschritt vorzurücken; und bei Sonnenaufgang erreichte man die Engpässe, die zu besetzen beschlossen war. 24 Dareios, meldeten die Vorposten, stehe 30 Stadien[57] von hier entfernt. Da gab Alexander den Befehl zu halten, legte selbst seine Waffen an und ordnete die Schlachtreihen.

Dem Dareios meldeten erschrockene Landleute die Annäherung der Feinde, und der wollte es kaum glauben, daß die, welche 25 er als Flüchtlinge verfolgte, ihm sogar entgegenrückten. Es war daher keine geringe Bestürzung, die sich aller bemächtigte, da sie mehr zum Marsche als zur Schlacht gerüstet waren, und in stürmischer Eile griffen sie zu den Waffen. Aber eben diese Hast, mit der sie hierhin und dorthin stürzten und die Leute zu den Waffen riefen, erregte nur noch größere Furcht. Einige waren auf den 26 Rücken des Berges gestiegen, um von da den feindlichen Zug zu erblicken; die meisten zäumten ihre Pferde. In diesem Heer, das bunt durcheinandergewürfelt war und nicht unter einem einheitlichen Oberbefehl stand, war durch die mannigfache Verwirrung alles in Unordnung geraten. Anfangs beschloß Dareios, mit 27 einem Teile seiner Truppen den Bergrücken zu besetzen, um sowohl von vorn als im Rücken den Feind einzuschließen, während er zugleich auch vom Meere her, das seinen rechten Flügel deckte, ihm andere entgegenwerfen und ihn so von allen Seiten bedrängen wollte. Außerdem hatte er 20000 Mann nebst einem 28 Haufen Bogenschützen vorausgesandt, mit dem Auftrage, den zwischen beiden Heeren fließenden Pinaros zu überschreiten und sich den makedonischen Truppen entgegenzuwerfen: könnten sie das nicht durchführen, so sollten sie in die Berge zurückweichen und heimlich den hintersten Teil des feindlichen Heeres umgehen. Das Schicksal aber, das mächtiger als alle Berechnung ist, 29 vereitelte diesen zweckmäßigen Plan, indem die einen aus Furcht 30 seinen Befehl nicht auszuführen wagten, die andern ihn vergeblich ausführten; denn wo die Teile wanken, gerät das Ganze in Verwirrung.

9. Das Heer aber war folgendermaßen aufgestellt: Nabarzanes 1 deckte mit der Reiterei, der ungefähr 20000 Schleuderer und Bogenschützen beigegeben waren, den rechten Flügel. Auf eben- 2 diesem stand Thymodes, der die 30000 griechischen Söldner zu Fuß befehligte. Dies war ohne Zweifel der Kern des Heeres, eine Schar, der makedonischen Phalanx gewachsen. Auf dem linken 3 Flügel hatte der Thessalier Aristomedes[58] 20000 Mann asiatischer Infanterie. Die streitbarsten Völkerschaften waren als Reserve aufgestellt. Den König selbst, der auf dem gleichen Flügel zu 4 kämpfen beabsichtigte, begleiteten 3000 auserlesene Reiter, seine

gewöhnliche Leibwache, und ein Heerhaufe von 40000 Mann zu
5 Fuß. Dann kamen die hyrkanischen und medischen Reiter, an die
sich weiterhin, rechts und links verteilt, die Reiterei der übrigen
Völkerschaften anschloß. Diesem auf die angegebene Weise geordneten Zuge gingen 6000 Speerschützen und Schleuderer vor-
6 aus. Was irgend auf jenem engen Gelände zugänglich war, war
von Truppen erfüllt, und die Flügel erstreckten sich auf der einen
Seite bis zum Gebirge und auf der anderen Seite bis zum Meere.
Die Gattin und die Mutter des Königs sowie die Schar der übrigen Frauen hatte man in die Mitte genommen.
7   Alexander stellte die Phalanx, den stärksten Teil des makedonischen Heeres, in der Front auf. Den rechten Flügel deckte Parmenions Sohn Nikanor[59]. Ihm zunächst standen Koinos, Perdikkas,
Meleager, Ptolemaios und Amyntas[60], die ein jeder ihre eigene
8 Abteilung führten. Auf dem linken Flügel, der bis zum Meere
reichte, waren Krateros[61] und Parmenion, doch ersterer unter
Parmenions Oberbefehl. Die Reiterei war auf beiden Flügeln
aufgestellt, den rechten deckten die Thessalier in Verbindung mit
9 den Makedonen, den linken die Peloponnesier. Vor dieser
Schlachtordnung hatte er eine Schar Schleuderer aufgestellt, dazwischen Bogenschützen. Auch Thraker und Kreter, ebenfalls
10 leicht bewaffnet, gingen dem Zuge voran. Denen endlich, die,
von Dareios ausgeschickt, den Bergrücken besetzt hielten, stellte
er die Agrianer[62] gegenüber, die kürzlich aus Griechenland angelangt waren. Dem Parmenion aber hatte er befohlen, seine Reihen so weit wie möglich zum Meer hin auszudehnen, damit man
desto entfernter von den Bergen bliebe, welche die Barbaren
11 besetzt hielten. Doch diese hatten weder gewagt, den Anrückenden Widerstand zu leisten, noch die Vorübergezogenen zu umgehen, sondern waren, hauptsächlich durch den Anblick der Schleuderer erschreckt, geflohen. Und dieser Umstand sicherte die
Flanke Alexanders, für die er gefürchtet hatte, sie könnte von
12 oben her angegriffen werden. 32 Mann in Front marschierten die
Bewaffneten, da das enge Gelände eine weitere Ausdehnung der
Reihen nicht zuließ. Dann begannen sich allmählich die Biegungen der Berge zu erweitern und größeren Raum zu gewähren, so

daß nicht allein das Fußvolk in gewohnter Ordnung marschieren, sondern auch die Reiterei sich um die Flanken ausbreiten konnte.

10. Schon standen die beiden Heere einander in Sicht-, doch noch [1] außerhalb Schußweite, als zuerst die Perser ein wildes und furchtbares Geschrei erhoben. Von den Makedonen wurde es erwidert, [2] und stärker als nach Verhältnis ihrer Heereszahl, da es von den Gebirgsrücken und ungeheuren Waldungen zurückgeworfen wurde. Denn immer geben umliegende Wälder und Felsen jeglichen dagegen gerufenen Laut mit vervielfachtem Schall zurück. Alexander ritt dem Zuge voran, immer wieder mußte er mit der [3] Hand die Seinen zurückhalten, damit sie nicht von der zu großen Eile atemlos und mit unsicherer Kraft die Schlacht begännen. Und wenn er an einen Zug heranritt, redete er die Soldaten auf [4] verschiedene Weise an, wie es eines jeden Charakter angemessen war. Die Makedonen, die Sieger so vieler Schlachten in Europa, die zur Unterjochung Asiens und des äußersten Orientes ebensosehr auf ihren eigenen, wie auf seinen Antrieb hin[63] ausgezogen waren, erinnerte er an ihre altgewohnte Tapferkeit. Sie seien die [5] Befreier des Erdkreises, und wenn sie dereinst die Marken des Herkules und des Vater Bacchus passiert hätten[64], würden sie nicht nur den Persern, sondern allen Völkern ihr Joch auflegen. Baktrien und Indien würden makedonische Provinzen sein. Was sie jetzt sähen, sei nur der geringste Teil, aber durch einen Sieg werde sich ihnen alles öffnen. Nicht in den steilen Felsgebirgen Illyriens [6] und Thrakiens[65] sollten sie fruchtlose Mühsal bestehen: die Beute des ganzen Orients biete sich ihnen dar. Kaum werde man das Schwert gebrauchen müssen; das ganze feindliche Heer, das schon aus eigener Furcht im Wanken begriffen sei, könnten sie mit den bloßen Schilden vor sich niederwerfen. Dazu rief er seinen Vater [7] Philipp, den Besieger Athens, als Zeugen an und führte ihnen wieder das Bild des kürzlich gebändigten Böotiens und der gänzlichen Zerstörung seiner berühmten Hauptstadt vor Augen. Endlich erinnerte er an den Granikas, an die so zahlreichen eroberten oder unterworfenen Städte, und wie alles hinter ihnen niedergeworfen sei und unter ihren Füßen liege. Als er zu den Griechen [8]

kam, erinnerte er sie, wie diese Völker Griechenland mit Krieg
überzogen, erst von des Dareios, dann des Xerxes Übermut getrieben, welche Erde und Wasser von ihnen forderten, um den
Unterjochten weder einen Trunk aus der Quelle noch die ge-
9 wohnte Nahrung übrigzulassen. Er erwähnte, wie ihre Tempel in
Schutt und Asche gelegt, ihre Städte erobert, alle Bande göttlichen und menschlichen Rechtes zerrissen worden seien[66]. Die
Illyrer aber und Thraker, die von Raub zu leben gewohnt waren,
hieß er hinschauen auf die in Gold und Purpur schimmernden
Reihen der Feinde, die nur Beute für sie, keine Waffen trügen.
10 Drauflosgehen sollten sie, und sie, die Männer, jenen weibischen
Memmen ihr Gold entreißen. Ihre rauhen Gebirgskämme und
ihre nackten, von ewigem Eis starrenden Bergpfade sollten sie
mit den reichen Gefilden und Ländereien der Perser vertauschen.

1 11. Bereits war man in Schußweite gelangt, als die persische
Reiterei wild auf den linken feindlichen Flügel einstürmte[67]: denn
Dareios wünschte, die Entscheidung durch einen Reiterkampf
herbeizuführen, in der Vermutung, daß die Phalanx die Stärke
des makedonischen Heeres sei. Und schon versuchten die Perser,
2 den rechten Flügel Alexanders zu umgehen. Sobald dies der Makedone wahrnahm, befahl er zwei Schwadronen Reitern, an dem
Bergrücken halt zu machen; die übrigen warf er entschlossen
3 mitten in die Entscheidung des Kampfes. Dann zog er allmählich
die thessalischen Reiter aus der Schlachtordnung zurück und hieß
ihren Befehlshaber heimlich das eigene Heer im Rücken umgehen, sich an Parmenion anschließen und dessen Befehle ohne
4 weiteres auszuführen. Und schon waren die Makedonen mitten
in die Perser hineingestürzt und hielten sich, rings von denselben
umschlossen, vortrefflich; aber dicht gedrängt und gleichsam zu-
sammengekeilt, vermochten sie keine Geschosse zu schleudern:
denn kaum geworfen, verfingen sie sich ineinander, da sie nach
einer Richtung zusammentrafen, und nur wenige trafen, schwach
und kaum wirkend, den Feind, die Mehrzahl fiel, ohne Schaden
zu tun, auf die Erde. So zum Nahkampf gezwungen, zückten sie,
5 ohne zu zögern, die Schwerter. Und da nun floß das Blut in

Strömen; denn beiden Schlachtreihen waren so eng aneinander
geraten, daß Schild auf Schild traf und man sich mit den Schwertern nach dem Gesicht stach. Da konnte kein Feigling, keine
Memme zurücktreten: Fuß an Fuß, als ob Zweikämpfe ausge-
fochten würden, standen sie auf ein und demselben Flecke, bis sie
sich durch Besiegung des Gegners Raum schufen, und dann erst 6
konnten sie vorwärts schreiten, wenn der Feind zu Boden lag.
Doch ein frischer Gegner empfing die Ermatteten, und selbst die
Verwundeten konnten nicht wie sonst die Schlacht verlassen, da
von vorn der Feind angriff und im Rücken die eigenen Leute
nachdrängten.

Alexander erfüllte ebensosehr Soldaten- als Feldherrnpflicht, 7
indem er nach dem besonderen Ruhm strebte, den König getötet
zu haben. Dareios thronte nämlich hoch auf einem Wagen, ein
gewaltiger Ansporn sowohl für die Seinen, ihn zu schützen, als
für die Feinde, ihren Angriff auf ihn zu richten. Als daher sein 8
Bruder Oxathres den Alexander auf ihn eindringen sah, warf er
ihm die von ihm befehligten Reiter gerade vor dem königlichen
Wagen entgegen. Die übrigen durch seine Waffen und seine
Körperstärke weit überragend, besonders aber ausgezeichnet
durch Mut und Bruderliebe wie nur wenige, in dieser Schlacht
jedenfalls glänzend, schmetterte er die einen, die unvorsichtig
vordrangen, zu Boden, andere trieb er in die Flucht. Allein die 9
Makedonen, die um Alexander waren, brachen, durch gegenseitigen Zuruf ermutigt, mit ihrem König in die Reihen der Reiter
ein. Da nun gab es einen Kampf, der einem Hinschlachten ähnlich
war. Um den Wagen des Dareios lagen die vornehmsten Führer,
vor den Augen ihres Königs eines ruhmvollen Todes gestorben,
alle das Antlitz am Boden, wie sie im Kampfe niedergesunken
waren, mit Wunden vorn auf der Brust. Unter anderen erkannte 10
man Atizyes und Rheomithres und den Statthalter von Ägypten
Sabakes[68], die Befehlshaber großer Heerhaufen: um sie aufgetürmt die weniger bekannte Menge von Fußvolk und Reitern.
Auch von den Makedonen wurden zwar nicht viele, doch gerade
die beherztesten getötet, und unter andern Alexanders rechte
Hüfte leicht von einer Schwertspitze gestreift. Und schon war es 11

fast soweit, daß die Rosse, die Dareios zogen, von Speeren durchbohrt und durch den Schmerz wild gemacht, am Joche rissen und
den König vom Wagen schleuderten: da sprang der König aus
Furcht, lebendig in die Hand der Feinde zu geraten, herab und
ließ sich auf ein Pferd heben, das ihm zu eben diesem Zwecke
folgte. Dabei warf er sogar die Abzeichen seiner Herrschaft,

12 damit sie seine Flucht nicht verrieten, schimpflich von sich. Nun
vollends zerstreuten sich die übrigen voll Entsetzen, und jeder
stürzte dahin, wo sich ihm ein Weg zur Flucht öffnete, die Waffen
von sich werfend, die sie erst kurz zuvor zu ihrem Schutze ergriffen hatten: so scheut der Schrecken selbst das, was Hilfe bringen

13 kann. Die Flüchtlinge verfolgte die von Parmenion abgeschickte
Reiterei, und zufällig hatte die Flucht alle nach jenem Flügel
fortgerissen.

14   Auf dem rechten Flügel dagegen bedrängten die Perser heftig
die thessalische Reiterei, und eine Schwadron war bereits durch
ihr bloßes Anstürmen niedergeritten, als die Thessalier entschlossen ihre Rosse herumwarfen und von ihrer Flucht wieder in die
Schlacht zurückkehrten. Dort warfen sie die Barbaren, die sich in
ihrer Siegesgewißheit schon zerstreut hatten und keine Ordnung

15 mehr hielten, zu Boden. Rosse sowohl als Reiter der Perser,
schwerfällig durch die aneinandergefügten Panzerplatten, führten
dieses Manöver, bei dem es doch hauptsächlich auf Schnelligkeit
ankommt, nur mühsam aus, so daß die Thessalier sie beim Her-
umwerfen ihrer Rosse unangefochten niedermachten.

16   Nachdem ihm der glückliche Ausgang des Gefechtes gemeldet
war, begann Alexander, der vorher nicht gewagt hatte, die Barbaren zu verfolgen, nun auf beiden Flügeln siegreich, den Flie-

17 henden nachzusetzen. Nicht mehr als 1000 Reiter folgten ihm,
die Zahl der flüchtenden Feinde aber war ungeheuer groß. Doch
wer zählt als Sieger oder auf der Flucht die Truppen? Also wurden sie von so wenigen gleich einer Herde Vieh gejagt, und die

18 Furcht, die sie zur Flucht trieb, hemmte sie gleichzeitig. Die
Griechen jedoch, die auf Dareios' Seite gefochten hatten, waren
unter Führung des Amyntas – ein früherer Offizier Alexanders,
jetzt zum Feind übergelaufen – von den übrigen abgeschnitten,

entronnen, ohne daß dies gerade wie eine Flucht aussah. Die 19
Barbaren schlugen auf ihrer Flucht sehr verschiedene Wege ein,
die einen in gerader Richtung der Straße nach, die nach Persien
führte, manche eilten auf Umwegen zu Felsen und Gebirgswäl-
dern in der Umgebung, nur wenige in das Lager des Dareios.

Aber auch in dies, das von aller Art Reichtum strotzte, war der 20
Sieger bereits eingedrungen. Eine ungeheure Masse Goldes und
Silbers, das nicht Kriegszwecken, sondern dem Luxus diente, war
bald von den Soldaten geplündert, und da sie zu vieles fort-
schleppten, waren die Wege hier und da mit weniger wertvollen
Beutestücken bedeckt, die die Habsucht im Vergleich mit den
kostbareren verschmäht hatte. Und schon war man bis zu den 21
Frauen gelangt, denen ihr Schmuck, je kostbarer er war, um so
gewaltsamer abgerissen wurde: selbst ihre Leiber schonten sie
nicht in ihrer wilden Begierde. Je nachdem das Schicksal einer 22
jeden war, hatten sie alles mit Geheul und Verwirrung erfüllt, und
kein Bild des Schreckens fehlte, da die Grausamkeit und Zügellosigkeit des Siegers unter allen Klassen und Altern wütete. Hier 23
konnte man auch ein Beispiel von dem Wankelmut des Glückes
erblicken, denn die Diener, die dem Dareios das mit alter Pracht
und Reichtumsfülle ausgestattete Zelt hergerichtet hatten, ver-
wahrten all dieses nun für Alexander, gleich als wäre er ihr alter
Gebieter. Denn dies allein war von den Soldaten unberührt gelassen, nach der hergebrachten Sitte, den Sieger im Zelte des besiegten Königs aufzunehmen.

Aller Augen und Herzen aber hatten die gefangene Mutter und 24
Gemahlin des Dareios auf sich gezogen: Ehrfurcht gebietend jene
nicht nur durch ihre majestätische Erscheinung, sondern auch
durch ihr Alter; diese durch die Schönheit ihrer Gestalt, die selbst
durch ihr trauriges Los keine Einbuße erlitten hatte. Auf dem
Arme hielt sie ihren kleinen, noch kaum sechsjährigen Sohn, der
mit der Aussicht auf eine so glänzende Stellung geboren war, wie
sie sein Vater soeben eingebüßt. Aber im Schoße der greisen 25
Großmutter lagen die beiden erwachsenen Töchter, nicht nur
durch den eigenen, sondern auch durch deren Schmerz niedergebeugt. Um sie stand eine große Schar vornehmer Frauen, das

Haar zerrauft, die Gewänder zerrissen[69], ohne Rücksicht auf ihre
frühere hohe Stellung, und riefen ihre Königinnen und Herrinnen mit den Namen, die ihnen wohl vordem, aber nicht mehr
26 jetzt zukamen. Diese selbst dachten nicht an ihr eigenes Unglück,
sondern fragten immer wieder, auf welchem Flügel Dareios gestanden und welches das Geschick des Kampfes gewesen sei. Sie
könnten, sagten sie, nicht gefangen sein, wenn der König lebte.
Doch den hatte, indem er von Zeit zu Zeit sein Pferd wechselte,
die Flucht weiter und weiter fortgerissen.
27   In der Schlacht aber fielen 100000 Perser zu Fuß und 10000
Reiter. Auf seiten Alexanders dagegen gab es 504 Verwundete;
vom Fußvolk wurden im ganzen 32 vermißt, von der Reiterei
150 getötet. So geringe Opfer kostete ihn der gewaltige Sieg.

1 12. Alexander selbst kam, von der Verfolgung des Dareios ermüdet, als bei Einbruch der Nacht keine Hoffnung ihn einzuholen
vorhanden war, in das kurz zuvor von seinen Leuten genommene
2 Lager. Hierauf ließ er seine engsten Freunde zu sich einladen;
denn da ihm nur die Haut an der Hüfte oberflächlich gestreift
3 war, hinderte ihn dies nicht, am Mahle teilzunehmen. Da erschreckte plötzlich aus dem nächsten Zelte ein Jammergeschrei,
mit fremdartigem Geheul und Schmerzenstönen[70] vermischt, die
Speisenden. Auch die Abteilung, die vor dem Zelte des Königs
Wache hielt, fürchtete den Beginn eines größeren Aufruhrs und
4 griff zu den Waffen. Die Ursache des plötzlichen Schreckens war,
daß die Mutter und die Gemahlin des Dareios mit den vornehmen gefangenen Frauen den König, den sie getötet glaubten, mit
5 furchtbarem Gestöhn und Wehgeschrei beklagten. Einer von den
gefangenen Eunuchen nämlich, der gerade vor ihrem Zelte gestanden hatte, erkannte den Mantel, den Dareios, wie oben erwähnt, von sich geworfen, um sich nicht durch seine Tracht zu
verraten, in den Händen dessen, der ihn gefunden und ihn nun
getragen brachte, und in dem Glauben, er sei dem Getöteten
ausgezogen worden, hatte er die falsche Todesnachricht hinter-
6 bracht. Als Alexander diesen Irrtum der Frauen erfuhr, soll er
über das Schicksal des Dareios und ihre treue Liebe Tränen ver-

gossen haben. Und im ersten Augenblicke hatte er dem Mithrenes, der ihm Sardes ausgeliefert hatte[71], befohlen zu gehen und sie
zu trösten, da er er persischen Sprache mächtig war. Dann fürch- 7
tete er jedoch, der Verräter könnte den Unwillen und Schmerz
der Gefangenen erneuern, und sandte aus seiner Begleitung den
Leonnatos mit dem Auftrag, ihnen zu sagen, daß sie irrtümlich
um einen Lebenden trauerten. Jener kam mit einigen Wachleuten
in das Zelt, in dem sich die Gefangenen befanden, und ließ melden, er komme im Auftrag des Königs. Sobald jedoch die Diener 8
im Vorraum die Bewaffneten erblickten, rannten sie im Wahne,
es sei um ihre Herrinnen geschehen, in das Zelt und schrien, der
letzte Augenblick sei gekommen, es seien Leute da, die gefangenen Frauen zu töten. Da nun diese sie weder abhalten konnten, 9
noch einzulassen wagten, erwarteten sie stumm, ohne Antwort
zu geben, was der Sieger über sie beschlossen. Als Leonnatos 10
lange auf jemand gewartet, der ihn hineinführen sollte, ließ er, als
niemand hervorzukommen wagte, die Wachleute im Vorraum
und trat in das Zelt ein. Doch eben dieser Umstand, daß er, ohne
eingelassen zu sein, gleichsam eingebrochen war, hatte die Frauen
in Bestürzung gesetzt. Die Mutter und Gemahlin des Königs 11
warfen sich ihm daher zu Füßen und begannen zu bitten, er möge
ihnen gestatten, bevor sie getötet würden, den Leichnam des
Dareios nach Landessitte zu beerdigen[72]: hätten sie diese letzte
Pflicht gegen den König erfüllt, so wollten sie unverzüglich sterben. Leonnatos entgegnete, Dareios lebe, und ihnen selbst werde 12
nicht nur kein Leid geschehen, sondern sie sollten auch im Glanze
ihres früheren Ranges als Königinnen leben. Da erst ließ sich
Dareios' Mutter vom Boden aufheben.

Nachdem Alexander am folgenden Tage seine Soldaten, deren 13
Leichname man gefunden, sorgfältig hatte bestatten lassen, befahl
er, auch den vornehmsten Persern die gleiche Ehre zu erweisen,
und gestattete der Mutter des Dareios, wen sie wolle, nach Landessitte zu begraben. Diese ließ einige wenige, die ihr durch 14
Verwandtschaft am nächsten standen, ihrer gegenwärtigen Lage
entsprechend bestatten; denn sie glaubte, daß das Leichenge-
pränge, womit die Perser die letzte Pflicht gegen die Verstorbe-

nen erfüllten, Unwillen erregen könnte, da die Sieger ohne Aufwand verbrannt wurden.

15   Als nun den Leichnamen der Gefallenen die gebührende Ehre erwiesen war, schickte Alexander an die gefangenen Frauen Botschaft, daß er selbst komme, und ohne die Schar seiner Begleiter
16   einzulassen, trat er allein mit Hephaiston[73] in das Zelt. Dieser war ihm unter allen seinen Freunden bei weitem der liebste, war mit ihm zusammen erzogen und Mitwisser aller seiner Geheimnisse. Auch hatte kein anderer das Recht, ihn so freimütig zu ermahnen; dieses Recht übte er aber so aus, daß es ihm mehr vom Könige zugestanden, als von ihm selbst in Anspruch genommen schien. Und war er ebenso alt wie Alexander, übertraf er ihn aber an
17   Größe. Daher hielten die Königinnen ihn für den König und fielen nach ihrer Sitte vor ihm nieder. Als hierauf einige von den gefangenen Eunuchen ihnen zeigten, wer Alexander sei, warf sich Sisygambis zu seinen Füßen und entschuldigte ihren Irrtum damit, daß sie den König nie zuvor gesehen hätten. Doch dieser richtete sie mit der Hand empor und sprach: „Du hast dich nicht geirrt, Mutter, denn auch dieser ist Alexander."

18   Hätte er diese Bescheidenheit bis zum Ende seines Lebens beibehalten können, so wäre er meiner Meinung nach glücklicher gewesen, als er zu sein schien, als er in ähnlichen Triumphzuge wie Bacchus alle Länder vom Hellespont bis zum Ozean siegreich
19   durchmessen hatte. Dann hätte er sicherlich Stolz und Jähzorn, jene unbezwinglichen Laster, besiegt; hätte sich enthalten, beim Mahle seine Freunde zu ermorden, und sich gescheut, die ausgezeichnetsten Kriegsmänner, die mit ihm so viele Völker bezwun-
20   gen hatten, ungehört hinrichten zu lassen. Aber noch nicht hatte die Woge des Glücks seinen Sinn überwältigt, und darum trug er es zu Anfang mit Mäßigung und Weisheit, während er zuletzt seine Überfülle nicht zu fassen vermochte.

21   Damals wenigstens verhielt er sich so, daß er alle früheren Könige an Selbstbeherrschung und Milde übertraf. Sein Verhalten gegen die durch ihre Schönheit ausgezeichneten königlichen
22   Jungfrauen war so untadelig, als wären sie seine Schwestern. Der Gemahlin des Dareios, die von keiner ihrer Zeitgenossinnen an

Schönheit übertroffen wurde, war er selbst so weit entfernt zu
nahe zu treten, daß er mit größter Sorgfalt darüber wachte, daß
niemand sich an der Gefangenen vergriff. Allen ihren Schmuck   23
ließ er den Frauen zurückgeben, und es mangelte ihnen in ihrer
Gefangenschaft nicht das geringste von der Herrlichkeit ihres
früheren Ranges, außer dem Selbstgefühl. Sisygambis sprach   24
daher zu ihm: „O König, du verdienst es, daß wir das, was wir
ehedem für unsern Dareios erflehten, für dich erflehen, und bist,
wie ich sehe, der Herrschaft wert, da du diesen großen König
nicht nur an Glück, sondern auch an milder Gesinnung übertroffen hast. Du nennst mich zwar Mutter und Königin, doch ich   25
bekenne, daß ich deine Sklavin bin. Ich kann sowohl die Größe
meines verlorenen Glücks ermessen, wie ich auch die Last meines
gegenwärtigen Loses zu ertragen vermag. Deine Sache ist es,
wenn du lieber durch Milde als durch Grausamkeit bezeugt wissen willst, welch unbeschränkte Gewalt du über uns hast." Der 26
König hieß sie guten Mutes sein und nahm den kleinen Sohn des
Dareios auf den Arm, und dieser schlang ihm die Arme um den
Hals, ohne sich durch den Anblick des vorher nie gesehenen
Mannes im geringsten schrecken zu lassen. Von der Unerschrok-
kenheit des Knaben gerührt, wandte Alexander sich zu Hephaiston und rief: „Wie wünschte ich doch, daß Dareios etwas von
dieser Gesinnung an sich hätte!"

Als er hierauf das Zelt verlassen, weihte er am Ufer des Flusses 27
Pinaros dem Jupiter, dem Herkules und der Minerva drei Altäre
und marschierte dann nach Syrien. Zuvor jedoch schickte er
Parmenion nach Damaskus voraus, wo sich der Schatz des Königs
befand.

13. Da dieser erfuhr, daß auch ein Satrap des Dareios auf dem 1
Weg dorthin sei, fürchtete er, die geringe Zahl der Seinen könnte
verachtet werden, und beschloß zahlreichere Mannschaft an sich
zu ziehen. Da fiel zufällig den von ihm vorausgeschickten   2
Spähern ein Marder[74] in die Hände, der vor Parmenion gebracht
wurde und ihm einen vom Befehlshaber von Damaskus an Alexander gerichteten Brief übergab. Er fügte hinzu, dieser trage kein

Bedenken, den ganzen königlichen Hausrat samt dem Gelde aus-
3 zuliefern. Parmenion befahl, den Mann in Gewahrsam zu halten,
und öffnete den Brief, in dem geschrieben stand, Alexander solle
schleunigst einen von seinen Feldherren mit einer geringen Truppenzahl senden, dem er alles übergeben könnte, was der König in
seiner Verwahrung zurückgelassen. Er schickte daher den Marder
4 unter Begleitung an den Verräter zurück. Der entfloh jedoch
seinen Wächtern und gelangte vor Tagesanbruch nach Damaskos.
Dies beunruhigte Parmenion; er befürchtete nämlich eine List
und wagte es nicht, den unbekannten Marsch ohne Führer anzutreten; doch befahl er, im Vertrauen auf das Glück seines Königs,
Landleute aufzugreifen, die ihm auf dem Marsche als Führer
dienen könnten. Diese waren schnell gefunden, und am vierten
Tage gelangte er zur Stadt, während deren Befehlshaber schon
5 fürchtete, man hätte ihm kein Vertrauen geschenkt. Er befahl
daher, gleich als ob er den Befestigungswerken der Stadt zu
wenig traue, vor Sonnenaufgang den königlichen Schatz, der bei
den Persern Gaza heißt, nebst den besten Kostbarkeiten fortzuschaffen, dem Anschein nach, um zu flüchten, in Wirklichkeit
aber, um dem Feinde die Beute in die Hände zu liefern.
6 Viele tausend Männer und Weiber folgten ihm bei seinem
Auszuge aus der Stadt, eine Schar, die jedem Mitleid einflößen
mußte, nur nicht dem, dessen Schutze sie anvertraut war. Denn
damit der Lohn für seinen Verrat desto größer ausfalle, beabsichtigte er, dem Feinde eine noch willkommenere Beute als alles
Geld entgegenzuführen, vornehme Männer, Frauen und Kinder
der Feldherrn des Dareios, dazu die Gesandten der griechischen
Städte, die Dareios, als wären sie da in der sichersten Festung, in
7 den Händen des Verräters zurückgelassen hatte. „Gangabai" heißen bei den Persern die Leute, die auf ihren Schultern Lasten
tragen. Als es diese, da plötzlich ein Sturm Schneemassen herabschüttete und der Erdboden von Eis starrte, nicht länger aushalten
konnten, hüllten sie sich in die von Gold und Purpur glänzenden
Gewänder, die sie nebst dem Gelde trugen, ohne daß es jemand
wagte, sie daran zu hindern, da das Unglück des Königs auch den
8 Niedrigsten freie Hand gegen ihn gab. Sie boten daher dem

Parmenion den Anblick eines keineswegs zu verachtenden Zuges,
so daß dieser aus wachsamer Sorge die Seinigen mit wenig Worten wie zu einem ordentlichen Treffen anfeuerte und ihnen befahl, den Pferden die Sporen zu geben und im Galopp auf den
Feind loszustürmen. Die Lastträger jedoch ließen vor Furcht ihre   9
Bürde im Stich und ergriffen die Flucht, und auch die Bewaffneten, die sie begleiteten, begannen in gleicher Furcht, ihre Waffen
wegzuwerfen und sich nach den ihnen bekannten Schlupfwinkeln zu flüchten. Hatte doch ihr Befehlshaber, indem er sich   10
stellte, als sei er selbst auch in Schrecken geraten, alles mit Angst
erfüllt. Auf dem ganzen Gefilde lagen die königlichen Schätze, all
das Geld, zum Sold für eine ungeheure Truppenzahl bestimmt,
der ganze Schmuck so vieler vornehmer Männer, so vieler angesehener Frauen, goldene Gefäße, goldenes Zaumzeug, mit könig-   11
licher Pracht ausgeschmückte Zelte, auch Wagen, von den Besitzern verlassen und voll unermeßlichen Reichtums – ein Anblick,
selbst für die Plünderer jammervoll, wenn irgend etwas der Habsucht Schranken setzen könnte. Denn was durch das unglaubliche
und alle Vorstellungen übersteigende Glück so vieler Jahre ange-
häuft worden war, sah man dort teils an den Baumstämmen
zerrissen, teils in den Schlamm getreten. Die Hände der Plünderer
reichten für die Beute nicht aus.

Und schon hatte man auch die erreicht, die zuerst geflohen   12
waren. Die Frauen führten vielfach ihre kleinen Kinder mit sich;
darunter waren des Ochos[75], der vor Dareios geherrscht hatte,
junge Töchter, die schon früher durch den Wechsel der Dinge aus
der hohen Stellung, die ihr Vater innegehabt, gestürzt waren,
denen aber jetzt das Schicksal noch ein grausameres Los aufbür-
dete. Unter dem gleichen Haufen befand sich auch die Gemahlin   13
des genannten Ochos und die Tochter des Oxathres, des Bruders
von Dareios, sowie die Gemahlin des Artabazos, des obersten
Würdenträgers, mit ihrem Sohne, der Ilioneos hieß. Auch die   14
Gemahlin des Pharnabazos, dem der König den Oberbefehl über
die Seeküste anvertraut hatte, wurde mit ihrem Sohne gefangen
genommen, ferner drei Töchter Mentors und die Gemahlin[77] und
der Sohn des berühmten Feldherrn Memnon; und kaum blieb das

Haus irgendeines Würdenträgers von diesem grenzenlosen Un-
15 glück verschont. Gefangen wurden auch die Lakedaimonier und
Athener, die sich mit Verletzung des makedonischen Bündnisses
an die Perser angeschlossen hatten: Aristogeiton, Dropides und
Iphikrates, die durch Namen und Abkunft unter den Athenern
hochberühmt waren, und die Lakedaimonier Pausippos, Onoma-
storides, Monimos und Kallikratides, auch sie in ihrer Heimat zu
16 den Vornehmen zählend. Die Summe des geprägten Geldes betrug 2600 Talente, die des verarbeiteten Silbers 500 Talente an
Gewicht. Außerdem wurden 30000 Menschen nebst 7000 mit
17 Gepäck beladenen Lasttieren gefangen. Doch trafen die Götter,
die oft späte Rächer sind, den Verräter dieses großen Vermögens
schnell mit der verdienten Strafe. Einer von seinen Mitwissern
nämlich, der, wie ich glaube, vor der Würde des Königs auch
noch unter jenen unglücklichen Verhältnissen Scheu empfand,
brachte das Haupt des getöteten Verräters vor Dareios, dem Verratenen ein willkommener Trost. Denn einerseits war er an seinem Feinde gerächt, andrerseits sah er die Erinnerung an seine
Majestät noch nicht aus allen Gemütern entschwunden.

VIERTES BUCH

1. Dareios, der, eben noch Gebieter eines so gewaltigen Heeres, mehr einem Triumphator als Streiter ähnlich, auf seinem Wagen thronend, in die Schlacht gezogen war, floh durch die Gegenden, die er mit seinen fast unzählbaren Scharen erfüllt hatte, die aber nun leer und öde in tiefer Einsamkeit lagen. Wenige folgten ihrem König: denn teils hatten nicht alle die Flucht in gleicher Richtung eingeschlagen, teils konnten sie es wegen Ermattung ihrer Rosse der Schnelligkeit derer, die der König von Zeit zu Zeit wechselte, nicht gleichtun. Dann gelangte er nach Onchai[1], wo ihn viertausend von den Griechen aufnahmen, mit denen er in Richtung Euphrat eilte; denn erst das, glaubte er, werde in Zukunft ihm gehören, was er durch Schnelligkeit dem Feinde voraus abgewinnen könne.

Alexander aber setzte den Parmenion, durch den die Beute bei Damaskos gewonnen worden war, mit dem Befehl, diese wie auch die Gefangenen in sorgfältigem Gewahrsam zu halten, über das sogenannte Koilesyrien[2]. Die Syrer, noch nicht hinlänglich durch Niederlagen gedemütigt, wollten die neue Herrschaft ablehnen, doch wurden sie schnell unterworfen und befolgten nun gehorsam dessen Befehle. Auch die Insel Arados[3] ergab sich an Alexander, deren König Straton damals die Seeküste nebst mehreren weiter vom Meere entfernten Landstrichen besaß. Nachdem er dessen Unterwerfung entgegengenommen, rückte er zu der Stadt Marathos vor.

Dort wurde ihm ein Brief von Dareios überbracht, der ihn durch seinen übermütigen Ton heftig beleidigte. Vor allem erzürnte es ihn, daß Dareios den Königstitel wohl seinem, nicht

8 aber auch dem Namen Alexanders beigefügt hatte. Er forderte aber mehr, als daß er bat, Alexander solle ihm gegen eine Geldsumme, so groß sie nur das ganze Makedonien fassen könnte, seine Mutter, Gattin und Kinder zurückstellen. Um die Herrschaft möge er, wenn er Lust habe, unter gleichen Bedingungen[4] 9 mit ihm kämpfen. Sollte er aber endlich einsichtigeren Vorschlägen Gehör schenken und würde er, zufrieden mit seinem väterlichen Reiche, aus den Grenzen des fremden weichen, so solle er sein Freund und Bundesgenosse sein. Unter diesen Bedingungen sei er bereit, einen gegenseitigen Friedensvertrag einzugehen.

10 Hierauf erwiderte Alexander im wesentlichen folgendermaßen: „Der König Alexander an Dareios. Dareios, dessen Namen du angenommen[5], hat die Wohnsitze der Griechen am Hellespont und die griechischen Kolonien in Ionien auf alle Weise verheert, ist dann mit einem großen Heere über das Meer gesetzt und hat 11 Makedonien und Griechenland mit Krieg überzogen. Dann wiederum ist Xerxes aus demselben Lande mit einem wilden Barbarenheere gekommen, uns zu bekämpfen; und in einer Seeschlacht besiegt hat er gleichwohl den Mardonios in Griechenland zurückgelassen, um auch, nachdem er sich selbst entfernt, die Städte zu 12 verheeren und das Land zu verwüsten. Wer wüßte nicht, daß mein Vater Philipp von Leuten ermordet worden ist, die eure Agenten durch die Hoffnung auf eine sehr bedeutende Geldsumme dazu angestiftet hatten?[6] Denn ihr beginnt ungerechte Kriege, und obschon ihr Waffen habt, setzt ihr einen Preis auf die Häupter eurer Feinde: so wie du, ein König über ein so gewaltiges Heer, mit 1000 Talenten einen Mörder gegen mich hast dingen 13 wollen. Ich wehre also den Krieg ab, beginne ihn nicht. Und auch die Götter kämpfen für die bessere Sache: einen großen Teil Asiens habe ich mir unterworfen, dich selbst in der Schlacht besiegt. Obwohl du nun nichts von mir erlangen solltest, da du nicht einmal das Kriegsrecht gegen mich beachtet hast, so verspreche ich dennoch, daß du deine Mutter, deine Gattin und deine Kinder ohne Lösegeld zurückerhalten sollst, wenn du demütig 14 bittend zu mir kommst. Ich verstehe sowohl zu siegen als auch Besiegte zu behandeln. Fürchtest du aber, dich mir anzuver-

trauen, so will ich dir das Versprechen sicheren Geleites geben. Im übrigen aber, wenn du mir schreiben willst, denke daran, daß du nicht nur an einen König, sondern daß du an deinen König schreibst." Diesen Brief zu überbringen wurde Thersippos[7] abgeschickt.

Er selbst zog nach Phönikien hinab und nahm die Stadt By- 15 blos, die sich ihm ergab, in Besitz. Von dort gelangte man zu der durch ihr Alter und den Namen ihrer Erbauer berühmten Stadt Sidon[8]. Hier herrschte, durch Dareios' Macht unterstützt, Stra- 16 ton[9]; weil dieser jedoch weniger von sich aus als auf Drängen der Bürger die Stadt übergeben hatte, so erschien er der Regierung unwürdig und es wurde dem Hephaistion überlassen, den von den Sidoniern, der ihm dieser hohen Stellung am würdigsten erschiene, als König einzusetzen. In der Umgebung Hephaistions 17 waren zwei unter den Ihrigen angesehene junge Männer. Als er ihnen jedoch die Herrschaft anbot, erklärten sie, daß ihrer vaterländischen Sitte gemäß niemand zu dieser Würde zugelassen werde, der nicht aus königlichem Stamme entsprossen sei. Voll 18 Bewunderung für ihre hohe Sinnesart, die das, was andere mittelst Feuer und Schwert erstreben, ablehnte, sprach Hephaistion: „Preis euch um eurer Tugend willen, die ihr als erste eingesehen habt, wieviel größer es ist, eine Krone abzulehnen als anzunehmen! Doch nennt mir einen aus königlichem Stamme, der dann nicht vergißt, daß er die Herrschaft euch verdankt." Da sie nun 19 sahen, daß viele nach so hoher Stellung trachteten und aus gar zu großer Begierde nach der Herrschaft den einzelnen Freunden Alexanders schmeichelten, entschieden sie, niemand sei geeigneter als ein gewisser Abdalonymos, der zwar durch alte Verwandtschaft dem königlichen Stamme angehöre, jedoch seiner Armut wegen um geringen Lohn einen Garten in der Nähe der Stadt bearbeite. Der Grund seiner Armut war, wie so häufig, seine 20 Rechtschaffenheit, und mit seinem Tagewerke beschäftigt, hörte er nicht auf das Waffengetöse, das ganz Asien erschüttert hatte.

Da treten plötzlich die oben genannten mit dem Schmuck des 21 königlichen Kleides in den Garten, den gerade Abdalonymos von Unkraut säuberte. Als sie ihn als König begrüßt, sprach der eine 22 von ihnen: „Mit diesem Gewand, das du in meinen Händen erblickst, mußt du deinen schmutzigen Kittel hier vertauschen. Wasche deinen mit ewigem Schmutz und Unflat bedeckten Leib, nimm königlichen Sinn an und bewahre deine bisherige Genügsamkeit für diese von dir verdiente Stellung. Und wenn du auf dem Königsthrone sitzen wirst, ein Herr über Leben und Tod aller deiner Mitbürger, so vergiß nie den Zustand, in dem, oder

23 vielmehr um dessentwillen du die Krone empfängst." Dem Abdalonymos schien die Sache wie ein Traum, und wiederholt fragte er, ob sie wohl recht bei Sinnen wären, daß sie ein so mutwilliges Spiel mit ihm trieben. Doch als sie den Zögernden von Schmutz gereinigt, ihm das purpurne, goldgestickte Gewand angelegt und ihm alles eidlich bestätigt hatten, begab er sich, nun ernstlich als König, unter dem Geleite eben jener Männer in den königlichen Palast.

24 Die Kunde davon, wie das so zu gehen pflegt, verbreitete sich schnell in der ganzen Stadt. Einige legten Zustimmung, andere Unwillen an den Tag: besonders alle Reichen beklagten sich bei den Freunden Alexanders über die Niedrigkeit und Armut des

25 Mannes. Sofort ließ ihn der König vor sich führen, und nachdem er ihn lange betrachtet, sprach er: „Dein Äußeres widerspricht nicht dem, was man von deiner Abkunft erzählt, doch möchte ich wohl wissen, wie es dir möglich war, deine Armut geduldig zu ertragen." Hierauf erwiderte jener: „Könnte ich doch mit demselben Gleichmute die Krone tragen! Diese meine Hände reichten für meine Bedürfnisse aus, und als ich nichts besaß, mangelte mir

26 auch nichts." Diesen Worten des Abdalonymos entnahm Alexander den Beweis für dessen edle Sinnesart und befahl daher, ihm nicht allein den königlichen Hausrat des Straton zu übergeben, sondern auch einen großen Teil der persischen Beute, wie er auch die der Stadt benachbarte Gegend seiner Herrschaft hinzufügte.

27 Unterdes gelangte Amyntas[10], der, wie ich sagte, von Alexander zu den Persern übergegangen war, mit viertausend Griechen, die ihm aus der Schlacht gefolgt waren, auf seiner Flucht nach Tripolis.[11] Dort schiffte er seine Soldaten ein und setzte nach Zypern über; da er der Meinung war, es werde bei dem damali-

gen Zustande der Dinge jeder das, was er erobert, wie seinen
rechtmäßigen Besitz behalten können, so beschloß er nach Ägypten zu gehen, als ein Feind beider Könige und in steter Abhängig-
keit von dem schwankenden Wechsel der Verhältnisse. Er ermu- 28
tigte also seine Soldaten zu der Hoffnung auf einen so wichtigen
Erfolg und berichtete, der Statthalter von Ägypten, Sabakes, sei
in der Schlacht gefallen, die persische Besatzung sei führerlos und
schwach, die Ägypter, von jeher den persischen Statthaltern
feindlich, würden sie als Bundesgenossen, nicht als Feinde betrachten. Not zwang sie damals, alles zu versuchen: denn wenn 29
das Glück die ersten Hoffnungen getäuscht hat, erscheint die
Zukunft in günstigem Lichte. Alle riefen daher, er solle sie führen, wohin es ihm gut scheine. Und so gelangte er, da er ihren
Mut nutzen zu müssen glaubte, solange er von der Hoffnung
beflügelt sei, zu der pelusischen Nilmündung[12], wo er vorgab, er
sei von Dareios vorausgeschickt. Er bemächtigte sich also Pelu- 30
sions und rückte mit seinen Truppen gegen Memphis vor. Auf
diese Nachricht hin rotteten sich die Ägypter, ein leichtsinniges
und mehr zum Umsturz als zur Ausführung eines Unternehmens
geeignetes Volk, überall aus ihren Dörfern und Städten zusammen, um die persischen Besatzungen zu vernichten. Diese er-
schraken, gaben aber dennoch die Hoffnung, Ägypten zu behaupten, noch nicht auf. Doch Amyntas besiegte sie in einem 31
Treffen und trieb sie in die Stadt, dann schlug er ein Lager auf und
ließ seine siegreichen Truppen auf Plünderung der Ländereien
ausziehen, als ob ihm aller Besitz der Feinde preisgegeben wäre.
Obwohl es dem Mazakes[13] nicht entgangen war, wie das un- 32
glückliche Treffen seine Leute entmutigt hatte, konnte er sie
dennoch dazu bringen, ohne Zögern aus der Stadt auszubrechen
und das Verlorene wiederzugewinnen, indem er darauf hinwies,
daß die Feinde sich zerstreut hätten und durch den Sieg unvorsichtig geworden seien. Dieser Entschluß wurde nicht minder 33
glücklich ausgeführt, als er klug gefaßt war: alle ohne Ausnahme
samt ihrem Führer wurden getötet. So zahlte Amyntas beiden
Königen seine Strafe, er, der dem, zu welchem er übergegangen,
um nichts treuer gewesen war, als dem, welchen er verlassen.

34   Die Feldherrn des Dareios, welche die Schlacht bei Issos über-
lebt hatten, versuchten, mit ihrer ganzen Truppenzahl, die ihnen
auf der Flucht gefolgt war, und noch verstärkt durch Mannschaften aus Kappadokien und Paphlagonien, Lydien wiederzugewin-
35   nen. Alexanders Feldherr Antigonos[14] befehligte hier, und obschon derselbe die Mehrzahl seiner Soldaten aus den festen Plätzen an den König geschickt hatte, so führte er dennoch, voll
Verachtung gegen die Barbaren, die Seinigen in die Schlacht.
Auch hier das gleiche Schicksal der kämpfenden Parteien: die
Perser wurden in drei an verschiedenen Punkten gelieferten Tref-
36   fen in die Flucht geschlagen. Zu gleicher Zeit besiegte die aus
Griechenland herbeigerufene makedonische Flotte den Aristomenes, den Dareios abgeschickt hatte, die Küste des Hellespont wiederzugewinnen, indem man seine Schiffe teils nahm, teils ver-
37   senkte. Hierauf brandschatzte der persische Flottenbefehlshaber
Pharnabazos die Milesier, legte eine Besatzung in die Stadt Chios
und fuhr mit hundert Schiffen nach Andros und von da nach
Siphnos[15].

38   Der große Krieg, der von den mächtigsten Königen Europas
und Asiens in der Hoffnung, die ganze Welt zu erobern, geführt
wurde, hatte auch in Griechenland und Kreta zu den Waffen
39   gerufen. Der lakedaimonische König Agis[16] hatte 8000 Griechen,
die aus Kilikien entkommen und zurück in ihre Heimat geeilt
waren, zusammengezogen und begann den Krieg gegen den
40   Statthalter von Makedonien, Antipater. Die Kreter, die sich teils
dieser, teils jener Partei angeschlossen hatten, erhielten bald spar-
tanische, bald makedonische Besatzungen. Doch waren die Entscheidungen zwischen diesen Kämpfen von geringerem Belang,
da die Blicke der Schicksalsgöttin auf den einen Streit, von dem
alles Übrige abhing, gerichtet waren.

1   2. Schon gehörte ganz Syrien, schon auch Phönikien mit Ausnahme von Tyros den Makedonen, und der König hatte sein
Lager auf dem Festlande, von welchem die Stadt durch einen
2   engen Meeresarm getrennt wird. Tyros, sowohl durch Größe als
durch Berühmtheit vor allen Städten Syriens und Phönikiens

bemerkenswert, schien eher geneigt, ein Bündnis mit Alexander als dessen Herrschaft anzunehmen. Gesandte brachten ihm daher einen goldenen Kranz zum Geschenk und hatten aus der Stadt reichlich und gastfreundlich Proviant herbeigeschafft. Er befahl, die Geschenke, als von Freunden kommend, anzunehmen und redete die Gesandten gnädig an, indem er erklärte, er wolle dem Herkules[17], den die Tyrier vor allen verehrten, ein Opfer bringen: die makedonischen Könige glaubten, von diesem Gotte abzu- 3 stammen[18], und er sei sogar durch einen Orakelspruch veranlaßt, dies zu tun. Die Gesandten erwiderten, es befinde sich ein Tempel 4 des Herkules außerhalb der Stadt, an dem Orte, den sie Palaity- ros[19] nannten: dort könne der König sein Opfer mit aller Feier- lichkeit darbringen. Da hielt er seinen Zorn, den er auch sonst 5 nicht zu bewältigen vermochte, nicht länger an sich und rief: „Im Vertrauen also auf eure Lage, weil ihr eine Insel bewohnt, verach- tet ihr dieses mein Landheer: aber bald will ich euch zeigen, daß ihr auf dem Festlande liegt. Daher sollt ihr wissen: entweder laßt 6 ihr mich in eure Stadt einziehen, oder ich werde sie belagern!" Die mit diesem Bescheid Entlassenen versuchten, die Ihren davon zu überzeugen, daß sie dem Könige, den Syrien, den Phönikien aufgenommen, auch ihrerseits den Eintritt in ihre Stadt gestatten sollten. Doch jene waren voll Vertrauen auf die Örtlichkeit ent- 7 schlossen, eine Belagerung auszuhalten.

Die Stadt wird nämlich vom Festlande durch eine vier Sta- dien[20] breite Meerenge getrennt, welche, hauptsächlich dem Süd- westwinde ausgesetzt, häufig die Wogen von der hohen See nach der Küste zuwälzt. Und dem Bau des Dammes, durch den die 8 Makedonen die Insel mit dem Festlande zu verbinden beabsich- tigten, war nichts so hinderlich als jener Wind. Denn Dämme lassen sich kaum in einem sanft bewegten, ruhigen Meere auffüh- ren; der Südwestwind aber unterspülte jedesmal den begonnenen Bau und stürzte ihn durch seinen Anprall ins Meer: denn kein Damm ist so fest, daß ihn nicht die Wogen zernagen, indem sie teils durch die Verbindungen der Werkstücke dringen, teils bei heftigerem Winde die obersten Kanten des Baues überströmen. Außer dieser Schwierigkeit war eine andere nicht geringer: das 9

Meer, welches die Mauern und Türme der Stadt umgab, war
äußerst tief. Größere Geschosse konnten nur aus der Ferne von
Schiffen geschleudert, nirgendwo konnten Leitern an die Mauern
gelehnt werden: die steil ins Meer abfallende Mauer ließ für
keinen Zugang Raum. Schiffe aber hatte der König nicht, und
hätte er welche herangeführt, so konnten sie in ihrer schwankenden und unsichern Aufstellung durch Wurfgeschosse abgewehrt
werden.

10   Indessen wurde die Zuversicht der Tyrier durch einen unbedeutend klingenden Umstand noch bestärkt. Es waren gerade
Gesandte der Karthager angelangt, um nach alter Sitte eine jährlich wiederkehrende Feier zu begehen, da Karthago von Tyriern
erbaut war und daher Tyros immer als seine Mutterstadt ehrte.

11   Die Punier also ermahnten sie, die Belagerung tapfer und mutig
auszuhalten: bald werde von Karthago Hilfe kommen. Denn zu
jener Zeit wurden die Meere größtenteils von punischen Flotten
beherrscht.

12   Nachdem also der Krieg beschlossen war, besetzten sie Mauern
und Türme überall mit Wurfgeschossen, verteilten unter die jün-
gern Bürger Waffen und wiesen den Handwerkern, an denen die
Stadt großen Überfluß hatte, Werkstätten an. Alles erscholl von
Zurüstungen zum Kriege: auch eiserne Hände, Harpagonen[21]
genannt, um sie auf die Belagerungswerke der Feinde zu werfen,
und sogenannte Raben[22] und was sonst noch zur Verteidigung

13   von Städten ersonnen ist, wurde vorbereitet. Als nun aber das
Eisen, das geschmiedet werden sollte, in die Öfen gelegt war und
man mit Hilfe von Blasebälgen das Feuer anfachte, da sollen
inmitten der Flammen Blutbäche sichtbar geworden sein, die
Tyrier legten dies als schlechtes Omen für die Makedonen aus.

14   Auch bei den Makedonen bemerkten einige Soldaten, die gerade
Brotkorn mahlten, Tropfen hervorquellenden Blutes, und dem
dadurch erschreckten König erklärte sein kundigster Wahrsager
Aristander: wäre das Blut auf der Außenseite geflossen, so hätte
das Unglück für die Makedonen bedeutet, da es aber aus dem
Innern gequollen sei, so zeige es im Gegenteil das Verderben der

15   Stadt an, die man zu belagern entschlossen sei. Da Alexander

einesteils seine Flotte weit entfernt hatte, anderenteils einsah, daß
eine lange Belagerung ein großes Hemmnis für seine übrigen
Unternehmungen sein werde, so schickte er Herolde, um die
Tyrier zu einem Friedensschluß zu bewegen. Doch diese töteten
dieselben gegen alles Völkerrecht und stürzten sie ins Meer. Und
so beschloß er, aufgebracht durch diese schmähliche Ermordung
der Seinigen, die Stadt zu belagern.

Vorher jedoch war der Damm aufzuschütten, der die Stadt mit   16
dem Festlande verbinden sollte. Da bemächtigte sich tiefe Entmu-
tigung der Soldaten, wenn sie das tiefe Meer sahen, das kaum mit
Hilfe eines Gottes aufgefüllt werden könnte: wo könne man so
ungeheure Felsstücke, wo so hochragende Bäume finden? Ganze
Landstriche müsse man ausgraben, um diesen Raum mit einem
Damme auszufüllen. Fortwährend brande das Meer, und je enger
zusammengedrängt es sich zwischen der Insel und dem Festland
fortwälze, desto heftiger wüte es. Doch Alexander war kein Neu-   17
ling in der Bearbeitung der Gemüter seiner Soldaten. Im Traume,
erzählte er, sei ihm die Gestalt des Herkules erschienen, der ihm
die Rechte gereicht; von ihm geführt, habe er sich durch das
geöffnete Tor in die Stadt einziehen sehen. Gleichzeitig erinnerte
er sie an die Ermordung der Herolde und die Verletzung des
Völkerrechts: die einzige Stadt sei dies, die gewagt habe, seinen
Siegeslauf zu hemmen. Dann wurde jeder Anführer beauftragt,   18
die Seinigen zurechtzuweisen, und nachdem alle genügend an-
gespornt waren, begann er das Werk. Zur Hand war eine große
Masse Steine, die das alte Tyros darbot; Holz zur Erbauung von
Flößen und Türmen wurde vom Libanon beigeschafft. Und   19
schon war der Bau vom Meeresgrunde aus zu einer mäßigen
Höhe emporgewachsen, ohne jedoch schon die Oberfläche des
Wassers zu erreichen, als die Tyrier auf kleinen Fahrzeugen heran-   20
fuhren und sie verspotteten und verhöhnten, daß sie, die berühmten Krieger, wie Lasttiere auf dem Rücken Bürden schleppten.
Auch fragten sie, ob denn ihr Alexander mächtiger als Neptun
sei. Doch eben diese Verhöhnung erhöhte nur den Eifer der
Soldaten.

Und schon ragte der Damm ein wenig aus dem Wasser, wäh-   21

rend er zugleich in die Breite wuchs und sich der Stadt näherte.
Da sahen erst die Tyrier die Größe der Aufschüttung, deren
Wachstum ihnen vorher entgangen war, und begannen nun mit
leichten Schiffen den noch nicht zusammenhängenden Bau zu
umkreisen und mit Geschossen die Leute vorn auf dem Bauwerk
22 anzugreifen. Da also viele ungestraft verwundet wurden, weil es
sehr leicht war, mit den Kähnen fort und wieder heran zu rudern,
so hatte man sich vom Baue ab zur eigenen Verteidigung gewandt; und je weiter sich der Damm von der Küste entfernte, um
so mehr wurde alles, was man hineinwarf, von der bodenlosen
23 Tiefe verschlungen. Der König befahl daher, um die Schanzen-
den Segel und Tierhäute aufzuspannen, damit sie für die Geschosse unerreichbar würden; auch errichtete er auf der Spitze des
Dammes zwei Türme, um von da auf die unten sich nähernden
24 Kähne Geschosse abschleudern zu können. Die Tyrier dagegen
fuhren ungesehen von dem Feinde mit Schiffen nach der Küste,
ließen Soldaten an Land und töteten die, welche Steine schleppten. Auch auf dem Libanon griffen arabische Bauern die ungeordneten Makedonen an, töteten ungefähr 30 von ihnen und
nahmen einige gefangen.

1 3. Dieser Umstand nötigte Alexander, sein Heer zu teilen, und
damit es nicht so aussehe, als bliebe er untätig vor der einen Stadt
lagern, übergab er die Aufsicht über den Bau Perdikkas und
Krateros, während er selbst mit einer kampffertigen Heeresabteilung nach Arabien[23] zog.
2 Unterdes beluden die Tyrier ein sehr großes Schiff am Hinterdeck mit Steinen und Sand, so daß das Vorderdeck hoch empor-
ragte, bestrichen es mit Pech und Schwefel und ruderten es gegen
den Damm; und da auch in die Segel ein starker Wind blies, so
3 fuhr es schnell an ihn heran. Hierauf zündeten die Ruderer schnell
das Vorderteil an und sprangen in Kähne, die zu diesem Zwecke
bereitgehalten und ihnen gefolgt waren. Das vom Feuer ergrif-
fene Schiff aber begann seine Glut weiterzuverbreiten, die, bevor
man ihr Einhalt tun konnte, die Türme und die übrigen auf der
4 Höhe des Damms befindlichen Werke ergriff. Zugleich schleu-

derten die, welche in die kleinen Kähne gesprungen waren, Fak-
keln und was sonst zur Nahrung des Feuers dienen konnte, in die
Bauten der Feinde. Unverzüglich breitete sich das Feuer nicht nur
über die Türme der Makedonen, sondern auch über den hölzernen Oberbau des Dammes aus; die sich auf den Türmen befanden, wurden teils von der Glut verschlungen, teils konnten sie sich
unter Zurücklassung ihrer Waffen ins Meer stürzen. Doch die   5
Tyrier, die sie lieber lebendig fangen als töten wollten, verwundeten die Hände der Schwimmenden mit Stöcken und Steinen,
bis sie gelähmt und wehrlos von den Kähnen aufgefischt werden
konnten. Aber nicht allein durch das Feuer wurde das Bauwerk   6
zerstört, sondern zufällig schleuderte auch an dem gleichen Tage
ein ziemlich heftiger Sturm das aufgewühlte Meer aus der Tiefe
gegen den Damm, und gepeitscht von den häufigen Wogen,
lockerten sich die Fugen des Baues, und das zwischen den Steinen
durchspülende Meerwasser riß das Werk mitten auseinander. Als   7
so die Steinhaufen, von welchen das darauf gehäufte Erdreich
getragen wurde, eingestürzt waren, rollte alles jäh in die Tiefe,
und als Alexander aus Arabien zurückkehrte, fand er von diesem
mächtigen Damme kaum eine Spur mehr vor.
    Dabei schob, wie häufig bei widrigen Ereignissen, einer die
Schuld auf den andern, während sich doch alle mit mehr Recht
über das Wüten des Meeres hätten beklagen können. Beim Be-   8
ginn des neuen Dammbaues aber führte der König denselben
nicht mit der breiten Seite, sondern geradezu mit der Front gegen
den Wind auf, so daß diese die übrigen Anlagen deckte, die sich
gleichsam dahinter bargen. Auch ließ er das Ganze breiter auf-
schütten, so daß die in der Mitte aufgerichteten Türme sich außerhalb Schußweite befanden. Man warf ganze Bäume mit ihren   9
gewaltigen Ästen ins Meer, belastete sie dann mit Steinen und
legte auf diese Steinhaufen wieder andere Bäume. Nachher
wurde Erde daraufgeführt, und indem man noch eine weitere
Schicht von Steinen und Bäumen darüberhäufte, hatte man einen
durch eine Art von Verkettung zusammenhängenden Bau hergestellt.
    Jedoch auch die Tyrier versäumten nichts, was sich irgend zur

10 Hinderung des Dammbaues erdenken ließ. Ein vorzügliches Mittel war, daß man außerhalb der Sichtweite der Feinde unter Wasser tauchte, heimlich bis zu dem Damme schwamm und mit Haken die Zweige der hervorragenden Bäume an sich zog, die dann, wenn sie nachgegeben hatten, den größten Teil ihrer Last mit sich in die Tiefe stürzen ließen. Dann entfernten sie ohne große Mühe die von ihrer Last befreiten Pfähle und Baumstämme, worauf der ganze Bau, der sich auf die Pfähle stützte, nachsackte, da er kein Fundament mehr hatte.

11 Während Alexander verdrießlich und noch nicht ganz entschlossen war, ob er ausharren oder abziehen solle, traf die Flotte von Zypern ein und gleichzeitig Kleander, der kürzlich mit griechischen Söldnern in Asien gelandet war[24]. Die 190 Schiffe verteilte er auf zwei Flügel: den linken befehligten der kyprische König Pnytagoras und Krateros, auf dem rechten befand sich auf

12 einem königlichen Fünfruderer Alexander. Aber die Tyrier, obwohl sie eine Flotte hatten, wagten sich in keine Seeschlacht einzulassen; nur drei Schiffe im ganzen stellten sie ihnen unmittelbar unter ihren Mauern entgegen. Diese griff der König an und versenkte sie.

13 Am folgenden Tage näherte Alexander die Flotte der Stadt und erschütterte auf allen Seiten die Mauern durch Wurfgeschosse und hauptsächlich durch den Stoß der Widderköpfe.[25] Doch die Tyrier besserten sie eilig durch vorgewälzte Steine aus und begannen auch überall eine innere Mauer zu bauen, um sich

14 damit zu schützen, wenn sie die äußere im Stiche ließ. Aber von allen Seiten drängte die Macht des Unglücks auf sie ein: der Damm befand sich bereits innerhalb Schußweite, die Flotte umkreiste die Mauern, und gleichzeitig zu Lande wie von der See brach das Verderben über sie herein. Die Makedonen hatten nämlich immer zwei und zwei Vierruderer so miteinander verbunden, daß die Vorderdecke zusammenhingen, die Hinterdecke in

15 möglichst weiter Entfernung voneinander standen. Diesen Raum zwischen den Hinterdecken hatte man durch festgebundene Segelstangen und starke Latten und darüberhingelegte Brücken ausgefüllt, welche Soldaten tragen konnten. Diese so ausgerüste-

ten Vierruderer führte man gegen die Stadt und schleuderte von
ihnen ohne Gefahr Geschosse gegen die Verteidiger, weil der
Soldat durch die Vorderdecke geschützt wurde. Es war Mitter- 16
nacht, als der auf die angegebene Weise gerüsteten Flotte der
Befehl zuging, sich rings um die Mauern aufzustellen. Schon
näherten sich die Schiffe von allen Seiten der Stadt und die Tyrier
waren von Verzweiflung gelähmt, als plötzlich dichte Wolken am
Himmel aufzogen und jeder hindurchschimmernde Stern hinter
der darübergebreiteten Nebeldecke erlosch. Darauf begann das 17
Meer sich zu kräuseln und allmählich zu erheben, dann, von
heftigerem Winde aufgewühlt, Wogen zu türmen und die Schiffe
gegeneinander zu stoßen. Und schon rissen die Taue, durch die
die Vierruderer verbunden waren, das Gebälk stürzte ein, und
unter gewaltigem Krachen zog es die Soldaten mit sich in die
Tiefe. Denn die miteinander verketteten Fahrzeuge ließen sich auf 18
der stürmischen See durch keine Kraft lenken: der Soldat hinderte
den Dienst der Matrosen, der Ruderer den des Soldaten, und wie
es bei solchen Unfällen zu geschehen pflegt, die Kundigen standen unter dem Befehl von Unkundigen; denn die Steuerleute,
sonst zu befehlen gewohnt, mußten jetzt, mit dem Tode bedroht,
das Befohlene vollführen. Endlich gab das hartnäckig von den
Rudern gepeitschte Meer den Anstrengungen der Flottenmann-
schaft, die ihm gleichsam die Schiffe zu entreißen suchte, nach,
und man brachte sie ans Ufer, die meisten allerdings beschädigt.

In diesen Tagen erschienen zufällig auch 30 karthagische Ge- 19
sandte, für die Belagerten mehr ein Trost als eine Hilfe; denn sie
verkündeten, daß die Punier durch einen Krieg im eigenen Lande
abgehalten würden, und zwar sei es kein Kampf um die Oberherrschaft, sondern um ihre eigene Existenz. Die Syrakusaner 20
verheerten nämlich damals Afrika und hatten ihr Lager nicht weit
von den Mauern Karthagos aufgeschlagen.[26] Dennoch verloren
die Tyrier nicht den Mut, obwohl sie in einer großen Hoffnung
getäuscht waren, doch übergaben sie ihnen ihre Frauen und Kinder, sie nach Karthago wegzubringen, um mutiger ertragen zu
können, was immer geschehe, wenn sie nur ihre kostbarste Habe
der gemeinsamen Gefahr entzogen wüßten. Und als einer von 21

den Bürgern in der Volksversammlung berichtete, er habe eine
Traumerscheinung gesehen, wie Apollon, den man mit so großer
Ehrfurcht anbete, die Stadt verlassen habe, wie aus dem von den
Makedonen im Meere aufgeworfenen Damme ein waldiger
22 Bergrücken geworden sei, so fesselte man, obwohl der Berichter-
statter kein Mann von Gewicht war, dennoch aus Furcht alles
Schlimmere zu glauben geneigt, die Bildsäule mit einer goldenen
Kette und befestigte diese am Altar des Herkules, dem die Stadt
geweiht war, als ob dieser Gott den Apollon zurückhalten würde.
Jenes Götterbild hatten die Punier aus Syrakus[27] entführt und es in
der Stadt ihrer Ahnen aufgestellt, wie sie auch mit vielen andern
Beutestücken aus den von ihnen eingenommenen Städten Tyros
23 nicht weniger als Karthago ausgeschmückt hatten. Es rieten sogar
einige, ein Opfer zu erneuern, von dem ich durchaus nicht glauben möchte, daß es den Göttern willkommen ist, und das man
viele Jahrhunderte unterlassen hatte, nämlich dem Saturn[28] einen
freigeborenen Knaben zu verbrennen: ein Opfer oder vielmehr
ein Greuel, der auf die Karthager von ihren Gründern übergegangen und bis zur Zerstörung ihrer Stadt von ihnen geübt worden
sein soll. Und hätte sich nicht damals der Rat der Alten, nach
deren Beschluß alles geschah, dem widersetzt, so hätte der gräß-
liche Aberglaube über die Menschlichkeit gesiegt.
24 Übrigens brachte die Not, die erfinderischer ist als jede Kunst,
nicht nur auf die gebräuchlichen, sondern auch auf manche neue
Schutzmittel. Um nämlich die Schiffe, die sich den Mauern näherten, packen zu können, band man an starke Balken die schon
erwähnten Raben und Eisenhände und ließ sie, wenn die Balken
durch eine Maschine vorgeschoben waren, durch plötzliches Lok-
25 kerlassen der Taue darauf hinabfallen.[29] Auch verstümmelten
Haken und Sicheln, die ebenfalls von den Balken herabhingen,
entweder die Kämpfer oder die Schiffe selbst. Ferner brachte man
eherne Schilde über einem großen Feuer zum Glühen und warf
sie, mit heißem Sande und kochendem Schlamme gefüllt, plötz-
26 lich von den Mauern herab. Und kein Zerstörungsmittel wurde
mehr als dieses gefürchtet; denn wenn der glühende Sand durch
den Panzer auf den Leib gedrungen war, konnte er durch keine

Anstrengung abgeschüttelt werden und durchsengte, was er berührte, so daß sie die Waffen von sich warfen, alles, was zu ihrem
Schutze dienen konnte, zerrissen und sich wehrlos den Verwundungen preisgaben. Die mit Hilfe der Maschine losgelassenen
Raben und Eisenhände aber rissen sehr viele mit sich fort.

4. Da war der König der Sache müde, entschlossen die Belage-   1
rung aufzuheben und nach Ägypten zu ziehen. Denn nachdem er
Asien mit ungemeiner Schnelligkeit durchzogen, saß er vor den
Mauern der einen Stadt fest und versäumte die Gelegenheit zu
soviel gewaltigen Taten. Doch schämte er sich, sowohl unverrich-   2
teter Sache abzuziehen als länger zu verweilen; er meinte nämlich, auch sein Kriegsruhm, durch den er zerstörender gewirkt
hatte als durch seine Waffen, werde geschmälert, wenn er Tyros
gleichsam als ein Zeugnis, daß er besiegt werden könne, hinter
sich ließe. Um also nichts unversucht zu lassen, befahl er, mehr
Schiffe heranzuführen und sie mit auserlesenen Soldaten zu be-
mannen. Und zufällig drängte ein Seeungeheuer von ungewöhn-   3
licher Größe, das mit dem Rücken die Fluten überragte, seinen
ungeschlachten Leib an den von den Makedonen aufgeworfenen
Damm und wurde, wie es die Fluten zerteilte und sich emporhob,
für beide Parteien sichtbar; dann tauchte es am Ende des Dammes   4
wieder in die Tiefe, und bald mit einem großen Teile seines
Körpers die Wogen überragend, bald von überflutenden Wellen
bedeckt, tauchte es unweit der Befestigungswerke der Stadt
wieder auf. Für beide Seiten war der Anblick des Ungeheuers   5
erfreulich; die Makedonen deuteten es, als habe es ihnen die
Richtung des aufzuführenden Baues gezeigt, die Tyrier dagegen,
als habe Neptun aus Rache für die Beschlagnahme des Meeres das
Ungeheuer weggerissen, und sicher werde in kurzem der Damm
einstürzen. Froh über das Vorzeichen, zerstreuten sie sich, veran-
stalteten ein Festmahl und tranken zuviel Wein; dann bestiegen
sie, noch trunken, nach Aufgang der Sonne ihre mit Blumen und
Kränzen geschmückten Fahrzeuge: so hatten sie nicht nur das
Vorzeichen des Sieges, sondern auch den Jubel darüber vorweg-
genommen.

6   Zufällig hatte der König befohlen, mit der Flotte in entgegengesetzter Richtung zu steuern und nur dreißig kleinere Fahrzeuge an der Küste zurückgelassen.[30] Von diesen kaperten die Tyrier zwei und jagten den übrigen einen gewaltigen Schrecken ein, bis Alexander das Geschrei der Seinigen vernahm und die Flotte dem

7   Punkte der Küste näherte, von wo der Lärm erschollen war. Als erstes der makedonischen Schiffe eilte ein Fünfruderer, der den übrigen an Schnelligkeit überlegen war, dem Feinde entgegen. Sobald die Tyrier ihn erblickten, fuhren zwei aus verschiedener Richtung auf seine Seiten los; der Fünfruderer schoß ebenfalls gegen eins der beiden los, so daß er sowohl selbst von dessen

8   Schnabel getroffen wurde, als auch seinerseits jenes festhielt. Und schon fuhr das andere, welches nicht festhing, mit voller Fahrt gegen die andere Seite des Fünfruderers los, als wunderbarerweise gerade im rechten Augenblick ein Dreiruderer von Alexanders Flotte gegen eben jenes Schiff, welches den Fünfruderer bedrohte, mit solcher Gewalt anrannte, daß der tyrische Steuer-

9   mann vom Hinterdeck ins Meer geschleudert wurde. Dann kamen noch mehrere makedonische Schiffe hinzu und auch der König selbst war zur Stelle, während die Tyrier rückwärts ruderten, mit Mühe ihr festsitzendes Schiff losrissen und mit allen Fahrzeugen zugleich nach dem Hafen zurückeilten. Der König, der ihnen unverzüglich folgte, konnte zwar in den Hafen nicht eindringen, da er aus der Ferne von den Mauern durch Geschosse abgehalten wurde; die Schiffe aber wurden fast sämtlich von ihm entweder in den Grund gebohrt oder genommen.

10   Nachdem er hierauf den Soldaten zwei Tage zum Ausruhen gegönnt und dann befohlen hatte, zugleich mit der Flotte und den Belagerungsmaschinen vorzurücken, um von allen Seiten die Erschreckten zu bedrängen, stieg er selbst auf den höchsten Turm,

11   voll hohen Mutes und mit noch größerer Lebensgefahr. Denn an den königlichen Abzeichen und seiner glänzenden Rüstung erkennbar, wurde er besonders zum Ziel der Geschosse. Und was er tat, war in der Tat bewunderungswürdig. Viele Verteidiger der Mauer durchbohrte er mit dem Speer. Manche traf auch aus der Nähe der Stoß seines Schwertes und Schildes und stürzte sie

hinab, denn der Turm, von welchem er kämpfte, hing beinahe
mit den feindlichen Mauern zusammen. Und schon waren durch 12
die häufigen Stöße der Widderköpfe die Fugen der Steine gelok-
kert und die Befestigungswerke unbrauchbar geworden, die
Flotte war in den Hafen eingedrungen, und einzelne Makedonen
hatten die vom Feinde verlassenen Türme erstiegen: da, durch so
viele gleichzeitige Gefahren überwunden, fliehen die Tyrier teils
schutzflehend in die Tempel, teils verriegeln sie die Türen ihrer
Häuser und suchen den Freitod; manche stürzen sich unter die
Feinde, um wenigstens nicht ungerächt zu sterben; ein großer Teil
besetzte die Dächer der Häuser und schleuderte Steine und was
ihnen der Zufall in die Hand gegeben auf die unten Andrängenden. Alexander befahl, mit Ausnahme der in die Tempel Geflo- 13
henen, alle zu töten und in die Häuser Feuer zu werfen. Obwohl 14
dies aber durch Herolde bekanntgemacht wurde, brachte es dennoch kein Bewaffneter über sich, bei den Göttern Schutz zu
suchen. Knaben und Jungfrauen hatten die Tempel erfüllt: die
Männer standen, ein jeder am Eingange seines Hauses, kampfbereit gegen die wütenden Sieger. Vielen jedoch brachten die Sido- 15
nier Rettung, die sich im makedonischen Heerlager befanden.
Diese waren zwar mit den Siegern in die Stadt eingedrungen,
doch eingedenk ihrer Verwandtschaft mit den Tyriern, da Agenor als Gründer beider Städte galt, führten sie viele von den
Tyriern, sie heimlich beschützend, auf ihre Schiffe, auf denen
versteckt sie nach Sidon gebracht wurden. 15000 wurden so auf 16
heimliche Weise dem Morden entzogen. Wieviel Blut geflossen
ist, kann man schon daraus entnehmen, daß innerhalb der Stadtmauern 6000 Bewaffnete getötet wurden. Hierauf gab der Zorn 17
des Königs den Siegern ein trauriges Schauspiel: 2000, die die
ermattende Mordlust übriggelassen hatte, wurden ans Kreuz geschlagen und hingen so über eine weite Strecke der Küste hin. Die 18
karthagischen Gesandten verschonte Alexander, doch er drohte
ihnen einen Krieg an, den nur der Drang der gegenwärtigen
Begebenheiten noch zu verschieben nötige.

Im siebenten Monate nach Beginn der Belagerung wurde 19
Tyros, diese sowohl durch das Alter ihres Ursprungs als durch ihr

häufig wechselndes Geschick bis auf späte Zeiten bemerkenswerte
Stadt, eingenommen.[31] Gegründet von Agenor, unterwarf sie
sich lange Zeit das Meer, und zwar nicht nur das benachbarte,
sondern überall, wohin ihre Flotten kamen. Und darf man der
Sage Glauben schenken, so waren es die Tyrier, welche die Buchstaben zuerst entweder gelehrt oder gelernt haben. Sicher ist, daß
ihre Pflanzstädte fast in der ganzen Welt verstreut sind: Karthago
20 in Afrika, Theben in Böotien, Gades am Ozean[32]. Wie es scheint,
suchten sie sich bei ihren Fahrten über das freie Meer und bei dem
häufigen Besuche von sonst unbekannten Ländern Wohnsitze für
ihre damals zahlreichen Nachkommen; oder es sahen sich auch
die Bewohner, der häufigen Erdbeben müde, wie ebenfalls berichtet wird, genötigt sich mit den Waffen neue und auswärtige
21 Wohnplätze zu suchen. Nachdem sie soviel Unglück hat über sich
ergehen lassen müssen und nach ihrer Zerstörung wieder aufgebaut wurde, genießt die Stadt wenigstens jetzt, indem der lange
Friede[33] alles neu aufleben läßt, unter dem Schutze der milden
römischen Herrschaft Ruhe.

1 5. Ziemlich gleichzeitig kam ein Brief von Dareios an, der endlich
wie an einen König geschrieben war. Er bat darin, Alexander
möge sich mit seiner Tochter Stateira vermählen. Mitgift solle das
ganze Land zwischen dem Hellespont und dem Flusse Halys sein.
Er selbst wolle sich mit den von da nach Osten liegenden Ländern
2 begnügen. Zögere er vielleicht, das Angebot anzunehmen, nun,
so sei das Glück niemals von langem Bestand, und immer hätten
die Menschen, je größere Gunst sie genössen, auch um so mehr
3 Neid zu spüren. Er fürchte, Alexander erhebe sich wie ein Vogel,
den seine natürliche Leichtigkeit in die Wolken trage, in eitlem
und knabenhaftem Stolze: denn nichts sei schwieriger, als in
4 diesem Alter so großes Glück zu ertragen. Ihm selbst sei noch viel
übrig geblieben, und nicht immer könne man ihn auf einem
engen Gelände fassen. Alexander müsse den Euphrat, Tigris, Araxes[34] und Hydaspes[35], die großen Bollwerke des Perserreiches,
überschreiten; er müsse auf die Ebene hinaus, wo er der geringen
Anzahl seiner Truppen wegen werde erröten müssen. Wann ge-

dächte er denn bis nach Medien, Hyrkanien, Baktrien und zu den 5
am Ozean wohnenden Indern zu gelangen, um die Sogdianer,
Arachosier und die übrigen bis zum Kaukasos und Tanais[33] rei-
chenden Völkerstämme gar nicht zu erwähnen? Ein volles Men-
schenleben gehöre dazu, wolle man so viele Länder selbst ohne
Kampf nur besuchen. Ihn zu sich zu rufen, möge er ja aufgeben, 6
denn zu seinem Verderben werde er erscheinen. – Alexander 7
erwiderte den Überbringern des Briefes: Dareios verspreche ihm,
was ihm gar nicht mehr gehöre, und wolle teilen, was er schon
ganz und gar verloren habe. Als Mitgift biete man ihm Lydien,
Ionien, Äolien und die Küste des Hellespont, was doch alles Beute
seines Sieges sei. Die Bedingungen aber würden von den Siegern
diktiert, von den Besiegten angenommen. Wenn ihm allein noch
unbekannt wäre, in welcher dieser beiden Lagen sie sich befänden, so solle er es sobald als möglich durch eine Schlacht zur
Entscheidung bringen. Auch habe er, als er das Meer überschrit- 8
ten, nicht Kilikien oder Lydien, die ein sehr geringer Lohn für
einen so großen Krieg sein würden, sondern die Hauptstadt des
Perserreichs, Persepolis, dann Baktra und Ekbatana und die Gegenden des äußersten Orientes zu seinem Reiche bestimmt.
Wohin immer Dareios fliehen könne, könne er seinerseits folgen,
und aufgeben solle er es, ihn, der, wie er wisse, Meere überschritten habe, mit Flußnamen zu schrecken.

Das hatten die Könige einander geschrieben. Die Rhodier aber 9
überlieferten ihre Stadt samt Häfen an Alexander. Dieser übergab
Kilikien dem Sokrates und setzte den Philotas[37] zum Befehlshaber
über die Gegend um Tyros ein, während Parmenion das sogenannte Koilesyrien an Andromachos abtrat, um selbst den noch
übrigen Krieg mitzumachen. Hierauf befahl der König dem He- 10
phaistion, mit der Flotte an der phönikischen Küste hinzusteuern,
er selbst gelangte mit seinem ganzen Heere zu der Stadt Gaza.

Um dieselbe Zeit ungefähr war das feierliche Kampfspiel der 11
Isthmien, das unter Beteiligung von ganz Griechenland begangen
wird. Bei dieser Versammlung beschlossen die Griechen, sich
nach ihrer Art der Lage der Dinge anpassend, fünfzehn Gesandte
an den König zu schicken, um ihm wegen der für die Wohlfahrt

und Freiheit Griechenlands vollbrachten Taten als Siegespreis
12 einen goldenen Kranz darzubringen. Dieselben Leute hatten kurz
zuvor nach dem Hauch eines unsicheren Gerüchtes geschnappt,
um sich anzuschließen, wohin immer der Zufall ihren schwankenden Sinn trüge.

13   Übrigens suchte nicht bloß der König selbst die Städte heim,
die sich noch gegen das Joch seiner Herrschaft sträubten, sondern
auch seine Feldherrn, vortreffliche Heerführer, hatten nach verschiedenen Punkten ihre Angriffe gerichtet: Kalas gegen Paphlagonien[38], Antigonos gegen Lykaonien[39]; Balakros nahm, nachdem er den Feldherrn des Dareios, Hydarnes, besiegt, Milet ein;
14 Amphoteros und Hegelochos brachten mit einer Flotte von 160
Schiffen die Inseln zwischen Achaia[40] und Asien unter die Botmäßigkeit Alexanders. Als auch Tenedos wiedergewonnen war, hatten sie beschlossen Chios zu besetzen, dessen Einwohner sie von
15 freien Stücken herbeiriefen; allein Dareios' Feldherr Pharnabazos
ließ diejenigen, die die Insel auf die Seite der Makedonen ziehen
wollten, festnehmen und übergab die Stadt wieder dem Apollonides und Athenagoras, zwei Männern seiner Partei, mit einer
16 mäßigen Truppenbesatzung. Alexanders Generale harrten jedoch
bei der Belagerung der Stadt aus, nicht so sehr im Vertrauen auf
ihre eigene Stärke, als auf die Geneigtheit der Belagerten selbst.
Und ihre Hoffnung täuschte sie nicht. Denn ein Streit, der zwischen Apollonides und den Anführern der Truppen entstanden
17 war, bot ihnen Gelegenheit, in die Stadt einzubrechen. Und als
das Tor aufgebrochen und die Makedonen eingedrungen waren,
verbanden sich die Bürger, die schon vorher auf Verrat gesonnen
hatten, mit Amphoteros und Hegelochos: die persische Besatzung wurde getötet und Pharnabazos nebst Apollonides und
18 Athenagoras gebunden ausgeliefert, desgleichen zwölf Dreiruderer mit ihrer Bemannung an Soldaten und Ruderern; außerdem
30 leere Schiffe, eine Anzahl Piratenkähne und 3000 von den
Persern gedungene griechische Söldner. Diese letzteren verteilten
sie unter ihre Truppen zu deren Ergänzung, die Piraten ließen sie
hinrichten, und durch die gefangenen Ruderer verstärkten sie
ihre eigene Flotte.

Zufälligerweise näherte sich der Tyrann von Methymna[41], Ari- 19
stonikos, in Unkenntnis dessen, was zu Chios geschehen war, in
der ersten Nachtwache mit einigen Piratenschiffen dem verschlossenen Eingange des Hafens und gab auf die Frage der
Wächter, wer er wäre, zur Antwort: Aristonikos, der zu Pharnabazos komme. Jene versetzten, Pharnabazos schlafe zwar bereits, 20
und es sei unmöglich, zu ihm zu gehen, doch stehe seinem Verbündeten und Gastfreunde der Hafen offen und am folgenden
Tage werde er Pharnabazos sprechen können. Aristonikos zö- 21
gerte auch nicht, voran hineinzusteuern, und die Piratenkähne
folgten ihrem Führer. Doch während sie die Fahrzeuge am Ha-
fenrande anbinden, wird von den Wächtern die Sperrkette vorgezogen und zugleich der nächste Wachtposten aufgeweckt. Da
keiner von ihnen Widerstand zu leisten wagte, so warf man alle in
Ketten und übergab sie dann dem Amphoteros und Hegelochos.
Von hier setzten die Makedonen nach Mitylene über, das der 22
Athener Chares kürzlich erobert hatte und mit zweitausend Persern besetzt hielt. Da er aber eine Belagerung nicht aushalten
konnte, so übergab er die Stadt unter der Bedingung, daß ihm
freier Abzug gestattet würde, und ging nach Imbros[42]. Die Besatzung, die sich ihnen ergeben hatte, verschonten die Makedonen.

6. Da Dareios die Hoffnung auf den Frieden, den er durch Briefe 1
und Gesandtschaften erlangen zu können geglaubt hatte, aufgegeben hatte, wendete er seine Gedanken auf Wiederherstellung
seiner Streitkräfte und sofortige Erneuerung des Krieges. Er be- 2
fahl daher seinen Generälen, in Babylon zusammenzukommen,
sowie auch dem Statthalter von Baktrien, Bessos, ein möglichst
großes Heer zusammenzubringen und zu ihm zu kommen. Es 3
sind aber die Baktrianer unter jenen Völkerschaften die entschlossensten, von rauhem Charakter und dem persischen Wohlleben
völlig abgeneigt. Wegen ihrer Nachbarschaft zu dem äußerst
kriegerischen und an Räuberleben gewöhnten Volk der Skythen
standen sie stets unter Waffen. Bessos jedoch, der sich allerdings 4
nicht gleichmütig mit einer Stellung zweiten Ranges begnügte,
flößte dem Könige Furcht ein, er argwöhnte Treulosigkeit. Denn

da er nach Herrschaft strebte, so war von ihm Verrat zu befürchten, durch den allein er sie erlangen konnte.

5   Übrigens konnte Alexander trotz aller sorgfältigen Nachforschungen nicht ermitteln, in welche Gegend sich Dareios begeben habe, da es eine Sitte der Perser ist, die Geheimnisse ihrer Könige

6   mit bewunderungswürdiger Treue zu verschweigen. Keine Drohung, kein Versprechen entlockt ihnen eine Silbe, die das Geheimnis verraten könnte. Die alte Strenge ihrer Könige hatte durch Androhung des Todesstrafe das Stillschweigen unverbrüchlich gemacht. Mißbrauch der Zunge wird schwerer geahndet als irgend ein Schimpf, und man glaubt, daß der keiner wichtigen Sache gewachsen sei, dem es schwerfällt, zu schweigen, obwohl die Natur dies dem Menschen habe so leicht machen wollen.

7   Da Alexander aus diesem Grunde nichts von dem, was bei dem Feinde geschah, erfahren konnte, belagerte er die Stadt Gaza.[43] Befehligt wurde sie von Betis, einem Manne von ausgezeichneter Treue gegen seinen König, der die ausgedehnten Mauern mit

8   einer mäßigen Besatzung verteidigte. Nachdem Alexander die Lage der Gegend in Betracht gezogen, befahl er unterirdische Gänge zu führen, da der leichte und lockere Boden versteckte Bauten dieser Art zuließ. Denn das benachbarte Meer wirft viel Sand aus, und keine Felsen noch Steine setzen den Minen ein

9   Hindernis entgegen. Er begann also die Arbeit von der Seite, die die Bewohner der Stadt nicht sehen konnten, und ließ, um ihre Aufmerksamkeit abzulenken, Belagerungstürme gegen die Mauern vorrücken. Aber die Art des Bodens behinderte die Bewegung der Türme: der träge Sand hemmte die Beweglichkeit der Räder, das Gebälk der Türme barst auseinander, und viele wurden, ohne daß sie sich wehren konnten, verwundet, da es genauso mühsam für sie war, die Türme zurückzuziehen, als sie

10   vorzubewegen. Daher gab er das Zeichen zum Rückzug und befahl, am folgenden Tage die Mauern mit einer Truppenlinie einzuschließen. Nach Aufgang der Sonne brachte er, bevor er sein Heer heranführte, den Beistand der Götter zu erflehen, nach

11   Vätersitte ein Opfer dar. Zufällig flog ein Rabe[44] vorüber und

verlor plötzlich eine Erdscholle, die er in den Krallen trug. Diese
fiel auf das Haupt des Königs und rieselte zerbröckelnd hinab, der
Vogel selbst aber ließ sich auf dem nächsten Turme nieder; und da
dieser mit Pech und Schwefel[45] bestrichen war, blieb er mit den
Flügeln hängen und wurde, als er sich vergebens wieder aufzuschwingen suchte, von den Umstehenden gefangen. Der Vorfall 12
schien wichtig genug, um die Wahrsager zu befragen; denn Alexander war nicht ganz frei von Aberglauben. Also erklärte Aristander, dem er den meisten Glauben schenkte, durch jenes Vorzeichen werde zwar der Untergang der Stadt verkündet, doch sei
Gefahr vorhanden, daß der König eine Wunde erhalte. Darum
riet er, an diesem Tage nichts zu beginnen. Obwohl der König 13
nun unwillig war, daß ihn eine einzige Stadt hinderte, sicher in
Ägypten einzudringen, folgte er dennoch dem Wahrsager und
gab das Zeichen zum Rückzuge.

Dadurch wuchs den Belagerten der Mut; sie machten einen
Ausfall und griffen die Zurückweichenden an, da sie in dem
Zaudern der Feinde für sich selbst eine günstige Gelegenheit zu
erblicken glaubten. Doch begannen sie den Kampf mit mehr 14
Heftigkeit als Ausdauer; denn sobald sie die Makedonen wieder
Front machen sahen, machten sie plötzlich Halt. Schon war auch
das Geschrei der Kämpfenden zum Könige gelangt, als dieser,
kaum noch an die angedrohte Gefahr denkend, auf Bitten seiner
Freunde wenigstens den Panzer nahm, den er selten anzulegen
pflegte, und sich unter die vordersten Reihen begab. Hier er- 15
blickte ihn ein Araber aus Dareios' Heer, und wagte Kühneres, als
sein Rang erwarten ließ. Er versteckte sein Schwert unter dem
Schild und warf sich, als wäre er ein Überläufer, vor den Knien
des Königs nieder. Der hieß den Schutzflehenden aufstehen und
unter die Reihen der Seinigen treten. Doch der Barbar nahm 16
entschlossen sein Schwert in die Rechte hinüber und hieb nach
dem Nacken des Königs; der wich indes mit einer leichten Beugung des Körpers dem Streiche aus und schlug mit seinem
Schwert die ins Leere hauende Hand des Barbaren ab. Und nun
glaubte er selbst, die ihm für diesen Tag angedrohte Gefahr sei
überstanden. Aber dem Schicksal ist, wie ich meine, nicht zu 17

entgehen. Während er nämlich allzueifrig unter den Vordersten
kämpfte, traf ihn ein Pfeil, der durch den Panzer drang und in der
Schulter stecken blieb, wo ihn sein Arzt Philippos herauszog.
18 Darauf begann das Blut in Strömen zu fließen, und alle waren in
Schrecken, weil man nicht wußte, wie tief trotz des schützenden
Panzers das Geschoß gedrungen sei. Er selbst änderte nicht einmal
die Gesichtsfarbe, sondern hieß das Blut stillen und die Wunde
19 verbinden. Lange hatte er so vor den Reihen ausgehalten und den
Schmerz teils verheimlicht, teils bezwungen; da begann das kurz
zuvor durch ein stillendes Mittel gehemmte Blut, je mehr es
zurückgehalten worden war, desto reichlicher zu fließen, und die
Wunde, welche frisch klaffend noch keinen Schmerz verursacht
20 hatte, schwoll beim Erstarren des Blutes an. Darauf überkam ihn
eine Ohnmacht, und er begann in die Knie zu sinken. Die
Nächststehenden hoben ihn auf und brachten ihn ins Lager zurück. Betis aber, welcher ihn getötet glaubte, kehrte triumphie-
rend über seinen Sieg in die Stadt zurück.
21   Ehe jedoch noch seine Wunde völlig geheilt war, ließ Alexander einen Wall bis zur Höhe der Mauern aufführen und sie
22 durch mehrere unterirdische Gänge untergraben. Die Bürger errichteten zwar über die frühere Höhe ihrer Mauern hinaus ein
neues Bollwerk, aber selbst dies vermochte den auf den Wall
gesetzten Türmen nicht gleichzukommen, so daß sogar die in-
23 nern Teile der Stadt von Geschossen bedroht waren. Das Ver-
derblichste für die Stadt aber war der durch die Minen verursachte Einsturz der Mauern, über deren Trümmern der Feind
eindrang. Der König selbst führte die Vorkämpfer und wurde, als
er zu unvorsichtig vordrang, am Schienbein durch einen Stein-
24 wurf getroffen. Dennoch, und obwohl auch die Narbe seiner
früheren Wunde noch nicht verharscht war, stritt er, auf eine
Lanze gestützt, unter den Vordersten, zugleich von Zorn entbrannt, daß er bei Belagerung dieser Stadt zwei Wunden erhalten
25 hatte. Den Betis verließen, nachdem er aufs heldenmütigste gekämpft und durch viele Wunden geschwächt war, die Seinigen.
Dennoch setzte er den Kampf nicht minder eifrig fort, mit Waffen, die ebensowohl von seinem eigenen als der Feinde Blut

trieften. Als jedoch von allen Seiten [Geschosse auf ihn eindran-   26
gen, fiel er endlich im Zustande völliger Erschöpfung noch lebend den Gegnern in die Hände][46]. Wie er nun vor ihn gebracht
wurde, rief der junge König im Stolze übermütiger Freude, obwohl er sonst Tapferkeit auch am Feinde bewunderte: „Nicht so,
wie du es gewünscht, sollst du sterben; sondern mache dich gefaßt
zu erdulden, was immer gegen einen Kriegsgefangenen ersonnen
werden kann." Betis blickte den König nicht nur mit unerschrok-   27
kener, sondern trotziger Miene an und antwortete auf die Drohungen mit keiner Silbe. Da rief Alexander: „Seht ihr, wie der   28
Verstockte schweigt? Beugt er etwa sein Knie? Läßt er ein Wort
der Bitte hören? Ich aber werde sein Schweigen brechen und,
wenn durch nichts Anderes, wenigsten durch Gestöhn unterbrechen." Sein Zorn steigerte sich hierauf zur Wut, weil schon da-   29
mals seine neue Machtstellung ihn fremde Bräuche annehmen
ließ. Es wurden nämlich dem noch Atmenden die Knöchel
durchbohrt, Riemen hindurchgezogen, und so an einen Wagen
gebunden schleifte ihn ein Rossegespann um die Stadt, während
sich der König rühmte, den Achill, von dem er selbst sein Geschlecht ableitete, bei der Bestrafung seines Feindes nachgeahmt
zu haben.[47] Von den Persern und Arabern fielen ungefähr 10000   30
Mann; doch war auch für die Makedonen der Sieg nicht unblutig.
Berühmt geworden ist die Belagerung sicherlich nicht so sehr
durch die Bedeutung der Stadt, als durch die zweimalige Gefahr
für den König.

Ehe dieser nach Ägypten zu marschieren eilte, entsandte er den
Amyntas mit zehn Dreiruderern nach Makedonien, um neue
Soldaten auszuheben. Denn auch die Erfolge rieben seine Trup-   31
pen auf, und den aus den besiegten Völkerschaften geworbenen
Soldaten konnte man weniger Vertrauen schenken als den einhei-
mischen.

7. Die Ägypter, schon längst der persischen Macht feindselig, da   1
ihnen deren Herrschaft habsüchtig und übermütig schien, hatten
bei der Hoffnung auf Alexanders Ankunft neuen Mut gefaßt;
hatten sie ja auch den Überläufer Amyntas, der nur mit einem

angemaßten Oberbefehl zu ihnen kam, freudig aufgenommen.
2 Darum war eine sehr große Menge Volks in Pelusion zusammengeströmt, weil man annahm, daß er auf diesem Wege einziehen
werde. Sieben Tage nach seinem Aufbruch von Gaza gelangte er
3 in die Gegend Ägyptens, die jetzt Alexanders Lager heißt. Dann
befahl er seinem Landheere, nach Pelusion zu marschieren, während er selbst mit einer kampffertigen Schar auserlesener Truppen
den Nil hinauffuhr. Doch die Perser, überdies durch Abfall in
4 Schrecken gesetzt, hielten nicht bis zu seiner Ankunft stand. Alexander war nicht mehr fern von Memphis, als der dort zum Schutz
zurückgelassene Feldherr des Dareios, Mazakes, von sich aus über
den Strom setzte und ihm 8000 Talente nebst dem ganzen könig-
5 lichen Hausrate überlieferte. Von Memphis gelangte er, ebenfalls
auf dem Nil, in das innere Ägypten, und nachdem er die Angelegenheiten des Landes in der Weise geordnet hatte, daß er nichts an
den alten Sitten der Ägypter änderte, beschloß er, das Orakel des
6 Jupiter Ammon zu besuchen.[48] Der Weg dorthin war selbst für
wenige und mit keinem Gepäck Belastete kaum überwindbar.
Erde und Himmel ermangeln des Wassers, unfruchtbare Sandwüsten breiten sich aus, und wenn die Sonnenstrahlen diese erhitzen, verbrennt der heiße Boden die Sohlen und es entsteht eine
7 unerträgliche Hitze. Und nicht bloß mit der Hitze und Trockenheit der Gegend hat man zu kämpfen, sondern auch mit dem
äußerst hinderlichen Sande, in dem, da er sehr tief ist und jedem
8 Tritte nachgibt, die Füße sich nur mühsam fortarbeiten. Dies alles
schilderten die Ägypter noch schlimmer, als es in Wirklichkeit
war. Aber ein unbezähmbares Verlangen stachelte den König an,
dem Jupiter einen Besuch abzustatten, den er, nicht zufrieden mit
dem Range eines Sterblichen, für den Urheber seines Geschlechts
entweder hielt oder gehalten wissen wollte.
9   Er fuhr also mit denen, die er mit sich zu nehmen beschlossen
hatte, den Fluß hinab bis zum See Mareotis[49]. Dorthin brachten
ihm Gesandte aus Kyrene Geschenke und baten ihn um Frieden
und daß er ihre Städte besuchen möchte. Er nahm die Geschenke
an, schloß mit ihnen ein Freundschaftsbündnis und ging dann
10 weiter an die Ausführung seines Entschlusses. Am ersten und

folgenden Tage schien die Mühsal noch erträglich, da man noch
nicht in so wüste und nackte Einöden eingedrungen war, obwohl
der Boden bereits unfruchtbar und abgestorben war. Aber wie 11
sich vor ihnen die mit tiefem Sande bedeckten Gefilde eröffneten,
da war es nicht anders, als träten sie in ein unermeßliches Meer
ein, wo sie mit den Augen nach Land suchten. Kein Baum, keine 12
Spur von Bodenanbau zeigte sich. Selbst das Wasser war ausge-
gangen, das Kamele in Schläuchen getragen hatten, und in dem
dürren Boden und glühenden Sande fand sich nirgends welches.
Dazu hatte die Sonne alles durchhitzt, trocken und verbrannt 13
waren ihre Lippen, als plötzlich, mochte es ein Gnadengeschenk
der Götter oder Zufall sein, sich Wolken über den Himmel zogen
und die Sonne verbargen, für die von der Hitze Erschöpften eine
außerordentliche Hilfe, auch wenn es noch an Wasser mangelte.
Aber als nun auch ein Sturmwetter reichlichen Regen herab- 14
schüttete, da suchte jeder ihn nach Kräften aufzusammeln, manche, vor Durst schon ganz ohnmächtig, ihn wenigstens mit offe-
nem Munde aufzufangen. Vier Tage brachte man auf dem Mar- 15
sche durch die wüsten Einöden zu. Und schon war man nicht
mehr fern von dem Platz des Orakels, als zahlreiche Raben dem
Zuge entgegenkamen, in langsamem Fluge den Vordersten vor-
ausflogen und sich bald auf den Boden niederließen, wenn der
Zug langsamer einherschritt, sich bald wieder aufschwangen als
ob sie vorauszögen und den Weg zeigten.

Endlich gelangte man zu dem dem Gotte geheiligten Platze. 16
Kaum glaublich, ist er, obwohl mitten zwischen wüsten Einöden
gelegen, überall von ihn umgrünenden Zweigen bedeckt, so daß
die Sonne kaum in den Schatten dringt, und viele Quellen mit
Süßwasser, die allenthalben hervorsprudeln, nähren die Waldung. Auch die wunderbare Milde der Luft, unserer Frühlings- 17
temperatur am ehesten ähnlich, bleibt zu allen Jahreszeiten gleich
heilsam. Nachbarn des Platzes sind im Osten die zunächst woh- 18
nenden Äthiopen. An die Mittagsseite grenzen Araber, die den
Beinamen Troglodyten[50] führen und deren Gebiet bis zum Roten
Meere reicht. Auf der westlichen Seite aber wohnen andere 19
Äthiopen, die man Simuer[51] nennt, und im Norden sind die

Nasamonen, ein Volk der Syrte, das von der Beraubung der
Schiffe lebt: denn sie halten die Küsten besetzt und bemächtigen
sich der auf den Sand geratenen Fahrzeuge in den ihnen bekann-
20 ten Untiefen. Die Bewohner der Oase, die den Namen Ammonier führen, leben in zerstreuten Zelten, und der mittlere Teil der
Oase, der mit einer dreifachen Mauer umgeben ist, dient ihnen als
21 Burg. Der erste Befestigungsring umschloß den alten Palast der
Herrscher; im folgenden wohnten deren Gattinnen samt ihren
Kindern und Nebenfrauen; hier ist auch das Orakel des Gottes.
Innerhalb der äußersten Befestigungswerke war der Aufenthalt
22 der Trabanten und der bewaffneten Mannschaft. Es gibt noch
eine andere Oase des Ammon, in deren Mitte sich eine Quelle
findet, die man den Sonnenbrunnen nennt. Um Sonnenaufgang
fließt sie lau, mitten am Tage, wo die heftigste Hitze ist, dagegen
kalt; neigt es sich zum Abend, so wird sie warm, mitten in der
Nacht sprudelt sie heiß, und je mehr sich die Nacht dem Morgen
nähert, um so mehr verliert sie von ihrer nächtlichen Wärme, bis
sie wieder um Anbruch des Tages zur gewohnten Lauigkeit her-
23 absinkt. Was als Gott verehrt wird, hat nicht eine solche Gestalt,
wie sie sonst die Künstler den Göttern beigelegt haben, sondern es
ist eine zumeist einem Nabel ähnliche Figur, aus Smaragd und
24 Edelsteinen zusammengesetzt. Wenn ein Orakel begehrt wird,
tragen die Priester dieselbe in einem vergoldeten Schiff[32], von
dessen beiden Seiten viele silberne Becken herabhängen. Ihnen
schließen sich Frauen und Jungfrauen an, die nach alter Sitte ein
kunstloses Lied absingen, durch welches sie Jupiter geneigt zu
machen glauben, eine wahre Antwort zu erteilen.
25   Damals nun redete der älteste von den Priestern den herantretenden König mit „Sohn“ an, indem er versicherte, daß sein Vater
Jupiter ihm diesen Namen erteile. Und er, seiner sterblichen
Natur uneingedenk, erwiderte: wohl, er nehme und erkenne dies
26 an. Dann fragte er, ob er nicht zur Herrschaft über den ganzen
Erdkreis bestimmt sei. Worauf er mit ähnlicher Schmeichelei
27 belehrt wurde, er werde der Beherrscher aller Länder sein. Hierauf fragte er weiter, ob wohl alle Mörder seines Vaters bestraft
seien? Der Priester versetzte, seinem Vater könne durch nieman-

des Frevel ein Leid geschehen, Philipps Mörder aber seien alle
bestraft, und fügte schließlich hinzu, er werde unbesiegt bleiben,
bis er zu den Göttern aufsteige. Nachdem er darauf ein Opfer 28
dargebracht, wurden sowohl den Priestern wie dem Gotte Geschenke gegeben und seinen Freunden gestattet, auch ihrerseits
das Orakel zu befragen. Sie fragten weiter nichts, als ob er ihnen
rate, ihrem Könige göttliche Verehrung zu erweisen. Auch dies,
erwiderte der Priester, werde Jupiter willkommen sein. Bei klarer 29
und vernünftiger Überlegung hätte ihm wahrlich die Glaubwürdigkeit des Orakels verdächtig erscheinen können; aber das Glück
macht häufig die, die es dahin gebracht hat, nur ihm zu vertrauen,
in höherem Grade begierig nach Ruhm als fähig, ihn auch zu
ertragen. Er duldete also nicht nur, sondern befahl sogar, daß man 30
ihn Jupiters Sohn nannte, und verringerte dadurch den Ruhm
seiner Taten, den er durch eine solche Bezeichnung doch vermehren wollte. Die Makedonier aber, zwar an die königliche Herr- 31
schaft gewöhnt, doch im Schatten einer größeren Freiheit als die
übrigen Völker, zeigten dieser angemaßten Unsterblichkeit gegenüber mehr Trotz und Abneigung, als für sie selbst und auch
den König gut war. Doch mag dies, bis es an der Zeit ist, aufge- 32
spart bleiben; jetzt will ich mit der weiteren Erzählung fortfahren.

8. Auf seiner Rückkehr vom Ammon kam Alexander zu dem 1
nicht weit von der Insel Pharos[53] gelegenen Mareotischen See.
Nach Betrachtung der örtlichen Beschaffenheit war er zuerst
entschlossen, auf der Insel selbst eine neue Stadt zu gründen;
dann, als sich zeigte, daß die Insel für eine große Niederlassung 2
nicht geräumig genug sei, wählte er für die Stadt die Stelle aus,
wo jetzt Alexandria liegt, das diesen Namen von seinem Erbauer
führt. Er nahm dazu alles Land zwischen dem See und dem
Meere und bestimmte ihren Umfang durch eine Mauer von 80
Stadien (ca. 14,8 km): dann ließ er Männer zurück, die den Auf-
bau der Stadt überwachen sollten, und begab sich nach Memphis.
Es war ihm nämlich der zwar verständliche, aber zeitlich ungele- 3
gene Wunsch gekommen, nicht nur das innere Ägypten, sondern
auch Äthiopien zu besuchen; und in seiner Begierde, Altertümer

zu sehen, hätte ihn der berühmte Königspalast des Memnon und
Tithonos[54] beinahe über den Wendekreis der Sonne hinausge-
4 führt. Doch der drohende Krieg, dessen bei weitem größere Last
noch zu bewältigen war, nahm ihm die Zeit für eine müßige
Wanderung. Daher setzte er über Ägypten den Rhodier Aeschy-
los und den Makedonen Peukestes, denen er zum Schutz des
Landes 4000 Soldaten gab. Die Nilmündungen hieß er den Polemon überwachen und gab ihm zu diesem Zweck 30 Dreiruderer.
5 Über das an Ägypten grenzende Afrika wurde Apollonios gesetzt, über die Steuerverwaltung desselben Afrikas und Ägyptens
Kleomenes. Da er den Befehl gab, aus den benachbarten Städten
nach Alexandria überzusiedeln, so füllte er die neue Stadt mit
6 einer großen Einwohnerzahl. Man erzählt, als der König die
Mauern der zukünftigen Stadt nach makedonischer Sitte durch
gestreute Gerstengraupen bezeichnet habe, seien Scharen von Vögeln herbeigeflogen und hätten die Gerste gefressen; und als viele
dies für ein unglückliches Zeichen ansahen, habe die Antwort der
Wahrsager gelautet: eine große Menge von Einwanderern werde
diese Stadt bewohnen und vielen Ländern werde sie Nahrung
geben.
7 Als der König den Fluß hinabfuhr, bestieg Parmenions Sohn
Hektor, der in der schönsten Blüte der Jahre stand und dem
Alexander teuer war wie wenige, um ihm zu folgen ein kleines
Fahrzeug, worauf sich aber mehr befanden, als es zu fassen ver-
8 mochte. Daher ging das Schiff unter und ließ alle versinken.
Hektor, der lange gegen den Strom gerungen, konnte sich, obwohl sein nasses Gewand und die mit Sandalen umschnürten
Füße ihn am Schwimmen hinderten, zwar halbtot ans Ufer ret-
ten. Aber als nun bei dem Erschöpften der Atem, den Angst und
Gefahr beschleunigt hatten, wieder schwächer ging, starb er, da
ihm niemand Beistand leistete, denn die andern hatten sich auf die
9 entgegengesetzte Seite gerettet. Sein Verlust schmerzte den König
sehr, und er ließ den Leichnam, als man ihn gefunden, mit aller
Pracht bestatten.
Dieser Schmerz vergrößerte noch die Botschaft vom Tode des
Andromachos, den er über Syrien gesetzt hatte: die Samariter

hatten ihn lebendig verbrannt. So schnell er konnte, eilte er, um 10
seinen Tod zu rächen, und es wurden ihm bei seiner Ankunft die
Urheber des gräßlichen Verbrechens ausgeliefert. Hierauf setzte 11
er den Memnon an Andromachos' Stelle, bestrafte die Mörder
seines Statthalters mit dem Tode und überlieferte die Tyrannen[55],
darunter die beiden methymnäischen, Aristonikos und Chryso-
laos, ihren Landsleuten, die sie wegen der von ihnen begangenen
Frevel folterten und töteten.

Sodann ließ er die Gesandten der Athener, Rhodier und Chier 12
vor sich. Die Athener beglückwünschten ihn wegen seines Sieges
und baten, er möchte die gefangenen Griechen den Ihrigen zurückgeben; die Rhodier und Chier beschwerten sich wegen der
erhaltenen Besatzungen. Alle erlangten, was sie wünschten, weil 13
es billig schien. Auch den Mitylenaiern erstattete er wegen ihrer
besonderen Treue gegen seine Partei nicht nur das für den Krieg
aufgebrachte Geld zurück, sondern erweiterte auch ihr Gebiet
durch eine große Strecke Landes. Ebenso wurden den zyprischen 14
Königen, die von Dareios zu ihm abgefallen waren und ihm bei
der Belagerung von Tyros ihre Flotte geschickt hatten, ihrem
Verdienste angemessene Ehren zu teil.

Hierauf wurde der Flottenbefehlshaber Amphoteros zur Be- 15
freiung von Kreta abgeschickt, dessen größeren Teil die persischen und spartanischen Truppen besetzt hielten, vor allem aber
ihm befohlen, das Meer vor den Piratenflotten zu schützen. Denn
seitdem beide Könige sich bekriegten, war es in der Gewalt von
Seeräubern. Als diese Angelegenheiten geordnet waren, weihte 16
er dem tyrischen Herkules ein Mischgefäß aus Gold nebst 30
Trinkschalen und ließ dann, sich gegen Dareios wendend, den
Befehl zum Marsche nach dem Euphrat geben.

9. Dareios hatte, als er erfuhr, sein Gegner habe von Ägypten aus 1
den Weg nach Afrika eingeschlagen, geschwankt, ob er in den
Gegenden Mesopotamiens halt machen oder sich in das Innere
seines Reiches begeben solle. Zweifellos würde seine Gegenwart
für die weit entlegenen Völkerschaften, die seine Statthalter nur
mit Mühe in Bewegung setzten, ein mächtiger Antrieb sein, sich

2 eifrig an dem Kriege zu beteiligen. Wie sich jedoch durch glaub-
würdige Gewährsmänner die Kunde verbreitete, Alexander
werde mit allen seinen Truppen ihm in jede Gegend nachziehen,
befahl er, wohl wissend, mit was für einem entschlossenen Manne
er es zu tun habe, allen Hilfstruppen der fernen Völkerschaften
sich nach Babylon zusammenzuziehen. Die Baktrianer, Skythen
und Inder hatten sich versammelt; natürlich waren auch die Kontingente der übrigen Völker zur Stelle.

3   Da übrigens das Heer fast um die Hälfte größer war, als das
frühere in Kilikien, so fehlte es vielen an Waffen, die nun mit
großem Fleiße beschafft wurden. Reiter und Rosse hatten Panzer
aus reihenweise aneinander gefügten Eisenplatten: die vorher
nichts als Wurfspieße gehabt hatten, erhielten dazu Schilder und
4 Schwerter, und erst noch zu zähmende Herden von Rossen wurden unter die Fußsoldaten verteilt, um eine größere Reiterei als
früher zu haben. Auch folgten – dem Feinde, wie er sich einbil-
dete, ein furchtbarer Schrecken – 200 Sichelwagen, eine ganz
5 eigentümliche Hilfswaffe jener Völkerschaften. Vorn aus der
Deichsel ragten eisenbeschlagene Speere; zu beiden Seiten des
Joches streckten sich drei Schwerter vor; zwischen den Speichen
der Räder starrten zahlreiche Spitzen dem Feinde entgegen, und
an den Felgen der Räder waren Sicheln befestigt, teils aufwärts,
teils nach der Erde hinabgerichtet, um abzumähen, was dem Lauf
der Rosse in den Weg komme.

6   Als das Heer auf diese Weise gerüstet und durchgängig bewaffnet war, rückte er damit von Babylon vor. Zur Rechten war der
berühmte Fluß Tigris, die linke Seite deckte der Euphrat, die
Gefilde Mesopotamiens waren von dem Heereszuge überflutet.
7 Als er dann nach Überschreitung des Tigris gehört hatte, der
Feind sei nicht weit entfernt, schickte er den Reiteranführer Satropates mit 1000 auserlesenen Reitern voran. Seinem Feldherrn
Mazaios gab er 6000 Mann, um damit den Feind am Übergange
8 über den Fluß zu hindern, außerdem sollte er die Gegend, in
welche Alexander vorrücken würde, verwüsten und verbrennen.
Denn er meinte, ihn durch Mangel vernichten zu können, da er
nichts hätte, als was er sich durch Raub verschaffte, während ihm

selbst Proviant teils zu Lande, teils den Tigris hinauf zugeführt
wurde. Schon war er zu dem Flecken Arbela[56] gelangt, den er   9
durch seine Niederlage berühmt machen sollte. Hier legte er den
größern Teil seiner Vorräte und seines Gepäckes nieder, schlug
eine Brücke über den Fluß Lykos[57] und ließ sein Heer fünf Tage
lang darüber ziehen, wie früher über den Euphrat. Dann rückte   10
er ungefähr 80 Stadien (ca. 14,8 km) weiter vor und lagerte sich
an einem andern Flusse namens Boumelos[58]. Die Gegend war
passend für die Entwicklung seiner Streitkräfte, eine weite, für die
Reiterei geeignete Ebene. Nicht einmal Bäume und niederes
Gestrüpp bedecken den Boden, und frei schweift der Blick selbst
nach den entfernteren Punkten hinaus. Wenn aber das Gefilde
noch irgendwo anstieg, ließ er den Boden gleich machen und die
ganze Erhebung einebnen.

Alexander wollte den Leuten, die ihm die Zahl der feindlichen   11
Truppen, so weit sich aus der Ferne vermuten ließ, abschätzten,
kaum Glauben schenken, daß nach Vernichtung so vieler Tausende wieder ein noch größeres Heer zusammengebracht sei. Da   12
er aber jede Gefahr und namentlich die Masse der Feinde verachtete, so gelangte er nach einem zwölftägigen Marsch[59] an den
Euphrat, schlug Brücken darüber und ließ zuerst die Reiter, dann
die Phalanx hinübergehn, ohne daß es Mazaios, der, seinen Übergang zu hindern, ihm mit sechstausend Reiter entgegengezogen
war, gewagt hätte, sich mit ihm zu messen. Er gönnte hierauf   13
seinen Soldaten einige wenige Tage, nicht zum Ausruhen, sondern zur Erfrischung ihres Mutes, und begann dann dem Feind
energisch nachzurücken, da er fürchtete, dieser könnte sich in das
Innere seines Reiches zurückziehen und dann durch völlige Einöden und unfruchtbare Wüsten zu verfolgen sein. So erreichte er 14
am vierten Tage, Armenien links liegen lassend, den Tigris. Die
ganze Gegend jenseit des Stromes rauchte von frisch entzündeten
Feuersbrünsten, da Mazaios, wohin er kam, nichts anderes als ein
Feind, sengte und brannte. Und da die durch den Rauch verbrei- 15
tete Finsternis den Tag verdunkelte, ließ Alexander zuerst aus
Furcht vor einer Hinterlist haltmachen; dann, als ihm vorausge-
sandte Späher meldeten, daß alles sicher sei, schickte er eine kleine

Zahl voraus, um die Furt des Stromes zu untersuchen. Das Wasser
ging den Pferden zuerst bis oben an die Brust, dann, als man
16 mitten im Flußbett war, sogar bis an den Nacken. Kein anderer
Fluß der östlichen Gegenden aber hat so reißende Strömung, da
er nicht allein das Wasser, sondern auch das Steingeröll vieler
Gießbäche mit sich führt. Er hat daher von der Schnelligkeit, mit
der er herabschießt, den Namen Tigris erhalten, weil im Persischen Tigris der Pfeil heißt.

17   Das Fußvolk also, gleichsam in Schlachtkolonnen geteilt, zu
beiden Seiten die Reiterei, gelangte mit über den Kopf gehalte-
nen Waffen ohne allzugroße Mühe bis in das eigentliche Strom-
18 bett. Als erster unter den Fußsoldaten sprang der König ans Ufer
und zeigte den Soldaten die Furt mit der Hand, da man seinen
Zuruf nicht vernehmen konnte. Aber sie konnten kaum festen
Fuß fassen, da bald schlüpfrige Steine den Tritt gleiten ließen,
bald eine reißendere Welle den Fuß unter dem Körper wegzog.
19 Mühevoll war es besonders für die, welche auf den Schultern
Lasten trugen, da sie, nicht Herr ihrer eigenen Bewegungen, von
der sie beschwerenden Last in die reißenden Strudel gezogen
wurden; und indem jeder versuchte, das ihm von der Strömung
Entrissene wiederzubekommen, hatten sie miteinander noch
mehr als mit dem Fluß zu ringen, und zugleich hatten die Haufen
des allenthalben schwimmenden Gepäcks sehr viele umgerissen.
20 Der König rief ihnen zu, sie sollten nur ihre Waffen retten, das
andere wolle er ihnen ersetzen: aber weder Rat noch Befehl
konnte vernommen werden. Einerseits hinderte daran die Furcht,
außerdem das wechselseitige Geschrei der gegeneinander Stoßen-
21 den. Endlich wateten sie durch, wo sich in der sanfteren Strömung des Flusses eine Furt zeigte, und es wurde nichts als einiges
22 Gepäck vermißt. Hier hätte das Heer vernichtet werden können,
wenn jemand zu siegen gewagt hätte, aber das fortwährende
Glück des Königs hielt den Feind fern von jener Stelle. So überwand er ja auch den Granikos, obwohl so viele Tausende Reiter
und Fußvolk am jenseitigen Ufer standen, so in dem engen Ge-
23 birgsland Kilikiens die gewaltige Masse von Feinden. Selbst seine
Kühnheit, durch die er am meisten ausrichtete, kann man ihm

geringer anschlagen, weil niemals zur Entscheidung kam, ob er
nicht unbedacht gehandelt habe. Mazaios, der, wenn er sie beim
Übergang über den Fluß überfallen hätte, ohne Zweifel die Ungeordneten vernichtet hätte, rückt erst heran, als sie bereits am
Ufer und schon völlig bewaffnet waren. 1000 Reiter hatte er   24
vorausgeschickt. Als sich Alexander von ihrer geringen Anzahl
überzeugt hatte, befahl er voll Verachtung dem Anführer der
paionischen Reiter[60], Ariston, mit verhängtem Zügel gegen sie
loszusprengen. Nun erfolgte ein glänzendes Reitergefecht, in   25
dem sich Ariston besonders hervortat. Er durchbohrte den persischen Reitergeneral Satropates mit dem Speer, gerade in die
Gurgel zielend, setzte dem Fliehenden mitten durch die Feinde
nach, riß ihn vom Pferde und hieb ihm, wie er noch ringen
wollte, mit dem Schwerte das Haupt ab, das er mit zurückbrachte
und unter großen Lobsprüchen dem Könige zu Füßen legte.

10. Zwei Tage hielt hier der König ein Standlager; für den folgen-   1
den ließ er dann den Weitermarsch ankündigen. Allein ungefähr   2
in der ersten Nachtwache trat eine Mondfinsternis[61] ein: zuerst
verbarg er den Glanz seiner Scheibe, dann überzog er sein ganzes
Licht mit einer häßlichen Blutfarbe, und die angesichts einer so
wichtigen Entscheidung ohnehin besorgten Gemüter befiel maßloser Aberglaube und diesem entstammende Zaghaftigkeit.
Gegen der Götter Willen, klagten sie, würden sie in die äußersten   3
Gegenden der Erde geschleppt; an keinen Fluß weiter könne man
kommen[62], und die Gestirne behielten nicht mehr ihren alten
Glanz; wüste Gegenden und lauter Einöden lägen vor ihnen. Für
eines einzigen Mannes Ruhmsucht werde das Blut so vieler Tausende vergossen; das Vaterland genüge ihm nicht mehr, von
seinem Vater Philipp sage er sich los und erstrebe in seinem eitlen
Wahne den Himmel. Schon war es fast zur Meuterei gekommen,   4
als der in jeder Lage Unerschrockene die Führer und Obersten
der Soldaten sich in großer Zahl bei seinem Zelte versammeln
ließ und den ägyptischen Wahrsagern, die er in Hinblick auf
Himmel und Gestirne für die kundigsten hielt, ihre Meinung
mitzuteilen befahl. Diese wußten zwar genau, daß der Kreislauf   5

der Zeiten sich in fest bestimmtem Wechsel erfüllt, und daß der
Mond sein Licht verliert, wenn er entweder hinter die Erde trete
oder durch die Sonne verdunkelt werde, belehrten die Menge
über die ihnen bekannten wissenschaftlichen Gründe aber nicht;
6 vielmehr versicherten sie, die Sonne gehöre den Griechen, der
Mond den Persern, und sooft eine Mondfinsternis eintrete, bedeute das für diese Völker Niederlage und Verderben. Zugleich
führten sie alte Beispiele von persischen Königen an, wo eine
Mondfinsternis das Zeichen gewesen sei, daß sie gegen den Wil-
7 len der Götter gekämpft. Nichts wirkt mächtiger auf die Massen
als Aberglaube: sonst unfähig, sich zu beherrschen, umgestüm
und wankelmütig, folgen sie, wenn sie ein törichter Aberglaube
gefangen hält, Wahrsagern besser als ihren Führern. So richtete
die unter der Menge verbreitete Antwort der Ägypter die Mutlosen wieder zu neuer Hoffnung und Zuversicht auf.
8   Da der König glaubte, die Begeisterung nutzen zu müssen, ließ
er in der zweiten Nachtwache aufbrechen; zur Rechten hatte er
9 den Tigris, zur Linken die Gordyäischen Berge[63]. Auf dem
Marsch meldeten vorausgeschickte Späher gegen Tagesanbruch,
Dareios nahe heran. Er ließ also die Soldaten antreten und den
10 Zug sich ordnen und stellte sich selbst an die Spitze. Es waren
jedoch nur persische Marodeure, tausend Mann höchstens, die
man für einen großen Zug angesehen hatte; denn wo sich die
Wahrheit nicht ermitteln läßt, wird das Falsche aus Furcht noch
11 übertrieben. Nachdem man dies in Erfahrung gebracht, holte der
König mit einigen wenigen der Seinen den Haufen ein, der zu
seiner Hauptmacht zurückfloh, tötete einige und nahm andere
gefangen. Dann schickte er Reiter auf Kundschaft voraus, zugleich mit dem Befehl, das Feuer, das die Barbaren in den Dör-
12 fern gelegt hatten, zu löschen. Denn auf ihrer Flucht hatten sie
eilig in Häuser und Getreideschober Feuer geworfen, das aber oft
nur an den oberen Teilen hängengeblieben war, ohne schon zu
13 den unteren vorgedrungen zu sein. Wie also das Feuer gelöscht
war, fand man sehr viel Getreide, und auch an anderen Dingen
begann man Überfluß zu haben. Eben dies erhöhte den Eifer der
Soldaten bei der Verfolgung des Feindes; denn da dieser das Land

verheerte und verbrannte, mußte man eilen, damit er nicht alles
zuvor vom Feuer verzehren ließe. Aus der Not wurde also plan- 14
mäßige Absicht: denn Mazaios, der vorher mit Muße die Dörfer
angezündet hatte, ließ jetzt, schon zufrieden fliehen zu können,
das meiste unversehrt dem Feinde zurück. Wie Alexander in 15
Erfahrung gebracht, stand Dareios nicht weiter als 150 Stadien
[ca. 27,8 km] von ihm entfernt. Da er nun selbst bis zum Über-
maß mit Proviant versehen war, machte er vier Tage lang an
dieser Stelle halt.

Hierauf wurde ein Brief von Dareios aufgefangen, worin die 16
griechischen Soldaten aufgefordert wurden, den König entweder
zu töten oder zu verraten, und Alexander schwankte, ob er ihn
nicht vor versammeltem Heere vorlesen solle, da er selbst auf der
Griechen Zuneigung und Treue hinlänglich vertraute. Doch Par- 17
menion brachte ihn davon ab, indem er behauptete, man dürfe
solche Versprechungen den Soldaten gar nicht zu Ohren kommen lassen: auch der Nachstellung eines einzelnen sei der König
ausgesetzt, und der Habsucht gelte nichts für Unrecht. Er folgte
seinem Rate und ließ das Heer aufbrechen.

Unterwegs meldete ihm einer von den gefangenen Eunuchen, 18
der zum Gefolge von Dareios' Gemahlin gehörte, diese sei ohnmächtig und atme kaum noch. Von der Anstrengung der anhal- 19
tenden Reisen und vom Kummer erschöpft, war sie unter den
Händen ihrer Schwiegermutter und ihrer beiden Töchter zu-
sammengesunken und kurz darauf auch gestorben. Mit dieser 20
Meldung erschien ein zweiter Bote. Da brach der König, nicht
anders als wäre ihm seiner Mutter Tod verkündet worden, in
langes Schluchzen aus und begab sich unter Tränen, wie sie nur
Dareios hätte vergießen können, in das Zelt, wo sich Dareios'
Mutter bei der Leiche der Verstorbenen befand. Da vollends 21
erneute sich sein Schmerz, als er diese am Boden liegen sah.
Durch ihr neues Unglück auch wieder an ihr früheres gemahnt,
hatte sie in ihrem Schoß die beiden Jungfrauen, ein großer Trost
zwar in ihrem beiderseitigen Schmerze, die aber von ihr selbst des
Trostes bedurften. Zugegen war ihr kleiner Enkel, der eben da- 22
durch Mitleid erweckte, daß er noch nicht das Unglück fühlte,

23 das ihn am allermeisten anging. Man hätte glauben können, Alexander weine unter seinen eigenen Verwandten und gebe nicht Trost, sondern suche ihn. Er fastete und erwies der Leiche jegliche Ehre, der alten persischen Sitte gemäß. In der Tat, er verdient es, daß wir ihm noch jetzt um seiner Menschlichkeit und
24 Selbstbeherrschung willen das höchste Lob zollen. Einmal nur hatte er sie gesehen, am Tage ihrer Gefangennehmung, und war nicht gekommen, um sie, sondern um Dareios' Mutter zu sehen; und ihre ausgezeichnete Schönheit war ihm nicht ein Anreiz zu Begehren, sondern zu einem ruhmwürdigen Betragen geworden.

25 Einer von den Eunuchen aus der Umgebung der Königin, Tyriotes, war unter der Verwirrung der Trauernden durch das vom Feinde abgewendete Tor, das deshalb weniger sorgfältig bewacht war, entronnen und gelangte zum Lager des Dareios, wo er von den Wachen aufgefangen und schluchzend und mit zerris-
26 senem Gewande in das Zelt des Königs geführt wurde. Wie ihn Dareios erblickte, rief er in schwankender Erwartung des Schmerzes, den er bringe, und ungewiß, was er am meisten fürchten solle: „Dein Aussehen verkündet mir ich weiß nicht welch ungeheures Unglück, doch schone mich Beklagenswerten ja nicht: ich habe gelernt, unglücklich zu sein, und oft ist es im
27 Unglück ein Trost, sein Schicksal zu kennen. Kommst du mir, was ich am meisten argwöhne und mich auszusprechen scheue, eine Schmach der Meinigen zu verkünden, die mir, und ich glaube auch ihnen selbst, schrecklicher als jeder Tod sein würde?"
28 Hierauf erwiderte Tyriotes: „Das liegt ganz fern, denn jede Ehre, die Königinnen von Untertanen bezeugt werden kann, hat der Sieger den Deinigen erwiesen, aber deine Gemahlin ist soeben aus
29 dem Leben geschieden." Da aber konnte man nicht nur Klagen, sondern lautes Wehgeschrei des Dareios im ganzen Lager verneh-men; er zweifelte nicht, daß sie getötet worden sei, weil sie schmachvolle Behandlung nicht hatte ertragen wollen, und vor Schmerz von Sinnen schrie er auf: „Welches große Verbrechen habe ich denn begangen, Alexander? Wen von deinen Verwand-ten habe ich getötet, daß du mir die Grausamkeit so vergelten

dürftest? Du haßt mich, ohne von mir beleidigt zu sein; aber
gesetzt auch, du hättest gerechten Krieg gegen mich begonnen,
mußtest du ihn denn auch gegen Frauen führen?" Tyriotes versi- 30
cherte ihm bei den Göttern der Väter, daß ihr nichts Hartes
widerfahren sei. Alexander habe sogar ihren Tod beklagt und
nicht weniger Tränen als Dareios selbst vergossen. Aber eben 31
dadurch wurden in dem Liebenden neue Sorgen und Zweifel
erweckt, er argwöhnte nämlich, daß der Schmerz um die Gefangene sicher seinen Grund in einem ehebrecherischen Umgang
mit ihr habe. Nachdem er also alle Zeugen entfernt und allein den 32
Tyriotes zurückbehalten hatte, rief er, nicht mehr weinend, sondern Zorn atmend: „Siehst du, Tyriotes, daß Lügen hier nicht am
Platze sind? Gleich sollen Folterwerkzeuge da sein; aber, bei den
Göttern, warte nicht darauf, wenn du gegen deinen König noch
irgendeine Ehrfurcht hegst. Sag', hat er als ihr Herr und in jugendlicher Begier, gewagt, was ich von dir wissen will und zu
fragen mich scheue?" Jener erklärte sich bereit, die Folter zu 33
dulden, und rief die Götter zu Zeugen an, daß die Königin keusch
und züchtig behandelt worden sei. Als der König endlich die 34
Überzeugung gewonnen hatte, daß die Beteuerungen des Eunuchen wahrhaftig seien, weinte er lange mit verhülltem Haupte,
dann hob er unter Tränen das Gewand von seinem Antlitze und
rief mit zum Himmel gehobenen Händen: „Ihr Götter meiner
Väter, meine erste Bitte ist, befestigt mir meine Herrschaft: mein
anderes Gebet aber, laßt, wenn es schon um mich geschehen ist,
keinen andern König über Asien werden, als diesen meinen so
gerechten Feind und so barmherzigen Besieger!"

11. Obwohl er also nach zwei vergeblichen Friedensanträgen alle 1
seine Gedanken auf Krieg gerichtet hatte, so schickte er dennoch,
durch die Selbstbeherrschung seines Gegners besiegt, zehn Gesandte, die Vornehmsten seiner Verwandtschaft, um neue Friedensvorschläge zu überbringen. Alexander ließ sie, nachdem er
seinen Rat zusammenberufen, zu sich einführen. Darauf begann 2
der Älteste unter ihnen: „Daß Dareios dich jetzt schon zum
dritten Male um Frieden bittet, dazu nötigt ihn keine Gewalt;

sondern deine Gerechtigkeit und Selbstbeherrschung drängen ihn
3 dazu. Die Gefangenschaft seiner Mutter, Gattin und Kinder
haben wir nur an ihrer Trennung von ihm gemerkt: für die Ehre
der Überlebenden trägst du nicht anders Sorge als ein Vater, du
nennst sie Königinnen und läßt sie die äußeren Zeichen ihres
4 früheren Ranges behalten. Deine Miene zeigt denselben Schmerz
wie die des Dareios, als er uns von sich ließ; und doch betrauert
jener die Gemahlin, du die Feindin. Du würdest bereits im Gefecht stehen, wenn dich nicht die Sorge für ihr Begräbnis auf-
hielte. Ist es verwunderlich, wenn er einen so freundlich gesinnten
Mann um Frieden bittet? Wozu die Entscheidung der Waffen
5 zwischen denen, deren Haß getilgt ist? Früher bestimmte er als
Grenze deines Reiches den Fluß Halys, der Lydien begrenzt; jetzt
trägt er dir alles Land zwischen dem Hellespont und Euphrat als
6 Mitgift seiner Tochter an, die er dir zur Gattin gibt. Seinen Sohn
Ochos, den du bei dir hast, behalte als Geisel für den Frieden und
die treuliche Erfüllung des Versprochenen; seine Mutter und seine
beiden Töchter gib ihm zurück! Für die drei bittet er dich 30000
7 Talente in Gold[64] anzunehmen. Wäre mir nicht deine Mäßigung
bekannt, so würde ich gar nicht sagen, jetzt sei der Zeitpunkt für
dich, den Frieden nicht allein zu gewähren, sondern mit beiden
8 Händen zu ergreifen. Schau zurück, welche Strecken hinter dir
liegen; überlege, wie unermeßlich das Ziel, wonach du strebst!
Gefahrvoll ist eine übergroße Herrschaft; denn schwer ist es zusammenzuhalten, was man nicht zu umfassen vermag. Siehst du
nicht, wie Schiffe von zu unmäßiger Größe sich nicht lenken
lassen? Und vielleicht hat Dareios so viel verloren, weil zu große
9 Macht auch die Möglichkeit großen Verlustes bietet. Manches ist
leichter zu besiegen als zu behaupten, und wie behender wahrlich
sind unsre Hände zu erraffen, als zusammenzuhalten! Selbst der
Tod von Dareios' Gattin kann dich mahnen, daß bereits deinem
Mitleid ein geringerer Spielraum offensteht als vorher."
10 Alexander ließ hierauf die Gesandten aus dem Zelte treten und
fragte seinen Rat, was ihm richtig scheine. Lange wagte keiner
seine Meinung zu sagen, da man über den Willen des Königs
11 ungewiß war. Endlich sprach Parmenion: er habe schon früher

geraten, die Gefangenen bei Damaskos gegen Lösegeld freizuge-
ben. Man hätte eine ungeheure Summe für die bekommen können, deren Bewachung jetzt so viele tapfere Männer in Anspruch
nehme. Auch jetzt sei er sehr dafür, daß der König die eine alte 12
Frau neben den zwei Mädchen, die nur ein Hemmnis für die
Märsche und den Heereszug seien, gegen 30 000 Talente in Gold
austausche. Eine reiche Herrschaft könne er durch bloßen Ver- 13
trag, ohne Kampf in Besitz nehmen, und noch kein anderer habe
die durch so unermeßliche Räume und Entfernungen getrennten
Länder zwischen dem Ister[65] und Euphrat besessen. Er solle lieber
nach Makedonien zurückblicken, als seine Augen auf Baktrien
und Indien richten. Seine Rede mißfiel dem König, der daher, 14
nachdem jener geendet, sagte: „Auch ich würde das Geld dem
Ruhme vorziehen, wenn ich Parmenion wäre. So aber, da ich
Alexander bin, mache ich mir wegen Armut keine Sorge und
denke daran, daß ich kein Krämer, sondern ein König bin. Ich 15
treibe mit nichts Handel, mein Glück verkaufe ich unter keinen
Umständen. Wenn wir beschließen, die Gefangenen zurückzugeben, so wird es ehrenvoller sein, sie als Geschenk, nicht um Geld
zurückzuschicken." Als hierauf die Gesandten wieder eingeführt 16
worden waren, gab er ihnen folgenden Bescheid: „Meldet dem
Dareios, wenn ich in etwas Milde und Großmut bewiesen habe,
so sei das nicht aus Freundschaft gegen ihn, sondern meinem
Charakter gemäß geschehen. Mit Gefangenen und Weibern 17
pflege ich keinen Krieg zu führen: in Waffen muß stehen, wen ich
hassen soll. Wenn er nun wenigstens als ehrlicher Mann um 18
Frieden bäte, so würde ich vielleicht überlegen, ob ich ihn nicht
gewähren solle; nun aber, da er bald meine Soldaten schriftlich
zum Verrat, bald meine Freunde durch Geldversprechungen zu
meiner Ermordung anstiften will, so muß ich ihm nachjagen, bis
ich ihn vernichtet habe, nicht wie einen ehrlichen Feind, sondern
wie einen Banditen und Giftmischer. Die Friedensvorschläge
vollends, die ihr mir bringt, stellen ihn, wenn ich sie annehmen
wollte, als Sieger dar. Was hinter dem Euphrat liegt, das schenkt 19
er mir großmütig. Wo unterhandelt ihr denn also mit mir? Jenseits des Euphrats stehe ich, wie ihr seht, und somit liegt mein

Lager über die äußerste Grenze der mir versprochenen Mitgift
hinaus. Von hier verjagt mich, damit ich weiß, daß das, was ihr
20 abtretet, euch auch gehört! Mit gleicher Großmut gibt er mir
seine Tochter, als ob ich nicht wüßte, daß er sie mit einem seiner
Sklaven verheiraten will[66]. Etwas Großes, wahrlich, gewährt er
mir, wenn er mich einem Mazaios als Schwiegersohn vorzieht!
21 Geht, verkündet eurem Könige: Das, was er noch hat, ist nicht
weniger als was er verloren, der Preis eines Kampfes. Der mag
über die Grenzen beider Reiche entscheiden und jeder das besitzen, was ihm das Geschick des folgenden Tages bestimmen
22 wird." Die Gesandten antworteten, da er Krieg wünsche, so
handle er ehrlich, daß er sie nicht mit Friedenshoffnungen täusche. Sie selbst bäten, sobald als möglich zu ihrem Könige entlassen zu werden; auch dieser müsse sich zum Kampfe rüsten. Sie
wurden entlassen und verkündeten, die Stunde des Kampfes sei
da.

1 12. Dareios schickte sofort den Mazaios mit 3000 Reitern voraus,
um die Wege, die der Feind einschlagen wollte, zu besetzen.
2 Alexander erwies erst der verstorbenen Königin die gebührenden
Ehren, dann rückte er gegen den Feind, nachdem er den ganzen
schwerfälligeren Troß unter einer mäßigen Bedeckung hinter
3 einem gemeinsamen Schutzwalle zurückgelassen hatte. Sein Fußvolk hatte er in zwei Flügel geteilt und um beide Flanken die
4 Reiterei aufgestellt: das Gepäck folgte dem Heereszuge. Dann
sandte er den Menidas mit leichten Reitern auf Kundschaft voraus, wo sich Dareios befände. Doch da Mazaios nicht weit davon
haltgemacht hatte, wagte dieser nicht weiter vorzugehen und
meldete nur, daß er ein Getöse von Menschen und Gewieher von
5 Rossen gehört habe. Auch Mazaios zog sich, nachdem er die
Späher von weitem erblickt hatte, in das Lager zurück und meldete die Ankunft der Feinde. Dareios, dessen Wunsch es war, auf
offener Ebene zu kämpfen, ließ daher die Soldaten sich waffnen
6 und stellte sie in Schlachtordnung. Auf dem linken Flügel zogen
ungefähr 1000 baktrische Reiter, ebensoviel Daher[67], Arachosier[68]
und Susianer[69], volle 4000 Mann. Nach diesen kamen 100 Sichel-

wagen, an die sich zunächst Bessos mit 8000 ebenfalls baktrischen
Reitern anreihte. Seinen Zug schlossen 2000 Massageten[70]. Neben 7
ihnen war das Fußvolk mehrerer Völkerschaften, jedoch nicht
vermischt, sondern die Truppen einer jeden Nation besonders
von ihren Führern aufgestellt. Dann wurden die Perser, Marder[71]
und Sogdianer[72] von Ariobarzanes und Orontobates geführt,
deren jeder ein eigenes Kommando hatte, unter dem Oberbefehl 8
jedoch des Orsines, der von den sieben Persern[73] abstammte und
seinen Ursprung sogar auf Kyros, den berühmtesten Perserkönig
zurückführte. Diesen folgten andere, nicht einmal ihren Kampf- 9
genossen genauer bekannte Stämme und hinter diesen 50 vier-
spännige Wagen, voran Phradates mit einem großen Haufen
Kaspier. Hinter den Wagen kamen Inder und andere Anwohner
des Roten Kreuzes, die tatsächlich mehr als Namen denn als
Hilfsvölker zählten. Ihren Zug schlossen andere Sichelwagen, 10
begleitet von den fremden Soldtruppen. Auf diese folgten die
sogenannten Kleinarmenier[74], auf die Armenier Babylonier und
auf beide Beliten[75] und die Bewohner des Kossaiischen Gebirges.[76]
Hinter diesen zogen Gortuer[77], die aus Euböa stammten und 11
ehemals den Medern gefolgt, jetzt aber ausgeartet waren und
ihrer vaterländischen Sitten vergessen hatten. An sie reihten sich
Phryger und Kataonier[78], worauf die Parthyäer den Zug schlossen, ein Stamm, der die Länder bewohnte, welche jetzt die aus
Skythien gekommenen Parther innehaben.[79] Dies war die Aufstellung des linken Flügels. Auf dem rechten stand das Volk von 12
Großarmenien, die Kadusier[80], Kappadokier, Syrer und Meder;
auch sie mit 50 Sichelwagen. Die Gesamtzahl des ganzen Heeres 13
belief sich auf 45000 Reiter und 200000 Mann Fußvolk.[81] In
dieser Weise geordnet, rückten sie zehn Stadien [ca. 1,85 km] vor,
dann wurde Befehl gegeben, haltzumachen, und unter den Waffen stehend erwarteten sie den Feind.

Ein Schrecken, für den gar kein Grund vorhanden war, ergriff 14
Alexanders Heer, als die Soldaten wie außer sich zu zittern begannen und eine geheime Furcht aller Herzen durchschauerte. Der
Glanz des Himmels, der im Sommer in brennender Farbe er-
glühte, erzeugte einen feuerähnlichen Schein, so daß man

glaubte, die Flammen erglänzten aus Dareios' Lager und man sei
15 unversehens mitten unter dessen Truppen geraten. Hätte nun
Mazaios, der den Aufmarsch deckte, die Erschreckten überfallen,
sie hätten eine gewaltige Niederlage erlitten, tatsächlich aber blieb
er untätig und zufrieden, nicht angegriffen zu werden, auf dem
16 von ihm besetzten Hügel; Alexander bemerkte die Bestürzung
seiner Leute, gab das Zeichen zum Haltmachen und befahl, sie
sollten die Waffen vor sich hinlegen und dem Körper Erholung
gönnen; es sei kein Grund für ihren plötzlichen Schrecken vor-
17 handen, der Feind stehe fern von ihnen. Endlich kamen sie wieder
zu sich, faßten neuen Mut und ergriffen wieder die Waffen; doch
schien nach den gegenwärtigen Umständen nichts ratsamer, als
18 an demselben Platze das Lager aufzuschlagen. Am folgenden
Tage kehrte Mazaios, der mit einer auserlesenen Reiterschar den
hohen Hügel, von dem sich das makedonische Lager überschauen
ließ, besetzt gehalten hatte, zu Dareios zurück, sei es aus Besorgnis, oder weil er eben nur den Befehl gehabt hatte, auszuspähen.
19 Die Makedonen aber besetzten eben diesen von ihm verlassenen
Hügel; denn teils bot er mehr Sicherheit als die Ebene, teils
konnte man von da die Schlachtordnung der Feinde sehen, wie sie
20 sich auf dem Gefilde entwickelte. Doch ein von den feuchten
Bergen ringsumher aufgestiegener Nebel nahm zwar nicht jede
Sicht, hinderte aber doch, die Unterschiede der einzelnen Abteilungen und ihre Aufstellung genau zu erkennen. Die Felder
waren von den Massen wie überschwemmt, und das Geräusch so
vieler Tausende dröhnte sogar in die Ohren der Fernstehenden.
21 Der König wurde unsicher und erwog bald seinen, bald Parmenions Rat in zu später Überlegung; denn man war so weit gegangen, daß sich das Heer von dort nur, wenn es siegte, ohne Nieder-
22 lage zurückziehen ließ. Er verbarg daher seine Besorgnis und
befahl dem aus päonischen Söldnern bestehenden Reitercorps
23 voranzumarschieren. Er selbst hatte die Phalanx, wie bereits bemerkt, in zwei Flügel ausgedehnt, die beide durch Reiterei gedeckt waren. Schon hatte das hellere Tageslicht, nachdem der
Nebel sich zerstreut, die feindliche Schlachtordnung enthüllt, und
die Makedonen erhoben, sei es aus Mut oder des Wartens müde,

ein gewaltiges Schlachtgeschrei. Von den Persern wurde erwidert, so daß die umliegenden Wälder und Täler von seinem furchtbaren Schalle erdröhnten. Und die Makedonen ließen sich 24 kaum mehr zurückhalten, auch im Sturmschritt auf den Feind loszurücken. Doch Alexander erschien es vorläufig besser, auf eben jenem Hügel ein Lager zu befestigen, und er befahl daher, einen Wall aufzuwerfen. Nachdem dies unverzüglich ausgeführt war, zog er sich unter sein Zelt zurück, von wo aus die ganze feindliche Schlachtordnung zu sehen war.

13. Da aber stand das volle Bild der bevorstehenden Entscheidung 1 vor seinen Augen. Roß und Mann schimmerten in herrlichen Waffenrüstungen, und daß beim Feind alles mit angestrengter Sorgfalt vorbereitet werde, zeigte die Geschäftigkeit der Führer, die zwischen ihren Abteilungen hin und her ritten; selbst durch 2 vielerlei Bedeungsloses, wie das Geschrei der Menschen, das Wiehern der Rosse, den Glanz der hier und da aufblitzenden Waffen, war sein Geist mit Unruhe und besorgter Erwartung erfüllt. Mochte es daher aus inneren Zweifeln geschehen oder um die 3 Seinigen zu erproben, er berief einen Rat und fragte, was am besten zu tun wäre. Parmenion, der unter seinen Feldherrn der 4 erfahrenste in den Künsten des Krieges war, meinte, eine List, nicht eine Schlacht sei am Platze; in dunkler Nacht könne man die Feinde überraschen; verschieden an Sitten und Sprache, dazu im Schlaf und durch die unvorhergesehene Gefahr erschreckt, wann würden sie sich in nächtlicher Verwirrung sammeln können? Bei 5 Tage dagegen werde man zuerst den furchtbaren Gestalten der Skythen und Baktrianer begegnen mit ihren struppigen Gesichtern und ungeschorenen Haaren, sowie in der ungeheueren Länge ihrer ungeschlachten Leiber. Durch Nichtiges und Bedeutungsloses werde der Soldat mehr in Verwirrung gebracht als durch begründete Anlässe zur Furcht. Ferner könne die geringere Zahl 6 von einer so großen Menge umzingelt werden. Nicht in den Engpässen und ungangbaren Gebirgspfaden Kilikiens streite er hier, sondern auf offener und weiter Ebene. Fast alle stimmten 7 dem Parmenion bei, und Polyperkon[82] meinte, daß auf der Befol-

8 gung dieses Rates zweifelsohne der Sieg beruhe. Da es nun der
König nicht über sich brachte, den Parmenion, den er kürzlich
stärker als beabsichtigt gescholten hatte, wieder zu tadeln, so
richtete er seinen Blick auf den vorgenannten und sprach: „Was
ihr mir vorschlagt, ist die Schlauheit gemeiner Räuber und
Diebe, deren Wunsch einzig und allein auf Trug gerichtet ist.
9 Meinem Ruhme aber soll nicht immer entweder Dareios' Abwesenheit oder das enge Gelände[83] oder eine nächtliche List in den
Weg treten: offen und bei Tage bin ich entschlossen anzugreifen.
Lieber will ich mich über mein Schicksal beschweren als mich
10 meines Sieges schämen. Dazu kommt noch, daß ich sicher weiß,
die Barbaren halten Wache und stehen unter den Waffen, so daß
man sie gar nicht täuschen kann. Darum macht euch bereit zur
Schlacht!" So angefeuert entließ er sie, um ihren Körper zu stärken.
11 Dareios hatte schon vermutet, daß der Feind das, was Parmenion geraten hatte, tun werde und deshalb befohlen, die Pferde
sollten gezäumt stehen, ein großer Teil des Heeres unter den
Waffen bleiben und die Wachen mit größerer Sorgfalt als üblich
abgehalten werden. Darum erglänzte sein ganzes Lager von
12 Wachtfeuern. Er selbst ging mit den Anführern und Leuten seiner
Umgebung bei den unter den Waffen stehenden Abteilungen
herum und rief den Sonnengott Mithras und das heilige und
ewige Feuer an, sie mit einer ihres alten Ruhmes und der denkwürdigen Taten ihrer Vorfahren würdigen Tapferkeit zu besee-
13 len. Und wahrlich, wenn der menschliche Geist irgend fähig sei,
Zeichen des göttlichen Beistandes wahrzunehmen, so ständen die
Götter auf ihrer Seite. Niemand anders habe neulich den Makedonen den Schrecken eingejagt; noch stürzten und taumelten sie
wie unsinnig umher und würfen ihre Waffen weg; die Beschir-
mer des Perserreiches verhängten über die Wahnwitzigen die
14 verdiente Strafe. Und auch ihr Anführer sei nicht vernünftiger;
denn wie ein wildes Tier habe er nur die Beute, nach der er giere,
im Auge und renne in das Verderben, das vor der Beute liege.
Bei den Makedonen herrschte ähnliche Unruhe und sie brachten die Nacht, als sei für sie der Kampf angesagt, unter Befürch-

tungen hin. Alexander, der sich kein anderes Mal in größerer 15
Besorgnis befunden hatte, befahl, den Aristander zu Gelübden
und Gebeten herbeizurufen. Dieser sprach, im weißen Gewande,
die geweihten Kräuter in der Hand und mit verhülltem Haupte,
dem Könige die Gebete vor, mit denen er sich dem Schutz Jupiters und der siegreichen Minerva empfahl. Dann, nachdem das 16
Opfer in geziemender Weise vollbracht war, zog er sich in sein
Zelt zurück, um den übrigen Teil der Nacht zu ruhen. Aber er
konnte weder Schlaf finden, noch sich der Ruhe hingeben: bald
gedachte er, sein Heer von der Höhe des Hügels gegen den
rechten Flügel der Perser loszulassen, bald geradeaus mit der
Front auf den Feind zu stoßen; bald wieder schwankte er, ob er
nicht lieber die Angriffskolonne gegen den linken Flügel wenden
solle. Endlich bemächtigte sich des von geistiger Unruhe gequäl- 17
ten Körpers ein tieferer Schlaf.

Schon waren nach Anbruch des Tages[84] die Heerführer zusammengekommen, seine Befehle entgegenzunehmen, und
waren erstaunt über das ungewohnte Schweigen rings um das
königliche Zelt; denn sonst pflegte er sie selbst herbeizurufen und 18
nicht selten die Säumenden zu schelten: daß er in diesem äußersten Moment der Entscheidung nicht einmal wach sein sollte,
schien ihnen merkwürdig, und sie glaubten, er liege nicht im
Schlafe, sondern sei durch Furcht gelähmt. Dennoch wagte keiner 19
von den Leibwächtern in das Zelt einzutreten, obwohl die Zeit
drängte und der Soldat ohne Befehl des Führers weder die Waffen ergreifen noch in Reih' und Glied treten konnte. Nach lan- 20
gem Zögern gab schließlich Parmenion den Befehl zu essen. Und
schon war es die höchste Zeit zum Ausrücken, da trat er endlich in
das Zelt, und nachdem er ihn öfter mit Namen gerufen, weckte
er ihn, da er nicht hörte, durch Berührung. „Heller Tag ist es", 21
sprach er, „der Feind, in voller Schlachtordnung, ist im An-
marsch. Deine Soldaten sind noch unbewaffnet und harren deiner
Befehle. Wo ist deine gewohnte Tatkraft, da du sonst die Wächter
zu wecken pflegst?" Alexander erwiderte: „Glaubst du, ich hätte 22
eher Schlaf finden können, als bis ich meinen Geist von der Sorge
befreit hatte, die mich nicht schlafen ließ?" Zugleich befahl er, mit

der Trompete das Zeichen zur Schlacht zu geben. Und da Parmenion noch immer in Verwunderung verharrte, weil er gesagt
23 hatte, er sei von Sorge entlastet eingeschlafen, versetzte er: „Das
ist nicht im geringsten verwunderlich; denn solange Dareios das
Land sengte, die Dörfer verheerte, die Lebensmittel vernichtete,
24 war ich nicht Herr meiner Entschlüsse; nun aber, wo er sich
anschickt in offener Schlacht zu kämpfen, was soll ich da fürchten? Bei Gott, er hat mir meinen Wunsch erfüllt! Aber über
diesen meinen Entschluß will ich später noch Aufschluß geben.
Ihr geht jetzt jeder zu der Abteilung, die ihr befehligt: ich werde
25 gleich da sein und erklären, was geschehen soll." Sehr selten,
mehr auf Anmahnen seiner Freunde als aus Besorgnis vor einer
drohenden Gefahr, pflegte er sich des Panzers zu bedienen; jetzt
legte er auch diesen Schutz für den Körper an und trat hinaus zu
seinen Soldaten. Kein anderes Mal hatten diese ihren König so
voll feurigen Mutes gesehen, und aus seinem unerschrockenen
Blicke schöpften sie im voraus die sichere Hoffnung auf Sieg.

26   Er befahl den Wall niederzuwerfen[85], ließ das Heer herausmar-
schieren und stellte es in Schlachtordnung. Auf dem rechten Flügel[86] bekamen die Reiter ihren Platz, die man die Leibschwadron
nannte, unter dem Befehle des Kleitos[87]. Daran schloß er die
Geschwader des Philotas[88], dem zur Seite er die übrigen Reiter-
27 führer aufstellte. Zuletzt stand Meleagers Schwadron, auf welche
dann die Phalanx folgte. Nach dieser kamen die Argyraspiden[89],
28 welche Nikanor, Parmenions Sohn, befehligte. In Reserve[90] stand
Koinos mit seiner Schar, hernach die Orestier und Lynkestier[91],
nach diesen Polyperkon, dann die fremden Truppen; der Führer
dieser aus neuerdings erst gewonnenen Bundesgenossen bestehenden Abteilung, Amyntas, war abwesend, das Kommando
über sie führte Philippos, Balakros' Sohn.[92] So sah es auf dem
29 rechten Flügel aus. Auf dem linken hatte Krateros die peloponne-
sische Reiterei nebst den Schwadronen der Achäer, Lokrer und
Malier.[93] Den Abschluß bildeten hier die thessalischen Reiter
unter Philippos' Befehl[94]. Die Aufstellung des Fußvolkes wurde
also durch Reiterei gedeckt. Dies war die Front des linken Flügels.
30 Um aber nicht von der Menge umzingelt werden zu können,

hatte er die hintersten Reihen mit einer starken Mannschaft umgeben. Auch die Flügel verstärkte er durch Reserven, die nicht
mit der Front geradeaus, sondern nach der Seite zu aufgestellt
wurden, damit sie, wenn der Feind die Schlachtordnung zu umgehen suchte, zum Kampfe bereit wären. Hier standen die Agria- 31
ner, von Attalos befehligt, nebst den kretensischen Bogenschützen. Die hintersten Reihen kehrte er nach der der Front entgegengesetzten Seite, um ringsum die ganze Schlachtordnung zu
schützen. Illyrer standen hier nebst den Söldnertruppen, so wie
auch die leichtbewaffneten Thraker dort aufgestellt waren. Und 32
in dem Grade beweglich war die Aufstellung, daß die zuhinterst
Stehenden doch, um eine Umgehung zu verhüten, wenden und
in die Front einschwenken konnten. Somit waren seine Flanken
nicht minder geschützt als die Front, der Rücken nicht minder als
die Flanken.

Nachdem dies so angeordnet war, gebot er, wenn die Barbaren 33
die Sichelwagen unter Geschrei losließen, so sollten sie selbst ihre
Reihen lösen und schweigend den Angriff der Anstürmenden
erwarten: kein Zweifel, daß sie ohne Schaden anzurichten vorüber rennen würden, wenn sich ihnen niemand entgegenstellte.
Würden sie aber ohne Geschrei losgelassen, so sollten sie selbst sie
mit Geschrei erschrecken und die scheuen Pferde von beiden
Seiten mit Geschossen durchbohren. Die Befehlshaber der Flügel 34
erhielten Auftrag, diese noch auszudehnen, so daß sie weder bei
zu enger Aufstellung überflügelt werden könnten, noch aber
auch die hintersten Glieder zu sehr lichteten. Das Gepäck nebst 35
den Gefangenen, unter denen sich Dareios' Mutter und Kinder
mit einer Bewachung befanden, stellte er nicht weit von der
Schlachtordnung auf einem hohen Hügel auf und ließ dabei eine
mäßige Bedeckung zurück. Den Befehl über den linken Flügel
gab er, wie auch sonst, dem Parmenion, er selbst stand auf dem
rechten.

Noch war man nicht in Schußweite gekommen, als ein Über- 36
läufer namens Bion im eiligsten Lauf zum König kam und ihm
meldete, Dareios habe eiserne Fußangeln in die Erde graben lassen, wo er glaubte, daß der Feind seine Reiter hinschicken werde,

und die Stelle gekennzeichnet, damit die Falle von den Seinigen
37 gemieden werden könne. Der Überläufer wurde auf seinen Befehl in Gewahrsam gebracht, dann rief er die Führer zusammen
und teilte ihnen das Gemeldete mit, mit der Aufforderung, der
bezeichneten Stelle auszuweichen und die Reiterei mit der Gefahr
bekanntzumachen.

38   Seine Ansprache konnte übrigens das Heer nicht verstehen, da
das Getöse von den zwei Heeren den Gebrauch der Ohren unmöglich machte; doch ritt er vor den Augen aller unter die
Führer und die vordersten Reihen und sagte ihnen folgendes:

1 14. Nachdem sie in der Hoffnung auf den Sieg so viele Länder
durchmessen, sei nun dieser eine Kampf noch übrig. Dabei gedachte er des Granikos, der kilikischen Gebirge, und wie Syrien
und Ägypten im Vorbeigehen ihnen zur Beute geworden seien –
lauter mächtige Reizmittel für ihre Hoffnung und ihren Ehrgeiz.
2 Von der Flucht zurückgehalten, würden die Perser nur kämpfen,
weil sie nicht fliehen könnten. Schon drei Tage ständen sie auf
demselben Fleck, bleich vor Furcht und unter der Last ihrer
Waffen. Kein deutlicheres Zeichen für ihre Verzweiflung gebe es,
als daß sie ihre eigenen Städte und Felder verbrennten und damit
eingeständen, alles, was sie nicht vernichteten, gehöre dem
3 Feinde. Sie sollten sich nur nicht vor den leeren Namen unbe-
kannter Völkerschaften fürchten; denn zur Entscheidung des
Kampfes trage es nichts bei, welche unter ihnen Skythen oder
Kadusier hießen. Eben deshalb, weil sie unbekannt seien, seien sie
4 auch unbedeutend. Tapfere Männer seien niemals unbekannt,
aber unkriegerische, die man aus ihren verborgenen Winkeln
hervorgeholt, brächten nichts als ihren Namen mit. Die Makedonen hätten es durch ihre Tapferkeit erreicht, daß auf der ganzen
5 Erde kein Ort sei, wo man solche Männer nicht kennte. Sie sollten
sich nur die ungeordneten Scharen der Barbaren ansehen: der
eine hätte nichts als einen Wurfspieß, der andere werfe mit der
Schleuder Steine, wenige hätten ordentliche Waffen. Auf jener
Seite also ständen zwar mehr Leute, hier würden mehr streiten.
6 Auch fordere er nicht, daß sie sich tapfer in den Kampf stürzten,

wenn er nicht selbst den übrigen ein Beispiel der Tapferkeit wäre;
vor den Vordersten noch werde er streiten, bürgten doch für ihn
so viele Narben als ebensoviele Zierden seines Körpers. Auch
wüßten sie selbst, wie er, allein fast ohne Anteil an der gemeinsamen Beute, die Früchte des Sieges verwende, sie zu beehren und
zu bereichern. Das sage er für die tapferen Männer; gäbe es aber 7
etwa auch andere, so wolle er ihnen dies gesagt haben: man sei
jetzt bis zu einem Punkte gelangt, von wo man nicht fliehen
könne. Nachdem man so viele Länder durchmessen, nachdem
einmal so viele Flüsse und Gebirge in ihrem Rücken lägen, sei der
Weg ins Vaterland und zum heimischen Herde nur mit dem
Schwerte zu bahnen." Mit solchen Worten begeisterte er die
Führer, sowie die ihm zunächst stehenden Soldaten.

Dareios befand sich auf seinem linken Flügel, von einer großen 8
Schar der Seinen, von auserlesenen Reitern und Fußsoldaten
dicht umgeben, und wegen der geringen Anzahl des Feindes
zeigte er Verachtung, da er ihre Aufstellung bei der Ausdehnung
der Flügel für schwach hielt. Nun ließ er, wie gewöhnlich auf 9
seinem Wagen thronend, rechts und links Augen und Hände über
die ihn umstehenden Scharen kreisen und sagte: „Noch vor kurzem Gebieter der Länder, die hier der Ozean bespült, dort der
Hellespont begrenzt, haben wir nicht mehr für unseren Ruhm,
sondern für unsere Rettung und, was mehr ist als die Rettung, für
unsere Freiheit zu kämpfen. Der heutige Tag wird dies Reich, das 10
größte, das die Welt gesehen hat, entweder befestigen oder vernichten. Am Granikos stritten wir nur mit dem kleinsten Teil
unsrer Kräfte gegen den Feind: in Kilikien besiegt, konnte uns
Syrien aufnehmen. Tigris und Euphrat waren noch starke
Schutzmauern unseres Reiches. Wir sind an einen Punkt gelangt, 11
von wo uns, wenn wir geschlagen werden, nicht einmal ein
Zufluchtsort übrig bleibt. In unserem Rücken ist alles durch den
langwierigen Krieg erschöpft: die Städte haben keine Bewohner,
die Ländereien keine Bebauer mehr. Selbst unsere Weiber und
Kinder folgen diesem Heere, eine leichte Beute für den Feind,
wenn wir diese teuersten Pfänder nicht mit unseren Leibern
schützen. Was meine Aufgabe war, habe ich getan: ein Heer 12

gerüstet, wie es die fast unübersehbare Ebene kaum zu fassen
vermochte, Rosse und Wagen verteilt, für Proviant gesorgt, daß
es einer so gewaltigen Menge nicht fehlte, einen Ort gewählt, wo
13 sich diese Streitmacht entfalten könnte. Das übrige steht in eurer
Macht: wagt es nur zu siegen, und verachtet den Ruf [des Fein-
des], die schwächste Waffe tapfern Männern gegenüber! Tollkühnheit ist, was ihr bisher als Tapferkeit gefürchtet habt. Wenn
ihr erster Anlauf fehlgeschlagen, so ist sie gelähmt, wie manche
14 Tiere nach Verlust ihres Stachels. Diese Gefilde haben ihre geringe Anzahl vollends ans Licht gebracht, die in den Gebirgen
Kilikiens verborgen blieb. Ihr seht diese spärlichen Reihen, diese
ausgedehnten Flügel, dieses schwache und kraftlose Zentrum; ja
die hintersten Reihen, die von euch abgewendet aufgestellt sind,
kehren euch schon den Rücken. Bei Gott! Zermalmen kann man
sie mit den Hufen der Rosse, wenn ich auch nichts als die Sichel-
15 wagen loslasse. Und den Krieg haben wir gewonnen, wenn wir
diese Schlacht gewonnen haben; denn sie haben keinen Raum zur
Flucht; eingeschlossen und gehemmt sind sie hier vom Euphrat,
16 dort vom Tigris. Und was ihnen vorher günstig war, hat sich ins
Gegenteil verkehrt: unser Heer ist beweglich und leicht, das ihrige von Beute schwerfällig. Mit dem, was sie uns geraubt haben,
beladen, werden wir sie niedermetzeln, und dieser Umstand wird
17 für uns zugleich Ursache und Lohn des Sieges sein. Schreckt aber
jemand von euch der Name des Volkes, der bedenke, daß das dort
zwar die Waffen, nicht aber die Leiber von Makedonen sind;
denn viel Blut haben wir gegenseitig vergossen und immer ist bei
18 einer geringen Anzahl der Verlust empfindlicher. Dazu ist Alexander, wie gewaltig er immer den Feigen und Furchtsamen erscheinen mag, ein einzelner Mensch und, wenn ihr mir Glauben
schenken wollt, ein recht törichter und wahnsinniger, dessen Erfolg bisher mehr auf unserer Furcht, als auf seiner Tüchtigkeit
19 beruhte. Nichts kann aber von Dauer sein, was sich nicht auf
Vernunft stützt. Mag ihn das Glück zu begünstigen scheinen,
zuletzt wird es ihm doch untreu. Außerdem herrscht in allen
Dingen ein schneller und wandelbarer Wechsel, und niemals er-
20 weist das Geschick Gunst ohne Einschränkung. Vielleicht haben

die Götter das Geschick so bestimmt, daß sie das Perserreich,
welches sie 230 Jahre lang in günstigem Laufe bis zum höchsten
Gipfel der Macht emporgeführt hatten, durch diesen heftigen
Stoß mehr erschüttern als zu Boden werfen, und uns an die
menschliche Hinfälligkeit mahnen, die man im Glück ja allzu
schnell vergißt. Vor kurzem erst überzogen wir unsererseits Grie- 21
chenland mit Krieg, jetzt müssen wir im eigenen Land einen
Krieg abwehren, der gegen uns begonnen wurde. Abwechselnd
sind wir der Spielball des launischen Schicksals; und weil beide
Völker zugleich nach der Herrschaft streben, kann sie keines von
beiden endgültig behaupten. Selbst, wenn es auch keine begrün- 22
dete Hoffnung für uns gäbe, müßte uns doch die Not anspornen:
denn zum Äußersten ist es gekommen. Meine Mutter, meine
beiden Töchter, meinen Ochos, den ich zum Erben dieser Herrschaft gezeugt, eure Fürsten aus königlichem Stamme, eure Heerführer hält er wie Verbrecher in Fesseln: kann ich auf euch nicht
bauen, so bin ich selbst mit dem größeren Teil meines Ich sein
Gefangener. Entreißt mein Fleisch und Blut seinen Fesseln, rettet
mir die Pfänder, für die ihr selbst euch nicht scheut zu sterben, die
Mutter, die Kinder; denn die Gattin habe ich in jener Gefangenschaft verloren! Glaubt mir, jetzt strecken diese alle die Hände 23
nach euch aus, flehen die heimischen Götter an, fordern von euch
Hilfe, Mitleid, Schutz, daß ihr sie von ihren Fesseln, ihrer Sklaverei, ihrem Gnadenbrot erlöst. Oder meint ihr, daß sie mit
Gleichmut die Knechte derer sind, deren Könige sie zu sein verschmähen? Ich sehe das feindliche Heer heranrücken, aber je 24
näher ich der Entscheidung, desto weniger will mir das genügen,
was ich gesagt habe. Bei den Göttern unseres Landes, bei dem
ewigen Feuer, das uns auf dem Altar vorangetragen wird, bei
dem Glanze der Sonne, die innerhalb der Grenzen meines Reiches emporsteigt, bei dem unvergänglichen Ruhme des Kyros,
der die Herrschaft den Medern und Lydern entriß und sie als
erster auf die Perser übertrug: rettet den Namen und Stamm der
Perser vor der äußersten Schande! Ziehet hin, mutig und hoff- 25
nungsvoll, damit ihr den Ruhm, den ihr von euren Vorfahren
ererbt, euren Nachkommen hinterlaßt! In eurer Rechten tragt ihr

jetzt Freiheit und Macht und Hoffnung der Zukunft! Der entgeht
dem Tode, der ihn verachtet: die Furchtsamsten gerade ereilt er!
26 Ich selbst fahre auf dem Wagen, nicht allein nach Vätersitte,
sondern auch, damit man mich sehen kann, und wehre euch
nicht, es mir nachzutun, ich mag euch das Beispiel der Tapferkeit
oder der Feigheit geben."

1 15. Unterdes gebot Alexander, um die von dem Überläufer bezeichnete gefahrdrohende Stelle zu umgehen und um Dareios,
der den Flügel[95] befehligte, zu begegnen, seinem Heere in schrä-
2 ger Richtung vorzurücken. Dareios machte die gleiche Bewegung, nachdem er Bessos beordert, die massagetischen Reiter von
3 der Seite her in Alexanders linken Flügel einbrechen zu lassen. Er
selbst hatte vor sich die Sichelwagen, die er auf ein Zeichen hin
alle zusammen gegen den Feind losließ. Die Wagenlenker stürmten mit verhängten Zügeln dahin, um in einem Überraschungs-
4 angriff möglichst viele Leute niederzurennen. Manche zerfleischten also die weit über die Deichsel hervorragenden Spieße, manche die auf beiden Seiten vorgestreckten Sicheln. Und die
Makedonen wichen nicht etwa langsam, sondern durch ihre stür-
5 mische Flucht waren die Glieder in Unordnung geraten. Auch
Mazaios jagte den Bestürzten Furcht ein, indem er 1000 Reitern
den Befehl gab, um den Feind herum zu schwenken und dessen
Troß zu plündern, da er glaubte, auch die Gefangenen, die ebenfalls dort bewacht wurden, würden ihre Fesseln zerreißen wenn
6 sie die Ihren kommen sähen. Dem Parmenion auf dem linken
Flügel war dies nicht entgangen, und er sandte daher eiligst den
Polydamas, dem König die Gefahr zu melden und ihn zu fragen,
7 was geschehen solle. Dieser erwiderte auf Polydamas' Meldung:
„Geh und sage Parmenion, wenn wir in der Schlacht siegen, so
werden wir nicht allein das Unsere wiedererlangen, sondern auch
8 alles, was dem Feinde gehört, gewinnen. Darum ist kein Grund,
einen Teil der Streitkräfte aus der Schlacht zu ziehen, sondern er
soll ohne Rücksicht auf den Verlust des Gepäckes tapfer kämpfen,
9 wie es meiner und meines Vaters Philipp würdig ist." Unterdes
hatten die Barbaren alles beim Troß in Verwirrung gebracht und

die meisten Wachleute getötet, während die Gefangenen ihre
Bande zerrissen; dann rissen sie alles, was ihnen in die Hände fiel
und sich zur Waffe eignete, an sich und griffen mit ihrer Reiterei
vereinigt die Makedonen an, die sich so von doppelter Gefahr
umringt sahen. Frohlockend meldeten die Leute in der Umge- 10
bung der Sisygambis, Dareios habe gesiegt, der Feind sei in einem
gewaltigen Gemetzel unterlegen und schließlich sogar seines
Trosses beraubt; denn sie meinten, es sei überall gleich glücklich
gefochten worden, und siegreich hätten sich die Perser zur Plünderung zerstreut. Sisygambis jedoch verharrte trotz der Auffor- 11
derung der Gefangenen, sich aus ihrem Kummer emporzurich-
ten, in der gleichen Niedergeschlagenheit wie früher. Kein Wort
entschlüpfte ihr, keine Veränderung der Gesichtsfarbe oder Miene
war zu sehen. Unbeweglich saß sie da, vielleicht aus Furcht, das
Schicksal zu erzürnen, so daß, die sie sahen, in Ungewißheit
blieben, was sie lieber wünsche. Währenddessen war Alexanders 12
Reitergeneral Menidas mit einigen wenigen Geschwadern dem
Troß zu Hilfe gekommen, ungewiß, ob aus eigenem Antriebe
oder auf des Königs Befehl. Doch hielt er dem Angriff der Kadusier und Skythen nicht stand; denn kaum hatte er den Kampf
versucht, so floh er zum König zurück, mehr ein Zeuge, daß der
Troß verloren war, als dessen Beschützer. Nun siegte Alexanders 13
Ärger über seinen früheren Entschluß, und nicht mit Unrecht
fürchtete er, die Sorge, ihr Eigentum wiederzuerlangen, könnte
die Soldaten vom Kampfe abziehen. Darum sandte er den Aretes,
den Führer der Lanzenträger, die man Sarissophoren nannte,
gegen die Skythen.

Mittlerweile waren die Sichelwagen, die unter den Vorkämp- 14
fern Verwirrung angerichtet hatten, auf die Phalanx losgefahren.
Die Makedonen aber schöpften wieder Mut und nahmen sie
mitten in ihre Reihen auf. Einem Wall ähnlich standen sie, die 15
Speere dicht aneinander geschlossen, und durchbohrten von beiden Seiten die Weichen der blindlings heranstürmenden Rosse.
Dann begannen sie, die Wagen zu umzingeln und die Kämpfer,
die darauf standen, herunterzustürzen. Ungeheure Haufen ge- 16
stürzter Rosse und ihrer Lenker erfüllten das Schlachtfeld. Letz-

tere vermochten die scheuen Pferde nicht zu zügeln, die durch
häufiges Schütteln der Hälse nicht nur ihr Joch abgeworfen, sondern auch die Wagen umgestürzt hatten; die verwundeten Tiere
schleiften die toten mit sich fort und konnten weder vor Schrek-
ken zum Stehen kommen noch von Wunden geschwächt vorwärts laufen. Einige wenige Viergespanne jedoch kamen bis in
die hintersten Glieder der Schlachtordnung, wo sie denen, auf die
sie trafen, einen kläglichen Tod bereiteten; denn abgemäht lagen
die Glieder der Männer am Boden, und weil sie, solange die
Wunden noch warm waren, keinen Schmerz empfanden, ließen
manche auch verstümmelt und kraflos die Waffen nicht los, bis sie
durch den vielen Blutverlust entseelt zusammenbrachen.

18   Unterdes hatte Aretes den Führer der Skythen, die das Gepäck
plünderten, getötet und bedrängte die hierüber Bestürzten ziemlich heftig, als von Dareios gesandt die Baktrianer hinzukamen
und dem Kampfe eine neue Wendung gaben. Viele Makedonen
wurden da beim ersten Angriff niedergeritten, die Mehrzahl floh
19   zu Alexander zurück. Da erhoben die Perser ein Geschrei, wie es
Sieger gewöhnlich tun, und stürmten wild auf den Feind los, als
ob er überall geschlagen wäre. Alexander schalt die Erschreckten,
ermunterte sie, feuerte allein den schon ermatteten Kampf an und
befahl ihnen, nachdem sie sich endlich wieder ermannt, gegen
den Feind zu rücken.

20   Die Schlachtordnung der Perser auf dem rechten Flügel hatte
an Dichtigkeit verloren, weil die Baktrianer von dort weggezo-
gen waren, um den Troß zu überfallen. Alexander machte daher
einen Angriff auf die gelockerten Glieder und drang unter schwe-
21   ren Verlusten der Feinde vor. Die Perser auf dem linken Flügel
aber zogen, in der Hoffnung, ihn einschließen zu können, dem
Kämpfenden in den Rücken; und so in die Mitte genommen
wäre er in die größte Gefahr geraten, hätten nicht die agrianischen Reiter im Galopp die den König umringenden Barbaren
angegriffen und, indem sie auf die Hintersten einhieben, sie gezwungen, sich gegen sie zu kehren. Beide Heere waren in Unordnung geraten. Alexander hatte den Feind sowohl vorn als im
22   Rücken; die ihn von hinten angriffen, wurden wieder von den

agrianischen Reitern bedrängt, und die Baktrianer konnten, als
sie nach Plünderung des feindlichen Trosses zurückkehrten, ihre
frühere Stellung nicht wieder einnehmen. Gleichzeitig kämpften
auch noch mehrere von den übrigen abgeschnittenen Abteilungen, wo immer der Zufall sie mit diesen oder jenen hatte handgemein werden lassen. Die beiden Könige hatten den Kampf wieder   23
aufflammen lassen, als sich die Heere fast ineinandergeschoben
hatten. In größerer Zahl fielen die Perser, fast gleich viele wurden
auf beiden Seiten verwundet. Dareios fuhr auf seinem Wagen,
Alexander war zu Roß. Beide wurden von einer erlesenen Mann-   24
schaft beschützt, die des eigenen Lebens nicht achtete; denn nach
Verlust ihres Königs wollten sie weder sich retten, noch hätten sie
es gekonnt. Jedem schien es ruhmreich, vor den Augen seines
Königs den Tod zu finden. Dennoch waren die, die sie so eifrig   25
schützten, der größten Gefahr ausgesetzt, denn jeder trachtete
nach dem Ruhme, den feindlichen König getötet zu haben.

War es nun Täuschung der Augen oder eine wirkliche Erschei-   26
nung: die Leute in der Umgebung Alexanders glaubten einen
Adler zu sehen, der in geringer Höhe über dem Haupte des
Königs ruhig dahinflog, ohne sich durch das Getöse der Waffen
oder das Gestöhn der Sterbenden schrecken zu lassen, und lange
war er, mehr schwebend, wie es schien, als fliegend, um Alexanders Roß sichtbar. Der Wahrsager Aristander wenigstens, in wei-   27
ßem Gewande und in der Rechten einen Lorbeerzweig vor sich
haltend, zeigte den dem Kampfe mit gespannter Aufmerksamkeit
folgenden Soldaten den Vogel als ein unzweifelhaftes Zeichen des
Sieges. Mächtig also entflammte Mut und Zuversicht die kurz   28
zuvor Erschrockenen zum Kampfe, zumal nachdem eine Lanze
Dareios Wagenlenker, der vor ihm sitzend die Rosse zügelte,
durchbohrt hatte. Es zweifelten auch weder Perser noch Makedonen, daß der König selbst getötet sei. Und so brachte das klägliche   29
Geheul und wilde Geschrei und Stöhnen seiner Verwandten und
Waffenträger fast das ganze bisher noch unentschieden kämp-
fende Heer in Verwirrung: der linke Flügel ergriff die Flucht und
hatte schon den Wagen im Stiche gelassen, den dann die auf der
rechten Seite, dicht um ihn geschart, mitten in ihre Reihen auf-

30 nahmen. Dareios, erzählt man, habe sein Schwert gezogen und geschwankt, ob er nicht der Schande der Flucht durch einen ehrenvollen Tod entgehen solle; aber auf seinem Wagen thronend schämte er sich, sein Heer, das ja noch nicht ganz aus dem Kampfe 31 entwich, im Stiche zu lassen. Während er jedoch noch zwischen Hoffnung und Verzweiflung hin und her schwankte, wichen allmählich die Perser und ihre Reihen lösten sich. Alexander, der sein Pferd gewechselt – er hatte schon mehrere müde geritten – durchbohrte die sich Widersetzenden von vorn, die Fliehenden 32 von hinten; und es war schon kein Kampf mehr, sondern ein Morden, als auch Dareios seinen Wagen zur Flucht wendete. Der Sieger saß dem Fliehenden auf dem Nacken, aber eine Wolke von Staub, die sich bis zum Himmel erhob, nahm jede Sicht, so daß man nicht anders als im Finstern umherirrte, sich hier und da nach dem Schall einer bekannten Stimme oder einem Signal zu- 33 sammenfindend. Doch vernahm man das Klatschen der Zügel, die unaufhörlich auf die den Wagen ziehenden Rosse einpeitsch- ten. Das war die einzige Spur seiner Flucht, die sich wahrnehmen ließ.

1 16. Aber auf dem linken makedonischen Flügel, den, wie oben erwähnt, Parmenion befehligte, wurde von beiden Parteien mit ganz anderem Erfolg gekämpft. Mazaios hatte mit seiner ganzen Reiterei heftig angegriffen und bedrängte die Geschwader der 2 Makedonen; und schon begann er mit seiner Übermacht ihre Stellung zu umgehen, als Parmenion einige Reiter beauftragte, Alexander zu melden, in welcher Gefahr sie sich befänden: komme nicht schleunigst Hilfe, könne er die Flucht nicht hem- 3 men. Der König, den Flüchtigen hart auf der Ferse, war schon ein großes Stück Weges vorausgeeilt, als die Unglücksbotschaft von Parmenion kam. Den Reitern wurde befohlen, die Rosse anzu- halten, und der Zug hielt still, während Alexander knirschte, daß ihm der Sieg aus den Händen gerissen werde, und Dareios auf 4 seiner Flucht mehr Glück habe als er bei der Verfolgung. Mittler- weile war die Nachricht von des Königs Niederlage zu Mazaios gelangt, der daher, obwohl im Vorteil, doch durch das Unglück

seiner Partei erschreckt, die schon Mutlosen weniger heftig bedrängte. Parmenion kannte zwar die Ursache nicht, weshalb der
Kampf von selbst ermattete, benutzte aber ohne Säumen die
Gelegenheit zum Siege. Er ließ die thessalischen Reiter zu sich 5
rufen: „Seht ihr", rief er, „die dort, die eben noch so wild auf euch
eindrangen, wie sie von plötzlichem Schrecken ergriffen zurückweichen? Ja, auch für uns hat das Glück unseres Königs gesiegt.
Das ganze Perserheer liegt erschlagen am Boden. Was zögert ihr? 6
Oder seid ihr nicht einmal dem fliehenden Feinde gewachsen?"
Man hielt für wahr, was er sagte, und selbst die Ermatteten
schöpften aus der Hoffnung neuen Mut. Sie gaben den Pferden
die Sporen und stürzten auf den Feind los, der nun nicht mehr
langsam, sondern beschleunigten Schrittes zurückwich, so daß
zur Flucht nichts fehlte, als daß sie noch nicht den Rücken gewandt hatten. Parmenion jedoch, der nicht wußte, wie es dem
König auf dem rechten Flügel erging, hielt seine Leute zurück,
und da dadurch eine Pause im Kampfe eintrat, so zog Mazaios 7
nicht auf der geraden Straße, sondern auf einem längeren und
deshalb sichereren Umwege über den Tigris, und erreichte Babylon mit den Resten des geschlagenen Heeres.

Dareios war mit wenigen Begleitern auf seiner Flucht zum 8
Lykos geeilt und schwankte, nachdem er ihn überschritten, ob er
nicht die Brücke zerstören solle, da man ihm meldete, der Feind
werde gleich dasein. Doch sah er, daß, wenn er die Brücke abbrä-
che, so viele Tausende der Seinen, die noch nicht zum Fluß
gelangt waren, eine Beute des Feindes sein würden. Daher soll er, 9
indem er fortritt und die Brücke unversehrt ließ, gesagt haben,
lieber wolle er seinen Verfolgern den Weg offen lassen, als ihn den
Fliehenden verschließen. Er selbst erreichte, nachdem er auf seiner
Flucht eine ungeheure Strecke durcheilt hatte, gegen Mitternacht
Arbela.

Wer vermöchte so viele Launen des Schicksals, das vielfältige 10
Töten von Führern und ganzen Abteilungen, die Flucht der Geschlagenen, die Niederlage bald einzelner, bald ganzer Massen
sich vorzustellen oder in Worte zu fassen? Die Ereignisse eines
ganzen Menschenalters häufte fürwahr das Schicksal auf diesen

11 einen Tag. Die einen eilten auf dem kürzesten Weg, der sich ihnen darbot, andere nach abseits gelegenen Wäldern und den Verfolgern unbekannten Pfaden. Reiter und Fußvolk vermengt und ohne Führer, Waffenlose und Bewaffnete, Verwundete und Un-
12 versehrte drängten sich durcheinander. Dann, als das Mitleid der Furcht weichen mußte, wurden die, die nicht folgen konnten, unter beiderseitigem Jammern zurückgelassen. Besonders quälte die Ermatteten und Verwundeten brennender Durst und überall hatten sie sich an den Bächen niedergeworfen, um mit lechzen-
13 dem Munde das vorüberfließende Wasser aufzufangen. Aber da sie in ihrer Gier auch trübes tranken, so quollen sofort ihre Eingeweide durch den Druck des Schlammes, und waren sie nun an allen Gliedern erschlafft und kraftlos, wurden sie doch, wenn der Feind über sie kam, durch neue Verwundungen weitergejagt.
14 Manche hatten sich, da sie die nächsten Bäche besetzt fanden, weiter seitwärts gewandt, um irgendein verborgenes Wasser, das da floß, aufzufangen, und keine Lache war so unzugänglich und vertrocknet, daß sie dem Durste der Nachspürenden entgangen
15 wäre. Aus am Weg liegenden Dörfern aber ließ sich das Geheul der Greise und Frauen vernehmen, die nach Sitte ihres Volkes den Namen des Dareios riefen, als sei er noch ihr König.
16   Alexander war, nachdem er, wie oben gesagt, das Vordringen der Seinen gehemmt hatte, zum Flusse Lykos gelangt, wo die Unmasse der Flüchtigen die Brücke so überfüllt hatte, daß beim Herandrängen des Feindes sich sehr viele in den Fluß stürzten, von dessen Strudeln sie, durch ihre Waffen beschwert und von
17 Kampf und Flucht ermattet, verschlungen wurden. Und schon vermochte nicht nur die Brücke keine Flüchtlinge mehr zu fassen, sondern auch nicht der Fluß die Scharen, die sich blind mehr und mehr darin aufhäuften: denn wo sich einmal Schrecken der Gemüter bemächtigt hat, wird allein das gefürchtet, wovor man sich
18 zuerst geängstigt hat. Als seine Leute ihn nun drängten, die Verfolgung des ungestraft entkommenen Feindes zu gestatten, schützte Alexander vor, ihre Waffen seien stumpf, ihre Hände müde, ihre Kräfte durch die lange Verfolgung erschöpft, und der
19 Tag neige sich schnell zu Ende. In Wahrheit aber war er wegen

des linken Flügels, den er noch im Kampf wähnte, besorgt und beschloß zurückzukehren, um den Seinigen beizustehen. Und schon hatte er wenden lassen, als von Parmenion abgesandte Reiter ihm auch den Sieg dieses Heeresteiles verkündigten. Doch 20 in keine größere Gefahr geriet er an diesem Tage als jetzt, wo er seine Truppen ins Lager zurückführte. Wenige folgten ihm, schlecht geordnet und über den Sieg frohlockend, da man alle Feinde auf der Flucht begriffen oder in der Schlacht gefallen wähnte; da plötzlich erschien ihnen gegenüber ein Zug Reiter, 21 der zuerst stillhielt, dann aber, als er die geringe Zahl der Makedonen bemerkt hatte, mit seinen Geschwadern auf die Entgegenkommenden losstürmte. Der König ritt voran, die Gefahr mehr 22 verschweigend als verachtend; aber das Glück, das ihn stets in gefährlichen Lagen begleitete, verließ ihn auch jetzt nicht. Er 23 durchbohrte nämlich den Führer der Reiter, der kampfbegierig und eben deshalb zu unvorsichtig auf ihn losrannte, mit dem Speer, und als dieser vom Pferde gesunken war, tötete er den Nächsten und nachher noch mehrere mit derselben Waffe. Auch 24 seine Freunde griffen die Verwirrten an: doch starben die Perser nicht ungerächt, da die gesamten Heere nicht hartnäckiger gekämpft hatten, als diese eilig zusammengerafften Haufen. Endlich 25 schien es den Barbaren sicherer, in der Dunkelheit zu fliehen, als weiterzukämpfen. Sie zerstreuten sich und ritten davon. Der König führte, nachdem er diese ungewöhnliche Gefahr bestanden, die Seinen wohlbehalten ins Lager zurück.

Von den Persern fielen, soweit die Sieger ihre Zahl bestimmen 26 konnten, 40000[96], von den Makedonen wurden weniger als 300 vermißt. Im übrigen verdankte der König diesen Sieg mehr seiner 27 Tapferkeit als seinem Glücke: durch seinen Mut, nicht wie früher durch die Örtlichkeit, siegte er. Denn einerseits stellte er sein Heer 28 sehr geschickt auf, andererseits kämpfte er selbst mit großer Energie, endlich verachtete er mit überlegener Einsicht den Verlust des Gepäcks und Trosses, da er einsah, daß die Hauptentscheidung in der Schlacht selbst erfolge, und während der Erfolg des Kampfes noch zweifelhaft war, wußte er sich schon das Ansehen des Siegers zu geben. Dann schlug er die erschütterten Abteilungen der 29

Feinde in die Flucht, verfolgte aber die Fliehenden, was bei seinem feurigen Temperamente kaum glaublich scheinen mag, mit
30 mehr Klugheit als Leidenschaft. Denn hätte er, während ein Teil seines Heeres noch kämpfte, die Fliehenden verfolgt, so wäre er entweder durch seine eigene Schuld besiegt worden, oder hätte den Sieg durch fremde Tapferkeit gewonnen. Ferner, hätte er sich vor der Überzahl der ihm begegnenden Reiter gefürchtet, so hätte er schon als Sieger entweder schimpflich fliehen oder jäm-
31 merlich umkommen müssen. Auch den Führern seiner Truppen darf ein gebührendes Lob nicht vorenthalten bleiben; denn die
32 Wunden, die ein jeder empfing, zeugen für ihre Tapferkeit. Hephaistion wurde am Arme von einem Speer getroffen, Perdikkas,
33 Koines und Menidas durch Pfeile beinahe getötet. Und wenn wir die Makedonen, wie sie damals waren, angemessen würdigen wollen, so müssen wir bekennen, daß sowohl der König solcher Diener, als diese eines so großen Königs ganz und gar wert waren.

FÜNFTES BUCH

1. Wollte ich das, was unterdes unter Leitung und auf Befehl 1
Alexanders teils in Griechenland, teils in Illyrien und Thrakien
geschah, ein jedes zur gehörigen Zeit erzählen, so müßte ich die
Ereignisse in Asien unterbrechen; es scheint aber angebrachter, sie 2
bis zur Flucht und dem Tode des Dareios insgesamt darzustellen
und sie ihrem Zusammenhang nach auch in meinem Geschichtswerke zu verknüpfen. Daher will ich zu erzählen beginnen, was
sich an die Schlacht bei Arbela anschließt.

Dareios war gegen Mitternacht nach Arbela gekommen, und 3
eben dorthin hatte der Zufall auch die Flucht eines großen Teiles
seiner Freunde und Soldaten gelenkt. Er rief sie zusammen und 4
setzte ihnen auseinander, daß Alexander ohne Zweifel nach den
berühmtesten Städten und den reichen Gegenden mit ihrem
Überflusse an allem marschieren werde; denn eine fette und leicht
zu gewinnende Beute, das habe er selbst wie seine Soldaten im
Auge. Dieser Umstand werde in der gegenwärtigen Lage für 5
seine Sache nützlich sein: er wolle nämlich mit einer kampffertigen Schar in die Wüsten eilen. Die äußersten Teile seines Reiches
seien noch unberührt, und dorther werde er ohne große Mühe
neue Streitkräfte aufstellen können. Solle das raubgierige Volk 6
sich seines Schatzes bemächtigen und nach langem Hunger
danach sich in Gold sättigen, in kurzem werde es ihnen (den
Persern) doch zur Beute werden. Aus Erfahrung wisse er, daß
kostbares Gerät, Nebenfrauen und Scharen von Eunuchen ihm
nur Last und Hindernis gewesen seien. Schleppe Alexander das
alles nun mit sich, so werde er durch eben die Dinge, die ihm
vorher den Sieg verschafft, unterliegen. Aus dieser Rede schien 7

allen die Verzweiflung zu sprechen, da sie das unermeßlich reiche
Babylon preisgegeben sahen. Nun werde sich der Sieger auch
Susas und der übrigen Zierden des Reiches, die ihn zum Kriege
8 veranlaßt, bemächtigen. Dareios erklärte jedoch weiter, im Unglück müsse man nicht nach dem gehen, was schön klinge, sondern was die Notwendigkeit gebiete: mit dem Eisen führe man
Krieg, nicht mit Gold, mit Männern, nicht mit den Häusern der
Städte. Alles falle den Bewaffneten zu. So hätten auch seine Vorfahren, wenn sie beim Beginn ihrer Unternehmungen in Not
9 geraten seien, schnell ihr früheres Glück wiederhergestellt. Somit
wandte er sich, mochte nun der Mut der Seinen gekräftigt sein
oder diese mehr seinem Gebot als seinem Rate folgen, nach den
Grenzen Mediens.

10   Kurz nachher wurde Arbela an Alexander übergeben, das mit
dem königlichen Gerät und einem reichen Schatze angefüllt war:
4000 Talente waren das, außerdem kostbare Stoffe, da der Reichtum des ganzen Heeres, wie oben gesagt wurde, sich an diesem
11 Platze aufgehäuft fand. Dann, als Krankheiten ausbrachen, die der
Geruch der auf dem ganzen Gefilde umherliegenden Leichen
12 verbreitet hatte, zog er vorzeitig weiter. Auf diesem Marsche, der
sie durch ebnes Land führte, lag ihnen zur Linken Arabien[1], durch
seinen Reichtum an wohlriechenden Gewächsen berühmt. Die
Gegenden zwischen dem Tigris und Euphrat haben so reichen
und fetten Boden, daß, wie man sagt, das Vieh von der Weide
weggejagt wird, um sich nicht durch Übersättigung den Tod zu
holen. Ursache dieser Fruchtbarkeit ist die beiden Strömen entstammende Feuchtigkeit, die dem Boden wegen der ihn durch-
13 ziehenden Wasseradern fast überall entsickert. Die Ströme selbst
kommen aus den armenischen Gebirgen, entfernen sich dann
aber, indem sie den begonnenen Lauf verfolgen, weit voneinander, so daß die, welche ihren weitesten Abstand in der Nähe der
armenischen Gebirge aufgezeichnet haben, einen Weg von zweitausendfünfhundert Stadien (ca. 450 km) zurückzulegen hatten.
14 Dann, wenn sie durch Medien und das Land der Gordyaier[2]
fließen, nähern sie sich allmählich einander, und je weiter sie
15 fließen, einen desto engern Raum lassen sie zwischen sich. Am

allernächsten sind sie einander in dem Flachland, das die Einwohner Mesopotamien nennen, weil die Flüsse es von beiden Seiten in der Mitte einschließen. Endlich ergießen sie sich durch das Gebiet von Babylon in das Rote Meer.[3] Alexander gelangte in vier 16 Tagemärschen zu der Stadt Mennis. Dort befindet sich eine Höhle, aus der eine Quelle so ungemeine Massen von Erdpech auswirft, daß bekanntlich der ungeheure Bau der babylonischen Mauern mit dem Erdpeche dieser Quelle gekittet worden ist.

Als er nun gegen Babylon vorrückte, kam ihm Mazaios, der 17 aus der Schlacht in diese Stadt geflohen war, mit seinen erwachsenen Kindern um Gnade flehend entgegen, und übergab ihm die Stadt und sich selbst. Dem König war seine Ankunft willkommen, da die Belagerung einer so stark befestigten Stadt große Mühe gekostet hätte. Außerdem konnte man vermuten, der angesehene und persönlich tapfere Mann, der sich besonders durch 18 die letzte Schlacht einen berühmten Namen gemacht hatte, werde auch die übrigen durch sein Beispiel zur Übergabe veranlassen. Er nahm ihn also mit seinen Kindern gnädig auf; doch gab 19 er den Seinigen Befehl, gleich als ob es in die Schlacht ginge, in ein Viereck aufgestellt, das er selbst anführte, einherzuziehen. Ein großer Teil der Babylonier stand auf den Mauern, neugierig den neuen König zu sehen; noch mehr zogen ihm entgegen. Unter 20 andern hatte der Burghauptmann und königliche Schatzmeister Bagophanes, um nicht an Zuvorkommenheit von Mazaios übertroffen zu werden, den ganzen Weg mit Blumen und Kränzen bestreuen lassen, während er zu beiden Seiten silberne Altäre aufgestellt hatte, die nicht nur mit Weihrauch, sondern mit allen möglichen Wohlgerüchen überhäuft waren. Hinter ihm folgten 21 als Geschenke Herden von Schlachtvieh und Rossen, ja es wurden in Käfigen Löwen und Panther vorausgetragen. Dann kamen die 22 Magier, die nach ihrer Sitte ein Lied sangen, hinter ihnen die Chaldäer[4] und die babylonischen Weissager wie auch Musiker mit ihren eigentümlichen Saiteninstrumenten. Diese pflegten Loblieder auf ihre Könige zu singen, während die Chaldäer die Bewegung der Gestirne und den regelmäßigen Wechsel der Jahreszeiten darlegten. Zuletzt endlich kamen die babylonischen 23

Reiter, deren eigener und ihrer Rosse Schmuck mehr üppige Verschwendung als Pracht zeigte. Der König, von Bewaffneten umgeben, befahl den Scharen der Stadtbewohner, sich hinter den letzten Reihen des Fußvolkes anzuschließen; er selbst zog auf einem Wagen in die Stadt und nacher in den königlichen Palast ein. Am folgenden Tage besichtigte er den Hausrat des Dareios und seinen ganzen Schatz.

24   Übrigens zog die Schönheit und das Alter der Stadt selbst nicht nur des Königs, sondern auch aller andern Augen mit Recht auf sich. Semiramis hatte sie gebaut, nicht, wie die meisten geglaubt
25   haben, Belos, dessen Palast man noch zeigt. Die Mauer[5], aus Backsteinen gebaut und mit Erdpech gekittet, hat eine Breite von 32 Fuß, so daß, wie man sagt, darauf Vierspänner ohne Gefahr
26   aneinander vorbeifahren können. Die Höhe der Mauer übersteigt 50 Ellen, die Türme sind jedesmal zehn Fuß höher als die Mauer. Der Umfang des ganzen Baues beträgt 365 Stadien, und einer Erzählung zufolge soll jedesmal in einem Tage der Bau eines Stadions beendigt worden sein. Die Gebäude lehnen sich nicht an die Mauer, sondern stehen ungefähr einen Morgen davon ent-
27   fernt. Auch ist nicht die ganze Stadt mit Gebäuden besetzt; nur auf einer Strecke von 80 Stadien stehen Wohnhäuser und auch diese nicht ohne Unterbrechung, vielleicht, weil man es für sicherer hielt, sie an mehreren Punkten zu zerstreuen. Den übrigen Raum besät und bestellt man, so daß, wenn eine auswärtige Streitmacht einbricht, der Boden der Stadt selbst den Belagerten
28   Lebensmittel darbieten kann. Durch sie hin fließt der Euphrat, durch mächtige Kais eingedämmt. Doch um alle diese riesigen Bauten ziehen sich ungeheure tief ausgegrabene Sammelbecken, um die einbrechende Gewalt des Stromes in sich aufzunehmen. Denn wenn dieser die Höhe der ihn umgebenden Einfassung überschritten hat, so würde er die Häuser der Stadt mit sich fortreißen, wenn nicht die Gruben und Bassins da wären, ihn
29   aufzunehmen. Sie sind aus Backsteinen gemauert, und der ganze Bau mit Erdpech gekittet. Eine steinerne Brücke über den Fluß verbindet die Stadtteile. Auch sie zählt zu den Wunderwerken des Orients; denn der Euphrat führt tiefen Schlamm mit sich, und

obwohl man diesen, um den Grund zu legen, gänzlich ausge-
räumt hatte, fand man doch kaum einen zur Unterlage eines
festen Baues geeigneten Boden. Aber der allmählich aufgehäufte 30
und um die steinernen Brückenpfeiler angelegte Sand hemmt den
Strom, der infolge dieses Hindernisses heftiger anprallt, als wenn
er frei dahinflöße.

Auch die Burg[6] hat 20 Stadien im Umfange. Der Grund ihrer 31
Türme ist 30 Fuß tief in die Erde gelegt, und die größte Höhe
ihrer Befestigungswerke erhebt sich bis zu achtzig Fuß. Oberhalb 32
der Burg befindet sich das durch die Erzählungen der Griechen
allbekannte Wunderwerk der hängenden Gärten, die der größten
Höhe der Mauern gleichkommen, und deren Reiz in dem Schatten und hohen Wuchs ihrer zahlreichen Bäume besteht. Es sind 33
steinerne Pfeiler aufgerichtet, auf denen die ganze Last ruht, über
die Pfeiler ist ein Boden von Quadersteinen gelegt, der die hoch
darauf gehäufte Erde samt der Feuchtigkeit, womit man die Erde
bewässert, tragen kann. Und so mächtig sind die Bäume, die
dieser Bau trägt, daß ihre Stämme eine Dicke von acht Ellen im
Umfange erreichen und sich zu einer Höhe von 50 Fuß erheben;
sie tragen Früchte, als ob sie in ihrem gewohnten Boden wüchsen.
Und obwohl das Alter nicht nur die Werke von Menschenhand, 34
sondern sogar die der Natur allmählich zernagt und vernichtet, so
besteht doch dieser Riesenbau, worauf so viele Bäume mit ihren
Wurzeln drücken, und auf dem die Last eines solchen Parkes ruht,
unversehrt fort. Denn 20 Fuß breite Mauern stützen ihn, die in
einer Entfernung von elf Fuß voneinander stehen, so daß es aus
der Ferne das Ansehen hat, als ob sich eine Waldung über ihrem
Berge erhöbe. Man erzählt, ein König von Syrien[7], der über 35
Babylon herrschte, habe dies Werk aufgeführt, aus Liebe zu seiner
Gattin, die, sich in der ebenen Gegend nach Wäldern und Hainen
sehnend, ihren Gemahl antrieb, die Reize der Natur durch ein
derartiges Bauwerk nachzuahmen.

Länger als irgendwo verweilte der König in Babylon, aber 36
durch keinen andern Aufenthalt schadete er der militärischen
Zucht mehr. In keiner Stadt nämlich herrscht solche Sittenver-
derbnis, keine ist geeigneter, zu unmäßigen Begierden zu reizen

37 und zu verlocken. Eltern und Gatten dulden es, daß ihre Töchter und Gattinnen mit Fremden unzüchtigen Umgang haben, wenn nur Geld für die Schande gezahlt wird[8]. Zechgelage sind in ganz Persien eine Lieblingsbeschäftigung der Könige und ihrer Hofbeamten; am meisten aber sind die Babylonier dem Wein und 38 allen Ausschweifungen der Trunksucht ergeben. Die Frauen, die den Gastmählern beiwohnen, erscheinen zuerst in anständiger Kleidung, dann legen sie die obersten Gewänder ab, und allmählich verleugnen sie die Scham so weit, daß sie zuletzt, mit Verlaub zu sagen, auch die letzte Hülle des Körpers von sich werfen. Und diese Schmach erlauben sich nicht Dirnen, sondern verheiratete Frauen und Jungfrauen; bei ihnen gilt diese schimpfliche Preis- 39 gabe des Leibes als Höflichkeit. Mitten unter diesen schändlichen Wollüsten mästete sich jenes Heer, das Asien bezwungen, 34 Tage lang, und wäre ohne Zweifel für die folgenden Kämpfe zu geschwächt gewesen, wenn es einen Feind gehabt hätte.

Um übrigens seine Verluste weniger zu fühlen, wurde es 40 immer wieder durch neuen Zuwachs verstärkt. Amyntas, Andramenes' Sohn, führte nämlich von Antipater 6000 makedonische 41 Fußsoldaten herbei, dazu 500 Reiter gleichen Stammes; außerdem 600 thrakische Reiter nebst 3500 ebenfalls thrakischen Fußsoldaten. Auch aus dem Peloponnes waren gegen 4000 Söldner 42 und 380 Reiter angekommen. Zugleich hatte Amyntas als Leibwache des Königs 50 erwachsene Söhne der vornehmsten Makedonen mitgebracht, welche beim Mahle dem König aufwarten, ferner, wenn er ins Treffen geht, ihm das Pferd vorführen, ihn auf der Jagd begleiten und abwechselnd vor der Tür seines Schlafzimmers Wachdienst versehen – ein Nachwuchs und eine Vorschule hoher Befehlshaber und Heerführer.

43 Über die Burg von Babylon setzte der König den Agathon mit einer Mannschaft von 700 Makedonen und 300 Söldnern. Als Befehlshaber über Babylonien und Kilikien ließ er den Menes und Apollodoros zurück[9], denen er 2000 Mann nebst 1000 Talenten gab, und beauftragte beide, zu ihrer Verstärkung mehr Soldaten zu werben. Dem Überläufer Mazaios verlieh er die Satrapie 44 Babylonien, dem Bagophanes, der ihm die Burg übergeben

hatte, befahl er, ihm zu folgen; Armenien wurde dem Verräter von Sardes, Mithrenes, gegeben. Aus dem ihm in Babylon über- 45 gebenen Schatz endlich erhielt jeder makedonische Reiter 600 Denare[10], ein fremder Reiter 500, ein Fußsoldat 200, die übrigen einen zweimonatlichen Sold.

2. Nachdem dies so geordnet war, gelangte er in die Landschaft 1 Sittakene[11], eine fruchtbare Gegend, die einen Überfluß an allen Dingen und jeder Art Lebensmittel hat. Deshalb machte er hier 2 einen längeren Halt, und damit seine Soldaten nicht durch Träg- heit und Ruhe erschlafften, stellte er Richter auf und setzte Be- lohnungen für den Wettstreit in militärischer Tüchtigkeit aus. Die 3 neun, die zu den Tapfersten erklärt würden, sollten jeder 1000 Soldaten befehligen, mit dem Titel Chiliarch. Und damals wur- den zum ersten Mal die Truppen nach dieser Zahl eingeteilt, während es vorher Abteilungen von 500 Mann gegeben hatte, die nicht als Belohnung der Tapferkeit zuerteilt wurden. Eine unge- 4 heure Menge von Soldaten war zusammengeströmt, um dem Ruhmeswettstreit beizuwohnen, zugleich Zeuge der Taten eines jeden und bereit, ihr Urteil über die Richter abzugeben, da es nicht verborgen bleiben konnte, ob ihm die Ehre mit Recht oder Unrecht zuerteilt würde. Den ersten Preis unter allen erhielt 5 seiner Tapferkeit wegen Atharrias, ein alter Soldat, der bei Hali- karnassos den von seinen jüngeren Kameraden aufgegebenen Kampf fast ganz allein erneuert hatte. Für den nächsten erklärte man Antigenes; den dritten Platz erhielt Philotas aus Augaia[12], den vierten Amyntas; nach ihnen kam Antigonos und danach der Lynkestier[13] Amyntas; die siebente Stelle erhielt Theodotos, die letzte Hellanikos. Auch in der Einrichtung des Heeres änderte er 6 sehr vieles aus alter Zeit Überkommene auf höchst vorteilhafte Weise. Während zum Beispiel früher die Reiter ein jeder bei seinem eigenen Stamme eingereiht wurden, so hob er den Unter- schied der Nationen auf und teilte sie erlesenen Führern zu, ohne Rücksicht darauf, ob sie von gleichem Stamme waren. Wenn 7 aufgebrochen werden sollte, gab man das Signal mit der Trom- pete, deren Schall jedoch in dem Aufbruchslärm meist nicht rich-

tig zu hören war; er errichtete also über dem Königszelte eine
hohe Stange, die nach allen Seiten hin sichtbar war, und auf dieser
erhob sich das allen gleich sichtbare Signal, nachts ein Feuer, am
Tage eine Rauchsäule.

8   Als er nach Susa marschieren wollte, schickte Abulites, der
Statthalter jener Gegend, sei es auf Dareios' Befehl, um Alexander durch die Beute aufzuhalten, oder aus eigenem Antriebe,
ihm seinen Sohn entgegen, mit dem Versprechen, ihm die Stadt
9   zu übergeben. Der König nahm den Jüngling freundlich auf und
gelangte unter seiner Führung zum Flusse Choaspis, der, wie man
sagt, sehr wohlschmeckendes Wasser führt. Hier kam ihm Abuli-
10   tes mit wahrhaft königlichen Geschenken entgegen, darunter
Dromedare von ausgezeichneter Schnelligkeit und zwölf Elefanten, die Dareios aus Indien hatte bringen lassen, nun nicht mehr
ein Schrecken, wie er gehofft hatte, sondern eine Hilfe für die
Makedonen, da das Schicksal die Schätze des Besiegten dem Sie-
11   ger in die Hände gab. Und als er in die Stadt eingezogen war, ließ
er aus den Schatzkammern eine unglaubliche Menge Geldes fortführen, 50 000 Talente Silber, noch ungeprägt und in rohen Stük-
12   ken. Viele Könige hatten in einer langen Reihe von Jahren diese
ungeheuren Schätze für ihre Kinder und Nachkommen, wie sie
meinten, aufgehäuft, und nun gab sie eine einzige Stunde in die
13   Hände des fremden Königs. Er setzte sich hierauf auf den königlichen Thron, der jedoch für seine Körpergröße viel zu hoch war.
Da also seine Füße die oberste Stufe nicht erreichten, stellte einer
14   von den königlichen Pagen einen Tisch darunter; und als der
König einen Eunuchen, der dem Dareios angehört hatte, darüber
seufzen sah, fragte er ihn nach dem Grund seines Schmerzes.
Dieser antwortete, gewöhnlich habe Dareios an diesem Tisch
gegessen, und er könne nicht ohne Tränen sehen, wie dessen
15   geheiligter Tisch nun zum Gespött werde. Da ergriff den König
die Scheu, die Götter des Gastrechts zu erzürnen, und er wollte
schon befehlen, ihn wegzunehmen, als Philotas rief: „Tu das doch
ja nicht, mein König, sondern sieh es vielmehr als ein Vorzeichen
an, daß der Tisch, von welchem dein Feind sein Mahl genommen
hat, dir unter die Füße gestellt ist."

Schon bereit, nach den Grenzen der Landschaft Persis vorzu- 16
rücken, übergab der König die Stadt Susa nebst einer Besatzung
von 3000 Mann dem Archelaos; dem Xenophilos wurde die
Aufsicht über die Burg, deren Bewachung aber den schon bejahr-
teren makedonischen Soldaten übertragen. Die Überwachung 17
der Schatzkammern wurde Kallikrates anvertraut, und die Satrapie Susiana wurde dem Abulites zurückgegeben. Auch Dareios'
Mutter und Kinder ließ er in dieser Stadt zurück. Zufällig waren 18
ihm makedonische Gewänder nebst vielen Purpurstoffen zum
Geschenk aus Makedonien geschickt worden. Er befahl sie samt
den Frauen, die sie angefertigt hatten, zu Sisygambis zu bringen,
der er jegliche Ehre, ja die Ehrerbietung eines Sohnes zu erweisen
pflegte. Zugleich ließ er ihr sagen, wenn ihr die Stoffe auch 19
gefielen, solle sie ihre Enkelinnen in der Anfertigung solcher
Kleider unterweisen lassen; er mache ihnen die Mädchen, die sie
darin unterrichten könnten, zum Geschenk. Als sie dies hörte,
brach Sisygambis in Tränen aus, die verrieten, daß ihr dies Geschenk eine Schmach sei; denn nichts halten die persischen Frauen
für schimpflicher, als sich mit Wollarbeit zu beschäftigen. Die 20
Überbringer der Geschenke meldeten Alexander, wie Sisygambis
darüber betreten sei, und es schien ihm daher passend, sich deshalb
zu entschuldigen und sie zu trösten. Er ging also selbst zu ihr und
sprach: „Sieh, Mutter, dieses Gewand, womit ich bekleidet bin,
ist nicht allein ein Geschenk, sondern auch eine Arbeit meiner
Schwestern. Unsere Sitten haben mich zu dem Irrtum veranlaßt.
Deute also, ich beschwöre dich, meine Unwissenheit nicht als 21
Beschimpfung. Soweit ich mit euren Sitten bekannt bin, habe ich
sie, wie ich hoffe, gegenüber Dir weitgehend beachtet. Ich weiß, 22
daß es sich bei euch für den Sohn nicht gehört, sich vor den
Augen der Mutter niederzusetzen, außer wenn sie es ihm erlaubt
hat. Darum bin ich, so oft ich zu dir gekommen bin, stehen
geblieben, bis du mich zum Sitzen einludest. Öfters hast du vor
mir niederfallen wollen: ich habe es gehindert; und den Namen,
den ich meiner vielgeliebten Mutter Olympias schuldig bin, lege
ich auch dir bei."

1 3. Nachdem er sie beruhigt hatte, gelangte er in vier Tagemärschen zum Tigris, der bei den Einwohnern Pasitigris[14] heißt. Er entspringt auf den Gebirgen der Uxier und fließt 50 Stadien weit
2 zwischen waldigen Ufern und Felsen reißend hinab. Dann nehmen ihn Ebenen auf, die er, schon fähig, Schiffe zu tragen, sanfteren Laufes durchzieht. Es folgen 600 Stadien [111 km] Marschbodens, durch den seine Gewässer langsam hinfließen, um sich mit
3 dem persischen Meere zu vermischen. Nachdem er den Fluß überschritten, kam er mit 9000 Mann Fußvolk, den Agrianern, den Bogenschützen und 3000 griechischen Söldnern nebst 1000 Thrakern in das Gebiet der Uxier. Dies grenzt an Susa zunächst und erstreckt sich bis an die Grenzen von Persien, zwischen sich
4 und Susiana nur einen engen Zugang offen lassend. Befehlshaber über diese Gegend war Medates, keineswegs ein Mann der augenblicklichen Verhältnisse, sondern entschlossen, für seine
5 Pflicht das Äußerste zu versuchen. Doch der Gegend kundige Leute berichteten Alexander, daß es über Pfade und auf der der Stadt abgewendeten Seite einen verborgenen Weg gäbe; schickte er eine geringe Anzahl Leichtbewaffneter ab, so würden sie noch
6 oberhalb der Feinde herauskommen. Ihr Rat wurde angenommen, und sie selbst dienten als Wegweiser. 1500 Söldner und ungefähr 1000 Agrianer erhielten unter Anführung Taurons Be-
7 fehl, sich nach Sonnenuntergang auf den Weg zu machen. Er selbst ließ in der dritten Nachtwache aufbrechen, passierte gegen Tagesanbruch den Engpaß und begann, nachdem er zur Fertigung von Schanzkörben und Schutzdächern Holz hatte fällen lassen, um die, welche die Türme heranrückten, vor Wurfge-
8 schossen zu sichern, die Belagerung der Stadt. Alles war äußerst steil und durch Felsen und Klippen unzugänglich. Zahlreiche Verwundungen trieben sie daher anfangs zurück, da man nicht nur mit dem Feinde, sondern auch mit der Örtlichkeit zu kämp-
9 fen hatte. Dennoch drangen sie vor, weil der König sich unter die Vordersten gestellt hatte und fragte, ob sie, die Bezwinger so vieler Städte, nicht erröteten, sich bei der Belagerung eines kleinen und unbekannten Kastells aufzuhalten; gleichzeitig erinnerte er sie daran, . . .[15]. Unterdessen wurde er von weitem beschossen,

aber die Soldaten schützten ihn durch ein vor ihm gebildetes Schilddach, da sie ihn nicht bewegen konnten, den Kampf zu verlassen.

Endlich zeigte sich Tauron mit seiner Schar oberhalb der Burg 10 der Stadt, und bei seinem Anblick sank dort den Feinden der Mut, und die Makedonen begannen, heftiger anzugreifen. Von 11 zwei Seiten drohte den Verteidigern Gefahr, und der Andrang der Feinde ließ sich nicht mehr hemmen. Wenige waren zu sterben entschlossen, die Mehrzahl dachte an Flucht, und ein großer Teil zog sich in die Burg zurück. Von dort wurden dreißig Unterhändler geschickt, um Gnade zu erbitten; doch erhielten sie vom König die harte Antwort, daß Gnade nicht geboten sei. In 12 ihrer Furcht vor einem grausamen Tode schickten sie auf einem geheimen, dem Feinde unbekannten Wege daher zu Dareios' Mutter Sisygambis, um sie zu bitten, daß sie den König milder stimmen möchte; sie wußten nämlich genau, daß er sie gleich einer Mutter liebte und verehrte. Auch hatte Medates eine Tochter ihrer Schwester geheiratet und war also mit Dareios durch nahe Verwandtschaft verbunden. Lange widerstand Sisygambis 13 den Bitten der Flehenden und meinte, eine Fürbitte für sie sei in ihrer Lage nicht passend. Sie fürchte, fügte sie hinzu, des Siegers Nachsicht zu ermüden, und daß sie jetzt eine Gefangene sei, gehe ihr öfter durch den Sinn, als daß sie einst Königin gewesen. Endlich gab sie nach und bat Alexander in einem Brief, daß er 14 diese ihre Fürbitte entschuldigen möge. Sie ersuche ihn, auch den andern, wenn nicht, wenigstens ihr zu verzeihen. Für ihren nahen Verwandten, der nicht mehr sein Feind sei, sondern seine Gnade anrufe, flehe sie, und zwar nur um sein Leben. Wie groß damals 15 die Mäßigung und Milde des Königs war, kann schon dieser eine Fall zeigen: er verzieh nicht nur dem Medates, sondern schenkte auch allen, die sich ihm ergeben hatten und gefangen waren, Freiheit und Straflosigkeit; die Stadt ließ er unversehrt und gestattete den Bewohnern, ihre Ländereien ohne Abgaben zu bebauen. Mehr hätte auch von Dareios nach einem Siege seine Mutter nicht erlangt.

Das unterworfene Volk der Uxier stellte er noch unter den 16

Satrapen von Susiana; dann teilte er sein Heer mit Parmenion und
befahl diesem, auf dem Weg durch die Ebene vorzurücken, während er selbst mit einer kampffertigen Schar den Weg über die
Gebirge einschlug, die sich ununterbrochen bis in die Persis er-

17 strecken. Nachdem er diese ganze Gegend verheert hatte, drang
er am dritten Tage in die Persis, am fünften Tage in die Engpässe
ein, die die Einheimischen die Tore von Susa nennen. Ariobarzanes hatte mit 55 000 Mann Fußvolk diese senkrechten und nach
allen Seiten steil abschüssigen Felsen besetzt, auf deren Gipfeln die
Barbaren außerhalb Schußweite standen und absichtlich ruhig
und in furchtsamer Haltung verharrten, bis der Zug zu der eng-

18 sten Stelle des Passes vorgedrungen wäre. Als sie nun den Feind
ihrer nicht achtend vorwärts marschieren sahen, da wälzten sie
über den Abhang der Berge ungeheure Felsstücke herab, die,
mehrmals auf den darunter befindlichen Klippen aufprallend, mit
desto größerer Gewalt einschlugen und nicht nur einzelne, son-

19 dern ganze Reihen zermalmten. Auch mit Schleudern geworfene
Steine und Pfeile überschütteten sie von allen Seiten. Und das war
nicht das Kläglichste für die tapfern Männer, sondern daß sie,
ohne sich rächen zu können, wie wilde Tiere, die man in einer

20 Grube gefangen, hingeschlachtet wurden. Ihr Zorn steigerte sich
also zur Wut: sie umklammerten die hervorragenden Felsspitzen,
um an den Feind zu gelangen, und einer den andern stützend,
suchten sie hinaufzuklettern. Doch auch diese Felsspitzen, von
vielen Händen zugleich umfaßt und losgerissen, stürzten auf die

21 nieder, die sie gelockert hatten. Man konnte also weder stehen-
bleiben noch hinaufklettern, ja nicht einmal sich durch ein Schilddach decken, da die Barbaren Lasten von so ungeheurer Schwere
herniederwälzten. Den König quälte nicht nur Schmerz, sondern
auch Scham, sein Heer unvorsichtig in diesem Engpasse preisge-

22 geben zu haben. Bis auf diesen Tag war er unbesiegt gewesen,
hatte nichts vergeblich gewagt: ohne Verlust war er in die Engpässe Kilikiens eingedrungen, das Meer selbst hatte ihm einen
neuen Weg nach Pamphylien eröffnet[16]. Jetzt war sein Glück

23 aufgehalten und saß fest, und kein anderes Mittel gab es, als auf
dem Wege, auf dem er gekommen, zurückzukehren. Er gab

daher das Zeichen zum Rückzuge und befahl, in dichtgeschlosse-
nen Gliedern, die Schilde über den Köpfen zusammengehalten,
aus dem Engpasse zurückzuweichen. 30 Stadien [ca. 5,5 km]
waren es, die sie zurückmarschierten.

4. Nachdem er hierauf sein Lager an einem nach allen Seiten
offenen Platze aufgeschlagen hatte, hielt er nicht nur Rat, was
nun zu tun sei, sondern zog in seinem Aberglauben auch die
Wahrsager zu. Allein was konnte ihm unter diesen Umständen
Aristander, dem er unter den Wahrsagern das meiste Vertrauen
schenkte, verkünden? Er verwarf daher der Zeit nicht angemessene Opfer und ließ die Ortskundigen zusammenrufen. Diese
zeigten ihm, daß durch Medien ein sicherer und offener Weg
führe; aber der König scheute sich, seine Soldaten unbegraben
zurückzulassen, da nach der herkömmlichen Sitte kaum auf irgend eine militärische Pflicht so unverbrüchlich gehalten wurde
wie auf die Beerdigung der Kameraden. Er ließ also die Gefangenen, die er kürzlich gemacht hatte, rufen: unter ihnen befand sich
einer, der der griechischen und persischen Sprache mächtig war
und ihm versicherte, daß er vergeblich sein Heer auf dem Bergrücken nach Persien zu führen suche. Es gebe nur Waldsteige,
kaum für einzelne gangbar; alles sei mit Laubholz bedeckt und die
untereinander verschlungenen Baumzweige machten die Waldung undurchdringlich. Die Landschaft Persis ist nämlich auf der
einen Seite[17] in einer Längenausdehnung von 1600 Stadien
[297 km] und 170 Stadien [31,4 km] in die Breite durch ununterbrochene Gebirgszüge verschlossen. Dieser Gebirgsrücken reicht
vom Kaukasos bis an das Rote Meer, und wo das Gebirge aufhört, stellt sich als ein anderes Bollwerk das Meer entgegen. Am
Fuß der Berge dehnt sich dann eine weitläufige Ebene aus, ein
fruchtbares und mit vielen Dörfern und Städten besetztes Land.
Durch diese Gefilde wälzt der Araxes[18] die Wasser vieler Gießbäche dem Flusse Medos zu; dieser aber, der kleiner ist als der, den er
aufgenommen, ergießt sich, gegen Mittag gewendet, ins Meer.
Und kein anderer Fluß ist dem Wachstum von Gras und Kräutern günstiger, da er alle Ufer, die er bespült, mit Blumen über-

kleidet. Auch säumen Platanen und Pappeln seine Ufer, so daß, aus der Ferne gesehen, die Ufergebüsche mit den Bergwaldungen zusammenzuhängen scheinen. Denn der umschattete Fluß gleitet im tiefeingeschnittenen Bett dahin, und Hügel überragen ihn, ebenfalls voll üppigen Laubwaldes, da das Wasser bis an ihren Fuß
9 herantritt. Keine andere Gegend in ganz Asien gilt als gesünder. Das Klima wird einerseits durch den ununterbrochenen dunkeln und schattigen Bergrücken gemäßigt, der die Hitze mindert, andrerseits durch das benachbarte Meer, das dem Lande eine milde Wärme verleiht.

10   Als ihm der Gefangene dies dargelegt hatte, fragte ihn der König, ob er das Gesagte von anderen gehört oder mit eigenen Augen gesehen habe; jener erwiderte, er sei Hirt gewesen und habe alle jene Pfade durchwandert; zweimal sei er gefangen worden, einmal in Lykien von den Persern, das andere Mal jetzt von
11 ihm. Da erinnerte sich der König an einen Orakelspruch. Ihm war nämlich auf eine Frage geantwortet worden, sein Wegweiser
12 nach Persis werde ein Einwohner von Lykien sein. Er versprach ihm daher alles, was der gegenwärtigen Not und den Verhältnissen des Mannes angemessen schien, ließ ihn wie einen Makedonen bewaffnen und befahl ihm, unter der Götter Beistand den Weg zu zeigen: wäre er auch noch so hoch und steil, so wolle er ihn doch mit einer kleinen Schar überwinden, oder glaube er etwa, daß, wo er selbst um seines Viehes willen gegangen sei, Alexander für seine Ehre und ewigen Ruhm nicht gehen könne.
13 Immer aufs neue erklärte ihm der Gefangene, wie schwierig der Weg sei, besonders für Bewaffnete. Da rief der König: „Nimm mich zum Bürgen, daß keiner von denen, die mir folgen, sich
14 weigern wird, den Weg zu gehen, den du uns führst." Er ließ also den Krateros zur Bewachung des Lagers zurück mit dem Fußvolk, das er gewöhnlich befehligte, und den Truppen, die Meleager führte, nebst tausend Bogenschützen zu Pferd, und gab ihm die Weisung, das Lager äußerlich unverändert, mit Absicht aber mehr Feuer anzünden zu lassen, damit die Barbaren desto eher
15 glaubten, der König selbst befinde sich im Lager. Wenn aber Ariobarzanes merke, daß er auf dem Umwege über die Wald-

pfade eindringe, und dann versuche, den Weg zu besetzen und
ihm einen Teil seiner Truppen entgegenzuwerfen, so solle ihn
Krateros durch den Schrecken eines Angriffs zurückzuhalten suchen: dieser werde sich dann mit seinen Leuten gegen die nähere
Gefahr wenden. Gelänge es ihm dagegen, den Feind zu täuschen 16
und das Gebirge zu besetzen, dann solle er, sobald er die Verwirrung und Ängstlichkeit der Barbaren wahrnäme, ohne Bedenken
auf eben der Straße, auf welcher sie am Tag vorher zurückgetrieben waren, vorrücken, denn sie werde frei sein, da sich die Feinde
gegen ihn gewendet haben würden.

Er selbst machte sich in der dritten Nachtwache in schweigen- 17
dem Zuge und ohne Trompetenzeichen zu dem angezeigten
Marsche über die Fußpfade auf. Seinen leichtbewaffneten Soldaten hatte er befohlen, für drei Tage Lebensmittel mitzunehmen.
Doch außer den unwegsamen Felsen und steilen Klippen, auf 18
denen der Fuß wiederholt ausglitt, ermattete die Marschierenden
der vom Winde aufgehäufte Schnee; denn man fiel wie in Gruben und versank darin, und wenn sie von ihren Kameraden
emporgehoben wurden, zogen sie ihre Helfer öfter mit hinab, als
daß sie heraufkamen. Auch die Nacht, die unbekannte Gegend 19
und die Ungewißheit, ob man dem Führer trauen könne, vermehrte die Furcht: entkam dieser den ihn bewachenden Begleitern, so konnte man sie selbst wie wilde Tiere fangen. Von der
Treue und dem Leben eines einzigen Gefangenen hing, das fühl-
ten sie, sowohl ihres Königs als ihre eigene Rettung ab. Endlich 20
gelangten sie auf die Höhe des Gebirges. Rechts führte der Weg
gerade zu Ariobarzanes: hier ließ Alexander den Philotas und
Koinos nebst Amyntas und Polyperkon mit einer kampffertigen
Schar zurück, mit dem Auftrage, weil sie Reiter und Fußgänger
vermischt hatten, und der Boden da am fruchtbarsten und futter-
reichsten war, allmählich vorzurücken; als Wegweiser erhielten
sie einige von den Gefangenen. Er selbst mit der Garde und der 21
sogenannten Leibschwadron drang auf einen steilen, aber von der
Stellung der Feinde weiter entfernten Pfade unter großen
Schwierigkeiten vorwärts. Es war Mittag und die Erschöpften 22
brauchten eine Rast, denn man hatte noch einen ebenso weiten

Weg vor sich, als schon gemacht war, wenn auch weniger steil
23 und hoch. Nachdem sich also die Soldaten durch Speise und
Schlaf gestärkt hatten, brach Alexander in der zweiten Nachtwache auf. Den übrigen Marsch nun legte man ohne große Mühe
zurück; doch wo sich das Gebirgsjoch allmählich mehr zur Ebene
hinabsenkte, fand man den Weg durch eine ungeheure Schlucht,
die zusammenströmende Gießbäche ausgewühlt hatten, unter-
24 brochen. Dazu hatten die dicht ineinander verschlungenen
Baumzweige gleichsam einen ununterbrochenen Zaun vorgezogen. Da bemächtigte sich ihrer grenzenlose Verzweiflung, so daß
sie fast in Tränen ausbrachen. Vor allem war es die Dunkelheit,
25 die sie schreckte; denn wenn auch hier und da Sterne schimmerten, so hinderte doch das undurchdringliche Laub der Bäume die
Sicht. Nicht einmal zu horchen war möglich, da der Wind den
Wald schüttelte und durch das Aneinanderschlagen der Zweige
26 ein größeres Brausen als nur durch sein Wehen verursachte. Endlich ließ das ersehnte Tageslicht alles weniger schrecklich erscheinen, als es die Nacht gemacht hatte: die Ausschwemmung ließ
sich durch einen kurzen Umweg umgehen, und ein jeder konnte
sein eigener Wegweiser sein.

27   So gelangten sie auf einen hohen Gipfel; von hier erblickten sie
den Standort der Feinde, waffneten sich ohne Verzug und zeigten
sich im Rücken der Ahnungslosen. Einige wenige, die zu kämp-
28 fen wagten, wurden niedergehauen, und das Gestöhn der Sterbenden wie auch der klägliche Anblick der zu den Ihrigen Zu-
rückeilenden riß auch die Unversehrten, bevor sie noch den
29 Kampf versucht, zur Flucht fort. Als man nun in dem von Krateros befehligten Lager das Geschrei vernahm, so rückten die Truppen aus, um den Engpaß, in dem sie vorher steckengeblieben wa-
30 ren, zu besetzen. Zugleich jagte auch Philotas, der mit Polyper-
con, Amyntas und Koinos beauftragt war, einen andern Weg zu
31 marschieren, den Barbaren neuen Schrecken ein. Dennoch lieferten sie, obwohl von allen Seiten die Waffen der Makedonen
erglänzten, und sie von doppelter Gefahr überrascht waren, ein
bemerkenswertes Treffen. Die Not, scheint es mir, verleiht auch
der Feigheit einen Stachel, und oft wird Verzweiflung die Mutter

neuer Hoffnung. Unbewaffnete umschlangen Bewaffnete, zogen 32
sie durch ihre gewaltige Körperlast mit sich zu Boden und durchbohrten viele mit ihren eigenen Waffen. Ariobarzanes brach je- 33
doch, von ungefähr 40 Reitern und 5000 Fußsoldaten umgeben,
mitten durch die makedonische Stellung, unter großem Blutvergießen auf beiden Seiten, und eilte, Persepolis, die Hauptstadt des
Landes, zu besetzen. Doch von den städtischen Wachposten nicht 34
eingelassen, fiel er, da die Feinde rastlos gefolgt waren, mit allen
Begleitern seiner Flucht im erneuerten Kampfe. Auch Krateros,
der mit größter Eile marschiert war, kam dazu.

5. Der König schlug auf derselben Stelle, wo er die feindlichen 1
Truppen geschlagen hatte, ein festes Lager auf. Denn obwohl der
Feind auf allen Seiten gewichen war und ihn im Besitz des Sieges
gelassen hatte, war doch der Weg durch sehr tiefe und steile
Gräben, die an verschiedenen Stellen vorgezogen waren, versperrt, so daß man, zwar nicht mehr aus Furcht vor Feindeslist,
sondern vor versteckten Terrainhindernissen, langsam und vorsichtig vorrücken mußte. Auf dem Weitermarsche wurde ihm ein 2
Brief von dem königlichen Schatzmeister Tridates[19] überbracht,
der ihm anzeigte, daß die Einwohner der Stadt[20] auf die Nachricht von seiner Annäherung die Schatzkammern plündern wollten; er solle also eilen, ihnen zuvorzukommen; der Weg sei ohne
Hindernisse, obgleich der Araxes dazwischen fließe. Keine krie- 3
gerische Eigenschaft dieses großen Königs möchte ich höher stellen als seine Schnelligkeit. Er ließ das Fußvolk zurück und gelangte, die ganze Nacht unterwegs, mit der schon durch so weite
Wegstrecken ermüdeten Reiterei bei Tagesanbruch an den Araxes. In der Nähe waren Dörfer. Diese zerstörte er und schlug 4
schleunigst aus ihrem Holz auf einer Unterlage von Steinen eine
Brücke über den Fluß.
Und schon waren sie nicht mehr weit von der Stadt, als ihm ein 5
bejammernswerter Zug entgegenkam, wie wenige ein bemerkenswertes Beispiel menschlichen Schicksals. Gefangene Griechen
waren es, gegen 4000 ungefähr, die die Perser auf mannigfache
Weise verstümmelt hatten. Den einen waren die Füße, andern 6

Hände und Ohren abgehauen; und, mit barbarischen Schriftzeichen gebrandmarkt, hatte man sie, um immer ihren Spott mit ihnen treiben zu können, zurückbehalten. Als man sich nun selbst unter fremder Herrschaft sah, hatte man sich ihrem Wunsche,

7 dem Könige entgegenzugehen, nicht widersetzt. Nie gesehene Gestalten, keine Menschen schienen es zu sein, und nichts als die Stimme war an ihnen erkennbar. So entlockten sie den Makedonen mehr Tränen als sie selbst vergossen hatten: denn bei dem vielfachen und mannigfaltigen Schicksal der einzelnen ließ sich, wenn man ihre zwar ähnlichen und dennoch verschiedenen Verstümmelungen betrachtete, nicht entscheiden, wer der Beklagenswerteste unter ihnen sei. Als jene nun riefen, endlich habe

8 Jupiter, Griechenland zu rächen, die Augen geöffnet, da glaubten alle, die gleiche Marter erfahren zu haben. Der König trocknete sich die Tränen, die er vergossen, und hieß sie gutes Mutes sein, sie sollten Vaterstadt und Gattin wiedersehen. Dann schlug er zwei Stadien von der Stadt ein festes Lager auf.

9 Die Griechen hatten sich außerhalb des Lagers begeben, um zu beratschlagen, was sie am liebsten vom König erbitten sollten, und da es den einen besser schien, ihn um Wohnsitze in Asien anzugehen, den andern, in die Heimat zurückzukehren, so soll Euktemon aus Kyme[21] folgendermaßen zu ihnen gesprochen

10 haben: „Wir, die wir uns eben noch geschämt haben, selbst als Hilfesuchende aus dem Dunkel unseres Gefängnisses hervorzutreten, möchten, wie die Sachen nun stehen, unsere Verstümmelung, über die wir, ich weiß nicht ob mehr beschämt oder betrübt sein sollen, Griechenland gleichsam als ein ergötzliches Schauspiel

11 zeigen. Nun aber trägt der sein Elend am besten, der es verbirgt, und es gibt für den Unglücklichen keine bessere Heimat als die Einsamkeit und das Vergessen seines früheren Daseins. Denn wer viel auf das Mitleid der Seinen baut, der weiß nicht, wie schnell

12 Tränen vertrocknen. Niemand liebt den treulich, vor dem ihn ekelt; denn einerseits ist das Unglück zum Klagen, andererseits das Glück zum Hochmut geneigt. So läßt sich jedermann von seiner eigenen Lage leiten, wenn er über die eines andern urteilt. Wären wir nicht allesamt elend, so hätten auch wir einmal einer

dem andern zum Ekel werden können: was Wunder also, wenn
die Glücklichen immer ihresgleichen aufsuchen? Ich beschwöre   13
euch, laßt uns, für die es längst mit dem Leben vorbei ist, einen
Ort aufsuchen, diese unsre nur noch halben Gliedmaßen zu ver-
graben und unsre gräßlichen Narben in der Fremde zu verbergen! Recht willkommen werden wir unsern Frauen, die wir als
junge Männer ehelichten, zurückkehren! Dann unsre Kinder, in
der Blüte ihrer Jahre und ihres Besitzes, werden sie in diesen
Resten, die die Sklavenarbeit übrig gelassen, ihre Väter erkennen
wollen? Wie viele von uns sind noch in der Lage, so viele Länder   14
zu durchwandern? Fern von Europa in den äußersten Orient
verwiesen, sollen wir Greise, Schwache und des größern Teils
unserer Gliedmaßen Beraubte das aushalten, was die Kraft bewaffneter und siegreicher Männer erschöpft hat! Ferner die   15
Frauen, die in unserer Gefangenschaft Zufall und Not als einzigen
Trost mit uns verband, und unsre kleinen Kinder, sollen wir sie
mit uns schleppen oder zurücklassen? Kommen wir mit ihnen,   16
wird uns niemand der Unsrigen anerkennen wollen. Wir sollen
also ohne weiteres diese gegenwärtigen Liebespfänder zurücklassen, da es doch ungewiß ist, ob wir jene, zu welchen wir uns
aufmachen wollen, erblicken werden? Nein, inmitten derer müssen wir uns verbergen, die unser Elend von Anfang an kennen."
So also sprach Euktemon.

Dagegen erhob sich der Athener Theaitetos und sprach: Kein   17
treuer Verwandter werde seine Angehörigen nach ihrem körperlichen Äußern schätzen, zumal wenn sie durch die Grausamkeit
der Feinde, nicht von Natur Krüppel seien. Der sei jedes Unglük-
kes wert, der sich des unverschuldeten schäme, denn er spreche
ein trauriges Urteil über die Menschheit und verzweifle an ihrer
Barmherzigkeit, weil er selbst sie einem andern verweigern
würde. Die Götter böten ihnen, was sie selbst niemals zu wün-   18
schen gewagt hätten, Vaterland, Gattinnen, Kinder und was nur
immer die Menschen so lieben wie ihr Leben und selbst durch den
Tod wiederzuerkaufen suchen. Ja, herausbrechen sollten sie aus   19
diesem Gefängnis! Eine andere Luft atme man in der Heimat,
eine andere Sonne leuchte dort. Sitten, heilige Gebräuche, Um-

gangssprache sogar entlehnten sie hier von den Barbaren, und
wollten sie diese angeborenen Güter freiwillig aufgeben, so
würde ihr schwerstes Unglück gerade dies sein, daß sie genötigt
20 wären, all das zu entbehren. Er wenigstens werde in sein Haus
und in sein Vaterland zurückkehren und von dieser großen Wohltat des Königs Gebrauch machen. Wenn welche von der Liebe zu
ihren Sklavenfrauen und den Kindern, die sie notgedrungen in
der Knechtschaft als solche anerkannt hätten, sich wollten festhalten lassen, so sollten die, denen nichts teurer sei als ihr Vaterland,
sie verlassen.

21   Wenige waren dieser Ansicht, bei den übrigen überwog die
Gewohnheit, die stärker ist als die Stimme der Natur. Sie kamen
überein, den König zu bitten, daß er ihnen irgendeinen Wohnsitz
22 anweisen möge. Dazu wurden 100 aus ihrer Mitte erwählt. Da
Alexander glaubte, sie kämen, sich das zu erbitten, was er selbst
für das Bessere hielt, so sprach er: „Ich habe Befehl gegeben, euch
Tiere zum Reiten anzuweisen und jedem von euch 1000 Denare
auszuzahlen. Seid ihr nach Griechenland zurückgekehrt, so will
ich sorgen, daß, abgesehen von diesem euren Unglück, niemand
23 seine Lage für besser halten soll als die eure." Jene blickten, Tränen im Auge, zur Erde und wagten weder den Blick aufzuschlagen noch zu sprechen. Endlich, als sie der König nach dem Grund
ihrer Trauer befragte, antwortete ihm Euktemon ähnlich, wie er
24 bei der Beratung gesprochen hatte. Da gebot der König, voll
Mitleid nicht nur für ihr Schicksal, sondern auch ihre Beküm-
mernisse, jedem 3000 Denare zu geben, dazu noch zehn Gewänder, und Rinder und Schafe und Getreide, um den ihnen zugeteilten Acker bearbeiten und besäen zu können.

1   6. Am folgenden Tage rief er die Führer der Truppen zusammen
und zeigte ihnen, daß keine Stadt eine größere Feindin Griechenlands sei als die Residenz der alten Perserkönige. Von hier aus
hätten sich jene unermeßlichen Schwärme ergossen, von hier aus
erst Dareios[22], dann Xerxes Europa mit ungerechtem Kriege
überzogen. Durch die Zerstörung der Stadt müsse man den Vor-

fahren ein Totenopfer bringen. Auch hatten bereits die Barbaren 2
die Stadt verlassen und waren, von Furcht gejagt, nach allen
Richtungen entflohen, als der König ohne Zögern seine Phalanx
hineinführte. Viele Städte, mit königlichen Reichtümern angefüllt, waren teils durch Eroberung, teils durch Übergabe in seine
Gewalt gekommen, aber die Reichtümer dieser Stadt übertrafen
alles frühere. Hierher hatten die Barbaren die Schätze von ganz 3
Persien zusammengeschleppt: Gold und Silber in Haufen, eine
Unmasse gewebter Stoffe, Gerät, das keinem Gebrauch, sondern
zur Entfaltung verschwenderischer Pracht diente. Unter den Sie- 4
gern selbst gab es daher blutige Kämpfe; wie einen Feind betrachtete man, wer eine kostbarere Beute weggenommen hatte, und
da sie nicht alles, was ihnen in die Hände fiel, unterbringen
konnten, so bemächtigte man sich nicht mehr bloß der Sachen,
sondern fragte erst nach ihrem Werte. Königliche Gewänder 5
wurden zerfetzt, indem jeder ein Stück an sich reißen wollte; mit
Äxten zerhieb man kostbare und kunstvolle Gefäße; nichts blieb
unangetastet oder wurde unversehrt fortgetragen; wie sie jeder
abgeschlagen, schleppte man losgerissene Glieder von Bildsäulen.
Aber nicht allein die Habsucht, sondern auch die Grausamkeit 6
wütete in der eroberten Stadt: mit Gold und Silber beladen,
schlachtete der Krieger die nun wertlosen Gefangenen, und überall wurde, wer ihm in den Weg kam, niedergemacht, während
früher der erhoffte Erlös Schonung erwirkt hatte[23]. Viele also 7
kamen dem Mord der Feinde durch freiwilligen Tod zuvor und
stürzten, in ihre kostbarsten Gewänder gekleidet, sich selbst mit
ihren Frauen und Kindern von den Mauern in die Tiefe. Manche
warfen, wie es ja auch bald vom Feinde zu erwarten schien, Feuer
in ihre Häuser, um mit den Ihren lebendig zu verbrennen. End- 8
lich gebot der König den Seinigen, Frauen und ihren Schmuck zu
schonen. Ungeheuer wird die Masse des erbeuteten Geldes angegeben, so daß es beinahe allen Glauben übersteigt. Doch werden 9
wir entweder auch an andern Nachrichten zweifeln oder es glauben müssen, daß sich in den königlichen Schatzkammern dieser
Stadt 120000 Talente fanden. Um dies Geld fortzuschaffen – denn
er hatte befohlen, es für den Bedarf des Krieges mit sich zu führen

10 — befahl er, Lasttiere und Kamele von Susa und Babylon her zusammenzubringen. Zu jener Geldsumme kamen noch nach der Einnahme von Parsagadai[24] 6000 Talente. Parsagadai war von Kyros erbaut, und der Befehlshaber der Stadt Gobares übergab es an Alexander.

11 In der Burg von Persepolis ließ Alexander eine Besatzung von 3000 Makedonen unter dem Oberbefehl des Nikarchides zurück; auch dem Tiridates, der ihm den Schatz überliefert hatte, ließ er den Ehrenposten, den er bei Dareios innegehabt, und über einen großen Teil des Heeres, den er nebst dem Gepäck hier zurückließ,

12 setzte er den Parmenion und Krateros. Er selbst zog mit 1000 Reitern und einer kampffertigen Schar von Fußsoldaten um die Zeit des Siebengestirns[25] nach den inneren Teilen der Persis, und obwohl verfolgt von vielen Regengüssen und kaum abzuhalten-

13 dem Unwetter ließ er von seinem Vorhaben nicht ab. Man war auf einen von immerwährendem Schnee bedeckten Weg gekommen, den der starke Frost zu Eis verhärtet hatte. Das eintönige Grau der Gegend und die weglosen Einöden schreckten die ermatteten Soldaten, die das Ende der Welt zu sehen meinten. Entsetzt erblickten sie alles wüst und ohne irgend Spuren menschlicher Kultur, und forderten ihn auf, umzukehren, bevor sie sich

14 auch von Licht und Luft verlassen sähen. Der König sah davon ab, die Verzagten zu schelten, sondern sprang selbst vom Pferde und begann zu Fuß über den Schnee und die gefrorene Eisfläche fortzuschreiten. Man schämte sich, ihm nicht zu folgen, erst die Freunde, dann die Führer der Truppen, zuletzt auch die Soldaten; und der König ergriff als erster eine Hacke und bahnte sich, das

15 Eis zerhauend, einen Weg. Seinem Beispiel folgten die übrigen. Endlich, nachdem sie fast ganz unwegsame Waldungen durchzogen, fanden sie einzelne Spuren menschlicher Kultur und hin und wieder weidende Viehherden. Wie aber die Einwohner, die in zerstreuten Hütten wohnten und sich durch die unwegsamen Pfade gesichert geglaubt hatten, den feindlichen Zug erblickten, so töteten sie die, welche sie auf ihrer Flucht nicht begleiten konnten, und eilten in die abseits liegenden, mit Schnee bedeck-

16 ten Berge. Dann, als durch Zwiesprache mit den Gefangenen ihre

wilde Scheu allmählich gemindert war, ergaben sie sich dem
König, der auch keine härtere Strafe über sie verhängte.

Als er hierauf die Felder der Persis verwüstet und viele Ort- 17
schaften sich unterworfen hatte, kam man zu dem kriegerischen
Volke der Marder[26], daß in seiner Lebensweise von den übrigen
Persern in vielem abweicht. Sie graben Höhlen in die Berge,
worin sie sich und ihre Frauen und Kinder verbergen; ihre Nahrung ist das Fleisch der Herden oder des Wildes. Nicht einmal die 18
Frauen besitzen eine ihrer Natur angemessene mildere Sinnesart;
ihr Haar starrt struppig empor, ihr Kleid reicht noch nicht bis
zum Knie, und die Stirn umbinden sie mit einer Schleuder, die
ihnen zugleich als Kopfschmuck und Waffe dient. Aber auch 19
dieses Volk bezwang Alexander mit der unwiderstehlichen Gewalt seines Glücks. So kehrte er 30 Tage nach seinem Aufbruch
von Persepolis dorthin zurück. Hierauf beschenkte er seine 20
Freunde und die übrigen, einen jeglichen nach Verdienst, so daß
er beinahe alles, was er in dieser Stadt erbeutet hatte, verteilte.

7. Doch schändete er seine ungemeinen geistigen Gaben, die 1
Hochherzigkeit, durch die er alle Könige übertraf, die Ausdauer
bei Gefahren, seine Schnelligkeit bei Unternehmungen und sein
treues Worthalten gegen die, welche sich ihm ergaben, seine
Milde gegen die Gefangenen, seine Mäßigung selbst in erlaubten
und gewöhnlichen Vergnügungen durch eine unerträgliche Neigung zum Trunke. Während sein Feind und Rivale in der Herr- 2
schaft sich gerade zum neuen Kampfe rüstete, während die, welche er besiegt, nur eben erst unterworfen waren und dem neuen
Gebieter noch trotzten, begann er schon bei Tage mit Gelagen,
denen auch Frauen beiwohnten, zwar nicht solche, denen zu nahe
zu treten unrecht gewesen wäre, sondern Dirnen, gewohnt, mit
den Soldaten auf freiere Manier als schicklich zu verkehren. Eine 3
von diesen, namens Thais, versicherte, ebenfalls in trunkenem
Zustande, er werde sich bei allen Griechen den größten Dank
verdienen, wenn er Befehl gäbe, die königliche Residenz der
Perser in Brand zu stecken: es erwarteten das die, deren Städte die
Barbaren zerstört hätten. Der trunkenen Dirne, die über eine 4

Sache von solcher Wichtigkeit ihre Meinung abgab, stimmte der
eine oder der andere der Gäste, ebenfalls betrunken, zu. Auch der
König war in mehr leidenschaftlicher als ruhiger Stimmung:
„Warum also", rief er, „rächen wir nicht Griechenland und wer-
5 fen die Brandfackel in die Stadt?" Alle waren vom Wein erhitzt,
und so erhoben sie sich in ihrem Rausch, die Stadt anzuzünden,
die sie mit den Waffen in der Hand verschont hatten. Zuerst warf
der König Feuer in den Königspalast, dann die Gäste und Diener
und Dirnen. Der Palast war größtenteils aus Zedernholz erbaut,
6 das schnell entflammt das Feuer weithin verbreitete. Als das Heer,
das nicht weit von der Stadt lagerte, dies sah, lief es, eine zufällige
7 Feuersbrunst vermutend, herbei, um zu löschen; aber wie man
zum Eingange des Palastes kam und den König selbst noch neue
Feuerbrände herzubringen sah, ließ man das herbeigetragene
Wasser stehen und begann noch trockenes Holz in die Glut zu
werfen.

8   Dieses Ende nahm die Herrscherresidenz des gesamten Ostens,
von wo sich ehedem so viele Völker ihr Recht holten, die Wiege
so vieler Könige, einst der alleinige Schrecken Griechenlands, die
eine Flotte von tausend Schiffen und Heere in Bewegung setzte,
von denen Europa überflutet wurde, nachdem man das Meer mit
Riesenbauten überbrückt und Berge durchstochen[27] und in die so
9 gewonnene Schlucht das Meer geleitet hatte. Und selbst in der
langen Zeit, die seit ihrer Zerstörung verflossen ist, hat sie sich
nicht wieder erhoben. Die Könige aus makedonischem Stamme
hatten andere Städte[28], die jetzt im Besitze der Parther sind: von
Persepolis würde sich auch keine Spur mehr finden, wenn nicht
der Araxes den Ort bezeichnete. Er war nicht weit von den
Stadtmauern geflossen; und wie die Umwohner mehr glauben
10 als wissen, lag die Stadt zwanzig Stadien von ihm entfernt. Die
Makedonen schämten sich, daß eine so herrliche Stadt von ihrem
Könige beim Zechgelage zerstört worden war, weshalb man die
Sache ernst nahm und sich selbst zu glauben zwang, daß die Stadt
11 gerade so habe zerstört werden müssen. Der König selbst, sobald
ihm Ruhe die von der Trunkenheit verdüsterte Besinnung zurückgegeben hatte, soll seine Tat bereut und geäußert haben, die

Perser wären für ihre Taten in Griechenland härter bestraft worden, wenn sie ihn selbst auf dem Throne und in der Königsburg des Xerxes hätten sehen müssen. Am folgenden Tage gab er dem 12 lykischen Wegweiser, der ihn in die Persis geführt hatte, ein Geschenk von 30 Talenten.

Hierauf zog er in die Provinz Medien hinüber, wo ihm ein Ergänzungskorps frischer Truppen aus Kilikien entgegenkam. Es waren 5000 Fußsoldaten und 1000 Reiter, beide unter Befehl des Athener Platon. Durch diese Truppen verstärkt, beschloß er, den Dareios zu verfolgen.

8. Dieser war bereits nach Ekbatana gelangt, der Hauptstadt von 1 Medien: jetzt ist es in den Händen der Parther und dient ihnen als Sommerresidenz. Er hatte beschlossen, sich dann nach Baktra zu wenden, aber aus Furcht, Alexanders Schnelligkeit möchte ihm zuvorkommen, änderte er Entschluß und Marschrichtung. Alex- 2 ander stand von ihm 1500 Stadien [ca. 278 km] entfernt, aber bei seiner Schnelligkeit schien kein Zwischenraum mehr groß genug zu sein. Darum rüstete er sich mehr zu einer Schlacht als zur Flucht. 30000 Mann Fußvolk folgten ihm, darunter 4000 Grie- 3 chen, bis zuletzt von unerschütterlicher Treue gegen den König. Die Schar der Schleuderer und Bogenschützen belief sich auf 4 4000; dazu 3300 Reiter, hauptsächlich Baktrianer. Sie wurden von Bessos, dem Statthalter von Baktrien, befehligt. Mit diesem 5 Heere bog er ein wenig von der Militärstraße ab, nachdem er dem Troß und der Bedeckung des Gepäckes Befehl gegeben hatte, vorauszuziehen. Dann berief er einen Rat und sprach also: 6 „Hätte mich das Schicksal mit Feiglingen und solchen verbunden, die das Leben unter jeder Bedingung höher achten als einen ehrenvollen Tod, so würde ich lieber schweigen als vergebliche Worte machen. Aber nachdem ich durch deutlichere Beweise, als 7 ich gewünscht hätte, eure Tapferkeit und Treue erprobt habe, fühle ich mich verpflichtet, mich noch mehr darum zu bemühen, solcher Freunde würdig zu sein, als daran zu zweifeln, ob ihr noch dieselben seid wie vorher. Von so vielen Tausenden, die unter 8 meinem Befehl gestanden haben, seid ihr trotz zweimaliger Nie-

9 derlage, trotz zweimaliger Flucht mir dennoch gefolgt. Eure Treue und Beständigkeit bewirkt, daß ich noch daran glaube, König zu sein. Verräter und Überläufer befehligen jetzt in meinen Städten, wahrlich nicht, weil man sie so hoher Ehre für würdig hält, sondern um durch ihre Belohnung auch euch zu verlocken. Dennoch habt ihr euch lieber an mein als des Siegers Geschick anschließen wollen, wert, zum Danke dafür, wenn ich es nicht 10 kann, statt meiner von den Göttern belohnt zu werden. Und wahrlich, sie werden euch belohnen! Keine spätere Zeit wird so taub, keine Geschichtsschreibung so undankbar sein, daß sie nicht euch mit dem verdienten Lobe bis zum Himmel erhöbe.

Selbst wenn ich an Flucht gedacht hätte, obwohl ich davon weit entfernt bin, wäre ich dennoch, eurer Tapferkeit vertrauend, 11 dem Feind entgegengezogen. Denn wie lange soll ich in meinem Reiche ein Vertriebener sein und durch die Länder meiner Herrschaft vor einem auswärtigen, von ferne gekommenen Könige fliehen? Es ist doch möglich, wenn ich das Kriegsglück versuche, entweder das Verlorene wiederzugewinnen, oder eines ehrenvol-12 len Todes zu endigen. Falls es nicht etwa besser wäre, den Entschluß des Siegers abzuwarten und nach dem Beispiel des Mazaios und Mithrenes von ihm die Lehensherrschaft über eines meiner Völker zu empfangen, vorausgesetzt, er wäre jetzt mehr geneigt, der Stimme seines Ruhmes als seiner Leidenschaft zu gehorchen. 13 Aber das wollen die Götter nicht, daß mir irgend jemand diesen Schmuck meines Hauptes nehmen oder als eine Gnade verleihen könne: nein, lebend will ich dies mein Reich nicht verlieren, und erst mit meinem letzten Atemzug will ich aufhören zu herrschen! 14 Ist das unsere Gesinnung, dies das Gesetz unseres Handelns, so ist jedem die Freiheit gerettet: niemand von euch wird gezwungen sein, die hochmütige Verachtung der Makedonen und ihren stolzen Blick zu ertragen. Einem jeden wird seine eigene Rechte entweder Rache für soviele Leiden oder das deren Ende schaffen. 15 Wie wandelbar das Glück ist, davon bin ich selbst ein Beweis, und nicht ohne Grund erwarte ich jetzt eine Wendung zum Besseren. Entziehen aber auch die Götter unseren gerechten und heiligen Kämpfen ihre Gunst, so wird es wenigstens tapferen Männern

freistehen, ehrenvoll zu sterben. Bei der Herrlichkeit eurer Vor- 16
fahren, die zu ihrem unvergänglichen Ruhme die Reiche des
ganzen Ostens besessen haben, sei jenen Männern, denen einst
Makedonien Tribut zahlte, bei den vielen Flotten, die wir gegen
Griechenland schickten, bei den zahlreichen Siegeszeichen eurer
Könige bitte und beschwöre ich euch, eurer eigenen und eures
Volkes Hoheit würdigen Mut zu schöpfen und mit derselben 17
Standhaftigkeit mit der ihr das Vergangene ertragen habt, auch
alles auf euch zu nehmen, was weiterhin das Schicksal bringen
wird! Mich wenigstens soll entweder ein rühmlicher Sieg oder
doch Kampf für immer verherrlichen!"

9. Während Dareios so sprach, hatte das Bild der gegenwärtigen 1
Gefahr die Herzen und Gemüter aller Versammelten mit Schrek-
ken erfüllt, und sie fanden weder Rat noch Wort. Endlich sagte
Artabazos, der älteste Freund des Königs, den ich mehrmals[29] als
Gastfreund Philipps genannt habe: „Gewiß, wir wollen in unseren kostbaren Gewändern und in unserem schönsten Waffenschmuck dem König in die Schlacht folgen, von dem Gedanken
beseelt, den Sieg zu hoffen, ohne den Tod zu scheuen." Mit 2
Beifall nahmen die übrigen diese Worte auf. Doch Nabarzanes,
der mit Bessos im Einverständnis war, hatte sich mit diesem zu
einer bis dahin unerhörten Freveltat verbündet: sie hatten beschlossen, ihren König durch die von beiden befehligten Soldaten
ergreifen und fesseln zu lassen. Verfolgt sie dann Alexander, so
hofften sie durch Auslieferung des lebenden Königs die Gunst des
Siegers zu gewinnen, der es gewiß hoch anschlagen würde, den
Dareios gefangen zu haben; könnten sie ihm aber entkommen, so
wollten sie den Dareios töten, sich selbst der Herrschaft bemächtigen und den Krieg erneuern. Da dieser Königsmord lange bei 3
ihnen überlegt war, suchte Nabarzanes der Verwirklichung ihrer
ruchlosen Hoffnung näherzukommen und sprach: „Ich weiß, daß
ich eine Meinung vorbringen werde, die beim ersten Anhören
deinen Ohren keineswegs angenehm klingen wird, aber auch die
Ärzte heilen schwere Krankheiten durch starke Mittel, und der
Steuermann, wo er den Schiffbruch fürchtet, sucht durch Über-

4 bordwerfen wenigstens das, was sich retten läßt, zu sichern. Ich rate jedoch nicht einmal, dir einen Verlust zuzufügen, sondern durch ein heilsames Mittel dich und dein Reich zu erhalten. Unter dem Zorn der Götter führen wir den Krieg, und ein hartnäckiges Mißgeschick läßt nicht ab, die Perser zu bedrängen. Es bedarf eines neuen Anfangs und neuer Vorzeichen.[30] Übergib einstweilen die Oberleitung und Herrschaft einem andern, der so lange König heißen soll, bis der Feind aus Asien abzieht, dann 5 aber nach dem Siege dir das Reich zurückgeben soll. Daß das aber in kurzem der Fall sein wird, läßt sich mit Sicherheit voraussehen. Baktrien ist noch unberührt, Inder und Saker[31] dir noch untertan, so viele Völker, so viele Heere, so viele Tausende von Reitern und Fußsoldaten stehen mit aller Macht bereit, den Krieg zu erneuern, so daß von der Masse der Kriegsmittel mehr noch übrig als 6 erschöpft ist. Was stürzen wir wie unvernünftige Tiere ohne Not ins Verderben? Tapferen Männern ziemt es, mehr den Tod zu 7 verachten als das Leben zu hassen. Feiglinge werden oft von Mißmut über ihr Mühsal dahin gebracht, ihre eigene Person gering zu achten, aber Tapferkeit läßt nichts unversucht. Als das letzte von allem also bleibt der Tod, und es genügt, ihm unver- 8 zagt entgegenzugehen. Begeben wir uns demnach nach Baktra, dem sichersten Zufluchtsort, und laßt uns den Statthalter jener Provinz, Bessos, als König für die gegenwärtige Lage einsetzen! Sind die Angelegenheiten wieder geordnet, so soll er dir, dem rechtmäßigen Könige, die anvertraute Herrschaft zurückgeben." 9 Kein Wunder, daß Dareios seinen Zorn nicht beherrschen konnte, obwohl ihm entging, welches Verbrechen sich unter die- ser unverschämten Rede barg. „Also, elender Sklave", rief er, „hast du den langersehnten Augenblick gefunden, um mit deinen königsmörderischen Absichten hervorzutreten!" Und er hätte ihn 10 wahrscheinlich mit gezogenem Säbel getötet, hätten sich nicht Bessos und die Baktrianer eilig um ihn gedrängt, scheinbar um Fürbitte einzulegen, beharrte er jedoch auf seiner Absicht, ihn zu 11 fesseln. Inzwischen entwich Nabarzanes, dem auch bald Bessos folgte. Beide geboten den von ihnen befehligten Truppen, sich von dem übrigen Heere zu trennen, um an die Ausführung ihres

geheimen Planes zu gehen. Artabazos tat das der Lage Angemes- 12
sene und suchte den Dareios, indem er wiederholt auf die derzei-
tige Lage hinwies, zu beruhigen: er solle mit Gleichmut den
Unverstand oder die Verirrung von Leuten ertragen, die, wie
beschaffen sie auch sein möchten, doch zu den Seinigen gehörten.
Alexander dringe heran, ein schwerer Feind, wenn ihm auch alle
zur Seite ständen: was solle geschehen, wenn die, die mit ihm
geflohen seien, sich verfeindeten? Mit Mühe gab er dem Artaba- 13
zos nach und blieb, obwohl er aufzubrechen beschlossen hatte,
wegen der allgemeinen Verwirrung an dem Ort, an dem er sich
befand. Aber niedergebeugt von Schmerz und Verzweiflung,
schloß er sich in sein Zelt ein. Im Lager aber, in dem niemand 14
mehr Befehle gab, machten sich verschiedene Stimmungen geltend, und nicht wie sonst wurden gemeinsame Beschlüsse gefaßt.
Patron, der Anführer der griechischen Söldner, gebot den Seinen, 15
die Waffen zu ergreifen und sich bereitzuhalten, seinen Befehlen
Folge zu leisten. Die Perser hatten sich abgesondert; Bessos war 16
bei den Baktrianern und versuchte, die Perser mit sich fortzuzie-
hen, indem er sie auf Baktrien und den Reichtum dieser noch
unangetasteten Provinz, zugleich aber auch auf die Gefahren, die
den Zurückbleibenden drohten, hinwies. Alle Perser stimmten
jedoch fast einmütig überein, es sei pflichtvergessen, den König zu
verlassen. Mittlerweile versuchte Artabazos, alle Pflichten eines 17
Oberfeldherrn zu erfüllen. Ihn sah man in den Zelten der Perser
herumgehen, bald die einzelnen, bald die Gesamtheit ermahnen
und ansprechen, und damit nicht eher ablassen, als bis sich mit
genügender Sicherheit annehmen ließ, sie würden den Befehlen
gehorchen. Ebenso vermochte er mit Mühe den Dareios dazu zu
bewegen, Speise zu sich nehmen und seine Aufmerksamkeit der
Sachlage zuzuwenden.

10. Doch Bessos und Nabarzanes beschlossen, voll brennender 1
Begierde nach der Herrschaft, die längst überlegte Freveltat auszuführen. Aber solange Dareios noch am Leben war, konnten sie
nicht hoffen, sich zu solcher Macht aufzuschwingen; denn bei 2
jenen Völkern stehen die Könige in außerordentlichem Ansehen.

Auf ihren bloßen Namen versammeln sich diese Barbaren, und dieselbe Verehrung, die sie ihnen im Glück gezollt, folgt ihnen

3 auch im Unglück. Die Zuversicht der Frevler erhöhte noch die Provinz, die sie befehligten, die an Bewaffnung, Kriegsmannschaft und räumlicher Ausdehnung keiner andern unter jenen Völkerschaften nachsteht. Sie macht den dritten Teil von Asien aus, und die Menge ihrer kriegstüchtigen Männer kam den Hee-

4 ren gleich, die Dareios eingebüßt hatte. Daher schätzten sie nicht allein ihn, sondern auch Alexander gering und gedachten, sich von dort die Streitkräfte ihres Reiches zu holen, wenn es ihnen

5 geglückt wäre, sich des Königs zu bemächtigen. Nach langer Überlegung hielten sie es für das Beste, durch die baktrischen Soldaten, die bereit waren, jedem ihrer Befehle zu gehorchen, den König ergreifen zu lassen und einen Boten an Alexander zu melden mit der Nachricht, daß sie den Dareios lebend in ihrem

6 Gewahrsam hätten. Weise er, wie sie fürchteten, ihren Verrat zurück, so wollten sie Dareios töten und mit dem Trupp ihrer

7 eigenen Völker nach Baktra eilen. Aber offen konnte man Dareios nicht ergreifen, da die vielen tausend Perser dem Könige Beistand leisten würden; auch die Treue der Griechen fürchtete

8 man. So suchten sie, was mit Gewalt nicht möglich war, durch List zu erreichen, und beschlossen, Reue über ihren Abfall zu heucheln und sich beim König mit ihrer Bestürzung zu entschuldigen. In der Zwischenzeit wurden Leute abgeschickt, um die

9 Perser aufzuwiegeln. Bald durch Hoffnung bald durch Furcht beunruhigten sie die Gemüter der Soldaten: unter stürzenden Trümmern hielten sie ihre Häupter und ließen sich ins Verderben schleppen, obwohl ihnen doch Baktra offenstehe, das sie mit Geschenken und einem Reichtum empfangen werde, von dem sie sich keinen Begriff machen könnten.

10 Während sie solches betrieben, kam, ich weiß nicht ob auf des Königs Befehl oder aus eigenem Antriebe, Artabazos zu ihnen und versicherte, Dareios sei in ruhigerer Stimmung, und ihre frühere Stellung in der Freundschaft des Königs stehe ihnen noch

11 offen. Unter Tränen suchten sie sich bald zu rechtfertigen, bald flehten sie Artabazos an, ihre Sache beim Könige zu führen und

ihm ihre Bitten vorzutragen. Nachdem so die Nacht vergangen 12
war, erschien bei Anbruch des Tages Nabarzanes mit den baktrischen Soldaten am Eingange des Königszeltes, ihren geheimen
Anschlag unter dem Vorwand der Dienstpflicht verbergend.
Nachdem Dareios das Zeichen zum Marsche gegeben, bestieg er
nach gewohnter Sitte seinen Wagen. Nabarzanes und die übrigen 13
Königsmörder warfen sich zu Boden und brachten es über sich,
dem, welchen sie kurz darauf in Fesseln legen wollten, zu huldi-
gen[32]; ja sie vergossen sogar zum Zeichen ihrer Reue Tränen: in
solchem Grade ist das menschliche Herz der Heuchelei fähig. Ihre 14
dann vorgebrachten demütigen Bitten brachten den Dareios, der
von arglosem und mildem Charakter war, nicht nur dazu, ihren
Versicherungen Glauben zu schenken, sondern rührten ihn sogar
zu Tränen. Und nicht einmal da empfanden sie Reue über ihr 15
verbrecherisches Vorhaben, als sie sahen, was für ein gütiger
Mann und König es war, den sie täuschten. Doch er, ohne die ihn
bedrohende Gefahr zu ahnen, eilte nur, den Händen Alexanders
zu entfliehen, die er allein fürchtete.

11. Patron aber, der Anführer der Griechen, gebot den Seinigen, 1
ihre Waffen, die bisher mit dem Gepäck transportiert wurden,
anzulegen und auf jeden seiner Befehle achtsam und fertig zu sein.
Er selbst folgte dem Wagen des Königs und suchte nach einer 2
Gelegenheit, ihn anzureden; denn er hatte Bessos' böse Absicht
im voraus gespürt. Allein Bessos, der gerade dies fürchtete, wich
nicht vom Wagen, in Wahrheit mehr einem Wächter als Begleiter ähnlich. Lange also zögerte Patron und hielt, nachdem er 3
öfters davon abgehalten worden war, ein Gespräch anzuknüpfen,
zwischen Pflichttreue und Furcht schwankend, seine Blicke auf
den König gerichtet. Endlich wandte dieser die Augen auf ihn und 4
befahl dem Eunuchen Boubakes, der dem Wagen zunächst folgte,
ihn zu fragen, ob er ihm etwas sagen wolle. Patron erwiderte, er
wünsche allerdings, mit dem Könige zu reden, doch ohne Zeugen, und als ihm der Befehl geworden, näher heranzutreten, sagte
er, ohne einen Dolmetscher, da Dareios der griechischen Sprache
nicht unkundig war: „O König, von 50000 Griechen sind nur 5

wenig übrig, die dir in jedem Geschicke gefolgt und dir in deiner
jetzigen Lage ebenso treu geblieben sind wie zur Zeit deines
Glückes, bereit auch, in jegliches Land zu ziehen, das du wählst,
6 ohne an unser Vaterland und Zuhause zu denken. Dein Glück
sowohl als dein Unglück haben uns mit dir verkettet. Und darum
bei dieser unserer unerschütterlichen Treue bitte und beschwöre
ich dich, schlage dein Zelt in unserem Lager auf und gestatte, daß
wir deine Leibwächter sind. Wir haben Griechenland aufgegeben, ein Baktra gibt es für uns nicht: alle unsre Hoffnung beruht
auf dir, o daß sie doch auch auf den übrigen beruhen könnte!
Mehr zu sagen ist nicht am Platze. Die Bewachung deiner Person
aber würde ich, ein Auswärtiger und Fremdling, nicht fordern,
wenn ich das Vertrauen hätte, ein anderer könne diese Pflicht
erfüllen.“

7   Obwohl Bessos kein Griechisch verstand, glaubte er doch in
seinem Schuldbewußtsein, Patron habe sicherlich eine Anzeige
hinterbracht, und aller Zweifel wurde ihm benommen, als ihm
Dolmetscher das Gespräch des Griechen mitteilten. Dareios aber,
gar nicht erschrocken, soweit es sich aus seiner Miene abnehmen
8 ließ, fragte den Patron nach dem Grund für seinen Rat. Dieser
hielt weiteren Aufschub nicht für ratsam und sagte: „Bessos und
Nabarzanes stellen dir nach: in dieser äußersten Gefahr für deine
Stellung und dein Leben wird der heutige Tag entweder für die
9 Königsmörder oder für dich der letzte sein.“ Und Patron wenig-
10 stens blieb der herrliche Ruhm, für die Rettung des Königs das
Seine getan zu haben. Spotten mag freilich, wer überzeugt ist,
Verlauf und Leitung der menschlichen Angelegenheiten hänge
vom blinden Zufall ab: ich meinesteils glaube, daß nach ewiger
Bestimmung und im Zusammenhange verborgener und lange
vorher bestimmter Gründe jeder sein Schicksal nach unveränder-
11 lichem Gesetz durchläuft. Dareios erwiderte nämlich, obwohl
ihm die Treue der griechischen Söldner bekannt sei, werde er sich
dennoch niemals von seinen Landsleuten trennen. Eher wolle er
sich täuschen lassen als jemanden verdammen. Was ihm immer
das Schicksal bestimme, er wolle es lieber inmitten der Seinigen
erdulden, als zum Überläufer werden. Er sterbe zu spät, wenn

seine Soldaten ihn nicht gerettet wünschten. Patron, an der Ret- 12
tung des Königs verzweifelnd, kehrte zu denen zurück, die er
befehligte, bereit, alles für seine Pflicht zu versuchen.

12. Bessos aber war schnell entschlossen gewesen, den König 1
sofort zu töten; nur weil er fürchtete, die Gunst Alexanders nicht
gewinnen zu können, wenn er ihn nicht lebend überlieferte, so
verschob er sein verbrecherisches Vorhaben auf die nächste Nacht
und hub an, dem Könige Dank zu sagen, daß er den Nachstellungen jenes verräterischen Menschen, der schon nach Alexanders
Macht hinschiele, klug und vorsichtig ausgewichen sei. Zum Geschenke hätte er dem Feinde des Königs Haupt gebracht. Und 2
kein Wunder, wenn für einen um Geld Gedungenen alles käuflich
sei: ohne Pfand der Treue, ohne eigenen Herd, von aller Welt
ausgestoßen, ziehe er als Parteigänger auf den Wink jedes Meist-
bietenden umher. Als er hierauf sich selbst rechtfertigte und die 3
Götter des Vaterlandes zu Zeugen seiner Treue anrief, gab ihm
Dareios durch seinen Gesichtsausdruck Zustimmung zu erkennen, obwohl er nicht zweifelte, daß ihm von dem Griechen die
Wahrheit hinterbracht worden sei; aber es war schon so weit
gekommen, daß es für ihn gleich gefahrvoll war, den Seinigen
nicht zu trauen, als sich von ihnen täuschen zu lassen. 30000 waren 4
es, deren zu dem Verbrechen hinneigende Unzuverlässigkeit zu
fürchten war, 4000 nur hatte Patron; und hätte er diesen sein
Leben anvertraut und über die Treue seiner Landsleute den Stab
gebrochen, so sah er ein, daß er dem Königsmorde einen Vorwand leihe. Darum zog er es vor, unverdienterweise als mit
Recht zu leiden. Doch antwortete er, als sich Bessos von dem 5
Verdacht, ihn zu täuschen, reinzuwaschen suchte, er sei nicht
minder von der Gerechtigkeit als der edlen Gesinnung Alexanders überzeugt. Die irrten sich, welche von ihm einen Lohn des
Verrates erwarteten: es werde keinen strengeren Bestrafer und
Rächer eines Treubruchs geben. Und schon brach die Nacht 6
herein, als die Perser nach gewohnter Sitte ihre Waffen ablegten
und sich zerstreuten, um alles Notwendige aus dem nächsten

Flecken herbeizuschaffen; die Baktrianer hingegen blieben unter den Waffen, wie es ihnen von Bessos befohlen war.

7   Mittlerweile ließ Dareios den Artabazos herbeirufen, der, als ihm Patrons Anzeige mitgeteilt war, nicht zweifelte, daß man sich hinüber ins Lager der Griechen begeben müsse. Auch die Perser
8   würden folgen, sobald die gefährliche Lage bekannt würde. Doch seinem Schicksal verfallen und für keinen heilsamen Ratschlag mehr empfänglich, umfaßte er den Artabazos, der in diesem Unglück seine einzige Stütze war, und den er jetzt zum letzten Male sehen sollte, und, beide tränenüberströmt, hieß er ihn sich aus seiner Umarmung losreißen; dann warf er sich mit verhülltem Haupte, um nicht zu sehen, wie sich jener unter Schluchzen gleichsam von seinem Grabe entfernte, der Länge nach zu Boden.
9   Da zerstreuten sich seine gewöhnlichen Leibwächter, die das Leben des Königs selbst mit Gefahr ihres eigenen hätten beschützen müssen, weil sie den Bewaffneten, die sie bereits herannahen wähnten, nicht gewachsen zu sein fürchteten. Tiefe Einsamkeit herrschte also in dem Zelte, wo nur noch einige wenige Eunuchen, weil sie nicht wußten, wohin sie fliehen sollten, den König
10   umstanden. So, fern von allen Zeugen, überlegte er lange bei sich bald diesen, bald jenen Plan; dann schon voll Grauen vor der Einsamkeit, nach der er kurz zuvor, wie nach einem Troste,
11   verlangt hatte, ließ er Boubakes rufen. Er blickte ihn an und sprach: „Geht, denkt an eure Rettung, nachdem ihr, wie es sich ziemte, bis zuletzt eurem Könige treu gewesen. Ich erwarte hier die Bestimmung meines Schicksals. Vielleicht wunderst du dich, daß ich nicht selbst mein Leben beende; doch will ich lieber durch die verbrecherische Hand anderer als durch die eigene sterben."
12   Wie er diese Worte hörte, erfüllte der Eunuch nicht nur das Zelt, sondern das ganze Lager mit seinem Jammergeschrei. Dann brachen auch andere herein, zerrissen ihre Gewänder und begannen unter kläglichem und barbarischem Geheul, ihren König zu be-
13   trauern. Die Perser, als das Geschrei zu ihnen drang, wagten voll Bestürzung und Furcht weder die Waffen zu ergreifen, um nicht unter die Baktrianer zu fallen, noch sich ruhig zu verhalten, damit
14   es nicht schiene, als verließen sie treulos ihren König. Ein verwor-

renes und mißtönendes Geschrei hallte in dem ganzen Lager wider, wo es keinen Führer und Oberbefehl mehr gab.

Dem Bessos und Nabarzanes hatten die Ihrigen, getäuscht durch das Wehklagen, verkündet, der König habe sich selbst getötet. Darum sprengten sie im Galopp herbei, gefolgt von 15 denen, die sie zu Helfern bei ihrem Verbrechen erkoren hatten; und als sie auf die Mitteilung der Eunuchen, daß der König lebe, in das Zelt eingetreten waren, befahlen sie, ihn zu ergreifen und zu fesseln. Er, der noch kurz zuvor auf seinem Wagen daher 16 gefahren war, durch die ihm vorgetragenen göttlichen Zeichen und die ihm gebührenden Ehrenbezeigungen verherrlicht, wurde, ohne daß ein Fremder Hand an ihn gelegt hätte, als ein Gefangener seiner eigenen Sklaven auf einen schmutzigen, rings mit Fellen verschlossenen Wagen geworfen. Sein Geld und Gerät 17 wurde wie nach Kriegsrecht geplündert, und beladen mit der Beute, welche sie durch das schändlichste aller Verbrechen gewonnen, schlugen sie den Weg zur Flucht ein. Artabazos zog mit 18 denen, die seinem Befehle gehorchten, und den griechischen Söldnern nach Parthiene[33], alles andere für sicherer achtend als die Begegnung mit den Königsmördern. Die Perser, von Bessos mit 19 Versprechungen überhäuft, schlossen sich zumeist, weil niemand anderes da war, dem sie hätten folgen können, an die Baktrianer an und erreichten deren Heereszug am dritten Tage. Damit jedoch dem Könige eine Ehrenbezeigung nicht abginge, schlug 20 man den Dareios in goldene Fesseln, eine neue Art Hohn, wie sie mitunter das Schicksal ersinnt. Und damit er nicht etwa an der königlichen Kleidung erkannt werden könnte, hatten sie den Wagen mit schmutzigen Fellen überdeckt. Leute, die ihn nicht kannten, trieben die Zugtiere. Und damit er unterwegs keinem, der nach ihm forschte, gezeigt werden könnte, folgten die Wächter von ferne.

13. Als Alexander vernommen hatte, daß Dareios von Ekbatana 1 aufgebrochen sei, gab er den Marsch, der ihm nach Medien offenstand, auf und fuhr fort, dem Fliehenden rastlos zu folgen.[34] Nach 2 Tabai, einer Stadt in den äußersten Grenzen von Paraitakene[35]

gelangt, meldeten ihm Überläufer, Dareios fliehe in stürmischer
3 Eile nach Baktra. Näheres erfuhr er hierauf von dem Babylonier
Bagistanes, der ihn zwar noch nicht von der Gefangenschaft des
Königs benachrichtigte, aber daß derselbe in Gefahr sei, entweder
4 getötet oder gefangen zu werden. Alexander berief seine Feldherren und sprach: „Das wichtigste Werk, das jedoch nur sehr kurze
Anstrengung erfordert, ist noch übrig. Dareios ist nicht fern, von
den Seinen verlassen oder überwältigt. Auf seiner Person beruht
unser Sieg und nur Schnelligkeit kann diesen hohen Preis errin-
5 gen." Alle riefen einmütig, sie seien bereit zu folgen; er solle sie
mit keiner Mühe oder Gefahr verschonen. Eiligst also setzte er
sein Heer in Bewegung, mehr im Lauf- als im Marschschritt,
wobei nicht einmal Nachtruhe Erholung von der Anstrengung
6 des Tages bot. So rückte man 500 Stadien vor und gelangte zu
7 dem Flecken, wo Bessos den Dareios hatte ergreifen lassen. Dort
wurde Dareios' Dolmetscher Melon aufgegriffen, der wegen
Krankheit dem Heere nicht hatte nachkommen können und, von
der schnellen Ankunft des Königs überrascht, sich stellte, als habe
er zu ihm übergehen wollen. Von diesem erfuhr er, was gesche-
8 hen war. Aber für die Erschöpften war Ruhe unerläßlich. Darum
wählte er sich 6000 Reiter aus und dazu 300 der sogenannten
Doppelkämpfer. Diese waren beritten, und trugen dann ihre
schwereren Waffen auf dem Rücken; wenn es aber die Umstände
und die Örtlichkeit erforderten, kämpften sie zu Fuße.
9   Während Alexander damit beschäftigt war, kamen Orsilos und
Mithrakenes zu ihm, die aus Abscheu vor dem Verrat des Bessos
übergetreten waren, und verkündeten, die Perser ständen 500
Stadien von hier; sie selbst könnten ihm einen kürzeren Weg
10 zeigen. Dem König war die Ankunft der Überläufer willkommen. Er schlug daher bei einbrechendem Abend unter Führung
der Genannten mit seiner kampfbereiten Reiterschar den angezeigten Weg ein, während die Phalanx Befehl erhielt, so schnell
wie möglich zu folgen. Man marschierte im Viereck aufgestellt,
und so, daß sich die Vordersten an die Hintersten anschließen
11 konnten. So waren sie 300 Stadien vorgerückt, als ihnen der Sohn
des Mazaios und ehemalige Statthalter von Syrien, Brokubelos,

begegnete, ebenfalls als Überläufer und mit der Meldung, Bessos
sei nicht weiter als 200 Stadien entfernt. Das Heer, in keiner Weise
auf der Hut, ziehe aufgelöst und ungeordnet einher. Anscheinend
wollten sie nach Hyrkanien. Beschleunige er seine Verfolgung, so
könne er sie im Umherschweifen überraschen. Dareios sei noch   12
am Leben. In dem ohnedies schon Rastlosen hatte der Überläufer
neuen Eifer der Verfolgung erweckt, und man ritt daher, die
Sporen eingesetzt, in zügellosem Jagen. Und schon hörte man
den Lärm der ihres Weges ziehenden Feinde, ihren Anblick jedoch entzog der aufwirbelnde Staub. Er hielt also ein wenig im
Laufe an, bis sich der Staub gelegt hatte. Aber auch von den   13
Barbaren waren sie schon erblickt worden, und nun sahen sie
ihrerseits das feindliche Heer auf der Flucht, obwohl sie ihnen
keinesfalls gewachsen gewesen wären, wenn Bessos soviel Mut
zur Schlacht wie zum Königsmorde gehabt hätte. Denn sowohl
an Zahl als an Stärke waren die Barbaren überlegen. Dazu hätten
sie mit frischen Kräften gegen Erschöpfte kämpfen können. Al-   14
lein der Name und Ruhm Alexanders, im Kriege jedenfalls eine
Sache von großem Gewicht, trieb die Verzagten in die Flucht.

Bessos aber und die übrigen Genossen seiner Schandtat eilten   15
dem Wagen des Dareios nach und drängten, er solle ein Pferd
besteigen und sich dem Feinde durch die Flucht entziehen. Doch   16
er rief laut, die Rache der Götter sei da, und sich dem Schutze
Alexanders empfehlend, weigerte er sich, die Königsmörder zu
begleiten. Da gerieten sie in Zorn, schossen den König nieder und
ließen ihn, von vielen Wunden durchbohrt, liegen. Auch die   17
Zugtiere verwundeten sie, damit sie nicht weiter fortkönnten,
und töteten die beiden Sklaven, die den König begleiteten. Nach   18
dieser Tat eilten sie, von wenigen Reitern begleitet, um die Spuren ihrer Flucht zu verwirren, Nabarzanes nach Hyrkanien, Bessos nach Baktra. Die Barbaren, von ihren Führern verlassen,
zerstreuten sich, ein jeder, wohin ihn Hoffnung oder Furcht trieb.
Nur 500 Reiter scharten sich zusammen, noch unentschieden, ob
sie Widerstand leisten oder fliehen sollten. Als Alexander die   19
Verwirrung der Feinde bemerkte, entsandte er den Nikanor mit
einem Teile der Reiter, um die Flucht zu hindern; er selbst folgte

mit den übrigen. 3000 ungefähr, die Widerstand leisteten, wurden getötet; den übrigen Haufen trieb man unversehrt wie eine
Herde Schafe vor sich her, da der König befahl, mit dem Morden
20 aufzuhören. Unter den Gefangenen war keiner, der den Wagen
des Dareios hätte zeigen können. Jedes einzelne Fuhrwerk, das
ihnen in die Hände fiel, durchsuchten sie, und dennoch war keine
21 Spur des flüchtenden Königs vorhanden. Dem eilenden Alexander folgten kaum 3000 Reiter. Den langsamer Nachkommen-
den aber fielen die sämtlichen Scharen der Flüchtlinge in die
22 Hände, und es mag kaum glaublich scheinen: es gab mehr Gefangene als Leute, die sie gefangen nahmen. So sehr hatte das Schicksal die Erschrockenen aller und jeder Besinnung beraubt, daß sie
weder die geringe Zahl der Feinde noch ihre eigene Überzahl klar
erkannten.

23   Inzwischen waren die Tiere, die den Wagen des Dareios zogen,
ohne Lenker von der Heerstraße abgewichen, und, nachdem sie
vier Stadien weit umhergeirrt, von der Hitze und ihren Wunden
24 erschöpft, in einem Tal stehen geblieben. Nicht weit davon war
eine Quelle, zu der, da sie ihm von Ortskundigen gezeigt worden
war, ein vor Durst lechzender Makedone namens Polystratos
kam; und während er das Wasser, das er sich mit dem Helme
geschöpft hatte, schlürfte, sah er in den Leibern der hingesunke-
25 nen Zugtiere Speere stecken. Verwundert, daß man sie lieber
durchbohrt als weggetrieben habe[36] [vernimmt er das Stöhnen
eines sterbenden Menschen. Voll Neugier also, was wohl auf dem
Fuhrwerke verborgen sei, schlug er die Decke von Fellen auseinander und fand den von vielen Wunden durchbohrten Dareios:
denn die königliche Kleidung und die goldenen Ketten, womit
ihn die Mörder gefesselt hatten, nahmen ihm allen Zweifel. Dareios war der griechischen Sprache mächtig und dankte den Göttern, daß sie ihm nach so großem und schwerem Unglück doch
wenigstens den Trost gewährt hätten, nicht in gänzlicher Verlassenheit seinen letzten Atem zu verhauchen. Er sagte daher: „Wer
du also auch sein magst, so bitte und beschwöre ich dich bei dem
Schicksal aller Menschen, von welchem, wie dich dieser Anblick
lehrt, auch nicht die mächtigsten Könige ausgenommen sind,

diesen meinen Auftrag an Alexander zu überbringen: Keine meiner so überaus traurigen Erfahrungen, ja nicht einmal dieser Ausgang meines unsäglichen Mißgeschickes, laste so schwer auf mir,
als dies eine, daß ich nach so großen Verdiensten um mich und die
Meinigen meinem so menschlichen Besieger gegenüber als Feind
leben mußte, und nun sterbe, ohne ihm danken zu können. Wenn
aber die letzten Bitten eines Unglücklichen etwas bei den Göttern
vermögen, und irgendeine barmherzige Gottheit die mit dem
Leben selbst den Lippen entfliehenden Gebete erhört, so möge er
glücklich und wohlbehalten, und hocherhaben über ein dem
meinigen ähnliches Los und den Neid des Schicksals, auf dem
Thron des Kyros ein ruhmreiches Leben führen, und seiner Tugend eingedenk meiner Mutter und meinen Kindern den Platz
bei sich gönnen, den sie sich durch Treue und Gehorsam verdienen. Doch meine Mörder soll schnell das Verderben ereilen, das
ihnen Alexander bereiten wird, wenn nicht aus Mitleid für den
unglücklichen Feind, so doch aus Haß gegen den Frevel, und
damit nicht ihre Straflosigkeit auch andern Königen und ihm
selbst zum Verderben ausschlage." Hierauf brachte ihm, da er vor
Durst lechzte, Polystratos Wasser, und als er sich gestärkt, sprach
er: „So mußte zu der schweren Last meines Unglückes auch noch
dies letzte kommen, daß ich dir deine Wohltat nicht vergelten
kann: doch Alexander wird es dir vergelten, dem Alexander aber
die Götter!" Dann streckte er seine Rechte aus, und bat, seinen
Handschlag an Alexander als ein Pfand seiner königlichen Ergebenheit zu überbringen, und indem er Polystratos' Hand ergriff,
hauchte er seinen Geist aus. Ob ihn Alexander noch lebend antraf,
ist ungewiß, sicher ist aber, daß er, als er den kläglichen Ausgang
des so mächtigen Königs erfuhr, in Tränen ausbrach, dann sofort
seinen Mantel auszog und ihn über den Leichnam deckte, und
Befehl gab, ihn unter hoher Ehren zu den Seinigen zu bringen,
damit er nach der Sitte der persischen Könige einbalsamiert und
in den Gräbern seiner Vorfahren beigesetzt würde. Die Undank-
barkeit der Menschen, von welchen Dareios für die größten
Wohltaten dies grausame Ende erntete – an und für sich schon
furchtbar und verabscheuungswert – wurde noch mit größerer

Schmach bei der Nachwelt bedeckt durch die merkwürdige
Treue eines Hundes, der allein bei dem von allen Freunden Verlassenen ausharrte, und die Anhänglichkeit, die er ihm im Leben
bewiesen, auch noch im Tode standhaft bewahrte. Ein solches
Lebensende war dem beschieden, den man schon für beschimpft
hielt, wenn er nicht als König der Könige und als Verwandter der
Götter begrüßt wurde: und wieder war es durch ein erschüttern-
des Beispiel bewiesen, daß niemand mehr dem Wechsel des Glük-
kes ausgesetzt sei, als wer lange Zeit von seinen Schmeicheleien
betört, seinen Nacken gänzlich unter dessen Joch gebeugt hat.]

SECHSTES BUCH

1. [Während[1] dieser Ereignisse in Asien waren auch die Verhältnisse in Griechenland und Makedonien nicht friedlich. König der
Lakedaimonier war Agis, Sohn des Archidamos, der, den Tarentinern zu Hilfe ziehend, umgekommen war, am gleichen Tage, wo
Philipp die Athener bei Chainea besiegte.[2] Dieser, der mit Alexander an Tüchtigkeit wetteiferte, stachelte seine Mitbürger auf,
die Knechtung Griechenlands durch die Makedonen nicht länger
zu dulden; sähen sie sich nicht bei Zeiten vor, würden auch sie das
gleiche Joch zu tragen haben. Man müsse es versuchen, solange
die Perser noch einige Widerstandskraft besäßen: seien diese
unterworfen, so würden sie der ungeheuren Übermacht gegenüber vergebens der Freiheit ihrer Vorfahren gedenken. Nachdem
er seine Landsleute so beredet hatte, suchte man nach einer Gelegenheit, den Krieg unter vorteilhaften Umständen zu beginnen.
Die Erfolge Memnons veranlaßten sie, gemeinschaftliche Pläne
mit ihm zu verfolgen; aber auch als ein allzufrüher Tod dessen
glückliche Unternehmungen gleich im Beginn unterbrochen
hatte, ermattete ihr Eifer keineswegs. Vielmehr begab sich Agis
zu Pharnabazos und Autophradates und erhielt von ihnen 30 Talente Silber und zehn Dreiruderer, die er seinem Bruder Agesilaos
sandte, um damit nach Kreta zu fahren, dessen Bewohner teils
den Lakedaimoniern, teils den Makedonen anhingen. Auch an
Dareios wurden Gesandte geschickt, welche größere Geldsum-
men und mehr Schiffe erbitten sollten. Und ihr Beginnen wurde
durch die dazwischengekommene Niederlage bei Issos keineswegs unterbrochen, sondern vielmehr gefördert. Zum einen
nämlich ließ sich Alexander durch die Verfolgung des fliehenden

Feindes weiter und weiter in entlegene Gegenden fortreißen, zum
andern waren eine außerordentliche Anzahl aus jener Schlacht
geflüchteter Soldtruppen nach Griechenland gelangt. Ihrer 8000
warb Agis mittels des persischen Geldes an und gewann mit ihrer
Hilfe die meisten Städte von Kreta. Als hierauf der Feldhaupt-
mann Menon die Thraker zum Abfall von Makedonien veranlaßt, und Antipater, die Bewegung zu unterdrücken, ein Heer
nach Thrakien geführt hatte, benutzten die Lakedaimonier diese
günstige Gelegenheit, den gesamten Peloponnes mit Ausnahme
weniger Städte auf ihre Seite zu ziehen, und brachten ein Heer
von 20000 Mann zu Fuß und 2000 Reitern zusammen, dessen
Oberbefehl sie dem Agis übertrugen. Auf diese Nachricht hin
beendigte Antipater den Krieg in Thrakien schleunigst, und, eiligst nach Griechenland zurückgekehrt, zog er die Kontingente
der befreundeten und verbündeten Staaten zusammen. Eine Mu-
sterung dieser Streitkräfte ergab eine Zahl von 40000 Kämpfern.
Auch aus dem Peloponnes war eine nicht unbeträchtliche Schar
erschienen; doch von deren zweifelhafter Treue unterrichtet,
sprach er ihnen, ohne seinen Verdacht merken zu lassen, seinen
Dank aus, daß sie zur Wahrung von Alexanders Ansehen den
Lakedaimoniern gegenüber bereit gewesen wären: er werde dies
dem König schreiben, der sich zu gegebener Zeit dankbar beweisen werde. Für den Augenblick bedürfe er weiterer Truppen
nicht: darum sollten sie, nachdem sie ihrer Bundespflicht genügt,
wieder heimkehren. Dann schickte er Boten an Alexander, ihn
von dem Aufstande in Griechenland zu benachrichtigen; doch sie
erreichten den König erst in Baktra, als durch Antipaters Sieg und
Agis' Tod in Arkadien alles erledigt war. Allerdings hatte Alexander auf die Nachricht von den Unruhen der Lakedaimonier
schon früher, soweit er es bei der räumlichen Trennung durch so
viele Länder vermochte, Vorkehrungen getroffen: Amphoteros
hatte den Auftrag erhalten, mit den zyprischen und phönikischen
Schiffen nach dem Peloponnes zu segeln, Menes aber, 3000 Talente nach der Meeresküste zu schaffen, um aus der Nähe den
Antipater mit soviel Geld zu versehen, wie dieser seiner Meinung
nach brauche. Denn es war ihm nicht entgangen, wie wichtig in

jeder Beziehung der Ausgang dieser Bewegung sein werde, wenn
er auch nachher bei der Siegesbotschaft, diese Entscheidung mit
seinen eigenen Taten vergleichend, spottete, es sei ein Kampf von
Mäusen gewesen. Übrigens gestaltete sich der Beginn des Krieges
für die Lakedaimonier nicht ungünstig. Bei der Feste Korrhagos
in Makedonien waren sie mit Antipaters Truppen zusammenge-
stoßen und Sieger geblieben, und die Kunde von ihrem Erfolg
zog auch die auf ihre Seite, welche unentschieden die Wendung
des Schicksals abgewartet hatten. Von den eleischen und achäi-
schen Städten wies allein Pellene das Bündnis mit ihnen zurück; in
Arkadien blieb Megalopolis, der von Philipp empfangenen
Wohltaten eingedenk, den Makedonen treugesinnt. Letzteres
wurde jedoch eng eingeschlossen, und hätte sich fast ergeben,
wäre nicht endlich Antipater zu Hilfe geeilt. Als dieser sich in der
Nähe des Feindes gelagert hatte und sich an Truppenzahl und
sonstigem Kriegsapparat überlegen fand, beschloß er, sobald als
möglich eine Entscheidungsschlacht zu liefern; und auch die Lakedaimonier verweigerten den Kampf nicht. So kam es zur
Schlacht, die Spartas Geschick einen harten Stoß versetzte. Im
Vertrauen nämlich auf das enge Schlachtfeld, wo, wie sie hofften,
dem Feinde seine Überzahl nichts nützen werde, griffen sie heftig
an, und da die Makedonen tapfer Widerstand leisteten, gab es ein
großes Blutvergießen. Wie aber Antipater den bedrängten Seinigen allmählich frische Mannschaften zu Hilfe schickte, wichen die
lakedaimonischen Reihen vor ihrem Stoße ein wenig zurück.
Kaum gewahrte dies Agis, als er sich mit der königlichen Abteilung, die aus den Tapfersten bestand], mitten in die Entscheidung 1
des Kampfes warf, alle, welche kräftigeren Widerstand leisteten,
niederhieb und einen großen Teil der Feinde vor sich her trieb.
Die Sieger hatten bereits zu fliehen begonnen und sanken wehr- 2
los, so lange bis sie die zu eifrigen Verfolger in die Ebene herabge-
lockt hatten: sobald sich ihnen aber ein Ort bot, wo sie festen Fuß
fassen konnten, wurde wieder mit gleichen Kräften gestritten.
Unter allen Lakedaimoniern jedoch zeichnete sich ihr König aus, 3
nicht allein durch Waffenschmuck und Körpergestalt, sondern
auch durch hohen Mut, woran es ihm niemand gleichtun konnte.

4 Von allen Seiten, bald aus der Nähe, bald aus der Ferne wurde
nach ihm gezielt und lange, nach allen Seiten kämpfend, fing er
die Geschosse mit dem Schilde auf oder wich ihnen durch eine
Körperwendung aus, bis seine Schenkel von einem Speere durchbohrt wurden, und er nach großem Blutverluste kämpfend zu-
5 sammensank. Seine Waffenträger nahmen ihn daher auf seinen
Schild und trugen ihn eiligst ins Lager zurück, unter kaum erträg-
6 lichen Schmerzen durch die Erschütterung seiner Wunden. Dennoch gaben die Lakedaimonier den Kampf nicht auf, und sobald
sie ein Terrain erreichen konnten, das für sie günstiger war als für
den Feind, empfingen sie in dicht gedrängter Stellung dessen
7 stürmisch heranflutende Schlachtordnung. Von keinem andern
Kampfe berichtet die Geschichte, daß er hartnäckiger gewesen sei.
Die Heere zweier im Kriege hochberühmter Nationen stritten
8 mit gleicher Tapferkeit. Den Lakedaimoniern schwebte ihr alter,
den Makedonen ihr gegenwärtiger Ruhm vor Augen; jene
kämpften für ihre Freiheit, diese für ihre Herrschaft; den Lakedaimoniern fehlte ihr Führer, den Makedonen Raum sich zu entfal-
9 ten. Die vielfachen Wechselfälle des einen Tages mehrten bald die
Hoffnung, bald die Furcht beider Parteien, indem das Schicksal,
wie mit Absicht, den Streit zwischen diesen tapferen Männern in
10 der Schwebe hielt. Übrigens ließ der enge Raum, in welchem
sich der Kampf festgesetzt hatte, nicht zu, sich mit allen Streitkräften daran zu beteiligen: mehr daher warteten auf den Kampf,
als in ihn verwickelt waren, und die außerhalb Schußweite
waren, feuerten wechselweise die Ihrigen durch Geschrei an.
11   Endlich ermattete das Heer der Lakedaimonier, die von
Schweiß triefenden Waffen kaum mehr zu halten imstande; dann
begann es, zurückzuweichen und vor dem Andrange des Feindes
12 entschiedener zu fliehen. Den Zerstreuten folgten die Sieger und
erreichten, nachdem sie den ganzen Raum, den die lakedaimonische Schlachtordnung eingenommen hatte, im Laufe durchmes-
13 sen hatten, den Agis selbst. Sobald dieser die Flucht der Seinigen
und das Nahen der Feinde bemerkte, ließ er sich niedersetzen und
untersuchte seine Glieder, ob sie noch seinem Kampfesmut ge-
14 horchen könnten. Da er sie jedoch versagen fühlte, ließ er sich auf

die Knie nieder, nahm mutig seinen Helm, deckte den Körper
mit dem Schilde und schwang mit der Rechten den Speer, selbst
den Feind herausfordernd, falls es einer wagte, ihm, dem am
Boden Liegenden, die Waffe zu entreißen. Aber keiner fand sich, 15
der einen Nahkampf mit ihm wagte. Aus der Ferne warf man mit
Geschossen nach ihm, die er selbst wieder gegen den Feind schleuderte, bis ihm eine Lanze in die unbedeckte Brust fuhr. Als er sie
aus der Wunde gezogen, lehnte er das geneigte und ermattende
Haupt ein wenig gegen den Schild und sank dann, indem mit
dem strömenden Blut zugleich der Atem entwich, sterbend auf
seine Waffen nieder. Von den Lakedaimoniern fielen 5300, von 16
den Makedonen nicht mehr als 1000; doch kehrte kaum einer von
ihnen unverwundet ins Lager zurück.

Dieser Sieg brach nicht nur den Mut Spartas und seiner Bundesgenossen, sondern auch aller derer, die auf den Ausgang des
Krieges gewartet hatten. Auch entging es Antipater nicht, daß die 17
Mienen der ihn Beglückwünschenden nicht mit ihrer Gesinnung
übereinstimmten; doch da er den Krieg zu beenden wünschte,
mußte er sich täuschen lassen. Und obwohl der Erfolg seiner
Taten ihm schmeichelte, fürchtete er dennoch den Neid, weil
seine Erfolge größer waren, als es der beschränkten Stellung eines
Statthalters angemessen schien. Denn Alexander hatte zwar die 18
Feinde besiegt gewünscht, den Unmut darüber, daß aber Antipater der Sieger war, verschwieg er nicht einmal, da er meinte,
seinem Ruhm sei entzogen, was fremdem zuteil geworden war.
Darum wagte Antipater, der des Königs stolzen Sinn wohl 19
kannte, nicht, die Entscheidungen nach seinem Siege selbst zu
treffen, sondern befragte eine Versammlung der Griechen[3] nach
ihrer Meinung. Die Lakedaimonier erlangten nur die Erlaubnis, 20
Gesandte an den König zu schicken, und sie erwirkten Verzeihung für ihren Abfall, mit Ausnahme von dessen Urhebern. Den
Megalopolitanern, deren Stadt von den verbündeten Empörern
belagert worden war, mußten die Achäer und Eleer 120 Talente
zahlen. Dies war der Ausgang des Krieges, der plötzlich ent- 21
brannt, dennoch eher beendet wurde, als Alexander den Dareios
bei Arbela besiegte.

1   2. Sobald jedoch Alexanders Sinn von den bedrängenden Sorgen
entlastet war, stürzte er sich, mehr geeignet, die Anstrengung des
Krieges als Ruhe und Muße zu ertragen, in üppige Vergnügungen, und den die Waffen der Perser nicht bezwungen hatten,
2   besiegten die Laster: Gelage schon früh am Tag, unsinnige Lust an
nächtlichen Trinkgelagen, Spiele und ganze Scharen von Dirnen,
alles neigte zu den fremden Sitten hin. Und indem er diese, gleich
als wären sie besser als die heimischen, nachahmte, beleidigte er
die Gemüter und Augen seiner Landsleute so sehr, daß er von den
3   meisten seiner Freunde wie ein Feind betrachtet wurde. Denn er
hatte die, die treu an ihrer alten Sitte hingen und gewohnt waren,
sich mit sparsamer und leicht zu beschaffender Kost zur Stillung
ihrer natürlichen Bedürfnisse zu begnügen, zu den fremdartigen
4   Lastern besiegter Völker verlockt. Die Folgen waren gegen sein
Leben gerichtete Nachstellungen, Empörung der Soldaten und
freiere Äußerungen des Unwillens bei ihren wechselseitigen Klagen, auf seiner Seite bald Zorn, bald Mißtrauen, wie es ihm
unbedachte Furcht eingab, und anderes dieser Art, wovon später
berichtet werden soll.

5   Während er also Tage wie Nächte mit frühzeitig begonnenen
Gelagen verbrachte, unterbrach er die Übersättigung am
Schmausen durch Spiele, wobei er sich nicht mit dem Künstler-
volk begnügte, das er aus Griechenland hatte holen lassen; denn er
ließ auch die gefangenen Frauen ihre gewohnten Weisen singen,
6   eine rohe und für fremde Ohren mißtönende Musik. Unter diesen Frauen erblickte der König eine, die trauriger war als die
andern und sich ihrer Vorführung sittsam widersetzte. Sie war
von ausgezeichneter Schönheit, und ihre Schönheit wurde durch
Züchtigkeit geadelt: ihre Augen zu Boden gesenkt und das Antlitz so weit als möglich verhüllt, erweckte sie beim König die
Vermutung, daß sie vornehmeren Standes sei, als daß es sich
geziemt hätte, sie unter dem Zeitvertreib beim Gastmahl aufzu-
7   führen. Befragt also, wer sie sei, erwiderte sie, sie sei die Enkel-
tochter des Ochos, der noch vor kurzem in Persien geherrscht
habe, und zwar die Tochter seines Sohnes; vermählt sei sie mit
Hystaspes gewesen, einem Verwandten des Dareios und selbst

auch Befehlshaber einer großen Heeresabteilung. Noch hatten 8
sich im Gemüt des Königs geringe Spuren seines früheren Charakters erhalten. Daher befahl er aus Achtung vor dem Range der
Königstochter und einem so berühmten Namen, nicht nur die 9
Gefangene zu entlassen, sondern ihr auch ihre Schätze zurück-
zuerstatten, sowie nach ihrem Manne zu forschen, um ihm, wenn
man ihn ausfindig gemacht, seine Gattin zurückzugeben.

Am folgenden Tage aber befahl er dem Hephaistion, alle Gefangenen in den königlichen Palast bringen zu lassen. Dort erforschte er die Abkunft jedes einzelnen und sonderte diejenigen,
die durch Geburt ausgezeichnet waren, von der übrigen Menge
ab. Es waren deren tausend, unter ihnen der Bruder des Dareios, 10
Oxathres, weniger durch die hohe Stellung seines Bruders als
durch seinen edlen Charakter hervorragend. Von der zuletzt gemachten Beute waren 26000 Talente eingebracht worden, von
denen 12000 zu einem Geschenk an die Soldaten verwendet
wurden; die gleiche Summe wurde durch den Betrug der Wächter unterschlagen. Ein vornehmer Perser namens Oxydates, von 11
Dareios zum Tode verurteilt, befand sich in Ketten und Banden.
Diesen befreite Alexander und gab ihm die Satrapie Medien;
Dareios' Bruder aber nahm er in das Korps der sogenannten
Freunde auf und ließ ihm alle Ehrenzeichen seiner früheren Herrlichkeit.

Von hier kam man in die Landschaft Parthiene[4], die, damals 12
wenig bekannt, jetzt das Haupt aller Völker ist, die hinter dem
Euphrat und Tigris bis zum Indischen Ozean hin wohnen. Sky- 13
then haben das ebene und fruchtbare Land in Besitz genommen,
ein noch heute seinen Nachbarn gefährlicher Volksstamm.[5] Ihre
Wohnsitze haben sie sowohl in Europa als in Asien: die östlich
vom kimmerischen Bosporus wohnenden werden zu Asien gerechnet; die europäischen erstrecken sich von der linken Seite
Thrakiens bis zum Borysthenes[6] und von da in gerader Richtung
bis zum Tanais, einem andern Flusse, der gerade auf der Grenze 14
zwischen Europa und Asien fließt. Kein Zweifel aber, daß die
Skythen, die das Partherreich gegründet haben, nicht von
Bosporus, sondern aus den Gegenden Europas bis dorthin vorgedrungen sind.

15   Es befand sich dort eine damals bedeutende Stadt namens Hekatompylos, von Griechen gegründet[7]: hier hielt der König ein Standlager, für das er von allen Seiten Zufuhr hatte herbeiführen lassen. Daher verbreitete sich, man weiß nicht durch wen, ein Gerücht − wie so oft, wenn Soldaten müßig sind − der König habe, zufrieden mit den vollbrachten Taten, beschlossen, sofort

16   nach Makedonien zurückzukehren. Alles rannte wie unsinnig in die Zelte und machte das Gepäck für den Marsch zurecht: man hätte glauben können, es sei das Signal zum Aufpacken gegeben. Der Tumult im ganzen Lager, indem man hier seine Zeltkamera-

17   den suchte, dort die Wagen belud, drang bis zum Könige. Das törichterweise verbreitete Gerücht hatte um so mehr Glauben gefunden, da die griechischen Söldner Befehl erhalten hatten, in die Heimat zurückzukehren, und jedem ihrer Reiter 6000 Denare ausgezahlt worden waren. So glaubten sie auch für sich das Ende

18   ihres Kriegsdienstes gekommen. Natürlich war Alexander sehr erschrocken, weil er sich vorgenommen hatte, Indien und die äußersten Gegenden des Ostens zu durchziehen. Also berief er die Führer der Truppen in sein Zelt zusammen und klagte unter Tränen, daß er mitten aus seinem Ruhmeslaufe gerissen, mehr in Gestalt eines Besiegten als eines Siegers in das Vaterland zurück-

19   kehren werde; nicht aber Feigheit seiner Soldaten stelle sich ihm in den Weg, sondern der Neid der Götter, die in so tapferen Männern plötzlich die Sehnsucht nach dem Vaterlande erweckt hätten, wohin sie doch ein wenig später mit weit mehr Ehre und

20   Ruhm zurückkehren könnten. Da erbot sich ihm jeder für seine Person zu Diensten, verlangte für sich die schwierigsten Aufgaben und versprach auch Gehorsam von seiten der Soldaten, wenn er ihre Gemüter durch eine milde und geeignete Anrede beruhi-

21   gen wolle. Diese seien ja gebrochenen und niedergebeugten Mutes zurückgewichen, so oft sie an seinem Feuer und am Schwunge seiner Begeisterung sich hätten erquicken können. Er versprach dies zu tun, nur möchten sie ihm die Ohren der Menge vorher geneigt machen. Nachdem er sich alles zurechtgelegt, was ihm für seinen Zweck dienlich schien, befahl er, das Heer zur Versammlung zu berufen und hielt vor ihm folgende Rede:

3. „Wenn ihr, Soldaten, die Größe unserer Taten überblickt, so 1
ist es durchaus kein Wunder, daß ihr Sehnsucht nach Ruhe und
Sättigung am Ruhm empfindet. Um nicht die Illyrer und Tribal- 2
ler[8], Böotien, Thrakien, Sparta, Achaia und den Peloponnes zu
erwähnen, die teils unter meiner eigenen Führung, teils doch
unter meinem Oberbefehl und meiner Leitung bezwungen wurden, laßt uns nur den Verlauf des Krieges vom Hellespont an
betrachten: Ionien und Äolis haben wir von der Knechtschaft 3
eines unbändigen Barbarentums befreit, Karien, Lydien, Kappadokien, Phrygien, Paphlagonien, Pamphylien, Pisidien, Kilikien,
Syrien, Phönizien, Armenien, Persis, Medien und Parthiene sind
in unserer Gewalt. Mehr Länder habe ich gewonnen als andere 4
Städte erobert haben, und vielleicht hat mich bei meiner Aufzählung die Masse des Vollbrachten manches noch vergessen lassen.
Hielte ich nun den Besitz der Länder, die wir in solcher Schnellig- 5
keit bezwungen haben, für hinlänglich gesichert, dann, ihr Soldaten, würde ich wahrlich in die Heimat zu Mutter und Schwestern
und den übrigen Mitbürgern, selbst wenn ihr mich zurückhalten
wolltet, aufbrechen, um am liebsten dort des Ruhmes und der
Ehre, die ich mit euch gewonnen, zu genießen, wo uns der
reichste Lohn unsres Sieges erwartet, der Jubel unsrer Kinder,
Gattinnen und Eltern, Friede, Ruhe und sorgenfreier Besitz der
durch unsre Tapferkeit gewonnenen Güter. Aber in einer neuen 6
und, wollen wir die Wahrheit gestehen, noch unsicheren Herrschaft, unter deren Joch sich die Barbaren mit störrischem Nakken beugen, da, ihr Soldaten, bedarf es der Zeit, bis sie mildere
Sinnesart annehmen, und eine bessere Gewöhnung die Verwil-
derten zähmt. Auch die Feldfrüchte erwarten ihre Reife erst zur 7
bestimmten Zeit, so daß also selbst die Dinge, die aller Empfin-
dung entbehren, sich dennoch nur nach festen Gesetzen erweichen. Oder meint ihr etwa, so viele Völker, an die Herrschaft und 8
den Namen eines andern gewöhnt, mit uns weder durch Religion noch Sitte noch Umgangssprache verbunden, seien durch
die Schlacht, durch die wir sie besiegt, auch bezwungen? Von
euren Waffen werden sie im Zaume gehalten, nicht durch ihre
Gesinnung, und sie, die euch fürchten, so lange ihr gegenwärtig

seid, werden, seid ihr fern, eure Feinde sein. Mit wilden Tieren
haben wir es zu tun, die, wenn man sie gefangen und eingeschlossen hält, nicht ihre eigene Natur, sondern nur die Länge der Zeit
zu zähmen vermag.

9   Und bisher habe ich so gesprochen, als ob alles mit den Waffen
unterworfen wäre, was unter Dareios Herrschaft gestanden hat.
Aber Hyrkaniens hat sich Nabarzanes bemächtigt; der Königsmörder Bessos besitzt Bactra nicht nur, sondern bedroht uns auch
von dort; die Sogdianer, Daher, Massageten, Saker und Inder
10   sind noch unabhängig. Alle diese, sobald sie uns den Rücken
wenden sehen, werden uns verfolgen, denn sie gehören zu ein
und derselben Nation; wir sind von fremder Abstammung und
Ausländer. Seinen eigenen Stammgenossen aber gehorcht ein
jeder bereitwilliger, selbst wenn ein solcher an der Spitze steht,
11   den man eher fürchten müßte. Demnach müssen wir entweder
aufgeben, was wir gewonnen, oder erobern, was wir noch nicht
haben. Wie die Ärzte in einem kranken Körper keinen schäd-
lichen Stoff zurücklassen, so, ihr Soldaten, wollen wir alles, was
sich unserer Herrschaft widersetzt, mit dem Schwerte fällen. Oftmals hat ein kleiner Funke, den man vernachlässigte, einen
großen Brand verursacht. Nichts wird beim Feinde ohne Gefahr
für die eigene Sicherheit gering geachtet, denn verachtet man ihn,
so macht man ihn durch seine Nachlässigkeit nur noch stärker.
12   Auch Dareios hat die Herrschaft über die Perser nicht durch
Erbschaft gewonnen, sondern ist auf den Thron des Kyros durch
die Begünstigung des Eunuchen Bagoas erhoben worden[9].
Glaubt also ja nicht, daß es dem Bessos schwer fallen würde, sich
13   der erledigten Herrschaft zu bemächtigen. Wir aber, Soldaten,
hätten falsch gehandelt, wenn wir Dareios nur besiegt hätten, um
sein Reich seinem Sklaven zu überliefern: dem, der das äußerste
Verbrechen gewagt und seinen König, der sogar des Beistandes
Fremder bedurfte, und den wir, die Sieger, sicherlich verschont
hätten, wie einen Gefangenen in Banden gehalten, ja ihn zuletzt
getötet hat, damit er nicht von uns gerettet werden könnte.
14   Diesen Menschen wollt ihr herrschen lassen? Ich eile, ihn ans
Kreuz geschlagen zu sehen, zur verdienten Genugtuung für alle

Könige und Völker und für die gebrochene Treue! Nein wahr- 15
lich, wenn euch in kurzem gemeldet würde, daß eben dieser
Mensch die griechischen Städte oder den Hellespont verheere,
welchen Schmerz würdet ihr da empfinden, daß dieser Bessos den
Lohn eures Sieges davongetragen! Dann werdet ihr eilen, das
Verlorene wiederzugewinnen, dann zu den Waffen greifen. Wieviel besser ist es jedoch, ihn zu überwältigen, solange er uns noch
fürchtet und kaum bei Sinnen ist. Nur ein Marsch von vier Tagen 16
ist uns noch übrig, uns, die wir so viele Schneefelder überschritten, so viele Ströme durchsetzt, so viele Bergjoche überstiegen
haben. Hier hält unsern Marsch nicht jenes Meer auf, das aufbrau-
send mit seinen Wogen den Weg bedeckt, nicht schließen uns die
Schluchten und Engpässe Kilikiens ein: alles ist eben und ohne
Schwierigkeit. Wir stehen an der Schwelle des Sieges. Nur mit 17
einigen wenigen Flüchtlingen und Mördern ihres Gebieters
haben wir es noch zu tun. Bei Gott! Eine herrliche Tat, die unter
eure ruhmvollsten zu zählen sein wird, werdet ihr der Nachwelt
und der Geschichte überliefern: daß ihr sogar an eures Feindes
Dareios Mördern, nachdem mit seinem Tode der Haß gegen ihn
erloschen war, Rache genommen, und daß kein Verräter euren
Händen entronnen ist. Habt ihr dies vollbracht, um wieviel eher, 18
glaubt ihr, werden sich die Perser fügen, wenn sie einsehen, daß
ihr gerechte Kriege führt und nur der Schandtat des Bessos, nicht
ihrer Nation zürnt!"

4. Mit der lebhaftesten Zustimmung wurde diese Rede von den 1
Soldaten aufgenommen. Sie riefen ihm zu, er solle sie führen,
wohin er immer wolle. Und der König nutzte ihre Begeisterung. 2
Nach dreitägigem Marsche durch Parthiëne gelangte er an die
Grenzen von Hyrkanien[10], nachdem er den Krateros mit den von
ihm befehligten Truppen und der Abteilung, die Amyntas führte,
nebst 600 Reitern und ebensoviel Bogenschützen zurückgelassen
hatte, um Parthiëne vor einem Einfall der Barbaren zu schützen.
Dem Erigyios[11] befahl er, das Gepäck unter einer mäßigen Be- 3
deckung auf dem ebenen[12] Wege zu befördern; er selbst legte mit
der Phalanx und der Reiterei eine Strecke von 150 Stadien [ca.

27,8 km] zurück und befestigte dann in einem Tal, das den Zugang zu Hyrkanien bildet, sein Lager. Ein schattiger Wald erhebt
sich von sehr hohen und dichten Bäumen, der Talboden ist fett
und von Quellen bewässert, die den darüber emporragenden
4 Felsen entströmen. Am Fuße des Gebirges selbst entspringt der
Fluß Ziobetis[13], der ungefähr drei Stadien weit ungeteilt fließt,
dann an einem Felsen, der das Flußbett unterbricht, zurückpral-
lend, seine Gewässer wie in zwei Hälften teilt, jeder ihren beson-
5 dern Weg eröffnend. Von hier ab schneller fließend und durch die
rauhen Felsen, zwischen denen er hinschießt, noch reißender,
stürzt er hinab unter die Erde und fließt unsichtbar 300 Stadien
weit fort. Dann bricht er wieder wie aus einer andern Quelle
hervor, und bereitet sich ein neues Flußbett, geräumiger als das
6 seines obern Laufes, denn er fließt in einer Breite von 13 Stadien;
worauf er wieder, zwischen engere Ufer gebannt, seinen Lauf
einschränkt, bis er endlich in einen andern Fluß, den Rhidagnos,
7 mündet. Die Einwohner versicherten, wer in den der Quelle
zunächstliegenden Schlund stürze, komme wieder zum Vorschein, wo der Fluß wieder aus der Erde tritt. Daher ließ Alexander, wo die Gewässer unter die Erde strömen, zwei Männer
hinabstürzen, und die, die ausgeschickt waren, sie aufzufangen,
sahen ihre Körper ausgeworfen, wo der Fluß wieder hervor-
bricht.
8   Schon vier Tage lang hatte er an diesem Ort den Soldaten Rast
gegönnt, als er von Nabarzanes, der sich mit Bessos des Dareios
bemächtigt hatte, einen Brief mit folgendem Inhalt erhielt: er sei
dem Dareios nicht feindselig gesinnt gewesen, vielmehr habe er
ihm sogar geraten, was ihm als das nützlichste erschienen sei, und
weil er dem König einen treuen Rat gegeben, sei er von diesem
9 beinahe getötet worden. Dareios habe beabsichtigt, die Bewachung seiner Person gegen Recht und Herkommen fremden
Söldnern anzuvertrauen, und habe über die Treue seiner Stam-
mesgenossen, die sie doch 230 Jahre lang[14] ihren Königen unver-
10 letzt bewahrt hätten, den Stab gebrochen. In einer gefährlichen
und unsichern Lage habe er seinen Entschluß nach der augenblicklichen Notwendigkeit gefaßt. Als Dareios den Bagoas getö-

tet, habe er sich bei seinen Landsleuten auch damit gerechtfertigt,
daß er diesen wegen Nachstellungen gegen ihn selbst umgebracht
habe. Nichts sei den elenden Sterblichen teuerer als ihr Leben. Die 11
Liebe dazu habe ihn zum Äußersten getrieben, aber es sei dies
mehr aus Notwendigkeit als aus freier Wahl geschehen. Bei ge- 12
meinsamem Unglück treffe jeden sein besonderes Schicksal.
Heiße ihn Alexander zu sich kommen, so werde er ohne Furcht
kommen. Er befürchte nicht, daß ein so großer König das gege-
bene Wort brechen könne: von einem Gotte pflegten die Götter
nicht betrogen zu werden. Scheine er ihm jedoch eines Schutzver- 13
sprechens unwert, so ständen seiner Flucht viele Orte außerhalb
Persiens offen: ein tapferer Mann finde überall ein Vaterland, wo
er sich seinen Wohnsitz wähle. Alexander trug aber kein Beden- 14
ken, ihm in der bei den Persern üblichen Form[15] das Versprechen
zu geben, es werde ihm nichts geschehen, wenn er käme.

Doch marschierte er, die Truppen geordnet und im Viereck
aufgestellt, und von Zeit zu Zeit sandte er Späher voraus, die
Gegend zu erforschen. Die Leichtbewaffneten zogen voran, ihnen 15
folgte die Phalanx, hinter dem Fußvolk der Troß. Sowohl die
kriegerische Bevölkerung als auch die natürliche Lage des Landes,
die es schwer zugänglich machte, erhielten den König in gespannter Sorge. Dort erstreckt sich nämlich ein ununterbrochenes Tal, 16
das sich bis zum Kaspischen Meere hin öffnet. Das Land erstreckt
sich gleichsam in zwei Armen, die in ihrer Mitte einen Busen von
mäßiger Krümmung bilden, der am meisten dem Monde ähnelt,
wenn bei noch nicht gefüllter Scheibe seine Hörner hervorragen.
Zur Linken wohnen die Kerketen, Mosyner und Chalyber; rechts 17
sind die Leukosyrer und die Gefilde der Amazonen: jene liegen
ihm gegen Norden, diese gegen Westen[16]. Das Kaspische Meer, 18
mit süßerem Wasser als die übrigen[17], nährt Schlangen von ungeheurer Größe. Die Farbe der Fische darin ist von der anderer
Fische ganz verschieden. Manche nennen es das Kaspische, manche das Hyrkanische Meer: auch glauben manche, der Maiotische
See ergieße sich hinein, und führen als Beweis an, daß das Wasser
darum süßer sei als in den übrigen Meeren, weil es durch das
Einströmen der Gewässer des Sees gemildert werde. Von Mitter- 19

nacht her wirft sich das Meer mit großer Gewalt auf das Küsten-
land, treibt weithin seine Wogen und bildet durch eine ausgedehnte Überflutung stehende Gewässer. Unter anderen Witte-
rungsverhältnissen dagegen zieht es seine Gewässer wieder an
sich, und mit derselben Gewalt, mit der es sich ergoß, zurückströ-
mend, gibt es dem Lande seine natürliche Gestalt zurück. Manche
haben auch geglaubt, es sei dies nicht das Kaspische Meer, sondern
die Flut ergieße sich aus Indien nach Hyrkanien[18], dessen oberer
Teil, wie oben gesagt wurde, sich in einem ununterbrochenen
Tale hinabsenkt.

20   Von hier rückte der König 20 Stadien [3,7 km] weit auf einem
beinahe unwegsamen Pfade vor, über dem sich ein Wald erhob,
und wo Gießbäche und Wasserrisse den Marsch hemmten. Da
sich ihm jedoch kein Feind entgegenstellte, drang er hindurch und
21   gelangte endlich in kultiviertere Gegenden. Außer anderen Lebensmitteln, an denen diese Gegend damals einen großen Überfluß hatte, gedeiht hier auch eine ungeheure Menge von Obst;
22   Weintrauben erzeugt der Boden in reichster Fülle. Ein häufig
vorkommender Baum hat das Aussehen der Eiche, aber seine
Blätter tropfen von reichlichem Honig; sammeln ihn jedoch die
Einwohner nicht vor Sonnenaufgang, so vertrocknet der Saft
schon von einer mäßigen Wärme.[19]

23   30 Stadien [5,5 km] war er von hier vorgerückt, als ihm Phrataphernes[20] begegnete und sich ihm mit denen, die nach Dareios'
Tode entflohen waren, ergab. Er nahm sie gütig auf und gelangte
dann zu der Stadt Arvae[21], wo er mit Krateros und Erigyios
24   zusammentraf, die den Befehlshaber des Stammes der Tapurer,
Phradates, mit sich gebracht hatten. Da auch diesem Schutz verheißen wurde, so veranlaßte sein Beispiel viele, die Milde des
25   Königs zu erproben. Als Satrapen über Hyrkanien setzte er dann
den Manapis ein, der unter Ochos' Herrschaft als Verbannter zu
Philipp gekommen war. Das Volk der Tapurer übergab er wieder
dem Phradates.

5. Und er war bereits in die entlegensten Gegenden von Hyrka- 1
nien vorgedrungen, als ihm Artabazos, der – wie oben erwähnt –
vertrauteste Freund des Dareios, mit dessen Verwandten, seinen
eigenen Kindern und einer mäßigen Anzahl griechischer Söldner
entgegenkam. Dem Herantretenden reichte der König die 2
Rechte, denn er war schon ein Gastfreund Philipps gewesen, als er
unter Ochos' Regierung in der Verbannung lebte, und noch
mehr als die Pfänder der Gastfreundschaft galt die seinem Könige
bis zuletzt bewahrte Treue. Auf diese freundliche Aufnahme er- 3
widerte er: „Du, König, mögest, so bitte ich die Götter, in
dauerndem Glücke blühen; ich, sonst hocherfreut, empfinde nur
den einen Kummer, daß ich, dem Tode nahe, deine Güte nicht
lange genießen kann." Er stand nämlich im fünfundneunzigsten
Jahre. Neun junge Männer, alle von derselben Mutter geboren, 4
begleiteten ihren Vater. Diese brachte Artabazos, dem König die
Hand zu geben, indem er den Wunsch aussprach, sie möchten nur
so lange leben, als sie nützliche Diener Alexanders wären. Mei- 5
stens machte der König seinen Weg zu Fuß; jetzt aber ließ er für
sich und Artabazos Pferde herbeibringen, damit nicht der Greis
sich scheue zu reiten, wenn er selbst zu Fuß ginge.

Als dann das Lager aufgeschlagen war, ließ er die Griechen 6
zusammenrufen, die Artabazos mit sich gebracht hatte; jene erwiderten jedoch, wenn nicht auch den Lakedaimoniern und Sino-
pensern Sicherheit versprochen würde, so wollten sie erst überlegen, was sie zu tun hätten. Es waren nämlich lakedaimonische 7
Gesandte an Dareios geschickt worden, die sich nach dessen Niederlage an die griechischen Söldner angeschlossen hatten. Ohne 8
ihnen Pfänder eines vertragsmäßigen Schutzes zu gewähren, befahl ihnen der König, zu ihm zu kommen: ihr Los solle so sein,
wie er es bestimme. Nach langem Zögern, da die meisten
schwankender Meinung waren, versprachen sie endlich zu kommen. Der Athener Demokrates jedoch, der immer einer der 9
unerbittlichsten Gegner der makedonischen Macht gewesen war,
durchbohrte sich, da er keine Gnade hoffte, selbst mit dem
Schwerte. Die übrigen ergaben sich, ihrer Entschließung gemäß,
der Gnade Alexanders; es waren 1500 Soldaten, dazu 90 an Da- 10

reios geschickte Gesandte. Die Soldaten wurden zur Ergänzung
unter die anderen Mannschaften verteilt, die übrigen nach Hause
geschickt, mit Ausnahme der Lakedaimonier, die er in Gewahrsam zu nehmen befahl.

11   An Hyrkanien grenzten die Marder[22], ein Volk von rauher
Lebensart und an Räuberei gewöhnt. Dieses allein hatte weder
Gesandte geschickt, noch schien es sich den Befehlen fügen zu
wollen. Entrüstet daher, daß dieser eine Stamm bewirken könne,
daß er nicht unbesiegbar dastehe, ließ der König das Gepäck unter
einer Bewachung zurück und rückte, von starken Truppen be-
12   gleitet, vor. Man war nachts marschiert, und bei Tagesanbruch
war der Feind in Sicht. Es gab mehr ein verworrenes Durcheinander als eine Schlacht. Von den Hügeln, die sie besetzt gehalten
hatten, herabgeworfen, flohen die Barbaren, und die nächsten
13   Dörfer, von ihren Bewohnern verlassen, wurden genommen. In
das Innere dieser Gegend konnte man aber allerdings nicht ohne
große Strapazen für das Heer eindringen. Die Gebirgsrücken sind
von tiefen Waldungen und unwegsamen Felsen umschlossen; den
ebenen Teil hatten die Barbaren durch eine neuartige Befestigung
14   unzugänglich gemacht. Es sind mit Absicht Bäume dicht an-
einandergepflanzt; deren noch schwachen Zweige biegen sie mit
der Hand und stecken sie verkehrt wieder in die Erde, so daß
daraus, wie aus einer neuen Wurzel, noch üppigere Stämme
15   ergrünen. Diese nun lassen sie nicht in ihrer natürlichen Richtung
wachsen, sondern verflechten sie gleichsam miteinander, worauf
sie, wenn sie mit reichlichem Laube bekleidet sind, die Erde ganz
bedecken. So versperrt also das Gezweig wie mit verborgenen
16   Schlingen den Weg durch einen ununterbrochenen Verhau. Das
einzige Mittel war, den Wald durch Niederfällen zugänglich zu
machen, doch auch dies war sehr schwierig, da die Stämme durch
häufige Knoten verhärtet waren und die untereinander verfloch-
tenen Äste, die schwebenden Ringen glichen, mit ihren biegsa-
17   men Zweigen Hiebe wirkungslos machten. Die Eingeborenen
aber, wilden Tieren gleich durch das Gestrüpp zu kriechen gewohnt, waren auch jetzt in den Wald eingedrungen und beunruhigten den Feind aus ihren Verstecken durch Geschosse.

Der König ließ wie bei einer Jagd die Schlupfwinkel durchstö-
bern, und viele wurden getötet. Zuletzt befahl er den Soldaten,
den Wald rings einzuschließen, um, wo sich eine Öffnung biete,
einzubrechen. Aber in der unbekannten Gegend verirrten sich   18
sehr viele, und einige wurden abgefangen, unter andern auch das
Pferd des Königs, mit Namen Boukephalas, das Alexander mehr
als andere Tiere liebte. Es ließ nämlich keinen andern auf seinem
Rücken sitzen, und wenn der König aufsteigen wollte, bog es von
freien Stücken die Knie, ihn aufzunehmen, so daß man meinte, es
fühle, wen es trage. Heftiger daher von Zorn und Schmerz ge-   19
reizt, als recht war, befahl er, nach dem Rosse zu forschen, und
ließ durch einen Dolmetscher den Feinden ankündigen, wenn sie
es nicht zurückgäben, solle keiner am Leben bleiben. Durch diese
Drohung erschreckt, führten sie nebst anderen Geschenken das
Pferd herbei. Doch auch so noch nicht besänftigt, gebot er, die   20
Waldung niederzuhauen und mit Erde, die man von den Bergen
herbeischaffte, die durch das Gestrüpp verschlossene Fläche auf-
zudämmen. Das Werk war bereits bis zu einer gewissen Höhe   21
angewachsen, als die Barbaren, daran verzweifelnd, die von ihnen
besetzte Gegend behaupten zu können, sich ihm unterwarfen.
Der König nahm Geiseln und gebot ihnen, dem Phradates zu
gehorchen.

Hierauf kehrte er am fünften Tage in sein Standlager zurück,   22
von wo er den Artabazos mit doppelt soviel Ehrenbeweisen, wie
Dareios sie ihm erwiesen hatte, nach Hause entließ. Bereits war
man zu der Stadt Hyrkaniens gelangt, in der sich der Palast des
Dareios befand[23]: dort kam ihm, nachdem er freies Geleit erhalten, Nabarzanes mit einer großen Menge Geschenken entgegen.
Darunter befand sich auch ein Eunuch mit Namen Bagoas, von   23
ungemeiner Schönheit und gerade in der Blüte der Jugend, mit
dem Dareios häufigen Umgang gepflogen hatte, und Alexander
bald ebenso. Auf seine Bitten hauptsächlich erhielt Nabarzanes
Verzeihung.

Wie oben gesagt wurde, grenzte an Hyrkanien das Volk der   24
Amazonen[24], die um den Fluß Thermodon die Gefilde von Themiskyra bewohnen. Ihre Königin war Thalestris, welche über alle 25

Amazonen zwischen dem Kaukasos und dem Flusse Phasis herrschte. Diese wollte Alexander sehen, verließ die Grenzen ihres Reiches und schickte, als sie nicht mehr fern war, Botschaft voraus, die Königin sei gekommen, mit dem Wunsche, ihn zu

26 sehen und kennenzulernen. Nachdem ihr sofort Erlaubnis zu kommen erteilt worden war, befahl sie ihrem übrigen Gefolge, Halt zu machen; sie selbst näherte sich von dreihundert Frauen begleitet. Sobald sie aber den König erblickte, sprang sie vom

27 Pferd, zwei Lanzen in der Rechten haltend. Das Gewand der Amazonen bedeckt nicht den ganzen Körper, sondern die linke Seite bis zur Brust ist nackt, das übrige dann verhüllt; doch fallen die Falten des Gewandes, das sie in einen Knoten zusammenknüp-

28 fen, nicht über die Knie hinab. Die eine Brust bleibt unversehrt, um daran die Kinder weiblichen Geschlechtes zu nähren, die rechte wird ausgebrannt, um leichter den Bogen spannen und

29 Geschosse schleudern zu können. Mit unerschrockener Miene schaute Thalestris den König an und musterte eingehend seine Gestalt, die keineswegs dem Ruhm seiner Taten zu entsprechen schien. Denn alle Barbaren empfinden vor einer majestätischen Körpergestalt Ehrfurcht und halten dagegen niemand für großer Taten fähig, den die Natur nicht mit einem ausgezeichneten Äu-

30 ßern gewürdigt hat. Auf die Frage, ob sie etwas von ihm zu erbitten wünsche, zögerte sie nicht zu gestehen, sie sei gekommen, um mit dem Könige Kinder zu zeugen; sie sei es wert, daß er von ihr Erben seines Reiches empfange. Sei es ein Mädchen, so wolle sie es selbst behalten, einen Knaben aber dem Vater zurück-

31 geben. Alexander fragte sie, ob sie mit ihm in den Krieg ziehen wolle, doch sie gab vor, ihr Reich ohne Schutz zurückgelassen zu haben, und beharrte bei ihrer Bitte, daß er sie nicht in ihrer

32 Hoffnung getäuscht weggehen lassen möge. Die Frau, heftiger in ihrer Begierde als der König, veranlaßte ihn, einige Tage Halt zu machen, und nachdem 13 Tage auf Erfüllung ihres Wunsches verwendet waren, begab sie sich in ihr Reich, der König nach Parthiëne.

6. Hier ließ er offen seinen Begierden freien Lauf und wandelte 1
seine Enthaltsamkeit und Mäßigung, Tugenden, die gerade auf
dem höchsten Gipfel des Glückes am herrlichsten hervorstrahlen,
in Übermut und Zügellosigkeit. Die heimischen Sitten und die 2
heilsame geregelte Lebensweise und bürgerliche Haltung der makedonischen Könige hielt er für zu gering in Anbetracht seiner
Größe und strebte nach der göttergleichen Erhabenheit der persischen Königsmacht. Er verlangte, man solle ihn, am Boden lie- 3
gend, anbeten, und die Besieger so vieler Völker sollten sich
allmählich an knechtische Dienste gewöhnen und Gefangenen
gleich werden. Daher legte er um sein Haupt ein purpurnes, 4
weißgesticktes Diadem, wie es Dareios getragen hatte, und legte
ein persisches Gewand an, ohne es als schlechtes Vorzeichen zu
fürchten, wenn er die Herrscherzeichen des Siegers mit der Tracht
des Besiegten vertauschte. Er sagte zwar, er trage die den Persern 5
abgenommene Siegesbeute; aber damit hatte er auch ihre Sitten
angenommen, und dieses stolze Äußere hatte Überheblichkeit
zur Folge. Auch die Briefe, die er nach Europa schickte, siegelte er 6
mit dem Petschaft seines früheren Siegelringes, denen, die er nach
Asien schrieb, wurde Dareios' Siegelring aufgedrückt, zum deut-
lichen Beweis, wie die Seele des einen die Stellung beider nicht in
sich zu vereinigen vermochte. Die Freunde aber und die Reiter, 7
denn diese waren die vorzüglichsten unter seinen Soldaten, hatte
er gegen ihren Willen, ohne daß sie es jedoch zurückzuweisen
wagten, mit persischen Gewändern geschmückt. 360 Dirnen, 8
ebensoviel wie bei Dareios, füllten die königliche Hofburg, gefolgt von einem Heere Eunuchen, die ebenfalls gewohnt waren,
der Wollust zu dienen.

Gegen diesen durch Schwelgerei und fremde Sitten verderbten 9
Zustand sprachen die alten Soldaten Philipps, diese an Genüsse
wenig gewöhnten Leute, offen ihren Abscheu aus, und im ganzen
Lager war unter allen ein Gedanke und eine Stimme, daß durch
ihren Sieg mehr verloren als durch den Krieg gewonnen worden
sei. Jetzt würden sie ihrerseits besiegt, indem man ihnen fremde 10
Sitten auswärtiger Völker aufnötige: zum Lohn für so langes
Ausharren würden sie, gleichsam wie Gefangene angetan, nach

Hause zurückkehren. Schon müsse man sich vor sich selbst schämen, und der König, den Besiegten ähnlicher als den Siegern, sei vom Beherrscher Makedoniens zum Satrapen des Dareios

11 geworden. Alexander wußte genau, wie schwer seine nächsten Freunde und das Heer beleidigt seien, und versuchte, durch Freigebigkeit und Geschenke ihre Gunst wiederzugewinnen; doch freien Männern, meine ich, ist an einem Knechtssold nichts gele-

12 gen. Damit es also nicht zur Empörung käme, mußte das müßige Leben durch Krieg unterbrochen werden, wozu sich auch Gele-

13 genheit bot. Bessos nämlich hatte das königliche Kleid angelegt, ließ sich Artaxerxes nennen, und zog nun die Skythen und übrigen Anwohner des Tanais[25] zusammen. Diese Nachrichten brachte ihm Satibarzanes[26], der sich ihm unterwarf, und den er

14 über das vorher von ihm innegehabte Land setzte. Und da sich der Heereszug, von Beutestücken und Luxusgegenständen beschwert, nur mühsam vorwärts bewegte, so ließ er zuerst sein Gepäck und dann auch das des ganzen Heeres, mit Ausnahme des

15 Nötigsten, in die Mitte zusammenbringen. Es war eine geräumige Fläche, auf die man die beladenen Wagen gefahren hatte. Alle warteten gespannt, was er weiter befehlen werde. Er ließ die Zugtiere fortführen, warf zuerst in sein eigenes Gepäck Feuer und

16 befahl dann, auch das übrige anzuzünden. So verbrannte, von den eigenen Besitzern angezündet, was unversehrt aus feindlichen Städten zu rauben man oftmals Flammen gelöscht hatte, ohne daß es einer gewagt hätte, diesen Lohn für ihr vergossenes Blut zu beklagen, da das Feuer auch die Schätze des Königs verzehrte.

17 Bald darauf besiegte die Vernunft ihren Unmut, und, an den Dienst gewöhnt und zu allem bereit, freuten sie sich, lieber eine

18 Einbuße an Gepäck als an Mannszucht erlitten zu haben. So marschierte er nach der Provinz Baktrien.

Doch der plötzliche Tod des Nikanor, eines Sohnes Parme-

19 nions, hatte das ganze Heer mit großer Trauer erfüllt. Der König, der am meisten von allen trauerte, wünschte zwar haltzumachen, um dem Leichenbegängnis beizuwohnen, allein Mangel an Lebensmitteln nötigte zur Eile. Darum wurde Philotas mit 2600 Mann zurückgelassen, um seinem Bruder die schuldigen Ehren zu erzeigen; er selbst zog gegen Bessos.

Auf dem Marsche wurden ihm Briefe von den nächsten Satra- 20
pen überbracht, mit der Nachricht, daß Bessos ihm mit einem
Heere feindlich entgegenziehe, und überdies Satibarzanes, den er
selbst zum Statthalter über die Arier eingesetzt hatte, von ihm
abgefallen sei. Obwohl gegen Bessos unterwegs, hielt er es den- 21
noch für das beste, vorher Maßnahmen zur Überwältigung des
Satibarzanes zu ergreifen. Er nahm die Leichtbewaffneten und die
Reiterei mit sich, und nachdem er die ganze Nacht angestrengt
marschiert war, überraschte er den Feind ganz unerwartet. Auf 22
die Nachricht von seiner Annäherung entfloh Satibarzanes mit
2000 Reitern – denn mehr konnte er in der Eile nicht sammeln –
nach Baktrien, das übrige Volk besetzte die nächsten Berge. Es 23
war ein nach Westen steil abfallender Felsen, der sich aber gegen
Osten sanfter erhebt, mit vielen Bäumen bedeckt ist und eine nie
versiegende Quelle hat, der viel Wasser entströmt. Sein Umfang
beträgt 23 Stadien [ca. 4,25 km]; auf dem Gipfel ist eine mit Gras 24
bewachsene Fläche. Hier ließen sie die kampfunfähige Menge sich
lagern, sie selbst wälzten, wo der Fels zugänglich war, Baumstämme und große Steine in den Weg. Es waren 13000 Bewaffnete, zu deren Belagerung Krateros zurückgelassen wurde, wäh- 25
rend Alexander selbst dem Satibarzanes zu folgen eilte.

Weil er jedoch erfuhr, daß dieser schon zu weit entfernt sei,
kehrte er zur Eroberung des von den Ariern besetzten Berggipfels
zurück. Und zuerst befahl er, den Weg, so weit er gangbar war, 26
wieder frei zu machen; dann aber, wie sich unzugängliche Klippen und schroffe Felsen entgegenstellten, schien den natürlichen
Hindernissen gegenüber alle Anstrengung vergeblich. Wie er nun 27
gewohnt war, immer gegen Schwierigkeiten anzukämpfen,
überlegte er, da sowohl vorzurücken gewagt als zurückzukehren
gefährlich war, hin und her. Dabei fiel ihm, wie es zu geschehen
pflegt, wenn man eins nach dem andern verwirft, immer anderes
und anderes ein. Während er so schwankte, gab ihm der Zufall
ein Mittel an die Hand, das er durch Überlegung nicht hatte
finden können. Es wehte ein heftiger Westwind, und die Soldaten 28
hatten beim Wegbahnen über die Felsen viel Holz gefällt. Dieses
war, von der Hitze ausgedörrt, bereits in Brand geraten. Er ließ 29

also noch mehr Bäume aufhäufen und dem Feuer Nahrung geben; und schnell kamen die aufgetürmten Stämme der Höhe
30 des Berggipfels gleich. Dann warf man von allen Seiten Feuer hinein, von dem alles ergriffen wurde. Der Wind jagte dem Feinde die Flamme ins Gesicht, ein ungeheurer Rauch überzog
31 den Himmel wie mit einer Wolke. Der Wald knarrte in der Hitze, und durch das Feuer geriet auch das in Flammen, was sich in der Nähe befand und was die Soldaten nicht angezündet hatten. Die Barbaren suchten, wo irgend das Feuer nachließ, dem qualvollen Tode zu entgehen, aber wo ihnen die Flamme Raum
32 gab, stellte sich der Feind in den Weg. Auf verschiedene Weise also kamen sie um, die einen stürzten sich mitten ins Feuer, andere von Felsen herab, manche rannten den Feinden in die Hände, nur wenige gerieten halbversengt in Gefangenschaft.

33   Von hier kehrte er zu Krateros zurück, der Artakoana[27] belagerte. Dieser erwartete, nachdem er alles vorbereitet, die Ankunft des Königs, indem er selbst, wie es sich gehört, auf den Ruhm, die
34 Stadt gewonnen zu haben, verzichtete. Alexander ließ also die Türme heranrücken: doch die Barbaren, schon allein durch diesen Anblick erschreckt, streckten ihm von den Mauern die Hände bittend entgegen und begannen ihn anzuflehen, seinen Zorn für Satibarzanes, den Urheber ihres Abfalls, aufzusparen, sie aber zu schonen, die, seine Gnade anrufend, sich ergäben. Der König gewährte ihnen Verzeihung und hob nicht nur die Belagerung auf, sondern gab auch den Einwohnern alles das Ihrige zurück.

35   Als er von dieser Stadt abgezogen war, traf er auf einen Zug neuer Ergänzungsmannschaften. Zoilos hatte 500 Reiter aus Griechenland herbeigeführt, Antipater aus Illyrien 3000 Mann geschickt; mit Philippos kamen 130 thessalische Reiter und aus Lydien 2600 fremde Söldner, gefolgt von 300 Reitern desselben
36 Stammes. Durch diese Truppen verstärkt, gelangte er zu dem kriegerischen Volke der Dranger.[28] Statthalter dort war Barzaentes, der sich mit Bessos an dem Verbrechen gegen seinen König beteiligt hatte, jetzt aber aus Furcht vor der verdienten Strafe nach Indien geflohen war.

7. Schon neun Tage befand man sich in einem Standlager, als der 1
König, der äußern Feinden gegenüber nicht nur gesichert, sondern auch unbesiegt war, sich aus der Mitte der Seinigen durch
ein Verbrechen bedroht sah. Dymnos, der beim König bis zu 2
einem gewissen Grade in Ansehen und Gunst stand, entbrannte in
Liebe zu einem gewissen Nikomachos, der sich von ihm miß-
brauchen ließ, und dessen ausschließliche Hingabe an seine Person
ihn gefesselt hielt. Dieser führte in großer Aufregung, die sich 3
schon an seiner Miene ablesen ließ, den jungen Menschen ohne
einen Zeugen in einen Tempel, mit dem Bedeuten, er habe ihm
ein Geheimnis mitzuteilen, das Verschwiegenheit erfordere. Dort 4
bat er den in Erwartung Schwebenden bei ihrer gegenseitigen
Liebe und den Beweisen ihrer beiderseitigen Gesinnung, ihm
eidlich zu versprechen, über das, was er ihm anvertrauen werde,
Stillschweigen zu bewahren. Der, nichts vermutend, was er selbst 5
mit Verletzung des Eides enthüllen müßte, schwor es ihm bei den
Gottheiten des Tempels. Hierauf eröffnet ihm Dymnos, in drei 6
Tagen solle ein Anschlag gegen den König ausgeführt werden,
und er sei mit tapfern und ausgezeichneten Männern an diesem
Plane beteiligt. Nachdem der junge Mensch dies vernommen, 7
lehnte er es entschieden ab, sein Versprechen für einen Königsmord gegeben zu haben, und kein Eid könne ihn binden, dies
Verbrechen zu verschweigen. Vor Liebe und Furcht von Sinnen, 8
ergriff Dymnos die Hand seines Lieblings und beschwor ihn erst
unter Tränen, sich an der Ausführung des Planes zu beteiligen;
brächte er das nicht über sich, so solle er ihn doch wenigstens nicht 9
verraten, für dessen Wohlwollen er außer anderen den stärksten
Beweis dadurch erhalten habe, daß er seiner noch unerprobten
Treue sein Leben anvertraut habe. Wie jener dabei beharrt, daß er 10
eine solche Tat aufs äußerste verabscheue, suchte er ihn durch
Morddrohungen zu erschrecken: mit seiner Tötung würden die
Verschworenen ihre herrliche Tat beginnen. Dann nannte er ihn 11
einmal einen Weichling und ein feiges Weib, das andre Mal einen
Verräter ihrer Liebe; darauf machte er ihm wieder ungeheure
Versprechungen, bisweilen sogar bis zum Anteil an der Herr-
schaft, und setzte so dem von einer solchen Untat weit entfernten

12 auf jede Weise zu. Ja er zog sein Schwert, und indem er es bald
jenem, bald sich selbst an die Kehle setzte, erpreßte er endlich mit
flehentlichen Bitten und mit Drohungen von ihm das Versprechen nicht nur des Stillschweigens, sondern auch der Beihilfe.

13 Voll fester Beharrlichkeit nämlich und wert, einen gesitteten Le-
benswandel zu führen, hatte er zwar an seinem vorigen Entschlusse nichts geändert, doch stellte er sich, als könne er aus Liebe

14 zu Dymnos diesem nichts abschlagen. Dann fragte er ihn nach
den Leuten aus, mit denen er sich zu dieser Tat verbündet habe;
denn es komme sehr darauf an, welche Männer Hand an ein so

15 denkwürdiges Beginnen legten. Dieser, durch seine Liebe und
sein Verbrechen ganz blind gemacht, dankte ihm nicht nur, sondern beglückwünschte ihn auch, daß er nicht weiter zögere, sich
an so tapfere Männer anzuschließen, einen Demetrios, den königlichen Leibwächter Peukolaos und Nikanor. Hierzu fügte er noch
die Namen Aphobeios, Jolaos, Dioxenos, Archepolis und Amyntas[29].

16 Von dieser Unterredung losgekommen, berichtete Nikomachos seinem Bruder Kebalinos, was er gehört. Sie beschlossen, er
selbst solle in seinem Zelte bleiben, damit nicht die Verschworenen, wenn er, der gewöhnlich nicht zum König ging, in das

17 königliche Quartier ginge, merkten, daß sie verraten seien. Kebalinos selbst stellte sich vor den Eingang des königlichen Zeltes, da
ihm ein näherer Zutritt nicht offenstand, und wartete auf einen
aus der Leibgarde der Freunde, um sich durch ihn zum König

18 führen zu lassen. Zufällig war nach Entlassung der übrigen allein
Philotas, Parmenions Sohn, ich weiß nicht aus welchem Grunde,
im königlichen Zelte zurückgeblieben. Diesem erzählte Kebalinos, in seinem erschrockenen Gesicht große Bestürzung verra-
tend, was er von seinem Bruder vernommen, und bat ihn, dies

19 ohne Verzug dem Könige zu melden. Philotas lobte ihn und trat
sofort bei Alexander ein, aber sie sprachen lange über andere
Gegenstände, und Philotas meldete nichts von dem, was er von

20 Kebalinos erfahren. Als er gegen Abend heraustrat, hielt ihn der
junge Mann in der Vorhalle des königlichen Zeltes an und fragte,

21 ob er den Auftrag ausgerichtet habe. Jener schützte vor, der

König habe keine Zeit gehabt, mit ihm zu sprechen, und entfernte sich. Als er am folgenden Tage zum Könige ging, war
Kebalinos wieder zur Stelle und erinnerte ihn bei seinem Eintritt
an die ihm vorigen Tages gemachte Mitteilung. Jener entgegnete,
er denke schon daran, sagte aber auch jetzt dem König nicht, was
er gehört. Nun begann er dem Kebalinos verdächtig zu werden. 22
Deshalb glaubte dieser ihn nicht weiter angehen zu müssen, sondern berichtete einem jungen Edelmann namens Metron, der
über die Waffenkammer gesetzt war, mit welchem Verbrechen
man umgehe. Dieser verbarg den Kebalinos in der Rüstkammer 23
und teilte dem König, der gerade im Bade war, sofort mit, was
ihm jener angezeigt habe.

Der König schickte sogleich Leibwächter ab, den Dymnos zu 24
ergreifen, dann trat er selbst in die Rüstkammer. Hocherfreut rief
ihm hier Kebalinos entgegen: „So sehe ich dich denn unversehrt
den Händen der Verräter entrissen!". Darauf fragte ihn Alexander 25
nach allem, was er wissen mußte, und erfuhr den ganzen Hergang
der Reihe nach. Als ihm aber auf die erneute Frage, der wievielte
Tag es sei, seitdem ihm Nikomachos die Anzeige hinterbracht
habe, jener bekannte, es sei schon der dritte Tag, vermutete er, 26
daß Kebalinos, nicht ohne bestochen zu sein, erst so viel später das
Vernommene zur Anzeige bringe, und gab Befehl, ihn zu fesseln.
Doch dieser erhob ein Geschrei, sofort, als er die Sache gehört, sei 27
er zu Philotas gelaufen; ihn solle er fragen. Weiter fragte der 28
König, ob er wirklich den Philotas aufgesucht, ob er ihn gedrängt
habe, die Sache vor ihn zu bringen, und als jener dabei blieb, seine
Aussage entspreche der Wahrheit, hob er die Hände zum Himmel
und klagte unter Tränen, daß ihm von einem vorher so teuren
Freunde solcher Dank vergolten werde. Unterdessen brachte sich 29
Dymnos, der wohl wußte, weshalb er vor den König gerufen
werde, mit dem Schwerte, das er gerade trug, eine schwere
Wunde bei, aber die Leibwächter sprangen dazwischen und tru-
gen ihn zum Zelte des Königs. Den Blick auf ihn geheftet, rief 30
Alexander: „Dymnos, welches große Unrecht habe ich denn
gegen dich beabsichtigt, daß dir Philotas der Herrschaft über die
Makedonen würdiger schien als ich selbst?" Doch dieser hatte

bereits die Sprache verloren. Er stieß einen Seufzer aus, wandte sein Antlitz von den Augen des Königs weg, sank gleich darauf zusammen und starb.

31   Der König ließ Philotas in sein Zelt kommen und sprach: „Kebalinos, der den härtesten Tod verdient, wenn er die gegen mein Leben angesponnene Verschwörung zwei Tage lang verschwiegen hat, wälzt die Schuld dieses Vergehens auf Philotas, indem er diesem unverzüglich Anzeige gemacht zu haben be-

32   hauptet. Je näher du meiner Freundschaft stehst, desto schwerer ist das Vergehen, dies verheimlicht zu haben, so daß es mir, offen gestanden, mehr dem Kebalinos als dem Philotas angemessen erscheint. Du findest an mir einen gnädigen Richter, wenn du, was nicht hätte begangen werden sollen, wenigstens in Abrede

33   stellen kannst." Hierauf erwiderte Philotas nicht eben bestürzt, wenn man seinen Seelenzustand aus der Miene abnehmen durfte, Kebalinos habe ihm allerdings das Gespräch eines liederlichen Menschen hinterbracht, er selbst aber habe einem so unzuverlässigen Gewährsmanne keinen Glauben geschenkt und gefürchtet, ausgelacht zu werden, wenn er den Zank zwischen einem lieder-

34   lichen Burschen und seinem Liebhaber zur Anzeige brächte. Da sich Dymnos nun selbst getötet, so hätte er freilich, wie geringfügig auch immer die Sache sein möchte, sie doch nicht verschweigen sollen. Dann umfaßte er den König und beschwor ihn, mehr sein bisheriges Leben als seine Schuld ins Auge zu fassen, die doch

35   nur im Verschweigen, nicht in irgendeiner Tat bestehe. Schwer läßt sich entscheiden, ob der König ihm geglaubt oder nur seinen Zorn tiefer im Herzen verschlossen habe. Er reichte ihm als Pfand seiner Versöhnung die Rechte und sagte, es scheine ihm allerdings, als habe er die Anzeige mehr zu leicht genommen als verheimlicht.

1   8. Hierauf berief er einen Rat seiner Freunde, zu dem jedoch Philotas nicht hinzugezogen wurde, und befahl, den Nikomachos

2   hereinzuführen, der ganz das Gleiche berichtet, was er dem König hatte hinterbringen lassen. Lieb wie wenige war dem König Krateros, ebendeshalb aber dem Philotas aus Eifersucht auf dessen

Ansehen feindlich gesinnt. Er wußte genau, daß dieser dem Alex- 3
ander oftmals durch zu vieles Anpreisen seiner Tüchtigkeit und
seiner Verdienste lästig geworden war und deshalb zwar nicht als
ein verbrecherischer, doch aber trotziger Mensch beargwöhnt
wurde. Da er nun keine günstigere Gelegenheit, seinen Gegner zu 4
stürzen, erwarten konnte, so sprach er, seinen Haß unter dem
Scheine der Treue gegen den König verbergend: „O daß du doch
gleich von Anbeginn über diese Angelegenheit mit uns berat-
schlagt hättest! Wir hätten dir geraten, wenn du dem Philotas 5
verzeihen wolltest, ihn lieber in Unkenntnis zu lassen, welche
große Gnade er dir verdanke, als ihn, nachdem er die Todesstrafe
hat fürchten müssen, zu zwingen, öfter an seine Gefahr als an
deine Wohltat zu denken. Denn er kann dir immer nachstellen,
du nicht immer dem Philotas verzeihen. Und es ist kein Grund 6
anzunehmen, daß einer, der so etwas gewagt hat, durch seine
Begnadigung geändert werden könne. Er weiß, daß die, die das
Maß der Nachsicht erschöpft haben, nichts weiter hoffen dürfen.
Wenn auch er selbst, sei es aus Reue oder durch deine Gnade 7
gerührt, Ruhe halten will, so weiß ich doch, daß sein Vater
Parmenion, der ein so großes Heer befehligt und durch sein
altgewohntes Ansehen bei seinen Soldaten nur wenig unter dem
Range deiner Hoheit steht, nicht mit Gleichmut ertragen wird,
daß er dir das Leben seines Sohnes schuldet. Manche Wohltaten 8
betrachtet man mit Haß im Herzen. Man schämt sich, einzugeste-
hen, den Tod verdient zu haben: dann bleibt nur übrig, daß man
lieber in dem Ruf stehen möchte, Unrecht erlitten, als das Leben
geschenkt erhalten zu haben. Du mußt wissen, daß du mit jenen
beiden um dein Leben zu kämpfen hast. Genug äußere Feinde 9
gibt es noch, zu deren Verfolgung wir ausziehen wollen; schirme
deine Brust vor denen im eigenen Lager. Beseitigst du diese, dann
fürchte ich nichts vom auswärtigen Feinde."

So sprach Krateros. Auch den übrigen war es nicht zweifelhaft, 10
daß Philotas die Anzeige von der Verschwörung nicht unterdrückt hätte, wäre er nicht selbst Urheber oder Teilnehmer derselben. Denn welcher pflichtgetreue und wohlgesinnte Mensch,
nicht einmal Freund, sondern aus der untersten Schicht des Vol-

kes, wäre nicht, nachdem er jene Mitteilung vernommen, so-
11 gleich zum König gelaufen? Parmenions Sohn aber, der Befehlshaber der Reiterei, er, dem der König alle seine geheimsten Pläne
vorzulegen pflegte, habe es nicht einmal nach Kebalinos' Beispiel
getan, der ihm, was er aus seines Bruders Munde erfahren, gemeldet hatte! Ja, er habe sogar vorgegeben, der König hätte zu einer
Unterredung mit ihm keine Zeit gehabt, damit der Anzeiger
12 keinen anderen Mittelsmann suchen solle. Nikomachos, obschon
sogar durch einen heiligen Eid gebunden, sei dennoch geeilt, sein
Gewissen zu entlasten: dem Philotas sei es, nachdem er fast den
ganzen Tag unter Spiel und Scherz hingebracht, zu viel gewesen,
die wenigen Worte, die das Leben seines Königs angingen, einer
so langen und vielleicht überflüssigen Unterhaltung einfließen zu
13 lassen. Freilich, er habe den Burschen, die ihm solche Sachen
hinterbrachten, nicht geglaubt! Warum aber habe er es zwei Tage
hinausgezogen, gleich als ob er der Anzeige Glauben schenkte?
Abweisen hätte er den Kebalinos müssen, wenn er seine Mittei-
14 lung verwarf. In eigenen Gedanken dürfe jeder Großzügigkeit
beweisen, wo aber für des Königs Leben zu fürchten sei, da müsse
man leichter glauben und auch solche zulassen, die Nichtiges
15 hinterbrächten. Alle entschieden also, daß man eine Untersuchung über ihn anstellen müsse, um ihn zu nötigen, die Teilnehmer an dem Verbrechen anzuzeigen; darauf entließ sie der König
mit der Mahnung, über ihren Beschluß Stillschweigen zu beobachten.

Dann ließ er für den nächsten Tag den Weitermarsch anord-
nen, damit nichts darauf hindeutete, daß ein neuer Beschluß ge-
16 faßt worden sei. Auch Philotas wurde zur Mahlzeit eingeladen,
die seine letzte werden sollte, und der König brachte es fertig, mit
dem, den er bereits verdammt hatte, nicht nur zu speisen, sondern
17 auch sich freundschaftlich zu unterhalten. Dann in der zweiten
Nachtwache, als die Lichter gelöscht waren, versammelten sich
im königlichen Hauptquartier von den Freunden des Königs Hephaistion, Krateros, Koinos und Erigyios, von seinen Generaladjutanten Perdikkas und Leonnatos mit einigen wenigen Begleitern. Von ihnen erhielt der Posten beim königlichen Zelte Befehl,

in vollen Waffen Wache zu halten. An allen Zugängen waren 18
bereits Reiter verteilt, mit dem Auftrag, auch die Straßen besetzt
zu halten, damit niemand heimlich zu Parmenion entkäme, der
damals über Medien und eine große Truppenmacht gebot.
Unterdes war Atharrias mit 300 Bewaffneten im Hauptquartier 19
erschienen, wo ihm noch zehn Leibwächter gegeben wurden,
deren jedem wieder zehn Bewaffnete folgten. Diese letzteren 20
verteilten sich, die übrigen Verschworenen zu verhaften, Atharrias aber mit den 300 wurde zu Philotas geschickt und erbrach den
verschlossenen Eingang seiner Wohnung, von 50 der tapfersten
Männer umgeben. Den übrigen nämlich hatte er geboten, die
Wohnung von allen Seiten zu umzingeln, damit Philotas nicht
durch einen verborgenen Ausgang entschlüpfen könne. Dieser 21
lag, mochte er sich nun so sicher fühlen oder von Ermüdung
erschöpft sein, in tiefem Schlafe, als sich Atharrias des noch
Schlaftrunkenen bemächtigte. Als er endlich seine Schläfrigkeit 22
abgeschüttelt hatte und ihm Ketten angelegt wurden, rief er aus:
„So hat denn, o König, der Haß meiner Feinde den Sieg über
deine Güte davongetragen!" und ohne daß er weiter gesprochen,
führte man ihn verhüllten Hauptes in das Hauptquartier.

Am folgenden Tage ließ der König bekanntmachen, alle Be- 23
waffneten sollten sich versammeln. Ungefähr 6000 Soldaten
waren zugegen, und außerdem füllte eine Menge von Troß- und
Packknechten das Hauptquartier. Philotas stand hinter einer 24
Schar Phalangiten verborgen, damit er nicht von der Menge
gesehen werden könnte, bis der König zu den Soldaten gesprochen hätte. Über todeswürdige Verbrechen nämlich hielt nach 25
altmakedonischer Sitte das Heer Gericht, im Frieden war es Sache
des Volkes, und der König hatte nur dann Gewalt zum Vollzuge,
wenn die von ihm vorgetragene Meinung Geltung gewonnen
hatte. Zuerst also wurde Dymnos' Leichnam herbeigebracht, 26
ohne daß die Mehrzahl wußte, was er beabsichtigt und durch
welches Ereignis er sein Leben verloren habe.

1 9. Hierauf trat der König vor die Versammlung, seine Miene
verriet schmerzliche Bewegung. Auch der traurige Ernst seiner
Freunde hatte die Erwartung der Dinge nicht wenig gesteigert.
2 Lange stand der König mit zu Boden gesenktem Blick, einem
Betäubten und Bestürzten gleich. Endlich faßte er sich und sagte:
„Beinahe, Soldaten, wäre ich euch durch verbrecherische Menschen entrissen worden: durch der Götter Vorsehung und Gnade
lebe ich. Und euer verehrungswürdiger Anblick zwingt mich,
den Mördern heftiger zu zürnen, weil es der beste, ja der einzige
Gewinn meines Lebens ist, mich soviel tapfern und um mich
hochverdienten Männern noch dankbar erweisen zu können."
3 Hier unterbrach seine Rede das Schluchzen der Soldaten, da alle
in Tränen ausbrachen. Dann fuhr er fort: „Um wieviel größeren
Kummer werde ich in euern Herzen erwecken, wenn ich euch die
Urheber eines solchen Frevels zeige, die ich mich noch zu nennen
scheue und ihre Namen verschweige, als ob sie sich noch retten
4 ließen. Allein weichen muß die Erinnerung an die alte Liebe zu
ihnen, und die Verschwörung treuloser Mitbürger muß enthüllt
werden. Wie könnte ich auch ein solches Verbrechen verschweigen! Parmenion, ein Mann in so hohem Alter[30], mir wie auch
meinem Vater durch unzählige Wohltaten verbunden, unter allen
mein ältester Freund, hat sich zum Anführer bei diesem Frevel
5 aufgeworfen. Als sein Gehilfe hat Philotas den Peukolaos, Demetrios, diesen Dymnos, dessen Leichnam ihr hier seht, und andere
gleich Wahnwitzige gegen mein Leben angestiftet.
6 Von allen Seiten aus der ganzen Versammlung tönten ihm
Laute des Unwillens und des Schmerzes entgegen, wie es bei
großen Massen, besonders Soldaten, üblich ist, wenn sie entweder
7 Teilnahme oder Zorn in Bewegung setzt. Dann wurden Nikomachos, Metron und Kebalinos vorgeführt, die ein jeder darlegten, was sie schon vorher ausgesagt hatten. Keiner von ihnen
bezeichnete Philotas als Teilnehmer an dem Verbrechen. Darum
hörte man, nachdem sich der Unwille gelegt, ihre Worte mit
8 Stillschweigen an. Hierauf begann der König: „Welche Gesinnung muß eurer Meinung nach der haben, der die ihm von dieser
Sache gemachte Anzeige unterdrückt hat? Denn daß sie nicht

grundlos war, zeigt offenbar der Tod des Dymnos. Kebalinos 9
fürchtete nicht die Folter, der nur eine unsichere Sache zur Anzeige brachte, Metron verschob es nicht einen Augenblick, sich zu
entlasten, so daß er sogar in mein Bad eindrang; Philotas allein 10
fürchtete nichts, glaubte nichts. Oh, was für ein mutiger Mann!
Er hätte sich durch die Gefahr seines Königs in Schrecken setzen
lassen sollen, hätte die Miene verändern, den Hinterbringer so
wichtiger Dinge mit Besorgnis anhören sollen! Unter diesem 11
Stillschweigen birgt sich offenbar ein Verbrecher; und seine gie-
rige Hoffnung auf Herrschaft hat ihn kopfüber zur äußersten
Untat getrieben. Sein Vater gebietet über Medien. Er selbst, bei
vielen Führern meiner Truppen durch die ihm von mir verliehene Macht von großem Einfluß, hegt Hoffnungen, die weit
über seine Möglichkeiten gehen. Selbst meine einsame Stellung, 12
daß ich keine Kinder habe, steigert seinen Übermut. Dennoch irrt
Philotas. Ihr seid meine Kinder, Eltern und Verwandte. Solange
ich euch habe, kann ich nicht verlassen sein."

Hierauf las er einen aufgefangenen Brief Parmenions an seine 13
Söhne Nikanor und Philotas vor, worin sich jedoch nicht gerade
Zeichen eines belastenden Plans fanden. Denn der Hauptinhalt 14
war dieser: „Sorgt zuerst für euch selbst, dann für die Eurigen: so
werden wir, was wir uns vorgesetzt haben, erreichen." Wozu der 15
König bemerkte, er sei so geschrieben, daß er, gelangte er an seine
Söhne, von den Eingeweihten verstanden werden, aufgefangen
aber Ahnungslose täuschen könne. „Ja, aber Dymnos hat, als er 16
die übrigen Teilnehmer des Verbrechens bezeichnete, den Philotas nicht genannt! Dies ist jedoch kein Beweis für seine Unschuld,
sondern für seinen großen Einfluß, da er selbst von denen, die ihn
verraten könnten, so gefürchtet wird, daß sie, sogar wenn sie sich
selbst bezichtigen, ihn verschweigen. Übrigens klagt den Philotas
sein eigenes Leben an. Er hat sich an Amyntas[31], der mein Vetter 17
war und mir in Makedonien nach dem Leben trachtete, als Genosse und Mitverschworener angeschlossen, er hat dem Attalos[32],
dem ärgsten meiner Feinde, seine Schwester zur Gattin gegeben.
Und als ich ihm als meinem Vertrauten und Freunde mitteilte, 18
welchen Ausspruch ich vom Orakel Jupiter Ammons erhalten,

erdreistete er sich, in seiner Antwort zu schreiben, er für seinen
Teil wünsche mir Glück, daß ich unter die Götter aufgenommen
worden sei, doch müsse er die bedauern, welche unter einem
Herrn leben müßten, der über die Grenzen der Menschheit hin-
19 ausgehe. Das sind Beweise dafür, daß er mir schon längst entfremdet ist und mir meinen Ruhm neidet. Doch habe ich dies, ihr
Soldaten, solange es ging, in mir zurückgedrängt; denn ich
glaubte, einen Teil von mir selbst abzureißen, wenn ich von
denen, auf welche ich so große Wohltaten gehäuft, geringer
20 dächte. Aber jetzt sind nicht mehr bloß Worte zu bestrafen: der
Frevel der Zunge hat sich zum Schwert verstiegen. Dies Schwert
hat, wenn ihr mir glaubt, Philotas gegen mich geschärft, wenn ihr
21 ihm selbst glaubt, nicht abgewendet. Wohin, Soldaten, soll ich
mich wenden? Wem mein Haupt anvertrauen? Über die Reiterei, den besten Teil meines Heeres, die Blüte der edelsten Jünglinge, habe ich ihn zum alleinigen Anführer gesetzt, mein Leben,
meine Hoffnung, meinen Sieg seiner Treue und seinem Schutze
22 anvertraut. Seinen Vater habe ich fast zu gleichem Range mit
mir, eurem Könige, erhoben: Medien, bei weitem die reichste
unter allen Provinzen, und so viele Tausende von Landsleuten
und Bundesgenossen seiner Gewalt und Botmäßigkeit unterstellt.
Aber wo ich Schutz gesucht hatte, daher ist mir Gefahr erstanden.
23 O wie glücklich wäre ich in der Schlacht gefallen, lieber eine
Beute des Feindes, als das Opfer eines Landsmannes! Jetzt bin ich,
aus Gefahren errettet, die ich allein fürchtete, in solche geraten,
24 die ich nie hätte fürchten dürfen. Oftmals, Soldaten, bittet ihr
mich, mein Leben zu schonen. Ihr selbst könnt mir jetzt gewähren, was ihr mir zu tun ratet. Zu eurem Arm, zu euren Waffen
flüchte ich mich: wollt ihr es nicht, so will ich nicht länger leben,
wollt ihr dies aber, so kann ich es nur, wenn ihr mich in euren
Schutz nehmt."

25   Hierauf ließ er den Philotas, mit auf den Rücken gebundenen
Händen und in einen alten Mantel gehüllt, in den Kreis führen.
Leicht konnte man bemerken, wie durch diesen kläglichen Aufzug des noch kurz zuvor nicht ohne Neid Betrachteten die Ge-
26 müter bewegt wurden. Gestern noch hatte man ihn als Führer der

Reiterei gesehen, wußte, daß er bei der königlichen Tafel gewesen sei: plötzlich erblickte man ihn nicht einmal als Angeklagten, sondern als schon Verurteilten, ja Gefesselten. Und es beschlich sie 27 auch der Gedanke an das Schicksal Parmenions, dieses großen Feldherrn und ausgezeichneten Landsmannes, der, eben erst zweier seiner Söhne, des Hektor und Nikanor, beraubt, jetzt mit dem ihm in seinem Unglück allein übriggebliebenen abwesend unter gleicher Anklage stand. Daher brachte Amyntas[33], einer der 28 königlichen Generale, die zum Mitleid geneigte Versammlung wieder durch eine heftige Rede gegen Philotas auf: man sei an die Barbaren verraten worden; niemand würde zu seiner Frau, zu seinen Eltern und in die Heimat zurückkehren; wie ein verstümmelter Leichnam ohne Haupt, Leben und Namen wäre man in fremdem Lande ein Spott der Feinde geworden. Doch war diese 29 Rede des Amyntas, dem König keineswegs so angenehm, wie jener gehofft hatte, weil er fürchtete, sie könnten durch die Erinnerung an ihre Frauen und Heimat weniger willig zur Verrichtung ihrer ferneren Dienste geworden sein.

Hierauf fuhr Koinos, obwohl er mit Philotas' Schwester ver- 30 mählt war, heftiger als irgendein anderer gegen diesen los, schrie, er sei ein Mörder an König, Heimat und Heer, und ergriff einen 31 Stein, der ihm gerade vor den Füßen lag, um ihn auf Philotas zu schleudern, wie die meisten glaubten, in der Absicht, ihn der Folter zu entziehen. Aber der König hielt seine Hand zurück und sagte, dem Angeklagten müsse zuvor Gelegenheit gegeben werden, sich zu verteidigen und anders werde er ihn nicht verurteilen lassen. Als nun Philotas zu sprechen beginnen wollte, vermochte 32 er, sei es durch das Schuldbewußtsein oder die Größe der Gefahr seiner Besinnung beraubt und betäubt, weder die Augen aufzuschlagen noch einen Laut hervorzubringen. Dann brach er in 33 Tränen aus und sank ohnmächtig auf den, der ihn bewachte, und erst allmählich, nachdem man ihm mit seinem Mantel die Augen getrocknet, gewann er Atem und Stimme wieder und schien sprechen zu wollen. Da sagte der König, den Blick auf ihn richtend: „Makedonen sind deine Richter. Ich frage dich, ob du in 34 der heimischen Sprache vor ihnen sprechen willst." Philotas ent- 35

gegnete: „Außer den Makedonen sind sehr viele zugegen, die, wie ich glaube, leichter meine Worte verstehen werden, wenn ich mich derselben Sprache bediene, die du eben gesprochen hast, wohl aus keinem anderen Grunde, als daß deine Rede von mög-
36 lichst vielen verstanden werden soll." Hierauf der König: „Seht ihr wohl, wie dem Philotas sogar unsere Sprache zuwider ist? Denn er allein verschmäht es, sich in ihr auszudrücken. Doch mag er immerhin reden, wie es ihm beliebt, seid ihr nur auch einge-denk, daß er ebenso unsern Sitten wie unsrer Sprache entfremdet ist." Und damit verließ er die Versammlung.

1 10. Hierauf begann Philotas: „Worte zu finden ist für den Un-schuldigen leicht, in seinen Worten Maß zu halten für den Un-
2 glücklichen schwer. So zwischen ein reines Gewissen und ein grausames Geschick verlassen gestellt, weiß ich nicht, wie ich zugleich meinen Gefühlen und der kurz bemessenen Zeit gerecht
3 werden soll. Nicht zugegen ist zwar, der in meiner Sache am besten richten kann, und wahrlich, keinen Grund kann ich mir ausdenken, warum er mich nicht selbst hat anhören wollen. Steht es ihm doch nach Anhörung der beiderseitigen Gründe frei, mich zu verdammen oder loszusprechen; hört er mich aber nicht an, so kann ich von dem Abwesenden nicht freigesprochen werden,
4 nachdem er mich hier in eigner Person verurteilt hat. Wenn auch die Verteidigung eines gefesselten Mannes nicht allein überflüssig, sondern auch verhaßt ist, da er den Richter weniger zu belehren als anzuklagen scheint, so will ich doch, unter welchen Umstän-den mir auch immer zu reden gestattet ist, mich nicht selbst aufgeben oder zulassen, daß ich auch durch meine eigene Stimme
5 verurteilt erscheine. In der Tat sehe ich nicht, welcher Schuld man mich anklagt. Niemand nennt mich unter den Verschworenen, von mir hat Nikomachos nichts gesagt, und Kebalinos konnte
6 nicht mehr wissen, als er gehört. Nun glaubt aber der König, ich sei das Haupt der Verschwörung gewesen! War es also wohl möglich, daß Dymnos den überging, dessen Plan er folgte? Zumal da ich auf die Frage nach den Teilnehmern selbst fälschlich hätte von ihm genannt werden müssen, um dadurch den, wel-

chen er zu gewinnen suchte, desto eher zu bewegen. Denn nicht 7
nach Aufdeckung des Verbrechens hat er meinen Namen übergangen, so daß es scheinen könnte, er habe den Genossen schonen
wollen: nein, bei seinem Bekenntnis vor Nikomachos, von dem
er annahm, er werde das Geheimnis bewahren, verschwieg er, als
er die übrigen nannte, mich allein. Nun frage ich euch, Kamera- 8
den, wäre Kebalinos nicht zu mir gekommen, hätte er mich nicht
über die Verschwörung unterrichten wollen, müßte ich, dessen
Namen niemand genannt hat, mich dann heute hier verteidigen?
Dymnos allerdings – wenn er doch noch lebte! – würde mich 9
vielleicht schonen wollen: wie aber die übrigen? Werden die
wohl ihre eigene Schuld eingestehen und mich verschweigen?
Das Unglück ist bösartig, und meist findet der Schuldige; wenn
er sich unter der eigenen Strafe krümmt, einen Trost in der Qual
des andern. So viele Mitwisser sollen unter der Folter nicht die 10
Wahrheit gestehen? Aber niemand schont ja den, der doch sterben muß, und niemanden, meine ich auch, schont der, welcher
sterben soll.

Ich komme nun zu der einzigen stichhaltigen Anschuldigung: 11
Warum hast du das dir Hinterbrachte verschwiegen? Warum es
so sorglos angehört? Dieses Vergehen, wie groß es immer sein
mag, hast du, Alexander, wo du auch sein magst, mir auf mein
Eingeständnis verziehen. Ich habe deine Rechte umfaßt als Pfand
deines versöhnten Herzens und bin sogar als Gast bei deinem
Mahle gewesen. Wenn du mir Glauben geschenkt hast, bin ich 12
dadurch freigesprochen, wenn du mich geschont hast, wenigstens
von der Untersuchung entbunden: halte nun auch deinen Rich-
terspruch aufrecht. Was hab' ich in dieser letzten Nacht, wo ich
von deinem Tische heimgekehrt bin, denn getan? Welches neue
Verbrechen ist dir gemeldet worden und hat deinen Sinn geändert? In tiefem Schlummer ruhte ich, als mich, der ich in mein 13
Unglück hineinschlief, meine Feinde durch die Fesseln, in die sie
mich schlugen, aufweckten. Woher bei einem Mörder und Verräter die Ruhe eines so tiefen Schlafes? Bösewichter können vor den 14
Vorwürfen ihres Gewissens nicht schlafen; die Rachegöttinnen
verfolgen sie ebensowohl nach ersonnenem als nach vollbrachtem

Morde. Mir dagegen hatte erstens meine Unschuld, sodann deine mir gereichte Rechte Sicherheit gegeben. Ich habe nicht gefürchtet, daß fremde Grausamkeit mehr Einfluß auf dich hätte als deine

15 eigene Milde. Doch damit es dich nicht reue, mir geglaubt zu haben: die Sache wurde mir von einem Burschen hinterbracht, der keinen Zeugen, kein Pfand für seine Anzeige vorbringen konnte, aber alle mit Schrecken erfüllen mußte, wenn man ihm

16 einmal Gehör schenkte. Ich Unseliger meinte, man ziehe mich in den Zank eines Liebhabers und seines Buhlen hinein, und zweifelte an seiner Glaubwürdigkeit, weil er nicht selbst die Anzeige

17 machte, sondern vielmehr seinen Bruder dazu anstellte. Ich fürchtete, er könnte abstreiten, den Kebalinos beauftragt zu haben, und ich dann in den Ruf kommen, viele Freunde des Königs in Gefahr

18 gestürzt zu haben. Auch so, wo ich niemand geschadet habe, fanden sich welche, die eher meinen Untergang wünschten als meine Rettung. Wieviel Anfeindungen, glaubt ihr wohl, hätte

19 ich mir zugezogen, wenn ich Unschuldige angegriffen hätte? Ja, aber Dymnos hat sich doch getötet! Konnte ich denn aber ahnen, daß er dies tun würde? Gewiß nicht. Somit konnte das, was allein der Anzeige Glauben verschafft hat, damals, als ich von Kebalinos angegangen wurde, kein Beweggrund für mich sein.

20   Ferner, wenn ich mit Dymnos in das schwere Verbrechen eingeweiht gewesen wäre, hätte ich doch wahrlich nicht während jener zwei Tage verheimlichen dürfen, daß wir verraten sind. Kebalinos selbst konnte, und zwar ohne große Mühe, aus dem

21 Wege geräumt werden. Endlich bin ich, nachdem die Anzeige hinterbracht war, die ich verheimlichen wollte, allein in das Gemach des Königs eingetreten, und zwar mit dem Schwerte umgürtet. Warum verschob ich die Tat? Oder hätte ich sie ohne

22 Dymnos nicht gewagt? Dann war also jener das Haupt der Verschwörung! Unter dessen Fittichen barg ich mich, Philotas, der ich nach der Herrschaft über die Makedonen strebe! Wen von euch habe ich denn durch Geschenke bestochen? Welchem Füh-

23 rer, welchem Befehlshaber heftiger geschmeichelt? Mir wirft man vor, ich verschmähe die Gemeinschaft unserer Muttersprache, verachte die makedonischen Sitten. So also trachte ich nach

einem Reiche, das ich verschmähe? Schon längst ist jene Sprache
unseres Geburtslandes durch den Verkehr mit anderen Völkern
außer Gebrauch gekommen; sowohl Sieger als Besiegte müssen
eine fremde Sprache lernen. Das trifft mich wahrhaftig ebenso-   24
wenig wie der Vorwurf, daß Amyntas, Perdikkas' Sohn, dem
Könige nachgestellt hat. Dafür, daß ich mit diesem in freund-
schaftlichem Verhältnisse gestanden habe, mich zu rechtfertigen,
weigere ich mich nicht; mußten wir den nächsten Vetter des
Königs nicht lieben? War es nun aber sogar unsere Pflicht, ihm,   25
der auf eine so hohe Rangstufe gestellt war, Verehrung zu zollen:
bin ich dann, frage ich, schuldig, weil ich kein Prophet war, oder
müssen auch die unschuldigen Freunde pflichtvergessener Männer sterben? Wäre dies dem Rechte gemäß, warum ließ man
mich so lange leben? Ist es aber ungerecht, warum werde ich jetzt
schließlich getötet? – Ja, aber ich habe geschrieben, mich dauerten   26
die, welche unter der Herrschaft dessen leben müßten, der sich für
einen Sohn Jupiters halte. Treue Freundschaft, gefährliche Freimütigkeit eines ehrlichen Ratgebers, ihr habt mich betrogen!
Habt mich angetrieben, das, was ich dachte, nicht zu verschweigen! Ja, daß ich dies *an* den König geschrieben, bekenne ich, doch   27
nicht *über* den König habe ich es geschrieben. Denn nicht Haß
gegen ihn wollte ich erwecken, sondern war nur um ihn besorgt.
Würdiger schien es mir eines Alexander, sich im stillen seiner
Abstammung von Jupiter bewußt zu sein, als sich deren laut zu
rühmen. Aber weil die Zuverlässigkeit des Orakels unzweifelhaft   28
ist, so mag die Gottheit mein Zeuge in diesem Prozeß sein. Haltet
mich in Fesseln, bis Ammon befragt wird, ob ich das geheime
und verborgene Verbrechen geplant habe. Er, der unsern König
gewürdigt hat, sein Sohn zu sein, wird keinen von denen verborgen lassen, die seinem Abkömmling nachgestellt haben. Haltet   29
ihr aber die Folter für sicherer als das Orakel, so weigere ich mich
auch nicht, diesen Wahrheitsbeweis anzutreten.

Es pflegen die auf den Tod Angeklagten euch ihre Angehöri-   30
gen vorzuführen. Zwei Brüder habe ich kürzlich verloren, auf
meinen Vater kann ich weder hinweisen, noch es wagen, mich auf
ihn zu berufen, da er selbst auch unter dieser schweren Anklage

31 steht. Nicht genug ja, daß er, eben noch Vater so vieler Kinder, jetzt aber auf den einzigen Sohn beschränkt, auch dessen beraubt werden soll, nein, er selbst soll mit mir auf einem Scheiterhaufen

32 sterben. Teuerster Vater, meinetwegen und mit mir wirst du sterben! Ich bin es, der dir das Leben raubt, dich alten Mann tötet. Warum hast du mich Unseligen unter dem Zorne der Götter gezeugt? Etwa, um diese Früchte von mir zu gewinnen, die dich

33 jetzt erwarten? Ich weiß nicht, ist meine Jugend beklagenswerter oder dein Alter? Ich werde in den besten Jahren dahingerafft, du wirst dein Leben, das dir, wenn das Schicksal warten wollte, die

34 Natur abgefordert hätte, unter Henkershand aushauchen. Die Erwähnung meines Vaters erinnert mich, wie vorsichtig und zögernd nur ich das mir von Kebalinos Hinterbrachte hätte anzeigen dürfen. Wollte doch Parmenio, als er gehört, der Arzt Philipp bedrohe den König mit Gift, diesen durch einen Brief abhalten, das Mittel zu trinken, das der Arzt ihm geben wollte. Hat man nun meinem Vater geglaubt? Hat sein Brief irgendwelche Beach-

35 tung gefunden? Ich selbst, so oft ich etwas hinterbracht habe, was ich gehört, bin mit dem Spott über meine Leichtgläubigkeit abgewiesen worden. Wenn man sowohl, wo man anzeigt, unbequem, als wo man schweigt, verdächtig ist, was soll man dann

36 tun?" Und als hier einer aus dem umstehenden Haufen ausrief: „Seinen Wohltätern nicht nachstellen!" entgegnete Philotas:

37 „Ganz recht bemerkt, wer du auch sein magst. Also, habe ich wirklich nachgestellt, so verweigere ich mich der Strafe nicht und schließe hier meine Rede, weil meine letzten Worte für euch zu schwer anzuhören sind." Hierauf wurde er von seinen Wächtern abgeführt.

1 11. Es war unter den Führern ein gewisser Bolon, dem Zivilleben und feinerer Sitte fremd, ein alter Soldat, der aus niederem

2 Stande sich zu seinem jetzigen Rang emporgearbeitet hatte; dieser hob, als die übrigen schwiegen, in dummdreister und roher Weise an, sie zu erinnern, wie oft jeder von ihnen aus seinem bereits besetzten Quartier verjagt worden sei, damit Philotas den Auswurf seiner Sklaven dort unterbringen könnte, von wo er

seine Kameraden vertrieben. Seine mit Gold und Silber bepack- 3
ten Wagen hätten ganze Straßen weit gestanden, und nicht einmal in der Nähe seines Quartiers sei einer von den Kameraden
aufgenommen worden; vielmehr seien sie alle durch Leute, die er
als Wächter über seine Nachtruhe aufgestellt, weit weg gewiesen
worden, damit nicht dieses Weib, man möchte eher sagen durch
das Schweigen als das Geräusch ihres Geflüsters gestört würde.
Leute bäuerlicher Abkunft hätten ihm zum Gespött gedient, und 4
er habe sie Phryger und Paphlagonier[34] genannt, ja er sei nicht
errötet, obwohl Makedonier von Geburt, Menschen, die seine
Muttersprache redeten, mittels eines Dolmetschers anzuhören.
Warum wolle er eigentlich, daß man jetzt noch den Ammon 5
befrage? Habe er ja doch den Jupiter, als dieser Alexander als
seinen Sohn anerkannte, der Lüge geziehen, wahrscheinlich aus
Besorgnis, es möchte dieser Gnadenbeweis der Götter Anstoß
erregen. Als er dem Leben seines Königs und Freundes nachge- 6
stellt, habe er den Jupiter nicht gefragt; jetzt schicke er ans Orakel,
bis daß sein Vater die, über die er in Medien gebiete, aufwiegele
und mit dem seiner Bewachung anvertrauten Gelde verruchte
Menschen zur Teilnahme an dem Verbrechen verlocke. Sie selbst 7
wollten zum Orakel schicken, nicht um den Jupiter das zu fragen,
was sie schon vom Könige gehört hätten, sondern um ihm Dank
zu sagen und ihre Gelübde für die Rettung des besten Königs zu
erfüllen. Da vollends geriet die ganze Versammlung in Wut, und 8
alle, voran die königlichen Leibwächter, schrien sie, sie wollten
den Königsmörder mit ihren Händen zerreißen. Das nun hörte
Philotas, der schrecklichere Martern fürchtete, mit ziemlichem
Gleichmut.

Als der König in die Versammlung zurückgekehrt war, ver- 9
tagte er sie auf den folgenden Tag, sei es, um ihn noch im Gefängnis foltern zu lassen oder um alles genauer zu erfahren, und
obwohl es bereits zu dunkeln begann, ließ er dennoch die Freunde
zusammenrufen. Ein Teil stimmte nun dafür, Philotas nach ma- 10
kedonischer Sitte zu steinigen, Hephaistion aber und Krateros
und Koinos meinten, man müsse ihm die Wahrheit durch die
Folter auspressen, worauf sich auch diejenigen, die anders ge-

11 stimmt hatten, an deren Meinung anschlossen. Nach Beendigung
der Beratung also erhoben sich Hephaistion, Krateros und Koi-
12 nos, um das Verhör mit Philotas anzustellen. Der König rief noch
den Krateros zu sich und hatte mit ihm eine Unterredung, deren
Inhalt nicht bekannt geworden ist; dann zog er sich in die innern
Gemächer seiner Wohnung zurück und erwartete nach Entfernung aller Zeugen bis tief in die Nacht den Ausgang des Verhörs.
13 Als die Folterknechte vor Philotas' Augen alle ihre Marterwerk-
14 zeuge ausbreiteten, rief er von freien Stücken: „Was zaudert ihr,
den eingestandenen Feind und Mörder des Königs zu töten? Was
bedarf es der peinlichen Frage? Ich habe es beabsichtigt, gewollt."
Krateros verlangte, er solle, was er jetzt bekenne, auch auf der
15 Folter aussagen. Während man ihn ergreift, ihm die Augen verbindet, die Kleider auszieht, ruft er vergeblich die heimischen
Gottheiten und das Völkerrecht an – vergeblich, er spricht zu
tauben Ohren. Dann wurde er, war er doch einmal verdammt
und waren es seine Feinde, die ihn dem Könige zu Gefallen
16 folterten, durch die äußersten Martern gepeinigt. Und zuerst
hatte er nicht nur seine Worte, sondern auch seine Seufzer in der
Gewalt, obwohl bald Feuer, bald Schläge, nicht mehr der Untersuchung halber, sondern als Strafe gegen ihn angewendet wur-
17 den; wie jedoch der von Beulen schwellende Leib die auf die
bloßen Knochen geführten Peitschenhiebe nicht mehr ertragen
konnte, versprach er, wenn sie mit Foltern aufhörten, so wollte er
18 sagen, was sie zu wissen verlangten. Doch forderte er, sie sollten
ihm beim Leben Alexanders schwören, daß dann das Verhör zu
Ende sei, und die Folterknechte entfernen. Nachdem er beides
erlangt, sagte er: „Nun, Krateros, sage, was du willst, daß ich
19 aussagen soll." Wie aber dieser voll Zorn, daß er ihn zum besten
habe, die Folterknechte wieder hereinrief, begann Philotas um
Zeit zu bitten, bis er wieder zu Atem gekommen sei, er wolle
alles, was er wisse, mitteilen.
20   Auf das Gerücht von Philotas Folterung verbreitete sich unter
den Vornehmsten der Reiterei und vor allem denen, die mit
Parmenion nahe verwandt waren, große Furcht, weil ein Gesetz
der Makedonen bestimmte, daß die Verwandten der Leute, die

dem Könige nachgestellt hätten, zugleich mit diesen getötet würden. Einige töteten sich daher selbst, andere flohen in die unwegsamen Gebirge und wüsten Einöden, und gewaltiger Schrecken
herrschte im ganzen Lager, bis der König, von der Verwirrung in
Kenntnis gesetzt, bekannt machen ließ, daß er für die Unschuldigen das Gesetz über die Bestrafung der Verwandten außer Kraft
setze.

Ob sich Philotas durch ein wahres oder falsches Geständnis von   21
den Martern hat befreien wollen, bleibt eine ungewisse Vermutung, weil dem Gefolterten Beendigung des Schmerzes in Aussicht gestellt wird, ob er nun Wahres oder Falsches aussagt. Seine   22
Aussage war übrigens folgende: „Ihr wißt wohl, wie eng befreundet mein Vater mit Hegelochos war: ich meine den Hegelochos[35], der in der Schlacht gefallen ist. Er ist für uns die Ursache
allen Unglückes geworden. Wie nämlich der König gebot, ihn als   23
Sohn Jupiters zu begrüßen, rief er voll Unwillen darüber: „Den
sollen wir also als König anerkennen, der den Philipp als Vater
verschmäht? Geschehen ist es um uns, wenn wir das zu ertragen
vermögen. Nicht nur die Menschen, sondern auch die Götter   24
verachtet, wer für einen Gott gehalten zu werden verlangt. Verloren ist uns Alexander, verloren unser König, und wir sind
einem Stolze anheimgefallen, den weder die Götter, denen er sich
gleichstellt, noch die Menschen, über die er sich erhebt, ertragen
können. Haben wir uns mit unserem Blut einen Gott geschaffen,   25
der uns verachtet? Dem es lästig ist, sich in den Kreis der Sterblichen zu mischen? Glaubt mir, auch wir, wenn wir nur Männer
sind, werden von den Göttern zu Söhnen angenommen. Wer hat   26
den Mord von seinem Ahnherrn Alexander[36], wer dann den des
Archela[37], und des Perdikkas[38] gerächt? Und den Mördern seines
Vaters hat er selbst verziehen[39]." Diese Reden führte Hegelochos   27
bei Tisch. Am folgenden Tage rief mich gleich früh mein Vater zu
sich. Er war düster und fand auch mich niedergeschlagen, denn
wir hatten etwas gehört, was uns beunruhigen mußte. Um also   28
zu erfahren, ob Hegelochos jene Worte vom Weine trunken
ausgestoßen oder infolge eines in tiefer Seele gefaßten Entschlusses, hielten wir es für das beste, ihn holen zu lassen. Er kam, und

nachdem er dieselben Reden freiwillig wiederholt hatte, fügte er hinzu, wenn wir es wagten, uns an die Spitze zu stellen, so wolle er für sich die nächste Rolle nach uns beanspruchen, fehle es uns

29 aber an Mut, Stillschweigen über den Plan bewahren. Solange Dareios noch lebe, schien dem Parmenion die Sache unzeitgemäß, denn nicht sich, sondern dem Feinde zum Nutzen würde man Alexander töten. Wäre aber Dareios beseitigt, so werde als Lohn für die Ermordung des Königs Asien und der ganze Orient seinen Mördern zufallen. Dieser Plan wurde gebilligt, und wir

30 gaben uns gegenseitig das Wort darauf. Was Dymnos anlangt, so weiß ich nichts, obwohl ich nach diesem meinem Bekenntnis einsehe, daß es mir nichts nützt, bei diesem neuesten Verbrechen

31 unbeteiligt zu sein." Da jedoch jene aufs neue die Folter anwandten und ihm sogar mit ihren Spießen Antlitz und Augen zerschlugen, preßten sie ihm das Geständnis auch dieses Verbrechens aus.

32 Auf ihre Forderung, ihnen der Reihe nach den Plan des Verbrechens darzulegen, erwiderte er: da es den Anschein gehabt, daß der König lange in Baktra verweilen werde, so habe er gefürchtet, sein Vater, der ein so großes Heer befehlige und so große Schätze hüte, aber schon siebzig Jahre alt sei, könnte inzwischen sterben, und für ihn selbst, wenn er sich so bedeutender Mittel beraubt sähe, hätte es dann keine Veranlassung mehr gegeben, den König

33 zu töten. Darum habe er sich beeilt, den Plan auszuführen, solange er den Lohn dafür noch in Aussicht habe, sein Vater aber sei dabei unbeteiligt gewesen. Wenn sie ihm das nicht glaubten, so verweigere er sich nicht neuer Foltern, obwohl er sie bereits nicht mehr ertragen könne. Als sich jene hierauf verständigt hatten, daß er genug verhört scheine, kehrten sie zum Könige zurück.

34   Dieser ließ am folgenden Tage das Bekenntnis des Philotas vorlesen und ihn selbst, weil er nicht gehen konnte, herbeitragen.

35 Da er alles bestätigte, wurde Demetrios, der der Teilnahme an dem neuesten Verbrechen beschuldigt war, vorgeführt. Mit vielen Beteuerungen und unerschrockenen Mutes und Antlitzes leugnete dieser, irgendetwas gegen den König beabsichtigt zu haben, und forderte sogar, daß man die Folter gegen ihn an-

36 wende. Da sah Philotas sich um und erblickte einen gewissen

Kalis, der nicht fern von ihm stand. Er hieß ihn näherzukommen, und als dieser voll Bestürzung sich weigerte, zu ihm hinzugehen, rief er: „Willst du zulassen, daß Demetrios lügt und ich wieder gemartert werde?" Kalis verstummte und erblaßte, und die Makedonen argwöhnten, Philotas wolle Unschuldige in Verdacht bringen, weil der junge Mann weder von Nikomachos noch von Philotas selbst bei der Folterung genannt worden war. Als aber dieser die königlichen Feldherrn um sich sah, bekannte er, Demetrios und er selbst hätten die Tat geplant. Es wurden also alle, die Nikomachos genannt hatte, nach makedonischer Sitte auf ein Zeichen hin zu Tode gesteinigt. So sah sich Alexander von großer Gefahr befreit: um von der Lebensgefahr zu schweigen, besonders auch von der, sich verhaßt zu machen; denn Parmenion und Philotas, die vornehmsten seiner Freunde, hätten, wenn ihre Schuld nicht offenbar gewesen wäre, nicht ohne große Aufregung des ganzen Heeres verurteilt werden können. Die Folterung wurde als verschieden beurteilt: solange Philotas die Tat leugnete, erschien seine Folterung als Grausamkeit; nach seinem Bekenntnis galt er nicht einmal seinen Freunden mehr für bemitleidenswert.

SIEBTES BUCH

1. Wie die Hinrichtung des Philotas den Soldaten als gerecht 1
erschienen war, solange die Spuren seines Verbrechens noch frisch
vor ihren Augen standen, so verwandelte sich, nachdem der Ver-
haßte nicht mehr am Leben war, ihr Unwille in Mitleid. Sowohl 2
der herrliche Ruhm des jungen Mannes, als das hohe Alter und
die Kinderlosigkeit seines Vaters machten ihren Eindruck auf sie.
Als erster hatte dieser dem Könige Asien eröffnet[1], an allen seinen 3
Gefahren teilgenommen, stets in der Schlacht den andern Flügel
befehligt[2] und war auch vor allem dem Philippus befreundet
gewesen, dem Alexander selbst aber so treu, daß dieser bei der
Ermordung des Attalus sich keines anderen Mannes lieber bedienen wollte.[3] An alles dieses wurde die Erinnerung im Heere 4
lebendig, und man hinterbrachte dem Könige aufrührerische
Reden. Doch kümmerten ihn diese nicht; er wußte nämlich
genau, wie die Fehler des Müßiganges durch Beschäftigung
gehoben werden, und ließ daher bekanntmachen, daß alle am
Eingange des Hauptquartiers erscheinen sollten. Sobald er sah, 5
daß sie zahlreich gekommen waren, erschien er vor der Versammlung. Hier trat Atharrias, ohne Zweifel auf Verabredung,
mit der Forderung auf, daß der Lynkeste Alexander[4], der lange
vor Philotas den König habe töten wollen, vorgeführt werde.
Dieser war nämlich, wie oben bemerkt[5], von zwei Angebern 6
angezeigt worden und wurde nun schon das dritte Jahr in Gefangenschaft gehalten. Auch war so gut wie gewiß, daß er mit
Pausanias[6] zur Ermordung Philipps verschworen gewesen sei;
aber weil er zuerst Alexander als König begrüßt hatte, war er
zwar nicht von der Anklage, aber von der Strafe entbunden

7 worden. Damals vermochten die Bitten seines Schwiegervaters Antipater den gerechten Zorn des Königs hinzuhalten; jetzt jedoch brach der im Innern weiterfressende Groll aufs neue hervor, indem die Sorge wegen der gegenwärtigen Gefahr das Andenken
8 an die frühere erneuerte. Alexander wurde also aus dem Gefängnis herausgeführt. Doch als man ihm zu sprechen befahl, brachte er, obwohl er ganze drei Jahre über seine Verteidigung nachgesonnen hatte, dennoch unter Stocken und Zagen nur weniges von dem, was er sich zurechtgelegt hatte, hervor. Zuletzt verließ ihn
9 nicht nur das Gedächtnis, sondern auch die Besinnung. Niemand zweifelte, daß seine Verwirrung ein Zeichen bösen Gewissens, nicht Schwäche des Gedächtnisses sei, und so wurde er, während er noch Anstrengungen machte, sich zu besinnen, von den Nächststehenden mit Lanzen durchbohrt.

10 Als man seinen Leichnam fortgetragen hatte, hieß der König den Amyntas und Simmias hereinführen, denn der jüngste der Brüder, Polemon, war, als er erfahren, daß man Philotas foltere,
11 entflohen. Sie waren dem Philotas unter allen seinen Freunden die teuersten gewesen, durch seine Begünstigung hauptsächlich zu bedeutenden und ehrenvollen Posten erhoben worden, und der König, eingedenk, wie nachdrücklich sie ihm jener empfohlen habe, zweifelte nicht, daß sie auch bei diesem seinem Plane beteiligt
12 gewesen seien. Schon längst, sagte er also, seien sie ihm infolge eines Briefs seiner Mutter verdächtig gewesen, worin sie ihn ermahnt, sich vor ihnen zu hüten. Eigentlich nicht geneigt, von jemand das Schlechtere zu glauben, sei er dennoch jetzt durch offenbare Anzeichen bewogen worden, den Befehl zu ihrer Verhaftung
13 haftung zu geben. Es unterliege nämlich keinem Zweifel, daß sie tags zuvor, ehe Philotas' Verbrechen entdeckt wurde, heimlich mit diesem zusammengewesen seien. Ihr Bruder, der, als man über Philotas Verhör hielt, entflohen sei, habe deutlich verraten,
14 warum er dies getan. Kürzlich hätten sie sich gegen die Gewohnheit unter dem Vorwande des Dienstes, während die übrigen weiter entfernt waren, an seine Seite gedrängt, ohne jeden ersichtlichen Grund, so daß er voll Verwunderung, daß sie nicht in der bestimmten Reihe diesen ihren Dienst täten, sowie auch schon

durch ihre Hast erschreckt, eiligst zu den zunächst folgenden
Bewaffneten zurückgegangen sei. Dazu komme ein weiterer 15
Vorfall: als Antiphanes, der Zahlmeister der Reiterei, tags zuvor,
ehe das Verbrechen des Philotas entdeckt worden sei, den Amyntas aufgefordert habe, daß er wie üblich von seinen Pferden an
diejenigen, die ihre Pferde verloren, abgeben solle, so habe dieser
die hochmütige Antwort erteilt, wenn er nicht von seiner Forderung abließe, so solle er bald sehen, mit wem er es zu tun habe.
Endlich seien die heftigen Reden und unbesonnenen Worte, die 16
sie über ihn, den König, auszustoßen pflegten, nichts anderes als
ein Zeugnis und Beweis einer verbrecherischen Gesinnung. Sei
dies nun wahr, was er gesagt, so hätten sie dasselbe verdient wie
Philotas, sei es falsch, so fordere er sie auf, ihn zu widerlegen.
Dann wurde Antiphanes vorgeführt und machte seine Aussage 17
über die Verweigerung der Rosse und die dabei geführten hochmütigen und drohenden Reden.

Als hierauf dem Amyntas Erlaubnis zum Sprechen erteilt wor- 18
den war, sagte er: „Wenn es dem Könige nichts ausmacht, so bitte
ich darum, solange ich spreche, von den Fesseln befreit zu werden." Der König hieß beiden die Fesseln abnehmen, und als
Amyntas den Wunsch aussprach, auch wieder mit der Waffe eines
Leibwächters erscheinen zu dürfen, befahl er, ihm auch die Lanze
zu geben. Diese ergriff er mit der Linken, und die Stelle, wo kurz 19
zuvor der Leichnam Alexanders gelegen hatte, mit den Augen
vermeidend, sprach er: „Welcher Ausgang uns auch immer bevorstehen mag, o König, so bekennen wir, daß wir einen glücklichen dir verdanken, bei einem unglücklichen aber die Schuld
dem Schicksal geben wollen. Ohne daß ein Urteil schon feststeht, 20
dürfen wir uns verteidigen, frei an Körper und Geist. Selbst die
Waffen, in denen wir dich gewöhnlich begleiteten, hast du uns
zurückgegeben. Die Anklage kann uns nicht schrecken, das
Schicksal wollen wir nicht weiter fürchten. Und zuerst bitte ich 21
dich, mir zu erlauben, das zurückzuweisen, was du uns zuletzt
vorgeworfen hast. Wir sind uns, o König, keiner gegen deine
Majestät gerichteten Reden bewußt. Ich würde sagen, du seiest
schon längst über gehässige Zungen erhaben, wenn ich nicht

fürchten müßte, du könntest glauben, ich wollte andere böswillige Äußerungen durch eine Schmeichelei wiedergutmachen.

22 Sollte aber auch von einem deiner Soldaten, wenn er auf dem Marsche ermattet und erschöpft war oder in der Schlacht sein Leben wagte oder krank und verwundet in seinem Zelte lag, irgendein heftigeres Wort vernommen worden sein, so hätten wir doch durch unsere tapferen Taten verdient, daß du dies eher

23 unserer Lage als unserer Gesinnung zurechnetest. Trifft uns etwas Widerwärtiges, so klagen wir jedermann an, kehren die feindliche Hand gegen den eigenen Leib, der uns doch sonst nicht gerade verhaßt ist; die Eltern selbst, wenn sie ihren Kindern begegnen, sind dann unwillkommen und scheel angesehen. Ehrt man uns dagegen mit Geschenken, kehren wir mit Beute beladen heim, wer vermag dann mit uns auszukommen? Wer unsere

24 Ausgelassenheit im Zaume zu halten? Bei Kriegern ist weder Freude noch Unwille maßvoll. Leidenschaftlich lassen wir uns zu allen Empfindungen fortreißen. Wir tadeln, loben, bemitleiden, zürnen, wie es die augenblickliche Stimmung gerade eingibt. Bald haben wir Lust, bis Indien und zum Ozean zu ziehen, bald kommt uns wieder die Erinnerung an Weib und Kind und Hei-

25 mat. Aber solche Gedanken, solche Äußerungen müßiger Unterhaltung beendet das Trompetensignal: jeder rennt in Reih' und Glied, und was sich im Zelte an Zorn angesammelt hat, das ergießt sich über die Häupter der Feinde. O daß doch auch Philotas nur in Worten gefehlt hätte! Ich wende mich deshalb dem zu, dessen wir angeklagt sind.

26 Unsere Freundschaft mit Philotas leugne ich gar nicht, ich bekenne sogar, wir haben sie gesucht und großen Vorteil von ihr

27 gehabt. Oder wunderst du dich etwa, wenn der Sohn des dir durch eigene Wahl so nahe stehenden Parmenion, den du höher schätztest als fast alle deine anderen Freunde, von uns geehrt

28 wurde? Bei Gott, König, du selbst, wenn du die Wahrheit hören willst, bist für uns die Ursache dieser Anklage. Denn wer anders hat veranlaßt, daß sich alle, die dir zu gefallen wünschten, zu Philotas drängten? Von ihm empfohlen, sind wir zu dieser Stufe deines Vertrauens emporgestiegen. Soviel galt er bei dir, daß wir

wohl nach seiner Gunst streben und seinen Zorn fürchten konnten. Oder haben wir, alle die Deinigen, nicht förmlich auf die uns   29
von dir vorgesprochene Eidesformel geschworen, wir wollten die
gleichen Feinde und Freunde haben, die du hättest? Und durch
diesen Eid treuer Anhänglichkeit gebunden, sollten wir wohl den
verabscheuen, den du allen übrigen vorzogst? Nun, wenn das ein   30
Vorwurf ist, dann hast du wenig Unschuldige: nein, wahrlich,
keinen einzigen! Denn alle wollten Freunde des Philotas sein, nur
konnten es nicht so viele sein, wie es wollte. Machst du also
keinen Unterschied zwischen seinen Mitverschworenen und seinen Freunden, so darfst du auch keinen machen zwischen seinen
Freunden und denen, die es gerne sein wollten. Welchen Beweis   31
für unsere Mitwisserschaft führt man nun an? Ich glaube, weil er
tags zuvor freundschaftlich und ohne Zeugen mit uns gesprochen
hat! In der Tat könnte ich es nicht rechtfertigen, wenn ich tags
zuvor in irgend etwas von unserer früheren Sitte und Lebensge-
wohnheit abgewichen wäre. So aber, da wir dies, wie an allen
Tagen, so auch an jenem verdächtigen getan haben, muß diese
Gewohnheit den Vorwurf zunichte machen."

Allein wir haben dem Antiphanes die Rosse nicht gegeben,   32
und gerade tags zuvor, ehe Philotas entlarvt wurde, hatte ich
diesen Auftritt mit Antiphanes! Doch wenn dieser uns verdächtigen will, daß wir ihm an jenem Tage die Rosse nicht gegeben, so
wird er sich selbst kaum darüber rechtfertigen können, daß er sie
verlangt hat. Denn es fragt sich, wer angeschuldigt zu werden   33
verdient, der Zurückhaltende oder Fordernde; nur daß der im
größeren Rechte ist, der sein Eigentum nicht herausgibt, als der
fremdes fordert. Übrigens, o König, habe ich zehn Rosse gehabt;   34
davon hatte Antiphanes bereits acht an die verteilt, die ihre Tiere
verloren hatten, ich selbst also hatte im ganzen zwei; und da mir
der unverschämte oder wenigstens unbillige Mensch auch diese
wegführen wollte, mußte ich sie doch zurückhalten, wollte ich
meinen Dienst nicht zu Fuß versehen. Auch leugne ich nicht, aus   35
der Seele eines freien Mannes mit jenem Feigling gesprochen zu
haben, der seinen militärischen Rang nur dazu gebraucht, fremde
Pferde an die zu verteilen, die ins Gefecht gehen. Soweit also ist es

mit mir Unglücklichem gekommen, daß ich meine Worte gleichzeitig gegen Alexander und gegen Antiphanes rechtfertigen muß.

36   Ja, aber wahrhaftig, deine Mutter hat dir von unserer Feindschaft gegen dich geschrieben! O daß sie doch auf klügere Weise für ihren Sohn sorgte, und seinem ängstlichen Gemüte nicht auch noch leere Schreckensbilder vormalte! Warum schreibt sie denn nicht den Grund ihrer Befürchtung dazu? Warum gibt sie keinen Gewährsmann an? Was haben wir getan oder gesprochen, das sie 37 zu diesem ängstlichen Brief veranlaßt hat? Was ist das für eine beklagenswerte Lage, in der es mir vielleicht gefahrloser wäre zu schweigen als zu reden! Allein welche Wendung es auch immer nehmen mag, lieber will ich, daß dir meine Verteidigung mißfällt als meine Sache. Du wirst aber als wahr anerkennen, was ich jetzt sagen will: als du mich nämlich abschicktest, dir aus Makedonien Truppen herbeizuführen, hast du mir – du erinnerst dich daran – gesagt, daß sich in dem Palaste deiner Mutter viele kräftige junge 38 Männer verborgen hielten. Du hast mir also befohlen, mich nur um deinen Auftrag zu kümmern und die, welche den Kriegsdienst verweigerten, zu dir zu bringen. Dies nun habe ich getan, und habe mit mehr Freimut, als es mir vorteilhaft war, deinen Befehl vollzogen. Den Gorgias, Hekataios und Gorgatas, deren guter Dienste du dich erfreust, habe ich von dort hergebracht. 39 Was kann nun also unbilliger sein, als mich, der ich mit Recht bestraft worden wäre, wenn ich dir nicht gehorcht hätte, jetzt sterben zu lassen, weil ich gehorcht habe? Denn eine andere Ursache, uns zu verfolgen, hatte deine Mutter durchaus nicht, als 40 weil wir deinen Vorteil höher gestellt haben als Frauengunst. 6000 Mann makedonisches Fußvolk und 600 Reiter habe ich dir hergeführt, wovon ein Teil mir nicht gefolgt wäre, wenn ich denen, die den Kriegsdienst verweigerten, hätte Nachsicht schenken wollen. Daraus folgt, daß, weil uns deine Mutter deshalb zürnt, es dir zukommt, sie zu besänftigen, da du selbst uns ihrem Zorne ausgesetzt hast."

2. Während Amyntas so redete, kamen zufällig Leute dazu, die 1
seinen Bruder Polemon, von dem ich oben sprach, auf der Flucht
ereilt hatten und gebunden zurückbrachten. Die feindselig ge-
stimmte Versammlung konnte kaum abgehalten werden, ihn sofort nach herkömmlicher Sitte zu steinigen. Er jedoch sprach 2
ohne alle Furcht: „Für mich bitte ich nicht um Gnade, nur möge
meine Flucht nicht meinen unschuldigen Brüdern zur Last gelegt
werden. Läßt sie sich nicht verteidigen, so sei die Schuld mein.
Deren Sache steht eben darum besser, weil nun ich durch meine
Flucht verdächtig bin." Auf diese seine Worte stimmte ihm die 3
ganze Versammlung mit ihrem Beifall zu, und alle brachen in
Tränen aus, ja in dem Grade war man plötzlich ins Gegenteil
umgestimmt, daß gerade das, was den meisten Unwillen erregt
hatte, für ihn zu sprechen schien. Er war ein Jüngling in der ersten 4
Blüte seiner Jahre, und bei der Bestürzung, die sich der Reiter
über Philotas' Folterung bemächtigte, hatte ihn der Schrecken der
anderen fortgerissen. Verlassen von seinen Begleitern und
schwankend zwischen Rückkehr oder weiterer Flucht, ereilten
ihn die Verfolger. Jetzt begann er zu weinen und sich das Gesicht 5
zu schlagen, voll Betrübnis nicht über sein Geschick, sondern
über das seiner Brüder, die um seinetwillen vor Gericht standen.
Und nicht nur die Versammlung, auch der König war bereits 6
gerührt. Unbesänftigt allein blieb sein Bruder, der ihm einen
furchtbaren Blick zuwarf und ausrief: „Damals, du Tor, hättest
du weinen sollen, als du deinem Rosse die Sporen gabst und,
deine Brüder im Stiche lassend, den Fahnenflüchtigen nachliefst.
Elender, wohin und von wo bist du geflohen? Du hast es erreicht,
daß ich, selbst auf den Tod angeklagt, wie ein Ankläger zu dir
sprechen muß!" Jener gestand ein, daß er gefehlt, aber nicht 7
schwerer gegen die Brüder als gegen sich selbst. Da nun hielt die
Menge weder ihre Tränen noch Zurufe zurück, durch die sie ihre
Zuneigung zu erkennen zu geben pflegt. Wie eine Stimme erscholl der einmütige Ruf, daß Alexander die unschuldigen und
tapferen Männer verschonen möge. Auch die Freunde erhoben
sich jetzt, wo ihnen Gelegenheit geboten war, ihr Mitleid an den
Tag zu legen, und baten den König weinend um Gnade. Dieser 8

ließ Stillschweigen gebieten und sagte: „Auch ich spreche durch meine Stimme den Amyntas und seine Brüder frei. Ihr aber, Jünglinge, mögt, so wünsche ich, lieber meine Gnade vergessen als an die Gefahr, in der ihr wart, denken. Kehrt mit ebenso ehrlicher Gesinnung in das freundschaftliche Verhältnis mit mir

9 zurück wie ich selbst mit euch. Wäre das, was gegen euch hinterbracht worden ist, nicht untersucht worden, so hätte sich mein heimlicher Groll tief festsetzen können. Besser aber ist es, ihr seid gerechtfertigt als verdächtig. Bedenkt, daß niemand freigespro-

10 chen werden kann, der sich nicht verteidigt hat. Du, Amyntas, verzeihe deinem Bruder. Das soll auch für mich das Pfand deines aufrichtig versöhnten Herzens sein."

11   Dann entließ er die Versammlung und befahl den Polydamas zu sich. Dieser war dem Parmenion bei weitem der liebste von seinen Freunden, gewohnt in der Schlacht zunächst an seiner Seite

12 zu stehen. Und obwohl er, auf sein gutes Gewissen vertrauend, in die Wohnung des Königs gekommen war, verwandelte sich, als ihm befohlen wurde, seine Brüder, die noch ziemlich jung und daher dem König noch unbekannt waren, herbeizubringen, seine Zuversicht in Besorgnis. Er fing an zu beben und hin und her zu sinnen, mehr, was ihn wohl in Verdacht bringen, als wie er sich

13 verteidigen könnte. Bereits hatten die Leibwächter, denen es befohlen war, die Jünglinge vorgeführt, als der König den vor Furcht erblaßten Polydamas näher treten hieß, und nach Entfernung aller Zeugen sagte: „Das Verbrechen Parmenions betrifft uns alle gleichermaßen, am meisten aber mich und dich, die er

14 durch den Schein der Freundschaft getäuscht hat. Ihn zu belangen und zu strafen, habe ich dich ausgewählt – zum Beweis, wie sehr ich auf deine Treue baue. Geiseln, während du dies vollbringst,

15 sollen mir deine Brüder sein. Reise nach Medien und bringe meinen Generalen die von mir eigenhändig geschriebenen Briefe. Du mußt dich beeilen, um dem Gerücht zuvorzukommen. Mein Wille ist, daß du nachts dort ankommst und am folgenden Tage

16 meinen schriftlichen Befehl vollziehst. Auch an Parmenion wirst du Briefe überbringen, einen von mir, den andern unter Philotas' Namen geschrieben. Sein Siegelring ist in meinen Händen.

Glaubt der Vater, sein Sohn habe das Schreiben gesiegelt, so wird er bei deinem Anblick nichts fürchten."

Polydamas, der sich von so schwerer Furcht befreit sah, sagte 17 noch eifriger, als es verlangt wurde, seine Dienste zu. Mit Lobsprüchen und Versprechungen überhäuft, legte er sein gewöhnliches Gewand ab und zog ein arabisches an. Zwei Araber, 18 deren Weiber und Kinder unterdes zum Unterpfand ihrer Treue als Geiseln beim Könige blieben, wurden ihm als Begleiter gegeben. Durch die schon wegen ihrer Trockenheit unbewohnte Wüste gelangten sie auf Kamelen am elften Tage an den Ort ihrer Bestimmung. Bevor noch seine Ankunft gemeldet wurde, legte 19 Polydamas wieder sein makedonisches Kleid an und begab sich in der vierten Nachtwache in das Zelt des königlichen Hauptmanns Kleander. Als er hier seinen Brief abgegeben, beschlossen sie nach 20 Anbruch des Tages zusammen zu Parmenion zu gehen; denn auch die übrigen, für die er Briefe vom König mitgebracht hatte, sollten dorthin kommen. Schon meldete man dem Parmenion, daß Polydamas gekommen sei; erfreut über die Ankunft des 21 Freundes und zugleich begierig zu erfahren, was der König mache (denn seit langer Frist hatte er keinen Brief von ihm erhalten), gab er Befehl, Polydamas aufzusuchen. Die Wohnungen in jenem 22 Lande haben weitausgedehnte und anmutig mit künstlichen Hainen bepflanzte Parkanlagen, dies war besonders ein Vergnügen für die Könige und ihre Statthalter. Parmenion erging sich in 23 seinem Park, mitten unter den Obersten, denen durch die Briefe des Königs befohlen war, ihn zu töten. Zur Ausführung aber hatten sie den Augenblick bestimmt, wo er die von Polydamas übergebenen Briefe lesen würde. Als Polydamas von fern heran- 24 kam, eilte er, sobald ihn Parmenion erblickte, mit scheinbar freudiger Miene herbei, ihn zu umarmen, und nachdem sie sich gegenseitig ihre Freude bezeigt hatten, überreichte er ihm den vom König geschriebenen Brief. Während er das Siegel löste, 25 fragte Parmenion, was der König mache; jener erwiderte, er werde es aus dem Briefe selbst ersehen. Als er ihn gelesen, sagte 26 er: „Der König rüstet sich zu einem Zuge gegen die Arachosier. Welch ein unermüdlicher und niemals rastender Mann! Doch

wäre es Zeit, nachdem er bereits so hohen Ruhm errungen, sein
27 Leben zu schonen." Dann las er, voll Freude, wie sich aus seiner
Miene erkennen ließ, den andern unter Philotas' Namen geschriebenen Brief, als Kleander ihm sein Schwert in die Seite
bohrte und es ihm auch noch in die Kehle stieß. Die übrigen
durchbohrten ihn noch, obwohl er schon tot war.

28   Als die Waffenträger, die am Eingang des Parks aufgestellt
waren, von dem Mord erfuhren, dessen Grund sie nicht kannten,
eilten sie ins Lager und brachten durch die entsetzliche Botschaft
29 die Soldaten in Aufruhr. Diese strömten bewaffnet zu dem Park,
wo der Mord begangen worden war, und drohten, wenn ihnen
nicht Polydamas und die übrigen Teilnehmer an dem Verbrechen
ausgeliefert würden, die den Park umgebende Mauer niederrei-
ßen und mit aller Blut ihrem Feldherrn ein Racheopfer bringen
30 zu wollen. Kleander befahl, die Höherbediensteten unter ihnen
hereinzulassen, und las ihnen einen vom König an die Soldaten
gerichteten Brief vor, in dem die dem König von Parmenion
bereiteten Nachstellungen und die Bitte, dafür Rache zu nehmen,
31 enthalten waren. Nachdem man so den Willen des Königs erfahren, wurde zwar nicht ihr Unwille, jedoch wenigstens der Aufstand beschwichtigt. Die meisten zerstreuten sich, und nur wenige blieben zurück, die baten, man möge ihnen wenigstens
32 erlauben, seinen Leichnam zu bestatten. Kleander, der damit
beim König Zorn zu erregen fürchtete, schlug ihnen dies lange
ab, dann, als sie hartnäckig auf ihrer Bitte beharrten, glaubte er,
ihnen den Anlaß zur Aufregung entziehen zu müssen, hieb den
Kopf ab und gestattete ihnen, den Rumpf zu beerdigen. Das
33 Haupt wurde an Alexander geschickt. So starb Parmenion, dieser
im Krieg und Frieden ausgezeichnete Mann. Vieles hatte er er-
folgreich ohne den König, der König nichts Wichtiges ohne ihn
ausgeführt. Einem so überaus glücklichen Könige, der an alles den
Maßstab seines eigenen Glückes legte, wußte er zu genügen.
Noch siebzig Jahr alt erfüllte er wie ein Jüngling die Pflichten
eines Führers und oft sogar eines gemeinen Soldaten, ein Mann,
scharfsinnig im Rat, entschlossen in der Tat, seinen Fürsten teuer,
34 noch lieber aber dem Kriegsvolk. Ob ihn dies wirklich zum

Streben nach Herrschaft verleitet oder nur verdächtig gemacht
habe, darüber läßt sich streiten, weil es, selbst als das Ereignis noch
neu und darum besser zu beurteilen war, zweifelhaft blieb, ob
Philotas, durch die äußersten Qualen bezwungen, der Wahrheit
gemäß ausgesagt, was als Tatsache nicht bewiesen werden konnte,
oder ob er durch falsche Angaben der Folter habe ein Ende
machen wollen.

Alexander hielt es für richtig, diejenigen, von denen er erfah- 35
ren, daß sie freimütig den Tod Parmenions beklagt hätten, von
dem übrigen Heere zu trennen und in eine einzige Kohorte[9]
abzusondern, zu deren Führer er den Leonidas machte, der ebenfalls früher mit Parmenion sehr eng befreundet gewesen war. Es 36
waren das ziemlich dieselben, denen der König auch sonst schon
nicht wohlgesonnen war. Da er nämlich die Gesinnung seiner
Soldaten prüfen wollte, forderte er diejenigen, die Briefe an ihre
Angehörigen nach Makedonien geschrieben hätten, auf, sie seinen eigenen Boten anzuvertrauen, die sie gewissenhaft befördern
würden. Arglos hatte jeder an seine Angehörigen geschrieben,
wie es ihm ums Herz war: einigen war der Kriegsdienst lästig, der
Mehrzahl nicht unangenehm. So bekam er sowohl die Briefe 37
derer, die sich dankbar aussprachen, in seine Hände, als derer, die
etwa darin ihren Überdruß an den Beschwerden geklagt hatten.
Diese ließ er zur Strafe als eine von den übrigen abgesonderte
Abteilung kampieren, um sich zwar ihrer Tapferkeit im Kriege
zu bedienen, ihre freimütige Zunge aber von den leicht empfäng-
lichen Ohren fernzuhalten. Und selbst dieser vielleicht törichte
Beschluß, da er durch diese Schmach die tapfersten jungen Männer gereizt hatte, schlug doch dem Könige, wie alles andere, zum
Glück aus. Denn niemand zeigte sich kampfbereiter als sie, weil 38
teils das Bestreben, den Schimpf zu tilgen, ihre Tapferkeit an-
spornte, teils tapfere Taten unter der geringen Zahl nicht verborgen bleiben konnten.

1 3. Nach Ordnung dieser Angelegenheiten, und nachdem er
einen Statthalter über die Arier eingesetzt, ließ er Befehl zum
Marsche nach dem Lande der Arimaspen geben, die man schon
damals mit verändertem Namen Euergeter[10] nannte, seitdem sie
das durch Kälte und Mangel an Lebensmitteln leidende Heer des
2 Kyros mit Obdach und Zufuhr unterstützt hatten. Es war der
fünfte Tag, als man in jene Gegend gelangt war. Auf die Nachricht, daß Satibarzanes, der zu Bessos abgefallen war, mit einem
Haufen Reiter wieder in das Land der Arier eingebrochen sei, ließ
er den Karanos und Erigyios nebst Artabazos und Andronikos
und sechstausend Mann griechischen Fußvolkes, denen sechshun-
3 dert Reiter folgten, dorthin abgehen. Er selbst ordnete innerhalb
sechzig Tagen die Angelegenheiten des Stammes der Euergeten
und beschenkte sie wegen ihrer ausgezeichneten Treue gegen
4 Kyros reichlich mit Geld. Als er hierauf den ehemaligen Geheimschreiber des Dareios, Amedines, zum Befehlshaber über sie zurückgelassen, unterwarf er die Arachosier[11], deren Gebiet sich bis
zum Pontischen Meere erstreckt. Hier traf er mit dem Heere
zusammen, das unter Parmenion gestanden hatte, bestehend aus
sechstausend Makedonen und zweihundert Adligen, nebst fünf-
tausend Griechen und sechshundert Reitern, ohne Zweifel dem
5 Kern der ganzen königlichen Streitmacht. Den Arachosiern
wurde Menon zum Befehlshaber gegeben und viertausend Mann
Fußvolk nebst sechshundert Reitern als Besatzung zurückgelassen.

Der König selbst drang mit dem Heer ein in das Land einer
nicht einmal ihren Nachbarn hinreichend bekannten Nation, da
6 sie keinen Handelsverkehr wollen. Ihr Name ist Parapamisaden[12],
ein roher Menschenschlag und unter allen Barbaren der ungebil-
detste. Das rauhe Klima der Gegend hatte auch die Sinnesart der
7 Menschen rauh gemacht. Ein großer Teil liegt nach dem kalten
Nordpole zu, gegen Westen grenzen sie an die Baktrianer, die
8 Mittagsseite senkt sich nach dem Indischen Meere hin[13]. Ihre
Hütten bauen sie gleich von unten auf aus Backsteinen, und weil
das Land, zumal bei der kargen Beschaffenheit des Bergrückens,
arm an Holz ist, so bedienen sie sich bis zur höchsten Spitze der

Gebäude ebenfalls des Backsteins. Übrigens verengt sich der 9
unten breitere Bau allmählich im Emporwachsen und schließt
endlich in Gestalt eines Schiffskiels zusammen. Dort bleibt eine
Öffnung, durch welche sie von oben Licht einlassen. Was bei 10
solch rauhem Klima an Weinstöcken und Bäumen hat bestehen
können, das decken sie zu, so daß es während des Winters völlig
eingegraben und verborgen liegt. Sobald dann der Schnee verschwunden und der Boden wieder frei ist, geben sie es der Luft
und der Sonne zurück. Es bedeckt aber so tiefer Schnee die Erde, 11
und durch die Kälte und den fast ununterbrochenen Frost friert er
so zusammen, daß nicht einmal eine Spur von Vögeln oder von
Wild zu sehen ist. Eine Dämmerung, eher Schatten als Licht zu
nennen, des Himmels breitet sich nachtähnlich über die Gegend
aus, so daß man kaum die naheliegenden Gegenstände erblicken
kann.

In dieser von aller menschlichen Kultur verlassenen Einöde nun 12
ertrug das Heer alles, was sich überhaupt an Drangsalen erdulden
läßt, Mangel, Kälte, Ermattung und Verzweiflung. Vielen 13
brachte die ungewohnte Kälte des Schnees den Tod, vielen erfro-
ren die Füße, die meisten bekamen Augenentzündung. Besonders
verderblich wurde er den Ermatteten, denn sie warfen die erschöpften Leiber auf das Eis nieder; wenn sie sich dann aber nicht
mehr bewegten, ließ sie die Kälte erstarren, daß sie sich nicht
wieder erheben konnten, um aufzustehen. Die Erstarrten wurden 14
von ihren Kameraden aufgerüttelt, da es kein anderes Mittel gab,
als daß man sie zwang, weiterzugehen; und dann erst, wenn die
Lebenswärme geweckt war, kehrte wieder einige Kraft in die
Glieder zurück. Konnten sie in die Hütten der Barbaren gelan- 15
gen, so erholten sie sich schnell. Aber es herrschte solches Dunkel,
daß nichts anderes als der Rauch die Gebäude verriet. Jene Men- 16
schen, die niemals vorher in ihrem Lande einen Fremden gesehen,
brachten, als sie plötzlich Bewaffnete erblickten, halb tot vor
Furcht alles, was sie in ihren Hütten hatten, herbei und baten, nur
ihr Leben zu schonen. Der König ging zu Fuß im ganzen Heer 17
hin und her, richtete manche, die am Boden lagen, auf und bot
anderen, die nur mit Mühe folgen konnten, den eigenen Körper

als Stütze dar. Bald war er bei den vordersten Reihen, bald in der Mitte, bald im hintersten Zuge, indem er die Beschwerden des

18 Marsches für sich vervielfältigte. Endlich gelangte man in bewohntere Gegenden, wo sich das Heer durch reichliche Lebensmittel stärkte. Zugleich kamen auch die, die nicht hatten folgen können, in das dort aufgeschlagene Lager.

19 Von hier rückte das Heer zum Kaukasosgebirge[14] vor, dessen ununterbrochener Rücken Asien in zwei Teile zerlegt. Gleichzeitig sieht es auf der einen Seite nach dem Meere, das Kilikien berührt, auf der andern nach dem Kaspischen See, dem Flusse Araxes und in anderer Richtung nach den Wüsteneien Skythiens.

20 Mit dem Kaukasos hängt nämlich der Tauros, ein Gebirge zweiter Größe, zusammen, das, von Kappadokien aus sich erhebend, bei Kilikien vorüberstreicht und sich an die armenischen Gebirge

21 anschließt. So reihen sich die Gebirge gleichsam aneinander und bilden einen ununterbrochenen Rücken, von welchem beinahe alle Ströme Asiens, die einen in das Rote, die andern in das

22 Hyrkanische und Pontische Meer hinabfließen. In der Zeit von siebzehn Tagen überschritt das Heer den Kaukasus. Es befindet sich dort ein Felsen, der im Umkreis zehn Stadien [1850 m] mißt und dessen Höhe vier Stadien [740 m] übersteigt. An diesem soll einer alten Sage zufolge Prometheus angeschmiedet gewesen sein.

23 Am Fuß des Gebirges wurde ein Platz zur Gründung einer Stadt ausgewählt, und siebentausend älteren Makedonen sowie den nicht mehr diensttauglichen Soldaten Erlaubnis gegeben, sich in der neuen Stadt niederzulassen. Auch diese nannten ihre Bewohner Alexandria[15].

1 4. Bessos indes, durch die Schnelligkeit Alexanders in Schrecken gesetzt, hielt, nachdem er den heimischen Gottheiten ein feierliches Opfer dargebracht hatte, nach der Sitte jener Völker beim

2 Mahl mit seinen Freunden und Heerführern Kriegsrat. Trunken vom Weine, fing man an, mit der eigenen Macht zu prahlen und die Tollkühnheit und geringe Zahl der Feinde zu verspotten.

3 Besonders Bessos behauptete mit leidenschaftlichen Worten, im

Übermut seiner durch ein Verbrechen gewonnenen Herrschaft und kaum seiner Besinnung mächtig, nur durch Dareios Sorglosigkeit sei der Ruhm der Feinde so gewachsen. Sei er ihnen doch 4 in den schmalen Engpässen Kilikiens begegnet, wo er durch Zurückweichen die Unvorsichtigen in Gegenden hätte verlocken können, die, unwegsam durch ihre natürliche Beschaffenheit und durch die zahlreichen das Gelände durchschneidenden Flüsse und Bergschluchten, nach einem Überfall den Feinden nicht einmal die Möglichkeit der Flucht, geschweige denn des Widerstandes gelassen hätte. Seine Absicht sei, nach Sogdiana zurückzuweichen 5 und den Fluß wie eine Mauer zwischen sich und dem Feinde zu lassen, bis sich die starken Hilfstruppen aus den benachbarten Völkerschaften versammelten. Kommen würden die Chorasmier[16], Daher, Saker, Inder und die jenseits des Tanaïs[17] wohnenden Skythen, von denen kein einziger so klein sei, daß er nicht den Scheitel eines makedonischen Soldaten um Haupteslänge überrage. Alles schrie taumelnd, dies sei der einzige heilbringende 7 Gedanke; und Bessos ließ noch reichlicher Wein herumreichen, als wolle er Alexander bei Tisch vernichten.

Bei jenem Gastmahle befand sich ein gewisser Kobares, ein 8 Meder von Geburt, berühmt eher durch die Anpreisung seiner magischen Kunst (wenn es überhaupt eine Kunst und nicht bloß ein Spielwerk des ärgsten Aberglaubens ist) als durch deren Kenntnis, sonst ein gemäßigter und braver Mann. Dieser begann, 9 er wisse wohl, daß es für einen Sklaven[18] vorteilhafter sei, dem Befehle zu gehorchen, als einen Rat zu geben, da diejenigen, die gehorchten, nur das gleiche Schicksal wie die übrigen erwarte, für einen Ratgeber aber noch eine ganz besondere Gefahr vorhanden sei. [Darauf forderte ihn Bessos auf, seine Meinung zu sagen, und reichte] ihm sogar den Becher, den er selbst in der Hand hielt. Kobares nahm ihn und sprach: „Die menschliche Natur kann 10 auch um deswillen verkehrt und untüchtig genannt werden, weil jeder in seinen eigenen Angelegenheiten weniger scharfsichtig ist als in fremden. Verworren sind die Entschlüsse derer, die ihrem 11 eigenen Rate folgen: bald verblendet sie Furcht, bald Begierde, bald die natürliche Vorliebe für das, was man selbst ersonnen.

Denn der Vorwurf des Stolzes trifft dich nicht. Du weißt aus
Erfahrung, wie jeder das, was er selbst gefunden, für das allein
12 Richtige oder Beste hält. Eine schwere Last, die königliche
Krone, ruht auf deinem Haupte. Sie will entweder mit Mäßigung
getragen sein oder wird, was die Götter verhüten mögen, dich
erdrücken. Kluger Überlegung, nicht stürmischer Entschlüsse be-
13 darf es." Er fügte hinzu, was bei den Baktrianern ein geläufiges
Sprichwort ist, daß ein furchtsamer Hund heftiger belle als beiße,
und daß gerade die tiefsten Ströme mit dem wenigsten Geräusche
flössen. Dies habe ich hier eingeschoben, um der Lebensklugheit
der Barbaren, von welcher Art sie immer sein mochte, zu geden-
14 ken. Als er durch diese Worte die Erwartung der Hörer gespannt
hatte, legte er nun seinen dem Bessos mehr nützlichen als angenehmen Rat dar, indem er sprach: „Der König, dem kein anderer
an Schnelligkeit gleicht, steht vor dem Tor deines Palastes. Er
wird eher mit seinem Heere aufbrechen, als du diese Tafel auf-
15 hebst. Jetzt willst du ein Heer von Tanaïs herkommen lassen und
den Bewaffneten die Ströme in den Weg stellen. Glaubst du denn,
auf dem Wege, auf dem du fliehen willst, könne nicht auch der
Feind folgen? Die Straße ist für beide offen, und sie ist sicherer für
den Sieger. Für wie rastlos du auch die Furcht halten magst, die
16 Hoffnung ist dennoch schneller. Warum suchst du also nicht
lieber die Gunst des Mächtigeren zu gewinnen und ergibst dich
ihm? Wie es immer kommen mag, so erwartet dich als Feind ein
17 schlimmeres Los, als wenn du dich ihm ergibst. Ein fremder
Thron ist es, den du innehast; und um so leichter wirst du ihn
entbehren. Vielleicht wirst du dann ein rechtmäßiger König sein,
wenn der selbst dich dazu macht, der dir ein Reich geben und
18 entreißen kann. Da hast du meinen getreuen Rat; ihn dir weiter
auszuführen, wäre überflüssig. Ein gutes Pferd läßt sich schon
vom Schatten der Reitgerte regieren, ein träges nicht einmal
19 durch den Sporn antreiben." Über diese Rede geriet Bessos, der,
ohnehin leidenschaftlich, auch durch den vielen Wein erhitzt war,
so sehr in Wut, daß ihn seine Freunde kaum abhalten konnten,
jenen zu töten; denn schon hatte er den Säbel gezogen. Jedenfalls
stürzte er, seiner Sinne nicht mehr mächtig, vom Gastmahle fort,

Kobares aber entrann in der Verwirrung und entfloh zu Alexander.

Bessos hatte achttausend bewaffnete Baktrianer, die, solange sie 20 geglaubt hatten, die Makedonen würden sich wegen des ungünstigen Klimas eher nach Indien wenden, gehorsam seine Befehle vollzogen, als sie aber die Annäherung Alexanders erfuhren, sich ein jeder in seine Heimat zerstreuten und den Bessos verließen. Dieser setzte mit einem Haufen seiner Hörigen, die ihm nicht 21 untreu geworden waren, über den Oxos, verbrannte die Schiffe, auf denen er übergefahren war, damit sich nicht auch der Feind ihrer bedienen könne, und zog in Sogdiana neue Truppen zusammen.

Alexander hatte zwar, wie bereits erzählt wurde, den Kaukasus 22 überschritten, aber wegen Getreidemangels war es fast zur Hungersnot gekommen. Man salbte sich die Glieder mit dem ausge- 23 preßten Safte des Sesam, geradeso wie mit Öl; aber ein Krug dieses Öls kostete 240, ein Krug Honig 390, ein Krug Wein 300 Denare. Weizen fand sich gar nicht, oder nur äußerst wenig. Es 24 gab dort nämlich Gruben, von den Barbaren Siren genannt, die sie so geschickt verbargen, daß sie nur derjenige, der sie gegraben, auffinden konnte. Darin waren ihre Feldfrüchte aufbewahrt. Weil sie kein Getreide hatten, ernährten sich die Soldaten mit Flußfischen und Kräutern. Und schon fehlten sogar diese Nahrungs- 25 mittel, als der Befehl gegeben wurde, die Lasttiere zu schlachten. Mit ihrem Fleische fristeten sie ihr Leben, bis man nach Baktrien gelangte.

Die Natur des baktrischen Landes ist von mannigfaltiger und 26 nicht gleichmäßiger Beschaffenheit. In einigen Gegenden bringen die in Menge vorhandenen Bäume und Weinstöcke reiche und edle Früchte hervor; den fetten Boden bewässern zahlreiche Quellen, und während die fruchtbaren Strecken mit Getreide besät sind, dienen die übrigen zur Weide für die Viehherden. Einen großen Teil des Landes dagegen nehmen unfruchtbare 27 Sandwüsten ein: in dürres Grau gekleidet, nährt es weder Menschen noch Getreide, und wenn die Winde vom Pontischen[19] Meere her wehen, so fegen sie allen Sand, der die Flächen bedeckt, zusammen. Auf Haufen getrieben hat er dann von ferne die Gestalt hoher Hügel, und alle Spuren des alten Weges ver-

28 schwinden. Wer daher durch diese Sandflächen zieht, beobachtet wie die Schiffer nachts die Gestirne und richtet seinen Weg nach deren Laufe; ja das Dunkel der Nacht ist beinahe heller als das

29 Tageslicht. Darum ist am Tage die Gegend unwegsam, weil man teils keine Spur findet, der man folgen könnte, teils der Glanz des Himmelsgestirnes sich unter einem düsteren Dunst verbirgt. Wen übrigens jener Wind, der vom Meere her weht, trifft, den begräbt

30 er im Sande. Wo jedoch das Land wirtlicher ist, da gedeiht eine ungemeine Fülle von Menschen und Rossen, so daß die Baktrier

31 dreißigtausend Reiter zählten. Baktra selbst, die Hauptstadt jenes Landes, liegt am Fuße des Paropamisosgebirges. Ihre Mauern bespült der Fluß Baktros, der der Stadt und dem Lande den Namen gegeben hat.[20]

32 Während hier der König ein Standlager hatte, wurde ihm aus Griechenland der Abfall der Peloponnesier und Lakedaimonier gemeldet: denn sie waren noch nicht besiegt, als die Boten abgingen, welche ihm den Beginn jenes Aufstandes melden sollten. Auch aus der Nähe kam eine andere Schreckensbotschaft, daß die jenseits des Tanaïs wohnenden Skythen heranrückten, um Bessos zu helfen. Gleichzeitig jedoch wurde ihm hinterbracht, was Karanos und Erigyios im Lande der Arier getan hatten. Es war zu

33 einem Kampf zwischen Makedonen und Ariern gekommen. Der Überläufer Satibarzanes befehligte die Barbaren, und als er bei beiderseits gleichen Streitkräften den Kampf unbeweglich stehen sah, ritt er in die vordersten Reihen vor, nahm seinen Helm vom Haupte, gebot dem Schießen Einhalt und forderte jeden, der Lust hätte, zum Zweikampfe mit sich heraus: er werde entblößten

34 Hauptes kämpfen. Unerträglich war der Trotz des Barbarenführers dem Erigyios, der, zwar hoch an Jahren, dennoch an geistiger und körperlicher Kraft keinem der jungen Männer nachstand. Den Helm abnehmend, zeigte er sein graues Haupt und rief: „Der Tag ist da, wo ich entweder durch Sieg oder ehrenvollen Tod zeigen will, was für Freunde und Krieger Alexander hat!"

35 Und ohne ein weiteres Wort spornte er sein Roß gegen den

Feind. Man hätte glauben können, beiden Schlachtreihen sei der
Befehl gegeben, mit Schießen innezuhalten; wenigstens wichen
sie sofort zurück und gaben freien Raum, auf den Ausgang nicht
nur des Zweikampfes, sondern zugleich ihres eigenen Geschickes
gespannt, da sie bereit waren, sich der fremden Entscheidung zu
fügen. Zuerst schleuderte der Barbar seinen Speer, welchem Eri-   36
gyios durch eine geringe Beugung des Hauptes auswich; dann
traf er selbst, sein Roß kräftig spornend, mit der tödlichen Lanze
so mitten in die Gurgel des Feindes, daß sie durch den Nacken
herausragte. Dieser stürzte vom Roß, leistete aber trotzdem noch   37
immer Widerstand. Doch jener zog den Speer aus der Wunde
und stieß ihn Satibarzanes aufs neue in den Mund, während
dieser, ihn mit dem Arme umschlingend, um schneller zu sterben,
den Stoß des Feindes noch verstärkte. Nach Verlust ihres Führers,   38
dem sie mehr gezwungen als freiwillig gefolgt waren, überlieferten die Barbaren, jetzt der Verdienste Alexanders wohl eingedenk, ihre Waffen dem Erigyios. Freute auch dieser Ausgang den   39
König, so war er doch wegen der Spartaner keineswegs ohne
Sorgen, wiewohl er die Nachricht von ihrem Abfalle mit uner-
schrockenem Mute aufnahm; er bemerkte nämlich, sie hätten
nicht früher gewagt, ihre Absicht zu enthüllen, als bis sie gewußt,
daß er an den Grenzen von Indien stehe. Hierauf ließ er das Heer   40
zur Verfolgung des Bessos aufbrechen; auf dem Weg begegnete
ihm Erigyios, das Haupt des Barbaren als herrliche Siegesbeute
vor sich her tragend.

5. Nachdem er also die Provinz Baktrien dem Artabazos überge-   1
ben, ließ er das Gepäck und den Troß unter Bedeckung dort
zurück, während er selbst mit leichtem Heereszuge in die Wüsten
Sogdianas[21] eindrang, indem er die Truppen nachts marschieren
ließ. Der oben erwähnte Wassermangel nämlich entzündet, noch   2
ehe das Verlangen zu trinken erwacht, den Durst durch die Hoff-
nungslosigkeit, ihn zu löschen. Auf einer Strecke von vierhundert
Stadien [ca. 5,7 km] findet sich auch nicht einmal ein Tropfen
Wasser. Die Strahlen der Sommersonne durchglühen den Sand,   3
und ist dieser einmal in Hitze geraten, so wird alles nicht anders als

4 in einem immerwährenden Feuer ausgedörrt. Ein dunkler Dunst, durch die grenzenlose Glut des Erdbodens erzeugt, verschleiert den Tag, und die Sandflächen bieten einen ganz ähnlichen An-
5 blick wie des unendlichen tiefen Meeres. Der Marsch während der Nacht schien noch erträglich, weil durch den Tau und die Morgenkühle die Körper erfrischt wurden; doch sofort mit Tagesanbruch beginnt die Hitze, und die Trockenheit verzehrt alle natürliche Feuchtigkeit, so daß Gesicht und Körper völlig ver-
6 brannt werden. Zuerst also begann sie der Mut, dann die Körperkraft zu verlassen; sie vermochten weder stillzuhalten noch zu
7 marschieren. Einige wenige hatten auf den Rat von Ortskundigen gehört und sich mit etwas Wasser versehen, das auf kurze Zeit ihren Durst stillte. Als dann aber die Hitze wuchs, entbrannte aufs neue das Bedürfnis nach Wasser. Was also immer an Wein und Öl vorhanden war, wurde in den Mund gegossen, und so groß war die Verlockung zu trinken, daß man den Durst für den folgenden
8 Tag nicht fürchtete. Von dem gierig genossenen Trunke beschwert, vermochten sie dann weder die Waffen zu halten noch fortzumarschieren; und es schienen die, welche kein Wasser gehabt hatten, besser daran, da sie selbst das maßlos hineingegossene
9 wieder ausbrechen mußten. Den durch solche Leiden geängstigten König umringten seine Freunde und baten ihn, an sich selbst zu denken, da seine Seelengröße die einzige Rettung des ver-
10 schmachtenden Heeres sei; da kamen ihnen zwei von denen, die vorausgegangen waren, um einen Platz für das Lager abzustekken, mit Schläuchen voll Wasser entgegen, um damit ihren Söhnen zu helfen, die sich, wie sie wohl wußten, in diesem Zug
11 befanden und von Durst schwer gepeinigt wurden. Wie sie auf den König stießen, öffnete der eine von ihnen seinen Schlauch, füllte ein Gefäß, das er bei sich trug, und reichte es dem König. Dieser nahm es; aber als er auf seine Frage, für wen sie das Wasser
12 brächten, erfuhr, es sei für ihre Söhne, so gab er den Becher voll, wie er ihm gereicht worden war, zurück und sprach: „Allein mag ich nicht trinken, und unter alle kann ich eine so kleine Menge nicht verteilen. Lauft also und gebt euren Söhnen, was ihr ihretwegen herbeigebracht habt."

Endlich erreichte er selbst etwa mit einbrechendem Abend den 13
Oxos; doch ein großer Teil des Heeres hatte ihm nicht folgen
können. Er ließ daher auf einem hohen Berge Feuer anzünden,
damit die, welche sich mühsam nachschleppten, sähen, daß sie
nicht weit vom Lager entfernt seien. Denen aber, die die Vorhut 14
bildeten und die sich rasch durch Speise und Trank gekräftigt
hatten, gebot er, Schläuche und alle möglichen Gefäße, worin
sich Wasser fortschaffen ließ, zu füllen, um ihren Kameraden
Hilfe zu bringen. Viele aber tranken zu schnell und erstickten 15
davon, und deren Zahl war weit größer, als er in irgend einem
Treffen verloren hatte. Er selbst stellte sich, noch mit seinem 16
Brustharnisch angetan und weder durch Speise noch Trank er-
quickt, an dem Wege auf, wo das Heer herankam, und zog sich
nicht eher zurück, sich zu stärken, als bis die Nachhut bei ihm
vorüber war; jene ganze Nacht aber brachte er in großer Gemüts-
bewegung fortwährend wachend zu. Auch am folgenden Tage 17
war er nicht zuversichtlicher, weil er weder Schiffe hatte, noch
eine Brücke bauen konnte, da das Land um den Fluß kahl war
und es gar kein Holz gab. Er griff also zu dem einzigen Mittel, das
ihm die Not an die Hand gab. Schläuche, soviel sich ihrer auftrei-
ben ließen, wurden mit Stroh gefüllt und verteilt. Darauf liegend 18
schwammen sie über den Fluß, und die zuerst hinübergelangt
waren, hielten dann Wache, bis die übrigen herüber waren. Auf
diese Weise brachte er endlich am sechsten Tage sein ganzes Heer
auf das jenseitige Ufer.

Und er hatte bereits beschlossen, zur Verfolgung des Bessos 19
vorzurücken, als er die Vorgänge in Sogdiana erfuhr. Unter allen
seinen Freunden hatte Bessos keinen höher geehrt als Spitamenes[22], doch läßt sich Treulosigkeit durch keine Verdienste aufwiegen; in diesem Fall kann sie allerdings weniger verabscheuungs- 20
würdig erscheinen, weil gegen Bessos, den Mörder ihres Königs,
keinem etwas unrecht dünkte. Als scheinbarer Vorwand wurde
zwar die Rache für Dareios geltend gemacht, doch war dem
Spitamenes das Glück, nicht das Verbrechen des Bessos ein Dorn
im Auge. Sobald er nämlich erfuhr, Alexander habe den Oxos 21
überschritten, zog er den Dataphernes und Katenes, denen Bessos

besonderes Vertrauen schenkte, zur Teilnahme an seinem An-
schlage heran, und noch eifriger, als sie gebeten wurden, waren sie
bei der Hand; sie brachten acht der tapfersten jungen Männer und
22 legten ihm folgende Falle. Spitamenes ging sofort zu Bessos und
versicherte ihm, nachdem alle Zeugen entfernt waren, er habe
erfahren, daß Dataphernes und Katenes ihm nachstellten und ihn
lebendig an Alexander auszuliefern beabsichtigten; er sei ihnen
23 jedoch zuvorgekommen und halte sie gefesselt. Um dieses großen
vermeintlichen Verdienstes willen sagte ihm Bessos auf die ver-
bindlichste Weise seinen Dank und befahl zugleich, voll Begierde
24 die Strafe zu vollziehen, jene herbeizuführen. Mit freiwillig auf
den Rücken gebundenen Händen wurden sie also von den Teilnehmern an der Verschwörung herbeigeschleppt, und Bessos
erhob sich finsteren Blickes, um selbst Hand an sie zu legen. Da
hörte die Verstellung auf: sie umringten und fesselten ihn nach
vergeblicher Gegenwehr, rissen ihm das Abzeichen der Königswürde vom Haupte und zerfetzten das Gewand, das er aus der
25 Beute des ermordeten Königs angelegt hatte. Bessos bekannte,
daß dies die Rache der Götter für sein Verbrechen sei, die, wie er
hinzufügte, dem Dareios gnädig gewesen seien, da sie ihn jetzt so
rächten, besonders gnädig aber gegen Alexander, dessen Sieg
26 immer auch der Feind selbst unterstützt hätte. Ungewiß bleibt,
ob nicht die Menge dem Bessos zu Hilfe gekommen wäre, hätten
nicht die, welche ihn gefesselt, vorgegeben, dies auf Befehl Alexanders getan zu haben, und so die noch unschlüssigen Gemüter in
Schrecken gesetzt. Man setzte ihn auf ein Pferd und führte ihn
fort, um ihn an Alexander auszuliefern.
27   Unterdes wählte der König von denen, deren Entlassung nötig
war, ungefähr neunhundert Mann aus und gab jedem Reiter zwei
Talente, jedem Fußsoldaten dreitausend Denare. Dann entließ er
sie nach Hause, mit der Mahnung, sich Familien zu gründen. Den
anderen sagte er seinen Dank, weil sie ihm für die noch übrige
28 Kriegszeit ihre Dienste versprachen. Man war zu einer kleinen
Stadt gekommen, die von den Branchiden[23] bewohnt war. Diese
waren nämlich vormals von Milet auf Xerxes' Antrieb bei seiner
Rückkehr aus Griechenland mit herübergekommen und hatten

sich an jenem Platze niedergelassen, weil sie den sogenannten
didymeischen Tempel dem Xerxes zu Gefallen beraubt hatten.
Ihre heimischen Sitten ware noch nicht verschwunden, doch   29
sprachen sie schon eine Mischsprache, indem ihre Muttersprache
durch die fremde allmählich entartet war. Mit großer Freude also
nahmen sie den König auf und übergaben ihm sich und ihre
Stadt. Dieser ließ die Milesier, die in seinem Heere dienten, zusammenrufen. Es hegten aber die Milesier einen alten Haß gegen   30
das Geschlecht der Branchiden. Der König stellte es dem freien
Entschlusse der von jenen Verratenen anheim, ob sie lieber des
Unrechtes der Branchiden oder ihres gemeinsamen Ursprungs
eingedenk sein wollten. Dann, als verschiedene Ansichten laut   31
wurden, sagte er, er wolle selbst überlegen, was am besten zu tun
sei. Als sie nun am folgenden Tage zu ihm kamen, befahl er ihnen,
mit ihm nach der Stadt der Branchiden zu marschieren. Dort
angelangt, rückte er selbst mit einer kampffertigen Schar zum
Tore ein; der Phalanx war Befehl gegeben, die Mauern der Stadt   32
einzuschließen und auf ein Zeichen hin dieses Nest von Verrätern
zu plündern, sie selbst aber bis auf den letzten Mann niederzuhauen. So wurden jene allerorts wehrlos niedergemacht, und   33
weder die Laute der Muttersprache noch die heiligen Opferbin-
den und Gebete der um Erbarmen Flehenden vermochten der
Grausamkeit Einhalt zu tun. Endlich wurden die Mauern, um sie
gänzlich niederzuwerfen, von Grund aus zerstört, damit auch
nicht eine Spur von der Stadt übrig bliebe. Selbst die Wälder und   34
geweihten Haine hieben sie nicht nur nieder, sondern rodeten sie
vollständig, daß sie nichts als eine wüste Einöde und unfruchtba-
res Erdreich zurückließen. Wäre dies gegen die Urheber des Ver-   35
rates selbst ersonnen worden, so würde es als gerechte Rache,
nicht als Grausamkeit erscheinen; nun aber mußten die Schuld der
Vorfahren die Nachkommen büßen, die Milet nicht einmal gesehen hatten, es also auch an Xerxes nicht hatten verraten können.

Von da rückte er an den Tanaïs vor. Dorthin wurde Bessos   36
gebracht, nicht nur gefesselt, sondern auch bis auf die Haut aller
Kleidung beraubt: so hielt Spitamenes ihn an einer am Hals
befestigten Kette, ein willkommenes Schauspiel nicht minder für

37 die Barbaren wie für die Makedonen. Darauf sprach er: „Zur
Rache für dich sowohl als für Dareios, meine Könige, bringe ich
hier den Mörder seines Herrn, auf die Weise gefangen, für die er
selbst erst das Beispiel gegeben hat. Könnte Dareios seine Augen
diesem Schauspiele öffnen, könnte er aus der Unterwelt erstehen,
er, der nicht jenes Ende, wohl aber diesen Trost verdient hat!"
38 Alexander lobte Spitamenes sehr, zu Bessos aber gewendet sprach
er: „Welcher wilden Bestie Wut hat dich gepackt, als du es wag-
test, deinen um dich verdienten König erst in Fesseln zu schlagen,
dann zu ermorden? Und für diesen Mord hast du dich mit dem
39 angemaßten Königstitel belohnt." Hierauf entgegnete jener, ohne
daß er es gewagt hätte, seine Tat zu verteidigen, den Titel König
führe er nur deshalb, um sein Volk an Alexander übergeben zu
können; hätte er gezögert, so hätte sich ein anderer der Herrschaft
40 bemächtigt. Alexander ließ nun des Dareios' Bruder, Oxathres,
der einer seiner Leibwächter war, nähertreten und ihm den Bessos
ausliefern, damit er an Ohren und Nase verstümmelt ans Kreuz
geschlagen und von den Barbaren mit Pfeilen durchbohrt würde.
Sein Leichnam solle bewacht werden, daß ihn nicht einmal die
41 Vögel berührten. Oxathres versprach für das übrige sorgen zu
wollen; die Vögel aber, fügte er hinzu, könnten von keinem
anderen als von Katenes abgehalten werden, auf dessen ausgezeichnete Kunst er aufmerksam zu machen wünschte. Dieser
nämlich traf ein gegebenes Ziel mit so sicherer Hand, daß er sogar
42 die Vögel im Fluge erreichte. Denn obwohl heute die Geschicklichkeit im Bogenschießen weit verbreitet ist und dies Kunststück
weniger bewundernswert erscheinen kann, so galt es doch damals
bei denen, die es ansahen, für ein ungemeines Wunder und
43 brachte dem Katenes großen Ruhm. Dann wurden allen, die den
Bessos hergeführt hatten, Geschenke gegeben, seine Bestrafung
aber verschoben, damit er an derselben Stelle, wo er den Dareios
gemordet hatte, den Tod erlitte.

6. Unterdessen wurden die Makedonen, die in ungeordneten 1
Haufen zum Futterholen ausgezogen waren, von Barbaren, die
von den nächsten Bergen herabrannten, überfallen und ihrer
noch mehr gefangen als getötet; die Barbaren aber wichen, die 2
Gefangenen vor sich hertreibend, wieder ins Gebirge zurück. Der
Räuber waren zwanzigtausend, und sie stritten mit Schleudern
und Pfeilen. Während sie der König belagerte, wurde er, als er in 3
der vordersten Linie kämpfte, von einem Pfeil getroffen, der
mitten in das Schienbein fuhr, so daß die Spitze darin zurück-
blieb. Voll Trauer und Bestürzung trugen ihn die Makedonen in 4
das Lager zurück; doch auch den Barbaren war seine Wegführung aus der Schlacht nicht entgangen, da sie von der Höhe des
Berges alles übersehen hatten. Am folgenden Tage schickten sie 5
daher Gesandte an den König, der sie sogleich vorzulassen befahl
und nach Entfernung des Verbandes, die Bedeutung der Wunde
verleugnend, ihnen sein Bein zeigte. Aufgefordert sich niederzu- 6
lassen, beteuerten sie, die Makedonen könnten nicht betrübter
gewesen sein als sie selbst, als sie seine Verwundung bemerkt
hätten; hätten sie deren Urheber ausfindig machen können, so
hätten sie ihm diesen ausgeliefert, da nur Bösewichter mit den
Göttern[25] kämpften. Übrigens übergäben sie, überwunden durch 7
seine Tapferkeit, ihr Volk seinem Schutze. Diesen versprach ihnen
der König, erhielt die Gefangenen zurück und nahm die Unterwerfung des Volkes an. Als er hierauf mit dem Heere aufbrach 8
und man ihn in einer Feldsänfte trug, stritten Reiterei und Fußvolk um die Ehre des Tragens. Die Reiter, in deren Reihen der
König zu kämpfen gewohnt war, meinten, dies sei ihre Aufgabe,
das Fußvolk dagegen, das seinerseits die verwundeten Kameraden
zu tragen pflegte, beschwerte sich, daß man den ihnen zukom-
menden Dienst ihnen gerade da entziehen wolle, wo der König
zu tragen sei. Da dem König bei diesem heftigen Wettstreit beider 9
Teile die Wahl schwierig und für den Übergangenen kränkend
schien, so befahl er, daß sie ihn wechselweise tragen sollten.

Von hier kam man am vierten Tag zu der Stadt Marakanda[26], 10
deren Mauern einen Umfang von siebzig Stadien [ca. 13 km]
hatten; um die Burg aber geht noch eine zweite Mauer. Und

nachdem er eine Besatzung in der Stadt zurückgelassen, verwüstete und verbrannte er die nächsten Ortschaften.

11   Hierauf kamen Gesandte der skythischen Abier[27] zu ihm, die, obwohl seit Kyros' Tode frei, jetzt bereit waren, seinen Befehlen zu gehorchen. Sie waren als die gerechtesten unter den Barbaren bekannt, griffen nicht zu den Waffen, außer wenn sie dazu gereizt wurden, und hatten durch maßvollen und gleichmäßigen Gebrauch der Freiheit Gleichstellung der niederen Bürger mit den Vornehmen bewirkt. Nachdem er sie freundlich aufgenommen

12   hatte, sandte er einen seiner Freunde namens Derdas an die europäischen Skythen[28] und ließ ihnen mitteilen, sie dürften den Tanaïs, den Fluß jener Gegend, nicht ohne Erlaubnis des Königs überschreiten. Zugleich gab er ihm den Auftrag, die Gegenden zu erkunden und auch die Skythen, welche jenseit des Bosporos

13   wohnen, zu besuchen. Auf einer Uferhöhe des Tanaïs hatte er einen Platz zur Erbauung einer Stadt ausgewählt, als Festung sowohl der schon unterworfenen Gegenden, als derer, in welche er von da vorzudringen beschlossen hatte. Seinen Plan verzögerte jedoch die Kunde vom Abfall der Sogdianer, der auch den der

14   Baktrianer nach sich zog. Eine Schar von siebentausend Reitern war es, deren Beispiel sich die übrigen anschlossen. Alexander hieß also den Spitamenes und Katenes, von welchen ihm Bessos ausgeliefert worden war, herbeirufen, da er nicht zweifelte, daß mit ihrer Hilfe die Empörer wieder unterworfen werden könn-

15   ten. Doch diese, die selbst die Urheber des Abfalls waren, zu dessen Unterdrückung sie aufgefordert wurden, hatten das Gerücht verbreitet, der König lasse sämtliche baktrische Reiter zu sich entbieten, um sie zu töten; ihnen selbst sei der Befehl dazu gegeben worden, doch hätten sie es nicht übers Herz bringen können, ihn zu vollziehen, um nicht ein unsühnbares Verbrechen gegen ihre Landsleute auf sich zu laden. Ebensowenig wie des Bessos' Königsmord hätten sie Alexanders Grausamkeit ruhig mitansehen können. So trieben sie die schon ohnehin Aufgeregten durch die Furcht vor der Strafe ohne große Mühe zu den Waffen.

16   Sobald Alexander den Abfall der Überläufer erfuhr, befahl er

dem Krateros, die Stadt Kyropolis[29] zu belagern. Er selbst schloß eine andere Stadt jener Gegend ringsum ein und erstürmte sie, wobei Order gegeben war, alle mannbaren Einwohner niederzuhauen, während die übrigen eine Beute des Siegers wurden. Die Stadt wurde zerstört, um die anderen durch das Beispiel dieser Zerstörung im Zaume zu halten. Der kräftige Stamm der Mema- 17 kener hatte beschlossen, eine Belagerung auszuhalten, nicht nur, weil sie es für ehrenvoller, sondern auch für sicherer hielten. Ihren Trotz zu brechen, schickte der König fünfzig Reiter voraus, um sie mit seiner Milde gegen die, welche sich ihm unterwürfen, zugleich aber auch mit seiner unerbittlichen Strenge gegen die Besiegten bekanntzumachen. Sie erwiderten, daß sie weder an 18 der ehrlichen Gesinnung noch an der Macht des Königs zweifelten, und hießen die Reiter sich außerhalb der Stadtmauern lagern. Dann bewirteten sie sie gastfreundlich, fielen aber, wie sie vom Mahle gesättigt im Schlafe lagen, in finstrer Nacht über sie her und töteten sie. Darüber natürlich aufgebracht, schloß Alex- 19 ander die Stadt ringsum ein, doch war sie zu stark befestigt, um auf den ersten Anlauf genommen werden zu können. Er ließ daher den Meleager und Perdikkas zu der Belagerung zurück. Er selbst begab sich zu Krateros, der, wie gesagt, Kyropolis bela- gerte. Er hatte aber beschlossen, diese von Kyros erbaute Stadt zu 20 schonen, da er niemand aus jenen Völkerschaften mehr bewun- derte als diesen König und die Semiramis, die nach seiner Über- zeugung durch Geistesgröße und den Ruhm ihrer Taten alle anderen weit überstrahlt hatten. Doch die Hartnäckigkeit der 21 Bewohner erregte seinen Zorn, so daß er die Stadt nach der Einnahme zu plündern befahl. Nach ihrer Zerstörung kehrte er voll gerechten Hasses gegen die Memakener zu Meleager und Perdikkas zurück. Doch keine andere Stadt hielt die Belagerung 22 tapferer aus: denn nicht genug, daß die mutigsten Soldaten fielen, auch der König selbst geriet in die äußerste Gefahr. Es traf ihn nämlich ein Stein so in den Nacken, daß es ihm schwarz vor den Augen wurde und er besinnungslos zusammensank; ja, schon trauerte das Heer, als wäre er ihnen entrissen. Aber unbesiegbar 23 von allem, was anderen Schrecken einflößt, setzte er, ehe noch

seine Wunde völlig geheilt war, die Belagerung nur um so eifriger fort, da der Zorn seine natürliche Schnelligkeit noch steigerte.
Es wurde also durch einen unterirdischen Gang die Mauer untergraben und ein großer Raum bloßgelegt; dadurch brach er ein
und ließ nach seinem Sieg die Stadt zerstören.

24   Hierauf sandte er den Menedemos mit dreitausend Mann Fußvolk und achthundert Reitern nach Marakanda. Der Überläufer
Spitamenes nämlich hatte die makedonische Besatzung von dort
vertrieben und sich selbst innerhalb der Mauern eingeschlossen,
obwohl die Bwohner seinen Entschluß abzufallen nicht billigten;
doch weil sie ihn nicht hindern konnten, so hatte es den Anschein,
25 als ob sie ihm anhingen. Unterdessen kehrte Alexander an den
Tanaïs zurück und umgab den ganzen Raum, welchen sein Lager
eingenommen hatte, mit einer Mauer. Die Mauer der neuen
Stadt, die nach seinem Willen ebenfalls Alexandria genannt
26 wurde[30], hatte einen Umfang von 60 Stadien [ca. 11 km]. Und
das Werk wurde mit solcher Schnelligkeit vollendet, daß siebzehn
Tage, nachdem der Mauerbau begonnen hatte, auch schon die
Häuser der Stadt fertig wurden. Ein ungemeiner Wetteifer hatte
unter den Soldaten geherrscht, so daß jeder sein Werk – denn
27 man hatte die Arbeit aufgeteilt – zuerst aufzeigen wollte. Zu
Einwohnern wurden der neuen Stadt Kriegsgefangene gegeben,
die er durch Loskauf von ihren Herren befreite; und deren Nachkommen sind unter ihnen auch jetzt, nach so langer Zeit, wegen
der bleibenden Erinnerung an Alexander noch nicht erloschen.

1   7. Doch der König der Skythen, der damals über die Länder
jenseit des Tanaïs herrschte, vermutete, die von den Makedonen
am Ufer des Flusses angelegte Stadt sei ihnen auf den Nacken
gesetzt. Daher sandte er seinen Bruder Karthasis mit einer großen
Reiterschar, sie zu zerstören und die makedonischen Truppen
2   vom Strome weit wegzutreiben. Der Tanaïs[31] trennt nämlich
Baktrien von den sogenannten europäischen Skythen, wie er
3   auch der Grenzfluß zwischen Europa und Asien ist. Das Skythenvolk aber, das nicht weit von Thrakien wohnt, erstreckt sich von
Osten nach Norden und grenzt nicht, wie manche geglaubt

haben, an die Sarmaten, sondern ist ein Teil von diesen. Es be- 4
wohnt dann einerseits die sich in gerader Richtung jenseit des
Ister[32] ausdehnende Waldgegend, und berührt andrerseits die äußersten Teile von Asien, wo Baktrien liegt. Bewohnt sind die
mehr nach Norden liegenden Landstriche, an welche sich dann
tiefe Waldungen und unermeßliche Einöden anschließen, während wiederum, was nach dem Tanaïs und Baktrien hin liegt,
einem kultivierten Lande nicht unähnlich ist. Im Begriff also, sich 5
mit diesem Volke als erster[33] in einen unvorbereiteten Kampf
einzulassen, ließ Alexander, als der Feind vor seinen Augen her-
umritt, noch krank an seiner Wunde und vor allem kaum imstande zu sprechen, weil sowohl die schmale Krankenkost als der
Schmerz im Nacken seine Stimme schwächten, die Freunde zu
einer Beratung rufen. Nicht der Feind, sondern die ungünstigen 6
Verhältnisse schreckten ihn. Die Baktrianer waren abgefallen, die
Skythen griffen ihn sogar an; er selbst vermochte weder auf den
Füßen zu stehen, noch zu Roß zu steigen, noch die Seinigen zu
ermuntern und anzuweisen. In diese doppelte Gefahr geraten, 7
beschuldigte er selbst die Götter und klagte, wie er, dessen
Schnelligkeit niemand vorher hätte entfliehen können, müßig
daliege; kaum glaubten es die Seinigen, daß er sich nicht bloß
krank stelle.

So also verfiel er, der seit dem Sieg über Dareios aufgehört 8
hatte, Zeichendeuter und Wahrsager zu befragen, wieder in
Aberglauben, diese Täuschung menschlicher Einbildung, und befahl dem Aristander, dem er sich in seiner Leichtgläubigkeit ergeben hatte, den Ausgang der Ereignisse durch Opfer zu erforschen.
Es war der Brauch der Zeichendeuter, die Eingeweide in Abwesenheit des Königs zu untersuchen und ihm dann mitzuteilen, was
sie verkündeten. Während nun aus den Eingeweiden der Tiere 9
der verborgene Ausgang der Ereignisse erforscht wurde, befahl
der König den Freunden, sich näher an ihn heranzusetzen, damit
nicht die Anstrengung des Sprechens die noch dünne Narbe
wieder zum Aufbruch brächte. Eingelassen in das Zelt waren
außer den Leibwächtern Hephaistion, Krateros und Erigyios.
„Die Gefahr", sprach er, „hat mich zu einer Zeit überrascht, die 10

günstiger für die Feinde als für mich ist. Allein Not geht über
Berechnung, besonders im Kriege, den man sich selten zur gele-
11 genen Zeit wählen kann. Die Baktrianer, denen wir im Nacken
sitzen, sind von uns abgefallen und erproben nun durch einen
Kampf, in den sie uns mit anderen verwickelt haben, wieviel Mut
wir besitzen. Der Erfolg ist unzweifelhaft: weichen wir den Skythen, die uns von freien Stücken mit Krieg bedrohen, aus, so
werden wir verachtet zu denen zurückkehren, die von uns abge-
12 fallen sind; setzen wir hingegen über den Tanaïs und zeigen wir
durch die Vernichtung und Niederlage der Skythen, daß wir
überall unbesiegt sind, wer wird dann noch zögern, uns, die wir
13 auch über Europa gesiegt, zu gehorchen? Man täuscht sich, wenn
man die Grenzen unseres Ruhmes nach dem Raume bemißt, den
wir jetzt überschreiten wollen³⁴. Ein einziger Strom trennt uns
vom Feinde. Überschreiten wir ihn, so tragen wir unsere Waffen
14 nach Europa. Wie hoch aber ist das anzuschlagen, während wir
Asien unterjochen, gewissermaßen in einem anderen Erdteile Siegeszeichen aufzurichten und, was die Natur durch einen so weiten
Zwischenraum getrennt zu haben scheint, durch einen einzigen
15 Sieg plötzlich zu verknüpfen? Aber wahrlich, säumen wir nur ein
wenig, so werden uns die Skythen in den Rücken fallen. Oder
sind wir es allein, die über Flüsse schwimmen können? Manches
Kriegsmittel, mit dem wir bisher gesiegt, wird man jetzt gegen
16 uns anwenden. Ihr Schicksal lehrt auch die Besiegten die Kriegskunst. Auf Schläuchen über einen Fluß zu setzen, dazu haben wir
neulich das Beispiel gegeben: vorausgesetzt, die Skythen wüßten
das nicht nachzumachen, so werden die Baktrianer sie das lehren.
17 Im übrigen ist bis jetzt nur ein einziges Heer dieses Volkes erschienen, andere werden erwartet. So wird durch unser Ausweichen
dem Kriege nur Nahrung gegeben, und wir werden uns gezwungen sehen, den Kampf, den wir jetzt selbst beginnen können,
18 anzunehmen. Wie begründet mein Entschluß ist, ist klar; doch
fragt es sich, ob mir die Makedonen gestattet werden, meinem
Mut zu folgen, weil ich, seitdem ich verwundet bin, weder ein
19 Pferd bestiegen habe, noch zu Fuß erschienen bin. Aber wollt ihr
mir folgen, Freunde, so bin ich stark. Ich habe Kraft genug, alles

dies auszuhalten. Oder, wäre bereits mein Lebensende da, bei welchem Unternehmen könnte ich einen schöneren Tod finden?"

Dies hatte er mit noch zitternder und allmählich versagender 20 Stimme gesprochen, so daß ihn kaum die Nächsten verstehen konnten, und alle schickten sich an, ihn von einem so übereilten Entschlusse abzubringen. Besonders Erigyios, der, als er bei dem 21 hartnäckigen Sinne des Königs durch seinen Rat nichts ausrichtete, versuchte, ihm abergläubische Furcht, über die er nicht Herr war, einzuflößen, indem er sagte, auch die Götter seien seinem Plane ungünstig, und es sei große Gefahr angezeigt, wenn er den Fluß überschritte. Beim Eintritt in das Zelt des Königs nämlich 22 war dem Erigyios Aristander begegnet mit der Nachricht, die Eingeweide hätten Unheil geweissagt, und diese Mitteilung des Wahrsagers verkündete nun Erigyios. Alexander hieß ihn 23 schweigen, nicht minder von Zorn als Scham in Verwirrung gesetzt, weil er seinen Aberglauben, den er verborgen gehalten hatte, enthüllt sah, und befahl, den Aristander zu rufen. Als dieser 24 kam, sprach der König, den Blick auf ihn gerichtet: „Nicht als König, sondern als Privatmann trug ich dir auf, ein Opfer zu verrichten: warum hast du einem anderen als mir verkündet, was dadurch angezeigt werde? Durch deinen Verrat hat Erigyios meine verborgenen Geheimnisse erfahren. Und wahrlich, ich bin überzeugt, daß ihm seine eigene Furchtsamkeit als Auslegerin der Eingeweide dient. Dir aber will ich mit mehr Gelassenheit, als du 25 verdienst, erklären: mir selbst sollst du klagen, was du aus den Eingeweiden erfahren, damit du, was du gesagt, später nicht leugnen kannst." Jener stand erblaßt und wie vom Donner ge- 26 rührt; vor Furcht versagte ihm die Stimme. Endlich, da ihm die gleiche Furcht zusetzte, er könne bei der Ungeduld des Königs zu lange zögern, begann er: „Eine mit großer, nicht aber vergeblicher Anstrengung verbundene Gefahr stehe bevor, habe ich prophezeit; und es ist weniger meine Prophezeiung als meine Zunei- 27 gung zu dir, was mich in Verwirrung setzt. Ich sehe den schwachen Zustand deiner Gesundheit und weiß, wieviel auf dir allein beruht. Ich fürchte, deine Kräfte möchten für die gegenwärtigen Umstände nicht ausreichen." Der König hieß ihn auf sein Glück 28

vertrauen: anderen gewährten die Götter andere Dinge, ihm aber
29 Ruhm. Während er hierauf mit den oben genannten Freunden
beriet, wie sie den Fluß überschreiten wollten, kam Aristander
dazu mit der Versicherung, niemals zuvor habe er so glückverhei-
ßende Eingeweide gesehen, und in der Tat von den vorigen ganz
verschieden; dort habe Ursache zur Besorgnis vorgelegen, jetzt
sei das ganz vortrefflich ausgefallen.
30   Durch das aber, was unmittelbar darauf dem Könige gemeldet
wurde, wurde ein Schatten auf das beständige Glück seiner Taten
31 geworfen. Wie oben gesagt, hatte er den Menedemos abgeschickt, um Spitamenes, den Anstifter des baktrischen Aufstandes, zu belagern. Doch als dieser die Annäherung des Feindes
erfuhr, legte er sich, um nicht innerhalb der Stadtmauern eingeschlossen zu werden und zugleich in dem Vertrauen, ihn auf dem
Wege, auf dem er, wie er wußte, kommen mußte, abfangen zu
32 können, heimlich in einen Hinterhalt. Die waldige Straße war
sehr geeignet, ihn zu verbergen. Dort versteckte er die Daher.
Jedes ihrer Pferde trägt zwei Bewaffnete, die abwechselnd einer
nach dem anderen plötzlich herabspringen und so das Reiterge-
33 fecht in Verwirrung bringen. Der Schnelligkeit der Rosse kommt
die Behendigkeit der Männer gleich. Diesen Dahern nun befahl
Spitamenes, den Wald zu umgehen und sich zugleich an den
34 Seiten, vorn und im Rücken des Feindes zu zeigen. Überall
eingeschlossen und ihnen nicht einmal an Zahl gleich, leistete
gleichwohl Menedemos langen Widerstand, indem er rief, habe
man sich einmal durch die Örtlichkeit täuschen lassen, so bleibe
ihnen nichts als der Trost, nach einem Blutbade unter den Feinden
35 ehrenvoll zu sterben. Er selbst ritt ein sehr starkes Roß, auf dem er
mehrmals mit verhängtem Zügel in die Kolonnen der Barbaren
hineingesprengt war und sie unter großen Verlusten auseinander-
36 gejagt hatte. Da sie indes alle ihre Angriffe auf ihn allein richteten
und er durch den Blutverlust aus vielen Wunden erschöpft war,
ermahnte er einen seiner Freunde namens Hypsides, sein Roß zu
besteigen und sich durch Flucht zu retten. Während er noch
37 sprach, starb er und der Körper sank vom Pferd zu Boden. Hypsides hätte zwar entfliehen können, doch nach dem Verlust des

Freundes beschloß auch er zu sterben. Seine einzige Sorge war,
nicht ungerächt zu fallen, und so gab er dem Pferd die Sporen
und setzte mitten in die Feinde hinein und wurde, nachdem er
heldenmütig gekämpft, unter einem Hagel von Geschossen begraben. Als dies die Überlebenden sahen, zogen sie sich auf einen   38
Hügel zurück, der die Gegend ein wenig überragte. Hier belagerte sie Spitamenes, um sie durch Hunger zur Übergabe zu
zwingen. Es fielen in dem Kampfe zweitausend Mann Fußvolk   39
und dreihundert Reiter. Alexander verheimlichte diese Niederlage wohlweislich, indem er die, die aus jenem Treffen zurückgekehrt waren, mit dem Tode bedrohte, wenn sie das Geschehene
ausplauderten.

8. Da er es jedoch nicht länger ertragen konnte, eine Miene zu   1
zeigen, die seiner Stimmung widersprach, zog er sich in sein Zelt
zurück, das er mit Absicht oberhalb des Flußufers hatte aufstellen
lassen. Hier brachte er, indem er ohne Zeugen die verschiedenen   2
Pläne erwog, die Nacht mit Wachen zu, oft die Felle seines Zeltes
aufhebend, um die feindlichen Feuer zu erblicken, aus denen sich
auf die bedeutende Menschenmenge schließen ließ. Und schon   3
nahte sich der Tag, als er, mit seinem Brustharnisch angetan, vor
die Soldaten trat, das erstemal nach seiner letzten Verwundung. In   4
so hoher Verehrung stand bei ihnen der König, daß seine Gegenwart leicht jeden Gedanken an die gefürchtete Gefahr ver-
scheuchte. Froh also und unter Freudentränen begrüßten ihn alle   5
und forderten jetzt stürmisch den Kampf, dem sie sich vorher
verweigert. Er kündigte ihnen an, Reiter und Phalanx wolle er   6
auf Flößen hinüberschaffen; die Leichtbewaffneten sollten auf
Schläuchen hinüberschwimmen. Mehr zu sagen war weder not-   7
wendig, noch erlaubte es dem Könige seine Schwäche. Die Flöße
wurden nun von den Soldaten mit solchem Eifer zusammenge-
fügt, daß bis zum dritten Tage gegen zwölftausend fertig waren.
Und man hatte bereits alles zum Übergange vorbereitet, als   8
zwanzig skythische Gesandte nach der Sitte ihres Landes durch
das Lager geritten kamen und dem Könige zu melden befahlen,
sie wünschten Aufträge an ihn auszurichten. In sein Zelt eingelas-   9

sen und zum Sitzen aufgefordert, hefteten sie ihre Augen lange
auf das Antlitz des Königs, wahrscheinlich weil ihnen, die die
geistigen Eigenschaften nach der Körpergröße abschätzten, seine
mäßige Statur durchaus in keinem Verhältnis zu seiner Berühmt-
10   heit zu stehen schien. Die Skythen sind aber nicht wie die übrigen
Barbaren von roher und ungebildeter Sinnesart, ja einige von
ihnen sollen sogar für die Lehren der Weisheit empfänglich sein,
soweit diese für ein immer unter den Waffen befindliches Volk
11   faßbar sind. Und wie erzählt wird, sollen sie vor dem Könige
folgendes gesagt haben, was vielleicht von unseren Sitten abweicht, die wir in einer Zeit höherer Geistesbildung leben; doch
mag man auch von ihrer Rede gering denken, so soll man es doch
nicht von der Treue meiner Darstellung, da ich alles, wie es
12   überliefert ist, unverfälscht berichten will. Einer also von ihnen,
und zwar der älteste, soll folgendermaßen gesprochen haben:

„Hätten die Götter gewollt, daß deine Körpergröße der Gier
deiner Wünsche gleichkäme, so könnte dich der Erdkreis nicht
fassen; mit der einen Hand hieltest du den Aufgang, mit der
anderen den Niedergang, und hättest du das erreicht, so würdest
du wissen wollen, wo sich der Glanz dieser feurigen Gottheit
verberge. Aber auch so begehrst du, was du nicht fassen kannst.
13   Aus Europa greifst du nach Asien, aus Asien wieder nach Europa
über. Dann, wenn du das ganze Menschengeschlecht überwunden hast, wirst du mit Wäldern, Schneegebirgen, Strömen und
14   wilden Tieren Krieg führen wollen. Wie das? Ist dir unbekannt,
daß hohe Bäume lange wachsen, aber in einem Augenblick ent-
wurzelt werden? Ein Tor, wer nach ihren Früchten schaut, ohne
ihre Höhe zu ermessen. Gib acht, daß du nicht, während du den
Gipfel zu erreichen strebst, samt den Ästen, die du ergriffen hast,
15   herunterstürzt. Auch der Löwe ist schon manchmal ein Fraß für
die kleinsten Insekten geworden, und Eisen wird vom Rost verzehrt. Nichts ist so stark, daß ihm nicht auch von Schwachen
16   Gefahr drohe. Was haben wir mit dir zu schaffen? Niemals haben
wir dein Land betreten. Was kümmert es uns, was für ein Mann
du bist, und woher du kommst, uns, die wir in endlosen Wäldern
leben? Weder dienen können wir irgend jemand, noch begehren

wir zu herrschen. Als Geschenke der Gottheit besitzen wir, damit 17
dir das Skythenvolk nicht ganz unbekannt bleibe, ein Joch Och-
sen und den Pflug, den Pfeil, den Speer und die Trinkschale[35].
Dieser Dinge bedienen wir uns sowohl zusammen mit den
Freunden als gegen unsere Feinde. Die durch die Arbeit der Stiere 18
gewonnenen Feldfrüchte teilen wir mit den Freunden, mit ihnen
zusammen spenden wir auch den Göttern Wein aus der Trinkschale. Den Feind treffen wir aus der Ferne mit dem Pfeil, aus der
Nähe mit dem Speer. So haben wir den Beherrscher von Syrien
und nachher den der Perser und Meder überwunden, und es hat
uns der Weg bis nach Ägypten offengestanden[36]. Du aber, der du 19
dich rühmst, zur Verfolgung von Räubern herzukommen, bist
selbst ein Räuber aller Völker, deren Gebiet du betreten. Lydien
hast du genommen, Syrien erobert, Persien und Baktrien sind in
deiner Gewalt, nach Indien hat dich gelüstet, nun streckst du
sogar deine gierigen und unersättlichen Hände nach unseren
Viehherden aus. Was nützen dir aber Schätze, die dich nur zu 20
hungern zwingen? Der allererste bist du, der durch Sättigung nur
hungriger geworden ist, so daß du, je mehr du hattest, desto
heftiger begehrtest, was du nicht hast. Bedenkst du denn nicht, 21
wie lange dich das baktrische Land festhält? Während du diese
unterjochst, haben die Sogdianer Krieg angefangen. Aus einem
Sieg erzeugt sich dir neuer Krieg; denn magst du auch größer und
tapferer sein als irgend jemand, so will doch niemand einen fremden Herrn dulden.

Gehe nur über den Tanaïs: du wirst dann sehen, wie weit sich 22
die Skythen ausdehnen. Dennoch wirst du sie niemals erreichen.
Wir in unserer Armut werden schneller sein als dein sich mit der
Beute so vieler Nationen schleppendes Heer. Andererseits, wenn
du uns weit entfernt wähnen wirst, wirst du uns in deinem Lager
erblicken; denn mit gleicher Schnelligkeit verfolgen und fliehen
wir. Über die Einöden der Skythen spottet man sogar, wie ich 23
höre, in griechischen Sprichwörtern. Aber wir ziehen Wüsten
und der menschlichen Kultur fremde Einöden den Städten und
reichen Saatländern vor. Halte demnach dein Glück mit geschlos- 24
senen Händen fest, es ist schlüpfrig und läßt sich gegen seinen

Willen nicht halten. Ob ein Entschluß heilsam ist, zeigt besser die
Zukunft als der gegenwärtige Augenblick. Lege deinem Glück
25 Zügel an, so wirst du es leichter regieren. Bei uns sagt man, die
Glücksgöttin sei ohne Füße und habe nur Hände und Flügel;
wenn sie dir die Hände reicht, mußt du zugleich auch ihre Flügel
26 erfassen. Endlich, bist du ein Gott, so mußt du den Sterblichen
Wohltaten erweisen, nicht ihnen das Ihre rauben; bist du aber ein
Mensch, so sei immer dessen, was du bist, eingedenk. Es ist
töricht, an Dinge zu denken, um deren man seine eigene Natur
27 vergißt. Gegen wen du keinen Krieg begonnen, den kannst du
zum guten Freunde haben, denn die Freundschaft zwischen Gleichen ist die festeste, dem Anschein nach sind die gleich, die noch
28 nicht ihre Kräfte gegeneinander gemessen haben. Wen du aber
besiegt hast, den hüte dich für deinen Freund zu halten: zwischen
dem Herrn und dem Knecht gibt es keine Freundschaft; auch im
29 Frieden gilt dennoch das Kriegsrecht. Glaube aber nicht, daß die
Skythen ihre Freundschaft mit einem Eide besiegeln: ihr Eid
besteht im Worthalten. Das ist eine Vorsicht der Griechen, Ver-
träge zu unterzeichnen und die Götter zu Zeugen anzurufen: uns
gilt das treue Worthalten als Religion. Wer vor Menschen keine
Scheu hat, der täuscht auch die Götter. Und du brauchst keinen
30 Freund, an dessen Wohlwollen du zweifeln müßtest. Übrigens
werden wir dir als Wächter sowohl Asiens als Europas dienen. An
Baktra grenzen wir, nur durch den Tanaïs davon getrennt; jenseits
des Tanaïs wohnen wir bis nach Thrakien: an Thrakien aber, sagt
man, stößt Makedonien. Überlege also, ob du die Grenznachbarn
deiner beiden Reiche zu Feinden oder zu Freunden haben willst."
So sprach der Barbar.

1 9. Der König dagegen erwiderte, er wolle sich seines Glückes
und ihrer Ratschläge bedienen. Einesteils nämlich wolle er seinem
Glücke, dem er vertraue, folgen, andernteils ihres Rates, nichts
2 töricht und tollkühn zu unternehmen. Und nachdem er die Gesandten entlassen, schiffte er sein Heer auf den bereitgehaltenen
Flößen ein. Im Vorderteil waren die Schildträger aufgestellt, die
niederknien mußten, um so gesicherter gegen Pfeilschüsse zu sein.

Hinter ihnen standen die, die die Wurfmaschinen bedienten, so- 3
wohl vorn als von beiden Seiten von Bewaffneten umgeben. Die
übrigen, die hinter den Wurfmaschinen aufgestellt waren, deckten durch ein aus ihren Schilden gebildetes Schutzdach die nicht
in Panzer gekleideten Ruderer. Die gleiche Aufstellung wurde 4
auch auf den Flößen, welche die Reiterei führten, beachtet. Zum
größeren Teil zogen sie die Pferde schwimmend vom Heck der
Flöße aus an den Zügeln nach sich. Die aber, die auf mit Stroh
gefüllten Schläuchen fuhren, wurden durch die vor ihnen befindlichen Flöße geschützt. Der König selbst, von einer auserlesenen 5
Schar begleitet, stieß zuerst mit seinem Floße ab und gebot, es
nach dem jenseitigen Ufer zu steuern. Sofort rückten die Skythen
mit ihren Reitergeschwadern heran und stellten sie am äußersten
Uferrand ihm entgegen, damit die Flöße nicht einmal anlegen
könnten. Außer diesem Anblick jedoch des vom feindlichen 6
Heere beherrschten Ufers versetzte die Überfahrenden noch
etwas anderes in gewaltigen Schrecken: die Steuerleute vermochten nämlich wegen der Gewalt der seitwärts andrängenden Fluten
den Lauf der Fahrzeuge nicht zu lenken, und durch die Besorgnis
der Soldaten, in ihrer schwankenden Stellung heruntergestoßen
zu werden, sahen sich die Schiffer in ihrer Arbeit gestört. Nicht 7
einmal die Wurfspieße konnten sie mit nötigem Schwung schleudern, da sie mehr darum besorgt waren, sicher zu stehen, als dem
Feinde zuzusetzen. Von Vorteil aber waren die Wurfmaschinen,
von denen auf die dichtgedrängten und sich unvorsichtig ausset-
zenden Feinde nicht ohne Erfolg Geschosse geschleudert wurden.
Auch die Barbaren überschütteten die Flöße mit einem gewalti- 8
gen Pfeilregen, und kaum gab es einen Schild, der nicht zugleich
von mehreren Pfeilen durchbohrt wurde.

Und schon legte man mit den Flößen am Lande an, als die 9
Reihen der Schildträger sich erhoben und sicheren Wurfes, da sie
nun frei ausholen konnten, ihre Speere von den Flößen aus
schleuderten. Und wie sie die Gegner erschreckt ihre Rosse zurückziehen sahen, sprangen sie mutig unter wechselseitigen Zurufen ans Ufer und begannen auf die in Verwirrung Geratenen
einen heftigen Angriff. Dann durchbrachen die Reitergeschwa- 10

der, die ihre Rosse aufgezäumt hatten, die Schlachtordnungen der Barbaren, während unterdessen die übrigen, durch die Scharen der Streitenden gedeckt, sich zum Kampfe fertig machten.

11 Der König selbst ersetzte, was seinem noch kranken Körper an Kraft abging, durch unerschütterlichen Mut. Seine ermunternde Stimme konnte man nicht hören, da die Wunde in seinem Nakken noch nicht völlig vernarbt war, aber alle sahen ihn kämpfen.

12 Daher übernahmen sie selbst die Pflicht des Führers, und einer den anderen ermunternd, begannen sie mit Todesverachtung in

13 die Feinde einzubrechen. Da vollends konnten die Barbaren weder dem Blick, noch den Waffen, noch dem Geschrei der Feinde noch standhalten, und alle ergriffen mit verhängten Zügeln – es waren nämlich lauter Reiter – die Flucht. Obwohl sein kranker Körper die Erschütterung nicht vertragen konnte, setzte es der König doch durch, sie achtzig Stadien [ca. 15 km]

14 weit zu verfolgen; und erst, als er bereits einer Ohnmacht nahe war, gebot er den Seinigen, solange noch ein Schimmer von Tageslicht übrig wäre, den Flüchtigen auf den Fersen zu bleiben; er selbst zog sich, da er auch geistig erschöpft war, ins Lager

15 zurück und ruhte sich dort die übrige Zeit aus. Man hatte bereits die Grenzen überschritten, bis zu welchen Vater Bacchus vorgedrungen war und die häufige, in Abständen aufgestellte Steine und hohe Bäume bezeichneten, deren Stämme von Efeu überzo-

16 gen waren. Aber die Wut riß die Makedonen noch weiter fort; denn erst gegen Mitternacht kehrten sie zurück, nachdem sie viele getötet und noch mehr gefangen hatten, und brachten achtzehnhundert Pferde mit. Von den Makedonen aber fielen sechzig Reiter und ungefähr hundert Fußsoldaten; der Verwundeten waren tausend.

17 Dieser Kriegszug bändigte das großenteils im Abfall begriffene Asien durch die Kunde eines so rechtzeitigen Sieges. Die Skythen hatte man für unbesiegbar gehalten. Nachdem ihre Macht gebrochen war, gestand man ein, daß kein Volk den Waffen der Makedonen gewachsen sein werde. Daher schickten die Saker Gesandte mit dem Versprechen, daß ihr Volk Alexanders Befehlen gehor-

18 chen wolle. Bewogen hatte sie dazu nicht minder als die Tapfer-

keit des Königs seine Milde gegen die besiegten Skythen. Alle
ihre Gefangenen nämlich hatte er ohne Lösegeld zurückgeschickt,
um zu beweisen, daß er mit dieser kriegerischsten aller Nationen
nur einen Wettstreit der Tapferkeit, nicht der Erbitterung gehabt.
Er nahm also die Gesandten der Saker wohlwollend auf und gab   19
ihnen zum Begleiter den Elpinikos, den er noch als blühenden
Knaben liebgewonnen hatte und der dem Hephaistion an Körperschönheit gleichkam, wiewohl er ihm an Anmut, die freilich
weniger männlich ist, nachstand. Er selbst eilte, nachdem er den   20
Krateros beauftragt, mit dem größten Teile des Heeres in mäßigen Tagemärschen zu folgen, nach der Stadt Marakanda, von wo
Spitamenes auf die Nachricht von seiner Annäherung nach Baktra geflohen war. Als so der König in vier Tagen eine weite   21
Strecke Wegs zurückgelegt hatte, befand er sich an der Stelle, wo
er unter Menedemos' Führung zweitausend Mann Fußvolk und
dreihundert Reiter eingebüßt hatte. Er ließ ihre Gebeine in einem
Grabhügel beisetzen und veranstaltete Totenopfer nach heimi-
scher Sitte. Als nun Krateros, welcher Befehl hatte, mit der Pha-   22
lanx nachzufolgen, beim König eingetroffen war, teilte er seine
Truppen, damit alle die Abgefallenen gleichmäßig vom Verderben des Krieges betroffen würden, und befahl, ihre Ländereien
durch Feuer zu verwüsten und die erwachsenen männlichen Bewohner zu töten.

10. Die Provinz Sogdiana ist zum größern Teil Wüste; fast acht-   1
hundert Stadien [ca. 150 km] in die Breite erstrecken sich weite
Einöden. Eine ungeheure Strecke durchströmt der von den Ein-   2
wohnern Polytimetos[37] genannte Fluß, ein reißendes Gewässer,
das seine Ufer in ein schmales Bett eindämmen, dann aber eine
Höhle aufnimmt und unter die Erde schlingt. Seinen verborge-   3
nen Lauf bezeichnet das Rauschen des strömenden Wassers, während der Boden selbst, unter welchem dieser große Fluß fort-
fließt, auch nicht die geringste Feuchtigkeit durchsickern läßt.
Von den gefangenen Sogdianern waren dreißig der Vornehm-   4
sten, durch Körperstärke ausgezeichnet, zum König gebracht
worden. Als diese durch den Dolmetscher erfuhren, daß sie auf

Befehl des Königs zur Hinrichtung geführt würden, begannen
sie, wie wenn sie frohlockten, ein Lied zu singen und durch
Tanzen und fast ausgelassene Bewegungen eine gewisse innere
5 Freude auszudrücken. Verwundert, daß sie mit solchem Mut in
den Tod gingen, befahl der König, sie zurückzurufen und fragte
sie nach der Ursache ihrer so ausgelassenen Freude, da sie doch
6 ihre Hinrichtung vor Augen hätten. Sie erwiderten, wenn sie ein
anderer töten ließe, würden sie traurig sterben; da sie nun aber
von einem so großen Könige, dem Besieger aller Nationen zu
ihren Vorfahren entsandt würden, feierten sie diesen ehrenvollen
Tod, den tapfere Männer sich sogar wünschen könnten, durch
7 ihre üblichen Gesänge und Freudenbezeugungen. Hierauf der
König: „Wohlan, so frage ich euch, ob ihr leben wollt, ohne mir,
8 durch dessen Gnade ihr leben sollt, feind zu sein." Jene versetzten,
sie hätten niemals Feindschaft gegen ihn gehegt; nur durch kriegerischen Angriff seien sie seine Gegner geworden; hätte man
versucht, ihnen Wohltaten zu erweisen, anstatt sie durch Angriffe
zu reizen, so hätten sie gewetteifert, an Pflichttreue nicht übertroffen zu werden. Und auf die Frage, durch welches Pfand sie
9 ihre Treue verbürgen wollten, entgegneten sie, das Leben, das sie
geschenkt erhielten, solle als Pfande dienen; sie seien bereit, es
wieder hinzugeben, wann immer er es fordern würde. Und sie
wurden ihrem Versprechen nicht untreu; denn diejenigen von
ihnen, die nach Hause entlassen worden waren, erhielten ihre
Stammgenossen in Gehorsam, vier aber, die zurückbehalten und
unter die Leibwächter aufgenommen wurden, standen keinem
der Makedonen in der Anhänglichkeit an den König nach.
10   Nachdem er den Peukolaos mit dreitausend Mann Fußvolk –
denn einer größern Besatzung bedurfte es nicht – in Sogdiana
zurückgelassen, gelangte er nach Baktra[38]. Von hier hieß er den
Bessos nach Ekbatana führen, wo er die Ermordung des Dareios
11 mit dem Leben büßen sollte. Fast zu derselben Zeit führten ihm
Ptolemaios und Menidas dreitausend Fußsoldaten und tausend
12 Reiter zu, die ihm als Söldner zu dienen bereit waren. Auch
Asander kam aus Lykien mit einer gleichen Anzahl Fußvolkes
und fünfhundert Reitern. Ebensoviel folgten dem Asklepiodoros

aus Syrien, und Antipater hatte achttausend Griechen, darunter
sechshundert Reiter, gesandt. Als er so sein Heer verstärkt, rückte   13
er vorwärts, die durch Abfall in Unordnung geratenen Gegenden
zu beruhigen, ließ die Urheber des Aufruhres töten und erreichte
am vierten Tage den Fluß Oxos. Dieser führt Schlamm mit sich   14
und ist immer trüb und deshalb ungesund zu trinken. Deshalb
hatten sich die Soldaten daran gemacht, Brunnen zu graben.
Doch obwohl man tief in den Boden gedrungen war, fand sich
dennoch kein Wasser, als im Zelte des Königs selbst ein Quell zum
Vorschein kam, von dem, weil man ihn erst spät bemerkt hatte,
behauptet wurde, er sei plötzlich entsprungen. Und dem König
selbst lag daran, daß man glaubte, es sei ein Geschenk der Götter
gewesen. Dann, nach Überschreitung der Flüsse Ochos und   15
Oxos, gelangte er zur Stadt Margiana[39], in deren Umgebung
Plätze zur Erbauung von sechs Städten ausgesucht wurden. Zwei
derselben lagen gegen Süden, vier gegen Osten, in mäßiger Entfernung voneinander, damit wechselseitige Hilfe nicht weit ge-
holt werden müßte. Sie liegen sämtlich auf hohen Hügeln und   16
dienten damals als Zwingburgen der besiegten Völker. Jetzt
haben sie ihren Ursprung vergessen und sind denen untertänig,
über die sie ehedem herrschten.

11. Das übrige Land nun hatte der König zur Ruhe gebracht; nur   1
ein einziger Felsen war übrig, den der Sogdianer Arimazes mit
zwanzigtausend Bewaffneten besetzt hielt, nachdem er vorher so
viel Lebensmittel zusammengebracht hatte, daß sie selbst für die
große Anzahl auf zwei Jahre ausreichen konnten. Der Felsen   2
erhebt sich zu einer Höhe von 30 Stadien [ca. 5,5 km] und mißt
im Umkreis 150 Stadien [ca. 28 km]. Nach allen Seiten hin fällt er
steil ab, und nur ein ganz enger Fußpfad bildet den Zugang. In   3
der Mitte seiner Höhe hat er eine Höhle, deren Eingang eng und
dunkel ist, dann weiterhin breitet sie sich allmählich aus, und ihr
Innerstes verliert sich noch in tiefe Gänge. Fast in ihrer ganzen
Länge durchfließen sie Quellen, deren Gewässer sich über den
Abhang des Berges hinab zu einem Fluß vereinigen. Als der   4

König die Schwierigkeit des Platzes in Augenschein genommen hatte, war er erst entschlossen, wieder abzuziehen, dann aber ergriff ihn die Begierde, sogar die Natur durch Ausdauer zu
5 überwinden. Ehe er jedoch eine Belagerung mit ihren Zufällen versuchte, schickte er Kophes, den Sohn des Artabazos, zu den Barbaren, ihnen zu raten, daß sie ihren Felsen übergeben sollten. Arimazes jedoch, auf die Örtlichkeit vertrauend, antwortete mit vielen hochmütigen Worten und fragte schließlich, ob Alexander
6 denn fliegen könne. Als dies dem König hinterbracht wurde, geriet er darüber so in Zorn, daß er die, mit denen er sich zu beraten gewohnt war, kommen ließ und ihnen den Übermut des Barbaren mitteilte, der sie verhöhne, weil sie keine Flügel hätten: er wolle ihn aber in der nächsten Nacht zu dem Glauben zwin-
7 gen, die Makedonen könnten auch fliegen. „Bringt mir", sprach er, „aus euren sämtlichen Truppenteilen dreihundert besonders behende junge Männer, die gewohnt waren, in ihrer Heimat die Viehherden über Fußsteige und fast unwegsame Felsen zu trei-
8 ben." Als sie ihm nun ohne Verzug die mutigsten und gewandtesten Leute herbeigebracht hatten, richtete der König den Blick auf sie und sagte: „Mit euch, ihr Jünglinge und Altersgenossen, habe ich die Befestigungswerke vorher unbesiegter Städte erstiegen, unter ewigem Schnee begrabene Gebirgsjoche überschritten; bin in die Engpässe Kilikiens eingedrungen und habe ohne Ermatten die erstarrende Kälte der indischen Gebirge[40] ertragen. Ihr habt
9 Beweise meiner Tapferkeit, ich kenne eure. Der Felsen, den ihr seht, hat einen einzigen Zugang, den die Barbaren besetzt halten, während sie das übrige außer acht lassen. Sie haben keine Wacht-
10 posten außer unserem Lager gegenüber. Wenn ihr mit scharfer Aufmerksamkeit nach Zugängen, die zum Gipfel führen, sucht, so werdet ihr einen Weg finden. Nichts hat die Natur so hoch hingestellt, daß Mut es nicht erklimmen könnte. Dadurch, daß wir Dinge versuchten, woran andere verzweifelten, haben wir
11 Asien in unserer Gewalt. Ersteigt den Gipfel, und habt ihr ihn besetzt, so sollt ihr mir durch weiße Tücher ein Signal geben. Ich werde dann meine Truppen heranführen und den Feind von euch
12 ab gegen uns wenden. Als Belohnung soll der, der den Gipfel

zuerst erreicht, zehn Talente erhalten, wer zunächst nach ihm
kommt, eins weniger, und in demselben Verhältnis soll es bis zum
Zehnten fortgehen. Ich bin jedoch überzeugt, daß ihr weniger
meine Freigebigkeit als meinen Wunsch im Auge habt."

Sie hörten den König so mutvoll an, daß sie sich schon im   13
Besitz des Gipfels wähnten. Als sie entlassen waren, machten sie
eiserne Keile, um sie in die Felsspalten zu treiben, und starke Taue
zurecht. Der König hatte noch den Felsen, wo der Zugang am   14
wenigsten rauh und steil zu sein schien, umritten; dann in der
zweiten Nachtwache wünschte er ihnen gutes Gelingen und befahl ihnen dann, sich auf den Weg zu machen. Mit Lebensmitteln
für zwei Tage versehen und nur mit Schwert und Lanze bewaffnet, begannen sie den Aufstieg. Und zuerst gingen sie wie ge-   15
wöhnlich, dann, als man an die steilen Felsen gelangt war, umschlangen einige mit den Händen die hervorragenden Klippen
und zogen sich in die Höhe, andere kletterten mittels darumge-
worfener Seilschlingen hinauf, während sie die Keile in die
Felsspalten schlugen als Stufen, um nacheinander darauf zu treten.
So brachten sie zwischen Furcht und Mühseligkeiten den Tag hin.
Allein, obwohl so Schlimmes überwunden war, blieb ihnen noch   16
Schwereres übrig, und die Höhe des Felsens schien noch zu wachsen. Ein kläglicher Anblick war es vollends, wenn die, die eine
unzuverlässige Stufe getäuscht hatte, aus der schroffen Höhe herabstürzten. Das Beispiel des fremden Falles zeigte ihnen, daß sie
bald gleiches erleiden würden. Dennoch stiegen sie durch diese   17
Schwierigkeiten bis zum Gipfel des Berges, alle erschöpft infolge
der unausgesetzten Anstrengung, manche verletzt: so überfiel sie
mit der Nacht auch der Schlaf. Hier und da auf den unwegsamen   18
und rauhen Felsen hingestreckt, ruhten sie, die ihnen drohende
Gefahr vergessend, bis zu Tagesanbruch. Endlich erwachten sie
wie aus tiefer Betäubung, durchspähten die versteckten, unter
ihnen liegenden Täler, da sie nicht wußten, an welchem Teile des
Felsens jene große Macht der Feinde verborgen liege, und bemerkten endlich den Rauch der Höhle, der gerade unter ihnen
emporwirbelte. Sie schlossen daraus, daß dort der Schlupfwinkel   19
der Feinde sei. Daher befestigten sie an Spießen das verabredete

Zeichen und sahen nun, daß von ihrer gesamten Anzahl zweiunddreißig beim Hinaufsteigen umgekommen seien.

20   Der König, den ebensosehr wie der Wunsch, sich des Platzes zu
bemächtigen, das Schicksal derer beunruhigte, die er in eine so
offensichtliche Gefahr gesandt hatte, stand den ganzen Tag, den
Blick auf die Gipfel des Berges gerichtet. Erst nachts, als die
Dunkelheit den Ausblick unmöglich gemacht hatte, zog er sich

21   zurück, um sich zu stärken. Am folgenden Tage, als es noch nicht
völlig hell war, war er der erste, der die Tücher, das Zeichen, daß
der Berggipfel besetzt sei, erblickte. Doch die wechselnde Gestalt
des Himmels, indem der Sonnenschein bald durchbrach, bald sich
verbarg, ließ ihn noch zweifeln, ob sich sein Auge nicht etwa
täusche. Wie aber der Himmel in hellerem Lichte strahlte, wurde

22   er seiner Zweifel enthoben; und er rief den Kophes, durch den er
die Gesinnung der Barbaren auf die Probe gestellt hatte, und
schickte ihn an sie ab mit der Mahnung, jetzt wenigstens einen für
sie heilsameren Entschluß zu fassen. Blieben sie aber im Vertrauen
auf die Örtlichkeit beharrlich, so solle er ihnen die in ihrem

23   Rücken zeigen, die den Gipfel besetzt hatten. Zu Arimazes eingelassen, begann Kophes ihm zuzureden, den Felsen zu übergeben:
die Gunst des Königs sei ihm sicher, wenn er den mit so großen
Plänen Umgehenden nicht nötige, sich bei der Belagerung eines
einzigen Felsens aufzuhalten. Doch jener antwortete noch trotziger und hochmütiger als vorher und hieß den Kophes sich entfer-

24   nen. Da nahm er den Barbaren bei der Hand und bat ihn, mit vor
die Höhle zu treten. Als er dies erlangt, zeigte er ihm die Jünglinge auf dem Berggipfel und fügte mit gutem Grund zur Verhöhnung seines Stolzes hinzu, die Soldaten Alexanders hätten

25   allerdings Flügel. Und schon ließ sich aus dem makedonischen
Lager der Schall der Signale und das Geschrei des ganzen Heeres
vernehmen. Dieser Umstand, wie denn so vieles im Kriege auf
Schein und Täuschung beruht, drängte die Barbaren zur Übergabe; denn in ihrer Furcht vermochten sie die geringe Anzahl

26   derer, die in ihrem Rücken standen, nicht abzuschätzen. Daher
riefen sie den Kophes, der sie in ihrer Bestürzung verlassen hatte,
sofort zurück und entsandten mit ihm dreißig der Vornehmsten,

die den Fels übergeben und freien Abzug ausbedingen sollten.
Obwohl nun dieser fürchtete, die Barbaren könnten die geringe 27
Anzahl der Jünglinge erkennen und sie herabwerfen, so erwiderte
er doch, im Vertrauen auf sein Glück und aufgebracht über den
Hochmut des Arimazes, daß er sich auf keine Bedingung der
Übergabe einlasse. Arimazes, der mehr an seiner Sache verzwei- 28
felte, als daß sie wirklich verloren gewesen wäre, stieg mit seinen
Verwandten und den Vornehmsten seines Stammes ins Lager
hinab, wo sie der König sämtlich geißeln und unmittelbar am
Fuße des Felsens ans Kreuz schlagen ließ. Das übrige Volk, das 29
sich ergeben, wurde samt dem erbeuteten Gelde unter die Einwohner der neuen Städte als Geschenk verteilt und Artabazos
zum Schutze des Felsens und der umliegenden Gegend zurückgelassen.

ACHTES BUCH

1. Als Alexander mit mehr Aufsehen als Ruhm die Felsburg ₁
unterworfen hatte, teilte er, da das Umherschwärmen des Feindes
die Aufsplitterung in mehrere Abteilungen nötig machte, sein
Heer in drei Teile. Über den einen war Hephaistion, über den
anderen Koinos gesetzt: er selbst befehligte die übrigen. Doch ₂
waren nicht alle Barbaren von gleicher Gesinnung. Einige unter-
lagen der Waffengewalt, die Mehrzahl fügte sich, bevor es zum
Kampfe kam, seinen Befehlen, und ihnen ließ er Städte und
Ländereien derer zuteilen, die bei ihrem Abfall beharrt hatten. Es ₃
verheerten aber die aus ihrem Land vertriebenen Baktrianer zusammen mit achthundert massagetischen Reitern die benachbarten Flecken. Ihnen zu wehren, zog Attinas, der Befehlshaber über
jenen Distrikt, mit dreihundert Reitern aus, ohne zu ahnen, daß
ihm ein Hinterhalt gelegt worden war. Die Feinde verbargen ₄
nämlich in der zufällig an die Ebene grenzenden Waldung Bewaffnete, während einige wenige Vieh vor sich hertrieben, um
den Ahnungslosen durch die Beute zu dem Hinterhalte hinzulok-
ken; und Attinas folgte ihnen also raubend, ohne seine Schar ₅
geordnet und die Reihen geschlossen zu halten. Wie er aber bei
dem Walde vorüber war, fielen die darin Gelagerten unerwartet
über ihn her und hieben ihn mit seiner ganzen Mannschaft nieder.
Schnell drang die Kunde von dieser Niederlage zu Krateros, der ₆
nun mit seiner gesamten Reiterei über sie kam; und waren auch
die Massageten bereits geflohen, so kamen doch tausend Daher
um. Mit ihrer Niederlage aber hatte die Erhebung der ganzen
Gegend ihr Ende erreicht. Auch Alexander hatte die Sogdianer ₇
aufs neue unterjocht und zog wieder nach Marakanda. Hier traf

er den Derdas, den er zu den Skythen jenseits des Bosporos[1]
8 geschickt hatte, nebst Gesandten dieses Volksstammes. Ebenso
hatte der Beherrscher der Chorasmier, Phrataphernes, dessen Gebiet an das der Massageten und Daher grenzte, Boten gesandt,
9 mit dem Versprechen, seinen Befehlen nachzukommen. Die Skythen baten, er möge sich mit der Tochter ihres Königs vermählen;
verschmähe er aber diese Verwandtschaft, so solle er den vornehmsten Makedonen gestatten, mit den ersten Töchtern ihres
Stammes Ehen zu schließen; auch werde, versprachen sie, ihr
10 König selbst zu ihm kommen. Beide Gesandtschaften wurden
freundlich angehört, und in Erwartung des Hephaistion und Artabazos bezog man ein Standlager. Als diese sich mit ihnen vereinigt hatten, gelangte man in die Gegend, die Bazaira heißt.
11   Für den Reichtum bei den Barbaren in jenen Gegenden gibt es
keinen besseren Beweis als die in großen Parks und Waldungen
12 gehegten Herden edlen Wildes. Man wählt zu diesem Zweck
weit ausgedehnte Wälder, von zahlreichen Bächen nie versiegen-
den Wasser anmutig belebt; Mauern umschließen die Parks, und
13 Türme befinden sich darin als Zufluchtsstätten der Jäger. Vier
Menschenalter hintereinander war, wie man wußte, ein solcher
Park unberührt geblieben: in ihn zog Alexander mit seinem
ganzen Heere ein und gab Befehl, das Wild von allen Seiten
14 aufzujagen. Als darunter ein Löwe von seltener Größe gegen den
König selbst losstürzte, befand sich nahe bei Alexander gerade
Lysimachos[3], der nachmals König wurde, und dieser hatte sich
schon angeschickt, dem Tiere seinen Jagdspieß entgegenzuschleu-
dern. Doch der König hielt ihn zurück und hieß ihn gehen; er
fügte hinzu, er könne ebenso geschickt wie Lysimachos den
15 Löwen allein töten. Lysimachos hatte nämlich einmal bei einer
Jagd in Syrien ein Tier von ausnehmender Größe zwar allein
erlegt, doch war er von ihm an der linken Schulter bis auf die
Knochen zerfleischt worden, so daß er in die äußerste Gefahr
16 geraten war. Eben dies warf ihm jetzt der König vor, und seine
Tat war noch tapferer als seine Rede; denn er fing nicht nur das
17 Tier auf, sondern tötete es auch durch einen einzigen Stoß. Infolge dieses eben erzählten Vorfalles hat sich meiner Meinung

nach das törichte Gerede[4] verbreitet, Lysimachos sei vom Könige
einem Löwen vorgeworfen worden. Obwohl übrigens Alex- 18
ander die Gefahr so glücklich bestanden hatte, so faßten doch die
Makedonen nach ihrer Volkssitte den Beschluß, daß er weder zu
Fuß noch ohne ein auserlesenes Geleit der Vornehmsten oder
Freunde jagen solle. Nachdem man viertausend Stück Wild er- 19
legt, hielt er in eben jenem Parke mit seinem ganzen Heere Mahl.

Von dort kehrte er nach Marakanda zurück, und da Artabazos'
Entlassungsgesuch um seines hohen Alters willen angenommen
wurde, so bestimmte er dessen Provinz dem Kleitos. Es war das 20
derselbe, welcher am Granikos den König, als er ohne Helm
kämpfte, mit seinem Schilde deckte und die Hand des Rhosakes,
der das Haupt des Königs bedrohte, mit dem Schwerte abhieb:
ein alter Soldat Philipps und durch viele Kriegstaten bekannt.
Seine Schwester Hellanike, die den Alexander aufgezogen hatte, 21
wurde vom König wie eine Mutter geliebt. Daher vertraute er
den kriegerischsten Teil des Reiches seiner Treue und seinem
Schutze an. Und als der Aufbruch schon für den folgenden Tag 22
angeordnet war, wurde Kleitos noch zu einem festlichen, unge-
wöhnlich früh beginnenden Mahle gezogen. Dabei begann der
König, von vielem Weine erhitzt und übermäßig von sich eingenommen, seine Taten zu rühmen, so daß es selbst für die Zuhörer
zu stark wurde, die sich sagen mußten, daß er die Wahrheit
berichte. Doch schwiegen die Graubärte still, bis er anhob, Phil- 23
ipps Taten herabzusetzen, und prahlte, der berühmte Sieg bei
Chaironea sei sein Werk, und nur durch seines Vaters Neid und
Mißgunst sei ihm der Ruhm dieser Großtat entrissen worden. Als 24
nämlich der Aufuhr unter den makedonischen Truppen und griechischen Söldnern ausgebrochen sei, habe Philipp durch eine
Wunde, die er in der Verwirrung erhalten, erschöpft dort gelegen
und es für das sicherste gehalten, sich tot zu stellen: er dagegen
habe seinen Leib mit seinem Schild gedeckt und die auf ihn
Eindringenden mit eigener Hand getötet. Dies habe aber sein 25
Vater nie mit Gleichmut eingestehen wollen, da er ungern dem
Sohne sein Leben verdankt habe. Daher habe er nach dem Feldzug, den er ohne seinen Vater gegen die Illyrer unternommen, als

Sieger an seinen Vater geschrieben, die Feinde seien zerstreut und in die Flucht geschlagen, nirgends aber sei Philipp dabei gewesen.

26 Ruhm verdiene, fügte er hinzu, nicht wer die samothrakischen Geheimkulte[5] besuche, wo es Asien zu sengen und zu verheeren gelte, sondern die, deren Taten durch ihre Größe allen Glauben übersteigen.

27 Dies und ähnliches hörten die jüngeren Männer gern, die älteren verdroß es, hauptsächlich um Philipps willen, unter welchem 28 sie ihre meisten Jahre verlebt hatten. Da wandte sich Kleitos, selbst auch nicht ganz nüchtern, zu denen, die hinter ihm zu Tische lagen, und zitierte mit so gedämpfter Stimme, daß weniger die Worte als deren Schall vom König vernommen werden 29 konnte, eine Stelle aus einem Schauspiel des Euripides[6]: Es sei ein schlechter Brauch bei den Griechen, auf die Siegestrophäen nur die Namen der Könige zu schreiben, da so der durch das Blut anderer gewonnene Ruhm unterschlagen werde. Da nun der König argwöhnte, daß eine übelwollende Bemerkung gemacht worden sei, hob er an, die Tischnachbarn auszufragen, was sie aus 30 Kleitos' Munde gehört hätten. Doch als diese hartnäckig schwiegen, erinnerte Kleitos allmählich mit lauterer Stimme an die Taten Philipps und an dessen in Griechenland geführte Kriege und erhob alles dies über das, was gegenwärtig geleistet würde.

31 Hierauf entspann sich ein Streit zwischen den Jüngeren und Älteren, während der König, zwar scheinbar Kleitos' Reden, die seinen Ruhm herabsetzten, geduldig anhörend, bereits vom hef- 32 tigsten Zorn erfaßt war. Freilich hätte er diesen meistern können, wenn Kleitos seinen kecken Worten ein Ende gesetzt hätte, so entbrannte er nur noch stärker, als jener gar nicht davon abließ.

33 Und Kleitos wagte es bereits, sogar den Parmenion zu verteidigen, und stellte, nicht nur vom Weine, sondern auch von bösartiger Streitsucht fortgerissen, Philipps Sieg über die Athener höher 34 als die Zerstörung Thebens. Endlich schrie er: „Wenn es für dich zu sterben gilt, so ist Kleitos der erste; nimmst du aber die Entscheidung über den Sieg vor, dann tragen den besten Teil diejenigen davon, welche am unverschämtesten das Andenken deines 35 Vaters verunglimpfen. Mir teilst du die Provinz Sogdiana zu, die

sich so oft empört hat und nicht nur noch unbezwungen, sondern geradezu unbezwingbar ist. Du schickst mich unter wilde Bestien von der leidenschaftlichsten Gemütsart. Doch schweige ich von dem, was mich selbst angeht. Aber du behandelst Philipps Solda- 36 ten geringschätzig und vergißt, daß wir noch heute bei Halikarnassos festsitzen würden, hätte nicht der alte Atharrias hier die den Kampf verweigernden jungen Mannschaften zurückgebracht. Wie hast du es denn fertig gebracht, Asien mit eben diesen jungen 37 Burschen da zu unterwerfen? Wohl, meine ich, ist es wahr, was bekanntlich dein Oheim[7] in Italien gesagt hat, er sei auf Männer, du auf Weiber gestoßen."

Nichts von allen den unbedachten und törichten Äußerungen 38 hatte den König mehr gereizt als die hingeworfene ehrenvolle Erwähnung Parmenions. Dennoch unterdrückte er seinen Unwillen und begnügte sich damit, Kleitos zu befehlen, das Mahl zu verlassen. Und er fügte nur hinzu: wenn er noch länger geredet 39 hätte, hätte er ihm wohl auch noch vorgeworfen, daß er ihm sein Leben verdanke, wie er ja oftmals stolzer Weise sich gerühmt habe. Und als jener noch aufzustehen zauderte, suchten ihn seine 40 nächsten Tischnachbarn unter Schelten und Zureden gewaltsam abzuführen. Wie man ihn aber fortzog, gesellte sich zu seiner 41 bisherigen Heftigkeit auch noch der Zorn, und laut schrie er: mit seiner Brust habe er Alexanders Rücken gedeckt; nun, nachdem der Moment so großen Verdienstes vorüber, sei ihm selbst die Erinnerung daran verhaßt. Zugleich warf er ihm Attalos' Ermor- 42 dung vor und rief schließlich mit Verspottung von Jupiters Orakel, dessen Sohn Alexander zu sein behaupte: er habe dem König eine aufrichtigere Antwort gegeben als sein Vater. Jetzt hatte der 43 Zorn des Königs eine Höhe erreicht, wie ihn kaum ein Nüchterner noch hätte beherrschen können. Nachdem ihm schon vorher die Sinne vom Wein getrübt waren, sprang er plötzlich vom Lager auf. Bestürzt, die Becher nicht hinsetzend, sondern weg- 44 werfend, erhoben sich die Freunde, voll gespannter Erwartung, was er in so ungeheurer Aufregung tun werde. Er riß einem 45 Leibwächter die Lanze aus der Hand und wollte den noch immer mit gleich unbändiger Zunge fortrasenden Kleitos durchbohren,

46 doch Ptolemaios und Perdikkas hinderten ihn daran. Sie umfaßten seinen Leib und hielten ihn trotz heftigen Sträubens fest,
während Lysimachos und Leonnatos auch die Lanze entfernt hat-
47 ten. Alexander beschwor die Soldaten bei ihrem Eide, rief, er
werde, wie vor kurzem an Dareios geschehen, von seinen nächsten Freunden gefesselt, und befahl, das Trompetenzeichen zu
48 geben, sich bewaffnet beim Königszelte zu versammeln. Da warfen sich Ptolemaios und Perdikkas vor ihm auf die Knie und
flehten ihn an, nicht in so leidenschaftlichem Zorne zu beharren
und sich lieber Zeit zur Überlegung zu gönnen: alles werde er am
folgenden Tage mit größerer Gerechtigkeit ins Werk setzen.
49 Aber seine Ohren waren verschlossen, denn zu sehr tobte der
Zorn in ihm. So rannte er, seiner Wut nicht mächtig, hinaus in die
Vorhalle des Zeltes, nahm einem der Wachehaltenden den Speer
und stellte sich am Eingang auf, durch den die, die mit ihm
50 gespeist hatten, heraustreten mußten: Die übrigen hatten sich
entfernt; Kleitos trat zuletzt hinaus und ohne Licht. Der König
fragte ihn, wer er sei. Und selbst aus dem Ton der Frage drohte
51 die Wildheit seines Entschlusses hervor. Jener erwiderte, nicht
mehr an seinen, sondern an des Königs Zorn denkend, er sei
52 Kleitos und gehe vom Gastmahle weg. Doch indem er dies sagte,
durchbohrte ihm Alexander die Brust mit dem Speer und rief,
vom Blut des Sterbenden bespritzt: „Gehe nun zu Philipp und
Parmenion und Attalos!"

1 2. Übel hat darin die schaffende Natur den menschlichen Geist
beraten, daß wir meistens nicht, was geschehen soll, sondern was
bereits geschehen ist, in Erwägung ziehen. Auch der König, nachdem der Zorn sich gelegt und der Rausch verflogen war, erkannte bei zu später Überlegung das Ausmaß seiner Schandtat.
2 Getötet sah er einen Mann, der zwar jetzt die Redefreiheit maßlos
mißbraucht hatte, sonst aber trefflich im Kriege und, wenn er sich
es ehrlich eingestand, sein Lebensretter war. Er selbst, der König,
hatte dem grauenvollen Amt des Henkers vorgegriffen, hatte die
Frechheit der Zunge, die sich wohl auf Rechnung des Weines
3 schieben ließ, durch frevelhaften Mord gerächt. Die ganze Vor-

halle schwamm vom Blute dessen, der kurz zuvor sein Tischge-
nosse gewesen war: bestürzt und starren Bildsäulen gleich standen
die Wachen abseits, und die Einsamkeit gab der Reue desto freieren Raum. So zog er denn den Speer aus dem Leichnam am 4
Boden und kehrte ihn gegen sich selbst; und schon hatte er ihn an
seine Brust gesetzt, als die Wachen herbeistürzten, ihm trotz seines Widerstrebens die Waffe aus den Händen wanden und ihn
selbst auf ihren Armen in das Zelt trugen. Hier warf er sich zu 5
Boden und ließ das ganze Quartier von jammervollem Geächz
und Wehgeschrei erschallen. Dann zerkratzte er sich das Antlitz
mit den Nägeln und flehte die Umstehenden an, ihn eine so
entsetzliche Schmach nicht überleben zu lassen. Unter solchen 6
Verwünschungen zog sich die ganze lange Nacht hin. Und als er
nachdachte, ob ihn wohl der Zorn der Götter zu einer solchen
Untat hingerissen habe, fiel ihm ein, daß dem Vater Bacchus sein
jährliches Opfer nicht zur festgesetzten Zeit dargebracht worden
war. Darum sei es, da der Mord beim Zechgelage und Mahl
geschehen sei, offenbar der Zorn des Gottes gewesen. Doch mehr 7
noch beunruhigte ihn, daß er die Gemüter aller seiner Freunde in
Bestürzung sah: keiner werde fortan wagen, sich mit ihm in ein
Gespräch einzulassen; einsam werde er leben müssen wie ein
wildes Tier, das die einen schrecke, die anderen fürchte. Dann bei 8
Anbruch des Tages gebot er, den Leichnam, noch blutig wie er
war, in das Zelt hineinzutragen, und als er vor ihm niedergelegt
worden war, rief er unter Tränen: „Das ist der Dank, den ich der
Pflegerin meiner Kindheit erstattet habe: zwei ihrer Söhne haben
bei Milet für meinen Ruhm den Tod gefunden, dieser ihr Bruder,
der einzige Trost in ihrer Verlassenheit, liegt von mir beim Mahle
ermordet. Wohin soll sich nun die Unglückliche wenden? Alle 9
ihre Angehörigen überlebe ich allein, den sie nie mehr mit
freundlichen Augen ansehen kann. Und ich, der Mörder meiner
Lebensretter, sollte in das Vaterland zurückkehren, um nicht einmal meiner Pflegerin, ohne sie an ihr Unglück zu erinnern, die
Rechte bieten zu können!" Endlich, als er mit Weinen und Kla- 10
gen gar nicht aufhören wollte, wurde der Leichnam auf Befehl
der Freunde entfernt. Drei Tage lang lag der König eingeschlos-

11 sen. Als aber die Leibwächter und die Generale seiner Umgebung merkten, daß er zu sterben entschlossen sei, drangen sie alle miteinander in sein Zelt ein und brachten ihn, nachdem er lange ihren Bitten widerstrebt hatte, mit Mühe dahin, Speise zu sich zu

12 nehmen. Und damit er sich des Mordes weniger zu schämen brauchte, erklärten die Makedonen durch einen Beschluß, daß Kleitos mit Recht getötet sei; ja sie hätten ihm sogar das Begräbnis verweigert, hätte der König nicht befohlen, ihn zu beerdigen.

13 Nachdem er also zehn Tage bei Marakanda zugebracht hatte, hauptsächlich um seines Schamgefühles Herr zu werden, entsandte er den Hephaistion mit einem Teil des Heeres in die Gegend

14 von Baktra, um Proviant für den Winter zu beschaffen. Die dem Kleitos bestimmte Provinz aber gab er dem Amyntas; er selbst gelangte nach Xenippa[8], einem an Skythien grenzenden Distrikt, der durch mehrere belebte Flecken bevölkert ist, weil die Fruchtbarkeit des Landes nicht nur die Eingeborenen fesselt, sondern

15 auch Einwanderer anlockt. Für die aus Baktra Vertriebenen, die von Alexander abgefallen waren, war es ein Zufluchtsort gewesen. Nachdem man aber in Erfahrung gebracht, daß der König sich nähere, wurden sie von den Einwohnern verjagt und bildeten, ungefähr zweitausendfünfhundert an Zahl, eine geschlossene

16 Schar. Alle waren zu Roß, schon im Frieden an Raubzüge gewöhnt; jetzt aber hatte nicht allein der Krieg, sondern auch die Aussicht, daß sie doch keine Gnade finden würden, die ohnehin noch wilden Gemüter wilder gemacht. So griffen sie unversehens Alexanders Feldherrn Amyntas an, und das Treffen hatte lange

17 unentschieden geschwankt; endlich wandten sie nach Verlust von siebenhundert ihrer Leute, wovon dreihundert vom Feinde gefangen wurden, den Siegern den Rücken, freilich nicht, ohne sich gerächt zu haben: denn achtzig Makedonen wurden getötet und

18 außerdem dreihundertundfünfzig verwundet. Dennoch erlangten sie auch nach diesem zweiten Abfalle Begnadigung.

19 Nach ihrer Unterwerfung kam der König mit seinem ganzen Heere in die Gegend, die Nautaka heißt. Dort war der Satrap Sisimithres, der mit seiner eigenen Mutter zwei Söhne gezeugt hatte, da bei ihnen der geschlechtliche Umgang der Eltern mit

ihren Kindern erlaubt ist. Dieser hatte seine Landsleute bewaffnet 20
und die Pässe der Gegend, wo sie sich am engsten zusammen-
zieht, durch ein starkes Befestigungswerk geschlossen. Daran vorbei strömte ein reißendes Gewässer, während den Rücken ein
Felsen umschloß, durch den die Einwohner einen künstlichen
Durchgang gebrochen hatten. Doch nur in den Eingang der 21
Höhle dringt noch das Tageslicht, das Innere ist dunkel, wenn
man kein Licht hineinbringt, und der unterirdisch fortlaufende
Gang bietet einen Weg in das freie Feld, der nur den Eingeboren-
nen bekannt ist. Obwohl nun die Barbaren den schon durch seine 22
natürliche Lage gesicherten Platz noch durch eine starke Mannschaft verteidigten, ließ Alexander dennoch die Sturmböcke heranrücken und brachte die künstlich hinzugefügten Befestigungswerke zum Wanken, während Schleudern und Pfeile den größten
Teil der Verteidiger herunterjagten. Als diese zerstreut und vertrieben waren, überschritt er die Trümmer jener Bollwerke und
rückte mit dem Heere an den Felsen heran. Dazwischen strömte 23
jedoch noch der Fluß, in den die Gewässer vom oberen Scheitel
des Gebirges her ins Tal zusammenflossen, und es schien ein
großes Stück Arbeit, eine so gewaltige Schlucht auszufüllen.
Gleichwohl befahl er, Bäume zu fällen und Felsblöcke zu- 24
sammenzuschichten; und bald befiel die mit dergleichen Arbeiten
nicht vertrauten Barbaren ein ungeheurer Schrecken, da sie den
plötzlich sich erhebenden Damm erblickten.

Darum sandte der König, in der Hoffnung, sie könnten durch 25
Furcht zur Übergabe bewogen werden, den Oxartes, der demselben Volksstamme angehörte, sich ihm aber unterworfen hatte,
um ihren Anführer zu bereden, den Felsen zu übergeben. Wäh- 26
rend dessen ließ er, um ihre Angst noch zu steigern, die Belagerungstürme heranrücken, und von den Wurfmaschinen geschleudert blitzten Geschosse, so daß sich jene auf den Gipfel des Felsens
flüchteten, weil sie sahen, daß jeder andere Schutz unzureichend
war. Nun begann Oxartes dem verzagten und an seiner Sache 27
verzweifelnden Sisimithres zuzureden, es lieber mit der Redlich-
keit als der Waffengewalt der Makedonen zu versuchen und nicht
den schnellen Vormarsch des gegen Indien vordringenden siegrei-

chen Heeres aufzuhalten; denn wer immer sich diesem entgegen-
stelle, werde das Verderben, das anderen zugedacht sei, auf sein
28 eigenes Haupt lenken. Und Sisimithres selbst zwar sagte die
Übergabe zu; als ihm jedoch seine Mutter und zugleich Gemahlin
ankündigte, sie wolle eher sterben als in irgendjemandes Hände
fallen, bewegte sie ihn damit zu einem Entschluß, der mehr ehrenvoll als sicher war; er schämte sich nämlich, daß die Freiheit bei
den Frauen in höherem Ansehen stehe als bei den Männern.
29 Darum entließ er den Friedensunterhändler und war entschlossen,
die Belagerung auszuhalten. Als er jedoch die feindlichen Streitkräfte mit seinen eigenen verglich, verwarf er den Rat der Frau
30 wieder, der ihm eher vorschnell als notwendig erschien; und
schleunigst rief er den Oxartes zurück und beschied ihn, er wolle
sich dem König unterwerfen, nur bitte er das eine, daß er nichts
von dem Willen und Rat seiner Mutter verlauten lasse, damit
31 man auch für sie desto eher Gnade erlange. Er ließ also den
Oxartes vorausgehen und folgte ihm mit seiner Mutter, seinen
Söhnen und der ganzen Schar seiner Verwandten, ohne selbst ein
Unterpfand für seine Sicherheit abzuwarten, das ihm Oxartes
32 versprochen hatte. Der König schickte einen Reiter voran, mit
dem Befehle, daß sie zurückkehren und sein Erscheinen erwarten
sollten, dann kam er selbst zu ihnen und stellte, nachdem er der
siegreichen Minerva Opfertiere geschlachtet hatte, dem Sisimithres seine Herrschaft zurück; zugleich machte er ihm Hoffnung
auf eine noch größere Provinz, wenn er treulich an der Freund-
33 schaft mit ihm festhielte. Als ihm der Vater seine beiden jungen
Söhne übergab, hieß er sie, ihm in den Krieg folgen.

Dann ließ er die Phalanx zurück und rückte mit der Reiterei
34 weiter vor, die abtrünnigen Sogdianer zu unterwerfen. Anfangs
überwand man den steilen und durch Felsstücke gesperrten Weg,
so gut es eben gehen wollte. Bald jedoch waren nicht nur die
Hufe der Rosse abgenutzt, sondern auch ihre Kräfte erschöpft, so
daß die Mehrzahl nicht weiter folgen konnte und der Zug allmählich lichter wurde, da die übergroße Anstrengung, wie es
35 meist so geht, die Scham zurückzubleiben überwand. Dennoch
verfolgte der König, von Zeit zu Zeit die Pferde wechselnd, ohne

Unterbrechung die Flüchtigen. Die adligen Pagen, die ihn zu
begleiten pflegten, hatten ihn verlassen, mit Ausnahme Philipps,
eines Bruders des Lysimachos. Dieser war eben zum jungen
Manne herangewachsen und, wie man leicht ersehen konnte, von
seltenen Eigenschaften; er begleitete, so unglaublich dies scheinen   36
mag, zu Fuß den König auf einem Ritte von fünfhundert Stadien
[ca. 92 km], und wiewohl ihm Lysimachos mehrmals sein Pferd
anbot, konnte er dennoch nicht bewogen werden, vom Könige
zu weichen, obschon er außer dem Harnisch noch seine Waffen
trug. Und als sie in einen Wald gelangt waren, worin sich die   37
Barbaren versteckt hatten, kämpfte er auf das rühmlichste und
beschützte den mit dem Feinde handgemein gewordenen König.
Nachdem jedoch die Feinde in eiliger Flucht die Waldung ge-   38
räumt hatten, verließ ihn der Willen, der in der Hitze des Kampfes den Körper aufrecht erhalten hatte: plötzlich brach ihm der
Schweiß am ganzen Körper in Strömen hervor und er lehnte sich
an den nächsten Baumstamm. Doch da selbst diese Stütze nicht   39
genügte, nahm ihn der König in seine Arme auf, in der Umarmung brach er zusammen und starb. Zu der Trauer hierüber kam
für den König noch ein anderer nicht geringer Schmerz: Erigyios,   40
der zu seinen ausgezeichneten Feldherrn gehört hatte, war, wie er
kurz vor seiner Rückkehr ins Lager[9] erfuhr, gestorben. Beider
Leichenbegängnis wurde mit jeder Art Gepränge und Ehrenbezeigung gefeiert.

3. Hierauf hatte er beschlossen, gegen die Daher zu ziehen, wo   1
sich nämlich, wie er in Erfahrung gebracht, Spitamenes aufhielt.
Aber auch dieses Unternehmen, wie so vieles andere, führte das
Glück zu Ende, das nie müde wurde, ihn selbst in seiner Abwesenheit zu begünstigen. Spitamenes liebte seine Frau sehr, und
obwohl sie die Beschwerden der Flucht und immer erneuten
Vertreibung kaum zu ertragen vermochte, führte er sie in jede
Gefahr als Begleiterin mit sich. Der Drangsale müde, wandte sie   2
wiederholt weibliche Schmeicheleien an, damit er endlich seiner
Flucht ein Ziel setze, die Milde des siegreichen Alexander erprobe
und den zu besänftigen suche, dem er nicht entfliehen könnte. Sie   3

hatte drei erwachsene Söhne, die sie ihm geboren: diese führte sie an die Brust des Vaters und flehte ihn an, wenigstens dieser sich zu erbarmen; und, was ihren Bitten noch mehr Gewicht geben

4 sollte, Alexander war nicht weit entfernt. Doch er, voll Argwohn, daß man ihn verrate, nicht zu bereden suche, und daß sie sicherlich, im Vertrauen auf ihre Schönheit, so bald als möglich in Alexanders Gewalt zu kommen wünsche, zückte den Säbel und hätte sein Weib durchbohrt, wäre er nicht durch das Dazwi-

5 schenspringen ihrer Brüder gehindert worden. Doch er befahl ihr, seine Gegenwart zu meiden, und bedrohte sie mit dem Tode, wenn sie vor seine Augen träte; um aber die Sehnsucht nach ihr zu mindern, fing er an, die Nächte mit Dirnen zuzubringen.

6 Allein der Ekel an dieser Umgebung entzündete die in seinem Innern noch fortglühende Liebe aufs neue. Der Gattin also wieder einzig und allein hingegeben, ließ er nicht ab, sie zu beschwören, von solchen Gedanken abzustehen und sich das Los, wie es ihnen einmal das Schicksal bereitet, gefallen zu lassen: er seinesteils

7 wolle lieber sterben als sich ergeben. Sie aber entschuldigte sich, daß sie vielleicht weibischen, aber dennoch treuen Sinnes zu dem geraten, was ihr als nützlich erschienen: in Zukunft werde sie

8 ihrem Manne untertan sein. Durch diese geheuchelte Fügsamkeit gewonnen, ließ Spitamenes zeitiger als gewöhnlich ein Gastmahl zurichten und wurde, von Wein und Speisen überladen, schon

9 halb schlummernd in sein Schlafgemach getragen. Sobald ihn aber sein Weib in tiefen und festen Schlaf versunken sah, zog sie das Schwert, das sie unter ihrem Kleide verborgen hatte, schlug ihm den Kopf ab und übergab ihn mit Blut bespritzt ihrem Sklaven, der um die Tat wußte.

10 Von eben diesem Sklaven begleitet, kam sie, wie sie war, noch blutigen Gewandes in das makedonische Lager und ließ Alexander melden, es sei etwas Wichtiges, was er von ihr selbst erfah-

11 ren müsse. Dieser ließ die Barbarin sofort hereinführen, und als er sie mit Blut bespritzt erblickte, meinte er, sie sei gekommen, sich über eine Beleidigung zu beklagen, und hieß sie reden, was ihr

12 Anliegen sei. Doch sie verlangte, man solle den Sklaven herein-führen, dem sie befohlen hatte, in der Vorhalle zu warten. Weil

dieser nun das Haupt des Spitamenes unter seinem Kleide versteckt hielt, so schien dies verdächtig, und als man nachforschte,
was er verberge, zeigte er es. Die Todesblässe hatte die Züge des   13
blutlosen Gesichtes entstellt, und es war nicht deutlich zu erkennen, wer es war. Auf die Nachricht hin, daß der Sklave ein
menschliches Haupt bringe, trat der König aus dem Zelte und
erfuhr hier auf sein Befragen, was das zu bedeuten habe, durch das
Geständnis des Menschen den Sachverhalt. Nun fühlte er sich   14
abwechselnd von verschiedenen Gedanken und entgegengesetzten Empfindungen bestürmt. Als ein ungemeines Verdienst um
seine Person erkannte er es, daß der Überläufer und Verräter
getötet sei, der, wenn er am Leben geblieben, so wichtige Unternehmungen verzögert hätte; auf der anderen Seite verabscheute
er die furchtbare Tat, daß sie den um sie so wohlverdienten
Mann, den Vater ihrer gemeinsamen Kinder, meuchlerisch ermordet hatte. Doch überwog die Gräßlichkeit des Verbrechens   15
das Dankgefühl für den geleisteten Dienst, und er ließ sie auffor-
dern, sich aus dem Lager zu entfernen, um nicht dieses Beispiel
barbarischer Wildheit auf die milderen Sitten und Gemüter der
Griechen einwirken zu lassen.

Als die Daher von Spitamenes' Ermordung erfuhren, lieferten   16
sie den Dataphernes, ebenfalls verwickelt in diesen Abfall, gebunden an Alexander aus und ergaben sich ihm selbst. Des größten
Teils seiner gegenwärtigen Sorgen enthoben, wandte dieser sein
Augenmerk auf Bestrafung von Ungerechtigkeiten, wo seine
Befehlshaber ihre Gewalt auf habsüchtige und übermütige Weise
gebrauchten. Darum übergab er Hyrkanien und das Gebiet der   17
Marder nebst dem der Tapurer an Phrataphernes, mit dem Auftrage, seinen Vorgänger Phradates zu ihm in Gewahrsam zu
schicken. An Arsames, des Statthalters von Drangianas, Stelle
kam Stasanor, nach Medien wurde Arsakes geschickt, um den
Oxydates von dort abzulösen. Babylonien kam, da Mazaios gestorben war, unter den Befehl des Stamenes.

1 4. Nachdem er dies geordnet, zog er im dritten Monat das Heer aus den Winterquartieren, um in die Gegend zu marschieren, die

2 Gazaba heißt. Der erste Tag bot einen ungestörten Marsch; der zweite, zwar auch noch nicht stürmisch und unfreundlich, war doch trüber als der vorige und verstrich nicht ohne drohende

3 Anzeichen des nahenden Unwetters. Am dritten begannen von allen Himmelsrichtungen Blitze zu leuchten und durch ihr bald hervorbrechendes, bald verschwundenes Licht nicht nur die Augen, sondern auch die Gemüter des marschierenden Heeres zu

4 erschrecken. Fast ohne Unterbrechung ertönte der Donner, und allerorts sah man das Licht einschlagender Blitze. Die Ohren von dem Getöse betäubt, wagte der Zug nicht vorzuschreiten und

5 nicht stillzuhalten. Da plötzlich ergoß sich, Hagel schleudernd und mit Gießbachs Gewalt, eine Regenflut. Und anfangs zwar schützten sie sich mit ihren Schilden, doch bald vermochten die schlüpfrigen und starren Hände die Waffen nicht mehr zu erhalten, noch sie selbst zu bestimmen, nach welcher Richtung sie den Körper kehren sollten, da ihnen die Gewalt des Unwetters von allen Seiten mächtiger, als wo man ihr auswich, entgegentobte.

6 So lösten sich denn die Reihen, und irrend zerstreute sich der Zug durch den ganzen Gebirgswald. Viele aber hatten, mehr durch Furcht als Anstrengung erschöpft, sich zu Boden geworfen, obwohl die starke Kälte den Regen zu festem Eis hatte gefrieren

7 lassen; andere hatten Baumstämme umschlungen, die für sehr

8 viele eine Stütze und Zufluchtsort wurden. Zwar war ihnen klar, daß sie sich nur einen Platz zum Sterben wählten, da, sobald sie aufhörten, sich zu bewegen, die Lebenswärme erlosch; gleichwohl war diese träge körperliche Ruhe den Ermatteten so willkommen, daß es ihnen gleichgültig war, in dieser Ruhe zu sterben. Denn nicht allein die heftige Wucht, sondern auch die anhaltende Dauer des Unwetters bedrängte sie, und der natürliche Trost des Lichtes war ihnen außer durch das nachtähnliche Un-

9 wetter auch noch durch das Dunkel der Waldung entzogen. Einzig und allein der König hielt solchem Unheil stand: er ging bei den Soldaten herum, sammelte die zerstreuten, richtete die zu Boden liegenden auf, zeigte ihnen in einiger Entfernung den aus

den Hütten emporwirbelnden Rauch und ermahnte sie, die
nächstmögliche Zuflucht zu suchen. Und nichts trug mehr zur 10
Rettung des Heeres bei, als daß man sich schämte, den König im
Stich zu lassen, der mit vervielfachter Anstrengung sich den
Drangsalen, die sie selbst zum Weichen gebracht hatten, gewach-
sen zeigte.

Doch die Not, die in schlimmen Lagen mehr vermag als ru- 11
hige Überlegung, fand ein Mittel gegen die Kälte. Man machte
sich nämlich daran, mit Äxten Bäume zu fällen, und zündete
überall Holzstöße an. So konnte man glauben, der ganze Wald 12
stehe in Brand, und zwischen den Flammen sei kaum Raum für
die Heeresabteilungen übrig. Durch diese Wärme erhielten die
starren Glieder wieder Bewegung, und der vom Frost beengte
Atem begann allmählich freier zu gehen. Die einen fanden Auf- 13
nahme in den Hütten der Barbaren, welche sie die Not in der
äußersten Verborgenheit des Waldes hatte aufspüren lassen; die
andern im Lager, das man zwar auf feuchtem Boden, doch bei
schon sich mindernder Wucht des Unwetters aufschlug. Zweitausend von den Soldaten, Marketendern und Packknechten raffte
dieses Verderben hin. Es wird berichtet, daß man manche an 14
Baumstämmen geklammert fand, gerade als ob sie nicht allein
noch lebten, sondern auch miteinander sprächen, da sie in der
Stellung geblieben waren, in der einen jeden der Tod ereilt hatte.
Ein einfacher makedonischer Soldat war, sich mit seinen Waffen 15
eben noch aufrecht haltend, endlich ins Lager gelangt. Als ihn der
König erblickte, sprang er, obwohl er sich selbst gerade nahe
beim Feuer die Glieder erwärmte, von seinem Sitz auf und ließ
den erstarrten und seiner Besinnung kaum mehr mächtigen
Mann, nachdem man ihm die Waffen abgenommen, auf seinem
Stuhle niedersitzen. Dieser merkte lange nicht, wo er ausruhte, 16
noch wer ihm Platz gemacht hatte. Endlich wieder von Lebenswärme durchdrungen, erkannte er den königlichen Stuhl und
den König und sprang erschrocken auf. Doch Alexander blickte 17
ihn freundlich an und sagte: „Siehst du wohl, Kamerad, wieviel
glücklicher ihr unter eurem Könige lebt als die Perser? Für sie
wäre es ein todeswürdiges Verbrechen, auf dem königlichen

18 Stuhle gesessen zu haben, dir gereichte es zum Heile." Am folgenden Tage rief er die Freunde und Truppenführer zusammen und ließ bekanntmachen, er selbst wolle alles, was verlorengegangen sei, wiedererstatten. Und wie versprochen, so hielt er es auch.

19 Denn Sisimithres führte ihm eine große Menge Zugtiere und zweitausend Kamele, Schafe und Rinder zu, die gleichmäßig verteilt wurden und so den Verlusten und dem Nahrungsmangel

20 der Soldaten half. Der König sagte, Sisimithres habe sich ihm dankbar erwiesen, und befahl, im Begriff gegen die Saker zu ziehen, die Soldaten sollten Vorrat auf sechs Tage mit sich nehmen. Nachdem jener ganze Landstrich geplündert worden war, gab er dem Sisimithres dreißigtausend Stück Vieh von der Beute zum Geschenk.

21 Von hier gelangte er in die Landschaft, welche der vornehme Satrap Oxyartes beherrschte, der sich der Macht und dem Schutze des Königs anvertraute. Diesem wurde die Herrschaft zurückgegeben und nichts weiter verlangt, als daß zwei von

22 seinen drei Söhnen mit in den Krieg ziehen sollten. Der Fürst übergab ihm auch den, der bei ihm zurückgelassen wurde. Mit dem bei den Barbaren üblichen Aufwand hatte er zur Bewirtung

23 des Königs ein Gastmahl bereitet. Als dies mit großer Pracht abgehalten wurde, ließ er dreißig edle Jungfrauen hereinführen. Unter ihnen befand sich seine eigene Tochter Roxane von ausnehmender Schönheit und einem bei den Barbaren seltenen An-

24 stand in ihrer Erscheinung. Und obwohl sie inmitten einer auserlesenen Schar eingetreten war, so zog sie doch alle Blicke auf sich, besonders die des Königs, der, seitdem ihn das Glück so sehr begünstigte, wogegen die menschliche Natur ja nicht genug ge-

25 wappnet ist, immer weniger seine Begierden beherrschte. Daher stürzte er, der die Gattin des Dareios, der dessen zwei jungfräuliche Töchter, mit denen sich an Schönheit keine außer Roxane vergleichen konnte, mit keinem andern als den Gefühlen eines Vaters betrachtet hatte, sich jetzt dermaßen in die Leidenschaft zu einem, verglichen mit dem königlichen Stamme, niedrig geborenen Mädchen, daß er behauptete, es diene der Festigung seiner Herrschaft, wenn Perser und Makedonen Ehebündnisse schlös-

sen : nur so lasse sich den Besiegten die Scham der Niederlage, den
Siegern ihr Stolz nehmen. Auch Achilles, von dem er selbst sein   26
Geschlecht herleite, habe sich mit einer Kriegsgefangenen verbunden. Damit man es aber nicht für unrecht halte, wenn er sie zu
sich bringen lasse, wolle er sich durch rechtmäßige Ehe mit ihr
vermählen. Hocherfreut über das unverhoffte Ereignis vernahm   27
der Vater seine Worte; und in der Glut seiner Leidenschaft ließ der
König nach Vätersitte ein Brot herbeibringen. Dieses galt bei den
Makedonen für das heiligste Pfand bei Vermählungen: man teilte
es mit dem Schwert und beide aßen davon. Meines Erachtens   28
wollten die Begründer der Volkssitte durch diese geringe und
leicht zu beschaffende Kost denen, die ihre Besitztümer verbanden, anzeigen, mit wie wenig sie zufrieden sein müßten. Auf diese   29
Weise heiratete der König über Asien und Europa ein bei der
Kurzweil eines Gastmahles hereingeführten Mädchen, um mit
einer Kriegsgefangenen den zu zeugen, der über die Sieger herrschen sollte. Die Freunde schämten sich, daß er beim Wein und   30
Schmause sich aus den Unterworfenen den Schwiegervater erkoren; da jedoch seit der Ermordung des Kleitos die freie Äußerung
aufgehört hatte, so gaben sie durch ihre Miene, diese servile
Dienerin, ihre Zustimmung zu erkennen.

5. Im Begriff, nun nach Indien und von da an den Ozean zu   1
ziehen, gebot er, damit nicht in seinem Rücken irgendeine Bewegung entstände, die sein Vorhaben hindern könnte, aus allen
Provinzen dreißigtausend junge Männer auszuwählen und ihm
bewaffnet zuzuführen, um sich ihrer zugleich als Geiseln und als
Soldaten zu bedienen. Zur Verfolgung des Haustanes und Kata-   2
nes[10], die von ihm abgefallen waren, sandte er den Krateros ab,
durch den der erstere gefangen genommen, der letztere in einem
Treffen getötet wurde. Desgleichen unterwarf Polyperkon die
Landschaft, die den Namen Bubakene führt, seiner Botmäßigkeit. Nachdem also alles geordnet war, wandte er seine Gedanken
dem Krieg gegen die Inder zu. Das Land galt als reich, nicht allein   3
an Gold, sondern auch an Edelsteinen und Perlen, und seine
Kultur mehr auf üppige Verschwendung als auf großartige Pracht

4 gerichtet. Landeskundige erzählten, die Krieger schimmerten von Gold und Elfenbein: um also bei seiner Überlegenheit in den übrigen Stücken in keiner Hinsicht nachzustehen, ließ er die Schilde mit Silberblech überziehen, gab den Pferden goldene Zäume und verzierte auch die Panzer teils mit Gold, teils mit Silber. 120000 Bewaffnete waren es, die dem König in diesem

5 Krieg folgten. Als alles bereit war, meinte er, es sei jetzt an der Zeit für das, was er in einer schlimmen Überlegung schon längst ersonnen hatte, und begann darauf zu denken, wie er sich göttliche Ehren beilegen könnte. Jupiters Sohn wollte er nicht bloß heißen, sondern auch wirklich dafür gehalten werden, als ob er gleicherweise den Gedanken wie den Zungen gebieten könne.

6 Deshalb verlangte er, die Makedonen sollten ihn nach persischer Sitte anbetend durch Niederwerfen des Körpers auf den Boden begrüßen. Bei solchem Begehren fehlte ihm auch nicht die Unterstützung heilloser Schmeichelei, dieses stetigen Unglückes der Könige, deren Macht öfter durch Schmeichler als durch den

7 Feind gestürzt worden ist. Doch war dies nicht die Schuld der Makedonen, von denen keiner es dulden wollte, daß man irgend etwas von der Vätersitte aufgab, sondern der Griechen, die die Ausübung der freien Künste durch ihre üble Art verdorben hat-

8 ten. Ein gewisser Agis aus Argos, der elendeste Versmacher nach Choirilos[11], und aus Sizilien Kleon, ein Speichellecker nicht nur aus eigener, sondern auch seiner Nation Verderbtheit, und sonstiger Auswurf ihrer Heimatstädte, die aber vom König seinen Angehörigen und den Anführern der größten Heeresabteilungen vorgezogen wurden: solche Leute eröffneten ihm damals den Himmel und prahlten, daß Herkules und Vater Bacchus und Kastor nebst Pollux[12] dem neuen Gotte nachstehen würden.

9 An einem Festtage also ließ er mit aller Pracht ein Gastmahl herrichten, zu dem nicht nur die vornehmsten Freunde unter den Makedonen und Griechen, sondern auch barbarischer Adel hinzugezogen werden sollte. Als er sich mit diesen niedergelassen, entfernte sich der König, nach kurzem Verweilen bei Tafel,

10 wieder vom Gastmahl. Jetzt begann Kleon, wie verabredet war, eine Rede voll Bewunderung seiner Ruhmestaten, und zählte

dann seine Verdienste auf, für die sie sich nur auf eine einzige
Weise dankbar erweisen könnten, wenn sie nämlich den, von
dem sie wüßten, daß er ein Gott sei, auch offen als solchen
bekennten, um durch einen geringen Aufwand an Weihrauch so
große Wohltaten zu vergelten. Bei den Persern sei es nicht allein 11
eine fromme, sondern auch weise Sitte, ihre Könige als Götter zu
verehren: denn die Majestät der Herrschergewalt sei Bürgschaft
für eines jeden Sicherheit. Selbst Herkules und Vater Bacchus[13]
seien nicht eher zu Gottheiten geweiht worden, als bis sie die
Mißgunst ihrer Zeitgenossen überwunden hätten: und gerade so
viel wie die Mitwelt bekannt habe, glaube auch die Nachwelt.
Trügen nun auch die anderen Bedenken, er jedenfalls werde, 12
sobald der König zum Mahle zurückkehre, sich zu Boden werfen.
Doch müßten alle anderen dasselbe tun, vor allem die mit Weisheit Begabten: denn diese müßten ein Beispiel geben, wie der
König zu verehren sei. Sehr unverblümt waren diese Worte an 13
Kallisthenes[14] gerichtet, der durch seine Würde und redefertige
Freimütigkeit dem König verhaßt war, als ob er allein die Make-
donen in ihrer Bereitwilligkeit, sich dergleichen zu fügen, auf-
halte.

Als es hierauf still geworden und aller Blicke auf ihn allein 14
gerichtet waren, begann Kallisthenes: „Wäre der König bei deiner
Rede zugegen gewesen, so müßtest du nicht lange auf eine Antwort warten. Er selbst nämlich würde dich bitten, ihn nicht zu
fremden und ausländischen Bräuchen herabzuwürdigen, noch
seine so glücklich vollbrachten Taten durch derartige Schmeicheleien in Mißkredit zu setzen. Doch weil er nicht zugegen, so will 15
ich dir an seiner Stelle erwidern: Keine Frucht ist zugleich frühreif
und von langer Dauer, und du, statt dem König himmlische
Ehren zu verleihen, entreißest sie ihm. Denn um als Gott zu
gelten, bedarf es einer Zwischenzeit, und stets ist es die Nachwelt,
die großen Männern diesen Dank erweist. Ich jedenfalls erflehe 16
für den König vielmehr späte Unsterblichkeit, damit sein Leben
von langer, seine erhabene Hoheit von ewiger Dauer ist. Göttliche Verehrung folgt später dem Menschen, niemals begleitet sie
ihn im Leben. Du führtest Herkules und Vater Bacchus als Bei- 17

spiele der Erhebung unter die Unsterblichen an. Glaubst du denn, daß diese durch den Beschluß eines einzelnen Gastmahls zu Göttern gemacht worden sind? Erst entführte sie ihr natürliches Geschick den Blicken der Sterblichen, ehe sie ihr Ruhm in den
18 Himmel erhob. Ja, ja, Kleon, du und ich, wir machen Götter! Von uns wird der König die Bürgschaft seiner Göttlichkeit annehmen! Laß uns doch deine Macht versuchen: mache einen zum König, wenn du einen Gott machen kannst. Leichter fürwahr ist
19 es, den Himmel als die Herrschaft zu verleihen. Mögen die gnädigen Götter ohne Unwillen Kleons Worte angehört haben, und den Dingen den gleichen Lauf lassen wie bisher. Mögen sie uns gestatten, mit unsern eigenen Sitten zufrieden zu sein. Ich schäme mich unseres Vaterlandes nicht und begehre nicht zu lernen, nach
20 wessen Manier ich den König verehren soll. Denn offengestanden, jene sind die Sieger, wenn wir von ihnen die Regeln, wie wir leben sollen, annehmen."

Mit Beifall vernahm man Kallisthenes' Rede wie eines Verteidigers der allgemeinen Freiheit; und nicht bloß stumme, sondern laute Zustimmung hatte sie entlockt, besonders auch bei den Älteren, denen die fremdländische Veränderung der altgewohn-
21 ten Sitte ein Stein des Anstoßes war. Doch blieb nichts von dem, was hin und her gesprochen worden war, dem Könige unbekannt, da er hinter den Vorhängen stand, die er um die Tafelpolster hatte ziehen lassen. Daher schickte er an Agis und Kleon, sie sollten nach Beendigung des Gespräches, wenn er wieder eintrete, nur die Barbaren nach ihrer Gewohnheit sich vor ihm niederwerfen lassen. Und kurz darauf kehrte er zum Mahle zurück, gleich
22 als ob er irgend etwas Wichtigeres verrichtet hätte. Als ihm nun die Perser ihre Verehrung darbrachten, forderte Polyperkon, der dem König zur Rechten lag, einen von ihnen, der mit dem Kinn die Erde berührte, spöttisch auf, es fester auf den Boden zu stoßen; damit aber brachte er den Zorn Alexanders, den dieser schon lange nicht mehr zu beherrschen vermochte, zum Ausbruch.
23 „Und du", rief er also, „willst mich nicht verehren? Oder scheine ich dir allein Spott zu verdienen?" Jener versetzte, weder der König sei der Verspottung, noch er selbst einer verächtlichen

Behandlung wert. Da zerrte ihn der König vom Polster herab 24
und warf ihn auf die Erde, und als er, das Antlitz am Boden,
hingesunken war, rief er: „Siehst du, wie du jetzt dasselbe getan
hast, was du soeben an einem andern verlachtest!" Darauf befahl
er ihn ins Gefängnis abzuführen und hob das Gastmahl auf.

6. Dem Polyperkon jedoch verzieh er nachher, nachdem er ihn 1
lange gestraft; gegen Kallisthenes dagegen, der ihm schon von
früher her als widerspenstig verdächtig war, bewahrte er einen
nachhaltigeren Groll, den zu sättigen sich ihm bald Gelegenheit
darbot.
Wie oben bemerkt[15], war es bei dem hohen makedonischen Adel 2
Sitte, die erwachsenen Söhne den Königen zu übergeben, zu
Dienstleistungen, die sich von Sklavenverrichtungen nicht sehr
unterschieden. Nach einer feststehenden Reihenfolge der Nächte 3
hielten sie vor der Tür des Raumes Wache, in dem der König
schlief. Von ihnen wurden durch einen andern Eingang, als den
die Bewaffneten besetzt hielten, die Dirnen hineingeführt. Des- 4
gleichen nahmen sie, wenn der König zu Pferd steigen wollte,
von den Stallknechten die Rosse in Empfang, führten sie vor und
begleiteten ihn sowohl auf der Jagd als im Kampf, da sie in allen
Übungen der freien Künste ausgebildet waren. Als eine beson- 5
dere Ehre für sie galt es, daß es ihnen erlaubt war, sitzend mit dem
Könige zu speisen. Sie durch Schläge zu züchtigen, stand außer
dem König niemandem das Recht zu. Dieses Corps war gleich- 6
sam die Pflanzschule der Heerführer und Befehlshaber bei den
Makedonen: aus ihm hatte die folgende Generation ihre Könige,
deren Abkömmlingen viele Menschenalter nachher die Römer
ihre Macht entrissen haben.
    Ein Edelknabe aus diesem königlichen Corps namens Hermo- 7
laos erhielt, da er einen Eber, den der König hatte treffen wollen,
vorher geschossen hatte, auf dessen Befehl Schläge. Über diese 8
Schmach erbittert, ließ er sich bei Sostratos, seinem Kameraden
aus dem gleichen Corps, der von Liebe zu ihm brannte, in Tränen
und Wehklagen aus. Als nun dieser den Leib, in den er so sterblich
verliebt war, von Striemen entstellt sah, brachte er, vielleicht

schon längst aus anderem Grunde gegen den König aufgebracht,
den ohnehin schon gereizten jungen Menschen unter gegenseitigen Schwüren dahin, mit ihm einen Anschlag zur Ermordung des
9 Königs zu machen. Sie setzten aber die Sache nicht mit jugendlicher Hitze ins Werk, sondern wählten sorgfältig aus, wen sie zur
Beteiligung an dem Verbrechen hinzuziehen wollten. Es wurde
beschlossen, den Nikostratos, Antipater, Asklepiodoros und Philotas dazuzunehmen, durch welche noch Antikles, Elaptonios
10 und Epimenes hinzukamen. Doch stand ihnen zur Ausführung
des Unternehmens kein ganz leichter Weg offen. Es war notwendig, daß alle Verschworenen in ein und derselben Nacht Wache
hatten, um nicht von den in ihren Plan Uneingeweihten gehindert zu werden, während zufällig der eine in der, der andere in
11 jener Nacht auf Wache war. Und so verstrichen mit dem Tausch
der Reihenfolge ihres Wachtdienstes und den übrigen Vorbereitungen für die Tat zweiunddreißig Tage.

12   Die Nacht, in der die Verschworenen auf Wache sein mußten,
war da, und sie freuten sich über ihre wechselseitige Treue, für die
eine so lange Reihe von Tagen Zeugnis abgelegt hatte. Keiner
war aus Furcht oder Hoffnung anderen Sinnes geworden: so groß
war bei allen entweder der Haß gegen den König oder ihre Treue
13 gegeneinander. Sie standen also an der Tür des Zimmers, in dem
der König speiste, um ihn beim Weggehen vom Mahle in sein
14 Schlafgemach zu geleiten. Aber das ihm eigene Glück und die
Munterkeit der Tischgenossen verlockte alle zu reichlicherem
Weingenuß, und zugleich zogen Tafelunterhaltungen die Zeit in
die Länge, während die Verschworenen sich bald Glück wünschten, daß sie ihn im Schlafe überfallen würden, bald besorgt
waren, er könnte das Mahl bis zum hellen Morgen ausdehnen.
15 Denn bei Tagesanbruch mußten andere sie an ihrem Posten ab-
lösen, während sie selbst erst nach sieben Tagen wieder an der
Reihe waren; und es ließ sich nicht hoffen, daß bis dahin die Treue
16 aller ausdauern werde. Doch wie nun bereits der Tag graute,
wurde das Gastmahl aufgehoben und der König trat unter die
Verschworenen, die froh waren, die Gelegenheit zur Ausführung
ihres Verbrechens nahegerückt zu sehen: als eine Frau, wie man

glaubte, von prophetischem Geiste, die gewohnt war, im Hause
des Königs ein- und auszugehen, weil sie aus innerer Eingebung
die Zukunft zu verkünden schien, ihm beim Weggehen nicht nur
entgegentrat, sondern sich ihm förmlich in den Weg warf, und, in
Blick und Miene ihre innere Erregung kundgebend, ihm zurief,
er solle zum Mahle zurückkehren. Und er versetzte scherzhaft: 17
„Die Götter geben da einen guten Rat", rief die Freunde zurück
und dehnte die Dauer des Gelages noch fast bis in die zweite
Tagesstunde aus. Schon hatten andere aus dem Corps den Posten   18
übernommen, um vor der Türe des Schlafgemaches Wache zu
halten, dennoch standen die Verschworenen noch da, obwohl
ihrer Dienstpflicht genügt war: so hartnäckig ist die Hoffnung, in
die sich die Gemüter der Menschen einmal versenkt haben. Güti-   19
ger als sonst redete sie der König an und hieß sie nach Haus gehen,
um ihrem Körper Erholung zu gönnen, da sie die ganze Nacht
hindurch dagestanden hätten. Er ließ jedem fünfzig Sesterzen
auszahlen und lobte sie ungemein, daß sie, selbst nachdem sie den
Posten an andere übergeben, dennoch auf Wache ausgeharrt hätten.

   So gingen sie, in ihrer Hoffnung auf ein so gewaltiges Unter-   20
nehmen getäuscht, nach Hause. Und die übrigen warteten die
Nacht ab, in der sie wieder Wache hätten: Epimenes dagegen,
mochte ihn nun die Freundlichkeit, mit der sich der König unter
den Verschworenen gerade an ihn gewendet hatte, plötzlich anderen Sinnes gemacht haben, oder glaubte er, die Götter widersetzten sich ihrem Beginnen, eröffnete seinem Bruder Eurylochos, den er vorher in ihren Plan nicht hatte einweihen wollen,
was vorbereitet werde. Allen stand noch Philotas' Bestrafung vor   21
Augen. Daher versicherte dieser sich sofort seines Bruders und
eilte mit ihm nach des Königs Wohnung. Dort weckte er die
Leibwächter und beteuerte, es betreffe des Königs Leben, was er
bringe. Die ungewöhnliche Zeit, zu der sie erschienen waren, ihre   22
keineswegs eine ruhige Stimmung verratenden Mienen und die
Niedergeschlagenheit des einen von beiden erschreckte die vor
dem Schlafgemach Wachhabenden, den Ptolemaios und Leonnatos. Sie öffneten also die Tür, brachten Licht und weckten den

vom Weine in tiefen Schlaf versunkenen König. Als dieser allmählich zur Besinnung gekommen war, fragte er, was sie bräch-
23 ten. Da ergriff Eurylochos ohne Zögern das Wort: nicht ganz
und gar werde sein Haus von den Göttern verabscheut, da sein
Bruder, obwohl er eine so gottlose Tat gewagt, doch wenigstens
Reue darüber empfinde und von sich aus durch ihn Anzeige
erstatte. Gerade für die eben vorübergehende Nacht sei der Anschlag vorbereitet gewesen; Urheber des verruchten Planes seien
solche, von denen es der König am wenigsten glauben würde.
24 Hierauf gibt Epimenes den ganzen Hergang der Sache und die
Namen der Verschworenen an. Daß er Kallisthenes nicht als Teilnehmer an dem Unternehmen genannt hat, ist sicher, aber auch,
daß er häufig den Reden der Jünglinge, wenn sie den König
tadelten und sich über ihn beschwerten, williges Gehör geschenkt
25 hatte. Manche setzten noch hinzu, als Hermolaos auch bei ihm
sich über die vom König erhaltenen Schläge beklagte, habe Kallisthenes erwidert: sie sollten bedenken, daß sie bereits Männer
seien; und es sei zweifelhaft gewesen, ob dies Wort als Zuspruch
zum geduldigen Ertragen der Schläge, oder als Aufstachelung des
Unwillens der Jünglinge habe dienen sollen.

26 Als sich der König aus seiner geistigen und körperlichen Betäubung aufgerafft hatte, beschenkte er, da ihm das Bild der großen
Gefahr, der er entgangen war, vor Augen schwebte, den Eurylochos mit 50 Talenten und den reichen Besitztümern eines gewissen Tyridates, und begnadigte seinen Bruder, bevor er noch für
27 das Leben desselben bat. Die Teilnehmer an dem Verbrechen
aber, und darunter auch den Kallisthenes, gebot er zu fesseln und
in Gewahrsam zu halten: dann, als sie in seinen Palast gebracht
waren, überließ er sich, ermüdet vom Zechen und Nachtwachen,
den ganzen Tag und die folgende Nacht der Ruhe.

28 Am folgenden Tage aber berief er einen Rat, bei dem neben
vielen anderen die Väter und Verwandten derjenigen, um die es
sich handelte, waren, diese auch um ihr eigenes Leben nicht
wenig besorgt: denn nach makedonischer Sitte mußten sie sterben, da die Häupter aller, die mit jenen blutsverwandt waren,
29 dem Tode geweiht waren[16]. Der König hieß die Verschworenen

mit Ausnahme des Kallisthenes hereinführen; und ohne Zögern
bekannten sie, was sie im Sinne gehabt hatten. Während hierauf 30
die ganze Versammlung in Schmähungen gegen sie ausbrach,
fragte sie der König selbst, wodurch er es denn verdient habe, daß
sie eine so furchtbare Tat gegen ihn ersonnen hätten.

7. Die Andern nun verharrten in dumpfem Schweigen, Hermo- 1
laos aber sagte: „Weil du denn fragst, als ob du es nicht wüßtest,
so wisse, darum haben wir den Entschluß gefaßt, dich zu töten,
weil du begonnen hast, nicht wie über Freigeborene zu regieren,
sondern uns wie Sklaven zu beherrschen." Da sprang als erster 2
von allen sein Vater Sopolis auf, schrie, er sei auch der Mörder
seines eigenen Vaters, und rief, indem er ihm die Hand vor den
Mund hielt, man solle den durch sein Verbrechen und Unglück
rasend Gemachten nicht weiter hören. Der König hielt den Vater 3
zurück und gebot dem Hermolaos zu sagen, was er von seinem
Lehrmeister, Kallisthenes gelernt habe. Und Hermolaos sprach:
„Ich mache Gebrauch von deiner Gnade und sage, was mich
unser Unglück gelehrt hat. Den wievielten Teil der Makedonen 4
hat deine Grausamkeit übrig gelassen? Wie viele, die nicht von
niedrigster Abkunft sind? Attalos, Philotas, Parmenion, der Lynkestier, Alexander und Kleitos, sie alle wären, soweit es vom
Feind abhängt, noch am Leben, kämpften, deckten dich mit
ihrem Schild, erhielten für deinen Ruhm und Sieg Wunden: und
einen herrlichen Dank hast du ihnen dafür erstattet. Der eine 5
bespritzte deinen Tisch mit seinem Blute, der andere starb nicht
einmal eines einfachen Todes. Auf die Folterbank hast du die
Anführer deiner Armeen gespannt und sie zu einem Schauspiel
für die von ihnen besiegten Perser gemacht. Parmenion, ohne
gehört zu sein, niedergestoßen, derselbe, durch den du den Attalos getötet hattest. Denn du brauchst die Hände der Unseligen 6
untereinander, um deine Hinrichtungen zu vollziehen; und die du
kurz zuvor als Diener des Mordes benutztest, läßt du plötzlich
durch andere niedermetzeln." Auf diese Worte tobten sämtliche 7
Anwesende gegen Hermolaos los, ja sein Vater hätte zuletzt das
Schwert gezogen und hätte ihn sicher durchbohrt, wäre er nicht

vom Könige gehindert worden: dieser hieß nämlich den Hermolaos weiterreden und bat, man solle ihn, der nur die Ursachen
seiner Bestrafung mehre, geduldig anhören.

8   Nachdem sie also mit Mühe zur Ruhe gebracht waren, sprach
er weiter: „Wie gütig gewährst du doch im Reden unerfahrenen
Jünglingen das Wort! Des Kallisthenes Stimme dagegen, weil er
9   allein zu reden versteht, verschließest du im Kerker. Denn warum
wird er nicht vorgeführt, da selbst die Geständigen gehört werden? Weil du nämlich das freie Wort des Unschuldigen dich zu
hören scheust, und nicht einmal seinen Blick ertragen kannst.
10   Nun behaupte ich aber, daß er nichts getan hat. Hier stehen, die
mit mir die herrlichste Tat beabsichtigt haben: keiner sagt aus,
daß Kallisthenes unser Mitwisser gewesen sei, obwohl er doch
schon längst von diesem so gerechten und geduldigen Könige
11   dem Tode geweiht ist. Das also sind die Belohnungen für die
Makedonen, deren Blut du, als wäre es etwas Überflüssiges und
Gemeines, vergeudest! Dir dagegen schleppen dreißigtausend
Maultiere dein erbeutetes Gold, während deine Soldaten nichts
als danklose Narben in die Heimat zurückbringen werden. Doch
alles das vermochten wir zu ertragen, bevor du uns den Barbaren
ausliefertest und nach einem ganz neuen Brauch die Sieger unter
12   das Joch schicktest. Dir gefällt Gewand und Lebensweise der
Perser, die vaterländische Sitte ist dir verhaßt. Ein Perserkönig
also, nicht der makedonische war es, den wir töten wollten, und
13   wir verfolgen dich nach Kriegsrecht als einen Überläufer. Du hast
verlangt, die Makedonen sollten vor dir die Knie beugen; du
verleugnest deinen Vater Philipp, und wenn es einen Gott gäbe,
der mehr gälte als Jupiter, so würdest du auch Jupiter verschmä-
14   hen. Wunderst du dich also, wenn freie Männer deinen Hochmut
nicht ertragen können? Was sollen wir noch von dir hoffen,
denen nichts übrigbleibt, als entweder unbefleckt zu sterben,
15   oder, was trauriger als der Tod, in Knechtschaft zu leben? Kannst
du dich aber noch bessern, dann verdankst du mir Großes; denn
von mir zuerst hast du erfahren, was freigeborene Männer nicht
zu ertragen vermögen. Im übrigen schone unsere Eltern, und
belaste nicht ihr der Söhne beraubtes Alter noch mit der Todes-

strafe. Uns aber laß abführen, damit wir, was wir durch deinen
Tod zu erlangen hofften, durch den unsrigen erreichen!" Also
Hermolaos.

8. Hierauf der König: „Wie falsch das ist, was der da von seinem 1
Lehrmeister gehört und hier wiederholt hat, zeigt diese meine
Geduld. Denn nicht nur habe ich ihn als einen, der das äußerste 2
Verbrechen gestanden hat, angehört, sondern auch euch genötigt,
ihn anzuhören, obschon ich recht gut wußte, wenn ich diesem
Meuchelmörder zu reden erlaubte, so würde er seine Wut aus-
schütten, die ihn dazu getrieben hat, mich, den er wie einen Vater
ehren mußte, ermorden zu wollen. Neulich, als er sich auf der 3
Jagd zu vorwitzig benommen hatte, habe ich ihn nach herkömmlicher, schon von den ältesten makedonischen Königen geübter
Sitte züchtigen lassen. Das muß so sein, und wie es von den
Vormündern an den Mündeln, von den Gatten an ihren Ehe-
frauen geschieht, so gestatten wir sogar Sklaven, Knaben dieses
Alters zu schlagen. Dies ist meine Grausamkeit gegen ihn, die er 4
durch gottlosen Mord rächen wollte. Denn wie mild ich sonst
gegen alle bin, die mich nach meiner Sinnesart leben lassen, das ist
euch nicht unbekannt, und überflüssig wäre es, davon zu sprechen. Daß dem Hermolaos die Bestrafung der Königsmörder 5
mißfällt, da er selbst solche Strafe verdient hat, wundert mich
wahrlich nicht im geringsten. Denn wenn er den Philotas und
Parmenion lobt, so verteidigt er damit seine eigene Sache. Den 6
Lynkesten Alexander aber habe ich, nachdem er zweimal meinem Leben nachgestellt, trotz zweimaliger Anzeige freigegeben;
als er dessen noch einmal überführt war, verschob ich es dennoch
zwei Jahre lang, bis ihr fordertet, daß er endlich sein Verbrechen
durch die schuldige Strafe büße. Von Attalos erinnert ihr euch, 7
daß er, bevor ich König wurde, Todfeind gewesen ist. Kleitos
endlich – o daß er mich nicht gezwungen hätte, ihm zu zürnen.
Und doch habe ich die Schmähungen seiner unbesonnenen
Zunge gegen mich und euch länger ertragen, als er getan hätte,
hätte ich dergleichen gesprochen. Die Milde der Könige und 8
Fürsten beruht nicht bloß auf ihrer eigenen Sinnesart, sondern

auch derer, die ihnen gehorchen. Folgsamkeit mildert die Strenge der Herrschaft; wo aber die Ehrerbietung aus den Menschen entschwunden ist, und man keinen Unterschied zwischen oben und unten macht, da bedarf es der Gewalt, um die Gewalt zurückzutreiben.

9 Doch was wundre ich mich, daß mir der da Grausamkeit vorwirft, da er es ja auch wagt, mir Habsucht vorzuhalten? Ich will keine einzelnen unter euch aufrufen, um euch nicht meine Freigebigkeit zu verleiden, wenn ich euch dadurch beschämen sollte. Seht die ganze Armee an: die kurz zuvor nichts als ihre Waffen hatten, ruhen jetzt auf silberverzierten Lagern, belasten ihre Tische mit Gold, führen Herden von Sklaven mit sich und
10 können ihre vom Feind gemachte Beute nicht schleppen. – Freilich, die von uns besiegten Perser stehen bei mir in großen Ehren! Gewiß das sicherste Zeichen meiner Mäßigung ist es, daß ich nicht einmal über die Besiegten mit Hochmut herrsche. Denn ich bin nach Asien gekommen, nicht um die Völker mit der Wurzel auszurotten, nicht um auf der Hälfte des Erdkreises eine Einöde zu schaffen, sondern damit die, die ich durch Krieg unterworfen, mit
11 meinem Siege nicht unzufrieden sein sollten. Darum dienen sie mit euch zusammen und vergießen ihr Blut für eure Oberherrschaft, sie, die sich bei hochmütiger Behandlung empört hätten. Von keiner Dauer ist ein Besitz, in den man durch das Schwert gelangt; das durch Wohltaten gewonnene Wohlwollen aber ist
12 von Bestand. Wollen wir Asien besitzen, nicht nur durchwandern, so müssen wir seinen Völkern Anteil an unsrer Huld gewähren; dann wird ihre Treue unsre Herrschaft dauerhaft und ewig machen. Und wirklich besitzen wir schon mehr, als wir zu fassen vermögen; unersättliche Habsucht aber verrät es, sich
13 immer mehr anfüllen zu wollen, wo es schon überfließt. Aber freilich übertrage ich ihre Sitten auf die Makedonen. Bemerke ich doch bei vielen Völkern Dinge, die wir uns nicht schämen sollten nachzuahmen; und anders läßt sich ein so ungeheures Reich nicht wohl regieren, als wenn wir manches ihnen überliefern, manches wieder von ihnen lernen.
14 Das aber war nahezu lächerlich, daß Hermolaos verlangte, ich

sollte die Vaterschaft Jupiters ablehnen, dessen Orakel mich als
seinen Sohn anerkannt hat. Oder stehen etwa die Aussprüche der 15
Götter in meiner Gewalt? Er hat mir den Sohnesnamen angetra-
gen, ihn anzunehmen war für diese meine Unternehmungen
nicht ungehörig. O daß mich doch auch die Inder für einen Gott
hielten! Hängen doch die Kriege vom Rufe der Kämpfer ab, und
oft auch hat ein falscher Glaube die gleiche Wirkung wie die
Wahrheit selbst gehabt. Oder glaubt ihr etwa, ich habe aus Hang 16
zur Prunksucht eure Waffen mit Gold und Silber verziert? Nein,
denen, die gewohnt sind, nichts geringer zu achten als diesen
Stoff, wollte ich zeigen, daß die im übrigen unbesiegten Makedonen auch nicht an Goldreichtum besiegt werden. Auf ihre Augen 17
also will ich zuerst wirken, wenn sie alles das bei uns gemein und
niedrig geachtet sehen, und sie belehren, daß wir nicht aus Begierde nach Gold oder Silber gekommen sind, sondern um den
Erdkreis zu unterwerfen. Und diesen Ruhm, du Meuchelmörder,
wolltest du mir stehlen, und die Makedonen, ihres Königs beraubt, den besiegten Völkern in die Hände liefern. Jetzt aber 18
mahnst du mich, eure Eltern zu schonen! Zwar brauchtet ihr nicht
zu wissen, was ich über sie beschlossen, damit euer Tod um so
schmerzlicher wäre, wenn irgend in euch der Gedanke und die
Sorge um eure Eltern lebendig ist: doch schon vormals habe ich
jene Sitte, mit den Verbrechern auch die unschuldigen Verwandten und Eltern zu töten, aufgehoben, und versichere, daß sie alle
ihre Ehrenstellen, die sie besessen haben, behalten sollen. Warum 19
du freilich deinen Kallisthenes, dem allein du ein Mann dünkst,
weil du ein Meuchelmörder bist, vorgeführt haben willst, weiß ich
wohl: damit in Gegenwart dieser Versammlung die Schimpfre-
den, die du bei ihm gegen mich bald selbst ausgestoßen, bald von
andern gehört hast, auch aus seinem Munde wiederholt werden.
Wäre er nur ein Makedone, so hätte ich ihn, den eines solchen
Schülers so würdigen Lehrmeister, mit dir hereinführen lassen:
nun aber hat er als Olynthier nicht gleichen Rechtsanspruch[17]."

Hierauf entließ er die Gerichtsversammlung und befahl, die 20
Verurteilten Leuten aus demselben Corps zu übergeben. Um
dem König ihre Treue durch Grausamkeit zu beweisen, töteten

21 sie sie nach vielen Martern. Auch Kallisthenes starb, nachdem er
gefoltert worden war[17], der Beteiligung an der Verschwörung
gegen des Königs Leben zwar nicht schuldig, doch sonst für den
Aufenthalt am Hof und unter schmeichlerischen Seelen durchaus
22 nicht geeignet. Darum hat keine andere Hinrichtung dem Alexander bei den Griechen größeren Haß zugezogen, da er einen
durch Charakter und Bildung so ausgezeichneten Mann, der ihn
noch dazu wieder für das Leben gewonnen hatte, als er nach der
Ermordung des Kleitos entschlossen war zu sterben, nicht nur
habe töten, sondern auch foltern lassen, und zwar ohne ihn vorher
23 gehört zu haben. Auch dieser Grausamkeit folgte allzu späte
Reue.

1 9. Um aber die zur Ausstreuung von Gerüchten so geeignete
Muße nicht zu vermehren, brach er nach Indien auf, stets eine
2 herrlichere Erscheinung im Kriege als nach dem Siege. Indien
liegt beinahe ganz nach Osten zu und dehnt sich weniger in die
Breite, als in gerader Richtung nach jener Himmelsgegend aus.
3 Die südlichen Teile erheben sich zu einer ziemlichen Höhe[19]; das
übrige Land ist eben und bietet vielen berühmten, am Kaukasus-
Gebirge entsprungenen Strömen einen ruhigen Lauf durch seine
4 Gefilde. Der Indos ist kühler als die übrigen und führt Wasser, das
5 sich von der Farbe des Meeres nicht sehr unterscheidet. Der Ganges, unter allen Flüssen im Osten der bedeutendste, strömt erst
südwärts hinab und streicht an einer Mauer hoher Gebirge entlang, dann geben ihm entgegenstehende Felsen die Richtung
6 nach Osten. Beide ergießen sich in das Rote Meer[20]: sie graben
sich tiefgespaltene Ufer und spülen zahlreiche Bäume mit großen
Stücken Erdreiches fort, häufig auch durch Felsen gehemmt, an
7 denen sie anprallen: wo sie aber weicheren Boden finden, bilden
8 sie Sümpfe und Inseln. Der Akesines[21] fließt in den Indos, der ihn
auf seinem Laufe zum Meere auffängt, wobei beide Ströme mit
großer Gewalt zusammenstoßen; denn er bereitet seinem Einströmen einen sehr rauhen Empfang, ohne daß jedoch die zurückge-
9 worfenen Gewässer deshalb wichen. Seltener hört man den Diar-
dines[22] nennen, weil er durch die entferntesten Gegenden Indiens

strömt; doch hegt er nicht nur Krokodile wie der Nil, sondern auch Delphine und bei andern Völkern unbekannte Flußunge-
heuer. Der Ethymantos[23], der sich in häufigen Biegungen un- 10 ablässig krümmt, wird durch die Bewässerungsanlagen der Anwohner aufgezehrt, und dies ist der Grund, warum er nur schwa-
che und bereits namenlose Überreste ins Meer entsendet. Auch 11 außer diesen wird das Land von vielen Strömen durchschnitten,
die aber wenig bekannt sind, weil sie keinen gar großen Raum durchfließen. Die dem Meere näherliegenden Landstriche aber 12 öffnen sich durch ihre Senkung vornehmlich dem Nordwind[24];
dagegen dringt dieser, durch die Bergketten abgehalten, in das Landesinnere nicht ein, das daher ein milderes Klima für die Erzeugung von Feldfrüchten hat. So sehr jedoch verändert die 13 Welt unter jenem Himmelsstrich den ständigen Wechsel der Jahreszeiten, daß, während andere Gegenden von der Sonnenhitze erglühen, Indien von Schneemassen bedeckt wird, und wie-
derum, während es anderwärts friert, dort eine unerträgliche Hitze herrscht. Und die Ursache dieser Erscheinung ist noch nicht geklärt. Das Meer wenigstens, von dem es bespült wird, unter- 14 scheidet sich selbst nicht in der Farbe von den übrigen. Es hat seinen Namen Erythräisches Meer[25] von einem König Erythros,
weshalb manche, die das nicht wissen, glauben, daß es rotes Was-
ser habe.

Das Land bringt viel Flachs hervor, und daraus bestehen auch 15 die Kleider der meisten Eingeborenen. Auf den zarten Bast der Bäume läßt sich geradeso wie auf Papier schreiben. Vögel gibt es, 16 die man lehren kann, die Laute der menschlichen Stimme nachzuahmen. Die dortigen Tiere finden sich nicht in andern Ländern,
außer wenn man sie hingebracht hat. Auch leben dort Rhinoze-
rosse, ohne jedoch einheimisch zu sein. Die Elefanten haben grö- 17 ßere Kraft als die, die man in Afrika zähmt; und den Kräften entspricht die Größe. Die Flüsse, die mit sanftem und mäßigem 18 Gefälle träg dahinschleichen, führen Gold mit sich. Edelsteine 19 und Perlen spült das Meer an den Strand; und sie sind für die Einwohner die Hauptquelle des Reichtums; besonders seitdem sie den Handel mit diesem verderblichen Luxus auf auswärtige Völ-

ker ausgedehnt haben: denn diese Auswürfe der anbrandenden
Wogen werden nach Preisen, die sich nach dem Begehr stellen,
20 abgeschätzt. Wie überall, wirkt auch hier die Lage des Landes auf
21 die Charakterbildung der Bewohner. Den Körper hüllen sie bis
auf die Füße in ein feines Linnengewand, um die Füße binden sie
Sandalen, um das Haupt ein Leinentuch; an den Ohren hängen
Edelsteine, und auch den Unter- und Oberarm schmücken die
mit Gold, die sich durch Geburt und Reichtum vor ihren Lands-
22 leuten auszeichnen. Das Haupthaar wird öfter gekämmt als ge-
schoren, immer ungeschoren bleibt das Kinn, die übrige Haut des
Gesichtes aber halten sie so, daß sie ganz glatt erscheint.

23   Der Luxus der Könige jedoch, den sie selbst nur als königliche
Pracht bezeichnen, übersteigt alle Üppigkeit bei andern Völkern.
Wenn der König sich öffentlich zu zeigen geruht, tragen Diener
silberne Weihrauchpfannen und erfüllen den ganzen Weg, den er
24 sich tragen lassen will, mit Wohlgerüchen. Er liegt in einer goldenen, mit Perlenschnüren behangenen Sänfte: das Gewand, das er
anhat, ist mit Gold und Purpur gestickt; der Sänfte folgen Be-
25 waffnete und Leibwächter. In deren Mitte schweben auf Zweigen
Vögel, die man abgerichtet hat, durch ihren Gesang die ernsten
26 Geschäfte zu unterbrechen. Der Königspalast hat vergoldete Säulen, die in ihrer ganzen Länge ein aus Gold getriebener Weinstock
umzieht, während silberne Bildnisse solcher Vögel, an deren Anblick man sich am meisten erfreut, angenehme Abwechslung in
27 das Kunstwerk bringen. Der Palast öffnet sich zur Audienz, während der König sein Haupthaar kämmt und schmückt: dann
erteilt er den Gesandtschaften Bescheid und richtet über seine
Untertanen. Auch läßt er sich nach Lösung der Sandalen die Füße
28 mit Wohlgerüchen salben. Bei der Jagd besteht seine Hauptbe-
schäftigung darin, unter den Wünschen und Gesängen seines Ha-
rems die in einem Zwinger eingeschlossenen Tiere zu schießen.
Sie haben Pfeile von zwei Ellen Länge, die mit mehr Anstrengung als Erfolg abgeschossen werden; denn diese Waffe, deren
ganze Bedeutung auf ihrer Leichtigkeit beruht, wird durch die
29 unbequeme Last schwer gemacht. Kürzere Reisen legt er zu
Pferde zurück, geht der Zug weiter, so führen Elefanten seinen

Wagen, und der ganze Körper dieser ungeheuren Tiere ist mit
Gold bedeckt. Und damit keine Art des Sittenverfalls fehle, so
folgt in goldenen Sänften eine lange Reihe von Kebsweibern: ihr
Zug ist von dem der Königin getrennt, kommt ihm aber an
Üppigkeit gleich. Die Weiber bereiten das Mahl, desgleichen   30
reichen sie den Wein dar, den alle Inder in reichem Maße genießen. Ist der König durch Wein und Müdigkeit eingeschlafen, so
tragen ihn die Kebsweiber in sein Schlafgemach, wobei sie in
einem altertümlichen Liede die Götter der Nacht anrufen.

Wer sollte nun glauben, daß es inmitten dieser Laster noch   31
Streben nach Weisheit gibt? Die eine Gattung, die man Weise
nennt, lebt in der Einsamkeit völlig bedürfnislos. Bei ihnen gilt es   32
als schön, dem natürlichen Tode zuvorzukommen, und sie verbrennen sich selbst, wenn entweder sie zu alt oder ihre Gesundheit hinfällig wird: den Tod abzuwarten halten sie für eine Schän-
dung ihres Lebens. Und stirbt jemand an Altersschwäche, so wird
seinem Leichnam nicht die geringste Ehre erwiesen; denn sie
glauben, das Feuer werde befleckt, wenn es den Körper anders als
lebend empfange. Diejenige Klasse von Weisen, die in den Städ-   33
ten nach der allgemeinen Sitte leben, sollen den Lauf der Gestirne
geschickt beobachten und die Zukunft vorhersagen. Auch glauben sie, daß keiner den Tod herbeirufe, der ihn unerschrocken zu
erwarten vermöge. Für Götter halten sie, was ihnen einmal Ge-   34
genstand der Verehrung geworden ist, besonders Bäume, die zu
verletzen ihnen als todeswürdiges Verbrechen gilt. Sie haben Mo-   35
nate von fünfzehn Tagen, wobei sie jedoch am vollen Kreislauf
des Jahres festhalten. Die Zeit teilen sie nach dem Laufe des   36
Mondes ein, nicht jedoch, wie die meisten Völker, wenn dies
Gestirn seine Scheibe voll gemacht hat, sondern sooft es sich zur
Sichel krümmt[26], und deshalb haben die, welche die Dauer der
Monate nach diesen Mondphasen bemessen, kürzere Monate.
Noch vieles andere wird berichtet, doch schien es nicht der Mühe   37
wert, den Gang der Erzählung weiter damit aufzuhalten.

1 10. Als nun Alexander in die Grenzen Indiens eingedrungen war[27], kamen ihm kleine Fürsten der von ihnen regierten Stämme entgegen und erklärten, seinen Befehlen gehorchen zu wollen. Er, sagten sie, sei der dritte Sprößling Jupiters, der zu ihnen gekommen sei: von Vater Bacchus und Herkules hätten sie durch das Gerücht vernommen, er selbst stehe in Person vor ihren 2 Augen. Der König nahm sie gütig auf und befahl ihnen zu folgen, um sich ihrer als Führer auf den Märschen zu bedienen. Als ihm aber weiter niemand entgegenkam, schickte er den Hephaistion und Perdikkas mit einer Heeresabteilung voraus, um die, welche seine Herrschaft zurückwiesen, zu unterjochen; zugleich befahl er ihnen, bis zum Indos vorzudringen und Schiffe zu bauen, auf denen das Heer an das jenseitige Ufer übergesetzt werden könnte. 3 Da nun mehrere Flüsse zu überschreiten waren, so ließen sie solche Schiffe zimmern, die man auseinandernehmen und auf 4 Wagen fortschaffen, dann wieder zusammensetzen konnte. Hierauf erteilte er dem Krateros Befehl, mit der Phalanx zu folgen, er selbst führte die Reiterei und die Leichtbewaffneten voraus und jagte die, die ihm entgegengerückt waren, durch einen leichten 5 Angriff in die nächste Stadt. Und schon war auch Krateros bei der Hand. Um daher von vornherein dem Volke, das die makedonischen Waffen noch nicht erprobt hatte, Schrecken einzujagen, gebot er, niemanden zu schonen, wenn die Befestigungswerke 6 der von ihm belagerten Stadt angezündet wären. Übrigens traf ihn, während er gegen die Mauern heranritt, ein Pfeil. Dennoch nahm er die Stadt, und es wurden nicht nur alle Einwohner getötet, sondern auch die Gebäude zerstört.

7 Nach Bezwingung dieses wenig bekannten Volksstammes gelangte er hierauf zu der Stadt Nysa. Als man das Lager zufällig ganz nahe vor der Stadt an einer waldigen Stelle aufgeschlagen hatte, durchschauerte die nächtliche Kälte sie heftiger als sonst; dagegen bot sich ihnen als passendes Gegenmittel das Feuer an. 8 Man fällte Bäume und fachte eine Flamme an, die mehr und mehr genährt die Grabmäler der Einwohner ergriff. Diese waren aus altem Zedernholz erbaut und verbreiteten, einmal erfaßt, den 9 Brand schnell weiter, bis alles in Asche gesunken war. Nun hörte

man aus der Stadt erst das Bellen der Hunde, dann auch das
Geschrei der Menschen; und erst jetzt merkten die in der Stadt,
daß der Feind da sei, die Makedonen, daß sie vor der Stadt
ständen. Schon aber war der König mit den Truppen ausgerückt 10
und hielt die Mauern eingeschlossen, während die von den Feinden, die den Kampf versucht hatten, mit Geschossen überschüttet
wurden. Die einen nun wollten sich ergeben, die andern es auf
einen Kampf ankommen lassen; und als der König ihre Unschlüs-
sigkeit erfuhr, gebot er, sie nur rings einzuschließen, aber niemanden zu töten. Endlich, der Drangsale einer Belagerung müde,
ergaben sie sich. Ihre Stadt, sagten sie, sei von Vater Bacchus 11
erbaut, und mit diesem ihrem Ursprunge verhielt es sich wirklich
so. Sie liegt am Fuße eines Berges, den die Einwohner Meros[28] 12
nennen. Daher nahmen sich die Griechen die Freiheit zu fabeln,
Vater Bacchus sei im Schenkel Jupiters verborgen gewesen.

Von den Einwohnern über die Lage des Berges unterrichtet, 13
stieg der König mit dem ganzen Heere, nachdem er Proviant
vorausgeschickt, zum Gipfel hinan. In Mengen wächst an dem
ganzen Berge Efeu und Wein[29], in Menge strömen nie versiegende Wasser. Auch die Baumfrüchte haben viele heilsame Säfte, 14
während der Boden von selbst aus zufällig verstreutem Samen
Getreide hervorbringt. Von Lorbeer und Baldrian findet sich auf
jenen Felsen ein ganzer wilder Wald. Es geschah wohl weniger 15
aus Anlaß einer göttlichen Begeisterung als aus Mutwillen, daß
man allerorts Efeu- und Weinranken abbrach und mit Laub bekränzt Bacchanten gleich im ganzen Walde umherschweifte. Also 16
tönten Berg und Hügel von den Stimmen so vieler Tausende
wider, die den Schutzgott jenes Waldes anriefen, da sich der von
wenigen ausgegangene Übermut, wie es zu gehen pflegt, plötzlich allen mitgeteilt hatte. Denn wie mitten im Frieden streckten 17
sie sich auf dem Grase und zusammengehäuftem Laube nieder.
Und der König, über die zufällig entstandene Fröhlichkeit nicht
ungehalten, verteilte an alle reichliche Speise und ließ sich das
Heer zehn Tage lang dem Dienste des Vater Bacchus widmen.
Wer möchte da leugnen, daß auch ein ausgezeichneter Ruhm 18
häufiger der Gnade des Glückes als der eigenen Tüchtigkeit zu

verdanken sei? Denn nicht einmal die Schmausenden und vom Weine Betäubten wagte der Feind anzugreifen, da ihn das Geschrei der brüllenden Bacchanten nicht minder in Schrecken setzte, als wenn man ihren Schlachtenruf vernommen hätte. Das gleiche Glück beschützte sie, als sie auf der Rückkehr vom Ozean mitten unter den Augen der Feinde trunkene Gelage feierten[30].

19   Von hier gelangte man in die Landschaft, welche Daidala heißt; aber die Einwohner hatten ihre Wohnsitze verlassen und waren in die weglosen und waldigen Gebirge geflohen. Er zog also nach Akadira hinüber, das jedoch ebenfalls durch die Flucht seiner

20   Einwohner öde und verlassen lag. Daher sah er sich genötigt, die Art der Kriegführung zu ändern. Er teilte nämlich seine Truppen und zeigte gleichzeitig an mehreren Orten seine Waffen, so daß sie überrascht, wo sie keinen Feind erwartet hatten, durch eine

21   vollständige Niederlage bezwungen wurden. Ptolemaios nahm die meisten, Alexander die größten Städte ein, worauf er die

22   vorher geteilten Truppen wiederum vereinigte. Als er dann den Fluß Choaspes[31] überschritten, ließ er den Koinos bei Belagerung einer reichen Stadt, welche bei den Einwohnern Beira heißt, zurück, während er selbst nach Massaga kam. Dort war kürzlich der seitherige König Assakonos[32] gestorben, und Stadt und Land-

23   schaft standen unter der Herrschaft seiner Mutter Kleophis. 38 000 Mann zu Fuß verteidigten die Stadt, die nicht allein durch ihre Lage, sondern auch durch Befestigungen geschützt war. Denn auf der östlichen Seite umgibt sie ein reißender Fluß, der durch seine auf beiden Seiten abfallenden Ufer den Zugang zu der Stadt

24   hindert. Gegen Westen und Süden hat die Natur wie mit Absicht mächtig hohe Felsen aufgetürmt, unterhalb deren Höhlen und durch die Länge der Zeit tief ausgehöhlte Abgründe liegen, und wo diese aufhören, stellt sich ein mit ungeheurer Arbeit angeleg-

25   ter Graben entgegen. Eine Mauer von 35 Stadien [ca. 6,5 km] umgibt die Stadt, deren untere Teile von Bruchstein, die oberen von ungebrannten Ziegeln aufgeführt sind. Als Bindemittel der Backsteine dienen dazwischen gelegte andere Steine, damit das zerbrechliche Material auf härterem ruhe, und zugleich mit Was-

26   ser aufgelöste Tonerde. Damit sich jedoch die ganze Masse nicht

senkte, waren starke Balken daraufgelegt, und ein darüber angebrachter Holzbau deckte die Mauer und bot gleichzeitig auch
einen Umgang. Während Alexander diese Befestigungswerke 27
betrachtete und in seinem Entschlusse schwankte, weil er die
Höhlen nur mittelst eines Dammes ausfüllen und auch die Wurfmaschinen nicht anders an die Mauern bringen konnte, traf ihn
einer von der Mauer mit einem Pfeil. Diesmal fuhr ihm zufällig 28
das Geschoß in die Wade, und als der Pfeil herausgezogen war,
befahl er sein Roß vorzuführen. Auf diesem reitend beendigte er,
ohne selbst die Wunde verbinden zu lassen, sein Vorhaben nicht
weniger schnell. Als nun aber das verwundete Bein herabhing 29
und das Erstarren des geronnenen Blutes an der Wunde den
Schmerz vermehrte, soll er gesagt haben, man nenne ihn zwar
Jupiters Sohn, dennoch aber fühle er die Schwächen eines kranken Körpers. Gleichwohl zog er sich nicht eher ins Lager zurück, 30
als bis er alles genau betrachtet und angegeben hatte, was geschehen solle.

Also zerstörte man, wie es von ihm befohlen war, die Gebäude
außerhalb der Stadt und riß ungeheure Materialmassen zur Errichtung des Dammes herunter. Andere warfen die Stämme
großer Bäume samt den Ästen und Steinblöcke in die Höhlen.
Als nun der Damm bereits die Höhe der Erdoberfläche erreichte, 31
wurden auch Türme errichtet; und bei dem ungemeinen Eifer der
Soldaten vollendete man diese Werke innerhalb neun Tagen. Sie
in Augenschein zu nehmen trat der König, ehe noch seine Wunde
vernarbt war, hervor, lobte die Soldaten und gab Befehl, die
Maschinen heranzurücken, von denen sich nun eine ungeheure
Menge von Geschossen auf die Verteidiger ergoß. Besonders 32
schreckten die mit solchen Bauten nicht Vertrauten die beweg-
lichen Türme, und man glaubte, daß diese gewaltigen Massen, die
ohne eine sichtbare Hilfe[33] herangeführt wurden, sich mit göttli-
chem Beistand bewegten; ja auch die groben Mauergeschosse und
die aus Maschinen geschleuderten mächtigen Speere, meinten sie,
seien keine Waffen sterblicher Menschen. Darum verzweifelten 33
sie an der Verteidigung der Stadt und zogen sich in die Burg
zurück. Dann, da den dort Belagerten nichts als Übergabe ratsam

schien, stiegen Gesandte hinab, die Gnade des Königs zu erbitten.

34 Als ihre Bitte gewährt war, kam die Königin mit einer großen Schar vornehmer Frauen, die in goldenen Schalen Wein anboten.

35 Sie selbst führte ihren kleinen Sohn zu den Knien des Königs und erlangte nicht nur Begnadigung, sondern behielt auch die Ehrenzeichen ihres früheren Ranges. Denn es blieb ihr der Titel Königin; und manche glaubten, es sei dies mehr aus Rücksicht auf ihre

36 Schönheit als aus Mitleid geschehen. Jedenfalls führte auch ein Knabe, den sie nachher, von wem auch immer, gebar, den Namen Alexander.

1 11. Hierauf wurde Polyperkon mit einer Heeresabteilung nach der Stadt Nora gesandt und besiegte die ungeordneten Haufen der Einwohner in einem Treffen. Er trieb sie hinter ihre Mauern zurück, folgte ihnen und nötigte die Stadt zur Unterwerfung.

2 Auch viele unbekanntere Städte fielen, von ihren Einwohnern verlassen, in des Königs Gewalt. Die bewaffneten Einwohner derselben hatten einen Fels namens Aornis[34] besetzt. Von ihm ging die Sage, Herkules habe ihn vergeblich belagert, und ein Erdbeben habe ihn schließlich gezwungen, davon abzulassen.

3 Während sich Alexander ratlos sah, weil der Felsen nach allen Seiten abschüssig und schroff war, kam ein bejahrter Mann, der den Ort gut kannte, mit seinen beiden Söhnen zu ihm, und versprach, wenn er eine genügende Belohnung erhielte, einen

4 Zugang zu zeigen. Alexander sicherte ihm 800 Talente zu und entließ, indem er einen der beiden Jünglinge als Geisel zurückbe-

5 hielt, ihn selbst zur Ausführung seines Antrages. Die leichten Truppen erhielten Mullinos, den Schreiber des Königs[35], zum Anführer, denn sie sollten den Feind durch einen Umweg täu-

6 schen und die Höhe des Bergrückens erklimmen. Der Fels wächst nicht wie meistens in mäßigen und gelinden Steigungen zur Höhe seines Gipfels empor, sondern steht ähnlich wie eine Zielsäule[36] aufgerichtet, die zuunterst breiter ist, weiter oben sich

7 verengt, und zuoberst sich in eine scharfe Spitze erhebt. Seinen Fuß bespült der sehr tiefe Indos mit auf beiden Seiten felsigen Ufern, während sich auf der andern Seite steile Abgründe und

ausgewaschene Schluchten befinden; und es gab keinen andern Weg zur Eroberung, als diese auszufüllen[37]. In der Nähe war ein 8 Wald: diesen befahl der König zu fällen, doch so, daß man die Stämme ohne Äste hinwarf, da die belaubten Zweige den Transport gehemmt hätten. Er selbst warf den ersten Baumstamm hin; darüber brach das Heer zum Zeichen seines feurigen Eifers in lautes Geschrei aus, denn niemand weigerte sich eines Dienstes, bei dem der König vorangegangen war.

Binnen sieben Tagen waren die Schluchten ausgefüllt, und der 9 König gab den Bogenschützen und Agrianern Befehl, den steilen Abhang emporzuklimmen. Aus seinem Corps wählte er dreißig der entschlossensten jungen Männer aus; an deren Spitze stellte er 10 den Charos und Alexander, den er an seinen mit ihm gemeinsamen Namen erinnerte. Und anfangs beabsichtigte er, wegen der offensichtlichen Gefahr sich am Kampfe nicht persönlich zu beteiligen. Sowie jedoch das Signal mit der Trompete erscholl, rief er 11 als ein Mann von entschlossener Kühnheit seinen Leibwächtern zu, ihm zu folgen, und drang zuerst den Felsen hinan. Da nun verharrte kein Makedone ruhig, sondern ihre Stellungen verlassend, folgten sie freiwillig dem Könige nach. Viele stürzten jäm- 12 merlich hinab, und abgeglitten von dem steilen Felsen wurden sie von dem vorüberfließenden Strome verschlungen: ein trauriges Schauspiel selbst für nicht an der Gefahr Beteiligte; da sie nun vollends durch den Untergang anderer an das gemahnt wurden, was sie selbst zu fürchten hatten, so verwandelte sich ihre Teilnahme in Furcht, und sie beklagten weniger die Toten als sich selbst. Und schon war man soweit gelangt, daß man von da nur 13 als Sieger ohne Verderben zurückkehren konnte, da die Barbaren ungeheure Steine auf die sich Nähernden herniederwälzten, von denen getroffen sie bei ihrer unsichern und schlüpfrigen Stellung jählings zurückstürzten. Dem waren jedoch Charos und Alex- 14 ander entgangen, die der König mit den 30 Auserlesenen vorausgeschickt hatte, und bereits waren sie handgemein geworden; da aber die Barbaren von oben her ihre Geschosse auf sie schleuderten, so wurden sie häufiger getroffen, als sie ihrerseits verwundeten. So kam es, daß Alexander eingedenk seines Namens und 15

Versprechens mehr mutig als vorsichtig kämpfte, und schließlich
16 durchbohrt und von allen Seiten überschüttet wurde. Und als ihn
Charos hingesunken sah, stürzte er, an nichts weiter denkend, als
ihn zu rächen, auf den Feind los, tötete viele mit dem Speere,
einige auch mit dem Schwerte, sank aber, da sich gegen den einen
so viele Arme kehrten, entseelt über dem Leichnam des Freundes
17 nieder. Durch den Tod dieser entschlossenen Jünglinge und der
andern Soldaten, wie natürlich, sehr bekümmert, gab der König
18 das Zeichen zum Rückzuge. Es war ihr Glück, daß sie allmählich
und ohne in Furcht zu geraten sich zurückzogen; die Barbaren
aber waren zufrieden, den Feind heruntergetrieben zu haben, und
bedrängten die Weichenden nicht.

19   Obwohl nun Alexander entschlossen war, von seinem Vorhaben abzulassen, da sich ja keine Hoffnung auf Eroberung der
Felsburg bot, so gab er sich dennoch den Anschein, als beharre er
bei der Belagerung. Denn er ließ die Wege besetzt halten, Belagerungstürme heranrücken und die ermatteten Truppen durch an-
20 dere ersetzen. Wie also die Inder seine Hartnäckigkeit wahrnah-
men, so feierten sie zwar zwei Tage und Nächte lang, indem sie
nicht nur mit ihrer Zuversicht, sondern auch mit einem Sieg zu
prahlen schienen, Festgelage, wobei sie nach ihrer Sitte die Trom-
21 meln rührten: in der dritten Nacht aber hatte der Lärm der
Trommeln aufgehört, dagegen erglänzten auf dem ganzen Felsen
Fackeln, die die Barbaren zur Sicherung ihrer Flucht angezündet
hatten, wenn sie in dunkler Nacht über die weglosen Felsen
22 steigen müßten. Durch Balakros, den er als Späher vorausgesen-
det, erfuhr der König, daß die Felsburg von den fliehenden Indern
verlassen sei. Da ließ er auf ein gegebenes Zeichen das ganze Heer
ein Geschrei erheben und schreckte dadurch die ohne Ordnung
23 Fliehenden; so stürzten viele, als ob der Feind da wäre, über die
schlüpfrigen Felsen und weglosen Klippen herab und kamen um,
noch mehr wurden, an diesem oder jenem Körperteile verstüm-
24 melt, von den Unversehrten im Stiche gelassen. Obwohl also
mehr ein Bezwinger des Ortes als der Feinde, gab doch der König
seinem Siege durch Opfer und Verehrung der Götter ein Ansehen
von Wichtigkeit. Der siegreichen Minerva wurden auf der Fels-

burg Altäre errichtet. Den Führern des Weges, auf dem er die 25
Leichtbewaffneten hinangeschickt hatte, wurde, wiewohl sie weniger, als versprochen war, geleistet hatten, ihr Lohn getreulich
ausbezahlt. Die Bewachung der Felsburg und ihrer Umgebung
erhielt Sisokostos anvertraut.

12. Da rückte er nach Ekbolima[38] vor; und da er erfahren, daß ein 1
gewisser Erix die Engpässe mit 20000 Bewaffneten besetzt halte,
so übergab er den schwerbewaffneten Teil des Heeres dem Koinos, um ihn in mäßigen Tagemärschen nachzuführen; er selbst 2
zog voraus, verjagte mit Hilfe der Schleuderer und Bogenschützen die, die das Gebirge besetzt hielten, und öffnete so den nach-
folgenden Truppen den Weg. Die Inder, sei es aus Unwillen 3
gegen ihren Führer, oder um sich die Gunst des Siegers zu erwerben, überfielen den Erix auf der Flucht, töteten ihn und brachten
sein Haupt und seine Waffen zu Alexander. Dieser bestrafte ihre
Tat zwar nicht, verweigerte aber, da sie als Beispiel hätte dienen
können, ein Ehrengeschenk.

Hierauf gelangte er in sechzehn Tagemärschen an den Indos 4
und fand alles, wie er befohlen, von Hephaistion zum Übergange
über den Fluß vorbereitet[39]. In jener Gegend[40] herrschte Omphis, 5
der schon seinem Vater geraten hatte, sein Reich an Alexander zu
übergeben. Nun nach dem Tode seines Vaters hatte er Gesandte
an Alexander geschickt, um ihn zu fragen, ob er in der Zwischenzeit weiterregieren oder als Privatmann seine Ankunft erwarten
solle; und als ihm erlaubt worden war fortzuregieren, so wagte er 6
dennoch nicht, von dem ihm verliehenen Rechte Gebrauch zu
machen. Den Hephaistion hatte er zwar freundlich aufgenommen und seinen Truppen ohne Bezahlung Getreide zumessen
lassen, war jedoch nicht persönlich mit ihm zusammengetroffen,
um sich einzig und allein nur des Königs Schutze anzuvertrauen.
Daher zog er mit einem bewaffneten Heere ihm entgegen, und da 7
dem Heereszuge in mäßigen Zwischenräumen auch Elefanten
beigemischt waren, hatte dies von weitem das Aussehen von
kleinen Festungen. Anfangs glaubte Alexander, nicht ein Bundes- 8
genosse, sondern ein Feind nahe sich, und schon hatte er, zum

Kampfe bereit, Befehl gegeben, die Soldaten sollten die Waffen ergreifen und die Reiterei sich auf die Flügel verteilen. Als jedoch der Inder den Irrtum der Makedonen bemerkte, ließ er die übrigen haltmachen und sprengte ihm allein auf seinem Pferd entgegen. Alexander tat dasselbe, indem er sich, mochte ihm nun ein Feind oder Freund begegnen, entweder auf seine persönliche Tapferkeit, oder auf jenes Treue verließ. Ihr Zusammentreffen war, soweit sich ihren Mienen entnehmen ließ, ein freundschaftliches, doch konnte ohne einen Dolmetscher ein Gespräch nicht angeknüpft werden. Als daher ein solcher herbeigeholt war, erklärte der Barbar, er sei ihm mit einem Heere entgegengekommen, um ihm sogleich die ganze Macht seines Reiches zu übergeben, und habe nicht warten wollen, bis ihm durch Botschafter Schutz versprochen würde. Leben und Reich lege er in seine Hand, von dem er wisse, daß er für den Ruhm streite und nichts mehr fürchte als den Ruf der Treulosigkeit.

Erfreut über die Treuherzigkeit des Barbaren, reichte ihm der König als Pfand seines Schutzes die Rechte und stellte ihm sein Reich wieder zu. Er übergab an Alexander sechsundfünfzig Elefanten, eine Menge Vieh von ausnehmender Größe und gegen 3000 Stiere, in jener Gegend ein kostbares und von den Fürsten hochgeschätztes Tier. Auf die Frage Alexanders, ob er mehr Bauern oder Soldaten habe, erwiderte er, da er mit zwei Königen Krieg führe, so bedürfe er einer größern Anzahl von Soldaten als von Bauern. Er meinte den Abisares und Poros, doch war Poros der bedeutendere. Beide herrschten jenseits des Flusses Hydaspes[41] und waren entschlossen, das Kriegsglück zu versuchen, wer sie auch immer angriffe. Omphis nahm mit Erlaubnis Alexanders die königlichen Abzeichen an, sowie nach Sitte seines Volkes den Namen, welchen sein Vater getragen hatte. Er hieß nun bei seinem Volke Taxiles, da dieser Name zugleich mit der Herrschaft auf den jedesmaligen Nachfolger überging. Drei Tage also bewirtete er den Alexander gastfreundlich, am vierten zeigte er ihm, wieviel Getreide er den Truppen, die den Hephaistion begleitet hatten, gegeben habe, und beschenkte ihn selbst und alle seine Freunde mit goldenen Kränzen, und außerdem noch mit 80 Ta-

lenten geprägten Silbers. Über diese seine Freundlichkeit außer- 16
ordentlich erfreut, sandte ihm Alexander nicht nur seine Geschenke zurück, sondern fügte auch aus der Beute, die er mit sich
führte, tausend Talente hinzu, ferner viele goldene und silberne
Tafelgefäße, eine große Menge persischer Gewänder und dreißig
von seinen Rossen, mit denselben Abzeichen, die sie zu tragen
pflegten, wenn sie ihn selbst fuhren. Hatte diese Freigebigkeit 17
einerseits die Barbaren für ihn gewonnen, so erregte sie andrerseits bei seinen Freunden heftigen Anstoß. Unter andern sagte
Meleager, als er bei Tafel ziemlich viel Wein genossen hatte, er
beglückwünsche Alexander, daß er wenigstens in Indien einen
gefunden, der tausend Talente verdiene. Der König jedoch, der 18
nicht vergessen hatte, wie sehr es ihn geschmerzt, daß er den
Kleitos wegen unbesonnener Rede getötet hatte, hielt den Zorn
an sich und versetzte nur, Neidische seien nichts weiter als eine
Qual für sich selbst.

13. Am folgenden Tage kamen zum Könige Gesandte des Abisa- 1
res, die auftragsgemäß alles in seine Gewalt legten, und nachdem
man sich gegenseitig Versicherungen der Treue gegeben, wurden
sie zu ihrem Könige zurückgeschickt. Da Alexander auch von 2
Poros hoffte, daß ihn der Ruhm seines Namens veranlassen
könnte, sich zu ergeben, so schickte er den Kleochares an ihn, um
ihn aufzufordern, Tribut zu zahlen und ihm gleich an der Grenze
seines Gebietes entgegenzukommen. Doch Poros antwortete, dies
zweite solle geschehen, daß er nämlich, wenn jener sein Reich
beträte, zur Stelle wäre, aber gewaffnet. Schon hatte Alexander 3
beschlossen, über den Hydaspes zu gehen, als jener Barzaentes[42],
der den Aufstand der Arachosier veranlaßt hatte, gefesselt zu ihm
gebracht wurde, sowie dreißig zugleich gefangene Elefanten, eine
willkommene Hilfe gegen die Inder, da deren Hoffnung und
Kraft mehr auf diesen Ungeheuern als auf ihrem Heere beruhte.
Auch der König eines kleinen indischen Gebietes namens Sama- 4
xos, der Barzaentes' Bundesgenosse gewesen war, wurde gefesselt
zu ihm geführt. Er ließ daher den Überläufer und den Fürsten ins 5
Gefängnis bringen, übergab die Elefanten dem Taxiles und ge-

langte dann selbst an den Hydaspes, auf dessen jenseitigem Ufer
sich Poros gelagert hatte, um dem Feind den Übergang zu weh-
6 ren. Die von diesem aufgestellte Streitmacht bestand aus 85 Elefanten von ungemeiner Körperkraft, außerdem 300 Wagen und
gegen 30000 Mann zu Fuß, darunter Bogenschützen, deren Geschosse, wie oben bemerkt, zu schwer waren, als daß sie geschickt
7 abgeschossen werden konnten. Er selbst ritt auf einem Elefanten,
der die übrigen Ungeheuer noch überragte: gold- und silberverzierte Waffen schmückten seinen Körper, der von seltener Größe
war, und der Körperkraft kam sein Mut gleich und seine Weisheit, soweit davon unter so ungebildeten Völkern die Rede sein
konnte.

8 Die Makedonen schreckte nicht nur der Anblick der Feinde,
sondern auch die Größe des Flusses, der zu überschreiten war.
Vier Stadien [ca. 740 m] breit und mit einem tiefen, nirgends eine
9 Furt bietenden Flußbette sah er aus wie ein weites Meer[43]. Auch
minderte er seine Heftigkeit nicht der Ausdehnung seiner weit
ausgetretenen Gewässer gemäß, sondern schoß, als ob sich seine
Ufer eng zusammendrängten, wie ein Gießbach schäumend
dahin; und die an mehreren Stellen zurückbrandenden Wogen
10 ließen auf verborgene Felsen schließen. Noch furchtbarer war der
Anblick des Ufers, das von Rossen und Männern angefüllt war.
Da standen die ungeheuren Massen ungeschlachter Leiber und
ermüdeten, absichtlich gereizt, mit ihrem gräßlichen Geschrei die
11 Ohren. Hier war es der Fluß, dort der Feind, was die sonst so
hoffnungsfreudigen Herzen, wie oft sie sich auch schon erprobt,
dennoch mit unerwarteter Furcht durchzuckte. Denn die unsicheren Flöße, fürchtete man, würden weder ans Ufer gelenkt,
12 noch dort sicher befestigt werden können. Mitten im Fluß befanden sich zahlreiche Inseln, nach welchen sowohl Inder als Makedonen schwimmend, die Waffen über den Kopf gehalten, hin-
übersetzten. Dort wurden leichte Treffen geliefert, und die Könige erprobten durch die Entscheidung von geringem Belang den
13 Ausgang der Hauptschlacht. Nun waren im makedonischen
Heere zwei vornehme Jünglinge namens Symmachos und Nikanor, durch Unbesonnenheit und Tollkühnheit hervorstechend

und durch das ununterbrochene Glück ihrer Seite zur Verachtung
jeglicher Gefahr angefeuert. Unter ihrer Führung schwammen 14
die entschlossensten Jünglinge nur mit Lanzen bewaffnet zu einer
vom Feinde stark besetzten Insel hinüber und töteten, mehr durch
ihre Kühnheit als andere Waffen unterstützt, viele Inder. Jetzt 15
hätten sie ruhmvoll zurückkehren können, wenn Tollkühnheit je
so glücklich wäre, ein Maß zu finden: statt dessen erwarteten sie
voll Verachtung und Übermut noch die Neuhinzukommenden,
wurden von Leuten, die heimlich hinübergeschwommen waren,
umringt und aus der Ferne unter einem Hagel von Geschossen
begraben. Die dem Feinde entkommen waren, wurden entweder 16
durch die heftige Strömung fortgerissen oder von Wirbeln verschlungen. Dieser Kampf steigerte die Zuversicht des Poros, der
alles vom Ufer aus ansah.

Alexander aber, der keinen Rat wußte, wandte schließlich 17
folgende List an, um den Feind zu täuschen. Es war eine Insel im
Flusse, größer als die übrigen und zugleich bewaldet, und darum
geeignet, eine Hinterlist zu decken. Auch befand sich nicht weit
von dem von ihm besetzten Ufer ein sehr tiefer Graben, der nicht
nur Fußvolk, sondern auch Reiter samt den Rossen verstecken
konnte. Um also die Augen der Feinde von Beobachtung dieser 18
günstigen Gelegenheit abzulenken, ließ er den Ptolemaios mit
allen Reitergeschwadern in weiter Entfernung von der Insel
gegen den Fluß reiten und von Zeit zu Zeit die Inder durch
Geschrei erschrecken, als ob er über den Fluß schwimmen wollte.
Dies tat Ptolemaios mehrere Tage hintereinander, und zwang 19
durch diese List auch den Poros, sein Heer der Stelle zuzuwenden,
auf die er es anscheinend abgesehen hatte; die Insel lag also bereits
außerhalb des feindlichen Gesichtskreises. Ferner gebot Alex- 20
ander, sein Zelt auf einer (von der Insel) entfernten Uferstelle
aufzuschlagen, daß die ihn gewöhnlich begleitende Leibwache
sich vor diesem Zelte aufstellte, und daß man allen Glanz der
königlichen Herrlichkeit absichtlich vor den Augen der Feinde
zur Schau stellen sollte. Auch legte er dem Attalos, der gleich alt 21
und ihm an Gesicht und Körpergestalt, allerdings von weitem
gesehen, nicht unähnlich war, ein königliches Gewand an, damit

es den Anschein hätte, als kommandiere der König selbst auf
22 jenem Uferabschnitt und denke nicht an den Übergang. Die
Ausführung seines Planes wurde erst durch ein Unwetter verzögert, bald aber dadurch unterstützt, indem das Glück auch das
23 Ungünstige zu einem günstigen Erfolge hinlenkte. Er schickte
sich an, mit seinen übrigen Truppen in der Richtung der vorerwähnten Insel[44] über den Fluß zu setzen, während sich der Feind
gegen die gewendet hatte, die mit Ptolemaios das Ufer unterhalb
besetzt hielten: als ein Sturm eine kaum unter Dach und Fach
auszuhaltende Regenflut herabschüttete, so daß die davon über-
strömten Soldaten wieder an das Land flohen und Schiffe und
Flöße im Stich ließen. Doch konnte ihr Geschrei bei dieser Verwirrung vor dem Toben des Windes vom Feinde nicht gehört
24 werden. Als dann der Regen augenblicklich aufhörte, zogen sich
so dichte Wolken über den Himmel, daß sie alles Tageslicht
verbargen, und man im Gespräch kaum des andern Gesicht er-
25 kennen konnte. Einen andern hätte die über den Himmel verbreitete nächtliche Finsternis erschreckt, da man einen unbekannten
Strom beschiffen sollte, wo vielleicht der Feind gerade den Teil
des Ufers besetzt hielt, auf welchen sie blind und unvorsichtig
und nach dem Ruhme eines so gefahrvollen Unternehmens be-
26 gierig lossteuerten. Alexander aber betrachtete das Dunkel, das
die anderen schreckte, gerade als die für ihn günstigste Gelegenheit und gab das Zeichen, daß sich alle lautlos einschifften, während er mit dem Fahrzeug, worauf er selbst fuhr, zuerst abzusto-
27 ßen befahl. Das Ufer, auf das man losfuhr, war leer von Feinden,
da Poros' Aufmerksamkeit noch allein auf Ptolemaios gerichtet
war. Und so kamen, mit Ausnahme eines einzigen Schiffes, das
von den Wellen auf einen Felsen getrieben hängenblieb, alle übrigen glücklich durch. Darauf ließ er die Soldaten die Waffen
ergreifen und sich in Reih und Glied stellen.

1 14. Und Alexander rückte bereits mit seinem in zwei Flügel
geteilten Heer vorwärts, als dem Poros gemeldet wurde, das Ufer
sei mit bewaffneten Männern angefüllt, und die Entscheidung des
Kampfes sei da. Anfangs gab sich dieser, der Schwäche des

menschlichen Charakters gemäß, noch der Hoffnung und dem Glauben hin, sein Bundesgenosse Abisares rücke, wie es ausgemacht worden war, heran. Bald jedoch ließ das hellere Tageslicht 2 den Feind erkennen, und er warf dem herannahenden Heereszuge hundert Streitwagen und 4000 Reiter entgegen. Anführer dieser vorausgesandten Truppen war sein eigener Bruder Sages, ihre größte Stärke bestand in den Wagen. Jeder von diesen führte 3 sechs Männer, zwei mit Schilden bewaffnete und zwei Bogenschützen, die auf beiden Seiten verteilt waren; die beiden übrigen waren die Wagenlenker, die jedoch keineswegs waffenlos waren, sondern, sobald es aus der Nähe zu kämpfen galt, die Zügel fahren ließen und eine Menge Geschosse auf den Feind schleuderten. Doch gewährte diese Waffe an jenem Tage kaum einen 4 Nutzen; denn, wie oben bemerkt, hatte der heftiger als gewöhnlich strömende Regen die Gefilde schlüpfrig und unbefahrbar gemacht, und schwer und nahezu unbeweglich blieben die Wagen im Schlamm und in Löchern stecken. Alexander brach 5 mit seinem kampffertigen und leichtbeweglichen Heer sofort auf sie ein. Als erste von allen griffen die Skythen und Daher die Inder an, hierauf entsandte er den Perdikkas mit seinen Reitern gegen den rechten feindlichen Flügel. Bereits war überall der 6 Kampf entbrannt, als diejenigen, die die Wagen führten – sie meinten, dies sei die letzte Hilfe für ihre Leute – sich mit verhängten Zügeln mitten in das Gefecht zu stürzen begannen. Dies 7 wurde für beide Teile gefährlich: denn einerseits wurde das makedonische Fußvolk beim ersten Angriff niedergerannt, andrerseits warfen die über schlüpfrige und weglose Stellen getriebenen Wagen ihre Lenker ab, andere wurden von den scheuen Rossen 8 nicht nur in Löcher und Tümpel, sondern sogar in den Fluß gestürzt, nur wenige gelangten, durch die Geschosse der Feinde verjagt, wieder zu Poros zurück, der aufs eifrigste den Kampf schürte.

Wie dieser seine Wagen auf dem ganzen Schlachtfelde zerstreut 9 führerlos umherirren sah, verteilte er an die nächsten seiner Freunde die Elefanten. Hinter diesen hatte er das Fußvolk und die 10 Bogenschützen sowie die Paukenschläger aufgestellt. Denn die

Pauken dienten den Indern statt des Blasens mit der Trompete, auch wurden die Elefanten durch ihr Getöse nicht scheu, da ihre Ohren längst den bekannten Schall zu ertragen gewöhnt waren.

11 Dem Fußvolk wurde das Bild des Herkules vorangetragen, das den Kämpfern zur kräftigsten Anfeuerung dient, und es galt als Vergehen gegen die militärische Ehre, seine Träger im Stich zu

12 lassen. Ja, es war die Todesstrafe für die festgesetzt, die es nicht aus der Schlacht zurückbrächten, so daß die Furcht, die sie einstmals vor jenem Feinde empfunden hatten, jetzt sogar in heilige Verehrung verwandelt war. Die Makedonen machte der Anblick nicht allein der Ungeheuer, sondern auch des Königs selbst einen Au-

13 genblick stutzen. Die zwischen den Bewaffneten verteilten Tiere sahen von weitem wie Türme aus. Poros selbst war beinahe über das Maß menschlicher Größe hinausgewachsen, und seine Größe schien noch durch das Tier erhöht, auf dem er ritt, und das unter den übrigen ebenso hervorragte, wie er selbst sich vor den andern

14 auszeichnete. Alexander rief daher, nachdem er den König und das indische Heer betrachtet hatte: „Endlich sehe ich eine Gefahr, die meinem Mut gleichkommt. Es gilt einen Kampf zugleich mit

15 Bestien und ausgezeichneten Männern." Dann sagte er zu Koinos

16 gewendet: „Wenn ich von Ptolemaios[45], Perdikkas und Hephaistion begleitet den Angriff auf den linken feindlichen Flügel gemacht habe, und du mich mitten im heißen Kampfe siehst, so wirf du selbst den rechten Flügel und stürze dich auf die Verwirrten. Ihr, Antigenes, Leonnatos und Tauron, stürmt auf das Mitteltreffen ein und bedrängt es von vorn. Unsere ungeheuer langen und starken Speere werden uns, wie sonst nirgends, gegen diese Ungetüme und ihre Treiber von Nutzen sein: stoßt, die droben sitzen, herunter und durchbohrt die Tiere selbst. Es ist eine zweifelhafte Art Hilfsmittel, das heftiger gegen die eigene Partei wütet. Denn gegen den Feind treibt sie der Befehl, gegen die

17 Ihrigen die eigene Furcht." Nach diesen Worten spornte er sein Roß den andern voran; und bereits war er, der Bestimmung gemäß, in die Reihen der Feinde vorgedrungen, als auch Koinos mit unwiderstehlicher Gewalt auf den rechten Flügel einstürmte;

18 zugleich durchbrach die Phalanx das Mitteltreffen der Inder in einem einzigen Anlaufe.

Poros dagegen gebot, die Elefanten dahin zu treiben, wo er die Reiter hatte einstürmen sehen: allein die langsamen und fast unbeweglichen Tiere konnten es der Flinkheit der Rosse nicht gleichtun. Nicht einmal von ihren Pfeilen konnten die Barbaren irgendwelchen Gebrauch machen. Denn bei ihrer Länge und 19 großen Schwere lassen sie sich nicht genau und bequem auflegen, wenn man nicht zuvor den Bogen auf die Erde stemmt; jetzt aber hindert die Schlüpfrigkeit des Bodens die Anstrengung des Spannens, so daß ihnen, wenn sie zu schießen versuchten, die Schnelligkeit der Feinde zuvorkam. So blieb des Königs Befehl un- 20 beachtet, wie es meist geschieht, wenn Verwirrten nachdrücklicher ihre Furcht als ihr Feldherr zu gebieten beginnt, und es gab ebensoviele Befehlshaber, als Abteilungen umherirrten. Einer 21 rief: schließt die Glieder! ein Anderer: teilt euch! hier hieß es: stehen geblieben! dort: dem Feinde in den Rücken geschwenkt! Nicht ein einziger gemeinsamer Entschluß wurde gefaßt. Poros 22 jedoch mit einigen wenigen, über die das Ehrgefühl mehr vermocht hatte als die Furcht, ließ nicht ab, die Zerstreuten zu sammeln und sich gegen den Feind zu wenden, indem er gebot, die Elefanten seinem Zuge voranzutreiben. Die Bestien jagten 23 großen Schrecken ein, und ihr ungewohntes Trompeten hatte bald nicht nur die Rosse, die so leicht vor allem scheuen, sondern sogar die Männer und ihre Reihen in Verwirrung gebracht. Be- 24 reits sahen sich die kurz zuvor Siegreichen nach einer Gelegenheit zur Flucht um, als Alexander die Agrianer und leichtbewaffneten Thraker, die sich besser zum wiederholten Angriff als zum Handgemenge eigneten, gegen die Tiere ausschickte. Diese schütteten 25 eine Wolke von Geschossen über die Elefanten und ihre Lenker aus, und auch die Phalanx begann nun nachdrücklich auf die Erschreckten einzudringen. Manche jedoch, die die Tiere zu eif- 26 rig verfolgten, reizten durch Verwundungen ihren Zorn gegen sich: sie wurden daher von ihren Füßen zerstampft und dienten den übrigen zur Warnung, vorsichtiger auf sie einzudringen. Ein 27 schrecklicher Anblick namentlich war es, wenn sie mit ihrem Rüssel Waffen und Männer erfaßten und sie über sich ihren Lenkern zulangten. Während man also ohne sichere Entschei- 28

dung die Elefanten bald verfolgte, bald vor ihnen floh, zog sich
der wechselnde Kampf einen großen Teil des Tages hin, bis man
begann, mit Beilen, die man zu diesem Zweck mitgenommen
29 hatte, ihnen die Füße durchzuhauen. Auch hatte man eine Art
leicht gekrümmter, sichelähnlicher Schwerter, Kopis genannt,
mit denen man nach den Rüsseln hieb. Und die Furcht ließ nichts
unversucht, nicht nur sie zu töten, sondern selbst im Tode sie auf
neue Art zu verstümmeln.

30   Endlich durch Wunden erschöpft, stürzten sich die Elefanten
auf ihre eigene Partei und rannten sie nieder, während sie ihre
bisherigen Lenker zu Boden warfen und zerstampften. So wurden sie wie eine Herde Vieh, mehr zur Flucht als zum Angriff
31 geneigt, über die Schlachtlinie hinausgejagt. Da begann Poros,
von der Mehrzahl verlassen, die längst bereitgehaltenen Geschosse von seinem Elefanten herab auf die ihn umdrängenden
Feinde zu schleudern, konnte zwar viele verwunden, war aber
selbst den Würfen ausgesetzt, die von allen Seiten auf ihn zielten.
32 Schon neun Wunden hatte er im Rücken und auf der Brust
erhalten, und den von vielem Blutverluste ermatteten Händen
entfielen mehr die Geschosse, als daß er sie noch geschleudert
33 hätte. Nicht weniger heftig jedoch rannte sein in Wut geratenes
Tier, das noch unverwundet war, auf die feindlichen Reihen los:
bis dessen Lenker wahrnahm, wie der König, die Glieder schlaff
herabhängend, die Waffen hatte sinken lassen und kaum noch bei
34 Besinnung war. Jetzt trieb er das Tier zur Flucht an, während
Alexander nacheilte: doch sein von vielen Wunden durchbohrtes
Roß sank erschöpft zu Boden, wobei es den König mehr nieder-
ließ als abwarf. Daher wurde, indem er das Pferd wechselte, seine
35 Verfolgung verzögert. Unterdessen jedoch suchte der von Alexander vorausgeschickte Bruder des Inderkönigs Taxiles den Poros
zu überreden, er solle es nicht hartnäckig zum äußersten kommen
36 lassen, sondern sich dem Sieger ergeben. Aber dieser, wie erschöpft auch seine Kraft, und wie groß sein Blutverlust war, raffte
sich dennoch auf, als er die bekannte Stimme hörte. „Ich höre",
rief er, „den Bruder des Taxiles, des Verräters an seinem Throne
und Reiche!" und schleuderte den einzigen Speer, der ihm zufäl-

lig nicht entglitten war, so gegen ihn, daß er mitten durch die
Brust bis in den Rücken fuhr. Nach diesem letzten Beweis seiner   37
Tapferkeit setzte er seine Flucht um so eifriger fort. Doch auch
seinen Elefanten, den viele Geschosse getroffen hatten, verließ die
Kraft. Er ließ daher ab zu fliehen, und warf die ihn begleitenden
Fußsoldaten dem Feinde entgegen. Bereits hatte ihn Alexander   38
erreicht und gebot, von Poros' Hartnäckigkeit unterrichtet, keinen, der Widerstand leiste, zu schonen. Darum wurden von allen
Seiten sowohl auf die Soldaten als auf Poros selbst Geschosse
geschleudert, und bedeckt damit, begann er endlich vom Tier zu
sinken. Der Inder, der es führte, glaubte, er wolle herabsteigen,   39
und befahl dem Elefanten sich nach gewohnter Weise auf die
Knie niederzulassen: sobald er aber dies tat, ließen sich auch die
übrigen Elefanten – man hatte sie so dressiert – mit dem Körper
zu Boden. Dieser Umstand gab sowohl den Poros als die übrigen
in die Hände des Siegers.

In der Meinung, daß Poros getötet sei, befahl der König, seinen   40
Leichnam zu berauben, und hieß welche hinlaufen, ihm Panzer
und Gewand abzuziehen: da fing der Elefant an, seinen Herrn zu
verteidigen und die Plünderer anzugreifen, und versuchte, den
Körper aufzuheben und wieder auf seinen Rücken zu setzen.
Aber von allen Seiten wurde er mit Geschossen überschüttet, und
als er ganz durchbohrt war, legte man Poros auf einen Wagen.
Wie ihn nun der König die Augen aufschlagen sah, sprach er,   41
nicht Haß, sondern Mitleid im Herzen: „Welch unheilvolle Torheit hat dich getrieben, obwohl dir der Ruhm meiner Taten
bekannt war, das Kriegsglück zu versuchen; da du doch an Taxiles ein so nahes Beispiel von meiner Gnade gegen die hattest,
welche sich mir ergeben?" Doch jener erwiderte: „Weil du mich   42
fragst, so will ich dir mit derselben Freimütigkeit antworten, die
du mir beim Fragen gezeigt hast. Ich meinte, niemand sei tapferer
als ich; denn meine Kraft kannte ich, die deinige hatte ich noch
nicht erprobt. Nun hat mich der Ausgang des Krieges belehrt,
daß du tapferer bist. Aber auch so bin ich nicht allzu unglücklich,
da ich von *dir* besiegt bin." Auf die neue Frage, was er selbst   43
glaube, daß der Sieger über ihn beschließen müsse, versetzte er:

„Was dir dieser Tag anrät, an dem du erfahren hast, wie hinfällig
44 das Glück ist." Durch diese Mahnung richtete er mehr aus, als
wenn er gebeten hätte. Denn Alexander hielt seine unerschrok-
kene, selbst nicht durch das Unglück gebrochene Geistesgröße für
würdig, nicht nur Mitleid zu finden, sondern auch geehrt zu
45 werden. Solange er krank war, ließ er ihn nicht anders pflegen, als
ob er für ihn selbst gekämpft hätte; nach seiner Herstellung nahm
er ihn gegen aller Erwartung unter die Zahl seiner Freunde auf,
und bald beschenkte er ihn mit einer ausgedehnteren Herrschaft,
46 als er besessen hatte. Und in der Tat war in seinem Charakter
nichts fester und beständiger als die Bewunderung wahren Lobes
und Ruhmes; mit mehr Aufrichtigkeit jedoch schätzte er die
Berühmtheit am Feind als am eigenen Bürger. Denn durch die
Seinigen, meinte er, könne seine eigene Größe Einbuße erleiden,
dagegen werde sie um so herrlicher strahlen, je größer die gewesen, die er selbst besiegt habe.

NEUNTES BUCH

1. Voll Freude über diesen so denkwürdigen Sieg, durch den er 1
sich die Länder des Ostens geöffnet wähnte, schlachtete Alexander dem Sonnengotte Opfer, belobte auch in einer Versammlung die Soldaten, damit sic mit desto größerer Bereitwilligkeit
sich dem noch übrigen Kriege unterzögen, und zeigte ihnen, wie
alles, was Indien an Streitkräften gehabt habe, durch diesen
Kampf niedergeworfen sei. Des weiteren werde es eine reiche 2
Beute geben, und die berühmten Schätze Indiens fänden sich
vorzugsweise in der Gegend, wohin sie jetzt zögen. Wertlos und
alltäglich sei daher nun die bei den Persern gemachte Beute; denn
sie seien dabei, mit Edelsteinen und Perlen, Gold und Elfenbein
nicht nur ihre eigenen Häuser, sondern ganz Makedonien und
Griechenland anzufüllen. Gierig nach Geld und Ruhm, und weil 3
auch seine Versicherungen sie noch niemals getäuscht hatten, versprachen die Soldaten ihre Hilfe; und als er sie voll glänzender
Hoffnungen entlassen hatte, gebot er Schiffe zu bauen, damit er,
wenn ganz Asien durchzogen wäre, das die Länder begrenzende
Meer besuchen könne. Auf den benachbarten Bergen gab es viel 4
Schiffsbauholz, und als man sich daran machte es zu fällen, fand
man Schlangen von ganz ungewöhnlicher Größe. Auch Rhino- 5
zerosse, diese sonst seltenen Tiere, lebten in eben jenen Bergen.
Den Namen Rhinozeros haben ihnen übrigens die Griechen beigelegt, die der griechischen Sprache Unkundigen bedienten sich
eines andern. Nachdem der König zwei Städte[1] auf beiden Ufern 6
des von ihm überschrittenen Flusses gegründet hatte, beschenkte
er die Heerführer mit Kränzen und jeden mit tausend Goldstük-
ken: auch die übrigen erhielten Ehrengaben je nach der Stufe, die

sie in seiner Freundschaft einnahmen, oder ihren geleisteten Dien-
7 sten. Abisares, der, bevor man mit Poros kämpfte, Gesandte an
Alexander geschickt hatte, schickte wiederum andere mit dem
Versprechen, alles tun zu wollen, was ihm befohlen würde, nur
solle man ihn nicht zwingen, sich persönlich zu ergeben, denn
weder könne er, seiner Herrschaft beraubt, länger leben, noch als
8 Gefangener König sein. Doch Alexander ließ ihm sagen, sei es
dem Abisares zu viel, zu Alexander zu kommen, so werde er
seinerseits zu ihm kommen[2].

Hierauf rückte er nach Überschreitung eines Flusses in das
9 Innere Indiens vor. Hier gab es Wälder von fast unermeßlicher
Ausdehnung, und von mächtigen zu einer ungemeinen Höhe sich
10 erhebenden Bäumen überschattet. Die meisten Äste waren gewaltigen Stämmen gleich zur Erde gebogen und in derselben
Richtung wieder emporgewachsen, so daß sie nicht aussahen wie
ein wiederaufsteigender Ast, sondern wie ein aus seiner eigenen
11 Wurzel entsprossener Baum. Das Klima ist gesund, da teils der
Schatten die Gewalt der Sonnenhitze mäßigt, teils reichliches
12 Wasser den Quellen entrieselt. Doch gibt es auch hier eine große
Menge Schlangen, deren Schuppen wie Gold blitzen. Kein Gift
wirkt verderblicher als das ihrige, da auf den Biß alsbald der Tod
folgte, bis man von den Bewohnern der Gegend ein Gegenmittel
13 erhielt. Hierauf kam man durch wüste Strecken zum Flusse Hya-
rotis[3], an den ein dunkler Wald von sonst unbekannten Bäumen
14 stieß, belebt durch eine Menge wilder Pfauen. Als man von da
aufgebrochen war, wurde eine nicht weit entfernte Stadt durch
Einschließung genommen und, nachdem sie Geiseln gestellt, ihr
ein Tribut aufgelegt.

Dann erreichte man eine für jene Gegend bedeutende Stadt[4],
die nicht nur durch eine Mauer, sondern auch durch einen See
15 geschützt war. Die Barbaren zogen ihnen entgegen, um von
ihren untereinander verketteten Wagen gegen sie zu streiten.
Einige hatten Speere, andere Streitäxte als Waffen, und rasch
sprangen sie auf die anderen Wagen hinüber, wenn sie den be-
16 drängten Ihrigen helfen wollten. Zuerst setzte die ungewohnte
Kampfart die Makedonen in Schrecken, da sie aus der Ferne

verwundet wurden: dann aber warfen sie sich, voll Verachtung gegen dieses rohe Verteidigungsmittel, von beiden Seiten auf die Wagen und stießen jeden nieder, der Widerstand leistete. Zugleich ließ Alexander die Stricke, mit denen die Wagen zusammengebunden waren, durchhauen, um sie desto leichter einzeln umzingeln zu können. So flohen sie nach Verlust von achttausend Mann in die Stadt zurück. Am folgenden Tag wurden deren Mauern auf allen Seiten mit Leitern erstiegen. Wenige retteten sich durch schnelle Flucht. Als sie nämlich den Fall der Stadt sahen, schwammen sie über den See und verbreiteten in den benachbarten Städten gewaltigen Schrecken, indem sie berichteten, ein unbesiegbares Heer, sicherlich von Göttern, sei angekommen. 17 18

Alexander sandte den Perdikkas mit einer kampffertigen Schar zur Verheerung dieser Gegend ab, und gab zugleich dem Eumenes eine Truppenabteilung, um ebenfalls die Barbaren zur Ergebung zu drängen: er selbst führte die übrigen zu einer starkbefestigten Stadt, wohin auch die Bewohner anderer Städte geflohen waren. Die Einwohner hatten zwar an den König geschickt, um seine Gnade anzurufen, rüsteten sich aber gleichwohl zum Kampfe. Es war nämlich ein Aufstand ausgebrochen, und die Massen hatten sich in zwei entgegengesetzte Parteien gespalten: die einen hielten alles andere für besser als Übergabe, andere glaubten, sich selbst nicht helfen zu können. Während man noch zu keinem gemeinsamen Entschluß kommen konnte, öffneten die, welche nach Übergabe verlangten, die Tore und nahmen den Feind auf. Obwohl Alexander der Kriegspartei mit Recht hätte zürnen können, gewährte er allen Gnade, und rückte, nachdem er Geiseln erhalten, sodann mit dem Heere nach einer andern Stadt vor. Die Geiseln wurden dem Heereszuge vorangeführt. Als man sie nun von den Mauern erkannte, da sie ja dem gleichen Stamme angehörten, so rief man sie zu einem Gespräch heran, und sie veranlaßten jene zur Übergabe, indem sie von der Milde sowie von der Macht des Königs erzählten. Auf ähnliche Weise unterwarfen sich auch die anderen Städte seinem Schutze. 19 20 21 22 23

Hierauf gelangte man in das Reich des Sopithes. Dieser Volks- 24

stamm zeichnet sich nach der Meinung der Barbaren durch Weisheit aus, und es herrschen bei ihnen gute Sitten und Gebräuche.
25 Die neugeborenen Kinder werden nicht nach Belieben der Eltern
aufgenommen[5] und aufgezogen, sondern nach Ermessen derer,
die das Amt haben, die Beschaffenheit der Kinder zu prüfen.
Wenn sie bemerken, daß sie auffallend oder an irgendeinem Kör-
26 perteil mißgebildet sind, so lassen sie dieselben töten. Ehebündnisse schließen sie nicht nach Geburt oder Adel, sondern nach
auserlesener Körperschönheit, weil eben diese auch an den Kin-
27 dern geschätzt wird. Die Stadt dieses Volkes, der sich Alexander
mit seinem Heere genähert hatte, hatte Sopithes selbst besetzt.
Die Tore waren verschlossen, aber auf den Mauern und Türmen
zeigten sich keine Bewaffneten, und die Makedonen waren nicht
sicher, ob die Einwohner die Stadt verlassen hätten oder sich aus
28 List versteckt hielten: da öffnete sich plötzlich das Tor, und der
indische König, unter allen Barbaren bei weitem der schönste,
29 zog ihnen mit seinen beiden erwachsenen Söhnen entgegen. Sein
Gewand, das bis zu den Knöcheln herabreichte, war mit Gold
und Purpur gestickt, die goldenen Sandalen mit Edelsteinen be-
30 setzt, auch die Ober- und Unterarme schmückten Perlen. Von
den Ohren hingen durch Reinheit und Größe ausgezeichnete
Edelsteine herab. Der goldene Stab war mit Beryllen verziert:
diesen überreichte er an Alexander mit dem Wunsche, er möge
ihn gnädig empfangen, und übergab ihm sich selbst, seine Kinder
und sein Volk.
31   In jenem Lande gibt es edle Jagdhunde, die sich beim Anblick
eines Wildes des Bellens enthalten sollen, und besonders erbitterte
32 Feinde des Löwen sind. Um Alexander deren Kraft zu zeigen,
befahl der König, in einer Umzäunung einen Löwen von ungemeiner Größe loszulassen und nicht mehr als vier Hunde zu ihm
zu bringen, die das Untier schnell packten. Hierauf suchte einer
von denen, welche dergleichen Dienste zu verrichten pflegten,
einen der mit den übrigen an dem Löwen festhängenden Hunde
am Beine davon loszureißen, und als er nicht nachgab, machte er
33 sich daran, das Bein abzuschneiden. Als sich aber auch so seine
Hartnäckigkeit nicht überwinden ließ, schlug er ihm ein anderes

Teil ab, und da er jetzt nicht minder festhielt, zerhieb er ihn
alsbald mit dem Schwerte. Doch auch sterbend hielt er noch die
Zähne in die Wunde des Tieres eingebissen: eine so ungemeine
Jagdwut soll, wie erzählt wird, diesen Tieren von Natur angebo-
ren sein. Freilich nehme ich mehr aus meinen Quellen auf, als ich   34
selbst glaube; denn ich wage weder als wahr zu versichern, woran
ich selbst zweifle, noch zu verschweigen, was ich berichtet finde.
Nachdem er den Sopithes im Besitz seines Reiches zurückgelas-   35
sen, und Hephaistion, der eine entfernte Landschaft unterworfen
hatte, zu ihm gestoßen war, rückte er zum Hypasis[6] vor. König   36
des zunächstwohnenden Volkes war Phegeus. Dieser gebot seinen
Untertanen, nach gewohnter Weise ihre Äcker zu bestellen, er
selbst ging dem Alexander mit Geschenken entgegen, in jeder
Beziehung bereit, seinen Befehlen zu gehorchen.

2. Zwei Tage rastete der König an diesem Flusse, am dritten hatte   1
er beschlossen ihn zu überschreiten, obwohl der Übergang
schwierig war, nicht allein wegen der Breite der Gewässer, sondern auch weil Felsen seinen Lauf hemmten. Er befragte also den   2
Phegeus nach dem, was er wissen mußte, und erfuhr, jenseits des
Flusses ziehe sich der Weg elf Tagemärsche lang durch wüste
Einöden; dann komme der Ganges, der mächtigste unter den   3
Flüssen ganz Indiens. Sein jenseitiges Ufer bewohnten die Völker
der Gangariden und Prasier, deren König Aggrammes sei, welcher mit 20000 Reitern und 200000 Mann Fußvolk die Wege
besetzt halte. Dazu führe er 2000 Streitwagen mit sich, und was   4
das furchtbarste sei, Elefanten, wie er sagte, bis zu einer Menge
von 3000. Dem König schien alles dies unglaublich, und er be-   5
fragte deshalb den Poros, der ihn begleitete, ob wohl wahr sei,
was ihm erzählt werde. Dieser bestätigte, die Streitkräfte des   6
Volkes und Reiches würden nicht fälschlich gerühmt; der Beherrscher aber sei nicht nur von unadliger, sondern sogar von gemein-
ster Abkunft. Sein Vater nämlich sei ein Bartscherer gewesen, der
von seinem täglichen Verdienste kümmerlich sein Leben fristete,
der aber wegen seiner schönen Gestalt der Königin wohlgefallen
habe. Von ihr sei er in die nähere Freundschaft des damaligen   7

Königs gezogen worden, und nachdem man diesen hinterlistig umgebracht, habe er sich unter dem Titel eines Vormundes über dessen Kinder in die Herrschaft eingedrängt und nach Ermordung seiner Mündel diesen jetzigen Regenten gezeugt, der von seinen Landsleuten gehaßt und verachtet sei, und mehr dem

8 Stand seines Vaters als seinem eigenen gemäß lebe. Die bestätigenden Worte des Poros erweckten dem Könige vielfältige Sorge. Den Feind und seine Ungetüme verachtete er, fürchtete

9 dagegen das Gelände und die Gewalt der Ströme. Menschen, die fast bis an die äußerste Grenze menschlicher Wohnsitze verschlagen waren, zu verfolgen und aufzustöbern schien mit großen Schwierigkeiten verknüpft. Andererseits ließ seine Ruhmsucht und unersättliche Begierde nach Anerkennung nichts unwegsam,

10 nichts entfernt erscheinen. Bisweilen zweifelte er auch, ob wohl die, nachdem sie so viele Länder durchmessen und in Kampf und Lager grau geworden, ihm über die im Wege liegenden Ströme und durch so viele sich entgegenstellende natürliche Hindernisse folgen würden. Bis zum Überfluß mit Beute beladen, würden sie lieber das Gewonnene genießen, als sich mit Erwerbung neuer

11 abmühen wollen. Er und seine Soldaten hätten nicht dieselbe Gesinnung: er, dessen Gedanken die Herrschaft über den ganzen Erdkreis umspannten, stehe noch im Beginn seines Wirkens; der Soldat, von Anstrengung erschöpft, verlange nach dem nächsten besten Genusse, wenn endlich die Gefahren ihr Ende erreicht hätten.

12 So siegte die Begierde über die vernünftige Überlegung, und nachdem er die Soldaten zu einer Versammlung berufen, sagte er zu ihnen der Hauptsache nach folgendes: „Wohl weiß ich, Soldaten, daß während dieser Tage vieles, was euch in Schrecken setzen könnte, euch von den Bewohnern Indiens absichtlich vorgeredet

13 worden ist: allein solch lügenhaftes Geschwätz überrascht euch nicht. So waren uns die kilikischen Engpässe, so die mesopotamischen Ebenen, so der Tigris und Euphrat, deren einen wir durch eine Furt, den andern auf einer Brücke überschritten haben, von

14 den Persern furchtbar ausgemalt worden. Niemals bringt das Gerücht etwas zur klaren Vorstellung, alles erscheint danach grö-

ßer, als es in Wahrheit ist. Selbst unser Ruhm, wie sicher begründet er auch ist, beruht dennoch mehr auf Namen als auf Taten.
Wer hätte eben nur noch geglaubt, es mit den wie Burgen ausse- 15
henden Ungetümen, mit einem Strome wie der Hydaspes, und
was sonst noch sich schrecklicher anhört, als es in Wirklichkeit
war, aufnehmen zu können? Längst wahrlich wären wir aus
Asien geflohen, wenn uns Fabeln hätten bezwingen können.
Glaubt ihr denn, daß es größere Herden Elefanten gebe, als 16
sonstwo von Rindvieh? Ist es doch ein seltenes Tier und nicht
leicht zu fangen und viel schwerer zu zähmen. Die gleiche Auf- 17
schneiderei aber hat ihr Fußvolk und ihre Reiterei gezählt. Was
den Strom betrifft, so steht er um so ruhiger, je breiter er sich
ergießt, da von engen Ufern eingeschränkte und in ein engeres
Bett gepreßte Flüsse mit reißendem Gewässer dahinschießen,
durch ein weiteres Flußbett dagegen der Lauf träger wird. Übri- 18
gens ist alle Gefahr am Ufer, wo der Feind die mit den Schiffen
Anlegenden erwartet. Der Strom mag also so breit sein, wie er
will, die Gefahr wird beim Landen die gleiche bleiben.

Setzen wir aber den Fall, daß alles dies wahr sei. Sagt, schreckt 19
euch die Größe der Ungeheuer oder die Menge der Feinde? Was
die Elefanten betrifft, so haben wir ein Beispiel aus der Gegenwart: gegen ihre eigenen Leute haben sie mehr gewütet als gegen
uns, und ihre so ungeschlachten Leiber wurden durch Beile und
Sicheln verstümmelt. Was liegt aber daran, ob es soviel sind, wie 20
Poros hatte oder 3000? Es steht doch fest, daß wenn einer oder der
andere verwundet ist, die übrigen sich zur Flucht wenden. Ferner 21
lassen sich schon wenige nur mit Mühe lenken: so viele Tausend
zusammengedrängt erdrücken sich selbst, wenn die unlenksamen
ungeheuren Körpermassen weder Platz zum Stehen noch zur
Flucht finden. Ich habe diese Tiere so verachten gelernt, daß,
wenn ich welche hätte, ich sie nicht dem Feinde entgegenstellen
würde, da ich genau weiß, daß sie ihrer eigenen Partei mehr
Gefahr bringen als den Feinden. Aber ihr fürchtet euch vor der 22
Menge ihrer Reiter und ihres Fußvolkes! Freilich seid ihr gewohnt, nur mit Wenigen zu kämpfen, und werdet es jetzt zum
erstenmal mit ungeordneten Massen aufnehmen. Nein, Zeuge 23

dafür, daß auch eine Übermacht das makedonische Heer nicht besiegt, ist der Granikos, ist das mit Perserblut überschwemmte Kilikien, ist Arbela, dessen Gefilde mit den Gebeinen der von uns
24 Vernichteten bedeckt sind. Zu spät habt ihr angefangen die feindlichen Legionen zu zählen, nachdem ihr Asien durch eure Siege entvölkert habt. Als wir über den Hellespont setzten, da hättet ihr an eure geringe Zahl denken sollen: jetzt folgen uns die Skythen, baktrische Hilfsvölker stehen uns zur Seite, und Daher und Sogdianer dienen in unseren Reihen."

25   „Doch nicht jene Scharen sind es, auf die ich vertraue. Auf eure Arme blicke ich, eure Tapferkeit ist mir Bürge für die Taten, die ich verrichten will. So lange ich mit euch im Kampfe stehe, zähle ich weder meine noch der Feinde Heere: bringt ihr nur euren von
26 Eifer und Zuversicht erfüllten Mut mit. Nicht auf der Schwelle unsrer Taten und Mühsale stehen wir, sondern am Ausgange: erreicht ist, sofern uns nicht Mutlosigkeit daran hindert, der Aufgang der Sonne und der Ozean. Von da werden wir, nachdem auch das Ende der Welt bezwungen ist, als Sieger in die Heimat zurückkehren. Laßt nicht wie faule Ackersleute die reifen Früchte
27 aus Trägheit euren Händen entgleiten. Größer als die Gefahr ist der Lohn: das Land ist zugleich reich und unkriegerisch, so daß ich euch weniger zum Ruhm als zur Beute führe. Ihr seid es wert, die Schätze, welche jenes Meer an seine Küsten spült, in das Vaterland zurückzubringen, wert, nichts unversucht, nichts aus
28 Furcht ungewagt zu lassen. Bei euch und eurem über menschliches Maß hinausgehenden Ruhme, bei meinen Verdiensten um euch und euren um mich, worin wir unbesiegt miteinander gewetteifert haben, bitte und beschwöre ich euch, eurem Zögling und Kameraden, um nicht zu sagen König, jetzt, wo er nach den Grenzen menschlicher Wohnsitze vordringt, nicht im Stiche zu
29 lassen. Anderes sonst habe ich euch befohlen, dies eine will ich eurer Gunst verdanken. Bittet euch doch der, der euch nie etwas geboten, ohne sich zuerst der Gefahr auszusetzen, der so oft eure Reihen mit seinem Schilde gedeckt hat: zerbrecht nicht in meiner Hand die Siegespalme, mit der ich mich, wenn es ohne Neid der Götter geschehen kann, dem Herkules und Vater Bacchus gleich-

stellen will. O gewährt dies meinen Bitten, und brecht endlich 30
euer hartnäckiges Stillschweigen. Wo ist jener Zuruf, der Zeuge
eures Eifers? Wo jener Blick meiner Makedonen? Ich kenne euch
nicht wieder, Soldaten, und scheine euch selbst fremd. Zu schon
längst tauben Ohren spreche ich, und suche mir fremdgewordene
und entmutigte Herzen zu beleben."

Und als sie mit zur Erde gewandtem Blick in ihrem Schweigen 31
beharrten, rief er: „Irgend etwas muß ich ohne mein Wissen
gegen euch verschuldet haben, daß ihr mich nicht einmal ansehen
wollt. Wie in einer Wüste komme ich mir vor. Niemand antwor-
tet, niemand sagt auch nur: nein. Wen rede ich denn an? Was 32
fordere ich denn? Für euren Ruhm, eure Größe trete ich ein. Wo
sind nun die, die ich vor kurzem miteinander um die Gunst
streiten sah, wer den Körper des verwundeten Königs tragen
solle? Verlassen bin ich, aufgegeben, an die Feinde verraten! Doch 33
auch allein will ich beharrlich vorwärtsgehen. Laßt mich den
Strömen, den Ungeheuern, den Völkern entgegen, vor deren
Namen ihr erschreckt. Ich will schon finden, die mir folgen,
wenn ihr mich verlaßt: Skythen und Baktrianer, vor kurzem
noch Feinde, jetzt meine Soldaten, werden mich begleiten. Besser 34
ist es zu sterben, als ein Feldherr von euren Gnaden zu sein. Geht,
kehrt nach Hause zurück; geht und frohlockt, daß ihr euren
König im Stiche gelassen. Ich werde hier Gelegenheit finden, sei
es zum Siege, an dem ihr verzweifelt, oder zu einem ehrenvollen
Tode."

3. Doch auch so ließ sich keinem Soldaten ein Laut abringen. Sie 1
warteten, daß ihre Führer und Häupter es vor den König bringen
sollten, wie sie, von Wunden und unablässigem schwerem
Kriegsdienst ermattet, Dienste nicht verweigerten, ihnen aber
nicht mehr gewachsen seien. Doch voll Furcht und Bestürzung
hielten sie die Blicke zur Erde gesenkt. Es erhob sich also zuerst 2
ganz von selbst ein Gemurmel, dann sogar ein Seufzen, und
allmählich begann ihr Mißmut freier hervorzubrechen, indem sie
Tränen vergossen, so daß selbst des Königs Zorn sich in Anteil-

nahme wandelte, und er sich trotz aller Mühe der Tränen nicht enthalten konnte.

3 Endlich, als die ganze Versammlung in immer lauteres Weinen geriet, wagte es, da die Übrigen zauderten, Koinos, näher an die königliche Tribüne heranzutreten und anzudeuten, daß er spre-

4 chen wolle. Als ihn nun die Soldaten den Helm vom Haupte ziehen sahen – denn so war es Sitte, zum Könige zu reden – begannen sie, ihm zuzurufen, er solle die Sache des Heeres vertre-

5 ten. Darauf sprach Koinos: „Die Götter wollen uns vor Treulosigkeit behüten, und wahrlich, sie tun es. Ebenso bereitwillig, wie sie es immer gewesen, sind die Deinen zu gehen, wohin du befiehlst, zu kämpfen, zu wagen, durch ihr Blut deinen Namen auf die Nachwelt zu bringen. Wenn du also auf deinem Willen bestehst, so werden wir selbst ohne Waffen und bloß und bis aufs Blut erschöpft, wie es dir immer gefällt, folgen oder vorangehen.

6 Willst du jedoch die Stimme deiner Soldaten hören, die kein Trug ersonnen, sondern die äußerste Not ihnen ausgepreßt hat, so leihe, bitten wir, denen ein geneigtes Ohr, die mit der größten Standhaftigkeit deinem Befehl und deiner Führung gefolgt sind,

7 und wohin du ferner gehst, folgen werden. Du hast, o König, durch die Größe deiner Taten nicht nur die Feinde, sondern auch deine Soldaten besiegt. Was immer in der Macht von Menschen stand, haben wir vollführt. Meere und Länder haben wir durchmessen, so daß uns alles besser bekannt ist als den eigenen Bewoh-

8 nern. Fast am äußersten Ende der Welt stehen wir jetzt. Du willst weiter in einen anderen Weltteil vordringen, und suchst ein Indien, das selbst den Indern unbekannt ist: unter wilden Tieren und Schlangen lebende Völker willst du aus ihren verborgenen Lagerplätzen ans Licht bringen, um mehr Länder, als die Sonne

9 bescheint, siegreich zu durchziehen. Ein Gedanke, deines Geistes ganz und gar würdig, für uns aber zu erhaben. Denn deine Tatkraft wird immer noch wachsen, mit unserer Kraft ist es

10 bereits zu Ende. Siehe diese bis aufs Blut erschöpften Leiber, durch soviel Wunden verstümmelt, von soviel Narben angefressen. Die Waffen sind bereits stumpf, die Rüstungen morsch. Persische Kleider legen wir an, weil sich keine aus der Heimat

herbeischaffen lassen. Zu ausländischer Tracht sind wir entartet.
Wie wenige haben noch einen Panzer? Wer noch ein Pferd? Laß 11
fragen, wie vielen ihre Sklaven gefolgt sind, und was jeder noch
von der Beute übrig hat. Wir, die wir alles besiegt haben, leiden
an allem Mangel. Und nicht Verschwendung ist schuld, sondern
durch den Krieg selbst haben wir unsre Kriegswerkzeuge aufge-
braucht. Und dieses herrliche Heer willst du nackt den Ungetü- 12
men entgegenwerfen? Denn mögen auch die Barbaren deren
Menge übertreiben, daß dennoch ihre Zahl groß sei, läßt selbst
die Lüge erkennen. Bist du also entschlossen, immer weiter nach 13
Indien vorzudringen, so ist das Land im Süden weniger öd; und
ist dies unterworfen, dann steht es uns frei, nach jenem Meere
hinabzuziehen, das die Natur zur Grenzmark menschlicher
Wohnsitze bestimmt hat. Warum suchst du auf einem Umwege 14
den Ruhm, der dir so zur Hand liegt? Auch dort finden wir den
Ozean, und ziehst du nicht Irrfahrten vor, so sind wir schon an
dem Ziele, zu dem uns dein Glücksstern führt. Dies habe ich 15
lieber vor dir als in deiner Abwesenheit vor diesen Leuten aussprechen wollen, nicht um mir die Gunst des umstehenden Heeres zu gewinnen, sondern damit du lieber ein offenes Wort als nur
die Seufzer murrender Soldaten hörtest."

Als Koinos geendigt hatte, brach von allen Seiten ein Geschrei 16
und Schluchzen aus, indem sie in verworrenen Lauten ihren
König, ihren Vater, ihren Herrn anriefen. Und jetzt vereinigten 17
mit ihnen auch die andern Führer ihre Bitten, besonders die
älteren, die wegen ihrer Jahre einen um so schicklicheren Vorwand und größeres Ansehen hatten. Er seinerseits vermochte 18
weder ihre Beharrlichkeit zu schelten, noch ihren Unwillen zu
dämpfen. So sprang er ratlos von der Tribüne herab und ließ sein
königliches Zelt verschließen mit der Weisung, niemand außer
seiner gewohnten Umgebung einzulassen. Zwei Tage überließ er 19
sich seinem Zorne: am dritten trat er hervor und gebot zwölf
Altäre aus Quaderstein als Denkmal seines Heereszuges zu errichten, ferner die Befestigungswerke des Lagers weiter auszudehnen,
und Bettstätten, die größer waren, als ihr Wuchs erforderte, zurückzulassen, um in jeder Beziehung den Schein zu vergrößern

und die Nachwelt mit einem trügerischen Wunder zu beschenken.

20 Hierauf kehrte er um, auf dem Weg, auf dem er gekommen war und schlug am Flusse Akesines sein Lager auf. Hier starb zufällig Koinos an einer Krankheit. Seinen Tod beklagte zwar der König, fügte jedoch hinzu, wegen der wenigen Tage habe er die lange Rede angehoben, als ob er allein Makedonien wiedersehen 21 wollte. Bereits war die Flotte, die er hatte erbauen lassen[7], auf dem Wasser. Mittlerweile hatte Memnon zur Ergänzung aus Thrakien 5000 Reiter und außerdem von Harpalos 7000 Fußsoldaten herbeigeführt, auch 25 000 künstlerisch aus Gold und Silber 22 getriebene Rüstungen mitgebracht. Der König befahl, sie zu verteilen und die alten zu verbrennen. In Begriff, mit tausend Schiffen nach dem Ozean zu steuern, ließ er die beiden uneinigen und ihren alten Haß erneuernden indischen Könige Poros und Taxiles, nicht ohne ihre Aussöhnung durch verwandtschaftliche Bande befestigt zu haben, in ihren Reichen zurück, nachdem er beim Flottenbau durch beider ausgezeichneten Eifer unterstützt wor-23 den war. Auch baute er zwei Städte, deren eine er Nikaia, die andere Boukephala nannte, indem er diese letztere dem Andenken und dem Namen des Rosses, das er verloren hatte, widmete. 24 Nachdem er befohlen, daß die Elefanten und das Gepäck auf dem Lande folgen sollten, fuhr er den Fluß hinauf und legte täglich ungefähr vierzig Stadien [ca. 5,8 km] zurück, um an passenden Stellen von Zeit zu Zeit Truppen landen zu können.

1 4. Man war in die Gegend gelangt, wo sich der Hydaspes in den Akesines ergießt. Dann fließt der Strom in das Gebiet der Siber. 2 Diese erzählen, daß ihre Vorfahren aus dem Heere des Herkules stammten: die seien damals krank zurückgelassen worden und 3 hätten die Wohnsitze eingenommen, die sie jetzt innehatten. Felle von wilden Tieren dienten ihnen als Kleidung, Keulen als Waffen, und selbst trotz der verschwundenen griechischen Sitten 4 zeigten sie viele Spuren ihrer Abstammung. Hierauf machte er, nachdem man gelandet, einen Seitenmarsch von 240 Stadien [ca. 46,25 km] und verheerte das Land dort, dessen Hauptstadt durch

Einschließung genommen wurde. Ein Volk[8] hatte am Ufer der 5
vereinigten Flüsse 40000 Mann zu Fuß gegen ihn aufgestellt: er
setzte über den Fluß, trieb sie in die Flucht, schloß sie in ihre Stadt
ein und eroberte sie dann. Die wehrfähigen Bewohner wurden
getötet, die übrigen verkauft. Dann machte er sich an die Erobe- 6
rung einer andern Stadt, wurde aber durch die bedeutende Kraft-
anstrengung der Verteidiger zurückgetrieben und büßte viele
Makedonen ein. Da er jedoch bei der Belagerung beharrte, warfen die Bewohner, an ihrer Rettung verzweifelnd, Feuer in ihre
Häuser und verbrannten zugleich sich und ihre Kinder und
Frauen in den Flammen. Da sie selbst diese schürten, die Feinde sie 7
zu löschen suchten, so entstand eine neue Art von Kampf. Die
eigenen Bewohner vernichteten ihre Stadt, die Feinde schützten
sie: so verkehrt der Krieg selbst die Naturgesetze in ihr Gegenteil.
Die Burg der Stadt war unversehrt, und er ließ dort eine Besat- 8
zung zurück; er selbst umfuhr die Burg mit den Schiffen.

Die drei mächtigsten Flüsse von ganz Indien nämlich mit Ausnahme des Ganges nähern ihre Wellen der Burgmauer. Im Norden bespült sie der Indos, im Süden vereinigt sich der Akesines
mit dem Hydaspes. Der Zusammenfluß der Ströme wirft Wogen 9
auf, denen des Meeres ähnlich; und durch den vielen trüben
Schlamm, der durch den Zusammenstoß der Gewässer immer
neu aufgewühlt wird, wird das Fahrwasser der Schiffe auf ein
schmales Bett beschränkt. Als sich daher häufige Wellen heran- 10
wälzten, und teils an die Buge, teils an die Seiten der Schiffe
anschlugen, begangen die Schiffer die Segel einzuziehen. Aber
ihre Bemühungen wurden durch die Furcht und den reißenden
Schuß der Strömung behindert. Vor aller Augen versanken zwei 11
größere Fahrzeuge; die leichteren, obwohl auch sie nicht zu lenken waren, wurden dennoch unversehrt ans Ufer getrieben. Der
König selbst geriet in die reißendsten Strudel, durch die das Schiff
herumgewirbelt, in schiefer Richtung und ohne dem Steuer zu
gehorchen, fortgetrieben wurde. Bereits hatte er das Kleid vom 12
Körper gestreift, um sich in den Fluß zu werfen, und die Freunde
schwammen in der Nähe, ihn aufzufangen, und in jedem Fall
drohte offenbar Gefahr, mochte er schwimmen wollen oder auf

13 dem Schiffe verharren. Mit ungeheurem Wetteifer also setzte man die Ruder in Bewegung, und die größte Kraft, die Menschen zu Gebote steht, wurde angewendet, um die anstürzenden
14 Wogen zu durchbrechen. Es schien fast, als würden die Wellen gespalten, und als wichen die Tiefen zurück. Und endlich wurde das Schiff herausgerissen, doch nicht ans Ufer getrieben, sondern auf die nächste Untiefe geworfen. Man hätte glauben können, es sei eine Schlacht mit dem Fluß geliefert worden. Darum errichtete er Altäre nach der Zahl der Ströme, und nachdem er geopfert, schiffte er dreißig Stadien weiter.

15 Hierauf kam man in das Gebiet der Oxydraker und Maller[9], die, sonst sich zu bekämpfen gewohnt, jetzt durch die gemeinsame Gefahr verbunden waren. Unter Waffen hatten sie 90000 junge Männer zu Fuß, außerdem 10000 Reiter und 900 Streitwa-
16 gen. Die Makedonen aber, die schon alle Gefahr überstanden geglaubt hatten, gerieten, als sie einen neuen Krieg mit den kriegerischesten Völkern Indiens bevorstehen sahen, durch dies unverhoffte Schrecknis in Bestürzung, und begannen wieder, mit
17 aufrührerischen Reden den König zu schelten. Obwohl gezwungen, den Ganges und was darüber hinausliege, aufzugeben, habe er dennoch den Krieg nicht beendet, sondern nur dessen Schauplatz verändert. Unbezwungenen Nationen stelle man sie gegen-
18 über, um ihm mit ihrem Blute den Ozean zu eröffnen. Man schleppe sie hin, wo weder Sterne noch Sonne mehr scheinen, zwinge sie, in Gegenden zu ziehen, die die Natur den Augen der Sterblichen entzogen habe. Für ihre neuen Waffen erständen immer neue Feinde. Selbst wenn alle geschlagen würden und in die Flucht gejagt, welcher Lohn erwarte sie? Dunkel und Finsternis und ewige über der Tiefe lagernde Nacht, ein von Herden unbändiger Ungetüme erfülltes Meer und unbeweglich stehende Wogen, wo der ersterbenden Natur die Kraft versagt habe.

19 Nicht wegen eigener, sondern wegen seiner Soldaten Furcht in Unruhe, berief der König eine Versammlung und sagte, es seien unkriegerische Völker, die sie fürchteten. Denn außer diesen stehe nichts mehr im Wege, um, nachdem sie die Weiten der Erde durchzogen, zugleich an das Ende der Welt und das ihrer Mühsale

zu gelangen. Ihren Befürchtungen habe er den Ganges und die 20
Menge der Nationen jenseits davon geopfert: er habe den Marsch
dahin gewendet, wo bei gleichem Ruhme sie geringere Gefahr
erwarte. Jetzt sehe er den Ozean schon vor sich, schon wehe Luft 21
des Meeres bis zu ihnen: also sollten sie ihm das erstrebte Lob
nicht mißgönnen. Überschritten sie die von Herkules und Vater
Bacchus erreichten Grenzen, so würden sie ihrem Könige mit
geringem Aufwande von Anstrengung unsterblichen Ruhm verleihen. Sie möchten ihm gestatten, aus Indien zurückzukehren,
nicht zu fliehen.

Jede große Menge, namentlich von Soldaten, wird von verän- 22
derlichen Leidenschaften fortgerissen. Darum sind die Anfänge
von Aufständen bedeutender als ihre Beilegung. Kein anderes 23
Mal erwiderte ihm das Heer mit so lebhaften Beifallsrufen, sie
schrien, er solle sie unter dem Beistand der Götter führen und es
denen, welchen er nacheifere, an Ruhm gleichtun. Froh über
diese Zurufe rückte er sofort gegen die Feinde vor. Es waren die 24
kräftigsten Volksstämme der Inder und rüsteten sich eifrig zum
Kriege: zum Führer hatten sie sich aus dem Stamme der Oxydraker einen Mann von erprobter Tüchtigkeit erwählt, der das Lager
am Fuße eines Berges aufschlug und weithin seine Feuer zeigte,
um den Anschein eines größeren Heeres zu erwecken, auch wiederholt durch Geschrei und das bei ihnen übliche Geheul die
ruhenden Makedonen vergeblich zu erschrecken versuchte.
Schon nahte der Tag, und der König, voll Zuversicht und Hoff- 25
nung, gab seinen mutigen Kriegern Befehl, die Waffen zu ergreifen und sich zur Schlacht aufzustellen. Aber plötzlich – es wird
nicht erzählt ob aus Furcht oder infolge einer unter ihnen ausge-
brochenen Empörung – ergriffen die Barbaren die Flucht; wenig- 26
stens zogen sie sich in die weglosen und unzugänglichen Berge
zurück. Der König verfolgte vergeblich ihren Heereszug, bemächtigte sich jedoch ihres Trosses.

Hierauf kam man zu der Stadt der Oxydraker, wohin sehr
viele geflohen waren, nicht weniger auf ihre Mauern als auf ihre
Waffen vertrauend. Schon rückte der König heran, als ein Wahr- 27
sager ihn warnte, sich auf eine Belagerung einzulassen, oder sie

28 wenigstens aufzuschieben: es drohe Gefahr für sein Leben. Doch
dieser versetzte, zu Demophon, so hieß der Wahrsager, gewendet: „Wollte dich, während du mit deiner Kunst beschäftigt bist
und die Eingeweide prüfst, jemand so unterbrechen, so bezweifle
ich kaum, daß er dir unbequem und lästig erscheinen würde."

29 Und als jener dies bejahte, fuhr er fort: „Meinst du also, es könne
für jemanden, der so große Dinge, keine Tiereingeweide vor
Augen hat, ein größeres Hemmnis geben als einen von Aberglau-

30 ben befangenen Wahrsager?" Ohne eine Antwort abzuwarten,
ließ er die Leitern heranbringen und erklomm, während die
Übrigen noch zögerten, die Mauer. Der Mauerkranz war schmal
und nicht wie anderwärts oben durch Zinnen eingekerbt, sondern durch eine ohne Unterbrechung vorgezogene Brustwehr

31 war das Übersteigen gehindert. So hing der König mehr auf der
Kante, als daß er stand, indem er die von allen Seiten auf ihn

32 regnenden Geschosse mit dem Schilde abwehrte; denn überall
schoß man aus der Ferne von den Türmen nach ihm. Auch die
Soldaten konnten sich nicht nähern, weil sie von oben ein Hagel
von Geschossen überschüttete. Endlich siegte das Schamgefühl
über die Größe der Gefahr, da sie sahen, daß durch ihr Zögern der

33 König in die Hände der Feinde gegeben werde. Doch durch ihre
Eilfertigkeit wurde die Hilfe verzögert; denn indem ein jeder
drängte hinaufzuklimmen, überlasteten sie die Leitern, die dies
nicht aushielten, so daß sie herunterstürzten, und den König um
seine einzige Hoffnung betrogen. Denn er stand vor den Augen
eines so großen Heeres wie verlassen in einer Wüste.

1 5. Und schon war die Linke ermattet, mit der er den Schild rings
gegen die Schüsse wandte, und die Freunde schrien, er solle zu
ihnen herabspringen, denn sie standen bereit ihn aufzufangen: da
wagte er eine ganz unglaubliche und unerhörte Tat, bei weitem
mehr geeignet, ihm den Ruf der Unbesonnenheit als wirklichen

2 Ruhm zu erwerben. In jähem Sprung nämlich setzte er in die mit
Feinden angefüllte Stadt hinab, obwohl er kaum hoffen konnte,
wenigstens kämpfend und nicht ungerächt zu sterben; denn bevor
er sich wieder erhob, konnte er überfallen und lebendig gefangen

werden. Allein zufällig hatte er seinen Körper so im Gleichge- 3
wicht erhalten, daß er auf die Füße zu stehen kam. So begann er
stehend den Kampf; auch hatte das Glück dafür gesorgt, daß er
nicht umzingelt werden konnte. Ein alter Baum unweit der 4
Mauer hielt seine dicht belaubten Äste wie absichtlich dem König
schützend vorgestreckt; an seinen umfangreichen Stamm lehnte
er sich, um nicht umzingelt zu werden, und fing mit dem Schild
die Geschosse, die gegen ihn geschleudert wurden, auf. Denn 5
obwohl auf den einen Mann von ferne so viele Menschen zielten,
wagte doch keiner näher heranzukommen; und die Wurfgeschosse fuhren in größerer Zahl in die Baumzweige als in den
Schild. Für den König kämpfte erstens der Ruf seines hochbe- 6
rühmten Namens, dann seine eigene Verzweiflung, die der mächtigste Ansporn zu einem ehrenvollen Tode ist. Aber während 7
mehr und mehr Feinde herbeistürmten, hatte er schon eine ungeheure Menge Geschosse mit dem Schilde aufgefangen, war der
Helm schon von Steinen durchlöchert, die Knie schon, von der
unablässigen Anstrengung ermattet, eingesunken. Daher stürz- 8
ten, die ihm zunächst gestanden hatten, mit Verachtung und
unvorsichtig auf ihn los; doch er empfing zwei von ihnen so mit
dem Schwert, daß sie leblos vor ihm niedersanken. Und es hatte
dann keiner weiter Mut, ihn aus größerer Nähe anzugreifen: von
weitem schossen sie Wurfspeere und Pfeile.

Allen Schüssen ausgesetzt, schützte er mit Mühe seinen schon 9
in die Knie gesunkenen Körper, bis ein Inder seinen zwei Ellen
langen Pfeil – denn, wie oben gesagt, waren die Pfeile der Inder
von dieser Größe – so abschoß, daß er ein wenig oberhalb der
rechten Hüfte durch den Panzer fuhr. Während aus der Wunde 10
ein heftiger Blutstrom hervorsprang, ließ er die Waffen sinken,
einem Sterbenden ähnlich und so kraftlos, daß die Rechte nicht
einmal mehr an dem Geschoß zu ziehen vermochte. Voll freudi- 11
gen Eifers lief daher der Schütze herbei, um ihm seine Waffen
auszuziehen. Doch sobald er jenen Hand an sich legen fühlte, rief
Alexander, empört, wie es schien, über die Unwürdigkeit dieser
äußersten Schmach, noch einmal die fliehenden Lebensgeister
zurück, und stieß seinen Dolch von unten in die unbeschützte

12 Seite des Feindes. Drei Leichname lagen um den König herum,
während die Übrigen regungslos fernstanden; er seinerseits bemühte sich, um, bevor er sein Leben aushauchte, als Kämpfer zu
13 fallen, sich mit Hilfe seines Schildes aufzurichten, und als er dazu
keine Kraft mehr hatte, umfaßte er mit der Rechten die auf ihn
niederhängenden Zweige und versuchte aufzustehen. Doch auch
so hatte er keine Gewalt mehr über seinen Körper und sank
wieder in die Knie, während er mit der Hand die Feinde heraus-
forderte, ob es einer wagte, mit ihm zu kämpfen.

14   Endlich gelangte Peukestes[10] durch einen andern Teil der Stadt,
wo er die Verteidiger vertrieben hatte, dem Lauf der Mauer
15 folgend, zum König. Bei seinem Anblick lehnte Alexander, der in
ihm nicht mehr einen Lebensretter, doch aber einen Trost im
Tode zu sehen meinte, den ermatteten Leib auf seinen Schild.
Dann näherte sich Timaios und kurz darauf Leonnatos, zu dem
16 noch Aristonos hinzukam. Auch die Inder, als sie erfahren, der
König sei innerhalb der Mauer, ließen den Kampf gegen die
Übrigen, um dorthin zusammenzuströmen, und bedrängten
seine Beschützer. Es fiel daher von diesen Timaios, nachdem er
viele Wunden vorn auf der Brust erhalten und glänzend ge-
17 kämpft hatte. Auch Peukestes durchbohrten drei Geschosse; dennoch schützte er nicht sich selbst mit seinem Schilde, sondern den
König. Leonnatos wurde, als er die gierig heranstürmenden Barbaren zurückdrängte, schwer im Nacken getroffen und sank
18 halbtot zu den Füßen des Königs nieder. Schon hatte auch Peukestes, ermattet durch seine Wunden, den Schild sinken lassen: die
letzte Hoffnung hing noch an Aristonos, der aber, ebenfalls
schwer verwundet, einem so gewaltigen Andrang der Feinde
19 länger nicht standzuhalten vermochte. Mittlerweile drang das
Gerücht zu den Makedonen, der König sei gefallen. Was andere
erschreckt hätte, reizte sie zur Wut. Sie dachten an keine Gefahr
mehr und durchbrachen mit Äxten die Mauer, stürmten, wo die
Bresche gelegt, in die Stadt und mordeten die Inder, deren Mehr-
20 zahl floh und nicht zu kämpfen wagte. Nicht Greise, nicht Weiber, nicht Kinder wurden verschont: wer ihnen in den Weg kam,
von dem glaubten sie ihren König verwundet. Und so brachten

sie endlich mit der Niedermetzelung aller Feinde ihrem gerechten
Zorne ein Racheopfer. Von dem nachmaligen König Ptolemaios 21
berichten Kleitarch[11] und Timagenes[12], daß auch er bei diesem
Kampfe zugegen gewesen sei. Er selbst[13] jedoch, der wohl sicherlich nicht seinen eigenen Ruhm verdunkelt hat, erzählt, er sei, mit
einem Unternehmen beauftragt, abwesend gewesen. So groß war
die Sorglosigkeit oder auch Leichtgläubigkeit, die kein geringerer
Fehler ist, bei den Verfassern der alten Geschichtswerke.

Als der König in sein Zelt gebracht war, schnitten die Ärzte 22
den im Körper festsitzenden Schaft des Pfeiles ab, doch vermieden
sie dabei jede Bewegung der Pfeilspitze. Nachdem sie ihn dann 23
entkleidet, bemerkten sie, daß Widerhaken an dem Geschoß
waren, und daß man es nicht anders ohne Lebensgefahr herauszie-
hen konnte als durch Aufschneiden der Wunde. Doch fürchteten 24
sie, es könnte sie beim Schneiden ein Blutfluß behindern; denn es
war ein gewaltiges Geschoß, das ihn getroffen hatte, und schien
bis an die Eingeweide gedrungen zu sein. Kritoboulos, der sich 25
unter den Ärzten durch Geschicklichkeit auszeichnete, bei so
großer Gefahr aber erschreckt stand, fürchtete, Hand anzulegen,
damit nicht bei einer unglücklichen Operation ihn die Folgen
träfen. Weinend und zagend und vor Angst halbtot hatte ihn der 26
König bemerkt. „Auf was", sprach er, „und auf welchen Augenblick wartest du noch, und erlösest mich nicht so schnell als
möglich von diesem Schmerze, daß ich wenigstens sterbe? Oder
fürchtest du, man könnte dir die Schuld geben, wenn ich eine
tödliche Wunde empfangen habe?" Endlich, mochte er nun seine 27
Furcht besiegt haben oder sie verbergen, begann Kritoboulos ihm
zuzureden, er solle sich festhalten lassen, bis die Spitze herausgezogen wäre; selbst eine leise Bewegung würde verderblich sein.
Doch der König versicherte, er brauche niemanden zum Festhal- 28
ten, und bot in der ihm vorgeschriebenen Lage unbeweglich den
Körper dar. Als man nun die Wunde erweitert und die Spitze
herausgezogen hatte, folgte ein ungeheurer Blutstrom: der König
wurde ohnmächtig, es wurde ihm schwarz vor Augen, und er
streckte sich hin wie ein Sterbender. Wie man nun den Blutfluß 29
vergeblich durch Mittel zu stillen suchte, erhob sich ein Geschrei

und Schluchzen der Freunde, da sie glaubten, der König wäre tot.
Endlich stand das Blut, er kam allmählich wieder zum Bewußt-
30 sein und erkannte die Umstehenden. Den ganzen Tag und die
darauf folgende Nacht umlagerte das Heer unter den Waffen das
Königszelt, und bekannte dadurch, daß ihr aller Leben von seinem abhänge. Und nicht eher wichen sie, als bis sie erfuhren, er
schlummere ein wenig. Nun brachten sie größere Hoffnung auf
seine Rettung ins Lager zurück.

1 6. Sieben Tage lang hatte der König seine Wunde gepflegt, doch
war sie noch nicht vernarbt, als er vernahm, es habe sich unter den
Barbaren die Nachricht von seinem Tode verbreitet. Er ließ also
zwei Schiffe miteinander verbinden und in der Mitte, so daß es
von allen Seiten sichtbar war, ein Zelt aufschlagen, um sich von
da denen, die ihn gestorben glaubten, zu zeigen. Und so dämpfte
er dadurch, daß er sich vor den Eingeborenen sehen ließ, die
2 durch die falsche Nachricht erweckte Hoffnung der Feinde. Dann
fuhr er stromabwärts der übrigen Flotte ein ziemliches Stück
voraus, damit nicht die Ruderschläge die Ruhe störten, die er in
seinem Zustand noch brauchte.

3   Am vierten Tage dieser Fahrt gelangte er in eine zwar von
ihren Bewohnern verlassene, aber mit Getreide und Vieh reichlich versehene Gegend; und der Ort gefiel ihm zu einer Rast für
4 sich sowohl als seine Soldaten. Es war Sitte, daß, sooft der König
von Krankheit betroffen war, die Generale der makedonischen
Reiterei und Phalanx, sowie die Generaladjutanten vor seinem
Zelte Wache hielten. Auch jetzt befolgten sie diese Sitte und
5 traten zusammen in sein Schlafgemach ein. Er war besorgt, sie
möchten, weil sie miteinander erschienen waren, irgendetwas
Unerwartetes bringen, und fragte, ob etwa ein neues Anrücken
von Feinden gemeldet würde.

6   Doch Krateros, der beauftragt war, die Bitten der Freunde vor
ihn zu bringen, nahm also das Wort: „Glaubst du, wir wären
durch die Ankunft der Feinde, selbst wenn sie schon auf dem
Lagerwall ständen, mehr beunruhigt als durch die Sorge um dein
7 Leben, das dir anscheinend so wenig gilt? Mag eine noch so große

Macht aller Völker sich gegen uns verschwören, mögen sie die
ganze Welt mit Waffen und Männern erfüllen, die Meere mit
Flotten bedecken und nie gesehene Ungetüme gegen uns führen:
du wirst dafür sorgen, daß wir unbesiegt bleiben. Aber welcher 8
Gott kann uns versprechen, daß diese Säule und dieser Stern
Makedoniens von Dauer ist, wenn du dich so begierig in offenbare Gefahren stürzt und vergißt, daß du das Leben so vieler
Mitbürger mit in deinen Fall hineinziehst? Denn wer wollte dich 9
überleben, oder wer könnte es? Sind wir doch, deiner Führung
und deinem Befehl folgend, bis dahin vorgedrungen, von wo
keiner in die Heimat zurückkehren kann, wenn du uns nicht
führst. Kämpftest du noch um das persische Reich mit Dareios, 10
dann könnte sich – selbst wenn er es nicht gern sähe – doch
niemand wundern, wenn du bei jeglicher Gefahr eine so ent-
schlossene Kühnheit zeigtest: denn wo Gefahr und Siegeslohn
gleich sind, da gibt es bei glücklichem Ausgang ansehnlicheren
Gewinn, bei unglücklichem größeren Trost. Daß aber mit dei- 11
nem Leben der Besitz eines unbekannten Fleckens erkauft wird,
das wird nicht nur keiner deiner Soldaten, sondern auch niemand
aus irgendeinem Barbarenstamm, der deine Größe kennt, dulden
wollen. Wir schaudern bei dem Gedanken an das, was wir eben 12
haben sehen müssen. Ich scheue mich auszusprechen, daß den
Waffenschmuck deines unbesiegbaren Leibes die feigsten Hände
beschmutzt hätten, hätte nicht das Schicksal aus Mitleid mit uns
dich ihnen entrissen und gerettet. Wir alle, die wir dir nicht haben 13
folgen können, sind Verräter, sind Fahnenflüchtige. Du kannst
das ganze Heer der Feigheit bezichtigen: keiner wird sich weigern, dafür zu büßen, wenn wir uns auch nicht dafür verbürgen
konnten, daß es nicht geschah. Laß, wir bitten dich, bei anderer 14
Gelegenheit dir unser Blut für nichts gelten. Wir werden gehen,
wohin du befiehlst. Für uns fordern wir die Gefahren, die unbekannt bleiben, die Kämpfe ohne Ruhm: dich selbst spare für das
auf, was deiner Größe angemessen ist. Schnell verkümmert der
Ruhm vor schmählichen Feinden, und nichts ist unwürdiger, als
ihn dort zu vergeuden, wo er sich nicht zeigen kann." Gleiches 15
fast sagte Ptolemaios und Ähnliches auch die übrigen; und zu-

letzt beschworen sie ihn unter Tränen, endlich, da sein Ehrgeiz befriedigt sei, ein Ende zu machen und auf sein Wohl, also das der Allgemeinheit, zu achten.

16 Dem König tat die Ergebenheit seiner Freunde wohl. Er umarmte sie daher nach der Reihe inniger als gewöhnlich und hieß
17 sie niedersitzen; dann sprach er, etwas weiter ausholend: „Ihr meine getreuesten und ergebensten Landsleute und Freunde, zwar sage und weiß ich euch Dank, nicht bloß deshalb, weil ihr heute mein Wohl höher stellt als das eurige, sondern auch, weil ihr von Anbeginn des Krieges an kein Pfand und Zeichen des Wohlwollens gegen mich versäumt habt, so daß ich bekennen muß, niemals ist mir mein Leben so teuer gewesen wie jetzt, da
18 ich wünsche, euch noch lange zu genießen. Aber die Gedanken derer, die für mich sterben wollen, und die meinigen sind verschieden, der ich doch gerade durch meine Tapferkeit dieses euer Wohlwollen verdient zu haben glaube. Ihr nämlich möchtet wohl dauernden, ja vielleicht unausgesetzten Genuß von mir haben: ich dagegen messe mich nicht nach der Zahl der Jahre, sondern nach meinem Ruhm. Zufrieden mit der väterlichen
19 Macht innerhalb der Grenzen Makedoniens, hätte ich in behaglicher Ruhe ein Alter erwarten können, das unbekannt und ruhmlos gewesen wäre: obwohl nicht einmal träge Leute über ihr Schicksal verfügen, sondern, während sie ein langes Leben für das einzige Gut halten, überrascht sie oftmals der bittere Tod. Ich aber, der ich nicht meine Jahre, sondern meine Siege zähle, habe, wenn ich die Geschenke des Glückes recht zusammenrechne,
20 lange gelebt. Ursprünglich Herr von Makedonien, halte ich die Herrschaft über Griechenland in meiner Hand, habe Thrakien und Illyrien unterworfen, gebiete über die Triballer[14] und Maider[15], besitze Asien, wo es vom Hellespont, und wo es vom Roten Meer bespült wird. Und jetzt bin ich nicht fern mehr vom Ende der Welt, über das ich hinauszugehen und mir einen andern
21 Erdkreis zu erschließen willens bin. Aus Asien bin ich in der kurzen Zeit einer einzigen Stunde nach den Grenzen Europas hinübergesetzt[16]. Meint ihr nun, ich, der Sieger über beide Erdteile, im neunten Jahre meiner Herrschaft, im neunundzwanzig-

sten meines Lebens[17] stehend, könnte in meinem Streben nach
Ruhm, dem ich mich einzig und allein geweiht habe, stillhalten?
Nein, an mir soll es nicht fehlen, und wo ich immer kämpfe,
werde ich glauben, die ganze Welt zu Zuschauern zu haben. Auch 22
unberühmten Orten werde ich Berühmtheit verleihen, und allen
Nationen werde ich Länder erschließen, die ihnen die Natur weit
entrückt hatte. Bestimmt mir das Schicksal, bei diesen Unternehmungen den Tod zu finden, so ist es ehrenvoll; stamme ich doch
aus solchem Geschlecht, daß ich eher ein reiches als ein langes
Leben wünschen muß. Bedenkt, bitte ich euch, daß wir uns in 23
Ländern befinden, wo der Name einer Frau um ihrer Tüchtigkeit
willen hochberühmt ist. Wie viele Städte hat Semiramis gegründet? Wie viele Völker unter ihre Botmäßigkeit gebracht? Wie
viele Bauwerke aufgeführt? Wir haben noch nicht den Ruhm
dieser Frau erreicht, und schon ist unsere Ehrbegierde gesättigt?
Nein, so die Götter wollen, sind uns noch größere Taten beschie- 24
den. Aber nur dann wird uns auch das gehören, was wir noch
nicht berührt haben, wenn wir nichts für gering achten, wo sich
Gelegenheit zu hohem Ruhm bietet. Sorgt ihr nur, daß ich vor
List und Nachstellung im eigenen Lager sicher bin: in die Gefahren des Krieges und des Kampfes werde ich mich unverzagt
stürzen. Philipp war sicherer in der Schlacht als im Theater[18]: den 25
Händen der Feinde ist er oftmals entgangen, seinen eigenen Leuten vermochte er nicht zu entrinnen. Auch wenn ihr das Ende
anderer Könige überdenkt, werdet ihr mehr zählen, die von den
Ihrigen als vom Feinde getötet wurden. Und weil sich Gelegen- 26
heit bietet, jetzt auszusprechen, was ich längst bei mir im Herzen
bewegt habe: der schönste Lohn meiner Mühen und Taten wird
für mich sein, wenn ich meiner Mutter Olympias, wann sie auch
immer aus dem Leben scheidet, die Unsterblichkeit sichere. Ist es
möglich, so will ich dies selbst erreichen: rafft mich das Schicksal
vorher hinweg, so denkt daran, daß ich euch es aufgetragen
habe." Und nun entließ er seine Freunde, doch hielt er mehrere
Tage an diesem Ort Standlager.

1 7. Während dies in Indien vorging, war unter den griechischen
Soldaten, die kürzlich vom König in der Gegend von Baktra in
Kolonien angesiedelt worden waren, ein Aufstand ausgebrochen,
und sie waren weniger aus Haß gegen Alexander als aus Furcht
2 vor harter Strafe abgefallen. Nachdem sie nämlich einige Landsleute ermordet hatten, begannen die Mächtigeren unter ihnen, an
bewaffnete Meuterei zu denken, bemächtigten sich der Burg von
Baktra, die zufällig weniger sorgfältig bewacht wurde, und ver-
3 anlaßten auch die Barbaren zur Teilnahme an ihrem Abfall. Ihr
Anführer war Athenodoros, der sogar den Königstitel angenommen hatte, nicht so sehr aus Begierde nach Herrschaft, als vielmehr, um mit denen, die seiner Führung folgten, ins Vaterland
4 zurückzukehren. Ihm stellte jedoch ein gewisser Biton, der zwar
sein Landsmann, ihm aber aus Eifersucht feind war, nach dem
Leben, lud ihn zum Gastmahl ein und ließ ihn durch einen gewis-
5 sen Boxos aus Makaria[19] bei Tische ermorden. Am folgenden
Tage berief Biton eine Versammlung und hatte schon die Mehrzahl überzeugt, daß ihm Athenodoros ohne Anlaß nachgestellt
habe; doch andere hegten Verdacht, daß er sie täusche, und dieser
6 Verdacht verbreitete sich allmählich weiter. Die griechischen Soldaten ergriffen daher die Waffen, um, wenn sich ihnen Gelegenheit böte, Biton zu töten; doch ihre Führer beschwichtigten den
7 Zorn der Menge. Gegen sein eigenes Erwarten also der gegenwärtigen Gefahr entrissen, stellte Biton gleichwohl kurz darauf
denen nach, die seine Rettung veranlaßt hatten; doch seine List
8 wurde entdeckt, und er und Boxos ergriffen. Den Boxos beschloß man sofort zu töten, den Biton noch durch Martern zu
Tode zu peinigen. Bereits legte man die Folterwerkzeuge an ihn,
als die Soldaten, man weiß nicht aus welchem Grunde, Besesse-
9 nen gleich zu ihren Waffen rannten. Bei diesem Lärm ließen die
mit Bitons Folterung Beauftragten ihn los, da sie fürchteten, das
10 Geschrei der Tobenden solle sie daran hindern. Entkleidet wie er
war, kam er zu den Griechen, und die jämmerliche Erscheinung
des einem grausamen Tode Geweihten stimmte sie plötzlich um,
11 so daß sie ihn loszulassen befahlen. Auf diese Weise zweimal von
der Strafe befreit, kehrte er mit anderen, die die ihnen vom

Könige zugeteilten Kolonien verließen, ins Vaterland zurück.
Dies trug sich um Baktra und an den Grenzen Skythiens zu.

Unterdessen erschienen beim Könige hundert Gesandte der
vorher erwähnten Völkerstämme[20], alle zu Wagen, von ausgezeichneter Körpergröße und würdevollem Äußeren, die Leinen-
gewänder mit Gold durchwebt und Purpur gestickt. Sie übergaben ihm sich selbst, ihre Städte und Ländereien und sagten, daß er
der erste sei, in dessen Schutz und Gewalt sie ihre so viele Menschenalter hindurch unverkürzt erhaltene Freiheit legen wollen.
Die Götter, nicht Furcht habe sie zur Ergebung veranlaßt; denn
mit ungeschwächter Kraft nähmen sie sein Joch auf sich. Der
König nahm sie, nachdem er einen Rat gehalten, unter seinen
Schutz und legte ihnen einen Tribut auf, den beide Nationen an
die Arachosier zahlten. Außerdem gebot er ihnen, 2500 Reiter zu
stellen, und alles wurde gehorsam von den Barbaren erfüllt. Dann
lud er die Gesandten und Fürsten jener Völker zur Tafel und ließ
ein Gastmahl herrichten. Hundert goldene Ruhelager waren in
mäßigen Abständen aufgestellt, um sie herum hatte man von
Purpur und Gold schimmernde Vorhänge gezogen, und was sich
nur entweder bei den Persern infolge ihres alten Luxus oder bei
den Makedonen seit ihrer Wandlung an üppiger Verderbnis vor-
fand, das war unter Verschmelzung der Laster beider Nationen
bei diesem Gastmahle zur Schau gestellt.

Bei dem Mahl war der Athener Dioxippos zugegen, ein berühmter Faustkämpfer, der wegen seiner vorzüglichen Kraftlei-
stungen dem König wohlbekannt und wert war. Neidische und
boshafte Menschen pflegten ihm im Ernst und Scherz vorzuwer-
fen, er folge dem Herrn als ein unnützes Mastvieh: wenn sie
ihrerseits in die Schlacht zögen, rüste er seinen von Öl triefenden
Bauch zum Essen. Mit gleichen Schmähreden fing bei dem
Mahle der Makedone Horratas[21], der schon betrunken war, gegen
ihn an, und forderte ihn, wenn er ein Mann wäre, für den folgenden Tag zu einem Kampfe mit dem Schwert heraus; der König
solle schließlich, sei es über seinen eigenen Vorwitz oder über
jenes Feigheit entscheiden. Und Dioxippos nahm mit verächtli-
cher Abweisung seiner soldatischen Anmaßung den Vorschlag

an. Am folgenden Tage, als man den Zweikampf nur noch hitziger forderte, ließ es der König, weil er sie nicht davon abbringen konnte, geschehen, daß sie ihr Vorhaben zur Ausführung brächten. 19 Eine sehr große Menge Soldaten, darunter auch Griechen, die es mit Dioxippos hielten, hatten sich dabei eingefunden. Der Makedone trug seine gewohnten Waffen, in der Linken den ehernen Schild und den Sarissa genannten langen Speer, in der Rechten den Wurfspieß, um die Hüften das Schwert, als ob er 20 mit mehreren zugleich kämpfen wolle. Dioxippos, mit Öl gesalbt und bekränzt, hatte über den linken Arm ein purpurnes Mäntelchen, in der rechten hielt er einen starken knotigen Stock. Das erhöhte die Spannung aller: denn nackt es mit einem Bewaffneten aufzunehmen, schien nicht Tollkühnheit, sondern Tollheit. 21 Der Makedone zweifelte daher nicht, ihn aus der Ferne töten zu können, und schleuderte seinen Wurfspieß; doch Dioxippos wich diesem durch eine kleine Körperbeugung aus, und bevor jener die Sarissa in die rechte Hand nehmen konnte, sprang er hinzu und 22 hieb sie mit seinem Stock mitten entzwei. Nach Verlust der beiden Speere wollte der Makedone sein Schwert ziehen, als Dioxippos ihn umschlang, ihm plötzlich die Beine unterschlug und ihn zu Boden warf; dann entriß er ihm das Schwert, setzte den Fuß auf den Nacken des Liegenden, hob den Stock und hätte den Besiegten damit zerschmettert, wäre er nicht vom König 23 daran gehindert worden. Der Ausgang des Schauspiels war nicht allein für die Makedonen, sondern auch für Alexander ärgerlich, vor allem weil Barbaren zugegen gewesen waren; denn er fürchtete, die gerühmte makedonische Tapferkeit könnte zum Gespött 24 geworden sein. Daher hatte der König ein offenes Ohr für die Anschuldigung seiner Feinde. Wenige Tage später wurde beim Mahle nach einer Verabredung heimlich ein goldener Becher weggenommen, und die Diener gingen zum König, als ob der Becher, den sie doch selbst beiseite gebracht hatten, abhanden 25 gekommen sei. Oft besitzt ein Mensch mit Schamgefühl weniger Festigkeit als ein Schuldiger. Dioxippos vermochte den Blick der Augen, die ihn zum Dieb stempelten, nicht zu ertragen; und als er das Mahl verlassen, schrieb er einen Brief an den König und tötete

sich mit dem Schwert. Den König schmerzte sein Tod, da er darin 26
ein Zeichen des verletzten Ehrgefühles, nicht der Reue erkannte,
besonders nachdem ihm die allzugroße Freude seiner Feinde
zeigte, daß er fälschlich beschuldigt worden war.

8. Nach Hause entlassen, kehrten die Gesandten der Inder nach 1
wenigen Tagen mit Geschenken zurück. Diese bestanden aus
300 Rossen, 1030 Wagen, jeder von einem Viergespann Rosse
gezogen, einer Menge leinene Gewänder, 1000 indische Schilde,
100 Talente weißen Eisens[22], Löwen von seltener Größe und 2
Tiger, beide vollständig gezähmt, ferner Häute von ungeheuern
Eidechsen und Schalen von Schildkröten. Dann gebot er dem 3
Krateros, die Truppen in der Nähe des Flusses zu führen, den er
selbst befahren wollte; die aber, die ihn zu begleiten pflegten, ließ
er die Schiffe besteigen und fuhr flußabwärts in das Gebiet der
Maller.

Hierauf kam er zu den Sabarken, einem mächtigen Stamme 4
der Inder, die eine republikanische, keine monarchische Regierung hatten. Ihr Heer bestand aus 60000 Mann zu Fuß und 6000
Reitern, gefolgt von 500 Wagen, und sie hatten drei Führer von
erprobter kriegerischer Tüchtigkeit gewählt. Als aber die, welche 5
auf ihren Äckern nahe beim Strom waren, – denn sie hatten,
hauptsächlich am Ufer, zahlreiche Dörfer – den ganzen Strom,
soweit er sich überblicken ließ, von Fahrzeugen bedeckt, und die
Waffen so vieler Soldaten schimmern sahen, so glaubten sie,
erschreckt durch den ungewohnten Anblick, ein Heer von Göttern und ein zweiter Vater Bacchus nahe sich, dessen Name unter
jenen Völkern wohlbekannt ist. Durch das Geschrei der Soldaten, 6
durch das Schlagen der Ruder und die mannigfachen Rufe der
sich zuschreienden Schiffer waren ihre Ohren betäubt und sie
selbst geängstigt. Daher liefen sie alle zu den unter den Waffen 7
Stehenden und riefen, sie seien toll und wollten sich mit den
Göttern in einen Kampf einlassen: die Schiffe ließen sich nicht
zählen, auf denen die unbesiegten Männer daherführen. Und so
verbreiteten sie in ihrem Heer solchen Schrecken, daß man Gesandte schickte sich zu ergeben.

8 Nach Annahme ihrer Unterwerfung kam er am vierten Tage weiter zu andern Völkern, die um nichts mutiger waren als die übrigen. Nachdem er also dort eine Stadt gegründet und sie Alexandreia zu nennen befohlen hatte, betrat er das Gebiet der
9 sogenannten Mousikaner[23]. Hier hielt er Gericht über den Satrapen Terioltes, den er über die Parapamisaden gesetzt hatte, und der von diesen angeklagt wurde. Nachdem man ihn vieler habsüchtiger und anmaßender Handlungen überführt hatte, ließ er
10 ihn hinrichten. Der Befehlshaber über die Baktrianer, Oxyartes[24], wurde nicht nur freigesprochen, sondern auch infolge seiner Ansprüche als Verwandter mit einem ausgedehnteren Herrschaftsgebiet beschenkt. Als er hierauf die Mousikaner unterworfen, legte er in ihre Stadt eine Besatzung.

11 Hierauf kam man zu den Praestern, ebenfalls einem indischen Stamme, deren König Portikanos sich mit einer großen Schar seiner Landsleute in eine befestigte Stadt eingeschlossen hatte. Diese eroberte Alexander am dritten Tage nach Beginn der Bela-
12 gerung; und Portikanos, der in die Burg geflohen war, schickte wegen der Bedingungen der Übergabe Gesandte an ihn. Ehe jedoch diese zu ihm gelangten, waren mit gewaltigem Krachen zwei Türme eingestürzt. Die Makedonen drangen über die Trümmer in die Burg, und bei der Einnahme fiel Portikanos nebst einigen wenigen im Kampfe.

13 Die Burg wurde also zerstört und alle Gefangenen verkauft; dann drang er in das Gebiet des Königs Sambos ein. Viele Städte ergaben sich ihm, die stärkste Stadt des Landes aber wurde mit
14 Hilfe einer unterirdischen Mine genommen. Den mit solchen militärischen Arbeiten nicht vertrauten Barbaren erschien es fast wie ein Wunder, als fast mitten in der Stadt Bewaffnete aus der Erde stiegen, ohne daß sich vorher eine Spur von einem unter der
15 Erde gegrabenen Gang gezeigt hätte. Nach Kleitarchs Bericht sollen in jener Gegend 80000 Inder durch das Schwert gefallen
16 und viele als Kriegsgefangene verkauft worden sein. Die Mousikaner fielen wieder ab, und Peithon wurde abgeschickt, sie zu überwältigen. Dieser brachte ihren Fürsten, der den Abfall angezettelt hatte, gefangen zu Alexander, der ihn kreuzigen ließ.

Dann wendete er sich wieder nach dem Strome, wo die Flotte ihn hatte erwarten sollen.

Am vierten Tage gelangte man dann stromabwärts zu einer 17 Stadt, die zu Sambos' Reich gehörte. Obwohl sich dieser vor kurzem ergeben hatte, weigerten sich doch die Bewohner, Alexanders Herrschaft anzuerkennen und hatten ihre Tore verschlossen. Voll Verachtung gegen ihre geringe Anzahl befahl der 18 König, daß sich 500 Agrianer der Mauer nähern und durch langsames Zurückweichen den Feind herauslocken sollten, da er sicherlich folgen würde, wenn er sie fliehen glaubte. Befehlsgemäß 19 wandten sich die Agrianer nach einem Angriff auf den Feind plötzlich zur Flucht, und die Barbaren, die in ungeordneten Haufen folgten, stießen auf die anderen, unter denen sich der König selbst befand. Der Kampf wurde also erneuert, und von 3000 Barbaren wurden 600 getötet, 1000 gefangen, die übrigen innerhalb der Mauern eingeschlossen.

Allein wie erfreulich dieser Sieg dem ersten Anschein nach 20 war, so wenig war er es in seinen Folgen. Die Barbaren hatten nämlich ihre Schwerter mit Gift bestrichen, und die Verwundeten starben daher, ohne daß die Ärzte die Ursache eines so schnellen Todes ausfindig machen konnten, da selbst leichte Wunden unheilbar waren. Die Barbaren hatten aber gehofft, der König 21 würde bei seiner Unvorsichtigkeit und Tollkühnheit getroffen werden können; doch war er zufällig, obwohl unter den Vordersten kämpfend, unverletzt davon gekommen. Besonders besorgt 22 war der König um Ptolemaios, der zwar nur leicht an der linken Schulter getroffen, doch in größerer Gefahr, als die Wunde vermuten ließ, schwebte. Er war ihm blutsverwandt, und einige hielten ihn für einen Sohn Philipps, wenigstens wußte man, daß er von einer seiner Nebenfrauen geboren war. Ferner war er einer der 23 Leibwächter[25], ein sehr tüchtiger Kriegsmann, doch größer und ausgezeichneter noch in den Künsten des Friedens als denen des Krieges, bescheiden und bürgerlich in seiner äußern Erscheinung, ausnehmend freigebig, leicht zugänglich und hatte nichts von dem Hochmut der königlichen Umgebung angenommen. Ob er 24 deshalb dem König oder seinen Landsleuten teurer war, ließ sich

schwer sagen, wenigstens erhielt er damals zuerst Beweise von der
Zuneigung der Seinigen, so daß es schien, als ob die Makedonen
bei jener Lebensgefahr die Stellung geahnt hätten, zu der er
25 nachmals emporstieg; denn ihre Sorge um Ptolemaios war nicht
geringer als die des Königs. Als dieser vom Kampf ermüdet und
voll Bekümmerung bei Ptolemaios saß, ließ er sich sein eigenes
26 Lager hereintragen, um darauf etwas zu schlafen; und als er sich
dahin zurückgezogen, versank er sofort in einen ziemlich festen
Schlaf. Wieder aufgewacht, erzählte er, es sei ihm im Schlaf die
Gestalt einer Schlange erschienen, mit einem Kraut im Maule, das
27 sie als ein Mittel gegen das Gift bezeichnet habe: selbst die Farbe
des Krautes beschrieb er, und versicherte, er könne es wiedererken-
kennen, wenn es jemand fände. Es wurde auch gefunden, da sich
viele zugleich ans Suchen machten, und auf die Wunde gelegt:
und sofort hörte der Schmerz auf, und in kurzer Zeit vernarbte
28 auch die Wunde. Sobald sich die Barbaren in ihrer Hoffnung
getäuscht sahen, ergaben sie sich und ihre Stadt.

Das nächste Volk, zu dem man kam, waren die Patalier[26]. Ihr
König Moiris hatte die Stadt verlassen und war in die Berge
29 geflohen. Alexander bemächtigte sich daher der Stadt und verheerte die Ländereien, wo man reiche Beute an Schafen und
30 Rindvieh wegtrieb und eine große Menge Getreide fand. Dann
versah er sich mit Führern, die des Stromes kundig waren, und
fuhr bis zu einer Insel hinab, welche sich ungefähr in der Mitte des
Flußbettes erhob.

1 9. Hier zu längerem Verweilen gezwungen, weil die nicht sorgsam genug bewachten Führer entflohen waren, schickte er aus,
um andere zu suchen, man fand jedoch keine. Trotzdem trieb ihn
seine unbezwingliche Begierde, den Ozean zu sehen und die
Grenzmarken der Welt zu erreichen, sich selbst und das Leben so
vieler tapferer Männer[27] auch ohne Ortskundige dem unbekann-
2 ten Strom anzuvertrauen. Sie machten sich also auf ohne alle
Kenntnis der Gegend, durch die sie fuhren. Wie weit von da das
Meer entfernt war, welche Völker das Land bewohnten, ob die
Flußmündung ruhig, ob sie für lange Schiffe fahrbar war, dies

suchte man durch zweifelhafte und blinde Vermutungen zu erraten. Der einzige Trost bei dem tollkühnen Unternehmen war ihr
ununterbrochenes Glück. Bereits waren sie 400 Stadien [ca. 3
74 km] weit vorgedrungen, als die Steuerleute dem König an-
zeigten, sie merkten bereits die Seeluft und der Ozean scheine
nicht mehr fern zu sein. Voll Freude suchte er also die Schiffleute 4
zu ermutern, daß sie sich in die Ruder legten: das von allen
erflehte Ziel ihrer Anstrengung sei da, nichts fehle mehr zu ihrem
Ruhm, nichts stehe ihrer Tapferkeit im Wege, ohne die Entscheidung irgend eines Kampfes, ohne Blutvergießen werde von
ihnen die Eroberung des Erdkreises vollendet; selbst die Natur
könne über diese Grenzen nicht hinaus; in Kürze würden sie
sehen, was niemand außer den Unsterblichen bekannt sei. Doch 5
schickte er einige in einem Kahn ans Ufer, um herumstreifende
Landleute aufzufangen, von denen er Bestimmteres zu erfahren
hoffte. Nach Durchstöberung aller Hütten fanden diese endlich
einige Leute in einem Versteck. Auf die Frage, wie weit das Meer 6
entfernt sei, antworteten sie, sie wüßten von keinem Meere, selbst
nicht durch Hörensagen: doch könne man in drei Tagen an ein
bitteres Wasser kommen, das das süße verderbe. Man erkannte,
daß es das Meer war, was die mit dieser Naturerscheinung nicht
vertrauten Leute bezeichneten. Daher ruderten die Schiffsleute 7
mit ungemeiner Energie, und auch am nächsten Tage, je näher
ihnen das Gehoffte rückte, wuchs noch ihr Eifer. Am dritten Tage
drang bereits das Meer, mit dem Strome vermischt, ihnen entgegen, indem eine noch gelinde Flut die ungleichen Gewässer ver-
mengte. Als sie nun etwas langsamer, weil sie in ihrem Lauf durch 8
die Meeresflut zurückgetrieben wurden, eine andere mitten im
Strome gelegene Insel erreichten, so legten sie mit der Flotte an
und zerstreuten sich, um Proviant zu suchen, ohne Ahnung von
dem Ereignis, das sie in ihrer Unkenntnis überraschte.

Es war um die dritte Stunde, als der Ozean mit seinem stetigen 9
Flutwechsel anzuschwellen und den Fluß zurückzudrängen begann. Erst gestaut, dann heftiger zurückgetrieben, strömte er mit
größerer Gewalt nach der entgegengesetzten Richtung, als Gießbäche im abschüssigen Bett einherschießen. Der Menge war die 10

Natur des Meeres unbekannt, und man glaubte, ein Wunder und ein Zeichen des göttlichen Zornes zu sehen. Mit immer neuem Anschwellen ergoß sich das Meer und überflutete auch die kurz

11 zuvor trockenen Gefilde. Und schon waren die Fahrzeuge in die Höhe gehoben und die ganze Flotte zerstreut, als von allen Seiten die ans Land Gesetzten erschreckt und bestürzt durch das uner-

12 wartete Unglück zurückrannten. Aber bei Verwirrung fördert auch Eile nicht. Die einen stießen die Schiffe mit Stangen ans Land, andere hatten ihre Plätze eingenommen und hinderten so

13 das Zurechtmachen der Ruder. Manche hatten bei ihrer Eile abzustoßen nicht auf ihre Kameraden gewartet und brachten nun die lahmen und unlenksamen Schiffe in nur matte Bewegung; andere Schiffe hatten die sich unbedacht auf sie Stürzenden nicht aufnehmen können, und es war gleichzeitig Überfülle und man-

14 gelhafte Bemannung, was die Eile hemmte. Das Geschrei, hier man solle warten, dort man solle abstoßen, und die widerstreiten-den Rufe der niemals ein und dasselbe Wollenden nahmen jede

15 Möglichkeit zu sehen und zu hören. Selbst an den Steuerleuten hatte man keine Hilfe, da weder ihr Ruf von den Tobenden vernommen werden konnte, noch ihr Befehl von den Erschrok-

16 kenen und Verwirrten beachtet wurde. Also begannen die Schiffe gegeneinander zu stoßen, sich gegenseitig die Ruder abzubre-chen, und ein Fahrzeug auf das andere loszudrängen. Man konnte glauben, es fahre da nicht die Flotte ein und desselben Heeres, sondern zwei verschiedene seien in einem Schiffskampfe begrif-

17 fen. Vorderteile schmetterten gegen das Heck anderer Schiffe; die eben die vor ihnen Fahrenden in Verwirrung gebracht hatten, sahen sich von den Folgenden bedrängt, und der Zorn der Strei-tenden steigerte sich bis zum Handgemenge.

18 Und schon hatte die Flut alles Land um den Strom unter Wasser gesetzt, so daß nur noch die Hügel wie kleine Inseln hervorragten: viele gaben die Hoffnung auf die Schiffe auf und versuchten in ihrer Angst eilig, diese Hügel schwimmend zu

19 erreichen. Zerstreut befand sich die Flotte teils in sehr tiefem Wasser, wo Talsenkungen waren, teils saß sie auf Untiefen fest, wie eben die Wellen die ungleichen Bodenerhebungen bedeckt

hatten: da wurde ihnen plötzlich ein neuer und größerer Schrek-
ken eingejagt. Das Meer begann sich zurückzuziehen, indem die   20
Gewässer mit starker Störmung an ihren Ort zurückrannen, und
das kurz zuvor unter tiefer Salzflut versenkte Land wieder herauszugeben. Die so vom Wasser freigegebenen Schiffe stürzten teils
vornüber, teils legten sie sich auf die Seite; die Felder waren mit
Gepäck, Waffen und Stücken losgebrochener Bretter und Ruder
bestreut. Die Soldaten wagten weder, heraus aufs Land zu gehen,   21
noch im Schiffe zu bleiben, immer noch Weiteres und Schlimmeres als das Gegenwärtige erwartend. Kaum trauten sie ihren eigenen Augen über das, was sie erfuhren: auf dem Trockenen ein
Schiffbruch, im Strome ein Meer. Auch war kein Ende des Un-   22
glücks zu sehen. Sie wußten ja nicht, daß die Flut in kurzem das
Meer zurückbringen und die Schiffe flott machen werde, und
prophezeiten sich Hunger und die äußerste Not. Außerdem krochen schreckliche Tiere, von den Fluten zurückgelassen, umher.

Schon brach die Nacht herein, und selbst der König war durch   23
die Verzweiflung an ihrer Rettung tief bekümmert. Dennoch
überwältigten die Sorgen seinen unbesieglichen Mut nicht, sondern die ganze Nacht blieb er unablässig auf der Ausschau und
schickte Reiter an die Flußmündung voraus, um, sobald sie das
Meer wieder heranfluten sähen, diesem vorauszueilen. Auch   24
gebot er, die geborstenen Fahrzeuge auszubessern und die von
den Fluten umgestürzten wieder aufzurichten, und fertig und bei
der Hand zu sein, sobald wieder das Land vom Meere überschwemmt würde. Nachdem er so die ganze Nacht unter Wa-   25
chen und Ermahnungen zugebracht hatte, kamen die Reiter eiligst im Galopp zurückgesprengt, und ebenso schnell folgte die
Flut. Erst begann sie, mit ihren im leisen Wellenzuge nahenden
Gewässern die Schiffe zu heben, bald aber setzte sie, das ganze
Gefilde überschwemmend, die Flotte auch in Bewegung. Am   26
ganzen Küsten- und Ufersaum erschallte das Beifallsklatschen der
Soldaten und Schiffsleute, die mit maßloser Freude ihre unverhoffte Rettung feierten. Woher doch, fragten sie verwundert, so
plötzlich diese große Meeresflut zurückgekehrt? Wohin sie gestern entwichen sei? Und wie die Beschaffenheit dieses bald unbe-

ständigen, bald dem Gesetz bestimmter Zeiten gehorchenden
27 Elementes? Da der König aus dem Hergang des Geschehenen
schloß, daß nach Sonnenaufgang der bestimmte Zeitpunkt eintrete, so fuhr er, um der Flut zuvorzukommen, gleich nach Mitternacht mit einigen wenigen Schiffen flußabwärts, und als er
dessen Mündung hinter sich hatte, schiffte er noch, sich endlich
am Ziel seiner Wünsche sehend, 400 Stadien weit in das Meer
hinein. Dann brachte er den Gottheiten des Meeres und jener
Gegend ein Opfer und kehrte zur Flotte zurück.

1 10. Hierauf fuhr die Flotte den Strom hinauf und landete am
folgenden Tage unweit eines Salzsees, dessen unbekannte Beschaffenheit sehr viele trog, die unvorsichtig in das Wasser gingen. Sie bekamen nämlich einen Ausschlag, der sich durch An-
2 steckung auch auf andere verbreitete. Dagegen half Öl. Dann
sandte er den Leonnatos voraus, um auf dem Landweg, auf dem
er das Heer führen wollte, Brunnen zu graben, da die Gegend
wasserlos war: er selbst machte mit den Truppen Halt und erwar-
3 tete den Frühling[28]. In der Zwischenzeit gründete er auch sehr
viele Städte. Dem Nearchos[29] und Onesikritos, kundigen Seefah-
rern, gab er Befehl, mit den seetüchtigsten Schiffen in den Ozean
hinabzusteuern und, soweit sie ohne Gefahr könnten, vorzudringen, um die Beschaffenheit des Meeres kennenzulernen: wenn sie
zu ihm zurückkehren wollten, so könnten sie entweder wieder
auf dem Indos oder auf dem Euphrat herauffahren.

4   Als nun der Winter schon milder wurde, verbrannte er die
Schiffe, die unbrauchbar schienen, und führte das Heer zu Lande
5 weiter[30]. Mit neun Tagemärschen gelangte man in das Land der
Arabiten, dann in ebensoviel Tagen zu den Gedrosiern. Dieses
freie Volk ergab sich ihm, nachdem man eine Versammlung
gehalten, und es wurde deshalb davon nichts von ihnen gefordert
6 als Zufuhr von Lebensmitteln. Dann am fünften Tage kam man
an einen Fluß, der bei den Einwohnern Arabos heißt. Auf ihn
folgt eine wüste und wasserlose Gegend, nachdem sie diese durchzogen hatten, kamen sie zu den Horiten. Dort übergab er den
größeren Teil des Heeres dem Hephaistion, die Leichtbewaffne-

ten teilte er selbst mit Ptolemaios und Leonnatos. Diese drei 7
Haufen verheerten zugleich das Land der Inder[31] und trieben
reiche Beute fort: die Gegend am Meer sengte Ptolemaios, das
übrige Land der König selbst und von einer andern Seite Leonnatos. Auch in dieser Gegend gründete er eine Stadt, und es wurden
Arachosier dort angesiedelt.

Hierauf gelangte er zu den am Meer wohnenden Indern[32], die 8
in weiter Ausdehnung einen wüsten und öden Landstrich bewohnen und nicht einmal mit ihren Grenznachbarn sich in irgend
einen Handel einlassen. Eben diese Abgeschlossenheit hat ihren 9
von Natur unfreundlichen Charakter noch mehr verwildert.
Niemals beschnitten starren die Nägel weit vor, das Haupthaar ist
struppig und ungeschoren. Ihre Hütten decken sie mit Muscheln 10
und andern Auswürfen des Meeres. In Felle wilder Tiere gekleidet, essen sie an der Sonne gedörrte Fische und auch das Fleisch
größerer Seetiere, die die Wogen angespült haben. Nachdem die 11
Makedonen also ihre Lebensmittel verzehrt hatten, begannen sie
erst Mangel, dann zuletzt Hunger zu leiden[33], deshalb gruben sie
überall nach den Wurzeln der Palme[34], des einzigen Baumes, der
dort wächst. Als es jedoch auch an diesem Nahrungsmittel man- 12
gelte, machten sie sich daran, die Lasttiere zu schlachten, ja nicht
einmal die Pferde verschonten sie; und als es nun an Tieren zum
Fortschaffen des Gepäckes fehlte, verbrannten sie die den Feinden
abgenommene Beute, deretwegen sie die äußersten Gegenden
des Ostens durchzogen hatten, mit Feuer. Der Hungersnot folgte 13
eine Pest, da die ungewohnten Säfte ungesunder Speisen, dazu die
Anstrengung des Marsches und die seelische Belastung Krankheiten verbreitet hatten, so daß man ohne Verlust weder bleiben
noch vorrücken konnte: denn beim Bleiben bedrängte der Hunger, beim Vorrücken Verschlimmerung der Pest. Daher waren 14
die Felder beinahe mit mehr Halbtoten als Leichnamen bedeckt;
und nicht einmal die weniger Kranken vermochten zu folgen, da
der Zug in großer Hast fortging; jeder meinte nämlich, sich der
Hoffnung auf Rettung um so mehr zu nähern, eine je größere
Strecke Weges er eilends zurücklegte. Wer also hingesunken war, 15
flehte Bekannte und Unbekannte an, ihn aufzuheben: aber zum

einen gab es keine Lasttiere, auf die man sie setzen konnte, zum anderen trug der Soldat mit Mühe seine Waffen, und ihm selbst schwebte auch das Bild der drohenden Gefahr vor Augen. Immer wieder zurückgerufen, wagten sie nicht einmal, zu den Ihrigen

16 zurückzublicken: das Mitleid machte der Furcht Platz. Die Zurückgelassenen aber riefen die Götter und die gemeinsamen Heiligtümer als Zeugen an und flehten den König um Hilfe an, und wenn sie auf taube Ohren stießen, gerieten sie aus Verzweiflung in Wut und wünschten ihnen ein gleiches Ende an und ebenso unbarmherzige Freunde und Kameraden.

17 Zugleich von Schmerz und Scham beunruhigt, weil er sich selbst für die Ursache so ungeheurer Verluste[35] hielt, schickte der König an den Statthalter der Parthyäer, Phratapherenes, er solle auf Kamelen zubereitete Speisevorräte herbeischaffen, und setzte auch andere Befehlshaber der benachbarten Landschaften von

18 seiner Not in Kenntnis. Diese säumten auch nicht, und so gelangte das Heer, wenigstens vor Hunger geschützt, endlich bis in das Gebiet der Gedrosier. Diese Gegend ist fruchtbar an allen Dingen, und der König hielt hier ein Standlager, um die übel

19 mitgenommenen Soldaten durch Ruhe zu stärken. Dort erhielt er einen Brief von Leonnatos, daß er gegen ein Heer der Oriten von 8000 Mann zu Fuß und 300 Reitern mit Erfolg gekämpft hatte. Desgleichen kam von Krateros[36] Meldung, er habe zwei vornehme Perser, Ozines und Zariaspes, die einen Aufstand ge-

20 plant hätten, überwältigt und halte sie in Gewahrsam. Nachdem er den Sibyrtios über diese Gegend gesetzt hatte, da der bisherige Befehlshaber Menon kürzlich an einer Krankheit gestorben war,

21 rückte er selbst nach Karmanien vor. Dort war Aspastes Statthalter, der im Verdacht stand, während des Aufenthaltes Alexanders in Indien einen Aufstand beabsichtigt zu haben. Der verbarg jedoch, als er ihm entgegenkam, seinen Zorn, redete ihn freundlich an und erwies ihm, bis er erforschte, was ihm hinterbracht war, die frühere Ehre.

22 Als hierauf die Befehlshaber Alexanders Gebot gemäß aus allen ihnen unterstehenden Ländern eine ungeheure Menge von Pferden und Zugtieren an ihn geschickt hatten, leistete er denen, die

ihr Bagagevieh verloren hatten, Ersatz. Auch die Waffen wurden 23
in ihrem früheren Glanze hergestellt, da die nicht nur gehorsame,
sondern auch reiche Provinz Persis nicht sehr weit entfernt war.
Da er nun, wie oben gesagt, nicht nur dem Ruhm des Vater 24
Bacchus, den dieser aus jenen Landen heimgebracht, sondern
auch den fabelhaften Sagen über ihn nacheiferte, so beschloß er in
seinem über menschliches Maß hinausgehenden Sinn, dessen Zug
nachzuahmen, mochte es nun ein von diesem zuerst angestellter
Triumphzug oder ein Bacchantenfest gewesen sein. Er ließ die 25
Straßen, durch die der Weg führte, mit Blumen und Kränzen
bestreuen, an den Türen der Häuser mit Wein gefüllte Misch-
krüge und andere Gefäße von besonderer Größe aufstellen;
ferner Wagen mit Brettern belegen, um eine größere Anzahl
Soldaten fassen zu können, und sie nach Art von Zelten teils mit
weißen Tüchern, teils mit kostbaren Teppichen ausschmücken.
Voran gingen die Freunde und das königliche Leibcorps, mit 26
bunten Blumen und Kränzen geschmückt, während man hier
Flötenschall, dort Lyratöne vernahm, desgleichen auf Wagen, die
nach besten Kräften geschmückt und ringsum mit den glänzend-
sten Waffen behangen waren, das Heer in ausgelassener Fröhlichkeit. Ihn selbst mit seinen Gästen führte ein Wagen, schwerbela-
den mit goldenen Mischkrügen und ungeheuern Bechern aus
gleichem Metall. Auf diese Weise bewegte sich das Heer sieben 27
Tage lang im Bacchantenzug fort, eine leichte Beute für die
Besiegten, wenn sie nur den Schwärmenden gegenüber etwas
Mut besessen hätten: ganze tausend Leute, wenn nur Männer und
nüchtern, hätten die von dem siebentägigen Rausch Schwerbe-
täubten mitten in ihrem Triumph fangen können. Aber das 28
Glück, das den Taten Berühmtheit und Geltung verleiht, wendete auch diese Schmach des Soldatentums zum Ruhm. Sowohl
die damalige Zeit als später die Nachwelt ist erstaunt, daß sie
durch noch nicht völlig bezwungene Völkerschaften im Taumel
des Rausches einhergezogen sind, während die Barbaren das, was
Unbesonnenheit war, für Selbstvertrauen hielten. Diesem Festge- 29
pränge folgte der Henker: es wurde nämlich Befehl erteilt, den
oben erwähnten Statthalter Aspastes hinzurichten. So wenig ist

weder mit Überschwang Grausamkeit, noch mit Grausamkeit
Überschwang unvereinbar.

ZEHNTES BUCH

1. Zu eben jener Zeit ungefähr stießen Kleander und Sitalkes nebst Herakon und Agathon zu ihm, die auf seinen Befehl den Parmenion getötet hatten. Ihnen folgten 5000 Mann zu Fuß und 1000 Reiter, zugleich Ankläger aus der Provinz, die sie befehligt hatten, und ihre vielen Schandtaten ließen sich nicht durch den äußerst willkommenen Dienst aufwiegen, den sie durch jenen Mord dem König geleistet hatten. Denn allen Privatbesitz hatten sie geplündert und nicht einmal die Heiligtümer verschont, und Jungfrauen und Frauen der vornehmsten Stände, die sie geschändet, bejammerten ihre Entehrung. Zum Gegenstand des Hasses war der Name der Makedonen durch ihre Habsucht und Wollust bei den Barbaren geworden. Am schlimmsten von allen hatte Kleander gewütet, der eine von ihm geschändete edle Jungfrau seinem Sklaven zur Beischläferin gegeben hatte. Die meisten unter Alexanders Freunden hatten weniger die Abscheulichkeit der gegen jene öffentlich erhobenen Anschuldigungen vor Augen als die Erinnerung an den von ihnen gemordeten Parmenion, was im stillen den Angeklagten beim König hätte nützen können; jetzt freuten sie sich, daß sein Zorn die Diener seines Zornes getroffen hatte und eine Machtstellung, die durch Verbrechen erworben war, nicht von Bestand war. Nach Untersuchung der Sache erklärte der König, es sei von den Anklägern noch ein Vorwurf, und zwar der wichtigste, übergangen worden, daß sie nämlich ihn ganz und gar aufgegeben. Denn niemals hätte jemand dergleichen Dinge gewagt, der entweder seine wohlbehaltene Rückkehr aus Indien gewünscht, oder daran geglaubt hätte. Sie selbst ließ er also ins Gefängnis werfen, 600 Soldaten aber, die

ihnen als Werkzeuge ihrer Gewalttaten gedient hatten, hinrich-
9   ten. Am gleichen Tage wurde auch an denen die Todesstrafe
vollzogen, die Krateros als Anstifter des Abfalles der Perser einge-
liefert hatte.

10   Nicht lange darauf stießen Nearchos und Onesikritos zu ihm,
11   die er hatte weiter in den Ozean vordringen lassen. Sie meldeten
teils, was sie gehört, teils, was sie selbst erfahren hatten: eine vor
der Mündung des Stromes liegende Insel habe Überfluß an Gold,
aber Mangel an Rossen; man bezahle daher denen, die sie vom
12   Festlande herüberzusetzen wagten, jedes mit einem Talente. Das
Meer wimmle von Ungeheuern: mit der Flut schwämmen sie
daher, an Größe mächtigen Schiffen vergleichbar, und habe man
sie durch wildes Geschrei zurückgeschreckt, der Flotte zu folgen,
so seien sie unter lautem Wogengebrause wie untersinkende
13   Schiffe in die Tiefe gefahren. Sonstiges hatten sie von den Einwohnern auf Treu und Glauben, unter anderm, daß das Rote
oder Erythräische Meer[1] nicht, wie man meist glaube, von der
Farbe seines Wassers, sondern von dem Könige Erythros seinen
14   Namen habe. Nicht weit vom Festlande sei eine dicht mit Palmen
bewachsene Insel, wo ungefähr aus der Mitte des Gebüsches eine
Säule hervorrage, ein Denkmal des Königs Erythros, mit einer
15   Inschrift in der Schrift jenes Volkes. Sie fügten hinzu, es seien
Fahrzeuge mit Marketendern und Kaufleuten, deren Steuerleute
dem Gerücht vom Golde nachgegangen, nach jener Insel übergesetzt, seien ihnen aber dann nicht mehr zu Gesicht gekommen.
16   Voll feurigen Eifers, noch mehr zu erforschen, befahl ihnen der
König, wieder an der Küste entlang zu segeln, bis sie mit der
Flotte an der Euphratmündung landeten: von da sollten sie den
Fluß hinauf nach Babylon fahren.

17   Er selbst, maßlos in seinen Plänen, war entschlossen, nach
Unterwerfung des ganzen gegen Morgen liegenden Küstenlan-
des von Syrien aus nach Afrika zu segeln, um gegen Karthago
Krieg zu führen[2], dann die Wüsten Numidiens zu durchziehen
und den Weg nach Gades einzuschlagen. Dort nämlich, wie die
18   Sage erzählte, befanden sich die Säulen des Herkules. Dann wollte
er Spanien besuchen, das die Griechen nach dem Flusse Iberos[3]

Iberien nannten, und an den Alpen und der Küste Italiens vor-
übersegeln, von wo es nur eine kurze Fahrt bis nach Epiros ist. Er   19
gebot also den Befehlshabern über Mesopotamien, auf dem Gebirge Libanon Holz fällen, es nach der syrischen Stadt Thapsakos
herabschaffen und siebenhundert Schiffe auf Kiel legen zu lassen:
lauter Siebenruderer, die dann nach Babylon den Fluß hinabge-
bracht werden sollten[4]. Den zyprischen Königen wurden geboten, Kupfer und Werg und Segeltuch zu liefern.

Während er damit beschäftigt war, brachte man ihm einen   20
Brief der Könige Poros und Taxiles, Abisares sei an einer Krankheit, Alexanders Statthalter Philippos an einer Wunde gestorben,
die aber, welche ihn verwundet, seien umgebracht worden. Er   21
ersetzte also den Philippos durch den Anführer der Thrakier
Eudaimon. Des Abisares Reich gab er dessen Sohne.

Darauf kam man nach Pasargadai[5]. Dort lebt ein persischer   22
Stamm, dessen Satrap Orsines war, unter allen Barbaren durch
Geburt und Reichtum hervorragend. Sein Geschlecht leitete er   23
von Kyros, dem einstigen Könige der Perser, ab; die Schätze hatte
er teils von den Vorfahren ererbt, teils sie selbst im Verlauf seiner
langen Herrschaft aufgehäuft. Dieser nun zog dem Könige mit   24
aller Art Geschenken entgegen, die er nicht nur ihm, sondern
auch seinen Freunden überreichen wollte. Hinter ihm Herden
gezähmter Rosse, mit Silber und Gold verzierte Wagen, kostbarer Hausrat, außergewöhnliche Edelsteine, schwere goldene Gefäße, purpurne Gewänder und 300 Talente geprägten Silbers.
Doch brachte eben diese große Freigebigkeit dem Barbaren den   25
Tod. Während er nämlich alle Freunde des Königs reichlicher, als
sie selbst erwartet, mit Geschenken bedacht hatte, erwies er dem
Eunuchen Bagoas, der Alexander durch Preisgabe seines Körpers
an sich gefesselt hatte, nicht die geringste Ehre. Und als ihn einige   26
darauf aufmerksam machten, daß dieser Alexander sehr lieb war,
erwiderte er, die Freunde des Königs, nicht seinen unzüchtigen
Buhlen ehre er, und es sei nicht Sitte der Perser, die für Männer zu
halten, die sich durch Unzucht zu Weibern machten. Dies hörte   27
der Eunuch und wandte nun seine durch Schmach und Schande
gewonnene Macht gegen das Leben eines so edeln und schuldlo-

sen Mannes an. Er stiftete nämlich einige Taugenichtse aus demgleichen Stamme zu falschen Anklagen an, die sie aber erst dann
28   hinterbringen sollten, wenn er es befehle. In der Zwischenzeit lag er, sooft er ohne Zeugen war, dem leichtgläubigen König in den Ohren, wobei er jedoch die Ursache seiner Gereiztheit verbarg,
29   damit seine Anschuldigungen desto mehr Gewicht hätten. Noch war zwar Orsines nicht verdächtig, doch stand er bereits in geringerem Ansehen. Denn ohne daß er die verborgene Gefahr ahnte, wurden heimlich gegen ihn Anklagen geführt; und der unverschämte Buhle vergaß sein Ränkespiel nicht einmal, wenn er sich zu schändlicher Unzucht hergab, und beschuldigte, sooft er die Liebe des Königs gegen sich entzündet hatte, den Orsines bald der Habsucht, bald sogar der Abtrünnigkeit.
30   Jetzt war das Lügenkomplott soweit, daß es den Unschuldigen verderben mußte, und es nahte ihm das Schicksal, dessen Beschluß unausweichlich ist. Zufällig nämlich ließ Alexander das Grabmal des Kyros öffnen, in dem dessen Leichnam beigesetzt
31   war, dem er ein Totenopfer bringen wollte. Er hatte es mit Gold und Silber angefüllt geglaubt, weil so die allgemeine Sage bei den Persern ging; doch fand er nichts als den morschen Schild des
32   Königs, zwei skythische Bogen und einen Säbel. Daher legte er auf den Sarg, in dem sich der Leichnam befand, eine goldene Krone und bedeckte ihn mit dem Mantel, den er selbst zu tragen pflegte, voll Verwunderung, daß ein König von solcher Berühmtheit und an so ungeheuren Schätzen reich, nicht kostbarer
33   begraben sei, als wenn er einer aus dem Volk gewesen wäre. Dicht an seiner Seite befand sich der Eunuch; er blickte den König an und rief: „Was Wunder, wenn die Königsgräber leer sind, da die Paläste der Satrapen das daraus fortgeschleppte Gold nicht zu
34   fassen vermögen? Was mich anlangt, so hatte ich selbst dies Grabmal früher nicht gesehen; aber von Dareios hörte ich, daß mit
35   Kyros 3000 Talente begraben worden seien. Daher diese Freigebigkeit des Orsines gegen dich, um sich durch Schenkung dessen, was er nicht ungestraft besitzen konnte, noch deine Gunst zu
36   erwerben." So hatte er schon Alexanders Zorn gereizt, als noch die dazukamen, denen er den gleichen Auftrag gegeben hatte.

Hier füllte Bagoas, dort die von ihm Angestifteten die Ohren des
Königs mit Anschuldigungen. Bevor noch Orsines seine Anklage 37
argwöhnte, sah er sich ins Gefängnis geworfen. Und der Eunuch,
nicht zufrieden mit der Hinrichtung des Unschuldigen, legte
selbst Hand an ihn, als er zum Tode geführt wurde. Da blickte
Orsines ihn an und sagte: „Daß ehedem in Asien Weiber regiert
haben, war mir bekannt; das aber ist neu, daß ein Verschnittener
regiert!" So endete der Vornehmste unter den Persern, der nicht 38
allein unschuldig[6], sondern auch von außerordentlich freundli-
cher Gesinnung gegen den König gewesen war. Gleichzeitig 39
wurde auch Phradates[7] getötet, der im Verdacht stand, nach der
Herrschaft gestrebt zu haben. Alexander ließ sich immer mehr
dazu hinreißen, die Todesstrafe zu verhängen und leicht das
Schlimmere zu glauben. Denn die Gunst des Geschickes vermag 40
den Charakter zu ändern, und selten ist jemand seinem Glücke
gegenüber vorsichtig genug. Denn vor noch nicht langer Zeit
hatte er es trotz der Anklage zweier Zeugen nicht gewagt, den
Lynkestier Alexander zu verurteilen, es selbst bei geringeren An- 41
klagen zugelassen, daß sie gegen seinen Willen freigesprochen
wurden, weil sie anderen unschuldig erschienen, und besiegten
Feinden ihre Reiche zurückgegeben. Jetzt aber hatte er sich sei- 42
nem eigenen Wesen so entfremdet, daß er, der ehedem den Lü-
sten gegenüber Unbesiegliche, nach dem Willen seines Buhlen
den einen Reiche schenkte, andern das Leben raubte.

In denselben Tagen ungefähr erhielt er brieflichen Bericht über 43
die Ereignisse in Europa und Asien, während er Indien unter-
jochte. Der Befehlshaber über Thrakien, Zopyrion, war auf 44
einem Zuge gegen die Geten bei plötzlich einbrechendem Ungewitter und Stürmen mit seinem ganzen Heere umgekommen.
Und auf die Nachricht von dieser Niederlage hatte Seuthes seine 45
Landsleute, die Odryser, zum Abfall veranlaßt. Nachdem so
Thrakien fast verloren war, blieb selbst Griechenland[8] [von Er-
schütterungen nicht unberührt. Dadurch nämlich, daß Alexander
den Übermut mehrerer Statthalter gestraft, womit sie sich, während er an den Grenzen Indiens Krieg führte, die äußersten
Schandtaten gegen ihre Untergebenen erlaubt hatten, waren auch

die übrigen in Schrecken geraten. Da sie nun für die gleichen
Vergehen die gleiche Bestrafung erwarteten, so begaben sie sich
unter den Schutz ihrer Söldner, um, wenn sie zur Bestrafung
herangezogen würden, ihr Leben durch diese verteidigen zu lassen; oder sie rafften soviel Schätze wie möglich zusammen und
ergriffen die Flucht. Davon benachrichtigt, ließ Alexander
Schreiben an alle Befehlshaber Asiens ergehen, daß sie sofort alle
unter ihnen dienende fremde Söldner entlassen sollen. Unter
diesen Statthaltern befand sich Harpalos, den Alexander, weil er
einst wegen seiner Freundschaft zu ihm von Philipp in die Verbannung getrieben worden war, zu seinen Treuesten rechnete,
und ihn nach Mazaios' Tode mit der Satrapie Babylonien belehnt,
sowie auch zum obersten Schatzmeister gemacht hatte. Da dieser
bei der Größe seiner Schandtaten mit der Gunst des Königs nicht
mehr rechnen konnte, so raubte er 5000 Talente aus dem königlichen Schatz, warb eine Schar von 6000 Söldnern und entwich
nach Europa. Denn schon lange hatte er, in Üppigkeit und Begierden verstrickt und auf Verzeihung des Königs nicht mehr
hoffend, angefangen, sich nach fremder Hilfe gegen Alexanders
Zorn umzuschauen, und hatte eifrig die Gunst der Athener gesucht, deren nicht verächtliche Macht, ihren Einfluß bei den übrigen Griechen, sowie ihren geheimen Haß gegen die Makedonen
er kannte. Darum machte er den Seinigen Hoffnung, die Athener
würden sich, sobald sie seine Ankunft erführen, und mit eigenen
Augen seine mitgebrachten Truppen und Geldmittel sähen, sofort an seinen Unternehmungen und Plänen beteiligen. Denn bei
der unerfahrenen und leicht erregbaren Volksmenge meinte er
durch schlechte, habgierige und käufliche Menschen durch Bestechung alles erreichen zu können.]

1   2. Sie[9] setzten also mit dreißig Schiffen nach Sunion, einem Vorgebirge Attikas, über, von wo aus sie sich nach dem Hafen der
2   Stadt begeben wollten. Auf diese Nachricht befahl der König,
gleichermaßen zornig gegen Harpalos wie gegen die Athener,
3   eine Flotte zu rüsten, um sofort gegen Athen zu ziehen. Doch
während er sich insgeheim mit diesem Plan beschäftigte, wurde

ihm ein Brief überbracht, Harpalos sei zwar nach Athen gekommen und habe durch Bestechung die Häupter des Volkes für sich gewonnen, doch bald von einer Volksversammlung den Befehl erhalten, die Stadt zu verlassen. Er sei zu seinen griechischen Söldnern gegangen, mit diesen nach Kreta übergesetzt und dort durch einen gewissen Thimbron hinterrücks umgebracht worden. Erfreut darüber, gab er den Entschluß, nach Europa überzu- 4 setzen, auf, befahl aber, daß die Verbannten, soweit sie sich nicht mit Bürgerblut befleckt hatten, von allen griechischen Staaten, aus denen sie vertrieben worden waren, wieder aufgenommen würden. Und die Griechen, die nicht wagten, sich diesem Gebot 5 zu widersetzen, obwohl dies nach ihrer Ansicht der Anfang zum Umsturz ihrer Verfassungen war, stellten sogar den Verurteilten ihre Güter zurück, soweit sie vorhanden waren. Nur die Athener, 6 als Verteidiger nicht nur der eigenen, sondern auch der allgemeinen Freiheit, waren unzufrieden mit der Vermischung der Stände; sie waren gewöhnt, nicht dem Befehl eines Königs, sondern ihren eigenen Gesetzen und Sitten zu gehorchen. Sie hielten also die 7 Verbannten von ihrer Stadt fern und wollten alles andere eher dulden, als dem Auswurf einstmals ihrer Stadt, jetzt sogar der Verbannungsorte Zutritt zu gewähren.

Der König beabsichtigte, die älteren Soldaten in die Heimat 8 zurückzusenden, und ließ nur 13000 Mann zu Fuß und 2000 Reiter auswählen, um sie in Asien zurückzubehalten. Denn er meinte, Asien mit einem nur mäßigen Heere im Zaum halten zu können, weil er an mehreren Orten Besatzungen verteilt hatte; wie er auch erwartete, daß die neuerdings von ihm gegründeten und mit Ansiedlern besetzten Städte für Unruhestifter ein Hindernis sein würden. Bevor er jedoch diejenigen, welche er zu- 9 rückbehalten wollte, aussuchte, ließ er bekanntmachen, daß alle Soldaten ihre Schulden anmelden sollten. Wie er nämlich erfahren, waren die meisten schwer damit belastet, und obwohl sie durch die Üppigkeit der Leute entstanden waren, war er doch entschlossen, sie selbst zu bezahlen. Sie meinten jedoch, er wolle 10 sie nur prüfen, um desto leichter die Verschwender von den Unverschuldeten unterscheiden zu können, und hatten es daher eine lange Zeit hinausgezögert. Daher ließ der König, der wohl wußte, daß sie nicht aus Ungehorsam, sondern aus Scham ihre Schulden nicht anmeldeten, im ganzen Lager Tische aufstellen

11 und darauf 10000 Talente auslegen. Nun erst trauten sie und brachten ihre Anmeldung, und es blieben von dieser großen Geldsumme nicht mehr als 130 Talente übrig. So brachte also dieses Heer, das so viele der reichsten Nationen besiegt hatte, dennoch mehr Siegesruhm als Beute aus Asien zurück.

12 Wie jedoch bekannt wurde, daß ein Teil in die Heimat entlassen, ein Teil zurückbehalten würde, vermuteten sie, er wolle den dauernden Sitz seiner Herrschaft in Asien nehmen, und erfüllten wie besessen und jegliche militärische Zucht vergessend, das Lager mit aufrührerischem Geschrei: trotziger als je stürmten sie auf den König ein und forderten alle zusammen ihre Entlassung, indem sie auf ihre von Narben entstellten Gesichter und ihr

13 ergrautes Haupthaar wiesen. Und ohne sich durch das Schelten ihrer Führer noch durch die Ehrfurcht vor dem König abhalten zu lassen, ließen sie ihn, als er sprechen wollte, durch Toben und Brüllen und soldatische Gewalttätigkeit nicht zum Worte kommen, indem sie laut riefen, sie wollten keinen Schritt von der

14 Stelle tun, außer in die Heimat[10]. Als sie endlich still geworden, mehr weil sie glaubten, er habe seinen Sinn geändert, als weil sie selbst hätten anderen Sinnes werden können, erwarteten sie, was

15 er mit ihnen verhandeln würde. Er sprach: „Was bedeutet dieser plötzliche Aufruhr und dieser freche und zügellose Übermut an? Ich scheue mich, es auszusprechen: ganz offen habt ihr das Regiment gebrochen, und ich bin nur noch König von euren Gnaden, dem ihr nicht das Recht gelassen, euch anzureden, zu unterschei-

16 den, zu ermahnen, anzusehen. Entschlossen, einen Teil in die Heimat zu entlassen, einen andern etwas später mit mir dahin zurückzubringen, sehe ich sowohl die ein Geschrei erheben, die abziehen sollen, als die, mit denen ich den Vorausgeschickten

17 folgen will. Was soll das nun heißen? In ganz unterschiedlicher Lage stimmen alle in das gleiche Geschrei ein! Wohl möchte ich wissen, ob die Abziehenden oder Zurückbehaltenen sich über

18 mich beschweren." Als ob ihr Geschrei aus einem Munde sich

erhöbe, so einstimmig erschallte von der ganzen Versammlung die Antwort: sie alle beschwerten sich.

Hierauf der König: „Unmöglich, bei Herkules, kann ich mich 19 überzeugen, daß ihr alle zusammen den Grund zur Klage habt, den ihr angebt; der größere Teil des Heeres ist gar nicht in der Lage, da ich ja mehr von euch entlassen habe, als ich zurückbehalten will. Nein, dahinter verbirgt sich ein tieferes Übel, das euch 20 alle entfremdet hat. Denn wann hat je ein ganzes Heer seinen König im Stich gelassen? Nicht einmal Sklaven entfliehen alle miteinander ihren Herren, sondern auch sie haben eine gewisse Scham, die zu verlassen, die von den übrigen preisgegeben sind. Doch ich vergesse euren wahnsinnigen Aufruhr und versuche 21 meine Mittel an Unheilbaren. Nein, jede Hoffnung wahrlich, die ich auf euch gesetzt hatte, verwerfe ich, und mein Entschluß ist, mit euch nicht mehr als meinen Soldaten, die ihr schon nicht mehr seid, sondern als den undankbarsten Taglöhnern zu verfahren. Das Glück, das euch rings umflutet, hat euch den Verstand 22 geraubt; ihr vergeßt die Lage, aus der euch mein Verdienst gerissen, dabei seid ihr es wert, wahrhaftig in eben jenem Zustande zu ergrauen, weil es euch leichter ist, durch Unglück als durch Glück zu steuern. Seht mir doch! Die noch kürzlich Illyrern und Persern 23 tributpflichtig waren, sind jetzt Asiens und der Beute von so vielen Nationen überdrüssig. Die noch unter Philipp halbnackt gingen, denen scheinen Purpurgewänder gering, und der Anblick von Gold und Silber ist ihnen zuwider: sie sehnen sich nach ihren hölzernen Schüsseln, nach den geflochtenen Schilden und rostigen Schwertern. In so glänzender Lage habe ich euch über- 24 kommen; dazu 500 Talente Schulden, während der ganze königliche Hausrat nicht mehr als 60 Talente wert war: das war die Grundlage für mein Gebäude. Und doch errichtete ich darauf, ohne mich zu rühmen, die Herrschaft über den größten Teil des Erdkreises. Asien also ekelt euch an, das euch durch den Ruhm 25 eurer Taten den Göttern gleichgestellt hat: nach Europa eilt ihr zu ziehen und euren König im Stich zu lassen, obwohl der Mehrzahl unter euch das Reisegeld fehlen würde, hätte ich nicht eure Schulden getilgt, und das trotz der asiatischen Beute. Und ihr, die ihr 26

den Raub der besiegten Nationen in eurem unersättlichen Bau-
che herumtragt, schämt euch nicht, zu Weib und Kind zurückzukehren, denen nur wenige von euch einen Lohn ihres Sieges
zeigen können? Denn ihr übrigen habt selbst eure Waffen ver-
27 pfändet und euch damit jede Hoffnung verbaut. Schöne Soldaten
fürwahr werde ich entbehren, die nichts als Buhlen ihrer Kebsweiber sind, und denen von so reichen Schätzen allein das übrig
ist, wofür sie alles verschwenden. Verlaßt ihr mich also, sollen
euch die Tore offenstehen; macht nur schnell fort von hier; mit
den Persern werde ich euch beim Abzug den Rücken decken!
Keinen halte ich: befreit meine Augen von eurem Anblicke, ihr
28 undankbaren Bürger. Hocherfreut werden euch Eltern und Kinder empfangen, wenn ihr ohne euren König zurückkehrt! Entge-
29 genziehen werden sie den Ausreißern und Fahnenflüchtigen! Ich
wahrlich werde über eure Flucht triumphieren und mich, wo ich
immer bin, dadurch rächen, daß ich die, mit welchen ihr mich
zurücklaßt, ehre und euch vorziehe. Dann aber werdet ihr erfahren, wieviel ein Heer ohne seinen König vermag, und welche
30 Mittel ich in mir allein trage!" Hierauf sprang er zähneknirschend
von der Tribüne, stürzte sich mitten in den Haufen der Bewaffneten, und faßte zugleich einige, die am trotzigsten widersprochen,
und die er sich gemerkt hatte, mit der Hand und übergab sie,
ohne daß sie wagten sich zu widersetzen, dreizehn an der Zahl,
den Leibwächtern in Gewahrsam.

1 3. Es ist kaum zu glauben: die kurz zuvor so wütende Versamm-
2 lung erstarrte plötzlich vor Furcht, als sie die, die nichts Schlimmeres als die übrigen gewagt hatten, zur Bestrafung fortschlep-
3 pen sah. Mochte sie nun die Scheu vor der königlichen Würde –
die Völker, die unter Königen leben, verehren diese wie Götter –
oder die vor seiner eigenen Person, oder der Mut, mit dem er
seine Königsgewalt so nachdrücklich ausübte, in Schrecken set-
4 zen: jedenfalls gaben sie ein merkwürdiges Beispiel von Fügsamkeit, und so wenig wurden sie durch die Hinrichtung ihrer Kameraden aufgebracht – diese waren, wie sie hörten, spät abends
getötet worden –, daß ein jeder alles, was er nur konnte, auf die

gehorsamste und pflichtmäßigste Weise tat. Denn als am folgen- 5
den Tage welche kamen, denen der Zutritt zum König versagt
worden war, während nur asiatische Soldaten zugelassen wurden,
so erhoben sie im ganzen Lager ein klägliches Geschrei, und
riefen, sie wollten auf der Stelle sterben, wenn der König weiter
zürne.

Doch er, hartnäckig in allem, was er tat, ließ eine Versamm- 6
lung der asiatischen Soldaten berufen, während die Makedonen
das Lager nicht verlassen durften, und als sie in großer Zahl
zusammengekommen waren, hielt er mit Hilfe eines Dolmetschers folgende Rede: „Als ich aus Europa nach Asien übersetzte, 7
hoffte ich viele berühmte Völkerschaften, eine große Masse von
Menschen meinem Reiche hinzuzufügen. Und ich fand bestätigt,
was ich den Nachrichten über dieselben geglaubt hatte. Doch 8
dazu kam außerdem noch, daß ich tapfere Männer von unbe-
stechlicher Treue gegen ihre Könige finde. Ich hatte gemeint, alles 9
zerfließe in Üppigkeit, und aus allzugroßem Wohlstande sei man
der Genußsucht verfallen. Statt dessen ertragt ihr wahrlich mit
eurer geistigen und körperlichen Kraft gleich unverdrossen die
Mühen des Kriegsdienstes, und da ihr tapfere Männer seid, haltet
ihr ebensosehr auf Treue als auf Tapferkeit. Das spreche ich jetzt 10
zum ersten Male aus, doch weiß ich es längst. Darum habe ich
nicht nur eine Aushebung unter euren jungen Mannschaften veranstaltet, sondern euch auch meinem Heereskörper einverleibt.
Ihr tragt dieselbe Kleidung, dieselben Waffen, an Gehorsam und
Fügsamkeit gegen die Befehle aber tut ihr euch unter den übrigen
hervor. Ich selbst habe mich daher mit der Tochter des Persers 11
Oxyartes vermählt und es nicht verschmäht, von einer Kriegsgefangenen Kinder zu erhalten. Bald nachher habe ich, um den 12
Stamm meines Geschlechtes zu erweitern, die Tochter des Dareios[11] zur Gemahlin genommen und meine nächsten Freunde
veranlaßt, mit den Töchtern der unterworfenen Nationen Kinder
zu zeugen: durch dieses heilige Bündnis nämlich wollte ich jeglichen Unterschied zwischen den Besiegten und Siegern aufheben. Demnach, glaubt es mir, seid ihr meine angestammten, nicht 13
aus der Fremde geworbene Soldaten. Asien und Europa bilden

jetzt ein einziges Reich. Ich gebe euch makedonische Waffen, und habe damit dem Fremden und Neuen die Gestalt des Alten gege-
14 ben, so daß ihr mir sowohl Bürger als Soldaten seid. Alles nimmt die gleiche Farbe an: weder den Persern ist es unziemlich, make-donische Sitte nachzuahmen, noch den Makedonen die der Per-ser. Die unter dem gleichen Könige leben sollen, müssen gleiches Recht haben . . .“[12].

1 4. „Wie lange noch“, sprach er, „wirst du deinem Zorn in Hin-richtungen, und zwar nach ausländischem Brauch, den Zügel lassen? Deine Soldaten, deine Bürger werden, ohne vor Gericht gehört zu sein, von ihren eigenen Kriegsgefangenen zur Bestra-fung geschleppt. Glaubst du, daß wir den Tod verdient, so wähle
2 wenigstens zur Hinrichtung andere Diener.“ Der Rat kam aus freundlichem Herzen, wenn er noch für Wahrheit empfänglich gewesen wäre, allein sein Zorn hatte sich zur Wut gesteigert. Daher gebot er aufs neue – denn die damit Beauftragten hatten einen Augenblick gezögert – sie, gefesselt wie sie waren, im
3 Flusse zu ersäufen. Selbst diese grausame Hinrichtung erregte keinen Aufruhr unter den Soldaten. Denn haufenweise kamen sie zu den Führern der Truppen und seinen Freunden mit der Bitte, wenn er noch andere mit begangener Schuld behaftet glaubte, so solle er sie töten lassen, sie böten sich seinem Zorne als Opfer dar, er möge sie niedermetzeln . . .[13]. [Endlich rannten sie, vor Schmerz kaum mehr der Besinnung mächtig, alle zusammen zum Quar-tier des Königs, warfen ihre Waffen vor den Eingang hin und flehten, so entblößt dastehend, unter Tränen, er solle sie nackt und jeder Strafe gewärtig einlassen. Sie weigerten sich nicht, durch den Tod der Schuldigen zu sühnen, was sie durch ihren Trotz verbrochen hätten; denn des Königs Zorn sei ihnen bitterer als der Tod. Obwohl sie aber Tag und Nacht vor dem könig-lichen Quartier aushielten und durch ihren kläglichen Aufzug und ihr Jammern ihre Reue zeigten, beharrte dennoch der König den demütigsten Bitten der Seinen gegenüber zwei Tage lang in seinem Zorne. Am dritten Tage endlich ließ er sich erweichen, trat hervor und erklärte, nachdem er in milder Weise die Zucht-

losigkeit des Heeres gerügt hatte, nicht ohne vieles Tränenvergie-
ßen von beiden Seiten, sich wieder mit ihnen ausgesöhnt. Doch
schien es der Sache angemessen, ein großes Versöhnungsopfer zu
veranstalten. Dies wurde auch großartig begangen und die vornehmsten Makedonen und Perser zusammen zum Mahle gela-
den. 9000 Menschen soll der König bewirtet haben, wobei sie auf
seine Aufforderung alle aus demselben Mischkruge spendeten,
während griechische und barbarische Seher unter andern Glück
verheißenden Gebeten die Götter vor allem darum baten, daß
diese Verschmelzung beider Reiche beständiger Dauer sein
möge.

Hierauf wurde die Entlassung beschleunigt und alle, welche
nicht mehr recht kräftig waren, verabschiedet. Auch einige ältere
unter seinen Freunden erhielten Urlaub, darunter der sogenannte
weiße Kleitos, Gorgias, Polydamas und Antigenes. Beim Abmarsch zahlte er ihnen nicht nur den Sold für die vergangene Zeit
aus, sondern fügte auch noch für jeden Soldaten ein Talent als
Reisegeld hinzu. Die ihnen von asiatischen Frauen geborenen
Kinder – es sollen gegen 10000 gewesen sein – hieß er sie bei ihm
zurücklassen, damit sie nicht, wenn sie mit ihren Vätern nach
Makedonien hinüberkämen und mit deren Weibern und Kindern
zusammenwohnten, in die einzelnen Familien Streit und Zwietracht brächten: er wolle, versprach er, Sorge tragen, daß sie nach
makedonischer Weise und für den Kriegsdienst erzogen würden.
So wurden über 10000 Veteranen entlassen, und ihnen aus den
nächsten Freunden des Königs Krateros als Anführer beigegeben.
Stieße diesem etwas zu, so sollten sie Polyperchons Befehl gehorchen. Auch gebot er in einem Briefe an Antipater, daß den ausge-
dienten Kriegern die Ehre zuteil würde, bei allen öffentlichen
Spielen und Wettkämpfen bekränzt in den vordersten Reihen der
Zuschauer zu sitzen, und daß die noch unmündigen Kinder der
Verstorbenen weiter den Sold der Väter erhalten sollten. Krateros, so lautete der Befehl, solle als Oberbefehlshaber über Makedonien und die angrenzenden Länder gesetzt sein, Antipater mit
jungen makedonischen Ergänzungsmannschaften zu Alexander
marschieren. Er fürchtete nämlich, die Zwietracht dieses Statthal-

ters mit der Olympias könnte zu einem Unglück führen. Denn häufig hatte er von seiner Mutter, häufig von Antipater Briefe erhalten, worin sie sich gegenseitig einer Menge hochmütiger und harter Handlungen beschuldigten, die dem königlichen Adel Schimpf und Schande einbringen mußten. Denn als ein fälschlich verbreitetes Gerücht vom Tode des Königs nach Makedonien gelangt war, hatten seine Mutter und seine Schwester Kleopatra Unruhen angezettelt, und letztere auf ihr väterliches Reich, Olympias auf Epiros Anspruch erhoben. Als einmal Alexander einen solchen Brief erhielt und ihn eröffnet hatte, blickte Hephaistion, der gewöhnlich in alle Geheimnisse eingeweiht wurde, zugleich mit ihm hinein. Auch wehrte ihm der König nicht, doch zog er seinen Ring vom Finger und drückte ihn auf die Lippen des Lesenden, um anzudeuten, daß er nichts von dem Inhalt des Briefes anderen mitteilen solle. Er soll jedoch beiden Schuld beigemessen und unwillig über die Anmaßung seiner Mutter ausgerufen haben, sie lasse sich dafür, daß sie zehn Monate mit ihm schwanger gewesen sei, einen schweren Zins von ihm zahlen. Den Antipater dagegen hatte er in Verdacht, als überhebe er sich wegen seines Sieges über die Lakedaimonier und als habe er in Folge der ihm schon auf so viele Jahre verlängerten Gewalt seine Befugnisse als Statthalter überschritten. Als daher einige die Besonnenheit und Unbescholtenheit Antipaters priesen, versetzte er, von außen zwar sehe er weiß aus, inwendig aber sei er ganz purpurn. Doch verbarg er sein Mißtrauen und ließ kein offenbares Zeichen seiner Entfremdung blicken. Dennoch haben viele geglaubt, Antipater sei, in der Meinung, er sei zu Alexander befohlen, um hingerichtet zu werden, durch treulose Anschläge Veranlassung zu dem kurz darauf erfolgten Tode des Königs geworden.

Unterdessen nahm der König, um die Lücken in seinem Heer zu füllen, die tüchtigsten Perser in die Reihen der Makedonen auf, bildete auch aus tausend der Vorzüglichsten ein besonderes Corps zur Bewachung seiner Person, und ließ eine andre Abteilung nach Speerträgern, mindestens 10000 Mann stark, den Wachdienst um das königliche Zelt übernehmen. Während er

damit beschäftigt war, stieß Peukestes zu ihm mit 20000 Bogenschützen und Schleuderern, die er aus seiner Provinz zusammengebracht hatte. Sie wurden unter das Heer verteilt; darauf traten
sie den Marsch nach Medien an. Zu jener Zeit war zwischen
Eumenes und Hephaistion heftige Feindschaft ausgebrochen.
Letzterer nämlich hatte die Sklaven des Eumenes aus dem Quartier, das sie für ihren Gebieter in Beschlag genommen hatten,
verjagt, um den Flötenspieler Euios dort einzuquartieren. Und
kurz darauf war ihr scheinbar schon erloschener Haß durch einen
neuen Streit wieder dermaßen angefacht worden, daß er sogar in
wilden Zank und bittere Schmähungen auf beiden Seiten ausar-
tete. Als Alexander dazwischentrat und Einigkeit gebot, wurde
ihre Zwietracht wenigstens dem Anscheine nach ausgeglichen;
doch hatte er dem Hephaistion sogar drohen müssen, der im
Gefühl seiner hohen Gunst beim Könige dem Eumenes, der eine
Aussöhnung wünschte, hartnäckiger grollte.

Hierauf erreichte man die medischen Ebenen, wo äußerst zahlreiche Pferdeherden weideten, die man nisäische nennt, und die
sich durch Größe und Schönheit auszeichneten. Über 50000 fand
man, als Alexander dorthin kam, wie seine Begleiter berichten:
doch sollen es früher dreimal mehr gewesen sein, da während der
Kriegsunruhen Räuber den größten Teil weggetrieben hatten.
Hier machte der König einen Halt von dreißig Tagen. Der Satrap
von Medien, Atropates, brachte dorthin hundert medische
Frauen, die reiten konnten und mit Schild und Streitaxt bewaffnet waren; daher haben manche geglaubt, es sei ein Rest vom
Stamme der Amazonen gewesen. In sieben Tagemärschen gelangte er dann in die Hauptstadt von Medien, Ekbatana, und
brachte dort den Göttern feierliche Opfer, veranstaltete Spiele
und gönnte dem Geist bei Schmaus und Festlichkeiten Erholung,
um ihn bald für die Vorbereitung und den Dienst neuer Unternehmungen um so stärker anzuspannen. Aber während er solches
im Sinne hatte, zog ihn des Schicksals mächtige Hand anderswo-
hin und raubte erst seinem teuersten Freunde und bald darauf ihm
selbst das Leben. Er sah in der Rennbahn dem Wettkampfe von
Knaben zu, als ihm gemeldet wurde, es gehe mit Hephaistion zu

Ende, der infolge eines Rausches in eine Krankheit verfallen war und bereits den siebenten Tag darniederlag. Erschreckt durch des Freundes Gefahr, erhob er sich sogleich und eilte schnell nach dessen Quartier; doch kam er zu spät, Hephaistion war schon gestorben. Ohne Zweifel war dies für den König unter allen Unglücksfällen, die ihn während seines Lebens betroffen hatten, der schwerste, und überwältigt von seinem großen Schmerz gab er sich seinen Tränen und Wehklagen hin und ließ viele Zeichen tiefer Niedergeschlagenheit erkennen. Doch darüber sind die Nachrichten verschieden: gewiß ist, daß er, um ihm ein Leichenbegängnis mit allen gebührenden Ehren zu veranstalten, ihn nicht in Ekbatana begraben haben wollte, sondern ihn durch Perdikkas nach Babylon bringen ließ, wohin er selbst ziehen wollte, und dort verwandte er für die Leichenfeier 12000 Talente, eine bis dahin unerhörte Summe. Im ganzen Reiche gebot er um ihn zu trauern, und damit sein Andenken in der Armee nicht erlösche, gab er den Reitern, die jener befehligt hatte, keinen Führer, sondern verordnete, daß sie das Geschwader des Hephaistion heißen, und daß auch die von diesem gewählten Feldzeichen unverändert bleiben sollten. Er beabsichtigte auch Wettkämpfe und Spiele in noch nicht dagewesenem Ausmaß und brachte deshalb 3000 Künstler zusammen, die dann bald nachher bei seinem eigenen Leichenbegängnis um den Preis kämpften. Auch seine Freunde versäumten nicht, seine grenzenlose Trauer zu benutzen, um sich ihm angenehm zu machen, und ersannen um die Wette, wie das Andenken des Verstorbenen noch herrlicher und ehrenvoller werden könnte. Daher veranlaßte Eumenes, der wohl merkte, daß er sich durch seine Feindschaft mit Hephaistion des Königs Unwillen zugezogen hatte, viele, sich und ihre Waffen dem Hephaistion zu weihen, wie er auch eine große Geldsumme zur Verschönerung der Leichenfeier beitrug. Seinem Beispiele folgten die übrigen, und bald ging die Unverschämtheit der Schmeichler so weit, daß der von Trauer und Sehnsucht nach dem Verstorbenen fast wahnsinnige König sich einreden ließ, Hephaistion sei zum Gott geworden.

Um übrigens sich etwas von der Trauer abzulenken, unternahm er einen Zug gegen das Volk der Kossaier, welche die an Medien grenzenden Gebirge bewohnen und, von wildem und kriegerischem Charakter, ihren Lebensunterhalt durch Raub gewinnen. Die persischen Könige pflegten von ihnen durch einen jährlichen Tribut den Frieden zu erkaufen, damit sie nicht durch räuberische Einfälle in die Niederungen das Land unsicher machten. Denn sooft die Perser Gewalt versuchten, hatten sie Kossaier, durch die Unzugänglichkeit ihrer Schlupfwinkel, in die sie sich nach jeder Niederlage zurückzogen, geschützt, leicht zurückgetrieben. Ebenso gewann man sie jedes Jahr durch Geschenke, dem König bei seiner Rückreise von Ekbatana, wo er gewöhnlich den Sommer zubrachte, nach Babylon sicheren Durchzug durch ihre Gegend zu gewähren. Diese also griff Alexander mit zwei getrennten Heerhaufen an und unterwarf sie innerhalb vierzig Tagen. Denn nach mehrmaligen Niederlagen durch den König selbst und Ptolemaios, der den einen Teil des Heeres führte, ergaben sie sich dem Sieger, um ihre Gefangenen wiederzuerhalten. Er ließ an geeigneten Plätzen feste Kastelle aufführen, damit das wilde Volk nach Abmarsch des Heeres nicht wieder abfiele. Dann brach er auf, und rückte, um den durch den eben gemachten Feldzug erschöpften Soldaten Erholung zu gönnen, in langsamen Märschen nach Babylon. Kaum war er noch dreißig Stadien von der Stadt entfernt, als ihm Nearchos, den er durch den Ozean und die Euphratmündung nach Babylon vorausgesandt hatte, entgegenkam und ihn bat, die Stadt nicht zu betreten, es sei verhängnisvoll für ihn. Er habe dies von den Chaldäern erfahren; häufige Bestätigung ihrer Voraussagen habe die Zuverlässigkeit ihrer Kunst hinlänglich erwiesen. Durch den Ruf dieser Leute und Nearchs unablässige Versicherung bewogen, entließ der König den größten Teil der Freunde in die Stadt und zog auf einem anderen Wege bei Babylon vorbei, worauf er in einer Entfernung von 200 Stadien ein Standlager aufschlug. Der Philosoph Anaxarchos belehrte ihn jedoch eines andern, so daß er, die Warnungen der Chaldäer verachtend, deren Kunst er für nichtig und hohl hielt, dennoch in die Stadt ging. Dort waren Gesandtschaften fast aus der ganzen Welt zusammengeströmt, denen er

mehrere Tage hindurch Gehör schenkte. Dann wandte er seine
Aufmerksamkeit der Totenfeier Hephaistions zu, die unter allge-
meinster Teilnahme in einer Weise begangen wurde, daß sie der
Bestattung eines jeden Königs bis dahin durch Größe des Auf-
wandes und Herrlichkeit der Pracht den Rang ablief. Hernach
kam den König das Verlangen an, auf dem Euphratkanal Pallakopas bis nach Arabien zu fahren. Dort angelangt, fand er einen
bequemen Platz zur Gründung einer Stadt und siedelte dort die
Griechen an, die durch Alter oder Wunden dienstuntauglich
waren, und wer sonst noch Lust hatte, dort zu bleiben. Als dies
nach Wunsch beendigt war, verlachte er, über die Zukunft nun
ganz unbesorgt, die Chaldäer, daß er ohne Schaden nicht nur
nach Babylon hinein, sondern auch herausgegangen sei. Jedoch
bei seiner Rückkehr durch die Sümpfe, die der Euphrat bei der
Mündung des Pallakopas bildet, ereignete sich ein schlimmes
Vorzeichen. Herabhängende Zweige nämlich streiften ihm das
Diadem vom Haupt und warfen es in die Fluten. Als hierauf
immer mehr drohende Wunderzeichen gemeldet wurden, veranstaltete man, um ihnen zu wehren, ununterbrochen Opfer, sowohl nach griechischem als persischem Brauch. Allein nur durch
den Tod des Königs konnten sie gesühnt werden. Er hatte den
Nearch bei sich zur Tafel gehabt und war im Begriff, zur Ruhe zu
gehen, dennoch gab er den inständigen Bitten des Medios aus
Larissa nach, noch zu ihm zum Mahl zu kommen. Nachdem er
hier die ganze Nacht durchzecht, begann er sich unwohl zu fühlen. Die Krankheit steigerte sich immer mehr und mehr und
erschöpfte innerhalb sechs Tagen alle seine Kräfte soweit, daß er
kaum mehr zu sprechen vermochte. Indessen erlangten es die
Soldaten, die die Sorge und Sehnsucht nach ihm quälte, trotz der
Beschwörungen der Feldherrn, die Krankheit des Königs nicht
noch zu verschlimmern, zu ihm eingelassen zu werden.]

1 5. Die Tränen, in die sie bei seinem Anblicke ausbrachen, ließen es
so aussehen, als ob das Heer nicht mehr seinen König, sondern
2 dessen Leiche betrachte. Doch groß war vor allem der Schmerz
der um das Lager Stehenden. Als er diese so erblickte, sprach er:

„Werdet ihr, wenn ich gestorben, einen König finden, der solcher Männer würdig ist?" Unglaublich scheint es, wenn man hört, er 3 habe in derselben Körperstellung, die er angenommen, als er die Soldaten einlassen wollte, ausgehalten, bis er vom ganzen Heere diesen letzten Gruß erhalten hatte, und habe erst nach ihrer Entlassung, gleich als ob er sich nun aller Pflichten des Lebens entledigt, die ermatteten Glieder zurückgelehnt. Er ließ die Freunde 4 näher herantreten – denn auch die Stimme begann ihm schon zu versagen – zog seinen Ring vom Finger und übergab ihn an Perdikkas, mit dem Auftrage, seinen Leichnam zu Jupiter Ammon bringen zu lassen. Auf ihre Frage, wem er das Reich 5 hinterlasse, erwiderte er: „dem Tüchtigsten". Doch sehe er schon voraus, daß sich um dieses Wettstreites willen große Leichenkämpfe für ihn vorbereiteten. Als Perdikkas aufs neue fragte, 6 wann ihm göttliche Ehren erwiesen werden sollten, sagte er, dann, wenn sie selbst glücklich wären. Dies war das letzte Wort des Königs, und bald darauf verschied er[14].

Und zuerst durchtönten den ganzen Palast Schluchzen, Weh- 7 klagen und Ausbrüche des Jammers: bald verstummte alles wie in einer wüsten Einöde in düsterem Schweigen, da sich der Schmerz dem Gedanken zuwandte, was nun werden solle. Die Edelkna- 8 ben, die gewöhnlich den Wachdienst um seine Person versahen, vermochten weder ihren heftigen Schmerz in sich zu verschließen, noch sich in der Vorhalle des Palastes aufzuhalten, sondern sie rannten wie unsinnig einher und hatten bald die ganze Stadt mit Trauer und Betrübnis erfüllt, wobei keine der Klagen unterblieb, die bei einem solchen Falle der Schmerz eingibt. Es strömten also, 9 die draußen vor dem Palaste gestanden hatten, Makedonen wie Barbaren zusammen, und man konnte Besiegte und Sieger in ihrem gemeinsamen Schmerze nicht unterscheiden. Als wollten sie sich in ihrer Betrübnis überbieten, riefen ihn die Perser als ihren gerechtesten und gnädigsten Gebieter, die Makedonen als ihren besten und tapfersten König. Aber nicht nur Stimmen der 10 Trauer, sondern auch des zornigen Schmerzes wurden laut, daß er in so frischer Kraft und in der Blüte der Jahre und des Glückes durch den Neid der Götter seinem irdischen Leben entrissen worden sei. Vor ihren Augen schwebte sein Feuer und sein Blick, wenn er das Heer zum Kampfe führte, Städte belagerte, Mauern erstieg, tapfere Männer vor der Versammlung belohnte. Jetzt bereuten die Makedonen, ihm göttliche Ehren verweigert zu haben, und klagten sich als pflichtvergessen und undankbar an, daß sie seinen Ohren die ihm gebührende Benennung vorenthalten.

Und als sie sich lange der Verehrung für ihren König und dem Schmerze über seinen Verlust überlassen hatten, wandten sich ihre Klagen ihrem eigenen Schicksal zu. Von Makedonien bis über den Euphrat hergekommen, sahen sie sich mitten unter Feinden, die der neuen Herrschaft noch widerstrebten, verlassen preisgegeben: ohne anerkannten Erben des Königs werde jedweder die Staatsgewalten an sich ziehen wollen. Dann sahen sie die Bürgerkriege, die bald folgten, im Geiste voraus: von neuem, nicht für die Herrschaft über Asien, sondern um des Herrscherthrones willen, würden sie ihr Blut vergießen, durch frische Wunden die alten Narben aufreißen müssen; und alt und schwach, nachdem sie eben von ihrem rechtmäßigem Könige den Abschied begehrt, jetzt für die Macht vielleicht irgendeines unbekannten Trabanten den Tod finden. Mit solchen Vorstellungen beschäftigt, überkam sie die Nacht und vermehrte noch die Bestürzung. Die Soldaten durchwachten sie unter Waffen; die Babylonier schauten, der eine von den Mauern, der andere vom Dach seines Hauses aus, ob sich etwas Bestimmteres bemerken ließe. Niemand wagte Licht anzuzünden; und weil sich mit den Augen nichts mehr wahrnehmen ließ, lauschte das Ohr nach jedem Gemurmel und jeder Stimme, und meist durch leere Furcht erschreckt, eilten sie ängstlich und mißtrauisch und oft gegeneinanderrennend durch die dunklen Gassen. Die Perser schoren nach Landessitte ihr Haar und betrauerten den König mit ihren Frauen und Kindern in Trauerkleidern, nicht wie einen Mann, der sie besiegt hatte und eben noch ihr Feind gewesen war, sondern mit wahrem Schmerze als den gerechtesten Herrscher ihres Stammes. Gewohnt, unter Königen zu leben, rühmten sie, daß kein anderer so würdig gewesen sei, über sie zu herrschen, wie er.

Aber die Trauer beschränkte sich nicht auf die Stadt, sondern 18
bald hatte die Kunde von dem großen Unglück erst ihre nächste
Umgebung, dann auch einen großen Teil Asiens diesseits des
Euphrat durcheilt. Auch zu Dareios Mutter war sie schnell ge- 19
bracht worden. Diese zerriß das Kleid, das sie anhatte, und nahm
ein Trauergewand, zerraufte ihr Haar und warf sich zur Erde
nieder. Bei ihr saß die eine von ihren Enkelinnen, die noch um 20
ihren kürzlich verlorenen Gatten Hephaistion trauerte[15], und nun
bei der allgemeinen Betrübnis ihr persönliches Leid erneuert
fühlte. Das Unglück ihrer ganzen Familie aber vermochte allein 21
Sisygambis zu fassen. Sie beweinte ihr Schicksal und das ihrer
Enkelinnen. Der neue Schmerz hatte auch die Vergangenheit
wieder wachgerufen. Man konnte glauben, sie habe eben erst den
Dareios verloren, und die doppelt Bejammernswerte müsse die
Leichen zweier Söhne zu Grabe geleiten. Ihre Tränen galten zugleich den Toten wie den Lebenden. Denn wer würde für die 22
jungen Witwen Sorge tragen? Wer als neuer Alexander erstehen?
Zum zweiten Mal seien sie gefangen, zum zweiten Mal der Herrschaft beraubt. Nach Dareios' Tode sie zu schützen, hatte sich
einer gefunden, einen, der sich nach Alexander um sie kümmerte,
würden sie sicherlich nicht finden. Dabei fiel ihr wieder ein, wie 23
der Wüterich Ochos an ein und demselben Tage ihre achtzig
Brüder hatte hinschlachten und dem Morde seiner vielen Söhne
auch den des Vaters hatte folgen lassen[16], wie von den sieben
Söhnen, die sie selbst geboren, nur noch einer[17] übrig sei; wie
Dareios selbst auf kurze Zeit zur Macht gelangt sei, um dann
desto grausamer umgebracht zu werden. Zuletzt erlag sie ihrem 24
Schmerze: sie verhüllte ihr Haupt, wies ihre Enkel, die ihre Knie
umschlangen, zurück, verweigerte die Nahrung und wollte auch
das Tageslicht nicht sehen. Am fünften Tage, nachdem sie sich
vorgesetzt hatte zu sterben, verschied sie. Ihr Tod ist in der Tat ein 25
großes Zeugnis für Alexanders Güte gegen sie und seine Gerechtigkeit gegen alle Gefangenen: denn nach Dareios' Tod hatte sie
weiterleben können, Alexander zu überleben galt ihr zu
schmachvoll.

Und wahrlich, für einen gerechten Beurteiler ist es klar, daß die 26

guten Eigenschaften in ihm seiner Natur, die Fehler seinem
27 Glücke und seiner Jugend entstammten. Die unglaubliche Geisteskraft, die fast übermäßige Ausdauer in Strapazen, eine Tapferkeit, die nicht nur unter den andern Königen, sondern selbst unter
28 denen hervorstach, deren einziger Vorzug dies ist; seine Freigebigkeit, die oft größere Geschenke machte, als von den Göttern
erbeten werden, seine Milde gegen die Besiegten, das Verschen-
ken so vieler Reiche oder deren Zurückgabe an die, denen er sie
29 im Kriege entrissen hatte; eine stetige Todesverachtung, während
die Furcht davor anderen die Besinnung raubt, seine Begierde
nach Ehre und Ruhm, vielleicht größer als billig, jedoch ihm als
jungem Manne und in so großartigen Verhältnissen zuzugeste-
30 hen; ferner seine Sohnesliebe gegen die Eltern, womit er der
Olympias die Unsterblichkeit eröffnen wollte und Philipps Tod
31 gerächt hatte, weiter seine Güte gegen fast alle seine Freunde, sein
Wohlwollen gegen die Soldaten; die der Größe seines Mutes
gleichkommende Klugheit und eine Geschicklichkeit, wie sie
32 kaum seinem Alter zuzutrauen war; das Maßhalten in unmäßigen
Begierden, die Beschränkung seines Liebesverlangens auf die natürlichen Bedürfnisse, und kein Vergnügen außer in den Schranken des Erlaubten: das waren sicher außerordentliche Tugenden.
33 Von seinem Glücke dagegen rührte her: daß er sich den Göttern
gleichstellte, himmlische Ehren für sich beanspruchte, den Ora-
keln, die solches anrieten, Glauben schenkte, und denen, die ihm
die Anbetung verweigerten, allzu heftig zürnte; daß er in seinem
Äußeren ausländische Tracht annahm, und die Sitten der besiegten Nationen nachahmte, die er vor seinem Siege verachtet hatte.
34 Denn der Jähzorn und die Liebe zum Wein waren Folgen der
35 Jugend und hätten sich durch das Alter mäßigen lassen. Aber man
muß zugeben: wieviel er auch seiner Tüchtigkeit verdankte,
mehr noch verdankte er doch dem Glücke, über das er allein
unter allen Sterblichen gebot. Wie oft hat es ihn vor dem Tode
bewahrt? Wie oft, wenn er sich unbesonnen in Gefahren gestürzt,
36 ihn mit unausgesetzter Gunst beschützt? Selbst seinem Leben
steckte es die gleiche Grenze wie seinem Ruhme. Das Schicksal
hat ihn nicht eher sterben lassen, bis er nach Bezwingung des

Orientes und Erreichung des Ozeans alles erfüllte, was ein sterbliches Geschick in sich zu fassen vermag. Für diesen König und 37 Führer suchte man einen Nachfolger: allein die Last war zu groß, als daß ein einziger ihr gewachsen gewesen wäre. Und daher hat auch sein Name und der Ruhm seiner Taten fast über den ganzen Erdkreis Könige und Reiche verstreut, und als hochberühmt haben gegolten, die sich auch nur einen sehr kleinen Teil dieser großen Erbschaft aneigneten.

6. Zu Babylon jedoch – denn von dort schweifte unsere Betrach 1 tung ab – beriefen die Generaladjutanten die wichtigsten seiner Freunde und die Führer der Truppen in den Palast. Ihnen folgten Scharen von Soldaten, die wissen wollten, auf wen Alexanders Würde übergehen werde. Viele Führer konnten vor der Menge 2 der Soldaten nicht in den Palast gelangen, obwohl ein Herold allen mit Ausnahme der namentlich Aufgerufenen den Zutritt versagte. Doch man beachtete diese angemaßte Befehlsgewalt nicht. Und zuerst brach von neuem ein grenzenloses Jammern 3 und Schluchzen aus, dann gebot die Erwartung dessen, was geschehen würde, den Tränen Einhalt und bewirkte Stillschweigen. Hierauf ließ Perdikkas den königlichen Thronsessel, worauf sich 4 das Diadem, das Gewand und die Waffen Alexanders befanden, vor den Augen der Menge aufstellen, und legte darauf auch den ihm am Vortag vom König übergebenen Fingerring nieder: ein Anblick, der wiederum alle zum Weinen brachte und ihre Trauer erneuerte. Nun sprach Perdikkas: „Ich gebe den Fingerring, mit 5 dem er die Macht des Reiches besiegelte und den er selbst mir übergeben hat, an euch zurück. Obwohl nun kein Verlust, der 6 dem unsrigen gleichkäme, vom Zorne der Gottheit ersonnen werden kann, so darf man doch in Anbetracht der Größe seiner Taten glauben, daß die Götter diesen großen Mann in die irdischen Geschicke nur eintreten ließen, um ihn, nachdem er sein Geschick erfüllt, sofort wieder zu ihrem Geschlechte zurückzufordern. Weil demnach nichts anderes von ihm übrig ist, als was 7 stets von der Unsterblichkeit ausgeschlossen bleibt, so wollen wir dem Leichnam und irdischen Menschen sobald als möglich die

schuldigen Ehren erweisen, wohl eingedenk, in welcher Stadt, und unter welchem Volke wir uns befinden, und was für eines 8 Oberhauptes und Königs wir beraubt sind. Zu überlegen ist, Kameraden, und darauf zu sinnen, daß wir den errungenen Sieg inmitten der Besiegten behaupten können. Wir brauchen ein Oberhaupt: ob dies einer oder mehrere sein sollen, steht bei euch. Das nur müßt ihr wissen, daß ein Haufen Soldaten ohne Führer 9 ein Körper ohne Seele ist. Seit sechs Monaten ist Roxane schwanger: wir wünschen, daß sie einen Knaben gebiert, dem, wenn die Götter so wollen, die Herrschaft zufalle, sobald er erwachsen sein wird. Bestimmt nun, von wem ihr in der Zwischenzeit regiert sein wollt." So Perdikkas.

10   Hierauf sprach Nearchos: daß nur ein Sohn und Sprößling Alexanders sich für die königliche Würde eigne, könne niemanden verwundern; doch einen noch nicht geborenen König zu 11 erwarten und den schon vorhandenen zu übergehen, das sei weder dem Charakter der Makedonen noch den Zeitverhältnissen angemessen. Es sei doch ein Sohn des Königs von der Barsine[18] 12 da: dem müsse man die Krone geben. Seine Rede gefiel niemandem, so daß sie nicht aufhörten, wie es Brauch war, durch Schlagen der Speere an die Schilde ihre Ablehnung auszudrücken. Und schon wäre es beinahe zu einem Aufruhr gekommen, da 13 Nearchos seine Ansicht hartnäckiger verfocht, als Ptolemaios das Wort nahm: „In der Tat, ein würdiger Sprößling ist das, um über das makedonische Volk zu herrschen, ein Sohn der Roxane oder Barsine! Schon seinen Namen, zum guten Teil eines Sklavensoh- 14 nes, wird Europa mit Unwillen nennen. Haben wir darum die Perser besiegt, um ihren Abkömmlingen zu dienen? Danach eben haben ihre rechtmäßigen Könige Dareios und Xerxes mit ihren Hunderttausenden und ihren gewaltigen Flotten vergebens ge- 15 rungen. Meine Meinung ist die: man stelle den Thronsessel Alexanders im Palaste auf; an ihm sollen sich die, die er gewöhnlich zu Rate zog, versammeln, sooft eine Beratung für unser aller Wohl nötig ist, und was dann die Mehrheit beschließt, soll gelten, und 16 die Führer und Generale ihnen Folge leisten." Dem Ptolemaios stimmten einige, eine noch geringere Zahl dem Perdikkas bei; da

hub Aristonos an: Alexander habe auf die Frage, wem er das
Reich hinterlassen wolle, geantwortet, man solle den Tüchtigsten
wählen. Er selbst aber habe den Perdikkas zum Tüchtigsten erklärt, da er ihm seinen Siegelring übergeben habe. Denn dieser 17
habe nicht als einziger bei dem Sterbenden gesessen, sondern
Alexander habe sich unter der Menge der Freunde umgeschaut
und dann den ausgewählt, dem er den Ring geben wollte. Ihm
scheine es daher richtig, den Oberbefehl auf Perdikkas zu übertragen. Auch zweifelte man nicht, daß seine Meinung die richtige 18
sei, und das versammelte Volk rief, Perdikkas solle vortreten und
den Siegelring des Königs an sich nehmen. Dieser schwankte
zwischen Verlangen und Scheu und glaubte, je bescheidener er
das anstrebe, was er erwartete, desto beharrlicher werde man es
ihm entgegenbringen. Er zögerte also, und lange unschlüssig, was 19
er tun solle, zog er sich doch schließlich zurück und stellte sich
hinter die, welche ihm zunächst saßen.

Meleager aber, einer von den Feldherrn, rief trotzigen Mutes, 20
der durch Perdikkas' Zögern noch erhöht war: „Das mögen auch
die Götter verhüten, daß Alexanders Macht und die Obergewalt
über ein so großes Reich sich auf jene Schultern dort wälze: die
Menschen werden es sich sicherlich nicht gefallen lassen. Ich rede
gar nicht von Vornehmeren als der da ist, sondern von wirklichen
Männern, die nichts gegen ihren Willen ertragen müssen. Es ist 21
aber ganz einerlei, ob ihr den Sohn der Roxane, wann immer
einer geboren wird, oder den Perdikkas zum Könige habt, da er
sich unter dem Schein der Vormundschaft der Herrschaft bemächtigen wird. Darum gefällt ihm kein anderer König als ein
noch nicht geborener, und während größte Eile nicht nur gerechtfertigt, sondern auch notwendig ist, wartet er allein auf den
Ablauf der regelmäßigen Monde und prophezeit uns schon die
Geburt eines Knäbleins, das er – zweifelt ihr wohl? – bereit ist,
selbst unterzuschieben. Nein wahrhaftig, hätte Alexander uns 22
diesen an seiner Stelle als König hinterlassen, so wäre nach meiner
Ansicht von allen seinen Befehlen dieser allein nicht zu befolgen.
Warum also stürzt ihr nicht zur Plünderung der Schatzhäuser? 23
Denn von diesen königlichen Schätzen wenigstens ist das Volk

24 der Erbe." Nach diesen Worten brach er sich mitten durch die
Bewaffneten Bahn, und die, die ihm Platz machten, folgten ihm
zu der verheißenen Beute.

1 7. Und schon befand sich um Meleager eine große Zahl Bewaffneter, und die Versammlung löste sich in Aufruhr und Zwietracht
auf; da rief ein einfacher Soldat, den die meisten Makedonen gar
2 nicht kannten: „Was bedarf es der Waffen und des Bürgerkrieges,
da ihr den König, den ihr sucht, habt? Arrhidaios[19], der Sohn
Philipps, des eben verstorbenen Königs Alexander Bruder, bisher
der Teilhaber seiner Opfer und Familiengottesdienste, jetzt sein
alleiniger Erbe, wird von euch übergangen. Womit hat er das
verdient? Was hat er getan, daß man ihn selbst um das bei allen
Völkern gültige Recht betrügt? Sucht ihr einen, der Alexander
ähnlich ist, so werdet ihr nie einen finden; wenn aber seinen
3 nächsten Verwandten, so ist es dieser allein." Auf diese Worte
verhielt sich die Versammlung, als wäre es ihr geboten, zuerst
still; dann riefen alle zusammen, man solle den Arrhidaios rufen;
die hätten den Tod verdient, die die Versammlung ohne ihn
4 abgehalten hätten. Hierauf begann Peithon unter strömenden
Tränen, jetzt sei Alexander im höchsten Grade beklagenswert, da
er um die Freude an so braven Bürgern und Soldaten und um
ihren Anblick gebracht sei. Denn nur im Hinblick auf den
Namen und das Andenken ihres Königs seien sie für das übrige
5 blind. Dann sprach er Schmähungen aus, die ganz offenbar gegen
den jungen Mann, den man zum König wollte, gerichtet waren;
sie trugen ihm jedoch selbst mehr Unwillen als dem Arrhidaios
Verachtung ein; denn das Mitleid für diesen ließ ihn sogar in ihrer
6 Gunst steigen. Sie erklärten also mit beharrlichem Schreien, sie
würden keinen andern König dulden, als den seine Geburt zu
dieser Stellung berechtigte, und verlangten, daß man den Arrhi-
7 daios rufe. Meleager, von Feindschaft und Haß gegen Perdikkas
getrieben, führte ihn schleunigst in den Königspalast, und die
Soldaten begrüßten ihn mit dem Namen Philipp und nannten
ihn König.

8   Doch war dies nur die Stimme der Menge, die Häupter waren

anderer Meinung. Unter diesen war Peithon; der schickte sich an,
Perdikkas' Vorschlag auszuführen, und schlug als Vormünder für
den von der Roxane zu erwartenden Sohn den Perdikkas und
Leonnatos vor, die aus königlichem Geschlechte stammten; fer- 9
ner, daß Krateros und Antipater die Angelegenheiten in Europa
leiten sollten. Dann mußte jeder Einzelne einen Eid leisten, dem
von Alexander erzeugten König untertan sein zu wollen. Melea- 10
ger fürchtete nicht ohne Grund, mit dem Tode bestraft zu werden, und hatte sich mit seinem Anhang von den anderen getrennt. Da brach er aufs neue, den Philipp mit sich schleppend, in
den Palast ein und schrie: für die auf den neuen König kurz zuvor
gesetzte Hoffnung spreche die Reife seiner Jahre; einen Versuch
nur solle man mit dem Sprößling Philipps und dem Sohne und
Bruder zweier Könige machen, sie sollten vor allem sich selbst
vertrauen. Kein tiefes Meer, keine weite und stürmische See wirft 11
so viele Wogen als es in einer Volksmenge wechselnde Bewegungen gibt, zumal wenn sie im Rausch einer ungewohnten und
kurz dauernden Freiheit schwelgt. Nur wenige sprachen dem 12
eben erkorenen Perdikkas, die Mehrzahl dem Philipp die Herrschaft zu, den sie verschmäht hatten. Auf lange vermochten sie
weder etwas zu wollen, noch nicht zu wollen, und bald gereute
sie ihr Entschluß, bald sogar ihre Reue selbst. Schließlich jedoch
wandten sie ihre Neigung dem Sprößling des Königshauses zu.
Arrhidaios war, durch das Ansehen der Häupter des Heeres in 13
Schrecken gesetzt, aus der Versammlung entwichen; aber durch
seinen Weggang war die Gunst der Soldaten mehr zum Schweigen gebracht, als erkaltet. Man rief ihn daher zurück und zog ihm
das Gewand seines Bruders an, dasselbe, was auf dem Thronsessel
gelegen hatte, während Meleager den Harnisch nahm und die 14
Waffen ergriff, als erster Trabant des neuen Königs. Es folgte die
Phalanx, mit den Speeren auf die Stühle schlagend und bereit,
sich mit dem Blute derer zu sättigen, die nach dem Reiche ge-
trachtet hatten, das ihnen doch nicht gebühre. Man freute sich, 15
daß die Herrschergewalt bei dem gleichen Hause und Geschlechte
verbleiben solle, daß ein Abkömmling ihrer Könige die erbliche
Herrschaft sichern werde: der Königsname selbst sei ihnen von

jeher ehrwürdig und heilig, und niemand dürfe ihn annehmen, den nicht seine Geburt dazu berechtige.

16   Hierdurch erschreckt, gebot Perdikkas, den Saal, wo der Leichnam Alexanders lag, zu verrammeln. Bei ihm waren 600 Männer von erprobter Tapferkeit; auch Ptolemaios hatte sich ihm ange-
17   schlossen und das Corps der königlichen Pagen. Doch von so vielen Tausend Bewaffneter wurde die verschlossene Tür ohne große Mühe erbrochen, und der König selbst war eingedrungen, umgeben von einer Schar Trabanten, die Meleager anführte.
18   Zornig rief Perdikkas die, die den Leichnam Alexanders schützen wollten, auf seine Seite; aber die Eindringlinge schleuderten von weitem Geschosse nach ihm. Endlich, nachdem viele verwundet waren, nahmen die Veteranen, um leichter erkannt werden zu können, die Helme ab und begannen die Anhänger des Perdikkas zu bitten, vom Kampfe abzustehen und dem Könige und der
19   Mehrzahl zu weichen. Zuerst legte Perdikkas die Waffen nieder, und die übrigen taten es ihm nach. Meleager riet ihnen dann, bei dem Leichnam Alexanders zu bleiben; doch da sie glaubten, man suche Gelegenheit, sie zu überlisten, so machten sie sich durch die
20   Hinterseite des Palastes nach dem Euphrat auf die Flucht. Die Reiterei, die aus den vornehmsten jungen Männern bestand, folgte in großer Zahl dem Perdikkas und Leonnatos, und man
21   beschloß, die Stadt zu verlassen und im Freien zu lagern. Perdikkas gab jedoch die Hoffnung noch nicht auf, daß ihm auch das Fußvolk folgen werde; und um daher den Anschein zu vermeiden, als habe er durch Wegführung der Reiter dieselben vom übrigen Heere getrennt, machte er in der Stadt Halt.

1   8. Meleager aber hörte nicht auf, dem Könige zuzureden, daß er sein Recht auf Herrschaft durch den Tod des Perdikkas besiegeln müsse: komme man dessen ungezügeltem Ehrgeiz nicht zuvor, so werde er einen Umsturz herbeiführen: er wisse recht wohl, daß jener sich um den König verdient gemacht habe, niemand aber sei dem recht treugesinnt, den er fürchte.
2   Der König verhielt sich mehr passiv, als daß er zugestimmt hätte. Daher deutete Meleager sein Stillschweigen als einen Befehl und

schickte im Namen des Königs, den Perdikkas herbeizuholen. Zugleich gab er den Auftrag, ihn zu töten, wenn er zu kommen zögerte. Als dem Perdikkas die Ankunft der Trabanten gemeldet ₃ wurde, stellte er sich, von nur sechzehn königlichen Pagen begleitet, auf die Schwelle seines Hauses, nannte sie unter Schelten wiederholt Sklaven des Meleager und erschreckte sie durch seinen festen Mut und Blick dermaßen, daß sie wie von Sinnen die Flucht ergriffen. Nun hieß Perdikkas die Pagen zu Pferde steigen ₄ und gelangte in Begleitung einiger weniger Freunde zu Leonnatos, um nunmehr mit stärkerer Macht jeden gewaltsamen Angriff zurückzuweisen. Am folgenden Tage erschien es den Makedonen ₅ unwürdig, daß man Perdikkas' Leben bedroht hatte, und sie waren entschlossen, Meleagers Verwegenheit mit bewaffneter Hand zu rächen. Als dieser einen Aufstand kommen sah, ging er ₆ zum König und fragte ihn, ob er nicht selbst befohlen habe, den Perdikkas zu ergreifen. Dieser erwiderte, auf Meleagers Drängen habe er es befohlen; doch sei kein Grund für sie, in Aufruhr zu geraten, da Perdikkas am Leben sei.

Nach Entlassung der Versammlung also verbrachte Meleager, ₇ der sich hauptsächlich durch den Abfall der Reiter in großer Bestürzung und ratlos befand, da die Gefahr, die er soeben seinem Feinde bereitet, auf ihn selbst zurückgefallen war, fast drei Tage lang mit dem Brüten über unbestimmten Entschlüssen. Zwar ₈ blieb der frühere Anblick des Palastes: denn es kamen Gesandte der Völker zum König, die Führer der Truppen waren zugegen, und die Vorhalle war mit Trabanten und Bewaffneten angefüllt. Aber eine ungemeine, von selbst entstandene Niedergeschlagen ₉ heit zeigte doch äußerste Verzweiflung: voll gegenseitigen Mißtrauens wagte man sich nicht einander zu nähern und sich zu besprechen, da jeder in seiner Brust geheime Gedanken hegte, und im Vergleich mit dem neuen König erhob sich mächtig die Sehnsucht nach dem verlorenen. Wo sei der, fragten sie, dessen ₁₀ Oberbefehl und Leitung sie gefolgt wären? Preisgegeben seien sie inmitten feindlicher und ungebändigter Völkerschaften, die die vielen Niederlagen der Ihrigen rächen würden, sobald sich ihnen Gelegenheit böte. Solche Gedanken nagten an ihren Herzen, als ₁₁ die Nachricht kam, die Reiter unter Perdikkas hätten die Gegend um Babylon besetzt und das Getreide, das zur Stadt gebracht

12 wurde, zurückgehalten. So entstand erst Mangel, dann Hungersnot; und die in der Stadt waren der Ansicht, man müsse sich

13 entweder mit Perdikkas aussöhnen oder kämpfen. Durch Zufall geschah es, daß die auf dem Lande, aus Furcht vor Plünderung der Landgüter und Dörfer, in die Stadt flohen, die Einwohner der Stadt dagegen wegen Mangel an Nahrungsmitteln dieselbe verließen, und beiden Teilen ein anderer Aufenthalt sicherer schien als der gewohnte.

14   Wegen deren Bestürzung in Unruhe, kamen die Makedonen in dem Palast zusammen und legten dort ihre Ansichten dar. Man

15 hielt aber für das Beste, an die Reiter Gesandte zu schicken, um die Zwietracht zu beenden und die Waffen niederzulegen. Der König sandte also den Pasas aus Thessalien, den Amissos aus Megalopolis und den Perilaos. Als diese den Auftrag des Königs ausgerichtet hatten, erhielten sie die Antwort, die Reiterei werde unter keiner anderen Bedingung die Waffen niederlegen, als wenn ihnen der König die Urheber des Zwiespaltes auslieferte.

16 Auf diese Meldung hin griffen die Soldaten aus eigenem Antriebe zu den Waffen. Durch ihren Tumult veranlaßt, trat Philipp aus dem Palast und sprach: „Es bedarf keines Aufstandes; denn streiten wir miteinander, so werden die den Nutzen ziehen, die sich

17 ruhig verhalten. Denkt auch daran, daß ihr es mit Mitbürgern zu tun habt; ihnen vorschnell die Hoffnung auf Versöhnung ab-

18 schneiden, hieße sich in den Bürgerkrieg stürzen. Laßt uns durch eine zweite Gesandtschaft versuchen, ob sie sich nicht nachgiebiger stimmen lassen; und ich habe die Zuversicht, daß sich, da der Leichnam des Königs noch nicht bestattet ist, alle vereinigen

19 werden, ihm die gebührenden Ehren zu erweisen. Was mich selbst anlangt, so will ich lieber diese Gewalt zurückgeben, als sie durch Bürgermord in Ausübung bringen; und gibt es keine andere Hoffnung auf Einigung, so bitte und beschwöre ich euch,

20 wählt einen Geeigneteren." Hierauf brach er in Tränen aus, nahm das Diadem vom Haupt und hielt es mit der Rechten vor sich

21 ausgestreckt, damit es nähme, wer sich für würdiger halte. Seine

bescheidene Rede erregte mächtige Hoffnung auf seine Trefflich-
keit, die bis dahin durch den glänzenden Ruhm seines Bruders in
Schatten gestellt war. Sie bedrängten ihn alle, er möchte das
ausführen, was er beabsichtigt hätte. Er sandte dieselben Boten 22
noch einmal mit dem Verlangen, daß sie den Meleager zum
dritten Führer annähmen. Und ohne Schwierigkeit erreichte er
es; denn Perdikkas wünschte den Meleager vom Könige zu trennen, und meinte, daß jener allein ihnen beiden nicht gewachsen
sein werde. Also begegnete Perdikkas an der Spitze der Reiterge- 23
schwader dem Meleager, der ihnen mit der Phalanx entgegengerückt war. Beide Haufen vereinigten sich nach gegenseitiger Be-
grüßung, und Eintracht und Friede waren, wie man glaubte, für
die Dauer hergestellt.

9. Doch schon nahten nach dem Willen des Schicksals dem make- 1
donischen Volke die Bürgerkriege. Denn die Herrschaft ist unteil-
bar, und sie wurde von zu vielen begehrt. Zuerst also sammelten 2
sie ihre Kräfte, dann zersplitterten sie sie; und als sie den Staats-
körper durch mehr Oberhäupter belastet hatten, als er zu fassen
vermochte, begannen die übrigen Glieder abzusterben: und so
stürzte das Reich, das unter einem einzigen hätte Bestand haben
können, weil es mehrere zu stützen suchten, zusammen. Dem- 3
nach bekennt das römische Volk mit vollem Rechte, daß es seinem Fürsten[20] die Rettung verdanke, ihm, der in der Nacht, die
beinahe unsere letzte geworden wäre, uns strahlend als ein neues
Gestirn aufging. Dieses Gestirnes wahrlich, nicht der Sonne Auf- 4
gang hat der im Dunkeln liegenden Welt das Licht wiedergegeben, als ohne ihr gesetzliches Haupt die entzweiten Glieder erzit-
terten. Wie viele Brandfackeln hat er damals ausgelöscht, wieviel 5
Schwerter in die Scheide gebracht, welch gewaltiges Unwetter
durch den heiteren Glanz seiner plötzlichen Erscheinung zerstreut! Es erstarkt also nicht nur, sondern es blüht auch das Reich.
Neiden es uns nur nicht die Götter, so wird auf dieses unser 6
Zeitalter eine, wollen wir wünschen nie erlöschende, oder doch
wenigstens lange dauernde Nachkommenschaft aus eben diesem
Regentenhause folgen. Doch um zu dem Gang der Ereignisse, 7

wovon mich die Betrachtung der glücklichen Zustände unseres Staates abgelenkt hat, zurückzukehren, Perdikkas setzte die einzige Hoffnung seiner Sicherheit auf den Tod Meleagers: denn zugleich eitel und treulos, werde dieser schnell wieder Unruhen stiften, und da er sein Todfeind sei, müsse man ihm zuvorkom-

8 men. Doch verbarg er seinen Plan unter der sorgfältigsten Verstellung, um ihn unvermutet zu überraschen. Heimlich stiftete er also einige aus den von ihm befehligten Truppen an, daß sie scheinbar ohne sein Wissen sich öffentlich über die Gleichstellung

9 Meleagers mit Perdikkas beschweren sollten. Sobald ihre Reden dem Meleager hinterbracht worden waren, legte er schäumend vor Zorn dem Perdikkas das, was er erfahren hatte, vor. Als habe ihn die Neuigkeit erschreckt, verwundert dieser sich, beklagt es, gibt sich den Anschein des Bedauerns: schließlich kommt man überein, die, die so aufrührerische Reden geführt, zu verhaften.

10 Meleager dankt dem Perdikkas, umarmt ihn und lobt seine Treue und sein Wohlwollen gegen ihn. Hierauf entwerfen sie in gemeinsamer Beratung einen Plan, die Schuldigen zu überraschen.

11 Man beschließt eine Entführung des Heeres nach heimischem Brauch, und als passender Grund dafür erschien die beendete

12 Entzweiung. Die makedonischen Könige pflegten ihre Soldaten auf die Art zu entsühnen, daß man die Eingeweide eines zerlegten Hundes an den Enden des freien Platzes, auf den das Heer geführt werden sollte, zu beiden Seiten hinwarf, und daß alle Bewaffneten innerhalb dieses Raumes zu stehen kamen, auf der einen Seite die Reiterei, auf der andern die Phalanx[21].

13 An dem Tag also, den sie für diese Feierlichkeit bestimmt hatten, hatte sich der König mit den Reitern und Elefanten dem

14 Fußvolke, das Meleager befehligte, gegenüber aufgestellt. Bereits setzte sich der Reiterzug in Bewegung: da geriet das Fußvolk, aus plötzlicher Furcht wegen des gerade erst beigelegten Zwiespaltes nichts gerade sehr Friedliches erwartend, einen Augenblick in Zweifel, ob sie nicht ihre Scharen weg in die Stadt führen sollten,

15 da die Ebene für die Reiterei günstig war. Aus Scheu jedoch, ohne Grund die Treue ihrer Kameraden zu bezweifeln, blieben sie stehen, allerdings kampfbereit, wenn sie jemand angreifen würde.

Schon näherten sich die Züge einander, und es war nur noch ein
geringer Zwischenraum, der die beiden Reihen trennte: da be-　16
gann der König mit einem Reitergeschwader dem Fußvolk ent-
gegenzureiten, und forderte von ihnen auf Perdikkas' Betreiben
die Urheber des Zwiespaltes, die er doch selbst hätte schützen
müssen, zur Bestrafung heraus, indem er zugleich drohte, alle
Schwadronen samt den Elefanten auf sie loszuführen, falls sie sich
weigerten. Starr vor Bestürzung über die unerwartete Gefahr,　17
stand die Phalanx, und auch bei Meleager selbst fand sich nicht
mehr Entschlossenheit oder Mut. Am sichersten unter den gegenwärtigen Umständen schien, das Schicksal lieber abzuwarten als
herauszufordern. Wie sie daher Perdikkas betäubt und wehrlos　18
sah, sonderte er ungefähr 300 aus, die sich dem Meleager, als er
aus der ersten Versammlung nach Alexanders Tod fortgestürzt
war, angeschlossen hatten, und gab sie vor den Augen des ganzen
Heeres den Elefanten preis. Sie wurden sämtlich von den Füßen
der Ungetüme zerstampft, ohne daß es Philipp gehindert oder
befohlen hätte, und es war offenbar, daß er nur das als seinen　19
eigenen Entschluß beanspruchen würde, was der Erfolg rechtfertigte. Dies war für die Makedonen das Vorzeichen und der Anfang der Bürgerkriege. Meleager, der zu spät des Perdikkas' Hin-　20
terlist erkannte, blieb zwar jetzt, weil gegen ihn persönlich nichts
Gewaltsames geschah, ruhig im Heereszuge; bald jedoch, als er　21
wahrnahm, wie seine Feinde den Namen dessen, den er selbst
zum Könige gemacht hatte, zu seinem Verderben mißbrauchten,
gab er die Hoffnung auf Rettung auf und floh in einen Tempel:
dort wurde er ohne Rücksicht auf die Heiligkeit des Ortes getötet.

10. Nachdem das Heer in die Stadt geführt war, hielt Perdikkas　1
einen Rat der obersten Heerführer, in dem man die Herrschaft so
zu verteilen beschloß, daß der König zwar die höchste Stellung
behielt. Statthalter aber von Ägypten und der untertänigen Völkerschaften Afrikas wurde Ptolemaios, dem Laomedon wurde　2
Syrien und Phönizien gegeben, dem Philotas Kilikien bestimmt;
Lykien nebst Pamphylien und Großphrygien sollte Antigonos

erhalten, nach Karien wurde Kassander, nach Lydien Menander
geschickt. Das an den Hellespont grenzende Kleinphrygien sollte
3 Leonnatos' Provinz sein, Kappadokien nebst Paphlagonien dem
Eumenes zufallen, dem aufgetragen wurde, jene Gegend bis nach
Trapezunt hin zu schützen und den Ariarathes, der allein noch
4 den Gehorsam verweigerte, zu bekriegen. Peithon wurde mit
Medien, Lysimachos mit Thrakien und den Thrakien benachbarten Völkerschaften am Schwarzen Meere belehnt. Die endlich,
die über Indien, Baktra, Sogdiana, und die übrigen Anwohner
teils des Ozeans, teils des Roten Meeres gesetzt waren, sollten
dem Beschlusse gemäß, jeder in seinem bisherigen Gebiete, den
Oberbefehl behalten, Perdikkas aber beim König bleiben und die
5 Truppen befehligen, die dem Könige folgten. Manche haben
geglaubt, die Provinzen seien nach Alexanders Testament verteilt
worden; doch habe ich in Erfahrung gebracht, daß dies, obwohl
von Geschichtschreibern überliefert, ein falsches Gerücht gewesen
6 ist. Und zwar behauptete nach Teilung des Reiches jeder seine
eigene Macht, die sie sich selbst begründet hatten, soweit es gegen
7 maßlose Begierden überhaupt eine feste Grenzmarke gibt. Denn
kurz zuvor Diener ihres Königs, hatten sie, unter dem Vorwand,
für einen anderen die Herrschaft zu verwalten, jeder sich eines
gewaltigen Reiches bemächtigt, ohne daß es Veranlassung zu
Streitigkeiten gegeben hätte, da einesteils alle gleichem Stamme
angehörten, andernteils die Ausdehnung ihrer Gebiete einen von
8 den andern getrennt hielt. Allein es war schwer, mit dem zufrieden zu sein, was ihnen eine günstige Gelegenheit dargeboten, da
stets der erste Besitz gering erscheint, sobald man auf Größeres
hofft. Daher schien es allen noch leichter, ihre Reiche zu erweitern, als es für sie geworden war, sie in Besitz zu nehmen.
9   Es war der siebente Tag, seitdem des Königs Leichnam im
Sarge lag, denn aller Sorge hatte sich von dieser feierlichen Pflicht
der Gestaltung der staatlichen Angelegenheiten zugewendet.
10 Nun steigert sich nirgends sonst die Hitze zu solcher Glut wie in
den Landschaften Mesopotamiens, so daß sie sehr häufig Tiere,
die ihr auf freiem Boden ausgesetzt sind, tötet: so arg ist die Hitze
der Sonne und der Luft, durch die alles wie vom Feuer ausgedörrt

wird. Wasserquellen sind selten und werden von den schlauen 11
Einwohnern versteckt, denen ihre Benutzung offensteht, während sie dem Fremdling unbekannt sind. Was ich nun berichte, ist 12
mehr überliefert als verbürgt: Wie endlich den Freunden Zeit
blieb, sich um den Leichnam zu kümmern, fanden sie ihn bei
ihrem Eintritt nicht nur von keiner Fäulnis, sondern nicht einmal
durch die geringste Verfärbung entstellt. Selbst die Lebendigkeit,
die vom Geiste abhängt, war nicht aus der Miene gewichen.
Daher wagten die Ägypter und Chaldäer, die beauftragt waren, 13
den Leichnam ihrer Sitte gemäß zu behandeln, zuerst gar nicht
Hand an ihn zu legen, gleich als atme er noch; dann beteten sie,
daß es ihnen, den Sterblichen, ohne Frevel erlaubt sein möge, ihn
zu berühren, und reinigten den Körper, worauf der goldene Sarg
mit Wohlgerüchen angefüllt und auf das Haupt das Abzeichen
der königlichen Würde gesetzt wurde. Sehr viele haben geglaubt, 14
er sei durch Gift getötet worden: Einer seiner Diener, Jollas, ein
Sohn Antipaters, habe es ihm auf seines Vaters Geheiß beigebracht. Oft wenigstens hatte man Alexander sagen hören, Antipater strebe nach der Königswürde und sei für einen Statthalter zu
mächtig, und vom Ruhme seines spartanischen Sieges aufgebläht,
schreibe er sich alles, was er ihm verliehen, selbst zu. Auch glaubte 15
man, Krateros sei mit der Schar von Veteranen abgeschickt worden, ihn zu töten. Die Schärfe des Giftes aber, das in Makedonien 16
vorkommt, ist bekanntlich von der Art, daß es selbst Eisen zerfrißt, und nur der Huf eines Zugtieres davon nicht angegriffen
wird. Die Quelle, der die tödliche Feuchtigkeit entfließt, führt 17
den Namen Styx. Dies Gift, sagt man, sei durch Kassander herbeigeschafft und seinem Bruder Jollas gegeben worden, der es
dem letzten Trank des Königs beigemischt habe. Diese Gerüchte, 18
wahr oder nicht, unterdrückte bald die Machtstellung derer, die
von dem Gerede betroffen waren. Denn Antipater bemächtigte
sich der Herrschaft über Makedonien und Griechenland: auf ihn 19
folgte dann sein Sohn[22], nachdem er alle umgebracht hatte, die
auch nur durch entfernte Verwandtschaft mit Alexander verknüpft waren.

Übrigens wurde dessen Leichnam von Ptolemaios, dem Ägyp- 20

ten zuteil geworden war, nach Memphis und von da einige Jahre später nach Alexandria hinübergebracht, wo seinem Andenken und Namen jegliche Ehre erwiesen wird.

ERSTES BUCH

1. Der tapferste und tüchtigste Mann scheint mir Alexander der Makedone gewesen zu sein, der in eigentümlicher Weise alles vollbrachte und sich bei seinen Heldentaten immer von der Vorsehung unterstützt sah. Denn so schnell beendigte er bei jedem einzelnen Volk den Krieg, daß mehr Zeit dazu gehörte, um nur die Städte genau aufzuzählen. Alexanders Taten aber und seine körperlichen und geistigen Vorzüge und das Glück, das seine Unternehmungen begleitete, und seine Tapferkeit sind es, wovon wir jetzt berichten, indem wir zuerst von seiner Abstammung reden und angeben, wessen Sohn er war. Die meisten sind nämlich im Irrtum, wenn sie sagen, er sei der Sohn des Königs Philippos; dies ist nicht wahr. Denn nicht des Philippos Sohn war er, sondern, wie die gelehrtesten der Ägypter sagen, der Sohn des Nektanebos[1] aus der Zeit, als dieser aus seinem Königreich vertrieben war. Dieser Nektanebos war erfahren in der Zauberei, und diese Geschicklichkeit benutzend, überwältigte er alle Nationen durch Zauberei und hatte beständig Frieden. Denn wenn einmal eine feindliche Macht gegen ihn heranzog, so rüstete er keine Heere und bemühte keine Verteidiger mit Aufstellung zur Schlacht, sondern er stellte eine Schüssel hin und begann die Schüsselzauberei. Er gab Quellwasser in die Schüssel und bildete mit seinen Händen kleine Schiffe und Menschen aus Wachs.[2] Diese setzte er dann in die Schüssel, legte das Kleid eines Propheten an, nahm einen Ebenholzstab in die Hand, trat hinzu und rief die vermeintlichen Götter der Zauberei zu Hilfe und die Winde der Luft und die unterirdischen Mächte. Und durch die Zaubermittel wurden die kleinen Menschen in der Schüssel lebendig,

und er versenkte sie. Und indem sie versenkt wurden, gingen auch die wirklichen Schiffe der anrückenden Feinde auf dem Meere unter, denn der König war vielerfahren in der Zauberei. So blieb also sein Reich in Frieden.

2. Lange Zeit war vergangen, da kamen exploratores, wie die Römer sie nennen, d. h. Kundschafter, zu Nektanebos und meldeten, daß eine gewaltige Wolke von Feinden, zahllose Heere von streitbaren Männern heranzögen. Und es kam zu Nektanebos sein Feldherr und sprach zu ihm: „Heil dir, o König! Gib jetzt alle die friedlichen Mittel auf, und bereite dich zu kriegerischem Kampfe; denn eine gewaltige Wolke von Barbaren bedrängt uns; und nicht eine Wolke zieht gegen uns heran, sondern viele Tausende; denn die gegen uns heranziehen, sind Inder, Nokymaier, Oxydraker, Iberer, Kauchonen, Aellopoden, Bosporer, Bastarner, Azaner, Chalyber und was sonst noch für mächtige Völker gegen Osten wohnen[3], zahllose Heereshaufen, die alle gegen Ägypten heranziehen. Schiebe nun alles andere auf und sieh auf deine eigene Rettung". Als der Feldherr dieses gesagt hatte, lachte der König Nektanebos lange und sprach: „Du scheinst zwar den dir anvertrauten Posten gut und getreulich zu wahren, aber du hast feige und nicht wie es sich für einen Krieger ziemt gesprochen. Nicht in der Masse liegt die Kraft, sondern auf den Mut kommt es im Krieg an; denn ein Löwe hat wohl schon viele Hirsche gejagt und ein Wolf vielen Herden von Schafen das Fell abgezogen. Daher ziehe nur hin mit deinem Heer und wahre deine eigene Stellung; mit einem Worte werde ich die zahllose Schar der Feinde in den Meeresfluten begraben". Und nachdem Nektanebos dies gesagt hatte, entließ er seinen Feldherrn.

3. Er selbst aber stand auf und ging in seinen Palast, und als er allein war, gebrauchte er wieder dasselbe Mittel und blickte in die Schüssel. Dabei sah er, daß die Götter der Ägypter die Schiffe der feindlichen Barbaren steuerten und ihre Heere von Göttern geführt wurden. Nektanebos aber, als ein in der Seherkunst vielerfahrener Mann, der gewohnt war, mit seinen Göttern zu verkeh-

ren, steckte nun, da er von ihnen erfuhr, daß das Ende des ägyptischen Reiches herannahe, viel Gold zu sich, schor sein Haupt und
seinen Bart, verwandelte sein Aussehen und floh durch Pelusion,
ging zu Schiff und gelangte nach Pella in Makedonien, und ließ
sich dort irgendwo als Arzt nieder und deutete vielen die Sterne
als ägyptischer Wahrsager.

Als aber schon die Feinde ins Land gedrungen waren und der
schreckliche Krieg die Ägypter bedrängte und ihr König sich
noch immer nicht zeigte, da waren sie in äußerster Not und
Sorge. Sie gingen demnach hin und befragten ihre vermeintlichen Götter, was aus dem König von Ägypten geworden sei;
denn ganz Ägypten war von den Barbaren verwüstet. Ihr soge-
nannter Gott in dem Heiligtum des Serapeion[4] aber weissagte
ihnen und sprach: „Dieser entflohene König wird wieder nach
Ägypten kommen, nicht als ein alter Mann, sondern in Jugendkraft, und wird unsere Feinde, die Perser, unterwerfen". Und sie
forschten, was dies Wort bedeute. Da sie es nicht herausfanden,
schrieben sie den ihnen erteilten Orakelspruch auf den Fuß der
Bildsäule des Nektanebos.

4. In ganz Makedonien aber wurde Nektanebos berühmt und
weissagte allen mit Genauigkeit, so daß auch die Königin Olympias von ihm hörte und eines Nachts zu ihm kam, während ihr
Mann Philippos im Kriege abwesend war. Und nachdem sie von
ihm erfahren hatte, was sie wünschte, ging sie wieder heim. Nach
einigen Tagen ließ sie ihn zu sich rufen. Nektanebos aber, da er
gesehen hatte, daß sie sehr schön war, verlangte es nach ihren
Reizen. Und er streckte seine Hand aus und sagte: „Heil dir,
Königin der Makedonen!" Sie aber sagte: „Heil dir, trefflichster
Prophet! Tritt näher und setze dich." Und sie sagte zu ihm: „Du
bist der ägyptische Seher, bei dem diejenigen, die es eprobt haben,
die volle Wahrheit gefunden haben. Auch ich bin von dir überzeugt worden. Was für eine Seherkunst gebrauchst du aber, um
die Wahrheit zu verkündigen?" Er aber sagte: „Der Weg der
Seherkunst ist vielfach, o Königin; denn es gibt Nativitätssteller,
Zeichendeuter, Traumausleger, Bauchredner, Vogeldeuter,

Sterndeuter, die sogenannten Magier, denen die Orakelsprüche erschlossen sind." Und da er das gesagt hatte, blickte er die Olympias scharf an. Olympias aber sagte zu ihm: „O Prophet, bist du durch meinen Anblick versteinert?" Und er sprach: „Ja, Herrin; denn ich dachte an einen Orakelspruch, der mir von meinen Göttern gegeben wurde, daß ich einer Königin wahrsagen müsse, und siehe, es ist wahr gewesen. Daher sage mir weiter, was du willst." Und er steckte seine Hand in sein Gewand und holte ein Täfelchen hervor, das man mit Worten nicht beschreiben kann; es war aus Gold und Elfenbein zusammengesetzt, und darauf waren sieben Sterne und der Aszendent, die Sonne und der Mond. Und die Sonne war von Kristall, der Mond aber von Diamant, der sogenannte Zeus von Luftstein.[5] Kronos ein Ophit, Aphrodite ein Saphir, Hermes von Smaragd, der Aszendent aber von weißem Marmor. Und Olympias bewunderte die Pracht des Täfelchens, setzte sich neben Nektanebos, nachdem sie allen befohlen hatte, sich zu entfernen, und sprach: „Prophet, stelle mir und Philippos die Nativität." Denn das Gerücht ging, daß wenn Philippos aus dem Kriege käme, er sie verstoßen und eine andere heiraten würde. Und Nektanebos sprach zu ihr: „Setze deine Nativität her und die des Philippos." Und was tat Nektanebos weiter? Er fügte auch seine Nativität zu der der Olympias, und nachdem er untersucht hatte, sprach er zu ihr: „Das Gerücht, das du über dein Schicksal hörst, ist keine Lüge. Ich kann dir aber als ein ägyptischer Prophet helfen, damit du nicht von Philippos verstoßen wirst." Und sie sagte: „Wie kannst du das?" Und er sprach: „Es ist dir vom Schicksal bestimmt, dich mit einem auf der Erde lebenden Gott zu vereinigen, von ihm zu empfangen und einen Sohn zu gebären und aufzuziehen und in diesem einen Rächer alles dessen zu haben, was Philippos dir zuleide tut." Olympias fragte ihn: „Mit welchem Gotte?" Er sagte: „Mit dem lybischen Ammon." Und Olympias fragte weiter: „Wie beschaffen ist dieser Gott?" Er antwortete: „Er steht im mittleren Alter; sein Haupthaar und sein Bart ist von Gold; er hat auf der Stirne Hörner, und diese sind dem Golde ähnlich. Du mußt dich also, wie es einer Königin geziemt, auf seine Ankunft vorbereiten;

denn heute wirst du im Traume sehen, wie dieser Gott zu dir
kommt." Und Olympias erwiderte ihm: „Wenn ich diesen
Traum sehe, werde ich dich nicht wie einen Magier, sondern wie
einen Gott ehren."

5. Nektanebos verließ nun die Königin und holte Kräuter der
Wüste, deren Kraft, Traumerscheinungen zu bewirken, er
kannte, und nachdem er sie ausgepreßt hatte, bildete er aus Wachs
einen weiblichen Körper und schrieb darauf den Namen der
Olympias. Dann zündete er eine Lampe an, goß den Saft der
Kräuter darüber und beschwor die dazu bestimmten Dämonen,
so daß Olympias ein Traumbild erblickte. Sie sah in jener Nacht,
wie der Gott Ammon sie umarmte und, nachdem er von ihr
aufgestanden war, zu ihr sagte: „Frau, in deinem Leibe trägst du
ein männliches Kind, das dein Rächer sein wird."

6. Als Olympias sich von dem Schlafe erhob, wunderte sie sich,
ließ den Nektanebos holen und sagte zu ihm: „Ich habe den
Traum gesehen und den Gott Ammon, von dem du zu mir
gesprochen hast. Ich bitte dich, Prophet, mich wieder mit ihm zu
vereinigen, und erforsche du, wann er zu mir kommen will,
damit ich dem Bräutigam besser vorbereitet erscheine." Und er
sprach: „Fürs erste weißt du, wie er als Traumerscheinung ist;
wenn er aber wirklich zu dir kommt, wird er dir Not bereiten.
Aber wenn deine Hoheit es befiehlt, so gib mir einen Platz zum
Schlafen, damit ich ihn gnädig gegen dich stimme." Und sie
sagte: „Siehe, bei meinem Schlafzimmer sollst du einen Platz
bekommen. Und wenn ich von diesem Gotte empfange, so will
ich wie eine Königin dich ehren und will dich als Vater des Kindes
betrachten." Nektanebos sagte zu ihr: „Daß du es nun weißt, o
Herrin, der Ankunft des Gottes geht dieses Zeichen voraus. Wenn
du abends in deinem Schlafgemach sitzt und eine Schlange auf
dich zukriechen siehst, so heiße alle Anwesenden hinausgehen; du
aber lösche nicht das Licht der Lampe, die ich nach meiner Art,
um sie zu Ehren des Gottes anzuzünden, bereitet habe und dir
jetzt geben werde; sondern lege dich auf dein königliches Lager,

sei bereit und verhülle dein Antlitz, und du wirst dann den Gott schauen, den du im Traume hast zu dir kommen sehen." Und da Nektanebos dies gesagt hatte, ging er hinaus. Am folgenden Tage gab ihm Olympias ein Schlafzimmer ganz nahe bei dem ihrigen.

7. Nektanebos aber bereitete sich ein sehr weiches Widderfell mit den Hörnern an den Schläfen, die wie Gold aussahen, ein Zepter von Ebenholz, ein weißes Gewand und einen ganz reinen Mantel, der das Aussehen einer Schlange hatte, und ging in das Schlafzimmer, wo Olympias verhüllt auf dem Bett lag und nur ein wenig mit den Augen hervorschaute; sie sah ihn herankommen und fürchtete sich nicht; denn sie glaubte, es sei der Gott selbst, wie sie ihn auch im Traum gesehen hatte. Und die Lampen leuchteten und Olympias hatte ihr Antlitz verhüllt. Nektanebos aber legte sein Zepter ab, stieg auf ihr Bett und vereinigte sich mit ihr und sagte dann: „Bleibe ruhig, Frau, in deinem Leib trägst du ein männliches Kind, das dein Rächer und der weltgebietende König der ganzen bewohnten Erde sein wird." Und Nektanebos ging hinaus aus dem Schlafgemach, nachdem er sein Zepter aufgenommen hatte, und verbarg alle die Hilfsmittel der Täuschung. Als es aber Morgen wurde, erwachte Olympias und ging in das Schlafzimmer, wo Nektanebos war, und weckte ihn. Und da er erwacht war, sagte er: „Sei gegrüßt, o Königin, was verkündest du mir?" Sie sprach: „Ich wundere mich, Prophet, wie dir das verborgen ist. Kommt dieser Gott wieder zu mir? Ich habe ihn gern bei mir gehabt." Und er sprach zu ihr: „Höre, o Königin, ich bin ein Prophet des Gottes. Wenn du also willst, so laß mir diesen Ort, um ungestört zu schlafen, damit ich die gewöhnlichen Reinigungsopfer für ihn vornehme, und er wird zu dir kommen, wann du willst." Sie sagte: „Behalte diesen Platz von jetzt an." Und sie befahl, ihm die Schlüssel des Schlafgemaches zu geben. Er aber legte an einem verborgenen Ort hin, was er hatte, und ging hinein zu ihr, sooft Olympias es wünschte, und wurde von ihr für den Gott Ammon gehalten.

Tag um Tag aber nahm ihr Leib an Umfang zu, und Olympias sagte zu Nektanebos: „Wenn Philippos kommt und mich

schwanger findet, was soll ich tun?" Nektanebos erwiderte:
„Fürchte nichts, denn darin wird dir der Gott Ammon helfen,
indem er im Traum dem Philippos erscheint und ihm das Geschehene mitteilt, so daß Philippos dir keine Vorwürfe macht."
So also wurde Olympias von Nektanebos durch seine Zauberkünste getäuscht.

8. Nektanebos aber nahm einen Seefalken[6] und bezauberte diesen,
und was er im Traum dem Philippos mitteilen wollte, sagte er
ihm, nachdem er ihn durch Zauberkünste für den Flug vorbereitet hatte. Und der Seefalke flog, von Nektanebos entsandt, durch
die Nacht bis zu dem Ort, wo Philippos war, und stellte sich zu
ihm und sprach zu ihm im Traum. Und da Philippos gesehen
hatte, wie der Falke zu ihm sprach, und er erwacht war, berief er
die angeseheneren der Traumdeuter und erzählte ihnen den
Traum und sprach: „Ich habe im Traum einen sehr schönen Gott,
der aber graues Haar und einen grauen Bart und Hörner an den
Schläfen hatte, die wie Gold aussahen, und in der Hand ein
Zepter trug, bei Nachtzeit heimlich zu meinem Weibe Olympias
hineingehen, ihr Bett besteigen und sich mit ihr vereinigen sehen.
Und als er aufstand, sagte er zu ihr: Frau, du hast einen Sohn
empfangen, der gedeihen und den Tod seines Vaters rächen wird.
Und ich bemerkte auch, daß er ihren Schoß mit einem Byblosfa-
den[7] zunähte und mit einem Siegelring versiegelte. Der Ring
aber war von Gold und hatte einen Stein und auf dem Stein eine
Abbildung der Sonne und einen Löwenkopf und einen Speer.
Und als ich dies bemerkte, kam es mir vor, als sähe ich einen
Falken zu mir herankommen, der mit seinen Flügeln mich aus
dem Schlafe weckte. Ich frage nun und verlange zu hören, was
der Traum bedeutet." Und es sprachen zu ihm die Traumdeuter:
„Heil dir, König Philippos! Dein Traum ist wahr. Denn daß der
Schoß deiner Frau versiegelt wurde, dient zur Bekräftigung, daß
deine Frau auch empfangen hat; denn niemand versiegelt ein
leeres Gefäß, sondern ein volles. Was aber das Zunähen mit Byblos betrifft, so wächst nirgends Byblos als in Ägypten. Ägyptischen Ursprungs also ist der Samen und nicht von niedrigem,

sondern von edlem und angesehenem Stamme, wegen des goldenen Rings; denn was ist angesehener als Gold? Deswegen verehren auch die Anbetenden die Götter in Gold. Das Siegel aber mit der Sonne und darunter Löwenkopf und Speer bedeutet dieses: Der Sohn, der geboren wird, wird bis zum Aufgang der Sonne alle Völker im Kriege überwinden wie ein Löwe und mit dem Speer die Städte erobern, das zeigt der Speer an. Wenn du aber einen Gott gesehen hast mit Widderhörnern und einem grauen Bart, so ist dies der libysche Gott Ammon." So nun deutete der Traumdeuter den Traum, aber Philippos hörte das nur ungern.

9. Olympias aber war in größter Angst, da sie in dem, was er mit Philippos tat, kein Zutrauen zu Nektanebos hatte. Als nun Philippos aus dem Kriege heimkehrte, sah er seine Frau in großer Bestürzung und sagte zu ihr: „Frau, was dir widerfahren ist, das ist ohne deine Schuld geschehen. Denn einem andern ist der Fehler zuzuschreiben, wie mir im Traum verkündet wurde, damit dich kein Vorwurf treffe. Denn gegen alle sind wir Könige stark, aber gegen die Götter nicht. Du hast ja keinen aus dem Volke geliebt, ja nicht einmal einen der Vornehmen." Durch diese Worte ermutigte Philippos die Olympias, und Olympias war dem Propheten dankbar, der ihr vorausgesagt hatte, was mit Philippos geschehen war.

10. Einige Tage nachher, da der König mit Olympias zusammen war, sprach er zu ihr: „Du hast mich getäuscht, Frau, und hast nicht von einem Gotte empfangen, sondern von einem Menschen, und er wird in meine Hände fallen." Dies hörte Nektanebos. Da im Palast ein großes Mahl stattfand, und alle mit dem Könige schmausten zur Feier seiner Heimkehr, und allein der König Philippos niedergeschlagen war wegen der Schwangerschaft seiner Frau Olympias, kam vor aller Augen Nektanebos, der sich in eine Schlange verwandelt hatte, größer als die erste, mitten in das Speisezimmer und zischte so schrecklich, daß die Grundfesten des Palastes erbebten. Als sie die Schlange erblickten,

sprangen die Gäste des Königs von Furcht ergriffen auf. Olympias aber, die ihren Geliebten erkannte, streckte ihre rechte Hand aus, und die Schlang erhob sich, legte ihren Kopf an sie und umschlang sie ganz; dann kam sie auf ihren Schoß, streckte ihre gespaltene Zunge vor und küßte sie, um den Zuschauern ihre Liebe zu zeigen. Und während Philippos sich fürchtete, zugleich aber staunte und in gespannter Aufmerksamkeit war, verwandelte sich die Schlange in einen Adler und flog davon. Als er dies gesehen hatte, sagte Philippos: „Frau, einen Beweis des lebhaften Anteils, den der Gott an dir nimmt, habe ich gesehen, indem er dir in der Gefahr zu Hilfe gekommen ist. Wer aber der Gott ist, weiß ich nicht; er hat uns die Gestalt des Gottes Ammon und die des Apollon und des Asklepios gezeigt."[8] Olympias aber sagte zu ihm: „Wie er mir selbst gesagt hat, als er zu mir kam, ist es Ammon, der Gott von ganz Libyen." Philippos aber, nachdem er dies gesehen, pries sich glücklich, daß er eines Gottes Sproß nennen konnte, was von seiner eigenen Frau geboren wurde.

11. Nach einigen Tagen saß Philippos auf einem mit Bäumen bewachsenen Platz des Königspalastes. Dort lief eine Menge verschiedenartiger Vögel hin und her, und plötzlich hüpfte eine Henne auf den Schoß des Königs und legte ein Ei. Dies aber rollte von seinem Schoß auf die Erde und zerbrach; daraus kroch eine ganz kleine Schlange, die das Ei mehrmals umkreiste und dann versuchte, wieder hineinzugelangen, wo sie herausgekommen war. Und nachdem sie ihren Kopf hineingebracht hatte, starb sie. Philippos berief voll Bestürzung einen Zeichendeuter und erzählte ihm, was geschehen war. Der Zeichendeuter aber sagte, von dem Gott erleuchtet: „O König, du wirst einen Sohn bekommen, der die ganze Welt umziehen und alle Völker seiner Macht unterwerfen, aber auf der Rückkehr in sein eigenes Land in frühem Alter sterben wird. Denn die Schlange ist ein königliches Tier, das Ei aber, aus dem sie herausgekommen, ist ähnlich der Welt. Als sie nun die Welt umkreist hatte und wieder dahin zurückkehren wollte, von wo sie gekommen war, ereilte sie der Tod." Nach-

dem der Zeichendeuter so das Zeichen gedeutet und von dem
König Philippos Geschenke empfangen hatte, ging er hinaus.

12. Und da die Zeit gekommen war, wo sie gebären sollte, setzte
Olympias sich auf den Gebärstuhl und bekam ihre Wehen. Nektanebos aber stand neben ihr, und nachdem er die Himmelsbahnen gemessen hatte, lenkte er ihren Sinn, daß sie ihre Niederkunft
nicht beschleunige, und indem er die Elemente der Welt zu-
sammenrüttelte, erfuhr er durch Zauberkunst die Zukunft und er
sprach zu ihr: „Frau, halte an dich; denn wenn du jetzt gebierst, so
wirst du einen Sklaven und Kriegsgefangenen zur Welt bringen."
Da nun die Frau wieder von den Wehen gequält wurde und den
Drang der Wehen nicht mehr hemmen konnte, sagte Nektanebos: „Halte noch ein wenig aus, Frau; denn wenn du jetzt gebierst, wird der Geborene ein Eunuch sein." Und er tröstete sie,
redete ihr verständig zu und lehrte sie, die Hände an die Gänge
der Natur zu halten, er selbst aber hemmte mit Hilfe seiner
Zauberkunst die Niederkunft der Frau. Da er nun wieder die
Himmelsbahnen der Weltelemente betrachtete, erkannte er, daß
die ganze Welt kulminierte und sah einen Glanz am Himmel, wie
wenn die Sonne mitten am Himmel steht, und sprach zu Olympias: „Tu nun den Geburtsschrei!" Und er selbst beförderte nun
ihre Niederkunft und sagte zu ihr: „Königin, jetzt wirst du einen
Weltherrscher gebären." Olympias aber schrie lauter als ein Stier
und gebar glücklich einen Knaben. Und da das Kind auf die Erde
fiel, donnerte es einmal über das anderemal und Blitze leuchteten,
so daß die ganze Welt erschüttert wurde.

13. Als es Morgen wurde und Philippos das Kind sah, das Olympias geboren hatte, sprach er: „Ich wollte es eigentlich nicht
aufziehen, weil es nicht von mir geboren ist. Da ich aber sehe, daß
es der Samen eines Gottes und die Geburt von Zeichen und
Welterscheinungen begleitet ist, so soll es aufgezogen werden
zum Andenken an meinen verstorbenen Sohn, den mir meine
frühere Frau geboren hat, und er soll Alexander heißen."[9] Und
nachdem Philippos so gesprochen hatte, empfing das Kind alle

mögliche Sorgfalt, und eine allgemeine Bekränzung fand statt in
ganz Makedonien und Pella und in Thrakien.[10] Und damit ich die
Erzählung von der Erziehung des Alexander nicht zu lang hin-
ziehe, – nachdem er entwöhnt worden war, wuchs er zum Jüngling heran. Und da er ein Mann geworden war, glich er weder
dem Philippos noch seiner Mutter Olympias noch auch seinem
Erzeuger, sondern war durch ein eigentümliches Aussehen ausgezeichnet. Er hatte zwar die Gestalt eines Menschen, aber das Haar
eines Löwen; seine Augen hatten verschiedene Farbe, das rechte
war schwarz, das linke aber bläulich; seine Zähne waren scharf,
wie die einer Schlange, und er zeigte den heftigen Sinn eines
Löwen. Da er allmählich herangewachsen war, betrieb er eifrig
seine Studien. Seine Amme war Lanike, die Schwester des Melas,
sein Erzieher und Pfleger Leonidas, sein Lehrer in der Literatur
Polyneikes, in der Musik Leukippos aus Lemnos, in der Geometrie Melemnos aus der Peloponnes, in der Rhetorik Anarimenes
aus Lampsakos, Sohn des Aristokles, in der Philosophie Aristoteles.[11] Wenn aber Alexander den Unterricht und auch die Astronomie betrieben hatte und er sich von dem Lernen losmachte, lehrte
er nun seinerseits seine Mitschüler und versammelte sie zu kriegerischen Spielen, und er allein ordnete den Kampf. Wenn er sah,
daß ein Teil von den anderen besiegt wurde, so ging er auf die
unterliegende Seite über und half ihr und siegte wieder, so daß es
klar wurde, daß er selbst der Sieg war. So wuchs Alexander
heran. Er lief auch mit seinen Heeren zur Übung in der Rennbahn, sprang auf die Pferde und ritt. Eines Tages nun brachten die
Pferdewärter des Philippos aus seiner Stuterei ein überaus großes
Fohlen, das mit zwei Ketten gebunden war, stellten es vor Philippos und sagten: „Herr und König, dieses Pferd haben wir in der
königlichen Stuterei erzeugt gefunden, das an Schönheit den
Pegasos übertrifft; dies bringen wir dir, o Herr." Und da Philippos seine Größe sah, staunte er. Es wurde aber, weil es gewaltsam
durchbrechen wollte, von allen gehalten. Die Pferdewärter sagten: „Erhabener König, es frißt Menschen." Der König Philippos
aber sprach: „An ihm erfüllt sich das hellenische Sprichwort, daß
nahe bei dem Guten das Böse ist; aber da ihr es einmal gebracht

habt, so will ich es nehmen." Und er befahl den Aufsehern über
seine Pferde, ein eisernes Gitter zu machen und das Tier ungebun-
den einzuschließen; „und diejenigen, die meiner Herrschaft nicht
untertan sind, sondern durch Ungehorsam dem Gesetz verfallen
oder auf Räuberei ergriffen werden, die werfet ihm vor." Und es
geschah so, wie der König befohlen hatte.

14. Alexander aber wuchs heran, und als er zwölf Jahre alt war,
erschien er mit seinem Vater bei den Aufstellungen der Heere,
waffnete sich, machte die Bewegungen der Heere mit und sprang
auf die Pferde, so daß Philippos, da er dies sah, sagte: „Mein Kind
Alexander, ich liebe deinen Charakter und dein adeliges Wesen,
aber nicht dein Aussehen, weil es dem meinigen nicht gleicht."
Dies alles aber machte der Olympias Kummer. Sie berief also den
Nektanebos zu sich und sprach zu ihm: „Finde heraus, was Philippos mit mir vorhat." Und er legte seine Tafel hin und befragte
die Sterne über sie. Bei ihnen aber saß Alexander, der sprach zu
Nektanebos: „Vater[12], was du hier Sterne nennst, leuchten denn
die am Himmel?" „Jawohl, mein Kind", antwortete dieser. Und
Alexander sprach zu ihm: „Ich kann sie nicht sehen." Er sagte:
„Doch mein Kind, du kannst es, wenn es Abend geworden ist."
Und da es Abend geworden war, nahm Nektanebos den Alexander und führte ihn aus der Stadt an einen einsamen Ort, und
zum Himmel aufschauend, zeigte er Alexander die Gestirne des
Himmels. Alexander aber, der ihn an der Hand hielt, führte ihn
zu einer Grube und stürzte ihn hinab. Und durch den Fall wurde
Nektanebos schrecklich am Hals verwundet und sagte: „Alexander, warum hast du das getan?" Alexander aber sprach zu ihm:
„Dich selbst klage an, du Sterndeuter." Nektanebos: „Weshalb,
mein Kind?" Alexander: „Weil du die Dinge am Himmel erfor-
schest, während du die Dinge auf der Erde nicht weißt." Nektanebos sagte: „Eine schreckliche Wunde habe ich bekommen,
mein Kind; aber nichts Sterbliches kann das Schicksal besiegen."
Alexander fragte: „Weshalb sagst du das?" Nektanebos antwortete: „Weil ich mein Schicksal erforscht und gefunden habe, daß
es mir bestimmt ist, von meinem Kinde getötet zu werden."

Daraufhin fragte Alexander: „Ich also bin dein Sohn?" Nun erzählte Nektanebos von seiner Königsherrschaft in Ägypten und von seiner Flucht aus Ägypten, seinem Eintritt bei Olympias, ihrem Forschen nach der Zukunft, und wie er als Gott Ammon zu ihr gekommen sei und sich mit ihr vereinigt habe. Und indem er dies sagte, hauchte er seinen Geist aus. Alexander aber, als er dies von ihm vernommen hatte und seinen Worten glaubte, war betrübt über den Tod seines eigenen Vaters und ließ den Leichnam nicht in der Grube, aus Furcht, er könnte von Tieren gefressen werden. Denn es war Nacht und der Ort öde. Und von Liebe zu seinem Erzeuger ergriffen, rettete er ihn; er nahm ihn auf, legte ihn beherzt auf seine Schultern und trug ihn weg zu Olympias, seiner Mutter. Und da Olympias dies sah, sprach sie zu Alexander: „Was ist das, mein Kind?" Er aber sagte: „Als ein zweiter Aeneas trage ich meinen Anchises", und erzählte ihr genau, was er von Nektanebos gehört hatte. Sie aber wunderte sich und machte sich Vorwürfe, daß sie sich von ihm hatte täuschen und durch Zauberkünste zum Ehebruch verleiten lassen. Aber sie faßte Liebe zu ihm und begrub ihn anständig als den Vater des Alexander, und bereitete ihm ein Grab und legte ihn dort hinein. Ein bemerkenswertes Wunder der Vorsehung aber ist es, daß Nektanebos, der ein Ägypter war, in einem hellenischen Grabe bestattet wurde, Alexander aber, der ein Makedone war, in einem ägyptischen Grabe.

15. Da aber Philippos von seinem Feldzug heimkehrte, ging er nach Delphi, um das Orakel zu befragen, wer nach ihm König sein werde. Die Pythia in Delphi, nachdem sie aus der kastalischen Quelle[13] geschöpft hatte, sprach durch das unterirdische Orakel so: „Philippos, der wird über die ganze Erde herrschen und mit dem Speere sich alles unterwerfen, der den Bukephalos besteigt und mitten durch die Stadt reitet." Bukephalos aber hatte diesen seinen Namen, weil auf seinem Schenkel der Kopf eines Stieres eingebrannt war.[14] Und Philippos, da er den Spruch hörte, erwartete einen neuen Herakles.

16. Alexander aber war nur mit seinem Lehrer Aristoteles umge-
gangen. Und da Aristoteles viele Knaben hatte, die er in den
Wissenschaften unterrichtete, und darunter auch Söhne von Kö-
nigen waren, sprach Aristoteles eines Tages zu einem von ihnen:
„Wenn du das Reich deines Vaters erbst, welche Gunst wirst du
dann mir, deinem Lehrer, erweisen?" Der aber sagte: „Du wirst
mit mir zusammen leben und ich werde dich angesehen machen
vor allen." Und er fragte einen anderen: „Wenn aber du das
Reich deines Vaters bekommst, wie wirst du mit mir, deinem
Lehrer, verfahren?" Der aber sagte: „Zum Verwalter (meines
Reichs) werde ich dich machen und zum Ratgeber aller meiner
Entscheidungen." Und er sprach zu Alexander: „Wenn aber du,
mein Sohn Alexander, das Reich von deinem Vater Philippos
bekommst, wie wirst du mit mir, deinem Lehrer verfahren?"
Alexander aber sprach: „Frage mich nicht über zukünftige
Dinge, wenn du dir des morgigen Tages noch nicht sicher bist.
Ich werde dir geben von dem, was Gelegenheit und Zeit mit sich
bringt." Und es sprach Aristoteles zu ihm: „Heil dir, Alexander,
Herrscher der Welt, denn du wirst der größte König sein." Von
allen wurde Alexander geliebt, weil er verständig und kriegerisch
war, von Philippos aber wurde er mit zwiespältigen Empfindun-
gen betrachtet; denn er freute sich, wenn er den kriegerischen
Sinn des Knaben sah, aber er war betrübt, wenn er sah, daß dessen
Aussehen seinem eigenen nicht glich.

17. Alexander war fünfzehn Jahre alt, und eines Tages ging er
zufällig an dem Ort vorbei, wo Bukephalos eingeschlossen war.
Er hörte ein schreckliches Wiehern, wandte sich zu seinen Freunden und sagte: „Was ist das für ein Wiehern?" Ptolemaios, der
Feldherr, antwortete: „Herr, dies ist das Pferd, das Bukephalos
heißt und das dein Vater hier eingeschlossen hat, weil es Menschen frißt." Als aber das Roß die Stimme des Alexander hörte,
wieherte es zum zweiten Mal, aber nicht schrecklich wie sonst,
sondern sanft und mit hellem Ton, wie von einem Gott bezwungen. Als er sich nun dem Gitter näherte, streckte das Pferd sogleich seine Vorderhufe Alexander entgegen und seine Zunge aus

dem geöffneten Maule und bezeichnete so seinen Gebieter. Alexander aber, nachdem er das wunderbare Aussehen des Pferdes betrachtet hatte und die Reste von vielen Menschen, die es getötet hatte, stieß die Wachen des Pferdes beiseite, öffnete das Gitter, faßte das Pferd am Nacken, schwang sich ohne Zügel hinauf und ritt mitten durch die Stadt Pella. Einer von den Pferdewärtern aber lief hin und meldete das Ereignis dem König Philippos, der außerhalb der Stadt war. Philippos aber dachte an den Orakelspruch und ging sogleich dem Alexander entgegen, umarmte ihn und sprach: „Heil dir, Alexander, Beherrscher der Welt." Und von da an war Philippos vergnügt über die Hoffnung seines Sohnes.

18. Eines Tages nun fand Alexander seinen Vater in guter Stimmung, und er küßte ihn und sprach: „Vater, ich bitte dich, erlaube mir, nach Pisa[15] zu fahren zu dem Olympischen Wettkampf." Philippos aber sprach zu ihm: „Was hast du denn geübt, daß du dieses wünschst?" Alexander sagte: „Ich will am Wagenrennen teilnehmen."[16] Und er sprach: „Kind, ich will dir taugliche Pferde aus meinem Marstall verschaffen und für diese wird gesorgt werden; du aber, mein Kind, übe dich sorgfältiger; denn der Wettkampf steht in hohem Ansehen." Alexander sagte: „Vater, erlaube mir nur, zu dem Wettkampf zu ziehen; denn ich habe Pferde von früher Jugend her, die ich mir aufgezogen habe." Und Philippos küßte ihn, bewunderte seinen Eifer und sprach zu ihm: „Kind, wenn du willst, so gehe wohlbehalten." Und Alexander ging zum Hafen und befahl, ein neues Schiff ins Meer hinabzuziehen und die Rosse samt den Wagen einzuschiffen, und er stieg auch selbst ein mit seinem Freund Hephaistion und gelangte nach glücklicher Fahrt nach Pisa. Nachdem er gelandet war und eine gastliche Herberge gefunden hatte, gebot er den Dienern, für die Pferde zu sorgen, er selbst machte mit seinem Freund Hephaistion einen Spaziergang. Da begegnete ihnen Nikolaos, der Sohn des Akarnanenkönigs Areios, der mit Glück und Reichtum, zwei unbeständigen Göttern, sich brüstete, ein großer und sehr starker und auf seine Körperschaft vertrauender Mann. Dieser kam hinzu

und grüßte den Alexander mit den Worten: „Heil dir, Knabe!"
Darauf dieser: „Heil auch dir, wer du immer und woher du sein
magst." Nikolaos aber sprach zu Alexander: „Ich bin Nikolaos,
der König der Akarnanen." Alexander aber sprach zu ihm: „Gib
dich nicht so stolz, König Nikolaos, und brüste dich nicht, als ob
du ein Unterpfand hättest, daß du morgen noch leben wirst; denn
das Glück bleibt nicht auf einem Flecke stehen, und sein Um-
schwung drückt die Prahler nieder." Nikolaos aber sprach: „Was
du sagst, ist richtig, was du dabei denkst, ist nicht richtig; warum
aber bist du hierher gekommen, als Zuschauer oder als Kämpfer?
Denn ich habe erfahren, daß du der Sohn des Makedonen Philippos bist." Alexander sprach: „Ich bin gekommen, um mit dir im
Wagenkampf zu kämpfen, so jung ich auch bin." Nikolaos
sprach: „Du bist wohl eher als Ringer oder Pankratiast oder
Faustkämpfer[17] gekommen." Alexander aber sagte noch einmal:
„Den Wagen will ich lenken." Da lief dem Nikolaos die Galle
über und voll Verachtung gegen Alexander, dessen jugendliches
Alter er sah, dessen mutigen Sinn er aber nicht kannte, spie er ihm
ins Angesicht und sprach: „Nichts möge dir gelingen! Seht, an
welche Menschen die Rennbahn in Pisa gekommen ist." Alexander aber, der gelernt hatte, sich zu beherrschen, wischte den
Speichel ab und sagte mit tödlichem Lächeln: „Nikoalos, jetzt
werde ich dich beugen und in deinem Vaterland Akarnanien
werde ich mit dem Speere dich erreichen." So schieden sie im
Streit voneinander.

19. Wenige Tage nachher war der Termin des Wettkampfes, und
es erschienen neun Wagenlenker; vier davon waren Söhne von
Königen, Nikolaos der Akarnane selbst, der Böotier Xanthias,
der Korinthier Kimon und Alexander der Makedone, die übrigen
waren Söhne von Satrapen und Feldherrn. Es wurde sodann alles
geordnet, was zum Kampfe gehört, und die Plätze in der Rennbahn wurden verlost. Die erste Stelle erhielt Nikolaos, die zweite
Xanthias, die dritte Kimon, die vierte der Achäer Kleitomachos,
die fünfte der Olynthier Aristippos, die sechste der Phokäer Perie-
ros, die siebente der Lindier Lakon, die achte der Makedone

Alexander, die neunte der Lokrer Nikomachos. Sie stellten sich
sodann zur Fahrt an; die Trompete gab das Zeichen zum Kampfe,
die Ausfahrten der Schranken wurden geöffnet, und alle stürmten
in schnellem Galopp hervor. Sie legten die erste, zweite, dritte,
vierte Biegung zurück. Die einen nun blieben zurück, da ihre
Pferde schwach wurden. Alexander war der vierte, hinter ihm
Nikolaos, der nicht so sehr darauf bedacht war zu siegen, als den
Alexander zu töten. Denn der Vater des Nikolaos war im Kriege
von Philippos getötet worden. Da dies nun der verständige Alexander merkte, gab er, als die vorne Fahrenden einander umgeworfen hatten, dem Nikolaos Raum, an ihm vorbeizukommen,
und Nikolaos, der die Falle nicht merkte, fuhr vorbei, weil er
hoffte, den Kranz zu gewinnen. Und fortan fuhr er an erster
Stelle. Nach zwei Biegungen aber strauchelte das rechte Pferd des
Nikolaos, das an der Deichsel des Wagens war, und da die Pferde
zusammenstürzten, fiel Nikolaos vom Wagen. Alexander nun
hielt seine Pferde in Schwung und faßte im Vorbeikommen mit
der Achse der Hinterräder den Nikolaos, und Nikolaos starb samt
dem Wagenlenker und den Pferden. Alexander blieb als einziger
übrig, und an dem Toten ging das Sprichwort in Erfüllung: Wer
anderen Böses bereitet, bereitet es sich selbst. Alexander wurde
sodann bekränzt, und mit dem Siegerkranz zog er hinauf zum
olympischen Zeus. Und es sprach zu ihm der Priester des Zeus:
„Alexander, der olympische Zeus verkündet dir solches: Habe
Mut; denn wie du den Nikolaos besiegt hast, so wirst du viele im
Kriege besiegen."

20. Nachdem Alexander diesen Orakelspruch empfangen hatte,
kehrte er als Sieger heim nach Makedonien und fand seine Mutter
Olympias von dem König Philippos verstoßen, Philippos aber
heiratete die Schwester des Lysias namens Kleopatra.[18] Da gerade
an diesem Tage die Hochzeit des Philippos begangen wurde, kam
Alexander mit dem Olympischen Siegeskranz hinein zu dem
Gastmahl und sprach zu Philippos: „Vater, nimm diesen Siegeskranz von meinem ersten Kampfe, und wenn ich meine Mutter
Olympias einem andern König zur Ehe gebe, so will ich dich zur

Hochzeit der Olympias einladen." Und nachdem er dies gesagt
hatte, legte er sich seinem Vater Philippos gegenüber zu Tische.
Philippos aber war erbittert über das, was Alexander gesagt hatte.

21. Lysias aber, der bei dem Philippos zu Tisch lag, sagte: „König
Philippos, Herrscher des ganzen Reiches, wir wollen jetzt deine
Hochzeit mit der ehrbaren Kleopatra vollenden, auf daß du mit
ihr echte Kinder zeugst, die dir ähnlich sind." Als Alexander dies
von Lysias hörte, wurde er zornig, und sogleich schwang er
seinen Becher gegen Lysias, warf ihn ihm an die Schläfe und
tötete ihn. Als Philippos sah, was geschehen war, sprang er wütend mit dem Schwert auf Alexander zu, stolperte aber über das
Untergestell des Speisesofas und fiel zu Boden. Alexander aber
sagte lachend zu Philippos: „Der ganz Asien gewinnen und Europa umwälzen will, hatte nicht Kraft genug, eine Stufe hinauf-
zusteigen." Und da Alexander dies gesagt hatte, riß er seinem
Vater Philippos das Schwert weg und schlug alle, die bei Tische
waren, halbtot. Man konnte da die Geschichte der Kentauren
sehen: Denn die einen flüchteten unter die Sofas, die anderen
gebrauchten die Tische als Schilde, andere zogen sich an dunkle
Orte zurück, so daß Alexander als ein zweiter jugendlicher Odysseus erschien, der die Freier der Penelope tötete.[19] Alexander ging
nun hinaus und brachte seine Mutter in den Palast, die Schwester
des Lysias aber, die Kleopatra, trieb er in die Verbannung zur
Strafe für ihre Heirat. Die Leibwächter aber trugen den Philippos
weg und legten ihn auf ein Ruhebett, denn er war in üblem
Zustande.

22. Nach zehn Tagen ging Alexander hinein zu Philippos, setzte
sich neben ihn und sprach: „König Philippos – mit diesem
Namen will ich dich anreden, damit du nicht verdrießlich wirst,
wenn ich dich Vater nenne – ich bin zu dir hereingekommen,
nicht als dein Sohn, sondern als dein Freund, um wegen des
Unrechts zu vermitteln, das du gegen deine Gattin getan hast."
Philippos erwiderte: „Es war unrecht von dir, Alexander, daß du
den Lysias getötet hast wegen der unpassenden Worte, die er

gesagt hat." Alexander aber sprach: „War es recht von dir, daß du mit dem Schwerte dich erhobst gegen dein Kind, in der Absicht, mich zu töten, und daß du eine andere heiraten wolltest, da dir doch deine frühere Gattin Olympias nichts zuleide getan hatte. Stehe nun auf und sorge für dich; denn ich weiß, warum dein Körper träge ist: Und wir wollen vergessen, was geschehen ist. Und ich will meiner Mutter Olympias zureden, daß sie sich mit dir versöhnt. Denn sie wird ihrem Sohne folgen, auch wenn du nicht mein Vater heißen willst."

Nachdem Alexander dies gesagt hatte, ging er hinaus und kam zu seiner Mutter Olympias und sprach zu ihr: „Mutter, zürne nicht über das, was dein Gatte getan hat. Denn ihm ist dein Fehltritt verborgen, ich aber bin Beweis gegen dich, weil ich der Sohn eines ägyptischen Vaters bin. Daher gehe nun hin und rede ihm zu, daß er sich mit dir versöhne. Denn es ziemt sich für eine Frau, sich ihrem Mann zu fügen." Und er führte sie zu seinem Vater Philippos und sprach: „Vater, wende dich deiner Frau zu. Jetzt will ich dich Vater nennen, weil auch du deinem Sohne gefolgt bist. Hier hast du meine Mutter, nachdem ich sie inständig gebeten habe, zu dir zu gehen und das Geschehene zu vergessen. Nun umarmt einander; ihr braucht euch dessen in meiner Gegenwart nicht zu schämen; denn ich bin ja euer Sohn." Und durch diese Worte versöhnte er seine Eltern, so daß er von allen Makedonen bewundert wurde. Den Namen des Lysias aber bitten seitdem die Heiratenden nicht zu nennen, damit nicht durch seine Erwähnung eine Auflösung ihres Bundes herbeigeführt werde.

23. Es hatte sich aber die Stadt Methone gegen Philippos erhoben. Deshalb schickte er Alexander mit großer Heeresmacht ab, um sie zu bekriegen. Als Alexander vor Methone erschien, überredete er sie mit verständigen Worten, sich zu unterwerfen.[20] Als er aber von Methone heimkehrte und zu seinem Vater Philippos hineinkam, sah er vor ihm Männer stehen in barbarischer Tracht, und er fragte nach ihnen und sprach: „Wer sind diese?" Philippos aber sprach: „Satrapen des Perserkönigs Dareios." Alexander aber sprach: „Warum seid ihr hergekommen?" Sie antworteten ihm:

„Um den üblichen Tribut von deinem Vater zu fordern." Alexander fragte: „Wofür fordert ihr Tribut?" Die Satrapen antworteten ihm: „Für das Land des Königs Dareios." Da sagte Alexander zu ihnen: „Wenn dies die Götter den Menschen für ihren Lebensunterhalt geschenkt haben, stiehlt Dareios das Geschenk der Götter." Dann versuchte er, sie auf die Probe zu stellen, und fragte: „Was fordert ihr denn?" Sie antworteten: „Hundert goldene Kugeln von je zwanzig Pfund Gold." Alexander aber antwortete ihnen und sprach: „Es ist nicht recht, daß Philippos, der König der Makedonen, den Barbaren Tribut bezahle, denn niemand bringt die Hellenen in Knechtschaft." Es sagte also Alexander zu den Satrapen des Dareios: „Alexander, der Sohn des Philippos, läßt dich wissen: Solange Philippos allein da war, bezahlte er auch Tribut; da er aber einen Sohn Alexander gezeugt hat, gibt er auch keinen Tribut mehr, sondern ich werde kommen und auch den holen, den du schon von ihm empfangen hast." Mit diesen Worten schickte er die Gesandten des Dareios weg, ohne den König, der sie gesandt hatte, auch nur eines Schreibens zu würdigen. Und es freute sich Philippos, als er sah, daß Alexander dies wagte. Die Perser aber nahmen Silber und gaben es einem Freunde von ihm, der ein Maler war, und er machte ihnen ein Bild von der Gestalt des Alexanders, und sie brachten es dem Dareios nach Babylon und meldeten alles, was Alexander ihnen gesagt hatte. Als nun wieder eine andere Stadt der Thraker von Philippos abfiel, schickte Philippos den Alexander mit einer Menge von Soldaten, sie zu bekriegen.

24. Es war aber dort[21] ein gewisser Pausanias, ein sehr mächtiger und reicher Mann, der angesehenste unter allen Bewohnern von Thessalonike. Dieser nun verliebte sich in die Olympias, die Mutter des Alexander, und schickte einige Leute an sie ab mit vielem Geld, er glaubte nämlich, sie könnten sie überreden, ihren Gatten Philippos zu verlassen und ihn zu heiraten. Da aber Olympias nicht einwilligte, so kam Pausanias, nachdem er gehört hatte, daß Alexander in den Krieg gezogen sei, dahin, wo Philippos war, und da gerade ein musikalischer Wettstreit gehalten wurde, und

Philippos im Olympischen Theater diesen Wettstreit leitete,
drang Pausanias, mit dem Schwert bewaffnet, in das Theater,
begleitet von noch andern tapferen Männern, in der Absicht, den
Philippos zu töten, um dann die Olympias zu rauben. Er drang
auf ihn ein, traf ihn mit dem Schwert in die Seite, tötete ihn
jedoch nicht. Im Theater entstand nun ein großer Lärm. Pausanias
eilte in den Palast, um Olympias zu rauben. Es traf sich aber, daß
gerade an diesem Tage Alexander sieggekrönt aus dem Kriege
heimkehrte; er sah die große Verwirrung in der Stadt und fragte,
was geschehen sei. Sie sagten ihm, daß Pausanias in dem Palast sei
und seine Mutter Olympias rauben wolle. Und sogleich eilte er
mit seinen Leibwächtern, die er bei sich hatte, hinein und traf den
Pausanias, wie er die Olympias, die laut schrie, mit großer Gewalt
festhielt. Und Alexander wollte ihn mit seinem Speer töten; er
fürchtete aber, auch seine Mutter zu treffen; denn jener hielt sie
mit aller Gewalt fest. Alexander aber riß ihn von seiner Mutter
weg, und als er erfuhr, daß Philippos noch lebte, ging er hin und
sprach zu ihm: „Vater, was willst du, daß mit dem Pausanias
geschehen soll?" Er sagte: „Bringe ihn mir hierher." Und er
führte ihn herbei, nahm ein Messer und legte es in die Hand des
Philippos, und führte den Pausanias zu ihm heran, und da Philippos ihn in seine Gewalt bekommen hatte, erstach er ihn und sagte
zu Alexander: „Mein Kind, ich bin nicht betrübt, daß ich sterbe;
denn ich habe selbst Rache geübt, indem ich meinen Feind tötete.
Ganz richtig hat also Ammon, der libysche Gott, zu deiner Mutter gesprochen: Du wirst einen Sohn haben, der den Tod seines
Vaters rächen wird." Und als Philippos so gesprochen hatte, gab
er seinen Geist auf. Er wurde unter Zusammenlauf von ganz
Makedonien königlich begraben.

25. Als die Stadt Pella zur Ruhe gelangt war, ging Alexander zu
der Statue seines Vaters und rief mit lauter Stimme[22]: „Söhne der
Pellaier und Makedonen und Hellenen und Amphiktyonen und
Lakedaimonier und Korinther und aller hellenischen Völkerschaften, vereinigt euch mit mir, eurem Mitstreiter, und vertrauet
euch mir an, auf daß wir die Barbaren bekriegen und uns von der

Knechtschaft der Perser befreien, damit wir Hellenen nicht den Persern dienen." Und nachdem Alexander dies gesprochen, ließ er in jeder Stadt königliche Verordnungen bekanntmachen, und sie versammelten sich aus allen Ländern und kamen nach Makedonien, alle freiwillig, wie von einer göttlichen Stimme gerufen. Alexander öffnete die Zeughäuser seines Vaters und gab den jungen Leuten die vollständige Bewaffnung. Er versammelte auch alle die Leibwächter seines Vaters, die schon bejahrt waren, und sprach zu ihnen: „Veteranen und tapfere Kameraden, entschließt euch, das Heer der Makedonen zu zieren und mit uns in den Krieg zu ziehen." Sie aber sagten: „König Alexander, wir sind im Kriegsdienst deines Vaters Philippos alt geworden, und unsere Körper haben keine Kraft mehr gegen die Feinde. Darum erlaß uns diesen Feldzug unter deiner Führung." Alexander aber sprach zu ihnen: „Ich will um so mehr mit euch zu Felde ziehen, wenn ihr auch alt seid; denn das Alter ist viel stärker als die Jugend; die Jugend nämlich verirrt sich im Vertrauen auf ihre Kraft oft in Ratlosigkeit und gerät plötzlich in Gefahr; der Bejahrte aber überlegt zuerst und schreitet dann zur Tat, so daß er durch seine Klugheit von der Gefahr befreit wird. Ihr also, Väter, werdet mit uns ins Feld ziehen, nicht in der Weise, daß ihr euch dem Feind entgegenstellt, sondern so, daß ihr die Jüngeren ermuntert, sich wacker dem Feind entgegenzustellen. Die Hilfe beider ist notwendig. Stärkt das Heer durch eure Erfahrung, das Kriegführen bedarf nämlich der Erfahrung; denn es ist klar, daß auch eure Rettung von dem Siege für das Vaterland abhängt; denn die Feinde werden, wenn wir unterliegen, gegen das (zum Kampfe) unnütze Alter anrücken; wenn wir aber siegen, so wird der Sieg seinen Glanz auf die Klugheit der Ratgeber werfen." Und da er dies gesagt hatte, überredete er auch die Hochbejahrten durch seine Worte, ihm zu folgen.

26. Es übernahm also Alexander das Reich seines Vaters in einem Alter von achtzehn Jahren. Die Unruhen, die nach dem Tode des Philippos entstanden, befriedete Antipater, ein kluger und verständiger und kriegserfahrener Mann. Denn er führte Alexander

gepanzert ins Theater und hielt eine lange Rede, um die Makedonen für ihn einzunehmen. Es war aber, wie es scheint, Alexander glücklicher als Philippos, er kämpfte alsbald um große Dinge und erlangte überall den Sieg. Und er versammelte das frühere Heer seines Vaters und zählte sie, und fand an Makedonen 25000 Mann Fußvolk, Reiter aber 8000 Mann und 5000 Thraker. An Amphiktyonen und Ladedaimoniern und Korinthern fand er 30000 Mann. Und da er alle Anwesende zusammenzählte und die 6500 Bogenschützen, die er von seinem Vater hatte, fand er 77000. Mit diesen zog er gegen die abgefallenen Illyrer, Paioner und Triballer zu Felde. Während er aber mit diesen Völkern Krieg führte, entstanden Unruhen in Hellas.

27. Als das Gerücht sich verbreitete, daß Alexander im Krieg gefallen sei, führte Demosthenes, wie man erzählt, einen verwundeten Menschen in die Volksversammlung der Athener, der sagte, er habe selbst Alexander am Boden liegen sehen. Als dies die Thebaner erfuhren, vertrieben sie die Besatzung, die Philippos nach der Schlacht bei Chaironeia in die Kadmea gelegt hatte. Man sagt, daß Demosthenes sie dazu überredet habe. Alexander war sehr aufgebracht und kam eilig ins Land und griff Theben an. Es gab Zeichen des bevorstehenden Unglücks für die Thebaner: Das Bild der Demeter verhüllte eine Spinne und das Wasser der Dirke[23] war blutig. Als der König die Stadt eroberte, zerstörte er sie vollständig, nur das Haus des Pindaros bewahrte er. Man erzählt, daß er auch den Flötenspieler Ismenias gezwungen habe, zu der Zerstörung der Stadt die Flöte zu blasen. In Schrecken gesetzt, erwählten die Hellenen Alexander zu ihrem Feldherrn und übergaben ihm die Herrschaft über Hellas.

28. Als er nach Makedonien kam, rüstete er alles zu dem Zuge gegen Asien, baute Schnellsegler und Dreiruderer und Kriegsschiffe und befahl, alle die Truppen und ihre Wagen samt den vielfältigen Kriegsgeräten einzuschiffen. Und nachdem er 50000 Talente Gold zu sich genommen und mit der ganzen Heeresmacht zu Schiff gegangen war, gelangte er mit einem günstigen

Südwest nach Thrakien und nahm auch von dort 5000 auserlesene Krieger und 500 Talente Gold mit. Alle Städte empfingen
ihn mit großen Ehren. Als er nach dem Hellespont kam, sprang er
von dem Schiff aus Europa auf asiatischen Grund, und indem er
seinen Speer in den Boden stieß, sagte er, nun habe er Asien mit
dem Speere gewonnen. Von dort nun kam Alexander an den
Fluß Granikos. Diesen bewachten Satrapen des Dareios. Nach
tapferem Kampf siegte Alexander und von der Beute schickte er
Geschenke nach Athen und an seine Mutter Olympias. Da er
beschlossen hatte, zuerst die Meeresküste zu unterwerfen, gewann
er Ionien wieder, nachher Karien, dann Lydien, und nahm die
Schätze in Sardes weg; ferner eroberte er Phrygien und Lykien
und Pamphylien. Dort trug sich ein sonderbares Ereignis zu:
denn da Alexander keine Schiffe bei sich hatte, wich ein Teil des
Meeres zurück, damit das Landheer durchziehen konnte.

29. Und als er durchgezogen war, kam er nach Aspendos[24], wo
seine Flotte sich befand. Und er fuhr über das Meer und gelangte
nach Sizilien[25]. Und nachdem er dort einige Gegner unterworfen
hatte, fuhr er hinüber nach Italien. Die Römer sandten ihm durch
ihren Feldherrn Marcus einen aus Perlen und anderen kostbaren
Steinen gewundenen Kranz und sprachen zu ihm: „Wir bekränzen dich von neuem, Alexander, König der Römer und der
ganzen Erde!" und brachten ihm auch 500 Pfund Gold. Alexander nahm ihren Glückwunsch an und versprach, sie groß und
mächtig zu machen, und er nahm von ihnen 2000 Bogenschützen
und 400 Talente Gold.

30. Von dort fuhr er über das dazwischenliegende Meer und
gelangte nach Afrika. Die Anführer der Afrikaner kamen ihm
entgegen und baten ihn, ihre Stadt Karthago zu verschonen.
Alexander aber warf ihnen ihre Kraftlosigkeit vor und sagte:
„Entweder ihr werdet stärker oder ihr zahlt denen Tribut, die
stärker sind als ihr." Und er empfing von ihnen Tribut. Von dort
brach er wieder auf, durchzog ganz Libyen und gelangte in das
Land des Ammon. Und er ließ die Mehrzahl der Truppen zu

Schiffe gehen und befahl ihnen abzusegeln und ihn bei der Insel des Proteus[26] zu erwarten. Er selbst aber zog fort, um dem Ammon zu opfern, weil er daran dachte, daß er von Ammon gezeugt sei. Und zu ihm flehend sprach er: „Vater, wenn meine Mutter wahr spricht, daß ich von dir gezeugt sei, so gib mir einen (bestätigenden) Orakelspruch." Und Alexander sah, wie Ammon seine Mutter Olympias umarmte und zu ihm sagte: „Mein Kind Alexander, aus meinem Samen bist zu entsprossen." Da Alexander die Macht Ammons erkannt hatte, setzte er dessen Tempel instand und vergoldete sein Bild und weihte es, indem er selbst darauf schrieb: „Seinem Vater, dem Gott Ammon, Alexander." Er wünschte aber auch einen Orakelspruch von ihm zu erhalten, wo er eine Stadt mit seinem Namen gründen sollte, damit die Stadt in ewigem Andenken bliebe. Und er erblickte den Ammon selbst, alt, mit goldenem Haar und Widderhörnern an den Schläfen, der zu ihm sprach:

Phoibos[27], der widdergehörnte, verkündigt dir, König:
Wenn du allzeit in ewiger Jugend blühen willst,
Gründe die ruhmvolle Stadt gegenüber der Proteusinsel,
Welche gebietend beschützt die Plutoneische Gottheit,
Auf fünfgipfligem Berg das unendliche Weltenall lenkend.

Als Alexander diesen Spruch empfangen hatte, forschte er, welche Insel er mit der Insel des Proteus meine und welches der Gott sei, der sie beschütze. Während Alexander darüber nachsann, zog er, nachdem er abermals dem Ammon geopfert hatte, weiter bis zu einem Dorf von Libyen, wo er seine Truppen ausruhen ließ.

31. Und als Alexander spazieren ging, kam eine sehr große Hirschkuh vorbei und verschwand in einem Schlupfwinkel. Alexander rief einen Bogenschützen und befahl ihm, das Tier zu schießen. Der Schütze spannte seinen Bogen, traf aber die Hirschkuh nicht. Da sagte Alexander zu ihm: „Mann, das ist vorbeigegangen."[28] Von da an wurde jener Ort nach Alexanders Ausruf Paratonion genannt. Er gründete nun dort eine kleine Stadt, berief angesehene Männer aus der Zahl der Eingeborenen und

siedelte sie dort an; die Stadt nannte er Paratonion. Von dort ging
er weiter und kam nach Taphosiris. Er fragte nun die Eingeborenen, woher dieser Name komme. Sie sagten, der Tempel sei das
Grab des Osiris. Und nachdem er dort geopfert hatte, setzte er seinen Marsch weiter fort und gelangte auf diesen Boden[29], und sah
einen weiten Raum, der sich ins Unendliche ausdehnte und von
zwölf Dörfern eingenommen war. Von der sogenannten Pandysia bis zur Mündung [des Nils], die die herakleotische genannt
wird, bestimmte Alexander die Länge der Stadt; die Breite aber
vom Bendideion bis zu der kleinen Hermesstadt.[30] Diese heißt
aber (eigentlich) nicht Hermesstadt, sondern Hafenstadt, weil
jeder, der aus Ägypten herabkommt oder ins Land ziehen will,
dort im Hafen liegt. Bis zu diesem Ort also bestimmte Alexander
die Ausdehnung der Stadt; deshalb wurde bis hier das Gebiet der
Alexandriner gerechnet. Kleomenes aus Naukratis und Dinokra-
tes aus Rhodos aber rieten dem König Alexander, die Stadt nicht
in dieser Größe zu gründen: „Denn du wirst sie nicht mit Volk
anfüllen können, und wenn du sie auch anfüllst, so werden die
Diener nicht den Bedarf an Lebensmitteln für sie herbeischaffen
können; und es werden die Bewohner der Stadt einander bekriegen, weil die Stadt zu groß und endlos ist. Denn in kleinen
Städten läßt sich leicht das für die Stadt Erprießliche tun; wenn du
aber diese Stadt so überaus groß gründest, wie du den Plan
entworfen hast, werden die Einwohner in Zwiespalt geraten und
gegeneinander kämpfen und streiten, weil die Volksmenge endlos
ist."

Alexander ließ sich überzeugen und gestattete den Baumei-
stern, die Stadt in den Maßen zu gründen, die sie für richtig
hielten. Im Auftrage des Königs Alexander bestimmten sie die
Länge der Stadt von Drakon auf dem schmalen Landstrich, wo
Taphosiris liegt, bis zum Flusse Agathodaimon bei Kanopos, und
die Breite vom Bendistempel bis Eurylichos und Melanthios.
Und Alexander befahl allen, die dort im Umkreis von 30 Meilen
von der Stadt im Land wohnten, ihre Wohnsitze zu verlassen und
in die Stadtquartiere zu ziehen; er verlieh ihnen Grund und
Boden und nannte sie Alexandriner. Es waren aber die Baumei-

ster der Quartiere Eurylichos und Melanthios, woher auch die Benennung blieb.

Alexander suchte auch andere Baumeister für die Stadt. Unter diesen war der Libyer Heron, ein Steinhauer, und der Mechaniker Kleomenes aus Naukratis und der Olynthier Krateros. Heron hatte einen Bruder namens Hyponomos. Dieser riet dem Alexander, die Stadt auf Fundamenten zu gründen und darin Wasserleitungen und in das Meer verlaufende Abzugskanäle anzulegen. Der Name derselben ist Hyponomos[31], weil dieser Anweisung dazu gegeben hat.

32. Alexander befahl nun, den Umfang der Stadt abzugrenzen, damit er ihn sehen könnte. Die Baumeister nahmen also Mehl und bezeichneten damit die Grenzen der Stadt. Aber viele verschiedene Vögel flogen hernieder, fraßen das Mehl auf und flogen wieder weg. Alexander überlegte, was dies Zeichen bedeute, und berief Zeichendeuter und teilte ihnen mit, was geschehen war. Sie sagten: „Die Stadt, die zu gründen du befohlen hast, wird die ganze Welt nähren und überall werden die dort geborenen Menschen verbreitet sein; denn die Vögel umkreisen die ganze Erde."

Er befahl nun den Bau der Stadt. Und nachdem der größte Teil der Stadt unterbaut und abgegrenzt war, ließ er fünf Buchstaben einmeißeln: A B Γ Δ E, was bedeutet: Der König Alexander, Abkömmling des Zeus, hat eine unnachahmliche Stadt gegründet.[32] Lasttiere und Maulesel arbeiteten mit. Als das Portal des Tempels errichtet wurde, fiel plötzlich eine sehr große und uralte Tafel voll Buchstaben heraus. Daraus kamen viele Schlangen und krochen in die Eingänge der bereits errichteten Häuser. Denn Alexander gründete die Stadt und das Heiligtum am Neumond des Tybi, also im Januar. Daher ehren die Torhüter diese Schlangen als gute Gottheiten[33], wenn sie in die Häuser hineinkommen; denn es sind keine giftigen Tiere. Sie bekränzen auch die Zugtiere und gewähren ihnen eine Erholung. Daher bewahren die Alexandriner bis auf den heutigen Tag diese Sitte, indem sie am 25. Tybi ihr Gründungsfest begehen.

33. Es fand aber Alexander auf den hohen Hügeln einen Tempel erbaut und die Säulen der Sonne[34] und das Heroenheiligtum. Er suchte auch das Serapeion nach dem Orakelspruch, den ihm Ammon gegeben hatte, der so gesprochen hatte:

Phoibos der widdergehörnte, König, verkündet dir:
Wenn du blühen willst, allzeit in ewiger Jugend,
Gründe die ruhmvolle Stadt gegenüber der Proteusinsel,
Welche gebietend beschützt der Plutoneische Herrscher,
Auf fünfgipfligem Berg das unendliche Weltenall lenkend.[35]

Alexander forschte also nach dem Gotte, der alles aufnimmt. Und er errichtete gegenüber dem Heroentempel einen großen, prächtigen Altar, der jetzt Altar des Alexander genannt wird. Dort brachte er ein Opfer dar und betend sprach er: „Wer immer du auch sein magst, der für dieses Land sorgt und durch die weite Welt die Blicke sendet, nimm dies Opfer gnädig an und sei ein Helfer allzeit mir in Kampf und Schlacht."

Und da er dies gesagt hatte, legte er das Opfer auf den Altar. Und plötzlich flog ein großer Adler herab, raubte die Eingeweide des Opfers, schoß durch die Luft und ließ sie auf einen andern Altar fallen. Und als Alexander den Ort gefunden hatte und hingeeilt war, sah er die Eingeweide auf dem Altar liegen und den Altar, von Menschen in uralter Zeit errichtet, und einen Tempel und darin ein Götterbild auf einem Thron, das in der rechten Hand ein vielgestaltiges Tier trug, in der linken aber ein Zepter hielt, und neben dem Götterbild stand ein sehr großes Bild eines Mädchens. Er fragte nun die dort wohnenden Menschen, wer dieser Gott sei. Sie sagten, sie wüßten es nicht, hätten aber von ihren Vorfahren gehört, daß es ein Heiligtum des Zeus und der Hera sei. Dort sah er auch die Obelisken, die noch jetzt im Serapeion stehen, außerhalb der jetzigen Umfriedung. Darauf waren Hieroglyphen eingemeißelt, die folgendes besagten[36]: „ . . . (diese Stadt wird sein) reich an schönen Tempeln, ausgezeichnet durch die Menge vielen Volks und durch ein günstiges Klima. Und ich werde der Beschützer dieser Stadt sein, auf daß die Übel, Hungersnot oder Erdbeben, nicht ganz und für immer bleiben, sondern nur wie im Traum über die Stadt hinwegziehen. Viele

Könige werden dorthin kommen, nicht um Krieg zu führen, sondern um ihre Ehrfurcht zu zeigen. Du aber wirst nach deinem Tode unter die Götter versetzt und göttlich verehrt werden und wirst Geschenke von vielen empfangen, wenn du gestorben und doch nicht gestorben bist. Denn dein Grabmal wird eben diese Stadt sein, die du gründest. Wer ich aber bin, Alexander, finde auf diese Weise heraus: Setze zweimal hundert und eins zusammen, dann hundert und eins und viermal zwanzig und zehn; nimm den ersten Buchstaben und mache ihn zum letzten, dann wirst du erkennen, welcher Gott ich bin."[37]

Nachdem der Gott diese Auskunft gegeben hatte, verschwand er. Alexander aber, da er über den Spruch nachdachte, erkannte, daß es Serapis war. Und mit der Anordnung der Stadt ging es so, wie Alexander es geordnet hatte, und die Stadt nahm Tag für Tag an Stärke und Festigkeit zu.

34. Alexander aber nahm sein Heer und beeilte sich, in das ägyptische Land zu ziehen. Und da er in die Stadt Memphis kam, setzten ihn die Ägypter auf den Thron des Hephaistos[38] als König von Ägypten. In Memphis aber sah Alexander eine hohe Statue, die aus schwarzem Stein errichtet war und auf ihrem Sockel folgende Inschrift trug: „Der entflohene König wird wieder nach Ägypten kommen, nicht als ein alter Mann, sondern in Jugendkraft, und wird unsere Feinde, die Perser, unterwerfen." Alexander fragte nun, wessen Statue dies sei. Die Ausleger sagten ihm: „Dies ist die Statue des letzten Königs von Ägypten, Nektanebos, der, als die Perser kamen, Ägypten zu verwüsten, durch seine Zauberkunst sah, daß die Götter der Ägypter die Heere der Feinde führten und daß Ägypten von ihnen verwüstet wurde. Und weil er erkannte, daß sie ihn im Stich lassen würden, floh er. Als wir ihn aber suchten und die Götter befragten, wohin unser König Nektanebos geflohen sei, antworteten sie uns, daß dieser entflohene König wiederkommen werde, nicht als ein alter Mann, sondern als Jüngling, und unsere Feinde, die Perser, unterwerfen werde." Als Alexander dies hörte, sprang er auf die Statue, umarmte sie und sprach: „Dies ist mein Vater, ich bin sein

Sohn. Das Wort des Orakels hat euch nicht getrogen. Aber ich wundere mich, wie ihr in die Hände der Feinde gekommen seid, da ihr doch unbezwingbare Mauern habt, die von den Feinden nicht zerstört werden können. Aber so will es die himmlische Vorsehung und die Gerechtigkeit der Götter, daß ihr, die ihr ein fruchtbares Land und einen nicht von Menschenhänden gemachten, das Wachstum fördernden Fluß habt, den Barbaren untertan geworden seid, die das nicht haben." Und nachdem er dies gesagt hatte, verlangte er von ihnen den Tribut, den sie Dareios bezahlten, indem er so zu ihnen sprach: „Gebt mir Tribut, nicht damit ich ihn in meine eigene Schatzkammer bringe, sondern damit ich ihn für eure Stadt Alexandreia verwende, die die Mutterstadt der ganzen Erde ist." Auf diese Worte hin gaben ihm die Ägypter gern viel Geld, und mit Ehrfurcht und großer Achtung geleiteten sie ihn durch Pelusion.

35. Und er nahm seine Heere und setzte seinen Marsch fort nach Syrien. Dort hob er 2000 gepanzerte Männer als Soldaten aus und gelangte nach Tyros. Und es stellten sich ihm die Tyrier entgegen und ließen ihn nicht durch ihre Stadt ziehen, wegen eines alten Orakelspruches, der ihnen erteilt war und der so lautete: „Wenn durch eure Stadt, Tyrier, ein König zieht, so wird sie dem Erdboden gleichgemacht werden." Daher hinderten sie ihn, in ihre Stadt zu kommen. Sie stellten sich ihm also entgegen, nachdem sie die ganze Stadt verschanzt hatten, und nachdem ein heftiger Kampf zwischen den beiden Heeren entbrannt war, töteten die Tyrier viele Makedonen, und Alexander kehrte besiegt nach Gaza zurück, und nachdem er sich erholt hatte, suchte er Tyros zu zerstören. Er sah aber im Traum eine Erscheinung, die zu ihm sprach: „Denke nicht daran, dein eigener Bote nach Tyros zu sein." Als er aus dem Schlaf erwachte, schickte er nach Tyros Gesandte mit einem Schreiben folgenden Inhalts: „Der König Alexander, der Sohn des Ammon und des Königs Philippos und selbst ein gewaltiger König über Europa und ganz Asien, Ägypten und Libyen, spricht zu den Tyriern, die schon nicht mehr

existieren: Ich wollte auf meinem Marsch nach den zu Syrien gehörigen Ländern in Frieden und Gesetzlichkeit bei euch einziehen. Wenn ihr aber, die Tyrier, die ersten seid, die sich unserem Einzug auf dem Marsch entgegenstellen, so sollen an eurem Beispiel auch die anderen Völker lernen, wie groß die Macht der Makedonen gegen eure Torheit ist. Auch der euch erteilte Orakelspruch wird nicht unerfüllt bleiben. Denn ich werde durch eure Stadt ziehen, und sie wird in Trümmer sinken. Lebt wohl und seid vernünftig, wenn nicht, so lebt wohl und seid unglücklich." Als die Ratsherren der Tyrier das Schreiben des Königs gelesen hatten, ließen sie sogleich die von König Alexander gesandten Boten geißeln und fragten: „Welcher unter euch ist Alexander?" Als diese aber sagten, keiner von ihnen sei es, ließen sie sie kreuzigen. Alexander aber suchte nun, auf welchem Wege er in die Stadt eindringen und die Tyrier in seine Hand bringen könne; denn die Niederlage hielt er für vernunftwidrig. Und er sah im Schlaf, wie einer der den Dionysos begleitenden Satyren ihm einen Käse reichte, und wie der ihn nahm und mit Füßen trat. Als Alexander sich vom Schlaf erhob, erzählte er den Traum einem Traumdeuter. Der sprach zu ihm: „Du wirst über ganz Tyros herrschen und es wird in deine Hand fallen, weil der Satyr dir einen Käse (gr. tyros) gegeben hat und du ihn mit Füßen getreten hast."[39] Und nach drei Tagen nahm Alexander seine Heere und die Einwohner der drei nächsten Dörfer, die ihm wacker Beistand leisteten, und sie erbrachen bei Nachtzeit die Tore, drangen ein und töteten die Wachen. Alexander zerstörte ganz Tyros und machte es dem Erdboden gleich, und bis auf den heutigen Tag heißt es im Sprichwort „das Unglück von Tyros".[40] Die drei Dörfer aber, die ihm Beistand geleistet hatten, vereinigte er zu einer Stadt und nannte sie Tripolis (gr. Dreistadt)[41].

36. Nachdem Alexander in Tyros einen Statthalter über die Phönikier eingesetzt hatte, brach er auf und zog durch Syrien. Und es begegneten ihm Gesandte des Dareios, die ihm einen Brief und eine Peitsche und einen Ball und ein Kästchen voll Gold brachten.

Alexander nahm das Schreiben des Perserkönigs Dareios, las es
und fand darin folgendes geschrieben: „Ich, der König aller Könige, der Verwandte der Götter, der mit der Sonne aufgeht, selbst
ein Gott, Dareios, befehle und gebiete dir, meinem Diener Alexander, solches: daß du zurückkehrst zu deinen Eltern, die meine
Sklaven sind, und dich in den Schoß deiner Mutter Olympias
schlafen legst. Denn dein Alter verlangt noch, erzogen und gewartet zu werden; darum habe ich dir eine Peitsche und einen Ball
und ein Kästchen Gold geschickt, damit du wählen kannst, was
du willst. Die Peitsche, um dir anzuzeigen, daß du noch erzogen
werden mußt, den Ball, damit du mit deinen Altersgenossen
spielst und nicht übermütig die Jugend so vieler Menschen verlei-
test, indem du sie wie ein Räuberhauptmann mit dir führst und
die Städte zerstörst. Denn auch wenn die ganze Welt zu dir
zusammenkommt, kann die Herrschaft der Perser doch nicht
gestürzt werden. Denn ich habe so große Scharen von Soldaten,
daß man sie noch weniger zählen kann als den Sand am Meer.
Gold und Silber habe ich so viel, daß ich die Erde damit bedecken
kann. Ich habe dir auch ein Kästchen mit Gold geschickt, damit
du deinen Raubgenossen das Nötige geben kannst, wenn du
nicht in der Lage bist, ihren Unterhalt zu bestreiten, auf daß ein
jeder in sein Vaterland zurückkehren kann. Wenn du aber meinem Befehl nicht gehorchst, so werde ich Verfolger gegen dich
ausschicken, so daß du von meinen Soldaten ergriffen wirst. Und
als Philippos' Sohn wirst du dann nicht nur gezüchtigt, sondern
als ein Abtrünniger gekreuzigt werden."

37. Und da Alexander dies vor allen Soldaten vorlas, verzagten
alle. Und Alexander bemerkte ihre Furcht und sprach zu ihnen:
„Makedonische Männer und Kriegskameraden, warum seid ihr
erschreckt über das, was Dareios geschrieben hat, als ob seine
prahlerischen Worte wirklich Kraft hätten? Auch manche Hunde,
die durch ihre Körperkraft nichts vermögen, bellen gewaltig, als
könnten sie durch das Bellen ein Abbild der Kraft zeigen. So ist es
auch mit Dareios; da er in seinen Taten nichts vermag, sucht er

sich mit seinen Worten den Anschein (von Stärke) zu geben, wie auch die Hunde mit ihrem Bellen. Selbst wenn das Geschriebene wahr wäre, so würde uns dadurch unser Weg erleuchtet sein, daß wir sehen, gegen wen wir tapfer kämpfen müssen um den Sieg, damit wir nicht besiegt werden und in Schande fallen."

Und nachdem er dies gesagt hatte, befahl er, den Boten des Dareios die Hände auf den Rücken zu binden, sie hinwegzuführen und zu kreuzigen. Da fragten diese: „Was haben wir dir Böses getan, König Alexander? Wir sind Boten; warum befiehlst du, uns schmählich zu töten?" Alexander antwortete ihnen: „Macht eurem König Dareios Vorwürfe und nicht mir; denn Dareios hat euch mit einem solchen Schreiben geschickt, als wäre ich nicht ein König, sondern ein Räuberhauptmann; ich töte euch also, als wäret ihr zu einem gewalttätigen Menschen und nicht zu einem König gekommen." Sie aber sprachen: „Dareios, der solches geschrieben, hat nichts gesehen. Wir aber sehen deine Königsherrschaft und Heeresmacht und erkennen an dem, was wir sehen, daß du, der Sohn des Königs Philippos, ein großer und weiser König bist. Wir bitten dich also, König und Herr, daß du uns das Leben schenkst." Alexander sprach zu ihnen: „Jetzt fürchtet ihr euch vor eurer Bestrafung und bittet um euer Leben; deshalb will ich euch freilassen; denn ich habe nicht die Absicht, euch zu töten, sondern ihr sollt nur sehen, welcher Unterschied ist zwischen einem hellenischen König und einem barbarischen Tyrannen. Daher fürchtet kein Leid von mir; denn ein König tötet keinen Boten." Und da Alexander so gesprochen hatte, befahl er ihnen, sich mit ihm zu Tische zu legen. Und als einige von den Boten ihm sagen wollten, wie er den Dareios durch einen Hinterhalt ergreifen könnte, wenn er den Krieg gegen ihn begänne, sprach er zu ihnen: „Sagt mir nichts; denn wenn ihr nicht zu ihm zurückkehrtet, würde ich es von euch zu erfahren suchen; da ihr aber wieder zu ihm geht, so will ich es nicht, damit keiner von euch es Dareios verrät, und ich als schuldig an eurer Bestrafung gelte. Schweigt also, damit wir ruhig über die Sache hinweggehen." Es ehrten ihn die Boten mit vielen Worten, und die ganze Menge der Heeresscharen zollte ihm Beifall.

38. Nach drei Tagen schrieb Alexander einen Brief an Dareios, den er auch seinen Soldaten, ohne daß es die Boten des Dareios wußten, vorlas und der also lautete:

„König Alexander, der Sohn des Königs Philippos und seiner Mutter Olympias, entbietet dem König der Könige, der mit den Göttern thront und mit der Sonne aufgeht, dem großen König der Perser seinen Gruß.

Es ist schimpflich, daß der große Perserkönig Dareios, der mit solcher Macht sich brüstet, der mit den Göttern thront und mit der Sonne aufgeht, in niedrige Knechtschaft des armseligen Menschen Alexander geraten wird; denn die Namen der Götter, wenn sie auf Menschen übergehen, verleihen ihnen große Macht und Weisheit! Aber wie sollen die Namen der unsterblichen Götter jemals auf vergängliche Leiber übergehen? Siehe, auch daran haben wir erkannt, daß du nichts vermagst, sondern die Namen der Götter zu Hilfe nimmst, und mit ihrer Macht auf Erden dich bekleidest, um uns Furcht einzujagen. Ich aber komme, um gegen dich als Sterblichen Krieg zu führen; die Entscheidung des Sieges jedoch hängt von der himmlischen Vorsehung ab. Warum aber hast du uns auch geschrieben, daß du soviel Gold und Silber besitzest? Damit wir, wenn wir davon hören, um so tapferer kämpfen, um es zu bekommen? Und ich werde, wenn ich dich besiege, berühmt und ein großer König sein bei den Hellenen und Barbaren, weil ich den mächtigen Herrscher Dareios gestürzt habe; du aber, wenn du mich besiegst, hast damit nichts Besonderes getan; denn du hast nur einen Räuber überwunden, wie du an uns geschrieben hast; ich aber, wenn ich den König der Könige, den großen Gott Dareios überwunden habe, werde groß und herrlich sein.

Aber du hast mir auch eine Peitsche und einen Ball und ein Kästchen Gold geschickt. Und du hast dies geschickt, um mir Unglück zu verkünden; ich aber habe diese Dinge als eine gute Botschaft angenommen. Denn die Peitsche habe ich empfangen, um durch meine Speere und Waffen die Barbaren zu züchtigen und mit meiner Hand sie in Knechtschaft zu bringen. Durch den Ball aber hast du mir angedeutet, daß ich die Welt überwinden

werde; denn ballförmig und rund ist die Welt. Durch das Kästchen mit Gold aber hast du mir ein großes Zeichen gesendet;
denn deine Unterwerfung hast du mir dadurch angezeigt; wenn
du besiegt bist, wirst du mir Tribut bezahlen."

39. Nachdem Alexander dies seinen Soldaten vorgelesen hatte,
gab er es den Boten des Dareios; und er schenkte ihnen das Gold,
das sie gebracht hatten. Nachdem sie die Großmut Alexanders
erfahren hatten, kehrten sie zurück und kamen zu Dareios. Dareios, da er das Schreiben Alexanders gelesen hatte, bemerkte die
Kraft in diesen Worten. Und nachdem er genaue Nachforschungen über die Kenntnisse Alexanders und über seine Kriegsrüstungen angestellt hatte und darüber sehr in Sorge geraten war,
schrieb er an seine Satrapen einen Brief folgenden Inhalts:
„König Dareios entbietet seinen Feldherrn jenseits des Tauros
seinen Gruß. Man meldet mir, daß Alexander, der Sohn des
Philippos, sich empört habe. Diesen nun nehmt gefangen und
führt ihn zu mir, ohne ihm ein Leid zuzufügen, damit ich ihm
sein Purpurgewand ausziehe und ihm Schläge gebe und ihn dann
in sein Vaterland Makedonien zu seiner Mutter Olympias
schicke, beschenkt mit Klappern und Würfeln, womit die makedonischen Knaben spielen. Und ich will Männer als Lehrer jeglicher Tugend mit ihm schicken. Seine Schiffe aber versenkt in den
Abgrund des Meeres; die Feldherrn, die ihm gefolgt sind, legt in
Fesseln und schickt sie zu mir; die übrigen Soldaten schickt an das
Rote Meer, um dort zu wohnen. Alle seine Pferde und die Lasttiere und die Waffen schenke ich euch und euren Freunden. Lebt
wohl."
Darauf antworteten die Satrapen Dareios folgendes: „Dem
Gott und großen König Dareios Gruß. Wir wundern uns, wie es
dir bis jetzt verborgen geblieben ist, daß ein so großes Heer gegen
uns gezogen ist. Wir haben dir einige davon, die bei uns umher-
streiften, geschickt, ohne es zu wagen, sie vor dir auszuhorchen.
Komm nun schnell mit großer Macht, damit wir dem Feind nicht
zur Beute werden."

Nachdem Dareios dieses Schreiben in Babylon in Persien empfangen und gelesen hatte, antwortete er ihnen:

„Der König der Könige, der große Gott Dareios grüßt euch. Von mir habt ihr nichts zu hoffen, gebt ihr einen Beweis eurer Tapferkeit. Ein reißender Strom ist über euch hereingebrochen und hat euch in Verwirrung gebracht? Ihr, die ihr den Blitz auslöschen könnt, habt ihr den Donner eines kleinen Menschen nicht ertragen? Was könnt ihr vorbringen? Daß einer von euch in der Schlacht gefallen ist? Was soll ich über euch beschließen? Denn ihr habt meine Herrschaft geschändet, indem ihr einen Räuber habt laufen lassen. Jetzt werde ich, wie ihr fordert, selbst kommen und ihn fangen."

40. Da nun Dareios erfuhr, daß Alexander in der Nähe sei, lagerte er sich an dem Flusse Pinaros, und schickte an Alexander einen Brief folgenden Inhalts: „Ich, der König der Könige, der große Gott Dareios, der Herr aller Völker, an Alexander, der die Städte plündert. Es scheint dir der Name des Dareios unbekannt zu sein, den selbst die Götter geehrt haben, die es nicht unter ihrer Würde hielten, neben mir zu thronen; und du hast dich nicht glücklich geschätzt, verborgen vor mir über Makedonien zu herrschen, ohne meinen Befehl, sondern hast unbekannte Länder und Städte, die anderen gehören, durchzogen und dich dort zum König ausrufen lassen, hast verzweifelte Männer gleich dir gesammelt und bekriegst unkriegerische Städte, die ich mit Bedacht immer als überflüssig für meine Herrschaft betrachtet habe, weil sie zu verächtlich sind, und verlangst Tribut von ihnen wie ein Bettler. Du glaubst also, wir wären wie du, und rühmst dich, die Städte, die du erobert hast, immer zu behalten. Doch darin bist du schlecht beraten. Denn vor allen Dingen hättest du deinen Unverstand ablegen und zu mir, deinem Herrn Dareios, kommen und keine Räuberbanden ansammeln sollen. Ich habe dir geschrieben, daß du kommen und dem König Dareios deine Ehrfurcht erweisen solltest. Du aber hältst an deinem Starrsinn fest. Deshalb werde ich dich mit unaussprechlicher Todesqual bestrafen, und noch elender als du werden deine Räubergenossen ster-

ben, wenn sie keine Vernunft annehmen. (Wenn du aber kommst), schwöre ich dir bei Zeus, dem höchsten Gott, und bei meinem Vater, daß ich dir das Böse, was du getan hast, nicht nachtragen werde."

41. Als Alexander den Brief des Dareios empfangen und gelesen hatte, geriet er nicht in Furcht. Dareios aber befahl sofort allen ihm untertänigen Königen und Statthaltern und Befehlshabern und Satrapen, sich an einem Ort zu versammeln. Und Dareios musterte sie und fand 800000 auserlesene gepanzerte Reiter und 300000 Fußsoldaten. Und er nahm diese alle und zog hinab, (d. h. aus dem Innern des Landes mehr nach der Meeresküste zu) mit seinen Söhnen, seiner Frau und seiner Mutter. Um ihn waren die 10000 sogenannten Unsterblichen; sie wurden Unsterbliche genannt, weil ihre Zahl stets erhalten und an die Stelle der Gestorbenen immer andere eingereiht wurden. Alexander durchzog den kilikischen Tauros und gelangte nach Tarsos, der Hauptstadt von Kilikien, und da er dort den Fluß Kydnos erblickte, so legte er, triefend von dem Schweiß des Marsches, seinen Panzer ab und schwamm durch den Fluß. Da aber das Wasser sehr kalt war, so erkältete er sich und geriet in Todesgefahr, und wurde nur mit Mühe geheilt. Der ihn heilte, war Philippos, ein berühmter Arzt. Nachdem er genesen war, rückte er gegen Dareios vor. Dareios aber lagerte sich bei Issos in Kilikien. Und da sie nahe beieinander waren, so daß nur ein Tagemarsch sie noch trennte, da entbrannte Alexander und eilte zu dem Kampf in die Ebene und stellte sich dem Dareios gegenüber auf. Die Feldherrn des Dareios aber, da sie Alexander mit seiner Heeresmacht zum Aufenthaltsort des Dareios heranziehen sahen, stellten die Wagen und die gesamte Kriegsmacht zum Kampf auf. Und da nun beide Heere zum Treffen aufgestellt waren, gestattete ihnen Alexander weder in die Phalanx einzubrechen, noch durchzufahren, noch umzukehren, sondern die meisten Wagen gingen, da die darauf stehenden Kämpfer heruntergeschossen wurden, zugrunde und wurden zertrümmert; einige aber wurden in die Flucht geschlagen. Und Alexander bestieg ein Pferd und befahl den Trompetern, das

Signal zur Schlacht zu geben. Und unter großem Geschrei der
Heerscharen entspann sich ein heftiger Kampf. Lange Zeit hielten
sie auf beiden Seiten aus, indem sie mit den äußersten Enden der
Flügel aufeinander eindrangen und sich gegenseitig mit den Speeren trafen.

Nach diesem Kampfe trennten sich beide Parteien. Die um
Alexander aber trieben die um Dareios in die Flucht und vernichteten sie gänzlich, da diese wegen ihrer großen Masse selbst einander trafen und übereinander stürzten. Und es war nichts dort zu
sehen als Pferde, die auf der Erde lagen, und getötete Männer,
und man konnte weder Perser noch Makedonen noch Bundesgenossen, weder Satrapen noch Reiter noch Fußgänger unterscheiden wegen der Menge des Staubes. Denn es zeigte sich weder der
Himmel, noch war die Erde zu sehen vor dem vielen Blute und
den vielen Leichen und Wagen, die auf dem Boden lagen. Und
auch die Sonne, als wenn sie mitfühlte, was geschah und solche
Besudelung nicht sehen wollte, umgab sich mit Wolken. Die
Perser erlitten eine große Niederlage und wandten sich zu eiliger
Flucht. Unter ihnen war Amyntas, der Sohn des Antiochos, der
zu Dareios geflohen war, nachdem er früher in Makedonien
geherrscht hatte. Auch als es Abend wurde, floh Dareios voll
Angst mühselig immer weiter. Sein Wagen war aber leicht zu
erkennen. Deshalb verließ er ihn und bestieg ein Pferd und floh.
Alexander aber, der eine Ehre darein setzte, Dareios gefangenzu-
nehmen, verfolgte ihn, um zu verhindern, daß ihn jemand töte.
Der Wagen nun und der Bogen, die Frau, die Töchter und die
Mutter des Dareios fielen dem Alexander in die Hände, nachdem
er die Verfolgung 60 Stadien weit fortgesetzt hatte; Dareios selbst
aber rettete die Nacht, und dazu hatte er immer frische Pferde bei
seiner Flucht. Alexander aber lagerte sich in dem erbeuteten Zelte
des Dareios. Nachdem er so die Feinde besiegt und solchen Ruhm
gewonnen hatte, wurde er nicht übermütig, sondern er befahl,
die tapfersten und adeligen Perser, die im Kampf gefallen waren,
zu bestatten, die Mutter des Dareios aber und seine Frau und seine
Kinder führte er in ehrenvoller Weise mit sich; auch den übrigen
Persern gab er durch Zureden Zuversicht. Die Menge der gefalle-

nen Perser war sehr groß; von den Makedonen aber fand es sich,
daß 500 Fußsoldaten und 160 Reiter gefallen und 350 verwundet
waren; die Barbaren aber hatten 20000. Dazu wurden noch 4000
Mann gefangengenommen.

42. Dareios aber, nachdem er geflohen und gerettet war, zog mit
noch größeren Streitkräften ins Feld und schrieb an die ihm
untertänigen Völker, daß sie mit großer Heeresmacht zu ihm
kommen sollten. Ein Kundschafter aber erfuhr, daß Dareios ein
Heer zusammenzog, und schrieb dem Alexander über das Bevor-
stehende. Darauf schrieb Alexander an seinen Feldherrn Skamandros[42] folgendes:
„König Alexander entbietet unserem Feldherrn Skamandros
seinen Gruß. Komme mit deinen Truppen und mit der ganzen
Heeresmacht schleunigst zu uns. Denn die Barbaren sollen nicht
fern sein." Alexander selbst aber setzte mit dem Heer, das er bei
sich hatte, seinen Marsch fort, und nachdem er den sogenannten
Tauros überstiegen hatte, stieß er einen sehr großen Spieß in die
Erde und sprach: „Wenn einer von den Hellenen oder Barbaren
oder den andern Königen es wagt, diesen Speer wegzunehmen,
soll ihm das ein schlimmes Zeichen sein; denn seine Stadt wird
von Grund aus zerstört werden." Er kam nun nach Hipperia,
einer Stadt in Bebrykien, wo sich ein Tempel und ein Bild des
Orpheus befand und die pierischen Musen und ihre Tiere um die
Statuen herumstanden.[43] Als aber Alexander das Bild des Orpheus ansah, begann es zu schwitzen. Und auf Alexanders Frage,
was dies Zeichen bedeute, sagte ihm der Zeichendeuter Melampos: „Du mußt dich abmühen, König Alexander, mit Schweiß
und Erschöpfung, indem du die Völker der Barbaren und die
Städte der Hellenen unterwirfst. Denn wie Orpheus mit
Leierspiel und Gesang die Hellenen lenkte und den Sinn der
Barbaren wendete und die Tiere zähmte, so wirst auch du dich
mit dem Speer abmühen und dir alle unterwürfig machen."
Nachdem Alexander dies gehört hatte, erwies er dem Zeichendeuter hohe Ehre und ließ ihn gehen. Er gelangte nach Phrygien,
und als er an den Fluß Skamandros kam, in den Achilles hinein-

gesprungen war[44], sprang auch er hinein. Als er den Schild (des Achilles) betrachtete und ihn nicht so gar groß und nicht so bewundernswürdig fand, wie Homer ihn beschrieben hat, sagte er: „Ihr Glücklichen, die ihr einen solchen Herold gefunden habt wie Homer; in seinen Gedichten seid ihr groß, in dem aber, was man sieht, erscheint ihr dessen nicht würdig, was er geschrieben hat." Und es trat ein Dichter zu ihm und sprach: „König Alexander, wir wollen dich noch gewaltiger darstellen." Alexander aber sagte: „Lieber will ich bei Homer Thersites als bei dir Agamemnon sein."[45]

43. Von dort gelangte er auf dem kürzesten Wege nach Pyle. Dort versammelte er das ganze Heer der Makedonen samt den Gefangenen, die er im Krieg gegen Dareios gemacht hatte, und setzte seinen Marsch nach Abdera fort. Die Abderiten aber verschlossen die Tore ihrer Stadt. Darüber erzürnte Alexander und befahl seinem Feldherrn, ihre Stadt anzuzünden. Sie schickten aber Gesandte an ihn, die sagten: „Wir haben die Tore nicht verschlossen, um uns deiner Macht entgegenzustellen, sondern weil wir das Reich der Perser fürchten, daß Dareios, wenn er die Herrschaft behält, unsere Stadt zerstört, weil wir dich aufgenommen haben. Deshalb komm zu uns und öffne die Tore der Stadt; denn dem gewaltigeren König unterwerfen wir uns." Als Alexander dies hörte, lächelte er und sprach zu ihren Gesandten: „Ihr fürchtet die Herrschaft des Dareios, daß er später eure Stadt zerstöre, wenn er die Herrschaft behält. Geht hin und öffnet eure Stadt und lebt in guter Ordnung. Denn ich werde nicht in eure Stadt kommen, bis ich den König Dareios, vor dem ihr euch fürchtet, überwunden habe, dann werde ich eure Unterwerfung annehmen." Nach diesen Worten setzte er seinen Marsch fort.

44. Und er kam in zwei Tagen nach Bottea[46] und Olynthos und verwüstete das ganze Land der Chaldäer und tötete ihre Nachbarn. Und von dort zog er zum Schwarzen Meer und unterwarf alle in der Nähe liegenden Städte. Den Makedonen aber fehlten die nötigen Lebensmittel, so daß alle vor Hunger dem Tode nahe

waren. Da ersann Alexander einen klugen Plan: er ließ alle Reit-
pferde schlachten und häuten und befahl dann, sie zu braten und
zu essen. Und sie wurden satt und erholten sich von dem Hunger.
Aber sie sagten: „Warum hat Alexander unsere Pferde getötet?
Für den Augenblick haben wir uns zwar an Nahrung gesättigt,
aber wir sind wehrlos im Kampf, da unsere Pferde geschlachtet
sind." Als Alexander dies hörte, trat er unter das Heer und sprach:
„Kameraden, die Pferde haben wir geschlachtet, obwohl sie für
den Krieg sehr nötig sind, damit wir satt würden. Wenn ein Übel
durch ein geringeres Übel geheilt wird, so ist es weniger traurig;
wenn wir in ein anderes befreundetes Land kommen, werden wir
leicht neue Pferde finden. Wenn ihr aber durch Hunger umkommt, so werden wir so schnell keine neuen Makedonen finden."

45.[47] Nachdem er so das Heer beruhigt hatte, setzte er von dort
aus seinen Marsch weiter fort, ließ andere Städte links liegen und
gelangte nach Lokris. Dort ließ er das Heer einen Tag Halt machen und gelangte dann nach Akragantinon. Dort betrat er das
Heiligtum des Apollon und verlangte, daß die Priesterin des
Phoibos ihm weissage. Als diese aber sagte, daß das Orakel ihm
nicht weissage, wurde Alexander zornig und sagte: „Wenn du
nicht weissagen willst, so werde auch ich den Dreifuß wegtragen,
wie Herakles den heiligen Dreifuß weggetragen hat, den der
Lydierkönig Kroisos geweiht hat." Da kam eine Stimme aus dem
Innern des Heiligtums: „Herakles, Alexander, hat das als ein Gott
gegen einen Gott getan, du aber, ein sterblicher Mensch, stelle
dich Göttern nicht entgegen. Denn deine Taten reichen schon bis
zu den Göttern." Da nun diese Stimme erklungen war, sprach die
von Phoibos inspirierte Seherin: „Der Gott selbst hat dir geweissagt, indem er dich mit dem gewaltigen Namen nannte; denn er
hat aus dem Heiligtum gerufen: Herakles Alexander! Dies verkündige ich dir, daß es dir bestimmt ist, in deinen Taten gewaltiger als alle zu werden und für alle Zeit im Andenken der Menschen fortzuleben."

46. Als Alexander nach Theben kam und verlangte, daß die
Thebaner 1000 der besten Soldaten ins Feld stellen sollten, schlossen die Thebaner ihre Tore, schickten keine Gesandten an Alexander und empfingen auch keine, und rüsteten ein Heer gegen
den anrückenden Alexander. Und sie schickten Bewaffnete auf
die Stadtmauer, um von dort aus Alexander aufzufordern, entweder zu kämpfen oder von der Stadt wegzuziehen. Er aber
lachte und sprach: „Tapfere Thebaner, warum habt ihr euch in
eure Mauern eingeschlossen und fordert die außen Stehenden auf,
entweder zu kämpfen oder wegzuziehen? Ich werde kämpfen,
beim Zeus, nicht wie gegen tapfere und kriegserfahrene Leute,
sondern wie gegen kampfunwürdige und Feiglinge. Denn bisher
habe ich alle besiegt, die sich in Mauern verschließen. Denn für
tapfere Männer ziemt es sich, auf freiem Felde zu kämpfen, für
Weiber aber, sich einzuschließen." Nach diesen Worten befahl er
4000 Streitern, außen an den Mauern herzureiten und die Darauf-
stehenden mit ihren Geschossen zu töten. Weiteren 2000 befahl
er, mit Äxten und zweischneidigen Beilen und langen Haken und
eisernen Hebeln die Grundfesten aufzureißen und die von der
Leier des Amphion[48] zusammengefügten Steine auseinander-
zusprengen und herabzuwerfen und Feuer an die Tore zu legen
und die sogenannten Widder anzustemmen, aus Eisen und Holz
angefertigte Maschinen, die auf Rädern durch die Kraft der Soldaten von weither gegen die Mauern gestoßen werden und
schnell die ganz fest zusammengefügten Steine auseinanderspren-
gen. Er selbst ging mit weiteren 1000 Schleuderern und Lanzen-
werfern um die eingerissenen Mauern herum. Überall war nun
Feuer, und Steine und Pfeile und Lanzen flogen durch die Luft.
Und die Thebaner stürzten verwundet von den Mauern herab;
wie vom Himmel durch Göttermacht getroffen starben sie durch
die Würfe der Schleuderer. Andere verließen die Mauern, da sie
keinen Widerstand mehr leisten konnten. Innerhalb dreier Tage
stand die ganze Stadt der Thebaner in Flammen. Zuerst wurde
das sogenannte kadmeische Tor, wo Alexander stand, erbrochen.
Sogleich drang der König durch eine schmale Öffnung allein in
die Stadt. Und viele der von ihm angegriffenen Thebaner flohen;

denn die einen verwundete er, die andern brachte er durch Schrecken in Verwirrung. Es kamen aber auch durch die anderen Tore die übrigen Soldaten mit Waffen und Pferden herbei, im ganzen 3000, und töteten alle. Und schon wichen die Mauern auseinander und stürzten zusammen; denn eifrig führte das makedonische Heer Alexanders Befehle aus. Von vielem Menschenblut wurde die Erde getränkt, und die Leichen vieler Thebaner bewachte der enge Raum. Denn jedes Haus sank zusammen, und vom Feuer verzehrt wurde die ganze Stadt der Thebaner. Und die Hand der Makedonen wurde nicht müde, das Eisen mit Blut zu beflecken, und hilflos kamen die verblendeten Thebaner durch Alexander um.

Alle Thebaner also kamen mit der Stadt um. Nur wenige blieben übrig, und Alexander ließ bekanntmachen, daß diese, welche Stadt sie auch betreten möchten, heimatlos sein sollten. Und von dort zog er nach anderen Städten.

47. Die überlebenden Thebaner schickten nach Delphi, um einen Spruch zu erhalten, ob die Thebaner überhaupt jemals wieder zu Kräften kommen würden. Apollon antwortete ihnen: „Hermes, Herakles und der Faustkampfheld Polydeukes werden dich, Theben, mit viel Mühen wieder aufbauen."

Nachdem sie diesen Spruch empfangen hatten, erwarteten die Thebaner, was da kommen würde.

Alexander aber gelangte nach Korinth, als dort gerade die Isthmischen Spiele gefeiert wurden. Die Korinther forderten ihn auf, die Spiele zu leiten. Er ließ sich überreden und nahm den Vorsitz ein. Und als dann die Kämpfer eingetreten waren und die Sieger von Alexander bekränzt wurden und er denen, die gut gekämpft hatten, außerdem noch ein Geschenk gab, meldete sich einer der Athleten, ein sonderbarer Mann aus Theben namens Kleitomachos, zum Ringen, zum Pankration und zum Faustkampf. Und beim Ringen warf er durch mancherlei Künste seine Gegner nieder, so daß er von Alexander besonders gelobt wurde. Als er herankam, um von Alexander mit dem Kranz für den Ringkampf geschmückt zu werden, sprach Alexander zu ihm: „Wenn du auch in den beiden anderen Kämpfen siegst, zu denen du dich gemeldet hast, werde ich dich mit drei Kränzen schmücken, und dir den Wunsch erfüllen, den du aussprichst." Da er nun im Faustkampf und im Pankration und außerdem noch im Ringen gesiegt hatte, kam er zum Alexander, um mit den drei Kränzen geschmückt zu werden. Da aber der Herold ihn fragte, wie er heiße und woher er sei, damit er ihn ausrufe, sagte er: „Ich heiße Kleitomachos, eine Heimat aber habe ich nicht." Da sprach der König: „Wackerer Mann, du bist ein so ruhmvoller Kämpfer, hast in der Kampfbahn den dreifachen Sieg gewonnen, im Ringen, im Faustkampf und im Pankration, bist von mir mit Ölzweigen bekränzt worden, und hast keine Heimat?" Sprach zu ihm Kleitomachos: „Ich hatte eine Heimat, ehe der König Alexander geboren wurde; da aber der König Alexander geboren wurde, habe ich mein Vaterland verloren." Alexander merkte, was er meinte und um was er bitten wollte, und sprach: „Theben soll wieder aufgebaut werden zu Ehren deiner Götter, des Hermes, Herakles und Polydeukes, damit dir von mir ein Geschenk und die Erfüllung einer Bitte zuteil wird."[49] Und so ging der Spruch des Apollo in Erfüllung:

„Hermes, Herakles und der Faustkampfheld Polydeukes werden dich, Theben, mit viel Mühen wieder aufbauen."

ZWEITES BUCH

1. Alexander aber zog von Korinth nach Plataiai, einer Stadt der Athener, wo sie die Kore (Persephone) verehren, und trat in den Tempel der Göttin, als gerade ein heiliges Gewand für die Göttin gewebt wurde. Er betrachtete es, und auf seine Frage antwortete die Priesterin: „Zur guten Stunde bist du eingetreten, großer König; berühmt wirst du sein und glänzen in jeglicher Stadt." Alexander aber belohnte sie mit Gold. Nach einigen Tagen kam Stasagoras, der oberste Beamte von Plataiai, in das Heiligtum der Göttin, und es sprach die Priesterin: „Stasagoras, dein Sturz steht bevor." Er aber wurde zornig und sagte: „Unwürdige Prophetin, dem Alexander hast du, als er eintrat, Glück verheißen, mir aber hast du meinen Sturz vorausgesagt." Sie sprach: „Zürne nicht darüber. Denn alles verkünden die Götter den Menschen durch Zeichen, besonders den hervorragenden; denn als Alexander hereintrat, wurde gerade Purpur in das Gewand der Göttin eingewebt; deshalb habe ich so gesprochen; du aber kamst, als das Gewand schon fertig war und das Gewebe abgenommen wurde; es muß also klar sein, daß du abgesetzt werden wirst." Und er befahl, sie aus ihrem Priesteramt zu entfernen, und sagte: „Du selbst hast dir das Zeichen gedeutet." Als Alexander davon erfuhr, entfernte er ihn sofort von seinem Amte, die Priesterin aber setzte er wieder in ihre Stelle ein. Stasagoras ging ohne Wissen Alexanders nach Athen – denn von den Athenern war er zum Strategen bestellt – und erzählte ihnen unter Tränen von seiner Absetzung. Sie wurden nicht wenig aufgebracht und schmähten Alexander. Als Alexander dies erfuhr, schrieb er ihnen einen Brief folgenden Inhalts:

„Der König Alexander sagt den Athenern: Als ich nach meines
Vaters Tod die Herrschaft übernommen hatte, ordnete ich durch
Briefe die Verhältnisse in den nach Westen liegenden Städten und
Ländern, und obgleich diese bereit waren, mir auf meinen Zügen
zu folgen, zog ich es doch vor, ihren guten Willen anerkennend,
mich auf die Makedonen zu beschränken. Und indem diese mich
freudig als ihren König anerkannten, unterwarf ich durch ihre
Tapferkeit die Länder Europas. Die Thebaner aber, die schlecht
handelten, vernichtete ich, indem ich ihre Stadt gänzlich zerstörte. Da ich aber jetzt nach Asien ziehe, fordere ich die Athener
auf, mich würdig zu empfangen. Daher schreibe ich euch, nicht
mit vielen Worten, wie ihr gewöhnt seid, sondern nur die Hauptsache: es ziemt nicht für die Beherrschten, sondern für die Herr-
schenden, anzuordnen und zu handeln; mir, dem Alexander, muß
gehorcht werden. Entweder müßt ihr selbst mächtiger werden
oder den Mächtigeren gehorchen; und ihr werdet mir jährlich
1000 Talente Tribut geben."

2. Die Athener aber mißachteten ihn und schrieben zurück: „Die
Stadt der Athener und die zehn besten Redner sagen dem Alexander: Wir waren, auch als dein Vater noch lebte, sehr unzufrieden und freuten uns sehr, als er starb. Dieser Ansicht sind wir auch
über dich, verwegner Sohn des Philippos. Als Tribut verlangst du
von den Athenern jährlich 1000 Talente, das heißt, du hast küh-
nen Mut und willst uns bekriegen. Wenn du etwas willst, so
komme; wir sind bereit." Darauf schrieb der König Alexander an die Athener: „Ich habe
zuerst in Eile unseren Leontes[1] abgesendet, damit er euch die
Zungen ausschneide und sie mir bringt, und eure unklugen Redner wegführt... Und ich werde versuchen, euch und eure Helfe-
rin Athene in Flammen zu stürzen, weil ihr meinen Befehlen
nicht folgt. Liefert also die zehn Redner aus, die an eurer Spitze
stehen, damit ich dann aus Mitleid mit eurem Vaterlande erwä-
gen kann, was zu eurem Besten dient." Sie schrieben aber zurück:
„Das tun wir nicht." Und am nächsten Tag hielten sie eine Volks-

versammlung und berieten, was zu tun sei. In dieser Beratung stand der Redner Aischines[2] auf und sagte:

„Männer von Athen, warum seid ihr so langsam mit eurem Entschluß? Wenn ihr beschließt uns hinzuschicken, so gehen wir zuversichtlich. Denn Alexander ist der Sohn des Philippos. Philippos aber wuchs in der Rücksichtslosigkeit des Krieges auf, Alexander dagegen in der Erziehung des Aristoteles und hat, der er so erzogen wurde, uns die Hand gereicht. Daher wird er in sich gehen, wenn er seine Lehrer sieht, und wird bei dem Anblick derer, die ihn im Regieren unterwiesen haben, erröten, und die Gesinnung, die er gegen uns hegte, in Wohlwollen verwandeln."

Während Aischines sprach, erhob sich Demades[3], ein tüchtiger Redner, und unterbrach den Aischines mit den Worten: „Wie lange trägst du uns noch solche weichlichen und feigen Reden vor, daß wir uns ihm nicht zum Kampfe entgegenstellen sollen? Welcher Dämon treibt dich dazu, solches zu reden? Du, der so treffliche Reden gehalten, der die Athener zum Kriege gegen den Perserkönig ermuntert hat, stürzest jetzt die Athener in Feigheit und machst sie zittern vor einem Jüngling, einem übermütigen Tyrannen, der die Verwegenheit seines Vaters übernommen hat? Warum aber fürchten wir, mit ihm zu kämpfen? Wir, die wir die Perser vor uns her getrieben und die Lakedaimonier besiegt und auch die Megarer in die Flucht geschlagen und die Phoker bekämpft und die Zakynthier ausgeplündert haben, wir fürchten uns, gegen Alexander Krieg zu führen? Aber Aischines sagte: ‚Er wird uns, seine Lehrer erkennen und wird Ehrfurcht empfinden, wenn er euer Antlitz sieht.' Uns alle hat er verhöhnt und hat den Stasagoras seines Amtes entsetzt, den wir eingesetzt hatten, und hat den Kithoon, meinen Feind, zum obersten Beamten eingesetzt, obgleich doch die Stadt uns gehört. Schon hat er an Plataiai Rache geübt, und du sagst, daß er, wenn er unser Antlitz sieht, Ehrfurcht empfinden wird! Nein, vielmehr wird er uns züchtigen, wenn er uns unbewaffnet in seine Hände bekommt. Daher wollen wir Krieg führen mit dem rücksichtslosen Alexander und ihm nicht vertrauen. Dazu kommt noch sein Alter: sein Alter erweckt kein Vertrauen; denn er kann wohl tapfer Krieg führen,

aber nicht gerecht und verständig denken. Tyros, sagt er, hat er
verwüstet; die Stadt war ja ohnmächtig. Theben hat er zerstört;
aber es war von vielen Kriegen erschöpft. Die Peloponnes hat er
erobert; nicht er selbst, sondern Seuche und Hunger haben die
Menschen zugrunde gerichtet. Außerdem: Xerxes verband einst
das Meer durch Schiffe, übersäte das ganze Land mit Heeren und
verdeckte die Luft mit seinen Geschossen und füllte Persien mit
Gefangenen an, und doch haben wir ihn in die Flucht gejagt und
seine Schiffe verbrannt, unter Anführung des Kynaigeiros[4] und
der anderen trefflichen Männer kämpfend. Und jetzt scheuen wir
uns gegen Alexander Krieg zu führen, einen verwegenen Knaben, und gegen die ihn umgebenden Satrapen und Trabanten, die
noch unverständiger sind als er! Also wollt ihr uns zehn Redner
hinsenden, deren Auslieferung er verlangt hat? Erwägt, was euch
nützlich ist. Das jedoch sage ich euch im voraus, Männer von
Athen, daß oft schon zehn Hunde durch wackeres Bellen ganze
Herden, die schon fliehen wollten, gegen die Wölfe gerettet
haben."

3. Nachdem Demades also vor der Versammlung geredet hatte,
forderten die Athener den Demosthenes[5] auf, sich zu erheben und
seinen Rat für das Gemeinwohl zu geben. Und er erhob sich und
sprach: „Bürger! Denn Athener will ich nicht sagen; wenn ich ein
Fremdling unter euch wäre, so würde ich sagen: Athener; so aber
hängt unser aller gemeinsames Wohl davon ab, ob wir mit Alexander Krieg führen oder uns ihm unterwerfen. Aischines' Rede
klang unentschieden, indem er weder uns zum Kriege antreibt
noch dagegen redet; er ist ein besonnener Mann, der schon in
vielen Volksversammlungen geredet hat. Demades aber, der ein
junger Mensch ist, hat seinem Alter entsprechend gesagt: ‚Wir
haben den Xerxes in die Flucht gejagt durch die Großtaten des
Kynaigeiros und der andern.' Aber gib uns doch, Demades, auch
jetzt diese Männer, und wir wollen Krieg führen und uns wieder
der Kraft der Genannten anvertrauen. Wenn wir aber jene nicht
wieder bekommen, so wollen wir nicht in den Krieg ziehen.
Denn jede Zeit hat ihre eigne Kraft und ihren eignen Beruf. Wir

Redner können in Reden etwas leisten, die Waffen zu ergreifen aber sind wir nicht imstande. Xerxes hatte zwar ein großes Heer, aber er war ein Barbar und ist durch die Klugheit der Hellenen besiegt worden. Alexander aber ist ein Hellene und hat schon dreizehn Kriege unternommen und ist niemals besiegt worden, die meisten Städte haben ihn sogar ohne Kampf aufgenommen. Aber, sagt Demades, die Tyrier waren schwach. Jedoch haben dieselben Tyrier dem Xerxes ein Seetreffen geliefert und ihn besiegt und seine Schiffe verbrannt. Und wie kann man sagen, daß die Thebaner ohnmächtig gewesen seien, die seit der Gründung ihrer Stadt niemals besiegt worden waren, nun aber von Alexander versklavt worden sind? Die Peloponnesier, sagt Demades, sind nicht von Alexander, sondern durch Hunger besiegt worden. Aber damals sandte ihnen Alexander Lebensmittel aus Makedonien. Und als sein Statthalter Antigonos sagte: ,Gegen die du Krieg führen willst, denen schickst du Getreide?', da sprach der Makedone: ,Damit ich im Kampfe sie besiege, und sie nicht durch Hunger aufgerieben werden.' Und jetzt seid ihr unwillig, daß Stasagoras von ihm abgesetzt worden ist. Dieser aber hat selbst zuerst sich aufgelehnt; denn er sagte zu der Priesterin wegen des Zeichens: ,Ich entsetze dich deines Prophetenamtes.' Alexander aber, da er sah, daß Stasagoras unverständig war, entsetzte ihn seines Strategenamtes.' War der König nicht im Recht, unwillig zu sein? Sind denn König und Feldherr gleich? Warum also scheltet ihr den Alexander? Aber Stasagoras, heißt es, war ein Athener. Die Priesterin aber, die von Stasagoras abgesetzt wurde, war sie etwa keine Athenerin? So hat Alexander uns gerächt, als er dies tat; denn unserer Priesterin hat er das Priesteramt wieder gegeben."

4. Da Demosthenes also gesprochen hatte, erhob sich lauter Beifallsruf und ein endloser Lärm. Und Demades schwieg, Aischines lobte das Wort des Demosthenes und Lysias bezeugte die Richtigkeit desselben und Platon pflichtete ihm bei und die Amphiktyonen stimmten zu und das ganze Volk trat der Ansicht des Demosthenes bei. Demosthenes aber sprach: „Noch eins will ich

zur Verteidigung meiner Ansicht hinzufügen. Demades sagt, daß Xerxes das Meer mit seinen Schiffen bedeckt und das Land mit seinem Heere übersät und die Luft mit seinen Geschossen verdeckt und Persien mit gefangenen Hellenen angefüllt habe. Ist es recht, daß der Barbar noch jetzt von Athenern gepriesen wird, weil er die Hellenen zu Gefangenen machte? Alexander aber, der ein Hellene ist und Hellenen zu Hilfe nahm, hat seine Gegner nicht in Gefangenschaft geschleppt, sondern ist ins Feld gezogen und hat seine Feinde zu Bundesgenossen zu machen gesucht, indem er öffentlich sagte: ‚Alles werde ich überwinden dadurch, daß ich meinen Freunden wohltue, meine Feinde aber zu Freunden mache.' Und jetzt wollen wir Athener, die wir Freunde und Lehrer des Alexander waren, seine Feinde heißen? Denn es ist schimpflich, daß ihr, die Lehrer, unverständig erscheint, der Schüler sich aber besonnener zeigt als die Lehrer. Keiner von den hellenischen Königen hat jemals Ägypten betreten, außer Alexander, und zwar nicht um Krieg zu führen, sondern um sich einen Orakelspruch zu erbitten, wo er zum ewigen Gedächtnis seines Namens eine Stadt gründen solle. Und er hat den Spruch empfangen und bereits die Stadt gegründet und aufgerichtet. Denn bei jedem Werk, das tatkräftig begonnen wird, muß offenbar auch das Ende schnell kommen. Er betrat Ägypten, als es von den Persern beherrscht wurde, und als die Ägypter baten, mit ihm gegen die Perser ins Feld zu ziehen, antwortete der verständige Jüngling: ‚Es ist besser, daß ihr Ägypter euch mit der Flut des Nils und der Bebauung des Landes beschäftigt, als daß ihr euch zu dem Wagnis des Ares rüstet.' Und durch ein Wort machte er sich Ägypten untertan. Denn ein König ist nichts, wenn er kein Land hat, das ihm Abgaben zahlt. Als erster Hellene also hat Alexander Ägypten gewonnen, so daß er auch der Erste unter allen Hellenen und Barbaren ist. Wie viele Heere wird jenes Land nähren? Nicht allein die, die in der Nähe lagern, sondern auch die, die im Kriege kämpfen. Wie viele Städte und Inseln wird es mit Ansiedlern erfüllen? Denn sowie es reich an Weizen ist, so ist es auch reich an Menschen. Und was der König verlangt, das wird das Land ihm nach Wunsch geben. Und ihr Athener wollt gegen Alexander

Krieg führen, der so reiche Mittel zur Ausrüstung seines Heeres hat? Auch wenn euch das erwünscht und willkommen ist, die augenblickliche Lage erfordert es nicht."

5. Nachdem Demosthenes also geredet hatte, beschlossen sie einstimmig, dem Alexander einen Siegeskranz von 50 Pfund zu schicken, samt Danksagungsschreiben, und zwar durch andere angesehene Gesandte; denn die Redner schickten sie nicht. Die Gesandten aber kamen nach Plataiai und überreichten dem König die Beschlüsse. Und da er sie gelesen und den Rat des Aischines und die Rede des Demosthenes und den Beschluß der Amphiktyonen zur Kenntnis genommen hatte, schrieb er ihnen einen Brief folgenden Inhalts:

„Alexander, der Sohn des Philippos und der Olympias; denn König will ich noch nicht sagen, bis ich alle Barbaren den Hellenen unterworfen habe. Ich habe zu euch gesendet, daß ihr mir die Redner schicken solltet, nicht um sie zu bestrafen, sondern um sie als meine Lehrer freundlich zu begrüßen. Denn ich habe mir nicht gestattet, mit einem Heer zu eurer Stadt zu kommen, damit ihr nicht glaubt, ich käme als Feind, sondern mit den Rednern statt eines Heeres wollte ich kommen, um euch von aller Furcht zu befreien. Ihr aber habt es anders aufgenommen, im Bewußtsein eurer Unüberlegtheit darin, was ihr den Makedonen angetan habt. Denn als mein Vater Philippos gegen die Zakynthier Krieg führte, seid ihr Bundesgenossen der Zakynthier geworden; als ihr aber von den Korinthern bekriegt wurdet, leisteten die Makedonen euch Hilfe und vertrieben die Korinther. Und während wir das Bild der Athene in Makedonien aufstellten, habt ihr in eurer Stadt die Bilder meines Vaters umgestürzt. Eine gerechte Vergeltung haben wir von euch empfangen für das, was wir für euch getan haben! Daher seid ihr jetzt mutlos wegen des von euch begangenen Unrechts und fürchtet, daß ich im Gefühle meiner königlichen Würde Rache an euch nehmen möchte. Dies würde ich auch sicher tun, wenn ich nicht selbst athenischer Bürger wäre. Euer Benehmen gegen mich kann mich indes nicht befremden. Denn wann wart ihr in bezug auf die Leute, die sich bei euch

auszeichneten, gut beraten? Den Eukleides habt ihr ins Gefängnis
geworfen, der euch das Beste riet; den Demosthenes habt ihr in
die Verbannung getrieben; den Alkibiades, der in eurem Interesse
als Gesandter zum Kyros ging und der euch ein trefflicher Feldherr war, habt ihr mißhandelt; Sokrates, den Lehrer von Hellas,
habt ihr hingerichtet; gegen den Philippos habt ihr euch undankbar gezeigt, der euch in drei Kriegen Beistand leistete; den Alexander schmäht ihr wegen des Strategen Stasagoras, der sich gegen
mich und euch vergangen hat; denn er hat die athenische Priese-
rin der Göttin abgesetzt; ich aber habe sie in ihre Würde wieder
eingesetzt. Wir billigen aber, was eure Redner euch empfehlen,
den angemessenen Rat des Aischines, die mutige Rede des Demades und den ersprießlichen Rat des Demosthenes. Ihr werdet
also wieder Athener sein und nichts Schlimmes von mir zu befürchten haben; denn es scheint mir ungereimt, während ich für
die Freiheit gegen die Barbaren kämpfe, Athen, den Sitz der
Freiheit, zu zerstören."

6. Nachdem er diese Botschaft abgeschickt und seine Heere an
sich gezogen hatte, erschien er in Lakedaimon. Die Lakedaimonier aber, die ihm ihren Mut zeigen und die Athener beschämen
wollten, weil sie sich vor ihm gefürchtet hatten, verschlossen die
Tore und bemannten ihre Schiffe; denn sie kämpften lieber zur
See als zu Land.

Als Alexander von ihren Kriegsrüstungen erfuhr, schickte er
ihnen zuerst einen Brief:

„Alexander schreibt den Lakedaimoniern:

Fürs erste rate ich euch, den Ruhm, den ihr von euren Vorfahren her genießt, zu bewahren; den Gruß bewahre ich für die Zeit,
wenn ihr euch würdig zeigt... wenn ihr würdige Männer und
unbesiegte Krieger seid, seht zu, daß ihr euren Ruhm nicht verliert und, indem ihr den Athenern eure Kraft zeigen wollt, von
ihnen verlacht werdet. Daher verlaßt freiwillig eure Schiffe,
damit euch das Feuer nicht verbrennt."

Als der Brief vorgelesen worden war, leisteten sie der Aufforderung nicht Folge, sondern eilten zum Kampf, und so fielen die

von den Mauern herab Kämpfenden durch Waffen, und die auf
den Schiffen verbrannten. Die Überlebenden aber kamen demütig flehend und baten, nicht zu Sklaven gemacht zu werden.
Alexander sprach: „Als ich kam und euch überreden wollte, habt
ihr nicht auf mich gehört; nachdem aber aus Schiffen Kohle
geworden ist, kommt ihr und bittet mich. Aber ich schelte euch
darum nicht; denn da ihr daran dachtet, daß ihr einst den Xerxes
vertrieben habt, wolltet ihr es mit mir genauso machen; aber ihr
konntet unseren Waffen nicht standhalten." Nachdem er dies
gesagt hatte und mit den lakedaimonischen Heerführern einen
Vertrag geschlossen hatte, ließ er die Stadt in Frieden und unbe-
steuert. Und von dort zog er durch Kilikien in die Länder der
Barbaren.

7. Dareios aber versammelte um sich die Führer der Perser. Und
sie berieten, was zu tun sei. Dareios aber sprach: „Wie ich sehe,
dringt der Krieg allmählich mit Macht gegen uns heran; und ich
dachte, Alexander habe nur Räubereien im Sinn, aber er unter-
nimmt königliche Taten. Und gleich, wie groß wir Perser zu sein
glauben, so ist Alexander größer durch Klugheit. Wir aber haben
ihm eine Peitsche und einen Ball geschickt zum Spielen und um
erzogen zu werden. Darum laßt uns überlegen, was dazu dienen
kann, die Verhältnisse besser zu gestalten, damit wir nicht, den
Alexander geringschätzend, als wäre er Niemand, und uns brü-
stend mit der mächtigen Herrschaft der Perser auf der ganzen
Erde, überwältigt werden. Und ich fürchte, daß man den Größeren schwächer als den Kleineren finden wird, indem Glück und
Vorsehung einen Wechsel der Kronen gestatten. Und jetzt ist es
zweckmäßig, Hellas aufzugeben, damit wir über unsere eigenen
Untertanen herrschen und nicht, indem wir Hellas von seiner
Herrschaft zu befreien suchen, auch Persien verlieren."
    Oxyderkes aber, der Bruder des Dareios, sagte zu ihm: „Jetzt
machst du den Alexander groß und ermutigst ihn, Persien anzugreifen, indem du ihm Hellas überläßt. Ahme auch du dem
Alexander nach, so wirst du die Herrschaft behalten. Denn jener
vertraut den Krieg nicht seinen Feldherrn und Statthaltern an wie

du, sondern legt seine Königswürde ab und stürmt als erster auf die Feinde los und deckt seine Heere mit dem Schild und kämpft in der Schlacht; nach errungenem Sieg aber nimmt er das königliche Diadem wieder an." Dareios aber sprach: „Warum sollen wir ihm nachahmen?" Und es sprach zu ihm ein anderer Feldherr: „Dadurch hat Alexander alle überwunden, daß er nichts hinausschob, sondern alles tatkräftig durchführte. Seiner Kühnheit entspricht auch seine Gestalt; denn er gleicht in allem einem Löwen." Dareios aber sprach zu ihm: „Woher weißt du das?" Und er antwortete: „Als ich von dir, König, zu Philippos geschickt wurde, um den Tribut zu fordern, da sah ich das Aussehen des Alexander in Makedonien und seine Gestalt und seine Klugheit. Daher berufe nun auch du, König, die Statthalter und alle die Völkerschaften, die zu deinem Reich gehören, Perser und Parther und Meder und Elymaier und Babylonier und Mesopotamier; denn viele Völker sind dir untertan, und von diesen sende zahllose Scharen ins Feld; und wenn die Götter dir beistehen, ist es möglich, die Hellenen zu überwinden; vielleicht werden wir durch die Menge der Menschen und der Waffen unsere Feinde erschrekken." Nachdem Dareios dies gehört hatte, sprach er: „Dein Rat ist gut, aber ein Gedanke der Hellenen besiegt die Haufen der Barbaren, sowie ein einziger Hund eine ganze Herde von Schafen in die Flucht jagt." Und da Dareios so gesprochen hatte, befahl er, die Scharen zu versammeln.

8. Alexander aber zog durch Kilikien und gelangte dort an den Fluß, der Kydnos heißt; sein Wasser ist klar, und da Alexander es sah, bekam er Lust, sich darin zu baden.[6] Und er zog sich aus und sprang hinein; da aber das Wasser sehr kalt war, tat es ihm nicht gut, denn er bekam sogleich Schmerzen im Kopf und im ganzen Körper und wurde sehr krank. Als Alexander darniederlag und Schmerzen hatte, krankten auch die Makedonen und litten in ihren Gemütern, weil sie fürchteten, daß Dareios von der Krankheit Alexanders erfahren und sie angreifen könnte; so sehr hing von der Lebenskraft Alexanders die Lebenskraft der Soldaten ab.

Da verordnete ein Arzt namens Philippos, Alexander einen Trank
zu geben, und versprach, ihn von der Krankheit zu befreien. Da
wurde Alexander ein Brief übergeben, den Parmenion, der Feldherr Alexanders geschickt hatte, daß Dareios dem Arzt Philippos
gesagt habe, er solle eine günstige Gelegenheit suchen, Alexander
durch Gift aus dem Wege zu räumen, und daß er ihm versprochen habe, ihm seine eigene Schwester zur Frau zu geben und ihn
an der Herrschaft zu beteiligen, und daß Philippos es zu tun
versprochen habe. Der König solle sich daher vor Philippos
hüten. Als aber Alexander den Brief gelesen hatte, war er nicht
bestürzt; denn er kannte die Gesinnung des Philippos gegen ihn.
Er legte also den Brief unter sein Kissen. Philippos aber kam und
überreichte dem König Alexander den Becher mit der Arznei
und sprach: „Trinke, Herr und König, und du wirst von deiner
Krankheit genesen." Und Alexander nahm den Becher, faßte den
Philippos mit der rechten Hand, blickte ihn lange an und sprach
zu ihm: „Philippos, wie soll ich mich dir anvertrauen?" Darauf
antwortete Philippos: „Trinke, König, und fürchte nichts; der
Trank ist ungefährlich." Und Alexander sprach: „Siehe, ich
trinke", und sogleich trank er und nachdem er getrunken, da erst
gab er ihm den Brief. Als er ihn für sich gelesen hatte, sprach
Philippos: „König Alexander, du wirst mich nicht dem gleich
finden, was hier geschrieben ist." Und da Alexander genesen war,
umarmte er den Philippos und sagte: „Du hast erkannt, welche
Gesinnung ich gegen dich hege, Philippos. Denn ich bekam den
Brief vor deinem Trank und dann nahm ich den Trank in Vertrauen auf deinen Namen; denn ich wußte, daß Philippos gegen
Alexander nichts Schlimmes im Schilde führt." Philippos aber
sprach: „Herr und König, jetzt züchtige nach Gebühr den Parmenion, der dir den Brief gesandt hat; denn er selbst hat mich
oftmals zu überreden gesucht, dich durch Gift aus dem Wege zu
räumen, damit er die Schwester des Dareios Dadipharta zur Ehe
erhielte, und weil ich mich weigerte, siehe, welchem schmählichen Tod er mich bei dir ausgesetzt hat." Und nachdem Alexander die Sache untersucht und die Unschuld des Philippos fest-
gestellt hatte, bestrafte er den Parmenion.

9. Von dort nun gelangte Alexander mit seinen Heeren in das
Land der Meder. Er beeilte sich, Großarmenien einzunehmen,
und nachdem er dieses unterworfen hatte, zog er viele Tage durch
wasserlose, schluchtenreiche Gegenden und gelangte durch Aria-
na an den Fluß Euphrat, überbrückte diesen mit Bögen und
eisernen Klammern und befahl dann dem Heere hinüberzuzie-
hen. Da er aber sah, daß die Soldaten sich fürchteten, befahl er,
zuerst das Vieh und die Schafe und den Proviant hinüberzuschaf-
fen und dann die Soldaten. Diese aber sahen das Anströmen des
Flusses und fürchteten, daß die Bögen sich lösen möchten. Da sie
es nicht wagten, hinüber zu gehen, nahm Alexander seine Leibwächter zu sich und ging zuerst hinüber. Nun folgte auch sein
ganzes Heer. Und sogleich befahl er, die Bögen über den Euphrat
zu lösen. Darüber wurden die Soldaten unwillig und noch mut-
loser und sprachen: „König Alexander, wenn es geschähe, daß
wir in dem Krieg zur Umkehr genötigt würden, wie werden wir
uns über den Fluß retten können?" Alexander aber, da er ihre
Mutlosigkeit sah und den sich gegen ihn erhebenden Lärm hörte,
versammelte alle die Heere und erklärte: „Kriegskameraden, ihr
gebt mir schöne Hoffnungen auf Siege, wenn ihr daran denkt,
geschlagen und zur Umkehr gezwungen zu werden. Gerade deswegen habe ich befohlen, die Brücke abzubrechen, damit ihr im
Krieg den Sieg davon tragt; denn der Krieg ist nicht eine Sache
der Fliehenden, sondern der Verfolger; wenn wir den Sieg und
die Heimkehr nach Makedonien als ein und dieselbe Sache sehen,
werden wir sieggekrönt zurückkehren. Denn der Kampf ist dann
nur ein Spiel für uns." Und nachdem Alexander so gesprochen
hatte, ehrte ihn das Heer mehr als bisher und zog wohlgemut in
den Krieg. Man schlug Zelte auf und lagerte sich.

In gleicher Weise aber lagerte sich das Heer des Dareios am
Ufer des Euphrat. Und sie trafen in der Schlacht zusammen und
beide Heere kämpften tapfer gegeneinander. Und einer der Perser kam in den Rücken Alexanders, in eine makedonische Rüstung gehüllt, als sei er ein Kampfgenosse der Makedonen, und
schlug mit dem Schwert gegen den Kopf Alexanders und zer-
schmetterte ihm den Helm. Sogleich wurde er von den Soldaten

des Alexander ergriffen und gefesselt vor ihn geführt. Alexander, der ihn für einen Makedonen hielt, sprach zu ihm: „Du tapfrer Mann, warum hast du das getan?" Er entgegnete: „König Alexander, laß dich durch meine makedonische Rüstung nicht täuschen; denn ich bin ein Perser, ein Satrap des Dareios. Und ich ging hin zu Dareios und sprach zu ihm ‚Wenn ich dir den Kopf des Alexanders bringe, was gibst du mir?' Und er versprach mir ein Königreich und seine Tochter zur Ehe. Ich bin also zu dir hierher gekommen und habe mir das Aussehen eines Makedonen gegeben, habe aber das Ziel meiner Hoffnung nicht erreicht." Nachdem Alexander dies gehört hatte, berief er das ganze Heer zu sich und vor aller Augen gab er den Gefangenen frei; zu seinem eigenen Heer aber sprach er: „So müssen Krieger sein."

10. Als es den Barbaren an Lebensmitteln mangelte, kehrten sie um nach Baktrien. Alexander aber blieb dort und bemächtigte sich der ganzen Gegend. Da kam ein anderer Satrap zu Alexander und sagte: „Ich bin ein Satrap des Dareios und habe für ihn große Taten im Kriege vollbracht und bin nicht von ihm belohnt worden. Gib mir also 10000 bewaffnete Soldaten, und ich gebe dir meinen König Dareios." Es sprach aber zu ihm Alexander: „Gehe hin und hilf deinem König; denn ich vertraue dir keine fremden Leute an, da du deine eigenen verrätst." Es schrieben nun die dortigen Satrapen an Dareios wegen Alexander also:

„Dareios, dem großen König Gruß! Auch früher haben wir dir mit Fleiß von dem Zug des Alexander gegen unser Volk Kunde gegeben, und jetzt melden wir dir, daß er erschienen ist und unser Land bedrängt. Sehr viele von uns hat er getötet, und auch wir selbst sind in Gefahr umzukommen. Eile also herbei mit großer Heeresmacht, um ihm zuvorzukommen, und laß ihn nicht näherrücken; denn stark und zahlreich ist das makedonische Heer und hat Gewalt über uns. Lebe wohl!"

Als Dareios das Schreiben empfangen und gelesen hatte, schickte er an Alexander einen Brief folgenden Inhalts[7]: „Der König Dareios an Alexander! Ich sehe, du bemühst dich um nichts, was dir Gnade bei mir erwerben könnte. Darum bist du auch so anmaßend in deinen Briefen, so stolz und übermütig in deiner Frechheit beharrend aufgetreten, daß dies alles meinen Sinn mehr zur Rache als zum Erbarmen hat stimmen können. Ich glaube nicht, daß die Götter meiner Herrschaft und ihrer Wohnsitze im Orient so überdrüssig sind, daß sie so ohne weiteres mit dir nach den Reichen des Westens ziehen. Sie rufe ich als Zeugen an und beschwöre sie; sie werden meinem verdienten Rachewerk ihre Hilfe nicht verweigern. Oder glaubst du, du habest mir einen Dienst erwiesen mit dem listigen Gefallen, daß du meiner Mutter, meinem Weib und meinen Kindern gnädig bist? Ich aber denke, meine Mutter sei zu den Göttern gegangen, Weib und Kinder habe ich nie gehabt. Um so härter werde ich mit dem Schwert Rache nehmen. Wolltest du aber etwas tun, was meinen Zorn besänftigen könnte, so müßtest du selbst demütig bittend und reuig zu mir kommen; dann könnte es sein, daß wir gnädig gestimmt dich mit Ehren überhäuften, die dich den Göttern gleich machen müßten. Tust du das nicht, so wüte nur, soviel dir gefällt, gegen die Meinigen. Und wenn du Mutter, Weib und Kinder noch milder behandeltest, so könnte mich das nicht gnädig stimmen. Hiermit hast du meine letzten Befehle; antworte, was du willst, und wünsche oder erwarte das eine oder andere, Verzeihung deiner Bosheit oder Strafe."

Nachdem Alexander den Brief des Dareios erhalten und gelesen hatte, lächelte er und antwortete ihm: „Der König Alexander grüßt den Dareios. Dein leerer Unsinn und dein Geschwätz und dein nichtiges Gerede ist den Göttern ganz und gar verhaßt. Und du hörst immer noch nicht auf, zu schmähen und grundlose Vermutungen zu hegen. Denn nicht aus Furcht vor dir habe ich die Deinigen geehrt, noch in der Hoffnung auf Versöhnung, damit du kommst und dich uns dankbar erweisest. Komme also nicht zu uns; denn meine Krone ist der deinigen nicht würdig. Du wirst aber meine Ehrfurcht vor allen Menschen nicht hindern, vielmehr werde ich deiner ehemaligen Familie in noch höherem Maße meine gute Gesinnung zeigen. Dies ist also der letzte Brief, den ich dir schreibe."

11. Und nachdem Alexander dies an Dareios geschrieben hatte, war er bereit zum Kriege und schrieb an alle seine Statthalter:

„Der König Alexander entbietet allen ihm untergebenen Statthaltern in Phrygien und Kappadokien, Paphlagonien, Arabien und allen anderen seinen Gruß. Ich will, daß ihr Kleidung anschafft für eine große Menge und sie uns nach Antiochia in Syrien schickt.[8] Auch die Waffenvorräte, die ihr angeschafft habt, sendet uns zu. Denn es sind 3000 Kamele bereitgestellt von dem Fluß Euphrat bis nach Antiochia in Syrien, damit der Befehl unverzüglich ausgeführt werden kann. Findet euch also schleunigst bei uns ein."

Auch dem Dareios schrieben seine Satrapen: „Dareios, dem großen König, unseren Gruß. Wir scheuen uns, dir solches zu schreiben, werden aber von den Umständen dazu gezwungen. Wisse, König, daß der Heerführer der Makedonen zwei von den Großen unseres Reiches getötet hat; andere von ihnen sind zu Alexander übergegangen samt ihrem Harem." Als dies Dareios erfuhr, schrieb er den nächsten seiner Feldherrn und Satrapen, sich bereit zu halten und ihre Heere zum Krieg aufzustellen. Er schrieb auch den nächsten Königen also: „Dareios, der König der Könige, entbietet seinen geliebten Kriegern seinen Gruß. Als wollten wir uns den Schweiß abwischen, wollen wir gegen das armselige makedonische Volk kämpfen." Er befahl auch dem persischen Heer, sich bereit zu halten. Außerdem schrieb er an den Inderkönig Poros und bat ihn um Hilfe.

12. Als aber der König Poros das Schreiben des Dareios empfangen und von seinem Unglück gelesen hatte, war er betrübt und antwortete ihm so: „Poros, der König der Inder, entbietet dem König der Perser Dareios seinen Gruß. Als ich dein Schreiben gelesen hatte, war ich tief betrübt, und ich bin in Verlegenheit, weil ich gern mit dir zusammentreffen und mich mit dir über die nützlichen Maßnahmen beraten möchte, aber durch eine Krankheit daran gehindert werde. Bleibe also guten Mutes und sei überzeugt, daß wir dir beistehen werden und diesen Frevel nicht ertragen können. Schreibe uns nun, was du unternehmen willst;

denn alle meine Macht wird dir zu Gebote stehen und auch die
entfernteren Völker werden auf deinen Ruf hören. Lebe wohl."
Als die Mutter des Dareios dies vernahm, sandte sie insgeheim
dem Dareios folgenden Brief: „Dem König Dareios, meinem
lieben Kinde, meinen Gruß. Ich höre, daß du Völker versammelst
und einen neuen Krieg gegen Alexander anfangen willst. Ich bitte
dich also, mein Kind, stürze die Welt nicht in Verwirrung; denn
die Zukunft liegt im Dunkeln. Laß also die Hoffnung auf Sieg
fahren, damit du nicht, indem du über einem jähen Abgrund
einen zweifelhaften Weg einschlägst, ums Leben kommst. Denn
wir sind in hohen Ehren bei König Alexander, und nicht wie die
Mutter eines Feindes hat er mich gehalten, sondern er läßt mich
von einer großen Leibwache begleiten. Darum hoffe ich, daß wir
einen günstigen Frieden erlangen werden." Nachdem Dareios die
Briefe gelesen, weinte er, indem er seiner Familie gedachte; zugleich aber wurde er heftig aufgeregt und trieb zum Kriege.

13. Alexander aber erschien mit großer Heeresmacht in der Gegend von Persis. Die hohen Mauern der Stadt[9] waren für die
Makedonen von weitem sichtbar. Der kluge Alexander ersann
also einen Plan. Er ließ die dort weidenden Herden von den
Weiden wegtreiben, von den Bäumen Zweige abhauen und
diese den Tieren auf den Rücken binden; das Vieh zog dann
hinter dem Heer her. Die auf der Erde hinschleppenden Zweige
aber wirbelten den Staub auf, und die Staubwolke stieg auf bis
zum Himmel, so daß die Perser, die dies von den Mauern aus
sahen, meinten, das Heer sei eine zahllose Menge. Am Abend ließ
er auf die Hörner der Tiere Fackeln und Wachskerzen binden und
diese anzünden. Denn die Gegend war eben, und die ganze Ebene
sah aus, als ob sie in Brand stünde. Und die Perser wurden mutlos.
Sie waren an die Stadt Persis bis auf fünf Meilen heran gekommen. Da wollte Alexander einen Boten an Dareios absenden, um
zu melden, wann sie die Schlacht liefern wollten. In jener Nacht
sah Alexander im Schlaf den Ammon in der Gestalt des Hermes
neben sich stehen, mit einem Heroldsstab, einem kurzen Mantel,
einem Stock und einem Hut auf dem Kopf, der zu ihm sprach:

„Mein Kind Alexander, wenn du Hilfe brauchst, bin ich dir zur
Seite. Wenn du nun einen Boten an Dareios schickst, so wird er
dich verraten. Sei du selbst der Bote und ziehe hin, nachdem du
die Tracht angelegt hast, in der du mich siehst." Alexander aber
sprach: „Es ist gefährlich für mich, als König mein eigener Bote
zu sein." Der Gott aber sprach zu ihm: „Wenn ein Gott dir hilft,
so wird kein Schaden dich treffen." Und nachdem er diesen
Spruch empfangen, stand Alexander auf voll Freuden und teilte
ihn seinen Satrapen mit. Diese aber rieten ihm davon ab.

14. Zusammen mit einem Satrapen namens Eumelos und drei
Streitern machte sich Alexander sogleich auf den Weg und gelangte zu dem Fluß Stranga[10]. Dieser Fluß erstarrt bei Frost, so
daß er einen festen Boden bildet und fast wie Fels wird, und Vieh
und Wagen darüber passieren können. Nach einigen Tagen aber
taut er auf und wird tiefflutend, so daß er die, die ihn gerade
überqueren, ins Verderben reißt. Alexander nun fand den Fluß
erstarrt und er legte die Kleidung an, die er im Traume den
Ammon hatte tragen sehen, setzte sich auf sein Roß Bukephalos
und ritt allein hinüber. Als ihm aber Eumelos zuredete, ihn mit
hinüberzunehmen, damit es ihm nicht an Hilfe fehle, sprach
Alexander zu ihm: „Warte hier mit den zwei Pferden, denn ich
habe zum Helfer den, der mir geboten hat, diese Tracht anzulegen und allein zu ziehen." Der Fluß aber war ein Stadion breit.
Und da Alexander ans Ufer gelangt war, zog er weiter und
gelangte an die Tore von Persis, und die dort aufgestellten Wachen, da sie ihn in dieser Tracht sahen, meinten, es sei ein Gott. Sie
hielten ihn an und fragten ihn, wer er sei. Alexander sprach zu
ihnen: „Führt mich vor den König Dareios; denn ihm will ich
verkündigen, wer ich bin und weshalb ich an ihn gesendet bin."
Sie wunderten sich über seine kühne Antwort und führten ihn
vor Dareios. Dieser war außerhalb der Stadt auf einem Hügel,
ließ Lager verschanzen und ordnete die Heerscharen gegen die
anrückenden Makedonen. Alexander aber setzte durch seinen
fremdartigen Anblick alle in Erstaunen, und es fehlte nicht viel,
und Dareios hätte sich vor ihm niedergeworfen, weil er ihn für

einen Gott hielt, der vom Olymp niedergestiegen sei, und habe sich mit dem Anzuge der Barbaren geschmückt. Es saß aber Dareios auf einem sehr hohen Stuhl und trug ein Diadem aus kostbaren Steinen und ein seidenes Gewand mit babylonischer Malerei und Goldstickerei, und einen königlichen Purpur und eine goldene, mit Edelsteinen geschmückte Fußbekleidung, die bis an die Waden reichte; und über ihm waren goldene Lampen angezündet, und andere Lampen schimmerten zu seinen Füßen und rings um ihn her; zu beiden Seiten hatte er Zepter und rings um sich her dichtgedrängte Scharen von unzähligen Menschen. Dareios aber fragte ihn, wer er sei, da er sah, daß er eine Tracht trug, die er noch niemals gesehen hatte. Alexander sprach zu ihm: „Ein Bote bin ich des Königs Alexander." Und es sagte zu ihm Dareios: „Und weshalb bist du zu uns gekommen?" Alexander sprach: „Ich verkündige dir, daß Alexander da ist; wann willst du den Krieg beginnen? Denn wisse, König Dareios, daß, wenn ein König mit der Schlacht zögert, er dadurch dem Gegner seine Mutlosigkeit verrät. Daher sei nicht sorglos, sondern sage mir, wann du die Schlacht beginnen willst." Dareios aber wurde zornig und sprach zu Alexander: „Beginne ich den Krieg mit dir oder mit Alexander? Denn du benimmest dich so keck wie Alexander selbst, und du antwortest mir verwegen, als wärest du mein Genosse! Wir wollen nun zu der gewohnten Mahlzeit gehen und du sollst mit mir speisen, weil auch Alexander meinen Boten ein Mahl gegeben hat." So sprach Dareios, faßte Alexander an der Hand und ging hinein in seinen Palast. Alexander betrachtete als ein günstiges Zeichen, daß er zum Mahl des Dareios von dem Herrscher an der Hand geführt wurde. Und da er hineingetreten war, wurde er als erster zur Tafel des Dareios gerufen.

15. Die Perser aber blickten mit Verwunderung auf Alexander wegen seiner geringen Körpergröße, aber sie wußten nicht, daß in einem kleinen Gefäße der Ruhm eines göttlichen Glückes war. Da sie aber häufiger die Becher leerten, ersann Alexander folgenden Plan. Alle Becher, die er empfing, steckte er, nachdem er sie ausgetrunken hatte, in sein Gewand. Die ihn das tun sahen, sagten

es dem Dareios. Dareios stand auf und sagte: „Du vortrefflicher Mensch, warum steckst du hier beim Mahl die Becher ein?" Alexander aber, da er aus der Haltung des Dareios dessen Aufregung erkannte, sprach: „Größter König, so schenkt Alexander, wenn er seinen Obersten und Leibwächtern ein Gastmahl bereitet, diesen die Becher; ich dachte nun, du seist wie er, und ich glaubte, so richtig zu handeln." Über diese Rede des Alexander staunten und verwunderten sich die Perser. Denn eine erdichtete Rede, wenn sie glaubwürdig erscheint, setzt immer den Hörer in Staunen. Als nun ein tiefes Schweigen entstanden war, erkannte den Alexander ein gewisser Paragages, der Statthalter in Persien gewesen war; denn er kannte Alexander von Angesicht, nachdem er nach Pella in Makedonien gekommen war, von Dareios als Gesandter geschickt, um den Tribut einzufordern, und von Alexander daran gehindert worden war; von daher also kannte er den Alexander genau, und nachdem er ihn lange betrachtet hatte, sprach er bei sich: „Dies ist der Sohn des Philippos, wenn auch seine Züge sich verändert haben; denn viele Menschen kann man an der Stimme auch im Dunkeln erkennen." Dieser nun, nachdem er sich vollständig vergewissert hatte, daß es Alexander selbst war, ließ sich neben dem Dareios nieder und sagte zu ihm: „Größter König und Herrscher jedes Landes, dieser Gesandte ist Alexander, der König der Makedonen, der Sohn des verstorbenen Philippos." Dareios aber und seine Tischgenossen waren sehr betrunken. Als nun Alexander hörte, was Paragages Dareios während des Essens sagte, und er bemerkte, daß er erkannt war, führte er alle hinters Licht, sprang auf mit den goldenen Bechern im Gewand, setzte sich auf sein Pferd, und gelangte unbemerkt aus dem Palast, so daß er der Gefahr entrann. Und da er am Tor einen Wächter fand, tötete er ihn und gelangte aus der persischen Stadt. Daraufhin sandte Dareios Bewaffnete aus, um Alexander zu fangen. Alexander aber trieb sein Pferd an, indem er ihm den Weg mit Fackeln zeigte. Denn es war tiefe Nacht und Dunkelheit. Sehr viele verfolgten ihn, konnten ihn jedoch nicht erreichen. Denn die einen blieben zwar auf dem gangbaren Weg, andere aber stürzten in der Dunkelheit in die Abgründe. Alexander war wie ein glänzender Stern, indem er allein seinen Weg zurücklegte, vor sich den unendlichen Glanz, und wurde vergebens von den Persern verfolgt. Dareios aber saß auf seinem Lager und beklagte sein Mißgeschick. Zudem erblickte er noch ein Zeichen. Denn das Bild des Xerxes fiel plötzlich von der Decke herunter, das Dareios sehr liebte, weil es ein sehr schönes Gemälde war. Alexander aber, nachdem er in der Nacht entkommen war, gelangte an den Fluß Stranga, und in dem Augenblick, in dem er ihn passiert hatte und das Pferd an das Ufer gelangte und seine Vorderfüße auf das Land setzte, da taute der Fluß auf durch die Strahlen der Sonne, und das Pferd wurde von dem Wasser fortgerissen, den Alexander aber warf es an das Land. Die Perser aber, die Alexander verfolgten, kamen an den Fluß, als Alexander schon hinübergelangt war; sie selbst konnten jedoch nicht hinüberkommen und kehrten deshalb um. Die Perser meldeten nun dem Dareios das Glück Alexanders. Dareios aber, den das unerwartete Zeichen erschreckte, war sehr betrübt. Alexander aber ging weiter vom Fluß weg, fand den Eumelos da sitzen mit den beiden Pferden, die er zurückgelassen, und erzählte ihm alles, was geschehen war.

16. Da er aber in das Lager seiner Truppen kam, rief er sofort die Schlachtreihen der Hellenen auf, sich zu bewaffnen und Dareios entschlossen entgegenzutreten. Er selbst stand in der Mitte und redete ihnen zu. Und als das Heer sich versammelt hatte, zählte er eine Menge von 120000 Mann. Er trat auf eine Erhöhung und sagte:

„Kameraden! Wenn unsere Zahl auch klein ist, so ist doch die Klugheit groß auf unserer Seite und mehr Mut und Kraft als bei den Persern, unseren Gegnern. Keiner von euch soll also den Mut sinken lassen, wenn er die Menge der Barbaren sieht. Denn jeder einzelne von uns wird tausend von unseren Gegnern töten, wenn er sein Schwert gezogen hat. Keiner von euch werde also bange. Denn Zehntausende von Fliegen lasten auf den Wiesen, wenn aber Wespen unter sie geraten, so treiben diese sie mit ihrem

Flügelschlag fort. So ist auch die Menge der Perser nichts gegen uns. Denn wenn wir Wespen sind, so sind die Fliegen nichts." Durch solche Worte ermutigte er seine Soldaten, und sie waren tapferen Sinnes und priesen den Alexander. Er machte sich also auf den Weg und zog in die Gegend des Stranga. Dareios aber kam ebenfalls mit seiner großen Macht an den Stranga; und da er ihn sehr klein und zugefroren sah, setzte er über und zog mitten durch die Wüste; sein Plan war zunächst, heimlich zu Alexanders Heer zu gelangen, um es unvorbereitet zu finden und in die Flucht zu schlagen. Herolde aber traten mitten unter sie und forderten die Tapfersten zum Kampfe auf. Das ganze Heer des Dareios war in vollständiger Rüstung. Dareios aber befand sich auf einem hohen Wagen, und seine Satrapen saßen auf Sichelwagen; andere aber brachten verderbenbringendes Kriegsgerät und Wurfmaschinen herbei. Dem makedonischen Heer aber zog Alexander auf seinem Pferd Bukephalos voran, diesem Pferd aber konnte sich niemand nähern. Als aber beide Parteien den Kriegsgesang anstimmten, warfen die einen Steine, andere schickten Geschosse, die wie Regen vom Himmel herabstürzten, andere schleuderten Wurfspieße, so daß sie das Tageslicht verdeckten. Und es war eine große Verwirrung von Treffenden und Getroffenen; viele wurden von den Geschossen verwundet und starben, andere lagen halbtot auf der Erde; dunkel und blutig war der Himmel. Als aber viele Perser gefallen waren, geriet Dareios in Furcht und ließ die Sichelwagen umwenden; und so mähte er viele Perser nieder, wie auf dem Felde Landleute Ähren schneiden. Und da Dareios an den Fluß Stranga kam, flohen er und seine Gefährten hinüber, da sie den Fluß zugefroren fanden; die Menge der Perser und Barbaren aber, da sie hinüberfliehen wollten, gerieten in den Fluß; er brach nämlich auf und verschlang alle, die er fand. Die übrigen Perser wurden von den Makedonen getötet. Dareios aber gelangte fliehend in seinen Palast, warf sich auf den Boden und beklagte jammernd und weinend sein Schicksal, daß er eine so große Menge von Soldaten verloren und ganz Persien entvölkert hatte. Von solchem Unglück ergriffen, beklagte er sein Schicksal und sprach: „Ich, der große König Dareios, der so viele Völker unterworfen und alle Städte unterjocht und neben den Göttern gethront hat und mit der Sonne aufgeht, bin jetzt flüchtig und einsam geworden. Wahrlich, die Zukunft berechnet keiner mit Sicherheit; denn wenn das Glück nur ein wenig schwankt, erhebt es die Niedrigen über die Wolken oder stürzt die anderen von der Höhe in Dunkelheit."

17. So lag also Dareios da, verlassen von Menschen, er, der Herr über so viele gewesen war. Nachdem er nun sich ein wenig aufgerichtet und erholt hatte und zu sich gekommen war, schrieb er einen Brief und sandte ihn an Alexander, folgenden Inhalts: „Dareios entbietet Alexander, seinem Herrn, seinen Gruß. Mein Vorfahre war übermütig und hegte ein großes Verlangen, gegen Hellas zu Feld zu ziehen, weil er unzufrieden war mit dem Gold und den sonstigen Glücksgütern, die wir von unseren Vätern besitzen. Er starb deshalb, nachdem er das viele Gold und Silber und viele Zelte verloren hatte, er, der reicher als Kroisos gewesen war, und konnte dem Tode nicht entfliehen. Deshalb sollst du, Alexander, in Gedanken an das Schicksal und die rächende Vergeltung, deinen Übermut ablegen: Habe also Mitleid mit uns, die wir zu dir unsere Zuflucht nehmen. Beim Zeus und unserer sonstigen edlen Herkunft bitte ich dich, gib mir meine Frau und meine Mutter zurück und meine Kinder und denke an die Hoffnungen eines Vaters. Dafür verspreche ich, dir die Schätze zu geben, die in Medien und in Susa und Baktrien unsere Vorfahren in der Erde verborgen haben, und verspreche dir, daß du Herr sein sollst über das Land der Perser und Meder und der anderen Völker alle Zeit. Lebe wohl."

Als Alexander diesen Brief gelesen hatte, versammelte er seine Heeresmacht, alle Soldaten und die Großen, und befahl, ihnen das Schreiben des Dareios vorzulesen. Und als dieser Brief vorgelesen war, sprach einer der Feldherrn namens Parmenion: „Ich, König Alexander, nähme das Gold und das Land, das dir gegeben wird, und gäbe dem Dareios seine Mutter und seine Kinder und seine Frau zurück, nachdem ich bei ihnen geschlafen hätte." Alexander

aber lächelte und sprach zu ihm: „Ich, Parmenion, nehme alles
von ihm; ich habe mich aber gewundert, daß Dareios mit meinem Geld die Seinigen loskaufen will, und noch mehr, daß er
auch das Land, das mir gehört, mir zu geben verspricht. Dareios
weiß nicht, daß das alles mein ist samt seinen Angehörigen, wenn
er mich nicht im Kampf besiegt. Aber es ist schimpflich für uns,
nachdem wir die Männer besiegt haben, von Weibern überwunden zu werden. Wir nun beschleunigen den Kampf gegen ihn um
unser Eigentum; denn ich wäre überhaupt nicht nach Asien gekommen, wenn ich nicht glaubte, daß es mir gehört. Wenn er
aber früher darüber geherrscht hat, so betrachte er das als Gewinn, daß er so lange ein fremdes Land in Besitz hatte, ohne dafür
gezüchtigt zu werden." Und nachdem Alexander dies zu den
Gesandten des Dareios gesagt hatte, befahl er ihnen, wegzugehen
und dies dem Dareios zu melden; Briefe gab er ihnen nicht mit.
Alexander befahl nun, die in der Schlacht verwundeten Soldaten
mit allem Eifer zu pflegen, die Gefallenen aber ehrenvoll zu
bestatten. Da er deshalb den Winter über dort blieb, befahl er, den
Palast des Xerxes, der der schönste in jenem Land war, in Brand
zu stecken; kurz darauf aber besann er sich anders und befahl,
damit aufzuhören.

18. Er betrachtete auch die mit Gold geschmückten Grabmäler
der Perser. Er sah auch das Grabmal des Nabonassar, der in
hellenischer Sprache Nabuchodonosor heißt, und die dort befindlichen Weihgeschenke der Juden und die goldenen Mischkessel,
die dem ganzen das Aussehen eines Heroengrabes gaben.[11] Gleicherweise betrachtete er auch das Grabmal des Kyros. Es war dies
ein Turm unter freiem Himmel mit zwölf Stockwerken, in dem
obersten Stockwerk lag er selbst in einem Sarg aus Gold und Glas,
so daß man sein Haar und den ganzen Körper sehen konnte.

Es waren aber dort in dem Grabmal des Xerxes hellenische
Männer, verstümmelt die einen an den Händen, die andern an
den Füßen, andere an der Nase, andere an den Ohren, mit Fesseln
gebunden und angeschmiedet, Männer aus Athen. Diese riefen

ihm zu, er möge sie retten. Alexander aber, da er sie sah, vergoß
Tränen; denn es war ein kläglicher Anblick. Empört über ihre
Lage, befahl er, sie loszumachen und ihnen 1000 Doppeldrach-
men zu geben und sie in ihre Heimat zurückzubringen. Sie baten
aber, da sie das Geld empfangen hatten, Alexander, ihnen Land
zuzuteilen in jener Gegend, sie aber nicht in ihre Heimat zurückzuschicken, damit sie nicht in solchem Zustand ihren Angehörigen zur Schande würden. Und er befahl, ihnen Land zuzuteilen
und ihnen Getreide und Samen zu geben, und einem jeden sechs
Rinder und alles, was zum Landbau nützlich ist, und andere
Dinge.

19. Dareios aber rüstete sich zu einem neuen Krieg gegen Alexander. Er schrieb daher an den Inderkönig Poros: „Nach dem
traurigen Schicksal, das in diesen Tagen mein Haus getroffen hat,
sende ich dir jetzt wieder Botschaft, da der Makedone, der mich
überfallen hat, und der ein Herz hat wie ein wildes Tier, mir
meine Mutter und meine Kinder nicht zurückgeben will, und
obwohl ich ihm Schätze und vieles andere versprochen habe, sich
doch nicht bewegen läßt. Da ich ihn für das, was er getan, vernichten will, so rüste ich einen neuen Krieg gegen ihn, bis ich ihn
und sein Volk vollständig bestraft habe. Billigerweise mußt nun
auch du aufgebracht sein über das, was ich erlitten habe, und
meine Schmach rächen, eingedenk der Verbindung unserer Familien. Versammle also recht viele Völkerschaften und komme an
die Kaspischen Tore. Den versammelten Männern aber gib viel
Gold und Speise und Futter. Von aller Beute, die ich dem Feind
abnehme, will ich dir die Hälfte geben und das Pferd, das Bukephalos heißt, das Land des Königs und seinen Harem. Wenn du
also meinen Brief empfangen hast, so sammle schleunigst große
Scharen und sende sie zu mir. Lebe wohl.“ Als Alexander dies
von einem Überläufer erfuhr, brach er sogleich mit seiner ganzen
Macht gegen Medien auf. Er hörte aber, Dareios sei in Batana[12]
bei den Kaspischen Toren. Und Alexander verfolgte ihn noch
eiliger und entschlossener.

20. Die Satrapen des Dareios aber, Bessos und Ariobarzanes[13], hörten, daß Alexander herannahte, und in ihrem verblendeten Sinne beschlossen sie, Dareios zu töten, indem sie zueinander sagten: „Wenn wir Dareios töten, werden wir von Alexander viel Geld empfangen, weil wir seinen Feind getötet haben." Nachdem sie ihren schlimmen Plan gefaßt hatten, drangen sie mit Schwertern auf Dareios ein. Da er sie aber mit Schwertern auf sich zu stürzen sah, sprach er zu ihnen: „O meine Gebieter, einst meine Sklaven! Was habe ich euch zuleide getan, daß ihr mit rohem Frevel mich morden wollt? Ihr wollt doch nicht mehr tun als die Makedonen? Laßt mich auf den Boden hingestreckt den Wechsel meines Glückes beklagen. Wenn jetzt Alexander, der König der Makedonen, kommt und mich ermordet findet, so wird er mein Blut rächen." Sie ließen sich aber durch die Bitten des Dareios nicht bewegen, sondern antworteten ihm mit Wunden. Dareios aber hielt sie mit beiden Händen fest. Den Bessos drückte er mit der linken Hand auf die Erde nieder, stieß ihm das linke Knie in den Leib und hielt ihn so fest; den Ariobarzanes aber faßte er mit der rechten Hand und hielt ihn fest, daß er das Schwert nicht gegen ihn zücken konnte; die Schläge trafen ihn nur von der Seite. Die Ruchlosen aber rangen mit ihm und konnten ihn doch nicht töten, denn Dareios war stark. Die Makedonen nun, da sie den Fluß Stranga zugefroren gefunden hatten, waren hinübergezogen, und Alexander trat in den Palast des Dareios. Da aber die gottlosen Menschen das Kommen Alexanders bemerkten, flohen sie und ließen den Dareios halbtot zurück.

Und da Alexander zu ihm hineintrat, fand er ihn halbtot, und sein Blut war aus den Wunden herausgeströmt. Und Alexander jammerte laut und erhob laute Klage um ihn und vergoß Tränen der Trauer über ihn, und bedeckte mit seinem Mantel den Leib des Dareios, legte die Hände auf seine Brust und sagte voll Mitleid: „Steh auf, König Dareios, und regiere über dein Land und sei der Gebieter der Deinigen; nimm die Herrschaft; ich schwöre dir bei der göttlichen Vorsehung, daß ich wahr und ohne Verstellung zu dir rede. Wer aber sind die, die dich geschlagen haben? Nenne mir sie, damit du einen Rächer hast."

Und da Alexander dies gesprochen hatte, seufzte Dareios, streckte seine Hände aus und begrüßte Alexander, und ihn umarmend sprach er: „König Alexander, überhebe dich nie deiner königlichen Würde; und selbst wenn du göttergleiche Macht besitzt und glaubst, mit den Händen den Himmel berühren zu können, bedenke auch du die Zukunft; denn das Schicksal kennt keinen König – und keinen Reichen; rücksichtslos schwankt es hin und her. Du siehst, wer ich war und wer ich jetzt bin. Nach meinem Tod, König Alexander, begrabe mich mit deinen Händen; bestatten sollen mich Makedonen und Perser; eine und dieselbe Familie sollen Dareios und Alexander haben; meine Mutter übergebe ich deiner Obhut, meiner Frau erbarme dich wie meiner; meine Tochter Roxane aber gebe ich dir zur Frau[14], damit ihr in späteren Zeiten zum Andenken Kinder habt; seid auf sie stolz, wie wir es auf unsere Kinder waren, und wenn ihr zusammen alt werdet, bewahrt uns ein gutes Andenken, du dem Philippos, Roxane dem Dareios." Und da er dies gesagt hatte, hauchte er sein Leben aus in den Armen des Alexander.

21. Alexander beweinte den Dareios voll Anteilnahme und befahl, seinen Leichnam hinauszutragen und ihn nach persischer Sitte wie einen König zu bestatten. Und er gebot, daß die Perser voranziehen sollten, danach aber die Makedonen im Waffenschmuck. Alexander selbst aber nahm die Leiche mit den Satrapen auf die Schulter und trug sie hinaus. Die dem Zuge Folgenden weinten nicht so sehr über den Dareios, als darüber, daß Alexander die Leiche trug. Nachdem aber Alexander den König Dareios in das Grab gelegt und bei dem Grab geopfert hatte, errichtete er dort ein Denkmal für Dareios, und erließ Gesetze von Stadt zu Stadt, und zugleich auch Verordnungen folgenden Inhalts: „Ich, der König Alexander, der Sohn des Königs Philippos und der Königin Olympias, gebiete den Bewohnern von ganz Persien in Städten und auf dem Lande Folgendes: Ich hätte gewünscht, daß nicht so viele Tausende von Menschen kläglich umgekommen wären. Wenn aber mich das Glück zum Sieger über die Perser macht, so bin ich der Vorsehung dankbar dafür.

Wisset aber, daß ich euch Satrapen geben werde, denen ihr gehorchen müßt wie zu Zeiten des Dareios und seiner Untergebenen. Keinen außer Alexander sollt ihr als König anerkennen. Behaltet eure eignen Sitten und Gewohnheiten und Feste und Versammlungen und Gastmähler und Opfer wie zu Zeiten des Dareios. Jeder von euch lebe in seinem eigenen Wohnort. Wenn aber ein Perser seine Stadt oder sein Landgut oder seine Gegend verläßt und in der Fremde seine Wohnung aufschlägt, so soll er als ein Abtrünniger bestraft werden. Euer Eigentum gestatte ich euch zu behalten, außer Gold und Silber; denn das Gold und Silber befehle ich, in unsere Städte zu bringen; das Geld aber, das ein jeder besitzt, gestatten wir, für euch selbst zu gebrauchen. Jede Waffe aber befehle ich, in die bezeichneten Waffenlager zu bringen. Die Satrapen sollen in ihrer Stellung bleiben. Kein Volk soll zu euch kommen, außer um Handel zu treiben, und zwar nur bis zu zwanzig Mann. Und ich werde wie zu Dareios' Zeiten meinen gesetzlichen Anteil nehmen. Ich will aber eure Länder in Wohlstand versetzen, und will, daß man die Straßen Persiens bereise und Handel treibe mit aller Sicherheit, damit die hellenischen Kaufleute zu euch kommen; denn vom Euphrat an und dem Übergang nach dem Tigris hin bis nach Babylon will ich einen Weg bahnen und Zeichen setzen lassen, wohin der Weg führt, und dies wird deutlich auf den Wegen zu sehen sein. Den Dareios habe ich nicht getötet. Wer es aber getan hat, weiß ich nicht. Ihnen will ich die Satrapien bewilligen, die sie wünschen, und große Güter geben, weil sie meinen Feind getötet haben."

Und nachdem Alexander dies gesagt hatte, war das persische Volk bestürzt, als wolle Alexander Persien vernichten. Da aber Alexander die Betrübnis der Menge erkannte, sprach er zu ihnen: „Was argwöhnt ihr, weil ich die Mörder des Dareios suche? Wenn ja Dareios noch lebte, so würde er mich bekriegen; jetzt aber ist aller Krieg zu Ende. Wenn es also ein Makedone ist, der den Dareios getötet hat, so komme er getrost zu mir und empfange für seine preiswürdige Tat, was er von mir erbittet; und auch wenn es ein Perser oder ein anderer ist, so verberge er sich nicht; denn ich schwöre bei der himmlischen Vorsehung und bei dem

Leben meiner Mutter Olympias, daß ich sie auszeichnen will, so
daß aller Augen sich auf sie richten." Und da Alexander also
gesprochen hatte, weinte die Menge, Bessos aber und Ariobarzanes, die Elenden, die Dareios getötet hatten, kamen in der Hoffnung auf ein großes Geschenk aus freien Stücken zu ihm und
sagten: „O Gebieter Alexander, wir sind es, die den Dareios,
deinen Feind, getötet haben." Da aber Alexander dies von ihnen
hörte, befahl er, sie zu ergreifen und auf dem Grabe des Dareios
zu kreuzigen. Als sie aber schrien und sagten: „Hast du uns nicht
geschworen: Die, die Dareios getötet haben, will ich auszeichnen,
so daß aller Augen sich auf sie richten? Wie kannst du jetzt deinen
Eid brechen und befehlen, uns zu kreuzigen?" – Da sprach Alexander zu ihnen: „Nicht um euretwillen, ihr Elenden, verteidige
ich mich, sondern um der Menge der Soldaten willen. Auf keine
andere Weise konnte ich sie so leicht finden und allen sichtbar
machen, als dadurch, daß ich für kurze Zeit den Mord an Dareios
lobte. Denn es war mein Wunsch, seine Mörder der schwersten
Strafe zu überliefern; denn die ihren eigenen Herrn getötet haben,
würden noch viel weniger mich verschonen. Gegen euch aber,
ihr Elenden, bin ich nicht meineidig; denn ich habe geschworen,
euch auszuzeichnen, so daß aller Augen sich auf euch richten, das
heißt, euch ans Kreuz zu schlagen." Nach diesen Worten priesen
ihn alle, und die Elenden wurden auf dem Grabe des Dareios
gekreuzigt.

22. Nachdem aber Alexander den Frieden wieder hergestellt
hatte, sprach er: „Wen wollt ihr zum Statthalter in eurem Land
haben?" Sie sprachen: „Adulites[15], den Vatersbruder des Dareios."
Und Alexander gestattete, daß dies geschah. Er schrieb aber an
die Mutter, die Frau und die Tochter des Dareios folgendes: „Ich,
der König Alexander, entbiete der Stateira und der Rodogune
und der Roxane, meiner Frau, meinen Gruß.[16] Obwohl Dareios
sich uns entgegenstellte, haben wir doch nicht Rache an ihm
genommen: im Gegenteil; denn ich wünschte ihn lebend meiner
Herrschaft zu unterwerfen; aber ich traf ihn, als er im Sterben lag,
und ich empfand Mitleid mit ihm und bedeckte ihn mit meinem

Mantel. Ich wollte von ihm etwas über seine Ermordung hören, aber er sagte mir nichts als dies: ‚Als ein anvertrautes Gut empfange meine Tochter Roxane und sie wird mit dir leben.‘ Über das an ihm verübte Verbrechen aber blieb ihm keine Zeit, mir etwas mitzuteilen. Seine Mörder nun habe ich nach Verdienst bestraft und ich glaube, daß auch ihr die Kunde davon vernommen habet. Ich habe auch befohlen, ihm ein Denkmal zu errichten neben seinen erhabenen Vorfahren. Und ihr laßt nun ab von der Trauer um ihn; denn ich werde euch in euren königlichen Rang wieder einsetzen; für den Augenblick aber bleibt, wo ihr seid, bis ich auch hier die Verhältnisse geordnet habe. Gemäß den Anordnungen des Dareios wünsche ich, daß Roxane meine Gattin und meine Gefährtin auf dem Throne sei; wenn auch ihr mit mir übereinstimmt, so will ich und befehle ich, daß sie als Gattin des Alexander verehrt werde. Lebt wohl."

Nachdem sie das Schreiben des Alexander empfangen hatten, antworteten sie also: „Rodogune und Stateira entbieten dem König Alexander ihren Gruß. Wir flehten zu den himmlischen Göttern, die den Namen des Dareios und den Stolz der Perser gebeugt haben, daß sie dich für alle Zeiten zum Herrscher der Welt machen möchten, hervorragend durch Verstand und Klugheit und Macht. Wir wissen aber, daß wir unter deinem Arme herrlich leben können und flehen deshalb zu den Göttern, daß sie dir gewähren, zahllose Jahre herrlich die ganze Welt zu regieren, weil du uns, da wir in deine Hand gefallen waren, nicht wie Kriegsgefangene behandelt hast. Den Beweis, daß du aus erhabenem Geschlecht entsprossen bist, geben deine Taten. Wir sind jetzt keine Gefangenen mehr, zu denen wir in unserer Erniedrigung gehörten; jetzt wissen wir, daß uns in dem König Alexander ein neuer Dareios geworden ist; den Alexander verehren wir, der uns nicht erniedrigt hat. Wir haben aber an das ganze Volk der Perser geschrieben: Siehe! einen neuen Dareios haben wir jetzt erkannt in dem mächtigen König Alexander, das Glück führt dem Alexander, dem König der ganzen Welt, Roxane als Gattin zu; ihr alle bringt nun dem Alexander würdige Danksagungen dar, daß der Ruhm der Perser noch größer geworden ist; laßt uns nun stolz sein und Alexander als höchsten König ausrufen. Lebe wohl."

Nachdem Alexander ihr Schreiben empfangen hatte, antwortete er ihnen so: „Ich lobe euren Sinn; ich will nun versuchen, mich eures Geschlechtes würdig zu erweisen; denn auch ich bin als ein sterblicher Mensch geboren. Lebt wohl." Später schrieb Alexander auch an die Roxane einen Brief folgenden Inhalts: „Ich, der König Alexander, entbiete meiner Gattin Roxane meinen Gruß. Als ich an meine Mutter Olympias über andere uns betreffende Dinge schrieb, gab ich ihr in dem Schreiben auch den Auftrag, den weiblichen Schmuck und die Gewänder für Rodogune, die Mutter des Dareios, und für seine Gemahlin Stateira uns zu schicken; den Preis würde ich ihr schicken. Ich wünsche aber, daß auch du Gleiches von Alexander denkst und die gebührende Achtung und Ehrfurcht gegen Olympias hegst; denn wenn du dieses tust, wirst du dir und uns große Ehre und Würde gewinnen. Lebe wohl, Geliebteste."

Er schrieb auch an seine Mutter Olympias, daß sie den weiblichen Schmuck und die Gewänder für sie schicken möge. Da nun Olympias das Schreiben empfing, machte sie sogleich die königlichen Gewänder für sie zurecht, und sandte allen kostbaren Schmuck, herrlicher als je eine Königin ihn geschaut, von Makedonien an Alexander. Nachdem aber die Vorbereitungen zur Hochzeit getroffen waren, da erschallte allgemeiner lauter Jubel um den Palast, und Alexander und Roxane schlossen ihren Bund.

23. Später schrieb Alexander an seine Mutter Olympias[17]: „Ich, der König Alexander, entbiete meiner zärtlichgeliebten Mutter und meinem hochgeehrten Lehrer Aristoteles meinen Gruß. Ich halte es für notwendig, euch über mein Zusammentreffen mit Dareios zu schreiben. Als ich hörte, daß er mit vielen Königen und Satrapen am Golf von Issos sei, brachte ich möglichst viele Ziegen zusammen, band ihnen Fackeln an die Hörner und zündete diese bei Nachtzeit an. Die Perser aber, als sie uns sahen, wandten sich zur Flucht, da sie glaubten, daß unser Heer sehr zahlreich sei. Und so trugen wir den Sieg über sie davon. Deshalb

gründete ich eine Stadt und nannte sie Aigai[18] und am Golf von Issos gründete ich eine Stadt und nannte sie Alexandreia bei Issos. Und von da zogen wir wieder weiter bis zu der Straße, die nach Armenien führt, wo auch die Quelle des Euphrat und des Tigris ist. Dareios aber wurde überfallen und getötet von Bessos und Ariobarzanes, den Statthaltern von Medien. Ich war darüber sehr betrübt; denn nachdem ich ihn besiegt hatte, wollte ich ihn nicht töten, sondern ihn meinem Zepter unterwerfen. Da ich ihn noch atmend fand, nahm ich meinen Mantel ab und bedeckte ihn damit. Dann, da ich die unerforschlichen Wege des Schicksals an dem vorliegenden Beweis erkannte, bestattete ich den Dareios, und nachdem ich ihm an dem Ausgang seines Lebens die größte Ehre erwiesen hatte, befahl ich denen, die dieses Grabmal bewachten, nach persischer Sitte die Nasen und die Ohren abzuschneiden. Und ich erließ Befehle und unterwarf mir das Reich des Bessos und Ariobarzanes und Mazakes und Medien und Armenien und Iberien und das ganze persische Land, über das Dareios, der Perser, geherrscht hatte."[19]

24. [20] Es nahm aber Alexander das Land der Juden ein. Diese wollten sich ihm widersetzen und schickten Späher ab, als ob es Gesandte wären. Dies blieb aber dem Alexander doch nicht verborgen, und er befahl einigen sehr kampfestüchtigen Jünglingen der makedonischen Phalanx, sich in den nahen Abgrund zu stürzen. Diese führten den Befehl schnell aus. Denn das makedonische Heer war sehr eifrig bei der Erfüllung von Alexanders Befehlen. Und er wandte sich zu den Spähern und sprach: „Seht, ihr Gesandten des jüdischen Volks, wie das Heer der Makedonen den Tod für nichts achtet. Geht nun hin und handelt, wie es euch nützlich ist. Ich aber werde morgen kommen und werde tun, was der Vorsehung gefällt." Sie gingen hin und meldeten ihren Oberen: „Wir müssen dem Alexander nachgeben und uns auf diese Weise retten; sonst haben wir keine Hoffnung auf Rettung; denn das makedonische Heer ist nicht wie andere Menschen, ihnen ist der Tod nicht furchtbar, sondern etwas ganz Geringfügiges. Wir glauben sogar, daß sie um den Tod wetteifern, so daß man sagen

könnte, sie gingen an eine Notwendigkeit. Wir entsetzten uns, als
makedonische Jüngliche sich in den großen Abgrund stürzten;
denn kaum hatte Alexander es befohlen, so war auch das Werk
schon vollbracht. Und uns erschreckte weniger ihr Todesmut, als
daß sie gar keinen Gewinn davon zu erwarten hatten; so leichten
Sinnes gingen sie freiwillig in den Tod; wenn sie nun gar noch
Gewinn zu hoffen haben, so wird niemand ihnen widerstehen
können. Wir haben euch gesagt, was wir gesehen haben; es geschehe nun, was euch gut dünkt, bevor Alexander über uns
kommt, oder jeder Beschluß wird nichtig und bestandlos sein."
Als sie dieses hörten, beschlossen sie, Alexander nachzugeben. In
ihrem priesterlichen Gewand gingen also ihre Priester dem Alexander entgegen mit der ganzen Menge des Volks. Als aber Alexander sie sah, erschrak er vor ihrem Aussehen und befahl, daß sie
nicht mehr näher zu ihm herankommen, sondern in die Stadt
zurückkehren sollten. Einen der Priester aber ließ er zu sich rufen
und sprach zu ihm: „Wie gottähnlich ist euer Aussehen! Sage mir
doch auch, welchen Gott ihr verehrt, denn bei unseren Göttern
habe ich eine solche Ordnung der Priester nicht gesehen." Er aber
sagte: „Dem einen Gotte dienen wir, der Himmel und Erde
gemacht hat und alles was darinnen ist, und keiner von den
Menschen hat ihn zu erforschen vermocht." Darauf sprach Alexander: „Als Verehrer des wahren Gottes ziehet hin in Frieden,
denn euer Gott soll mein Gott sein; und Friede sei zwischen mir
und euch, und ich werde euer Land nicht durchziehen, so wie bei
den übrigen Völkern, weil ihr Diener seid des lebendigen Gottes." Sie nahmen viel Geld in Gold und Silber und brachten es zu
Alexander. Dieser jedoch wollte es nicht nehmen, sondern sprach
zu ihnen: „Dies soll mein bestimmter Tribut sein für Gott, den
Herrn, ich aber werde nichts von euch nehmen."[21]

25. Alexander zog hinweg, nachdem er Judäa in Besitz genommen hatte, und griff Ägypten an. Es schien nun den Ägyptern
gut, sich dem Alexander nicht zu beugen, und sie befestigten ihre
Stadt und rüsteten sich zum Kampfe. Alexander aber dehnte seine
Phalanx aus und umzingelte die ganze Stadt; dann ließ er die

Zelte des Lagers aufschlagen und das Heer rasten. Da es aber sehr heiß wurde, ritt er mit wenigen Reitern hinaus, um sich zu erfrischen. Und er kam an einen See mit klarem, durchsichtigem Wasser, stieg vom Pferd und badete sich. Die Kälte des Wassers aber bewirkte, daß Alexander krank wurde. Da aber die Krankheit sich in die Länge zog, waren die Makedonen betrübt und mit ihnen auch die Perser. Die Ägypter erfuhren, daß Alexander krank war, und sie sandten einige Leute aus der Stadt zu Philippos, die sprachen: „Wenn du den Alexander durch Gift aus dem Wege räumen könntest, so sollst du unser König sein." Und Philippos sprach: „O ihr Elenden, was für eine Gesinnung habt ihr gegen Alexander gezeigt! Die ganze Welt ist ja nicht so viel wert wie ein Haar von ihm."[22] Nach diesem Plane, da sie sahen, daß Philippos nicht darauf eingehen wollte und sie ihn vergebens baten, ersannen sie folgenden Anschlag. Sie schrieben in scheinbar freundschaftlicher Gesinnung für Alexander einen Brief an ihn und gaben ihn heimlich durch die Mauer dem Antiochos und sagten: „Diesen Brief gib in die Hände des Alexander." Der Brief war aber voll arger Bosheit, als ob Philippos mit den Ägyptern verabredet hätte, Alexander hinterlistig zu töten. Antiochos nahm den Brief und brachte ihn Alexander. Und da dieser ihn gelesen hatte, legte er ihn unter sein Kopfkissen. Am Morgen kam Philippos und brachte in seinen Händen einen Becher mit einem Heiltrank, den er bereitet hatte, und sprach: „Stehe auf, o Herr, trink von diesem Heilmittel und genese sofort von deiner Krankheit." Alexander stand auf, nahm den Becher und sprach unter Tränen: „Ich will trinken, Philippos." Dieser sagte: „Trinke, o Herr, und genese von deiner Krankheit." Und sogleich trank Alexander und nahm den Brief und gab ihn Philippos mit den Worten: „Ich weiß, daß Philippos ohne Arglist gegen Alexander ist." Philippos aber, nachdem er den Brief genommen hatte, sprach: „O Herr, die ganze Welt ist nicht so viel wert wie ein Haar, das von deinem Haupte fällt. Und wo in der Welt ist mir ein anderer Alexander? Wie soll es geschehen, daß ich dir nach dem Leben trachte? Laß dir nie so etwas einreden, o Herr. Aber nachdem die Ägypter gerade das beschlossen haben, siehe, so hast du doch die Arznei getrunken; stehe nun auf, und gib ihnen einmal einen Beweis, damit sie lernen, die Makedonen nicht zu verachten." Und da er dies gesprochen, ging er hinaus und befahl allen, still zu sein. Und da dies geschah, fiel Alexander in einen süßen Schlaf, und blieb den ganzen Tag schlafend. Als aber Abend wurde, da erwachte er und war ganz gesund. Er berief Antiochos zu sich und sprach: „O Antiochos, ich habe die Arznei des Philippos getrunken, und Philippos ist ein treuer Mann, mehr wert als viele andere, ruf ihn." Antiochos ging hinaus und rief den Philippos. Alexander aber sprach zu ihm: „Ich bin ganz gesund geworden", und fiel ihm um den Hals und küßte ihn.

26. Und da Alexander aufgestanden war, befahl er dem Heere, sich zum Kampf zu rüsten. Als eben die Sonne aufging und an den Spitzen der Berge ihre Strahlen hell hervorleuchten ließ, da stand das ganze makedonische und persische Heer in Waffenrüstung rings um die Stadt. Alle trugen goldene Panzer, so daß es schien, als ob die Sonne, indem sie auf die Panzer traf, wiederum den Tag verherrliche. Die Menge der Geschosse aber verdeckte die Strahlen der Sonne. Die Schwerbewaffneten mit den erhobenen Speeren glichen wandelnden Bergen; wenn sie aber gar ihre Stimme erschallen ließen, konnte man glauben, der Himmel stürze ein und falle herunter. Und jetzt war alle Weisheit der Ägypter dahin. Als die Ägypter das feindliche Heer sahen und nicht wußten, was sie tun sollten, gingen sie zu dem Orakel des Apollon und fragten, was zu ihrer Rettung geschehen und wie sie der Gefahr entrinnen könnten, und es wurde ihnen folgender Spruch gegeben: „In Blindheit schwankt unsicher der Sinn der Menschen. Ihr Edlen, weicht dem Edlen. Geht in mein Haus; erinnert euch der alten Prophezeiungen. Ich gebiete euch, dem Alexander euch zu unterwerfen." Da gedachten sie des alten Spruches (aus der Zeit), als Nektanebos aus Ägypten floh, und kamen auf den Gedanken, daß Alexander sein Sohn sei. Als aber die Schwerbewaffneten und die Hauptmänner gegen die Mauer anrückten, wurden im Innern der Stadt Stimmen laut; diese

Stimmen priesen den Alexander. „Es lebe der König!" riefen sie und ihr Ruf wurde auch über die Mauer hinaus gehört. Keiner von den Leuten in der Stadt wagte es aber, den Kopf hervorzustrecken wegen der Menge der heranfliegenden Geschosse. Die Makedonen hörten dies und fingen sogleich an zu lachen; das Lachen teilte sich der ganzen Menge mit und der Krieg war untermischt mit Scherzen. Die Kunde, daß sie ihn drinnen hochleben ließen, gelangte nun zu Alexander und er befahl, mit dem Kampfe innezuhalten. Und da dies geschehen und ein Stillstand im Kampf eingetreten war, wagten es die Ägypter, ein wenig über die Mauer hervorzusehen, und baten Alexander mit flehender Stimme: „Erbarme dich, o Herr, deines ehemaligen Vaterlandes und zürne nicht für immer deinen Knechten." Als nun Alexander das Wort vom Vaterland hörte, wurde er nachdenklich, befahl, den Kampf ganz einzustellen, und ließ diejenigen, die wollten, aus der Stadt herauskommen. „Und gebt mir Auskunft", sprach er, „über eure Rede; mein Vaterland war nicht Ägypten; denn Makedonien ist mein Vaterland; wie sagt ihr nun, daß Ägypten mein Vaterland sei?" Sie fielen ihm zu Füßen und erzählten ihm die Geschichte mit dem Orakelspruch, und wie sie einst einen König Nektanebos gehabt hätten, und wie zu dessen Zeiten Ägypten glücklich gewesen sei. „Jetzt hat der Orakelspruch wieder einen Weltherrscher verkündigt; denn durch dich wird sich Ägypten wieder einer Herrschaft erfreuen, wie sie bei uns üblich ist. Nimm nun deine Stadt in Besitz und was dir gut dünkt, das tue, so weit es bei uns geschehen kann." Als Alexander aber die Geschichte mit dem Orakelspruch vernahm, da kam ihm alsbald wieder, was er von sich wußte, in den Sinn und er befahl, den Krieg einzustellen, und gebot den ersten der Stadt, herauszukommen und mit ihm hineinzugehen und vor ihm herzugehen in das Haus des Nektanebos. Und dies geschah in großer Eile.

27. Die Ägypter kamen also alle heraus und fielen vor Alexander nieder und zogen mit ihm in den Palast des Nektanebos; und statt der Trauer herrschte nun um so größere Freude. Denn wenn eine belagerte Stadt erobert wird, so ergreift fortan die Bewohner unendliche Trauer oder vielmehr Zerknirschung, weil sie sehen, daß ihre Heimat von den Feinden in Besitz genommen wird; da aber die Ägypter dieses sahen, gingen sie vielmehr aus Zerknirschung in Freude über, indem sie die Makedonen nicht als Feinde betrachteten, sondern als diejenigen, welche ihnen ihren König zuführten. Und jubelnd und freudig sprachen sie: „Ägypten herrscht wieder." Da aber Alexander in den königlichen Palast hineinging, da stand vor dem Tor die Bildsäule des Nektanebos. Sie hielt einen mit Buchstaben geschmückten Kranz in der rechten Hand, in der andern aber zeigte sie eine Kugel, auf der die ganze Erde dargestellt war, und auf der Brust der Statue aber stand folgendes geschrieben: „Wer zu meinem Haus kommt und wem ich diesen Kranz auf das Haupt setze, in dem erkennet alle meinen Sohn; er wird die ganze Erde umziehen; nach ihm soll diese Stadt benannt werden."

Und in dem Augenblick, als Alexander durch das Tor hineinging, hielt die Statue den Kranz dicht vor sein Haupt. Da er sich aber umwandte, um zu sehen, was vorging und die Hand nach dem schon auf sein Haupt gesetzten Kranz ausstreckte, senkte die Statue ihre rechte Hand und legte jene Kugel in seine Hand, so daß alle, die dabei waren, sich verwunderten. Als Alexander nun seine Aufmerksamkeit auf die Statue richtete und das Bildnis betrachtete, erkannte er, daß es die Gestalt des Nektanebos war; da er aber auf die Brust blickte und da die Buchstaben sah, tilgte er sie eigenhändig, die Statue aber, die ihm die Herrschaft geweissagt, ehrte er durch Vergoldung. Denn Alexander wollte nicht als Sohn des Nektanebos betrachtet werden, sondern als Sohn des Philippos und der Götter. So wurde auch allen die Erzählung bekannt.

28. Nachdem nun Alexander dort einige Zeit verweilt hatte, unternahm er es, eine Stadt zu bauen. Er schmückte sie mit vielen Säulen und befestigte die Mauern durch sehr hohe Türme; an dem östlichen Tor aber baute er einen Turm, der war der höchste von allen; auf diesen stellte er seine eigene Bildsäule auf und darum herum die des Seleukos und Antiochos und des Arztes Philippos. Die des Seleukos[23] machte er kenntlich durch ein Horn, weil dieser tapfer und unüberwindlich war; dem Philippos gab er das Ansehen eines Arztes und Kriegers; den Antiochos[24] aber machte er ähnlich einem Lanzenträger. Da nun alle Arbeiten vollendet und die Stadt in aller Augen sehr schön geworden war, ging Alexander hinauf auf den Turm und erklärte alle Götter der Erde für nichtig und ließ nur einen als den wahren, unsichtbaren, unerforschlichen Gott ausrufen, der einherfährt auf den Flügeln der Seraphim und mit dreimal heiliger Stimme gepriesen wird. Auf diesem Turm stehend betete Alexander und sprach: „O Gott der Götter, Schöpfer alles Sichtbaren und Unsichtbaren, erscheine mir als Helfer bei dem, was ich zu tun vorhabe." Dann stieg er herab von dem Turm und ging in den königlichen Palast. Und den Seleukos machte er zum Herrscher über die Perser, Philippos wurde über die Ägypter gesetzt, Alexander aber stützte sich auf die Makedonen, und die Herzen der Makedonen hingen an Alexander.

29. Nachdem Alexander nun alle seine Heerscharen hatte, brach er auf gegen die im Landesinnern wohnenden Völker und unterwarf alle Völker, und sie gaben ihm Tribut, und es war niemand, der sich ihm widersetzte, weil alle ihn fürchteten. Und nachdem er das ganze Land unter der Sonne durchzogen hatte, erreichte er ein Land, das nicht mehr bewohnt war.[25] Er befahl nun, daß alles Volk Proviant für sechs Monate herbeischaffen solle, weil er in das unbewohnte Land zu ziehen beabsichtige. Da dies geschehen war und sie einen Marsch von ungefähr zehn Tagen gemacht hatten, kamen sie in eine wüste und kahle Gegend. Und siehe, plötzlich erschienen Frauen mit fürchterlichem Aussehen und wilden Ge-

sichtern; ihr ganzer Leib war mit Haaren bewachsen, wie bei einem wilden Schwein. Ihr Haupthaar ging herunter bis zu den Schienbeinen; ihre Augen funkelten wie Sterne, und sahen nicht aus wie bei jedem Menschen, sondern gingen von der Stirne herunter nach dem Gesicht. Ihre Nägel waren über eine Elle lang und ihre Füße wie die eines wilden Esels; ihre Größe aber war gleich der von drei sehr großen Männern. Als die Soldaten sie sahen und unvorsichtig auf sie zuliefen, drehten sie sich um, töteten vier von den Soldaten, indem sie sie mit ihren Nägeln zerfleischten, gingen dann fort und verzehrten sie. Und da wir alle von diesem Anblick noch erstarrt waren, siehe da erschienen sie unter der Menge, drangen auf die Phalanx ein, raubten von weitem mit ihren ausgestreckten Händen die Soldaten mitten aus der Phalanx und verzehrten sie. Da gerieten alle in vollständige Verzweiflung.

Alexander bedachte sich nun und ließ sehr viele Hunde aus dem Lager zusammentreiben; denn für die Jagd besaß jeder eine große Menge Hunde. Nachdem er aber durchweg alle Hunde hatte zusammentreiben lassen, hetzte er sie gegen die Frauen. Als diese die Hunde sahen, wandten sie sich zur Flucht. Und die Menge drang auf sie ein und tötete viele von ihnen; die übrigen flohen und verschwanden.

Also gerettet erreichten sie von dort aus in 30 Tagen ein sandiges Land. Da sie dieses Land durchzogen, kamen riesige Ameisen hervor, raubten Menschen und Pferde und liefen damit fort. Sie bewahrten sich jedoch durch Anzünden von Feuer vor dieser Gefahr. Von dort zogen sie weiter und erreichten einen sehr großen Fluß, der drei Tagereisen breit war. Da sie bis dorthin gelangt waren und solches Wunder sahen, war Alexander in großer Verlegenheit.

30. Alexander machte nun am Ufer Halt und ließ dort das Lager aufschlagen. Als er noch überlegte, wie man über den Fluß kommen könnte, trocknete das Wasser plötzlich, und es floß Sand statt Wasser. Da Alexander dies sah, erkannte er, wie über den Fluß zu

kommen sei; er befahl, viereckige hölzerne Kästen zu machen und sie in den Strom des Flusses zu werfen. Als sie den ersten hinabließen, befahl er, ihn mit Steinen zu füllen, und da dies geschehen war, blieb der Kasten unbeweglich und fest. Bei dem zweiten aber befahl er, hinüberzufahren und lange Balken hinzuschaffen von ungefähr vier oder auch sechs Fuß und diese auf den ersten Kasten zu legen, zwischen dem zweiten und ersten aber einen Zwischenraum von vier Fuß zu lassen; und wenn sie den zweiten Kasten herbeigeschafft hätten, ihn leer auf die Balken zu setzen. Und da sie ihn hinabstießen, kam er in den Strom des Flusses vier Klafter weit von dem ersten zum Liegen. Schnell füllten sie nun auch diesen und auch er blieb fest und unbeweglich. Ebenso machten sie auch den dritten und vierten und die übrigen und überbrückten auf diese Weise den Fluß und das ganze Heer zog in drei Tagen hinüber. Da er diesen Fluß passiert hatte, nannte er ihn Sandstrom, denn drei Tage strömt er Wasser und drei Tage Sand.

31. Nachdem Alexander den Sandstrom überschritten hatte, kam er in eine andere Welt. Er fand da armselige Menschen, die so klein waren, daß der ganze Mensch nicht mehr als anderthalb Ellen maß. Als sie Alexander sahen, kamen sie zu ihm heran, fielen ihm zu Füßen und baten ihn, gnädig gegen sie zu sein. Nachdem Alexander ihre Winzigkeit gesehen hatte, entließ er sie in Frieden und sprach: „Geht hin und befürchtet von uns kein Leid." Er verweilte dort einige Tage; dann zog er wieder durch das unbewohnte Land und erreichte nach zehn Tagen eine Ebene von unvergleichlicher Länge und Breite. Dort beschloß er, das Heer ausruhen zu lassen, und blickte um sich und suchte nach Wasser. Da sah er einen See, und als er näher kam, sah er eine sehr große Säule, die aus Steinen auf einem Felsen errichtet war. Die Säule war mit griechischen Buchstaben beschrieben, und die Schrift besagte Folgendes: „Das Bild des Sesonchosis, des jetzigen Herrschers der Welt."[26] Das Bild aber war das eines jugendlichen Mannes und glich in allem Alexander. Weiter stand dort geschrieben, bis dahin sei wohl einer der Menschen gelangt, der die ganze

Erde umreist habe, darüber hinaus aber habe er nicht gehen
können; „daher war auch ich nicht im Stande, weiter vorzudringen, sondern kehrte hier um, um nicht aus dem Leben zu gehen,
ich Sesonchosis, Herrscher der Welt." Sobald Alexander dies geschrieben hatte, verhüllte er die Schrift mit Tüchern, als ob er
dadurch das Bild ehren wollte. Er tat dies aber, damit keiner der
Makedonen die Schrift lesen und so mutlos werden könnte. Hingegen sagte er, er habe einen Orakelspruch von dem Bilde empfangen: „Wenn du durch dieses Land ziehst, wirst du eine andere
bessere Welt finden, die noch kein anderer Mensch durchzogen
hat." Dies sagte er, damit das Heer um so bereitwilliger sich
anstrengen möchte. Nachdem er nun doch drei Tage dort verweilt hatte, brach er auf und setzte seinen Weg fort.

32. [27]Nachdem Alexander mehrere Wegweiser genommen hatte,
wollte er in die hinteren Gegenden der Wüste in Richtung auf
den Großen Wagen eindringen. Sie sagten aber, daß in jenen
Gegenden wilde Menschen und böse und wunderbare Tiere
seien. Da nun Alexander diese Gegenden kennenlernen und die
Menschen sehen wollte, erreichte er eine schluchtenreiche Gegend, wo der Weg in einer tiefen Schlucht herging. In dieser zog
er acht Tage weiter und erblickte wüste Gegenden und andere
und immer wieder andere Arten von Tieren. Um die neunte
Stunde des Tages kam er an einen Ort, wo er einen großen,
Anaphantos genannten Wald von Bäumen fand, welche apfel-
ähnliche Früchte trugen. In diesem Walde waren sehr große Menschen, gegen 24 Ellen hoch, mit sehr langen Hälsen und mit
Händen und Füßen wie Sägen; diese kamen auf uns zu. Alexander war erschrocken beim Anblick dieser Wesen und befahl,
einige von ihnen zu fangen. Als aber die Soldaten mit Geschrei
und Trompetenschall gegen sie losstürmten, ergriffen sie, sobald
sie es sahen, die Flucht. Doch töteten die Soldaten 332 von ihnen:
von den Soldaten aber kamen 165 um. Sie blieben nun dort und
zehrten von den Früchten, denn dies war die einzige Nahrung,
die sie hatten.

33. Von dort nun zogen sie weiter und gelangten in eine sehr kahle Gegend. Als die Scharen sich in der Ebene ausbreiteten und die Makedonen sich zerstreuten, kamen ihnen wilde Menschen zu Gesicht, die auf Felsen saßen, nackt, aber dichtbehaart, furchtbar, groß und schwarz, aber nicht gewalttätig; mit borstig herunterhängenden Haaren, jeder vier Ellen groß. Alsbald gingen die Makedonen auf sie los; sie gingen aber von einer Stelle zur anderen und saßen ruhig da, den Blick auf die Reihen des Heeres gerichtet. Die Makedonen gingen hin und sagten dies dem Alexander. Alexander trat heraus und gelangte dahin, wo die Männer ruhig saßen. Als er nun sah, daß sie sich gar nicht um ihn kümmerten und nur die Reihen des Heeres betrachteten, befahl er, ein schönes Mädchen herbeizubringen. Als es gebracht wurde, befahl er ihm, sich einem von ihnen zu nähern, um die Eigenart jenes Mannes zu erkennen und festzustellen, ob er von menschlicher Natur war. Sobald aber die Frau in seine Nähe gekommen war, und er sich umwandte und sie erblickte, begann er, sie zu fressen. Als Alexander dies sah, befahl er den Soldaten, das Mädchen dem Tier schleunigst zu entreißen. Die Soldaten liefen herbei; aber er kümmerte sich gar nicht um sie, sondern setzte seinen Mund an den Schenkel des Mädchens und fraß sie wie ein Hund. Einer der Soldaten traf ihn mit dem Speer, da ließ er das Mädchen halbtot liegen und lief davon und heulte wie ein Hund. Sie führten das Mädchen zu Alexander und brachten sie in das Heer. Sogleich aber erschien eine endlose Zahl der wilden Menschen, mit Stöcken und Steinen in den Händen, näherten sich der ersten Abteilung des Heeres und kämpften wacker. Als Alexander sie sah, befahl er sogleich den Schwerbewaffneten und Bogenschützen, sich zum Kampf zu ordnen. Nachdem die Schlacht begonnen hatte, wurde jeder Verwundete sogleich zerrissen und gefressen. Und je mehr der Kampf entbrannte, desto mehr Wilde erschienen und wurden immer gewalttätiger und mutiger. Angst ergriff die Makedonen, und Furcht und Zittern hielt sie befangen. Alexander stand da und sann, wie er sie in die Flucht schlagen könne. Bei jedem Angriff wurden 30 Soldaten getötet, von den Wilden aber eine große Menge. Je mehr aber umkamen, desto mehr

folgten nach. Der kluge Alexander aber befahl, ein Feuer anzuzünden. Und sie stürmten auf sie los. Als sie nun den ungewohnten, wunderbaren Anblick sahen, wendeten sie sich sogleich zur
Flucht. Zwar verfolgte sie die ganze Masse des Heeres, aber sie
konnten keinen von ihnen einholen, denn sie waren leichtfüßig
wie eine Schwalbe, die über dem Boden hinfliegt. Nur mit Mühe
holte Alexander auf seinem Pferd Bukephalos einen Knaben ein,
bemächtigte sich seiner und führte ihn zum Heer. Er war dem
Anschein nach ungefähr zwölf Jahre alt, aber größer als jeder
Mensch.

Als die Nacht schon hereingebrochen und das Lager aufgeschlagen war, hatten sich alle zur Nachtruhe zurecht gemacht,
denn sie waren von dem Kampf erschöpft. Aber von Furcht
erfüllt, kamen sie zum Alexander und sprachen: „Laß uns nicht
mehr weiter gehen, Alexander; denn wir werden solche Gegenden nicht durchziehen können, und es kann unser Verderben sein.
Nachdem wir die Welt unterworfen haben, haben wir uns, noch
immer nicht gesättigt, zur Beute nicht von Menschen, sondern
von Tieren gemacht. Und dadurch wird unser Unglück doppelt,
daß nicht einmal ein Andenken an uns in der Welt bleiben wird."
Aufgebracht darüber sprach Alexander: „Nicht von mir hängt
das Umkehren ab, sondern vom Schicksal. Denn ich wollte schon
oft umkehren, aber es ist mir nicht gestattet worden. Es ist aber
unsere Pflicht, dem Schicksal uns zu fügen, und keiner soll es
aufhalten." Darauf schwiegen alle, entschlossen, sich der Führung
des Schicksals zu überlassen.

34. Am Morgen nun brach er auf und setzte seinen Marsch fort.
Nachdem er in fünf Tagen das Land jener Wilden durchzogen
hatte, gelangte er in ein anderes Land, wo zwei goldene Bildsäulen standen, von denen eine die eines Mannes, die andere die eines
Weibes war. Als Alexander auf diese traf, sagte er: „Das sind die
Bildsäulen des Herakles und der Semiramis." Nachdem sie ein
wenig weiter gezogen waren, fanden sie den Palast der Semiramis, der aber unbewohnt war. Alexander ging nur mit dem
makedonischen Heer hinein. Die Perser und Ägypter lagerten

drei Tage lang um den Palast herum. Nachdem er von dort zehn
Tage weiter gezogen war, fand er wieder andere Menschen, mit
sechs Händen und sechs Füßen, in zahlloser Menge, und sie waren
alle nackt. Als diese die Masse des Heeres sahen, rotteten sie sich
zusammen. Als nun Alexander sie sah, befahl er sogleich, Feuer
anzuzünden und sie anzugreifen. Als dies geschah, ergriffen sie die
Flucht, liefen schnell weg und verbargen sich in unterirdischen
Höhlen. Einen von ihnen aber brachten sie lebendig in ihre Gewalt, und dieser war höchst wunderbar anzuschauen. Nachdem
sie ihn aber eine Tagesreise mit fortgeschleppt hatten, fing er
plötzlich an zu zittern und gab schreiend seinen Geist auf, weil er
keinen Gefährten hatte. Nach drei Tagen erreichte Alexander das
Land der Hundsköpfe[28]. Sie waren in allem übrigen Menschen,
nur ihr Kopf war der eines Hundes, und ihre Stimme war teils
menschlich, teils die eines Hundes. Diese stellten sich in Schlachtordnung und gingen bereitwillig in den Kampf. Aber auch sie
brachte Alexander durch das Feuer zur Flucht, und die Scharen
der Soldaten verfolgten sie. In zehn Tagen hatten sie kaum das
Land der Hundsköpfe durchzogen, als sie an einen Ort an der
Meeresküste gelangten. Dort beschloß Alexander, das Heer ausruhen zu lassen. Er befahl den Schwerbewaffneten, rings um das
Lager auf dem Aufwurf des Grabens mit ihren Schilden Wache zu
halten. Es traf sich, daß das Pferd eines Soldaten starb und in das
Meer geworfen wurde. Ein Krebs aber tauchte aus dem Meere
auf, faßte das tote Pferd am Zügel und tauchte wieder ins Meer.
Als solche Krebse in Menge kamen, gerieten die Makedonen in
Furcht. Da aber die Kunde zu Alexander gelangte, befahl er, rings
um das Lager Feuer anzuzünden. Hierdurch wurden sie von dem
Angriff der Seetiere befreit.

35. [29]Von dort zogen sie weiter und gelangten an einen waldigen
und mancherlei Früchte tragenden Ort, der am Meer lag. Als
Alexander ihn erblickte, ließ er dort Rast machen. Nachdem das
Lager aufgeschlagen war, ging der König Alexander hinaus an
das Meer. Da sah er eine Insel dort, ungefähr sechs Stadien vom
Lande entfernt, und er beschloß, hinzugehen und die Insel zu

beschauen. Dort lebten die Brahmanen oder Oxydraker. Diese lebten dort nicht als Krieger, sondern als Philosophen und wohnten nackt in Grotten und Höhlen. Er befahl, Holz herbeizubringen und ein Schiff zu zimmern. Und in großer Schnelligkeit zimmerten die Ägypter das Schiff. Als aber Alexander das Schiff besteigen und zur Insel fahren wollte, hielt ihn sein Freund Philon[30] zurück und sprach: „Tue das ja nicht, König Alexander, sondern laß mich erst die Insel beschauen, und wenn ich glücklich zurückkomme, dann besteige auch du das Schiff und tue, was dir gut scheint." Darauf sagte Alexander zu Philon: „Aber auch ich möchte nicht, daß du, mein Freund, zuerst hingehst, damit nicht vielleicht auch dir ein Unglück geschieht. Welchen anderen Freund habe ich auf der Welt außer dir, und wer wird mich trösten in der Trauer um dich?" Philon aber sprach: „Wenn Philon, der Freund des Königs Alexander, sterben sollte, so wird der König Alexander einen anderen Freund Philon finden können; wenn aber dem König Alexander etwas Unerwartetes begegnet, so ist die ganze Welt unglücklich." Als Philon dies gesagt hatte, stieg er in das Schiff und, nachdem er die Insel erreicht hatte, fand er Menschen, die in allem gleich uns waren und die griechische Sprache redeten. Und nachdem Philon sie gesehen hatte, kam er sogleich zu König Alexander und meldete ihm, was er auf der Insel gefunden habe. Sobald Alexander dies gehört hatte, nahm er 50 Männer mit sich, bestieg das Schiff und ließ den Antiochos zurück, um an seiner Stelle bis zu seiner Rückkehr das Heer zu befehligen, und befahl ihm, an jenem Ort zu bleiben, weil er für die Verpflegung des Heeres geeignet war. Als Alexander aber zu der Insel gelangte . . .[31]

36. [32]Nachdem Alexander alles dies gehört und gesehen und bewundert hatte und bewegt worden war durch die weisen und wahren Reden des Dandamis, umarmte er diesen und ging weg mit allen den Geschenken, bestieg dann mit seinen Begleitern das Schiff und gelangte wieder zu seinem Heer. Die Soldaten aber, die bis dahin um ihn in Sorgen waren und an ihrer eignen Rettung verzweifelten, waren jetzt hocherfreut, als sie ihn wieder-

kehren sahen. Als Alexander bei den Seinigen angelangt war, begrüßte er alle herzlich, setzte sich nieder und erzählte ihnen alles, was er von Dandamis gehört hatte. Dann brach er auf und setzte seinen Weg fort.

Nach fünf Tagen kamen sie an einen Fluß. Dort ließ Alexander ein Lager aufschlagen und das Heer in gewohnter Weise sich rüsten. Es waren aber in dem Flusse Bäume, und mit dem Aufsteigen der Sonne wuchsen auch die Bäume bis zur sechsten Stunde, von der siebenten Stunde an aber schwanden die Bäume, so daß sie gar nicht mehr sichtbar waren; aus ihnen tropfte eine Flüssigkeit wie das Harz des Feigenbaumes, und sie verbreiteten einen sehr lieblichen und schönen Duft. Alexander befahl nun, die Bäume umzuhauen und mit Schwämmen die Flüssigkeit zu sammeln. Plötzlich aber wurden die Sammler von unsichtbaren Geistern gepeitscht, und man hörte zwar das Geräusch des Peitschens und sah, wie die Schläge auf die Rücken fielen, die Schlagenden aber waren nicht zu erblicken. Aber eine Stimme begann zu reden: „Nicht umhauen und nicht sammeln! Wenn ihr aber nicht aufhört, so wird das ganze Heer stumm werden." Alexander befahl erschreckt, daß keiner mehr umhauen oder sammeln sollte. In diesem Fluß waren auch schwarze Steine. Wenn einer diese Steine anrührte, nahmen dessen Hände die gleiche Farbe an wie die Steine. Es waren auch Drachen in dem Fluß und viele Arten von Fischen, die nicht auf dem Feuer gekocht wurden, sondern im kalten Quellwasser. Einer der Soldaten nahm einen Fisch, wusch ihn aus, warf ihn in ein Gefäß und fand ihn gekocht. Es gab am Fluß auch Vögel ähnlich denen bei uns. Wenn man sie aber berührte, so kam Feuer heraus.

37. Am folgenden Tage gingen sie in die Irre. Es sprachen aber die Wegweiser: „Wir wissen nicht, wohin wir gehen, König Alexander; laß uns umkehren, damit wir nicht in schlimmere Gegenden geraten." Alexander selbst aber wollte nicht umkehren. Und nachdem er zehn Tage weiter gezogen war, zeigte sich kein Tageslicht mehr, sondern nur während einer Stunde ein schwacher Glanz. Es begegneten ihnen viele Tiere mit sechs Füßen und drei

Augen und fünf Augen, zehn Ellen lang, und viele andere Arten
von Tieren; einige von ihnen flohen, andere aber sprangen auf sie
los. Dann kam Alexander in eine sandige Gegend, aus der Tiere
kamen, die wilden Eseln ähnlich waren; sie maßen 20 Ellen und
hatten nicht bloß zwei Augen, sondern sechs, aber nur mit den
zweien sahen sie; sie griffen aber nicht an, sondern waren sanft.
Diese und viele andere erlegten die Soldaten mit ihren Geschossen. Von dort zog Alexander weg und kam an einen Ort, wo
Menschen mit Hundsköpfen waren, die aber menschlich in ihrer
eigenen Sprache redeten, sie waren dicht behaart, in Felle gekleidet und lebten von Fischen. Sie fingen Fische aus der nahen See
und brachten sie seinem Heer. Robben sah man in großer Menge
und von bedeutender Größe auf dem Lande herumkriechen.
Seine Freunde redeten dem Alexander dringend zu, er möge
umkehren; aber er wollte nicht, weil er das Ende der Welt sehen
wollte.

38. Von dort aufgebrochen, zog Alexander durch eine wüste
Gegend nach dem Meer zu, ohne einen Vogel oder ein anderes
Tier zu sehen, nichts als Himmel und Erde. Die Sonne erblickten
sie nicht mehr, sondern dunkel war die Luft zwölf Tage lang. Als
er an die Meeresküste gelangte und die Zelte und das Lager
seinem Befehl zufolge aufgeschlagen war, stieg er mit den Soldaten in kleine Schiffe und sie fuhren nach einer nicht weit von dem
Lande im Meere liegenden Insel, wo sie in griechischer Sprache
reden hörten; die Sprechenden aber sah niemand. Einige Soldaten
aber waren so leichtsinnig und suchten durch Schwimmen von
dem Schiff nach der Insel zu gelangen, um sie zu durchforschen;
aber alsbald kamen Krebse aus dem Wasser und zogen sie hinunter. Erschrocken befahl Alexander, ans Land zurückzukehren. Als
sie aus den Schiffen gestiegen waren und Alexander am Ufer des
Meeres entlang ging, fand er einen Krebs von gewaltiger Größe,
der auf das Trockene gekommen war. Die Vorderfüße, die sogenannten Zangen, öffneten sich. Als die Soldaten ihn sahen, warfen sie mit Speeren nach ihm, aber nur mit Mühe gelang es, ihn zu
töten; denn das Eisen drang nicht in seine Schale ein; denn mit

seinen Zangen zerbrach er die Speere. Nachdem sie ihn aber getötet und geöffnet hatten, fanden sie in seinem Leib sieben kostbare Perlen; niemand hatte je solche gesehen. Als Alexander diese sah, glaubte er, daß solche Perlen in der unzugänglichen Tiefe des Meeres seien, und kam daher auf den Gedanken, einen großen eisernen Käfig machen zu lassen und in den Käfig ein großes Faß von Glas, einen Zoll dick, hineinzusetzen. In dem Boden des Fasses ließ er ein Loch anbringen, groß genug um eine Hand durchzustecken. Wenn man nun hinunterfahren und sehen will, was in dem Meer ist, so hält man das Loch in dem Boden des Fasses von innen verschlossen, um, wenn man unten ist, es schnell öffnen und die Hand durch das Loch herausstrecken und aus dem Sand das nehmen zu können, was man auf dem Boden eines solchen Meeres findet, dann aber die Hand wieder hereinzuziehen und das Loch zu schließen. Und so machte er es auch. Er ließ aber eine Kette machen von ungefähr 200 Ellen und befahl, daß keiner ihn heraufziehen solle, bevor die Kette bewegt würde. Nachdem das alles gemacht war, stieg Alexander in das gläserne Faß und den Käfig, um Unmögliches zu unternehmen. Als er darin war, wurde die Öffnung mit Blei verschlossen. Nachdem er 120 Ellen hinunter gefahren war, kam ein großer Fisch und schlug mit seinem Schwanz an den Käfig; da zogen sie ihn herauf, weil die Kette erschüttert worden war. Alexander aber befahl, ihn noch einmal hinunter zu lassen; es geschah aber das gleiche. Als er zum drittenmal hinabgestiegen war, ungefähr 200 Ellen, sah er durch das Glas rings umher eine Menge von Fischen. Und siehe, ein ungeheurer Fisch nahm ihn samt dem Käfig ins Maul und trug ihn eine Meile weit von den Schiffen weg auf das Land zu. Es waren aber ungefähr 150 Männer, die ihn hinunterließen: alle diese zog der Fisch samt den Schiffen mit fort. Nachdem er aber mit dem Käfig an Land gelangt war und mit seinen Zähnen den Käfig gelöst hatte, warf er ihn auf das Trockene. Alexander stieg halbtot und zitternd vor Furcht heraus und dankte der Vorsehung im Himmel, die ihn vor jenem bösen Tier beschützt hatte. Zugleich sprach er zu sich: „Laß ab, Alexander, Unmögliches zu unternehmen, damit du nicht, in unergründeten Tiefen forschend, dein Leben verlierest." Und sofort befahl er dem Heer aufzubrechen und weiterzuziehen.

39. Von dort zog also Alexander mit seinem Heer wieder vorwärts, und sie gelangten in eine Ebene. In deren Mitte war eine Schlucht, die sie teilte. Diese Schlucht ließ Alexander überbrücken und an der Brücke griechische, persische und ägyptische Inschriften anbringen. Diese Inschriften besagten aber folgendes: „Hier hat Alexander eine Brücke errichtet und ist mit seinem ganzen Heere darübergezogen, um das Ende der Welt zu erreichen, wie die Vorsehung es beschlossen hat." Nach drei Tagen gelangten sie an einen Ort, wo die Sonne nicht schien. Dort ist das sogenannte Land der Seligen[33]. Alexander ließ nun das Gepäck und das Fußvolk samt den Greisen und Weibern hinter sich zurück, er wollte mit auserwählten Jünglingen hinziehen, um jene Gegenden zu erforschen und zu besichtigen. Kallisthenes aber, einer seiner Freunde, riet ihm, mit 40 Freunden und 100 Knaben und 1200 Soldaten in das Land zu ziehen. Der König Alexander brach also mit diesen auf und gebot, daß kein Greis ihm folgen sollte. Ein neugieriger Greis aber, der zwei wackere Söhne, echte Soldaten, hatte, sprach zu diesen: „Kinder, hört euren Vater und nehmt mich mit euch, und ich werde mich auf dem Weg nicht unbrauchbar erweisen; denn ich weiß, daß man in der Zeit der Gefahr nach einem Greis suchen wird; dann werdet ihr, wenn ihr mich dort bei euch habt, von unserem König hoch geehrt werden. Damit ihr aber nicht als Gesetzesbrecher erscheint und getötet werdet, so macht euch auf und schert mir das Haupthaar und den Bart, und wenn meine Haare und mein ganzes Aussehen verändert ist, so will ich mit euch ziehen und zur rechten Zeit euch ordentlich nützen." Sie handelten nach dem Befehl ihres Vaters und nahmen den Greis, ihren Vater, mit sich. So zogen sie mit Alexander und fanden einen nebligen Ort. Da sie, weil der Ort unwegsam war, nicht weiter vordringen konnten, so schlugen sie ihre Zelte auf. Am folgenden Tag aber nahm Alexander die 1000 Bewaffneten und drang mit ihnen in das Land ein, um zu erforschen, ob dort das Ende der Welt sei. Und da er eingedrun-

gen war, sah er zur Linken einen helleren Raum und zog durch
wüste und felsige Gegenden bis zur Mitte des Tages. Dieses erkannte er aber nicht nach der Sonne, sondern mit Schnüren maß
er den Weg nach der Geometrie und erkannte daraus die Zeit.
Später aber geriet Alexander in Furcht und kehrte um, weil der
Weg ungangbar war. Als er aber wieder herausgelangt war,
wollte er nun nach rechts ziehen; denn es war eine flache Ebene,
aber finster und dunkel. Er war nun selbst in Verlegenheit, weil
keiner der Jünglinge ihm riet, in das finstere Land einzudringen,
aus Furcht, daß, wenn erst die Hengste durch die Dunkelheit des
langen Weges erschöpft wären, sie nicht wieder zurückgelangen
könnten. Alexander aber sprach zu ihnen: „O wackere Soldaten,
alle habt ihr in unsern Kriegen jetzt erkannt, daß es ohne Rat und
Einsicht keine Tüchtigkeit gibt. Denn wenn ein bejahrter Mann
käme, so könnte der uns raten, wie man in das finstere Land
eindringen soll. Aber gehe nun ein Braver unter euch ins Lager
und bringe mir einen Greis, und er soll von mir viel Gold bekommen." Aber es fand sich keiner unter ihnen, der dies zu tun wagte,
wegen der Länge des Weges und der Finsternis. Da traten die
Söhne des Greises heran und sprachen zu ihm: „Wenn du uns
geduldig anhören willst, König, so wollen wir dir etwas sagen."
Der König Alexander sprach: „Redet, was ihr wollt; denn ich
schwöre bei der Vorsehung im Himmel, daß ich kein Leid antun
will." Sie erzählten ihm sofort von ihrem Vater und liefen hin
und stellten ihm den Greis vor. Da Alexander ihn sah, hieß er ihn
willkommen und bat ihn um seinen Rat. Der Greis sprach: „Das
kannst du wissen, König Alexander, daß wenn die Pferde nicht
mehr herauskommen, du das Licht nicht mehr sehen wirst. Wähle
also die Stuten aus, die Fohlen haben, und laß die Fohlen hier, wir
aber wollen mit den Stuten in das Land eindringen und sie werden uns wieder hierher bringen." Alexander suchte nun unter
allen Pferden, die er bei sich hatte, fand aber nicht mehr als
hundert Stuten mit Fohlen. Er nahm also diese und noch hundert
andere auserlesene, und außerdem viele, die die Lebensmittel
tragen sollten und drang so in das Land ein nach dem Rat des
Greises, die Fohlen aber ließ er zurück. Der Greis aber befahl

seinen Söhnen, alles, was sie unterwegs auf der Erde finden würden, zu sammeln und in ihre Säcke zu stecken. Und es zogen mit
Alexander 360 Krieger. So drangen sie auf einem finsteren Wege
fünfzehn Schoinen[34] vor. Dann fanden sie einen Ort, an dem eine
durchsichtige Quelle war, deren Wasser wie ein Blitz strahlte. Die
Luft aber dort war wohlriechend und sehr lieblich. Da aber König
Alexander hungrig geworden war und etwas essen wollte, rief er
seinen Koch namens Andreas und befahl ihm, ein Mahl zurecht-
zumachen. Dieser nahm einen getrockneten Fisch und ging zu
der durchsichtigen Quelle, um ihn darin zu waschen. Wie er aber
in dem Wasser hin und her geschüttelt wurde, wurde er sofort
lebendig und entschlüpfte den Händen des Koches. Der Koch
sagte niemandem, was geschehen war, nahm aber etwas von dem
Wasser in ein silbernes Gefäß und bewahrte es. Es hatte die ganze
Gegend eine Fülle von Wasser; davon tranken alle und nahmen
Nahrung zu sich.

40. Danach zogen sie 30 Schoinen weiter; und sie erblickten
einen Glanz ohne Sonne und Mond und Sterne, und entdeckten
drei Vögel, die dahinflogen und menschliche Gesichter hatten, die
riefen in griechischer Sprache aus der Höhe herab: „Das Land, das
du betrittst, Alexander, gehört Gott allein; kehre um, Elender,
denn das Land der Seligen wirst du nicht betreten können. Kehre
also um und begib dich nicht in Gefahr." Alexander erbebte und
gehorchte sogleich der Stimme, die von den Vögeln an ihn gelangte. Der andere Vogel aber sprach wieder zu ihm: „Es ruft dich
der Osten, Alexander, und das Reich des Poros wird durch Sieg
dir untertan werden." Und nachdem er dies gesprochen, flog der
Vogel davon. Daraufhin befahl Alexander dem Antiochos, den
Soldaten zu verkünden: „Jeder nehme von hier mit, was er will,
sei es Stein oder Lehm oder Holz." Und den einen schien das
richtig zu sein, den andern schienen Alexanders Worte leeres
Geschwätz. Im Fortziehen aber sagte Alexander zu Philon:
„Steige vom Pferd und nimm mit, was dir in die Hände kommt."
Philon stieg ab und fand, wie es schien, einen gewöhnlichen
unbrauchbaren Stein. Er hob ihn auf und ritt mit Alexander fort.

Auch von den Soldaten nahmen viele aus dem nahen Wald, was ein jeder fand, so daß sie kaum gehen konnten. Alexander nahm die Stuten als Wegweiser und zog in die Richtung des Großen Wagens, und den Stimmen der Stuten folgend, gelangte er in einigen Tagen wieder aus dem von ewiger Nacht bedeckten Land.

41. Als sie nun an das Licht kamen, wo die anderen Soldaten waren, und sich einander betrachteten, sahen sie, daß sie Perlen und kostbare Steine hatten. Da bereuten es die, die nichts genommen hatten; diejenigen aber, die etwas genommen hatten, dankten alle Alexander und dem Greis für ihren guten Rat. Philon aber brachte den Stein zu Alexander, und er war ganz von glänzendem Gold. Jetzt erzählte auch der Koch, wie der Fisch lebendig geworden war. Da ward Alexander zornig und befahl, ihn schrecklich zu peitschen. Dieser sprach jedoch zu ihm: „Was nützt dir die Reue über eine vergangene Sache?" Er sagte aber nicht, daß er von dem Wasser getrunken oder daß er es aufbewahrt habe. Dies wollte der Koch nicht eingestehen, nur daß der Fisch wieder lebendig geworden war. Es ging aber der schlechte Koch hin zu der Tochter des Alexander, die von der Nebenfrau Une geboren war und Kale hieß, und verführte sie, indem er ihr versprach, Wasser aus der unsterblichen Quelle zu trinken zu geben, und dies tat er auch. Als Alexander dies erfuhr, mißgönnte er ihnen die Unsterblichkeit. Und er rief seine Tochter zu sich und sprach zu ihr: „Nimm deine Kleider und gehe fort; denn siehe, du bist ein göttliches Wesen geworden, da du unsterblich geworden bist; du wirst Nerais heißen, da du durch das Wasser die Unsterblichkeit gewonnen hast, und dort wirst du wohnen." Weinend und klagend ging sie ihm aus den Augen und begab sich in die Wüste unter die Dämonen. Dem Koch aber befahl er einen Stein an den Hals zu binden und ihn ins Meer zu werfen. Der Hinabgeworfene aber wurde ein Dämon und wohnte dort an einer Stelle des Meeres, die daher Andreatisches Meer (Adriatisches Meer) genannt wurde. So ging es mit dem Koch und dem Mädchen. Alexander aber glaubte nach diesem Zeichen, daß dort das Ende

der Welt sei. Als sie aber zu der Brücke gelangten, die Alexander
erbaut hatte, ließ er wieder eine Inschrift einhauen: „Diejenigen,
welche in das Land der Seligen eingehen wollen, müssen den
Weg nach rechts einschlagen."

Er befahl nun, von den Vögeln jener Gegend zwei zu fangen.
Sie waren sehr groß und stark und ganz zahm; denn wenn sie
Menschen sahen, flohen sie nicht. Einige von den Soldaten häng-
ten sich sogar auf ihren Rücken, und sie flogen mit der Last auf.
Sie fraßen aber auch wilde Tiere. Es kamen daher auch sehr viele
von den Vögeln dorthin wegen der verendeten Pferde. Nachdem
nun Alexander zwei davon gefangen hatte, befahl er, ihnen drei
Tage lang nichts zu fressen zu geben; am dritten Tage aber befahl
er, ein Holz zurecht zu machen in der Art eines Joches und dieses
an ihren Hälsen festzubinden. Dann stieg er selbst auf die Mitte
des Joches und hielt die ungefähr eine Elle lange Stange, an der
oben eine Leber befestigt war. Sogleich flogen die Vögel auf, um
die Leber zu fressen, und Alexander stieg mit ihnen in die Luft
auf. – Gewaltig zitterte er wegen der Kälte, welche durch den
Flügelschlag der Vögel entstand. Dann begegnete ihm alsbald ein
fliegendes Wesen mit Menschengestalt und sprach zu ihm: „Alexander, der du das Irdische nicht kennst, wie kannst du begehren,
nach dem Himmlischen zu gelangen? Kehre schnell zurück auf
die Erde, damit du nicht diesen Vögeln zum Fraß wirst." Und
weiter: „Blicke hinab auf die Erde." Und Alexander blickte voll
Furcht hinunter und siehe, da sah er eine im Kreis herumgelagerte
Schlange und in der Mitte der Schlange ein Tenne. Und es sprach,
der ihm begegnet war: „Erkennst du, was das ist? Die Tenne ist
die Welt, die Schlange ist das Meer, das die Erde rings umgibt."
Er selbst aber kehrte um und gelangte nach dem Ratschluß der
Vorsehung hinab auf die Erde sieben Tagesreisen weit von seinem
Heere. Er hatte aber dort einen Satrapen, und von diesem nahm
er 300 Reiter und zog fort und gelangte zu seinem Heer. Nun
ließ er sich nicht mehr darauf ein, Unmögliches zu unternehmen.
Als die mit ihm aus dem Lande der Seligen gekommenen Soldaten sahen, daß Alexander ausblieb, gingen auch sie zu dem Lager
und fanden ihn dort. Und nachdem sie sich dort ausgeruht hatten,

zogen sie zurück, und es kamen Alexander menschenähnliche Vögel entgegen, die sprachen: „Wer auf dem Wege rechts zurückkehren wird, wird Wunderbares schauen." Und das tat Alexander.

42. [35]Alexander zog den ganzen Tag hindurch weiter und gelangte an einen See. Dort rastete das Heer. Das Wasser des Sees aber war süß wie Honig. Alexander stieg am Rand in den See; dies sah ein Fisch wegen der Durchsichtigkeit des Wassers und fuhr auf ihn los. Alexander sah dies und sprang sofort aus dem See. Der Fisch aber wurde durch die Schnelligkeit des Sprungs mit emporgehoben und aus dem Wasser geworfen. Als Alexander ihn sah, drehte er um und schlug ihn mit dem Speere. Der Fisch war außergewöhnlich groß. Alexander befahl, ihn vor seinen Augen aufzuschneiden, damit er seine Eingeweide sehe. Als dies geschah, leuchtete ein Stein in seinem Bauch, so daß alle glaubten, es sei eine Lampe. Alexander nahm den Stein, ließ ihn in Gold fassen und gebrauchte ihn bei Nacht als Leuchte. In jener Nacht aber kamen Frauen aus dem See, gingen rings um das Lager herum und sangen ein sehr liebliches Lied, so daß sie von allen gesehen wurden und alle sie hörten; dann wurden sie wieder unsichtbar. Am Morgen aber setzte er den Weg fort, den er vor sich hatte. Nach einem Tag erreichte er eine Ebene. Dort zeigten sich menschenähnliche Geschöpfe, vom Kopf bis zum Nabel waren sie vollständige Menschen, unten aber Pferde. Sie kamen in großer Menge mit Bogen. Ihre Geschosse waren nicht aus Eisen, sondern aus scharfem Stein. Und sie waren zum Kampfe bereit. Als Alexander sie sah, befahl er, dort das Lager aufzuschlagen, rings umher einen großen Graben zu ziehen und ihn mit Rohr und Gras zu verdecken. Am Morgen stellte er in die Nähe des Grabens Bogenschützen und befahl ihnen, keine eisernen, sondern nur hölzerne Pfeilspitzen zu nehmen: „Wenn sie aber näher herankommen, schießt die Pfeile gutgezielt gegen sie ab. Denn wenn die Pfeile treffen und nicht wirken, so wird das sie verwegen machen. Wenn ihr sie aber auf euch losstürzen seht, so werdet nicht mutlos, sondern tut, als ob ihr ins Lager fliehen wolltet.

Vielleicht können wir auf diese Weise einige von ihnen fangen."
Und sie taten, wie er ihnen befohlen hatte. Als der Tag anbrach,
erschienen jene Roßmenschen, umringten das Lager und schossen
von weitem. Als sie aber sahen, daß die makedonischen Geschosse
keine Wunde verursachten, zogen alle zusammen heran und ver-
lachten deren Unvermögen; und nach einer Beratung stürmten
sie einmütig von allen Seiten heran, um über die Makedonen
herzufallen. Denn da die menschliche Gestalt bei ihnen nicht
vollständig vorhanden war, war auch der Verstand nicht ganz
klar, und als Menschen verachteten sie die Unwirksamkeit der
Geschosse, als Tiere merkten sie nicht die menschliche List. Da sie
nun unüberlegt gegen das Lager losstürmten, ergriffen ihre Gegner scheinbar die Flucht, und in äußerster Hast heranstürmend,
fielen sie in den Graben. Nun befahl Alexander seinem ganzen
Heer, bewaffnet gegen sie auszurücken. Jetzt konnten sie erproben, was für starke und todbringende Schwerter die Makedonen
führten. Die übrigen entflohen; da aber Alexander einige in seine
Gewalt bringen und nach unserem Land mitnehmen wollte, so
ließ er 50 aus dem Graben herausbringen. 32 Tage konnte er sie
am Leben halten, da er aber ihre Lebensweise nicht kannte, starben alle. Von dort aus erreichten sie in 60 Tagen die bewohnte
Erde und ruhten von ihrer Anstrengung aus.

43. Jetzt beschloß Alexander, einen Brief nach Makedonien an
seine Mutter Olympias und an seinen Lehrer Aristoteles zu schreiben.

„Alexander, der König, grüßt seine Mutter Olympias und
seinen Lehrer Aristoteles.

Lange Zeit ist vergangen, Mutter, daß deine Liebe keine Nach-
richten über uns erhalten hat. Ich kann mir denken, daß du
darüber betrübt bist und dich um mich bekümmerst und deine
Gesundheit von den vielen Sorgen geschwächt wird, wie ein
Schiff, das der Sturm umherschleudert, und daß du nachts grü-
belst und dir Sorgen um mich machst. Oft siehst du mich im
Traum unglücklich. Darum weiß ich, daß du manchmal im
Traum dich über mein Unglück betrübst, aber daraus erwacht

dich freust über die Unwahrheit der Erscheinung, und doch auch
wieder traurig bist, daß ich dir durch meine Entfernung entrissen
bin. In gleicher Weise aber freust du dich auch auf der anderen
Seite, wenn du im Traum bei mir bist, über das Glück und den
Anblick deines Sohnes und bist überaus betrübt, wenn du aus
dem Traum erwachst, der dir so viel Freude macht. Denn ich
kenne die Liebe einer Mutter zu ihrem abwesenden Sohne. Solche Erscheinungen habe auch ich oft; denn von mir selbst weiß
ich es, Mutter, wie es dir geht. Bei alledem aber verzeihe mir und
vernimm, was mir widerfahren ist, aus diesem Brief.

Wie ich dir früher über Dareios schrieb, so haben wir ihn in
drei Schlachten besiegt, dann bemächtigte ich mich des ganzen
persischen Landes, nahm, wie ich dir im voraus sagte, seine Tochter zur Frau und stellte dadurch Einigkeit zwischen Persien und
Makedonien her. Dann schlug ich den Weg nach Ägypten ein.
Und nachdem ich viele Länder und Städte unterworfen hatte,
gelangte ich nach Judäa. Die Bewohner dieses Landes wollen dem
lebendigen Gotte dienen, der mir Wohlwollen gegen sie gab, und
meine ganze Seele zu ihm wandte. Den Juden erließ ich die
Geschenke und die jährlichen Abgaben und schenkte ihnen auch
vieles von der persischen Beute. Ich wurde von ihnen als Herrscher der Stadt ausgerufen, und nachdem ich ihr Land durchzogen hatte, kam ich in einigen Tagen nach Ägypten und brachte in
kurzer Frist das ganze Land zur Unterwerfung. Als ich in ihre
Stadt zog, riefen auch sie mich zum Herrscher der Welt aus. Von
einem Orakelspruch bewogen, nannte ich die Stadt Ägyptens
nach meinem Namen, nachdem ich sie von Grund auf erbaut und
mit vielfältigen Säulen und Statuen geschmückt hatte. Dort
schaffte ich alle Götter ab, weil es keine Götter sind, und verkündigte den Gott, der auf den Flügeln der Seraphim einherfährt.
Mein Bildnis und das meiner Freunde stellte ich in jener Stadt auf,
das des Seleukos, Philippos und Antiochos. Dann beschloß ich,
nach dem Ende der Welt zu ziehen, und der Gedanke ward zur
Tat. Nachdem wir das bewohnte Land unter der Sonne durchzogen
hatten, kamen wir in wilde, unwegsame Gegenden, und
nachdem wir diese unwegsamen Gegenden in 30 Tagen durchzo-

gen hatten, kamen wir in eine kahle Ebene. Dort fanden wir wilde Menschen und jagten sie in die Flucht. Nachdem wir aber tiefer eingedrungen waren, fanden wir die Säulen des Herakles und den Palast der Semiramis. Dort ruhten wir einige Tage aus. Als wir weiterzogen, fanden wir Menschen mit sechs Händen und sechs Füßen; diese jagten wir ebenfalls in die Flucht und drangen dann immer weiter vor und erreichten einen Ort, der am Meer liegt. Als wir dort rasteten, kam ein Krebs aus dem Meer, schleppte ein totes Pferd fort und tauchte wieder ins Meer. Es kam aber eine solche Menge von Seetieren auf uns los, daß wir nicht imstande waren, einen einzigen Krebs zu überwältigen. Wir zündeten aber ein Feuer an und retteten uns so vor den Tieren dort. Von dort aus gelangten wir an einen anderen Ort, der ebenfalls am Meer lag. Und es war eine Insel zu sehen. Ich ließ ein Schiff bauen, bestieg es und fand auf der Insel Menschen, die dieselbe Sprache redeten wie wir, und weise, aber ganz nackt waren, wie sie aus Mutterleibe kamen. Nachdem wir von dort einige Tage weitergezogen waren, fanden wir Menschen mit sechs Füßen und drei Augen und weiterhin Menschen mit Hundsköpfen. Als wir diesen mit Mühe entgangen waren, erreichten wir eine sehr große Ebene. In deren Mitte war eine Kluft; diese überbrückte ich und zog mit dem ganzen Heer hinüber. Von da an hatten wir kein Tageslicht mehr, und nachdem wir in gewöhnlicher Weise umhergezogen waren, erreichten wir ein Land, wo es völlig Nacht war. Dort ist das Land der Seligen. Es kamen mir aber zwei Vögel in Menschengestalt entgegengeflogen und rieten mir: „Es ist dir nicht gestattet, Alexander, durch dieses Land zu ziehen." Wir kehrten also von dort um, und ich forderte alle auf, irgendwelche Gegenstände mitzunehmen; aber nur wenige erfüllten den Befehl. Als wir wieder ans Licht kamen, da bereuten es alle, die nichts mitgenommen hatten. Nun zogen wir aus diesem Land, indem wir die Richtung nach rechts einschlugen. Nach einem Marsch von einigen Tagen hatten wir mit den Hippokentauren (Roßmenschen) zu kämpfen. Wir schlugen sie in die Flucht und erreichten dann in 50 Tagen unter vielen Gefahren das bewohnte Land. Jetzt rüsten wir uns zum Kriege gegen Poros, den König der Inder. Die Schilderung dessen, was wir gesehen haben, werdet ihr in diesem Brief finden; wenn ihr ihn lest, so werdet ihr über alle unsere Erlebnisse unterrichtet werden. Lebe wohl, Mutter und du mein Lehrer, und bittet zu Gott für uns."

44. Nachdem Alexander dort fünf Tage verweilt hatte, feuerte er den Mut des ganzen Heeres an, brach auf und zog gegen die Inder. Als er das Land des Helios erreichte, ging er in die Stadt selbst hinein. Man sagte, daß sie dem Helios geweiht sei, und es waren einige Bäume da, und dort erteilte Apollon Orakel. Alexander ging hin und setzte sich unter diese Bäume. Da hörte er eine Stimme, sah aber niemand. Die Stimme aber war eine Weissagung und die Weissagung verkündigte Alexanders Tod. Daher wurde er sehr traurig. Er zog weiter von dort und gelangte in eine Wüste. Nachdem er sein Heer aufgestellt hatte, kamen aus einem nahen Gebüsch kleine Menschen hervor. Sie hatten nur einen Fuß und einen Schwanz wie die Schafe; ihre Hände aber und der Kopf und der eine Fuß war wie bei den Menschen. Als sie sich erhoben, zeigten sie sich leichtfüßig. Die Soldaten drangen auf sie ein und überwältigten sie, aber nur mit Mühe gelang es ihnen, einige festzuhalten und zu Alexander zu führen. Alexander ließ sie näher herantreten. Als sie aber in seiner Nähe standen, riefen sie ihn mit Mitleid erregenden Worten an: „Erbarme dich unser, o Herr", so sprachen sie, „die wir Menschen sind gleich dir. Denn wegen unserer Schwäche haben wir uns in dieser Wüste angesiedelt." Hierdurch ließ Alexander sich bewegen und befahl, sie freizulassen. Sobald sie aber freigelassen und auf Felsenspitzen gelangt waren, fingen sie an, aus der Ferne den Alexander zu verlachen, und sprachen: „O du unverständiger, unerfahrener Mensch! Du bist nicht würdig, den Kampf mit uns zu versuchen. Denn wer wie ihr keinen Verstand hat, kann uns nicht überwältigen." Indem sie dies sagten und umhersprangen, verhöhnten sie den Alexander. Dieser selbst aber verlor bei dem, was er sah und hörte, sein finsteres Wesen und brach in Lachen aus. Denn seit er das Orakel erhalten hatte, hatten sie ihn noch nicht wieder lachen

sehen bis zu dieser Stunde; und was sie sagten, war auch des Lachens wert.

DRITTES BUCH

1.[1] Hierauf setzte Alexander mit seiner Heeresmacht seinen Zug fort gegen Poros, den König der Inder. Nachdem sie nun eine weite Wüste und wasserlose und schluchtenreiche Gegenden durchzogen hatten, sprachen die Offiziere der Heere zu den Soldaten: „Es kann uns genügen, bis nach Persien den Krieg geführt und Dareios besiegt zu haben, weil er Tribut von den Hellenen forderte. Warum mühen wir uns jetzt ab und marschieren gegen die Inder in Gegenden, die voll wilder Tiere sind und mit Hellas nichts zu schaffen haben? Wenn Alexander in seiner Größe ein Kriegsheld ist und barbarische Völkerschaften unterwerfen will, warum folgen wir ihm? Mag er allein ziehen und Krieg führen." Als Alexander dies hörte, trennte er das persische Heer und das Heer der Makedonen und der übrigen Hellenen und sprach zu ihnen: „Kriegsgefährten und Mitstreiter, Makedonen und alle ihr Edlen der Hellenen! Diese Perser waren einst eure und meine Feinde. Und jetzt murrt ihr? Denn schon habt ihr bestimmt, daß ich allein in den Krieg ziehen und gegen die Barbaren kämpfen soll. Ich erinnere euch jedoch, daß ich auch jene Feinde allein besiegt habe und mit Hilfe der Perser auch alle übrigen besiegen werde. Denn einzig und allein mein Wille hat euch alle zu den Kämpfen ermutigt, als ihr im Kampf gegen die Scharen des Dareios erschöpft wart. Habe ich nicht an der Spitze des Heeres gekämpft in den Schlachten? Bin ich nicht als mein eigener Bote zu Dareios gegangen? Habe ich mich nicht in die Gefahren gewagt? Und nun beschließt ihr, allein nach Makedonien zurückzukehren? Ziehet hin und rettet euch und hadert nicht miteinander, damit ihr erkennet, daß ein Heer nichts vermag ohne die Einsicht des Königs." Und da Alexander also gesprochen hatte, baten sie ihn, von seinem Zorne abzulassen und sie bis zum Ende als Kampfgenossen bei sich zu behalten.

2. Als er mit seinem ganzen Heer schon innerhalb der Grenzen Indiens war, begegneten ihm Boten, die ein Schreiben von Poros, dem König der Inder brachten. Und sie gaben ihm das Schreiben des Königs Poros, und Alexander nahm es und las es in Anwesenheit seiner Heere vor. Es lautete also: „Poros, der König der Inder, an Alexander, den Städteverwüster. Ich befehle dir umzukehren. Denn da du ein Mensch bist, was vermagst du gegen einen Gott? Warum bereitest du dir und deinen Gefährten Unheil, der du doch im Kampf aber stärker zu sein glaubst als ich? Ich bin unbesiegbar; ich bin nicht nur ein König über Menschen, sondern auch über Götter. Denn auch Dionysos[2], den man einen Gott nennt, steht auf meiner Seite und droht dir Verderben an. Deshalb rate ich dir nicht nur, sondern befehle dir, schleunigst nach Hellas zurückzukehren. Denn mich schreckt dein Kampf gegen Dareios und die anderen Völker, die durch ihre Ohnmacht unglücklich geworden sind, nicht; denn du scheinst nicht stärker zu sein als ich. Daher kehre nun nach Hellas zurück. Denn wenn wir Hellas wollten, hätten wir Inder es schon längst vor Xerxes unterworfen. So aber, weil es ein unnützes Volk und bei ihnen nichts zu finden ist, was der Aufmerksamkeit eines Königs würdig wäre, haben wir uns nicht darum gekümmert. Denn jeder begehrt das Bessere, nicht das Geringere."

Nachdem Alexander so seinem Heer öffentlich das Schreiben des Poros vorgelesen hatte, sprach er zu ihnen: „Kriegsgefährten! Laßt euch durch den Brief des Poros nicht wieder in Verwirrung stürzen! Denkt nur daran, was auch Dareios schrieb. Denn wahrhaftig, die einzige Klugheit der Barbaren besteht in Stumpfsinnigkeit. Wie die Tiere ihres Landes, die Tiger, Löwen, Elefanten, sich mit ihrer Kraft brüsten und doch durch menschliche Klugheit leicht erjagt werden, so brüsten sich auch die Könige der Barbaren mit der Menge ihres Heeres und werden doch durch die Klugheit der Hellenen leicht überwältigt." Nachdem Alexander so gesprochen hatte, um das Heer zu ermutigen, schrieb er an Poros einen Brief zurück: „Der König Alexander entbietet dem König Poros seinen Gruß. Du hast uns noch kampflustiger gemacht, indem du sagst, daß Hellas nichts enthalte, was der Aufmerksamkeit eines Königs würdig sei, ihr Inder aber alles besäßet, Städte und Länder. Du weißt, daß jeder Mensch das Bessere zu erlangen strebt und nicht, das Geringere zu behalten. Da nun wir Hellenen dieses nicht haben, ihr Barbaren es aber besitzet, so wollen wir, weil wir das Bessere begehren, dies von euch gewinnen. Du schreibst auch, daß du ein Gott bist und ein König über alle Menschen, so daß du auch mehr bewirken kannst als ein Gott. Ich aber beginne den Krieg gegen einen kleinen Menschen, der zudem noch ein Barbar ist, und nicht gegen einen Gott. Denn gegen die Waffen eines Gottes, gegen das Dröhnen des Donners, das Leuchten des Blitzes und den Zorn des Ungewitters vermag die ganze Welt nichts. Wie also mich die von mir besiegten Völker nicht in Staunen versetzten, so flößen auch mir deine prahlerischen Worte keine Furcht ein.“

3. Nachdem Poros Alexanders Brief empfangen und gelesen hatte, eilte er noch mehr, und sogleich versammelte er die Menge der Barbaren und stellte auch Elefanten und viele andere Tiere auf, die von den Indern in der Schlacht benutzt wurden. Als aber die Makedonen und Perser herankamen und Alexander die Schlachtordnung des Poros sah, erschrak er, nicht vor den Heereshaufen, sondern vor den Tieren; denn mit Menschen war er gewohnt zu kämpfen, nicht aber mit Tieren.

Alexander wurde nun wieder sein eigener Bote und ging in die Stadt, wo Poros sich befand, indem er in dem Anzug eines Soldaten Lebensmittel kaufte. Als die Inder ihn erblickten, führten sie ihn sofort vor den König Poros. Und Poros sagte: „Wie geht es dem Alexander?“ Er antwortete: „Er lebt und ist gesund, und wünscht den großen König Poros zu sehen.“ Poros aber ging hinaus mit Alexander, zeigte ihm die Menge der Tiere und sprach zu ihm: „Gehe hin und sage dem Alexander, daß ich mit solchen Tieren gegen ihn kämpfen will.“

Nachdem Alexander von Poros weggegangen war und die Schlachtreihe der Tiere beschaut und seinen Verstand angestrengt hatte, was tat da nach langem Nachdenken der kluge Alexander? Er stellte alle ehernen Bildsäulen, deren er habhaft werden konnte, und die Rüstungen der Soldaten wie Trophäen auf und befahl, sie stark zu erhitzen, so daß das Erz wie Feuer war, und ließ sie dann wie eine Mauer vor die Schlachtreihe stellen. Als aber das Zeichen zum Kampf ertönte, befahl Poros, die Tiere loszulassen. Diese stürzten nun in hastigem Laufe herzu und faßten die Bildsäulen an, schnell aber verbrannten sie sich die Mäuler und faßten nun fernerhin nichts mehr an. Auf diese Weise also machte der verständige Alexander dem Ansturm der Tiere ein Ende. Die Perser aber überwältigten die Inder und trieben sie in die Flucht durch Pfeilschüsse und durch Reiterkämpfe. Viele wurden getötet, und lange dauerte der Kampf, viele töteten und wurden getötet. Auch Alexanders Pferd Bukephalos stürzte entkräftet zusammen. Da dies geschehen war, kümmerte sich Alexander nicht weiter um die Schlacht; und die Heere blieben 20 Tage im Kampf miteinander; die Soldaten des Alexander aber gerieten in Furcht und wollten sich ergeben.[3]

4. Da Alexander den drohenden Verrat bemerkte, befahl er, daß der Kampf schweigen sollte, und sagte zu König Poros: „Darin zeigt sich nicht die Kraft eines Königs, für den Sieg des einen oder des anderen die Heere hinsterben zu lassen, sondern darin zeigt sich die Tapferkeit der eigenen Person, wenn jeder von uns sein Heer ruhen läßt und wir zum Zweikampf um die Herrschaft treten." Poros freute sich darüber und versprach, sich ihm zum Zweikampf zu stellen, da er sah, daß Alexander viel kleiner war als er; denn Poros war fünf, Alexander nicht einmal drei Ellen groß. Beide Heere, das des Poros und das des Alexander, stellten sich nun zum Zusehen auf. Nun entstand plötzlich ein Lärm in dem Heer des Poros. Poros wandte sich erschreckt um, um zu sehen, was das für ein Lärm sei. Da zog Alexander ihm die Füße weg, sprang auf ihn los, stieß ihm sein Schwert in die Seite und tötete sofort den König Poros.[4] Beide Heere begannen nun, ge-

geneinander zu kämpfen. Alexander sprach aber zu den Indern:
„Unglückliche Inder, warum kämpft ihr, da euer König getötet
ist?" Sie sprachen: „Damit wir nicht gefangen genommen werden, deshalb kämpfen wir." Alexander aber sagte zu ihnen: „Laßt
ab vom Kampf und kehrt zurück in eure Stadt als freie Männer;
denn nicht ihr habt es gewagt, mein Heer anzugreifen, sondern
Poros." Das sagte er aber, weil er wußte, daß sein Heer dem
Kampf mit den Indern nicht gewachsen war. Sodann befahl er,
den König Poros königlich zu begraben.[5] Nachdem er aber alle
Kostbarkeiten des Palastes an sich genommen hatte, setzte er
seinen Zug fort zu den Brahmanen oder Orydrakern,[6] nicht als
wenn diese ein kriegerisches Volk wären, sondern es waren nackte
Philosophen, die in Hütten und Höhlen lebten.[7]

5. Als die Brahmanen erfuhren, daß der König Alexander sich
ihnen näherte, schickten sie die vornehmsten Philosophen zu ihm
mit einem Schreiben. Alexander nahm und las es und fand, daß es
Folgendes enthielt: „Wir Gymnosophisten schreiben dem Menschen Alexander: Wenn du zu uns kommst, um gegen uns Krieg
zu führen, so wirst du davon keinen Nutzen haben; denn du
findest nicht einmal etwas, was du von uns wegtragen könntest.
Wenn du aber wegtragen willst, was wir haben, so bedarf es dazu
keines Krieges, sondern nur einer Bitte, nicht an uns, sondern an
die Vorsehung. Wenn du wissen willst, wer wir sind: wir sind
nackte Menschen und haben die Gewohnheit zu philosophieren,
nicht aus eigenem Antrieb, sondern wir sind von der Vorsehung
im Himmel dazu geschaffen; denn dir ist es verliehen, Krieg zu
führen, uns aber zu philosophieren." Nachdem Alexander dies
gelesen hatte, zog er friedlich zu ihnen, und er sah viele Wälder
und viele sehr schöne Bäume mit mannigfaltigen Früchten und
einen Fluß, der jenes ganze Land umströmte und dessen Wasser
durchsichtig war und weiß wie Milch, und zahlreiche mit Früchten beladene Palmbäume und Weinranken mit tausend schönen,
verlockenden Trauben; und sie selbst sah er nackt in Hütten und
Höhlen wohnen; und außerhalb in weiter Entfernung sah er ihre
Frauen und Kinder, wie sie die Schafherden weideten.

6.[8] Alexander aber befragte sie und sprach: „Habt ihr keine Gräber?" Sie sagten: „Dieser Raum, wo wir uns aufhalten, ist auch unser Grab. Denn hier ruhen wir aus, indem wir uns zum Schlaf auf die Erde betten; denn die Erde erzeugt uns, die Erde nährt uns und unter der Erde schlafen wir, wenn unser Leben zu Ende ist, den ewigen Schlaf." Einen anderen aber fragte er: „Gibt es mehr Lebende oder mehr Tote?" Sie sagten: „Der Toten sind mehr, aber die, welche nicht mehr sind, soll man nicht zählen, da sie zu leben aufgehört haben; und man muß die, die man sieht, für zahlreicher erklären, als jene, die man weder mit den Augen noch mit anderen Sinnen wahrnehmen kann." Und wiederum fragte er: „Was ist stärker, der Tod oder das Leben?" Sie sagten: „Das Leben, weil die Sonne, wenn sie aufgeht, glänzende Strahlen hat, wenn sie aber untergeht, schwächer erscheint." Ferner fragte er: „Was ist größer, die Erde oder das Meer?" Sie sagten: „Die Erde, denn das Meer selbst wird von der Erde eingeschlossen." Einen anderen fragte er: „Welches Geschöpf ist listiger als alle anderen?" Dieser antwortete: „Der Mensch." Alexander spricht: „Wieso?" Er sagte: „Davon überzeuge dich an dir selbst. Denn du, der du ein Tier bist, siehe, wie viele Tiere führst du mit dir, damit du allein den anderen Tieren das Leben rauben kannst." Alexander wurde nicht zornig, sondern lächelte und sprach von neuem: „Was ist Königsherrschaft?" Er antwortete: „Eine ungerechte Macht über andere, vom Glück begünstigte Kühnheit, eine goldene Last." Zu einem anderen sagte er: „Was war früher, die Nacht oder der Tag?" Er sagte: „Die Nacht; denn das Erzeugte wächst in dem Dunkel des Leibes; dann bringt der Leib die Geburt an das Licht des Tages." Einen anderen fragte er: „Welche Teile sind besser, die rechten oder die linken?" Er sagte: „Die rechten; denn auch die Sonne geht zur Rechten auf und wandert nach der Linken am Himmel hin; auch stillt die Frau zunächst mit der rechten Brust." Nachher fragte sie Alexander: „Habt ihr einen Herrscher?" Sie sagten: „Ja, wir haben einen Führer." Er sprach: „Ich möchte ihn begrüßen." Da zeigten sie ihm den Dandamis, der auf der Erde lag. Für ihn waren Baumblätter hingebreitet, und vor ihm lagen Feigen, Kürbisse und andere

Früchte. Da Alexander ihn erblickte, begrüßte er ihn, und auch dieser sprach zu Alexander: „Sei willkommen!" Aber er stand nicht auf und ehrte ihn nicht wie einen König. Alexander fragte ihn, ob sie Eigentum besäßen. Er sprach: „Unser Eigentum ist die Erde, die fruchttragenden Bäume, das Licht, die Sonne, der Mond, der Chor der Sterne, der Luftstrom, das Wasser. Wenn wir nun hungrig sind, so gehen wir zu den belaubten Bäumen und essen die von selbst gewachsenen Früchte. Denn bei zunehmendem Mond tragen alle unsere Bäume Früchte. Und wir haben den großen Fluß Euphrat, und wenn wir durstig sind, so gehen wir zu ihm hin und trinken und erquicken uns. Wir haben auch ein jeder eine eigene Frau, und bei zunehmendem Mond geht jeder zu seiner Frau und wohnt ihr bei, bis sie zwei Kinder geboren hat, und wir rechnen das eine für den Vater, das andere für die Mutter." Nachdem Alexander dies gehört hatte, sprach er zu ihnen: „Erbittet von mir, was ihr wünscht, und ich will es euch geben." Da riefen sie: „Gib uns Unsterblichkeit!" Alexander aber sprach: „Das steht nicht in meiner Macht, denn auch ich bin sterblich." Sie sprachen: „Wenn du sterblich bist, warum führst du so viele Kriege? Damit du alles gewinnest und es irgendwohin trägst? Wirst nicht auch du es wieder anderen überlassen müssen?" Alexander sprach: „Das ist von der Vorsehung so eingerichtet, damit auch wir Diener ihres Willens sind. Denn das Meer wird nicht bewegt, wenn der Wind nicht weht, und die Bäume schwanken nicht, wenn der Wind sie nicht in Bewegung setzt, und der Mensch handelt nicht, außer durch Antrieb der Vorsehung. Auch ich möchte vom Kriegführen ablassen, aber der Beherrscher meiner Seele läßt es nicht zu. Denn, wenn wir alle gleichen Sinnes wären, dann wäre die Welt träge, das Meer würde nicht befahren, die Erde nicht bebaut, keine Ehen geschlossen und keine Kinder gezeugt werden. Denn wie viele sind in den von mir geführten Kriegen unglücklich geworden, indem sie das Ihrige verloren haben? Andere aber sind glücklich geworden durch fremdes Gut; denn alle überlassen, was sie von dem einen nehmen, wieder anderen, und keiner behält, was er hat."

Nachdem Alexander so gesprochen, ließ er für Dandamis Geld

und Kleider und Wein und Öl herbeibringen und sprach:
„Nimm das, Seher, zu unserem Andenken." Dandamis aber sagte
lachend zu ihm: „Das ist uns unnütz; aber, damit es nicht scheint,
als seien wir hochmütig, so wollen wir das Öl von dir annehmen." Und er machte einen Haufen von Holz, zündete dasselbe
an und goß vor Alexanders Augen das Öl ins Feuer.

7.[9] Deine Arbeitsamkeit und Wißbegierde, deine Liebe zum
Schönen und zu Gott, was ja die Zierde der edelsten Männer ist,
hat uns veranlaßt, noch eine andere Sache, die reich ist an Weisheit, zu erzählen. Bewogen also durch deine Wißbegierde wollen
wir dir zu dem Gesagten auch noch die Lebensweise der Brahmanen schildern. Ich habe freilich weder ihr Land besucht, noch bin
ich mit Leuten dieses Volkes zusammengetroffen, – denn sie wohnen weit weg im Land der Inder und Serer am Ganges, – sondern
ich bin vor einigen Jahren mit dem seligen Moses, Bischof der
Aduliten[10] nur in die vordersten Teile von Indien gekommen.
Und ich wurde von einer glühenden Hitze gequält, die so stark
war, daß das Wasser, welches eiskalt aus den Quellen hervorspru-
delte, in Gefäße geschöpft, alsbald verdunstete. Da ich dies sah,
kehrte ich wieder um, weil ich den heißen Wind nicht aushalten
konnte.

Dieser Fluß Ganges ist bei uns der sogenannte Pheison, der in
der Heiligen Schrift genannt wird als einer der vier Flüsse, die im
Paradies entspringen. Es gibt eine Erzählung Alexanders des Königs der Makedonen, in der einiges von ihrer Lebensweise erzählt
wird. Auch dieser kannte das wohl nur vom Hörensagen. Denn
auch er hat, wie ich glaube, den Ganges nicht überschritten,
sondern ist nur bis in das Land der Serer gekommen, wo die Serer
die Seide erzeugen; und dort errichtete er eine steinerne Säule und
schrieb darauf: „Ich, Alexander, der König der Makedonen, bin
bis zu dieser Stelle gekommen."[12]

Ich aber habe, wie es sich mit den Brahmanen verhält, so
ziemlich erfahren können von einem gewissen Gelehrten aus
Theben, der freiwillig die Reise machte, aber unfreiwillig in
Gefangenschaft geriet. Dieser hatte kein Talent zur Führung von

Prozessen, und derselben überdrüssig entschloß er sich, das Land
der Inder zu erforschen. Und nachdem er über das Meer gefahren
war mit einem angesehenen Mann, erreichte er zuerst Adulis,
dann Auxume,[12] und kam bei günstigem Wind nach einer Fahrt
von mehreren Tagen nach Muziris[13] dem Hafen von ganz Indien
jenseits des Ganges. Dort wohnte ein kleiner König der Inder.
Nachdem er dort längere Zeit verweilt und sich mit den Verhältnissen bekannt gemacht hatte, wollte er auch die Insel Taprobane[14] besuchen, wo die sogenannten Makrobier wohnen. Denn
auf dieser Insel werden die Menschen bis 150 Jahre alt wegen der
außerordentlich günstigen Klimaverhältnisse und der unerforschlichen Anordnung Gottes. Auf dieser Insel wohnte auch der
große König der Inder, dem alle die kleinen Könige jenes Landes
als Satrapen untertan sind, wie eben jener Gelehrte uns erzählte,
der es selbst von einem anderen erfahren hatte. Er selbst konnte
nicht auf die Insel gelangen. Denn es liegen neben dieser Insel,
wenn die Erzählung nicht erlogen ist, ungefähr tausend andere
Inseln im Roten Meer. Da sich nun auf jenen Inseln, die die
Maniolischen heißen[15], der Magnet findet, der das Eisen anzieht,
wird jedes Schiff mit eisernen Nägeln, wenn es in die Nähe
kommt, von der Kraft des Steines festgehalten und kann nicht
vorbeikommen. Daher sind die Schiffe, welche nach jener großen
Insel fahren, eigens ohne Eisen mit hölzernen Nägeln zusammen-
gefügt.

8. Es hat aber, sagt er, diese Insel auch fünf sehr große Flüsse, auf
denen Schiffe fahren. Wie ihm die Leute von dort erzählten, geht
in jenen Gegenden niemals das Obst aus; denn zu derselben Zeit,
sagt er, blüht der eine Ast, der andere trägt unreife, der andere
reife Früchte. Es gibt dort auch Datteln und sowohl die ganz
große Indische, als die kleine wohlriechende Nuß. Die Bewohner
des Landes leben von Milch, Reis und Obst. Da es keine Wolle
bei ihnen gibt und auch keinen Lein, so tragen sie nur schön
bearbeitete Felle um die Hüfte. Die Schafe haben Haare, keine
Wolle, geben sehr viel Milch und haben breite Schwänze. Sie
essen auch das Fleisch der Ziegen und Schafe. Denn das Schwein

findet sich von Theben an nicht mehr in den Landstrichen von Indien und Äthiopien wegen der übermäßigen Hitze. Es erzählt nun dieser Gelehrte also: „Von Auxume aus versuchte ich, da ich einige Inder fand, die des Handels wegen in einem kleinen Schiffe übers Meer fuhren, weiter ins Innere zu gelangen, und ich kam in die Nähe der sogenannten Bisader, die den Pfeffer sammeln. Dieses Volk ist sehr klein und kraftlos; sie wohnen in Felsenhöhlen und verstehen es auch an steilen Abhängen hinaufzuklettern, und so sammeln sie den Pfeffer von den Zweigen. Denn es sind niedrige Bäumchen, wie jener Gelehrte sagte; und auch die Bisader sind kleine Menschen von niedriger Statur, aber großem Kopf, ungeschoren und glatthaarig. Die übrigen Äthiopier und Inder aber sind schwarz und kraftvoll und kraushaarig. Dort wurde ich von dem Herrscher des Landes festgehalten und verhört, wie ich es gewagt hätte, in ihr Land zu kommen. Und sie nahmen weder meine Verteidigung an, denn sie verstehen die Sprache unseres Landes nicht, noch konnte ich die Vorwürfe, die sie mir machten, erfassen, denn ich verstand ihre Sprache ebenfalls nicht, sondern nur durch unser Mienenspiel konnten wir uns verständigen; ich erriet aus dem vorwurfsvollen Ton ihrer Stimmen, aus der blutigen Farbe ihrer Augen und dem wilden Knirschen der Zähne, den Sinn dessen, was sie sagten. Sie wiederum erkannten aus meinem Zittern, meiner Furcht und Todesangst und der Blässe meines Gesichtes deutlich den bemitleidenswerten Zustand meiner Seele und die Schwäche meines Körpers. Ich wurde also bei ihnen festgehalten und diente sechs Jahre lang dem Bäcker, dem ich zur Arbeit übergeben wurde. Der König verbrauchte einen Scheffel Getreide für seinen ganzen Palast, und wo dieser herkam, weiß ich nicht. So konnte ich in den sechs Jahren allmählich vieles von ihrer Sprache und die benachbarten Völkerschaften kennenlernen. Befreit aber wurde ich von dort auf folgende Weise. Ein anderer König, der mit dem, welcher mich gefangenhielt, in Krieg geriet, verklagte ihn bei dem großen König, der in Taprobane herrschte, daß er einen angesehenen Römer zum Gefangenen gemacht habe und zu niedriger Dienstbarkeit anhalte. Dieser schickte einen Richter, und nachdem er die

Wahrheit der Anschuldigung erkannt hatte, befahl er, meinem Peiniger die Haut abzuziehen, weil er einen Römer mißhandelt habe. Denn sie ehren, wie man sagt, gar sehr das Reich der Römer, aber fürchten sie zugleich, weil sie ihr Land angreifen könnten wegen ihrer übergewaltigen Tapferkeit und Kriegskunst."

9. Jener sagte nun, daß die Brahmanen ein Volk seien, das sich nicht aus eigenem Entschluß absondere wie die Mönche, sondern sie hätten dies Los vom Himmel und durch Gottes Anordnung erhalten. Sie bewohnen das Ufer des Flusses und leben nackt, wie die Natur sie geschaffen hat. Bei ihnen gibt es kein vierfüßiges Tier, keinen Ackerbau, kein Eisen, keine Baukunst, kein Feuer, kein Brot, keinen Wein, kein Gewand, nichts, was zur Arbeit oder zum Genusse dient. Sie haben eine reine, milde und sehr angenehme Luft. Sie verehren Gott und haben Kenntnis von ihm, aber keine so genaue; und sie können nicht so gut die Wege der Vorsehung beurteilen, aber trotzdem beten sie unablässig. Beim Gebet sehen sie nicht nach Sonnenaufgang, sondern nach dem Himmel, ohne auf den Lauf der Sonne zu achten. Sie essen die dort vorkommenden Früchte und die wilden Gemüse, die die Erde von selbst hervorbringt, und trinken Wasser; und sie ziehen unstet in den Wäldern umher und schlafen auf Blättern. Bei ihnen findet sich in Menge der Perseabaum und der sogenannte Akanthus, und noch andere Früchte bringt das Land hervor, von denen sie leben. Die Männer wohnen in dem an den Ozean grenzenden Landesteil jenseits des Ganges; denn dieser Fluß ergießt sich in den Ozean; ihre Weiber aber wohnen diesseits des Ganges nach Indien zu. Im Juli und August gehen die Männer zu ihren Weibern hinüber; denn diese Monate sind bei ihnen kälter, weil dann die Sonne zu uns und über den Norden hinaufgestiegen ist. Diese Monate sollen auch eine gemäßigtere Temperatur haben und den Geschlechtstrieb anregen. Und nachdem sie vierzig Tage bei ihren Frauen geblieben sind, gehen sie wieder über den Fluß. Wenn aber eine Frau zwei Kinder geboren hat, dann geht der Mann nicht mehr hinüber und schläft nicht mehr bei der Frau.

Sobald sie also für sich diesen Ersatz geliefert haben, üben sie
während ihres ferneren Lebens Enthaltsamkeit. Wenn aber bei
ihnen eine Frau unfruchtbar ist, so geht der Mann fünf Jahre lang
zu ihr. Und wenn sie kein Kind bekommt, so nähert er sich ihr
nicht mehr. Deswegen ist auch dieses Volk nicht sehr zahlreich,
teils wegen der ungünstigen Beschaffenheit des Landes, teils
wegen ihrer natürlichen Enthaltsamkeit.

10. Der Fluß soll schwer zu passieren sein wegen des sogenannten
Odontotyrannos (Großzahn). Denn dies ist ein ungeheuer großes
Tier, das im Ganges lebt, ein Amphibium, das einen ganzen
Elefanten verschlingen kann. In der Zeit aber, wo die Brahmanen
über den Fluß zu ihren Weibern gehen, wird er in jenen Gegenden nicht gesehen. Es gibt dort auch sehr große Schlangen, bis zu
70 Ellen lang; von einer habe ich die Haut gesehen, die fünf Fuß
breit war. Die Ameisen sind dort so groß, wie die Breite der
Hand, die Skorpione aber eine Elle lang. Daher ist es auch gefährlich, diese Gegenden zu durchwandern. Doch enthält nicht jede
Gegend des Landes solche giftigen Tiere, sondern nur die unbe-
wohnten. Die Schar der Elefanten ist groß.

Es gibt eine Schrift von Arrian,[16] dem Schüler des Philosophen
Epiktet, der ein Sklave gewesen war, durch seine treffliche Anlage
aber zur Philosophie getrieben wurde; er lebte zu den Zeiten des
Kaisers Nero, der die berühmten Apostel, den seligen Petrus und
Paulus hinrichten ließ. Dieses kleine Werk über die Taten Alexan-
ders sende ich dir, trefflicher edler Mann, als Zugabe zu meinem
Notizenbuch. Wenn du dies aufmerksam liest und sorgfältig
überdenkst, wirst du sicher leben.

11. Dandamis, der Lehrer der Brahmanen, erzählte: „Der König
Alexander, da er es nicht ertragen konnte, bloß König von Makedonien zu sein, und es ihm nicht genügte, Philippos zum Vater zu
haben, behauptete, der Sohn des Ammon zu sein; und da seine
Abstammung bekannt war, so brachte er unwahre Beweise für
seine Abstammung vor und suchte seine Behauptung durch siegreiche Kämpfe zu schützen.[17] Denn wie die Sonne stieg er auf von

Makedonien und durchmaß die ganze Welt, bis er in Babylon
unterging. Und nachdem er Europa und Asien unterjocht hatte,
als wären dies kleine Räume, kam er auch und beschaute und
durchforschte unsere Welt. Und Alexander sagte: „Weisheit,
Mutter der Vorsicht, die du teilhast an der Kraft aller Tugenden,
die du deinen tieferen Grund allein in der Wahrheit hast, Erhalte-
rin und Schöpferin der Natur, Spenderin der Rede, Erforscherin
jeder Erkenntnis, die du die Ungerechten strafst, die Gerechten
aber verschonst, schenke mir gnädig die Erfüllung meiner Bitten.
Die weisen und edlen Brahmanen, die hier wohnen, zu sehen, bin
ich gekommen, nachdem ich durch einen von ihnen, den Kalanos[18], der zu mir geeilt ist, von ihnen gehört habe. Ich glaubte
ihm und bin hierher gekommen und verlange danach, sie zu
sehen und genauere Kenntnis zu gewinnen.

12. Die Brahmanen, die ebenfalls Inder sind, sagten zu Alexander
folgendes:
„Nach Weisheit strebend, Alexander, bist du zu uns gekommen; dies lassen wir Brahmanen gerne geschehen, weil das bei uns
als königlich gilt; dies wolltest du ja erfahren, König Alexander;
denn der Philosoph wird nicht beherrscht, sondern er herrscht;
denn kein Mensch hat Gewalt über ihn.[19] Aber nachdem du uns
bisher aufgrund von Verleumdungen mit Mißtrauen betrachtet
hast, bist du jetzt gekommen, um die Wahrheit zu erfahren. Denn
Kalanos war ein schlechter Mann bei uns und durch Kalanos habt
ihr Hellenen die Brahmanen kennen, aber nicht schätzen gelernt;
denn jener gehört nicht zu uns, sondern ist von der Tugend zum
Reichtum übergelaufen. Es genügte ihm nicht, aus dem Flusse
Tiberoboam das Wasser der Mäßigung zu trinken und sich von
Milch zu nähren, wodurch ein gotteswürdiger Sinn wächst, sondern er besaß Reichtum, der der Seele feindlich ist; und so ließ er
in sich ein verderbliches Feuer aufflammen und wandte sich von
der Weisheit zur Wollust. Von uns aber wälzt sich keiner auf
Kohlen und kein Schmerz verzehrt unsern Körper, sondern unsere
Lebensweise ist ein Mittel zur Erhaltung der Gesundheit. Ohne
Reichtum sind wir der Natur gemäß, und in gleicher Weise folgt

bei uns allen dem Leben der Tod. Wenn aber einige Menschen,
die die Lügen vernommen haben, nichtige Geschosse gegen uns
richten, so schaden sie doch unserer Freiheit nicht. Ein und dasselbe sind Lüge und Leichtgläubigkeit. Denn wer lügt und jemand überredet, tut Unrecht, und ebenso tut Unrecht, wer
einem Lügner Gehör schenkt und glaubt, bevor er die Wahrheit
erkannt hat. Denn Verleumdung ist die Mutter des Krieges und
erzeugt Erbitterung, woraus Kampf und Krieg entsteht. Es zeugt
nicht von Tapferkeit, einen Menschen zu töten; denn das ist die
Sache des Räubers. Tapferkeit ist es, gegen jede Temperatur der
Luft mit nacktem Körper zu kämpfen und die Begierden des
Leibes abzutöten und seine widerstreitenden Regungen zu besiegen und sich durch die Begierde nicht zum Streben nach Ruhm
und Reichtum und Wollust verleiten zu lassen. Diese Feinde also
besiege zuerst, Alexander, diese töte. Denn wenn du diese besiegst, dann brauchst du nicht gegen die äußeren Feinde zu kämpfen. Denn mit den äußeren Feinden kämpfest du nur, um den
inneren Tribut zu zollen. Siehst du nicht, daß, indem du die
äußeren Feinde besiegst, du von den inneren besiegt wirst? Wie-
viele törichte Könige herrschen deiner Meinung nach in den
unverständigen Menschen? Die Zunge, das Gehör, der Geruch,
das Gesicht, der Tastsinn, der Magen, die Geschlechtsteile, der
ganze Leib. Und auch im Inneren geben viele Begierden, gleich
unerbittlichen und unersättlichen Herrscherinnen, endlose Befehle, die Geldgier, die Vergnügungssucht, die Mordlust, der
Geschlechtstrieb, die Zwietracht; diesen allen und noch anderen
mehr sind die Sterblichen untertan, und ihretwegen morden sie
und werden gemordet. Wir Brahmanen aber, da wir die inneren
Feinde überwunden haben, kämpfen nicht gegen die äußeren. In
Ruhe beschauen wir die Wälder und den Himmel und hören den
melodischen Gesang der Vögel und das Schreien der Adler, sind
mit Blättern bekleidet und leben in der freien Luft, essen Früchte
und trinken Wasser, singen Gott Lieder und bedenken die Zukunft, und hören nichts, was uns nicht Nutzen brächte. So leben
wir Brahmanen, ohne viel Worte zu machen, und schweigend.
Ihr aber sagt, was man nicht tun darf, und tut, was man nicht

sagen darf. Bei euch kennt niemand einen Philosophen, der nicht
spricht; denn eure Vernunft ist die Zunge und auf den Lippen sitzt
euer Verstand. Ihr sammelt Gold und Silber, ihr braucht Sklaven
und große Häuser, ihr jagt nach Herrschaft, ihr eßt und trinkt was
auch das Vieh ißt und trinkt, ihr merkt nichts wie stumpfsinnige
Menschen; ihr umhüllt euch mit weichen Gewändern und macht
euch den Seidenwürmern gleich; ohne Scheu tut ihr alles und
nachher bereut ihr, was ihr tut; gegen euch selbst sprecht ihr wie
gegen Feinde, und, da ihr doch Macht habt über eure Zunge, laßt
ihr euch von ihr bekämpfen; besser als ihr sind diejenigen, welche
schweigen, sie widerlegen sich durch Worte nicht selbst. Von den
Schafen borgt ihr wie Kriegsgefangene Wolle, umgebt eure Finger mit Zierat in der Gestalt von geschnittenen Steinen, tragt
Gold wie die Weiber und seid stolz; nach dem Ebenbilde des
Schöpfers gestaltet, erzeugt ihr in euch den Sinn wilder Tiere.
Wenn ihr euch mit vielem Besitztum umgebt, so seid ihr stolz
darauf, obwohl ihr doch seht, daß es zur Wahrheit euch nichts
nützen kann. Denn Gold erhebt die Seele nicht, noch nährt es den
Körper, sondern im Gegenteil, es verdunkelt die Seele und zehrt
den Körper ab. Wir aber, die wir zur Wahrheit unsere Natur
hindrängen und zu dem, was von ihr verliehen ist, sorgen uns
auch darum. Wenn wir Hunger haben, stillen wir ihn mit Baum-
früchten und Kräutern, die die Vorsehung uns beschert hat; und
wenn wir Durst haben, gehen wir zum Fluß und das Gold verachtend trinken wir Wasser, und löschen dadurch den Durst. Das
Gold aber macht dem Durst kein Ende, es beschwichtigt nicht
den Hunger, es lindert keine Wunde, heilt keine Krankheit, sättigt nicht die Unersättlichkeit, sondern erregt nur noch mehr
diese der Natur fremde Begierde. Und wenn ein Mensch durstig
ist, so begehrt er offenbar zu trinken, und wenn er Wasser bekommen hat, hört der Durst auf; und wenn einer hungrig ist, so
strebt er natürlich nach Nahrung und, sobald er gegessen hat, so
wird er satt und ist der Begierde ledig. Es ist also ganz offenbar,
daß die Begierde nach Gold der Natur fremd ist; denn jede
Begierde der Sterblichen hört auf, sobald sie Befriedigung erlangt
hat, da die Natur zugleich mit der Begierde die Befriedigung

gegeben hat. Die Begierde nach Gold aber ist unersättlich, weil sie
der Natur zuwider ist. Und dann schmückt ihr euch auch damit
und seid stolz darauf und verachtet die anderen Menschen; und
deshalb macht ihr das gemeinsame Gut aller zum Eigentum des
Einzelnen, indem die Geldgier die für alle gleiche eine Natur
fortan in viele Teile zerschneidet. Kalanos nun, euer lügenhafter
Freund, hatte diese Gesinnung, aber er wird von uns verachtet,
und er, der Urheber vieles Übels, steht bei euch in Ehren und
Ansehen. Da er aber für uns unnütz ist, so wird er von uns mit
Verachtung ausgestoßen; denn alles, was wir verschmähen, das
bewunderte der geldgierige Kalanos, euer und nicht unser
Freund; töricht und beklagenswerter als die Unglücklichen hat er
aus Geldgier seine Seele ins Verderben gestürzt. Deswegen erschien er unser nicht würdig und nicht würdig der Liebe Gottes,
und fand nicht Ruhe in dem sorglosen Leben in den Wäldern und
genoß nicht die Hoffnung auf das, was wir nach dieser Zeit
erwarten, weil er seine unglückliche Seele aus Geldgier getötet
hatte.

13. Es lebt aber bei uns ein gewisser Dandamis, der in Frieden im
Wald auf Blättern liegt und in seiner Nähe eine Quelle hat, aus
der er wie an der reinen Brust der Mutter Erde trinkt." Da
Alexander dies alles hörte, berief er diesen ihren Lehrer und
Fürsten zu sich, um mit ihm zu sprechen. Alexander schickte nun
einen seiner Freunde mit Namen Onesikrates[20] zu ihm, indem er
sprach: „Eile zu dem Lehrer der Brahmanen, dem großen Dandamis, Onesikrates, und führe entweder den Mann selbst zu uns
oder, wenn du erfahren hast, wo er sich aufhält, so melde mir es
schleunigst, damit ich selbst zu ihm komme." Onesikrates aber
antwortete: „Deinen Befehl werde ich schleunigst erfüllen,
König; denn dir kommt es zu zu befehlen, mir aber, das Befohlene zu tun." Und er ging hin, und da er den Dandamis fand,
sprach er: „Heil dir, Lehrer der Brahmanen! Der Sohn des großen
Gottes Zeus, der König Alexander, der Herr ist über alle Menschen, ruft dich; er wird dir, wenn du zu ihm kommst, viele
schöne Geschenke geben, wenn du aber nicht kommst, dir den

Kopf abschlagen." Dandamis aber, da er dies hörte, lächelte
freundlich und erhob nicht einmal seinen Kopf von den Blättern,
sondern lachend antwortete er: „Gott, der große König, schafft
niemals Frevel, sondern Licht, Frieden, Leben und Wasser, Men-
schenkörper und Seelen, und diese nimmt er auf, wenn das
Schicksal sie löst von dem Körper und sie nicht der Begierde
untertan sind. Das ist mein Herr und mein alleiniger Gott, der
Mord verabscheut und keine Kriege erregt. Alexander aber ist
kein Gott, da er dem Tode unterworfen ist. Und wie kann er
Herr sein über alle, da er nicht bis zum Flusse Tiberoboam und
rückwärts noch nicht bis Gades gelangt ist, und den Lauf der
Sonne in ihrer Mittelbahn (d.i. unter dem Äquator) nicht gesehen
hat und an den nördlichen Grenzen das grasreiche Skythien nicht
einmal seinen Namen kennt. Wenn aber das Land dort ihn nicht
fassen kann, so gehe er über den Ganges, und er wird ein Land
finden, das viele Menschen fassen kann. Die Geschenke aber, die
Alexander mir verspricht und zu geben verheißt, sind für mich
unnütz. Dieses aber ist mir lieb und brauchbar: als Wohnung
diese Blätter, als fette Nahrung die in der Nähe blühenden Kräuter und Wasser als Trank. Alle übrigen Dinge und Sachen, die mit
Sorgen gesammelt werden, bereiten gewöhnlich nichts anderes
als Kummer, wovon jeder Sterbliche erfüllt ist. So aber schlafe ich
auf einem Lager von Blättern mit geschlossenen Augen, ohne
etwas bewachen zu müssen. Denn wenn ich Gold bewachen will,
so verderbe ich mir den Schlaf. Die Erde gewährt mir alles, wie
eine Mutter ihrem Kinde Milch. Wohin ich will, dahin gehe ich;
um was ich mich nicht kümmern will, dazu werde ich nicht
gezwungen. Wenn Alexander mir den Kopf nimmt, so wird er
doch meine Seele nicht vernichten, mein Kopf zwar bleibt
schweigend zurück, meine Seele aber wird zu ihrem Herrn
gehen, nachdem sie den Körper wie ein armseliges Gewand auf
der Erde zurückgelassen hat, wovon er auch genommen wurde.
Und ein Geist geworden, werde ich zu meinem Gott hinaufgehen,
der uns auf die Erde gesandt und im Fleisch eingeschlossen hat,
um zu versuchen, wie wir hier nach seinem Gebote leben werden,
und wenn wir wieder zu ihm kommen, Rechenschaft von uns

fordern wird, als ein Richter alles Frevels; denn die Seufzer der
Unterdrückten werden die Strafe der Unterdrücker. Seine Drohungen richte Alexander gegen solche, die Gold und Reichtum
begehren und den Tod fürchten; bei uns sind diese beiden Waffen
wirkungslos, denn die Brahmanen lieben weder das Gold noch
fürchten sie den Tod. Gehe also hin und sage Alexander: Dandamis braucht von dir nichts, daher wird er nicht zu dir kommen;
wenn aber du den Dandamis brauchst, so komme zu ihm."

14. Als Alexander dies von Onesikrates hörte, verlangte er noch
mehr, ihn zu sehen, weil ihn, der so viele Völker unterjocht hatte,
ein einziger nackter Greis besiegte.[23] Er ging also mit 15 Freunden
in den Wald des Dandamis, und da er in die Nähe gekommen
war, stieg er vom Pferde, legte sein Diadem und alle Pracht ab,
mit der er bekleidet war, ging allein in den Wald, wo Dandamis
war, und begrüßte ihn und sprach: „Heil dir, Dandamis, Lehrer
der Brahmanen und Fürst der Weisheit! Ich komme zu dir, nachdem ich deinen Namen gehört habe, da du nicht zu uns gekommen bist." Es sprach aber Dandamis: „Heil auch dir, durch den
viele Städte in Verwirrung gebracht und viele Völker aus ihrer
Ruhe aufgestört werden." Alexander setzte sich zu seinen Füßen
und sah in jener Stunde die Erde rein von Blut. Und Dandamis
sprach zu ihm: „Weshalb, Alexander, bist du zu uns gekommen?
Was willst du aus unserer Einsamkeit wegtragen? Was du suchst,
haben wir nicht, und was wir besitzen, das suchst du nicht. Wir
ehren Gott, lieben die Menschen, tragen nicht Sorge um Gold,
verachten den Tod und kümmern uns nicht um Vergnügungen.
Ihr aber fürchtet den Tod, liebt das Gold, strebt nach Vergnügungen, hasset die Menschen und verachtet Gott." Alexander aber
sprach zu ihm: „Ich bin gekommen, um etwas Weisheit von dir
zu lernen; denn man sagt, daß du mit Gott verkehrest. Ich möchte
wissen, worin du dich von den Hellenen unterscheidest oder
worin du weiter siehst oder denkst als die übrigen Menschen."
Dandamis antwortete ihm: „Auch ich möchte dir Worte der
Weisheit Gottes mitgeben und dir einen gotteswürdigen Sinn
einpflanzen; aber du hast nicht Raum in deiner Seele, um das von

mir dargebotene Geschenk Gottes aufzunehmen. Denn deine
Seele haben maßlose Begierden erfüllt und unersättliche Geldgier
und eine dämonische Herrschsucht; diese kämpfen jetzt gegen
mich, weil ich dich hierherziehe und du nicht Völker mordest und
das Blut vieler Menschen vergießt, und sie sind heute erbittert
über mich, weil sie sehen, daß eine Stadt erhalten bleibt und
Menschen gerettet werden. Du hast gesagt, daß du auch auf den
Ozean gehen und hinter ihm in immer wieder neue Erdteile
ziehen wolltest, und bist sehr betrübt, wenn du niemanden zu
besiegen hast. Wie kann ich nun Worte der göttlichen Weisheit zu
dir reden, da dein Sinn von solchem Stolz und einer maßlosen
Begierde erfüllt ist, die nicht einmal dann befriedigt wäre, wenn
die ganze Welt dir diente? Klein und nackt bist du geboren
worden und als ein einzelner Mensch in die Welt gekommen, und
bist dann herangewachsen. Warum schlachtest du nun alle Menschen? Um sie alle zu beerben? Und wenn du alle besiegt hast und
die ganze Erde besitzt, wirst du doch nur soviel Erde einnehmen,
als ich liegend oder du sitzend einnimmst. Und soviel Erde nur
werden wir auch dann besitzen, wenn wir von hier hinübergeh-
hen. Daher haben auch wir unbedeutenden Leute ohne Kampf
und Krieg alles ebenso gut wie du, Erde, Wasser und Luft; und
alles, was ich habe, habe ich mit Recht und begehre nach nichts;
du aber, der du Krieg führst und Blut vergießt und viele Menschen schlachtest, wirst doch, wenn du auch alle Flüsse gewinnst,
nicht mehr Wasser trinken als ich. Diese Weisheit also, Alexander,
lerne von mir: Trachte danach, nichts zu haben wie ein Armer,
und alles ist dein und du wirst nichts entbehren; denn Begierde ist
die Mutter der Armut; durch Traurigkeit wie durch ein verderbliches Gift wird sie gehegt, findet niemals was sie sucht, beruhigt
sich niemals bei dem, was sie hat, sondern quält sich immer an
dem ab, was sie nicht besitzt. Du wirst aber reich und froh sein,
wenn du mit mir leben willst, und wenn du auf mich achtest und
meine Worte hörst, wirst du auch von meinen Gütern besitzen.
Denn Gott ist mein Freund und in der Freude an seinen Werken
verkehre ich mit ihm und er wird in mir lebendig. Böse Menschen meide ich; der Himmel ist mein Dach, die ganze Erde mein

Lager, der Wald mein Tisch, Früchte meine Nahrung und Genuß, Flüsse die Diener meines Durstes. Ich esse kein Fleisch wie der Löwe, und es verfault nicht in meinen Eingeweiden das Fleisch von Tieren, und ich werde nicht zum Grab toter Tiere; denn die Vorsehung gewährt mir Nahrung wie die liebe Mutter ihrem Kind Milch. Aber du willst von mir erfahren, Alexander, was ich mehr besitze als die anderen Menschen und welche Weisheit ich vor ihnen habe. Wie du mich hier siehst, lebe ich so wie ich von Anfang geschaffen, wie ich von meiner Mutter geboren wurde, nackt, ohne Reichtum und Sorgen. Deshalb weiß ich alles, was Gott tut, und erkenne, was geschehen muß. Ihr aber erstaunt und befragt die Orakel über das, was ihr täglich seht, weil ihr die stündlich euch sich zeigenden Werke Gottes nicht versteht. Hunger, Seuchen, Kriege, Ungewitter, Dürre, Regengüsse und Fruchtbarkeit sehe ich voraus, und wie und woher und weshalb das so kommt: denn die Vorsehung verleiht mir Erkenntnis; und dies macht mir große Freude, daß Gott mich an seinen Werken teilhaben läßt. Wenn Schrecken vor Feinden Könige ergreift oder irgendeine andere Furcht, kommen sie zu mir wie zu einem Engel Gottes; und ich wende mich an die Vorsehung Gottes und überrede ihn, denen, die zu mir kommen, etwas Gutes zu geben; und nachdem ich sie von ihrer Furcht befreit habe, entlasse ich sie guten Mutes. Was ist besser, sage mir, den Menschen zu schaden und einen schlimmen Ruf zu haben oder sie zu schützen und als Wohltäter zu erscheinen? Und was geziemt den Söhnen Gottes, Krieg zu führen und zu zerstören, was die Vorsehung geschaffen hat, oder Frieden zu halten und das Beschädigte und Zerstörte wieder aufzubauen als ein Diener des Schöpfers? Nichts nützen wird dir, Alexander, diese Macht und die Menge des Goldes oder die vielen Elefanten und das bunte und ausgezeichnete Gewand, das du trägst, und das Heer, das dich umgibt, und die goldgezäumten Rosse und die Trabanten und alles, was du den anderen Menschen in Krieg und Kampf weggenommen hast; sondern den größten Nutzen wird es dir bringen, wenn du meinen Worten folgst und auf meine Stimme hörst. Und selbst wenn du mich tötest, Alexander, so fürchte ich mich doch nicht, dir zu sagen,

was dir frommt; denn ich werde zu meinem Gotte gehen, der
alles geschaffen hat, denn er kennt mein Recht und ihm ist nichts
verborgen, dessen Augen alle die Sterne sind und die Sonne und
der Mond, und er richtet auch die Ungerechten. Ihm wirst du
nicht verborgen sein und wirst keinen Ort haben, wohin du vor
ihm fliehest, und wirst seiner Rache nicht entgehen. Deshalb,
König Alexander, zerstöre nicht, was Gott aufrichten will, und
schände nicht mit Gewalt, was er verherrlichen will, und vergieße
nicht das Blut der Menschen und morde nicht die Völker, um
über sie hinzuschreiten; denn für dich ist es besser, selbst zu leben,
als andere zu töten, und vom Tod errettet, andere zu beglücken
und die Beraubung anderer eher für einen Schaden zu erkennen
als für einen Gewinn zu erachten. Warum willst du, eine einzige
Seele, so viele Völker vernichten? Warum findest du eine wahnsinnige Freude daran, die Welt mit vielem Unglück zu erfüllen?
Warum lachst du über Weinende? Denke an mich, den Bewohner
der Einöde, den Nackten und Armen, und gewinne dich selbst,
gib die Kriege auf und erfasse den Frieden, welcher der Vorsehung lieb ist. Und strebe nicht danach, in Gefahren Mut zu
zeigen, sondern mit uns ein sorgenloses Leben zu führen. Wirf
von dir diese Schaffelle und flüchte dich nicht zu Bekleidung aus
toten Tieren. Dann wirst du dich ehren, wenn du uns nachahmst
und so wirst, wie du geschaffen wurdest; denn in der Einsamkeit
wird die Seele zur Tugend geläutert. Darum erwähle, König
Alexander, unsere von allem Sinnlichen abgewendete Lebensweise. Jetzt erwarten dich die Makedonen, um Städte zu stürzen
und Menschen zu schlachten und ihr Besitztum zu rauben; und
heute sind die nach fremdem Blut Verlangenden betrübt, weil sie
sehen, daß ein Volk gerettet wird; denn sie sind Streiter ihrer
eigenen Habsucht, indem sie dich zum Vorwand nehmen. Dann,
Alexander, wirst du ein sorgenfreies Leben gewinnen, das Gott
dir zugeteilt hat, damit du für dich lebst und andere nicht tötest.
Nun aber, da du diese Worte hörst, warum zögerst du, in Zukunft auf dich selbst zu achten? Oder begehrst du, weiter zu
rauben und Völker in ihrem Frieden zu stören und Menschen zu
morden? Du hast dies teils schon getan, teils tust du es, teils willst

du es noch tun. Aber wenn du nicht auf meine Worte hörst, so werde ich, wenn du aus diesem Leben scheidest, im Himmel sehen, wie du dafür büßt und bitter klagst, wenn dir Rechenschaft abgefordert wird für das, was du getan hast. Dann wirst du der göttlichen Worte gedenken, die ich dir gesagt habe, wenn dir nicht mehr zum Kriege abgerichtete Rosse und Scharen von Trabanten dienen; da wirst du weinen und jammern und dich nach dem Leben sehnen, das du nutzlos verloren hast in wilder Verwirrung und Krieg und Vergießen unschuldigen Blutes, wenn du nichts anderes um dich her erblicken kannst als die Erinnerung an all das Böse, was du dir aufgehäuft hast. Denn ich weiß, daß dort die ungerechten Menschen die gerechte Strafe Gottes trifft. Dann wirst du zu mir sagen: „Ein guter Ratgeber bist du mir einst gewesen, Dandamis." Denn dort werden die Seelen derer zu dir treten, die du ohne Grund bekriegt hast. Wie vielen wird dann deine Verteidigung genügen? Und es wird dir nichts nützen, daß du groß genannt worden und erschienen bist, der du jetzt die Welt besiegen willst, dann aber besiegt sein wirst."

15. Alexander hörte ihm sehr gerne zu und wurde nicht zornig. Denn auch in ihm war ein göttlicher Geist, aber von einem bösen Dämon wurde er zu Mord und Verwüstung getrieben. Und sehr erschrocken über die unerwarteten Reden des Dandamis, antwortete Alexander und sprach: „Dandamis, wahrhafter Lehrer der Brahmanen, der du die Menschen, die zu dir kommen, durch die göttliche Weisheit bildest, den ich, nachdem Kalanos mir von dir erzählt und das Verlangen in mir erweckt hatte, mit dir zusammenzutreffen, erhabener gefunden habe als alle Menschen wegen des dir einwohnenden Geistes. Denn dich hat Gott gezeugt und er selbst hat dich in dieses Land herabgeschickt, wo es dir vergönnt ist, glücklich zu leben, ungestört von der ganzen Natur, reich ohne Entbehrung, im Genuß großer Ruhe. Was soll aber ich tun, der ich von unaufhörlicher Furcht gequält und mit beständiger Unruhe überschüttet werde? Viele sind, die mich bewachen; diese fürchte ich mehr als die Feinde; schlimmer als meine Gegner sind die Freunde, die mir täglich mehr nachstellen

als meine Feinde; und ich kann weder ohne sie leben, noch traue ich ihnen, wenn ich bei ihnen bin; denn die ich fürchte, von denen werde ich bewacht. Bei Tage quäle ich Völker; wenn aber die Nacht kommt, so quälen mich meine Gedanken, daß einer herankomme und mit dem Schwert mich überwältigen könnte; wehe mir, und wenn ich die Ungehorsamen strafe, so betrübe ich mich, und wenn ich sie nicht strafe, werde ich wieder verachtet. Aber wie kann ich mich diesen Taten entziehen? Denn wenn ich auch in der Einsamkeit leben wollte, so gestatten es mir meine Trabanten nicht; und es steht mir nicht frei zu entfliehen, wenn ich auch könnte, da das Schicksal mir diese Stellung angewiesen hat. Was soll ich mich nun vor Gott rechtfertigen, der mir bei meiner Geburt dieses Los zugeteilt hat? Du aber, Greis, kostbares Kleinod Gottes, für den Nutzen und die Freude, die du mir durch deine weisen Reden gewährt hast, und für die Milderung meiner Kriegslust, nimm die Geschenke, die ich dir mitgebracht habe, und kränke mich nicht durch Weigerung; denn ich bin es, der eine Wohltat empfängt, indem ich die Weisheit ehre." Und nachdem Alexander dies zu Dandamis gesprochen hatte, winkte er seinen Dienern. Diese brachten ihm geprägtes Gold und Silber und mancherlei Kleidung und Brot und Öl. Dandamis aber lächelte, als er dies sah, und sprach zu Alexander: „Überrede doch die Vögel, die im Wald herum singen, Gold und Silber zu nehmen und ein besseres Lied erschallen zu lassen; aber du wirst sie nicht überreden können. Du wirst mich daher auch nicht überreden, schlechter zu sein als sie. Denn was ich nicht esse oder trinke, das nehme ich auch nicht an, und ich bewache nicht einen unnützen Besitz, der der Seele verderblich ist, und will nicht mein Leben, das frei ist von jeder Sorge, jetzt in Fesseln schlagen und nicht leichtsinnig meinen reinen Sinn trüben. Das sei ferne! Aber ich will auch nichts kaufen, da ich in der Einsamkeit wohne; denn alles gibt mir Gott als ein Geschenk, Früchte und Speise und Wasser zum Trank, Wald zur Wohnung und Luft, damit alles wachsen kann. Denn Gott verkauft nichts für Geld, sondern schenkt alles Gute, indem er denen Verstand gibt, die es empfangen wollen. Ich bin mit dem Gewande bekleidet, womit meine

Mutter mich geboren hat, und ergötze mich an der Luft und sehe mich gern so. Warum zwingst du mich, meinen ganzen Leib in Fesseln zu legen? Mir ist die Sorglosigkeit angenehmer als jeder Besitz, und süßer als Honig der Trunk aus dem Fluß, der den natürlichen Durst stillt. Wenn auch diese Brote zur Nahrung dienen, warum hast du sie ringsum mit Feuer verbrannt? Ich esse nicht, woran das Feuer gezehrt hat, und nehme nicht fremde Nahrung weg; das Feuer, das sie gekostet hat, mag sie aufzehren. Um dich, der du die Weisheit ehrst, nicht zu kränken, nehme ich das Öl an." Mit diesen Worten nahm er das Öl. Dann stand er auf, ging im Wald umher und sammelte Holz; dann machte er davon einen Scheiterhaufen, zündete ihn an und sprach: „Dandamis hat alles und wird von der Vorsehung genährt." Und nachdem er das Feuer genug entflammt hatte, goß er das Öl darauf, bis es alles verzehrt war. Und er hob einen Hymnus auf Gott an und sprach: „Unsterblicher Gott, ich danke dir in allen Dingen. Denn du allein herrschst in Wahrheit über alles und gewährst deiner Schöpfung alles reichlich zur Nahrung. Du hast diese Welt erschaffen und erhältst sie und erwartest die Seelen, die du hierher gesendet hast, damit du die, die ohne Fehl gelebt haben, als Gott ehrst, die aber, die deinen Geboten nicht gehorcht haben, dem Gericht übergibst. Denn bei dir ist jedes gerechte Gericht, und ewiges Leben ist bei dir bereitet; denn mit unvergänglicher Gnade erbarmst du dich aller."

16. Da Alexander alles dies gehört und gesehen hatte, verwunderte er sich sehr, und betroffen über die weisen und wahren Worte des Dandamis, ging er weg und nahm alles, was er an Geschenken gebracht hatte, außer dem Öl, das das Feuer verzehrt hatte. Dandamis aber sprach: „So sind wir alle, o Alexander. Dein Freund Kalanos aber war für uns ein schlechter Mann, der nur für kurze Zeit unsere Lebensweise nachgeahmt hat, und da er Gott nicht liebte, so verließ er uns und entwich zu den Hellenen, und da er der Sitte zuwider unsere Geheimnisse gesehen und diese den Uneingeweihten bekannt gemacht hat, hat er von dort aus sich in das ewige Feuer gestürzt.[24] Du aber, der Herr eines schlechten

Volkes, der Makedonen, hast früher die Brahmanen geschmäht und befohlen, sie alle zu vertilgen, weil du lügenhaften Worten Glauben geschenkt hast, obwohl es doch einem König, der zur Herrschaft über Völker berufen ist, nicht geziemt, Verleumdern zu trauen. Denn wir werden von unserem Leben Gott Rechenschaft geben, wenn wir zu ihm kommen; denn seine Werke sind wir, und wir alle, die nach seiner Gerechtigkeit streben, verachten den eitlen Ruhm der Toren. Wie könnt ihr nun in unsere Weise euch hereindenken, die ihr schlecht lebt und das wahrhafte Schöne vernachlässigt? Wir Brahmanen aber denken daran, wie wir von der Natur erzeugt wurden, und leben in Gemeinschaft mit ihr und sehen, wie wir tadellos leben können, ohne Sorgen und um nichts bekümmert. Denn die Sorge um das materielle Leben trennt den Sinn des Menschen von Gott. Denn von einem jeden von uns wird Gott Rechenschaft über seine Gesinnung fordern, und für unsere Taten werden wir Strafe leiden. Deshalb lieben wir es, in der Einsamkeit und mitten in Wäldern zu wohnen, damit wir auf alles, was Gott wohlgefällig ist, unseren Sinn richten können, damit nicht das Geschwätz der übrigen Menschen unsere Seele von dem Preise Gottes ablenke. Denn selig ist, wer nichts und niemanden braucht und nur auf den Ruhm des Herrn aller bedacht ist. Denn wer allen gefallen will, muß notwendig ein Sklave aller sein. Wir brauchen nicht nach Städten zu verlangen; denn diese sind Vereinigung von Räubern und Pflanzstätte vieles Bösen. Große Häuser aber hat uns Gott gegründet, hohe Berge und schattige Wälder, wodurch das Andenken an die von Gott uns verliehene reine Natur erhalten wird. Wir essen Früchte und vergnügen uns daran; wir trinken Wasser und finden darin Genuß; unser angenehmstes Ruhelager finden wir auf Blättern, und darauf ruhend legen wir die Ermüdung ab. Wie könnt nun ihr, die ihr Sklaven von so vielem seid, uns befehlen, die wir in allem frei sind? Denn ihr seid, da eure Seele immer viel und mancherlei begehrt, der Willkür preisgegebene Sklaven; denn wenn ihr viele Kleider haben wollt, so bedürft ihr des Hirten, des Webers, des Walkers. Und sage mir nicht etwa: „Ich trage keine weichen Kleider." Denn es ist die gleiche Sklaverei, um Kleines und um Großes sorgen. Denn wer nach wenig Gold strebt, wird auch mehr begehren, und wer über eine kleine Stadt herrschen will, wird auch über die größere gebieten wollen. Und schon mit dem wenigen Purpur, der in eurem Kleide glänzt, brüstet ihr euch, während die Inder ganz in Purpur gehen, eure Sklaven ganz purpurne Gewänder tragen. Und ihr betrachtet den Purpur als eine Zierde, auch wenn ihr nur wenig habt; wenn aber auch schon das Wenige bei euch eine Zierde ist, so seid ihr in Wahrheit Bettler, indem ihr das Geringe anstaunt. Weshalb tötet ihr Tiere, die Kinder der Erde, die noch dazu sehr nützlich sind? Denn die einen schert ihr und kleidet euch in ihre Wolle, andere melket ihr und trinkt ihre Milch, mit anderen ackert ihr und verkauft die Früchte, andere besteigt ihr sogar, um in den Krieg zu ziehen und fremdes Gut zu rauben. Und diese tötet ihr ungerechter Weise, und das ist der Lohn, den ihr den Tieren gebt; mit ihren Fellen kleidet ihr von außen euren Leib und im Innern traget ihr ihr Fleisch und werdet wandelnde Gräber toter Tiere. Von solcher Schmach unvernünftiger Handlungen beschwert, wie kann da die Seele den Geist Gottes aufnehmen? Laß das Fleisch zwei Tage draußen liegen und du wirst sehen, was geschieht. Du wirst seinen Gestank nicht ertragen können, sondern ihn fliehen. Wie viele Unreinigkeit dringt dadurch in die Seele und gelangt in den Körper derer, die solche Nahrung begehren? Wie kann nun in das Gefühl eines solchen Menschen der göttliche Geist einkehren? Ihr eßt Fleisch, das den Körper faul macht, die Seele hinschwinden läßt, Zorn erzeugt, den Frieden vertreibt, die Sittsamkeit überwältigt, Zügellosigkeit erregt, Erbrechen bewirkt und Krankheiten einpflanzt. Wegen des Fleischessens weicht der Geist von den Sterblichen und ein blutiger Dämon setzt sich in ihm fest. Baumfrüchte und Kräuter strömen, wenn sie hervorkommen, einen angenehmen Duft aus und, von Weisen verzehrt, erzeugen sie einen Gott wohlgefälligen Sinn und erquicken den Körper. Diese hat Gott zur Nahrung für die Sterblichen gepflanzt. Euer Geist aber ist verdorben durch Gefräßigkeit. Ihr atmet tierische Wildheit, weil ihr mit Tieren angefüllt seid; Gefäße seid ihr, verpestet von verfaulten Gliedern; ihr seid schlechter als Wölfe, Löwen und

alle wilden Tiere, denn wenn die Wölfe Früchte essen könnten, so
würden sie nicht nach Fleisch verlangen. Stiere aber und Pferde
und Hirsche und das übrige Geschlecht der Tiere haben eine viel
angemessenere Lebensweise als ihr, da sie sich von Kräutern der
Erde nähren und Wasser trinken und in den Bergen sich aufhalten. Deshalb sind sie kräftig, und ihre Sehnen sind stark und fest.
Warum ahmt ihr nun diese nicht nach, die von Gottes Vorsehung
genährt werden, sondern bereitet, unter dem Vorwand, Opfer
darzubringen und sie vom Feuer verzehren zu lassen, euch selbst
damit Nahrung? Tieren aber, die stark und kräftig sind, könnt ihr
nicht nachstellen. Denn ihr verlangt möglichst viele Nahrung
und verschwendet oft euer Vermögen um eurer Unersättlichkeit
willen, und müht euch meist gegen kleine Tiere ab, um eines
geringen und nichtigen Vergnügens willen. Unnütz ist eure
Mühe und verloren. Deswegen ist euer Leben elend und unglücklich. Wir aber trinken nicht einmal Wasser, ohne Durst zu
haben, sondern nur wenn der Durst uns zwingt, stillen wir ihn
durch die Wasserquellen, die die Natur hervorströmen läßt; und
auch wenn wir nicht trinken, ergießen diese ihre Fluten. Ihr aber
ersinnt zum Vergnügen Künste für den Magen, damit ihr, auch
wenn ihr keinen Hunger habt, durch die mannigfache Kunst der
Köche euren armen Magen platzen macht, indem ihr ihm darbie-
tet, was der Gefräßigkeit dient. Ihr jagt in der Luft um eurer
Sinnenlust willen; ihr siebt das Meer mit Netzen wegen eurer
vielen Gelüste; ihr zieht zu Felde in die Gebirge wegen eurer
Unersättlichkeit, prahlt mit der schnellen Kraft eurer Hunde und
schmäht das Wild, das die Vorsehung geschaffen hat, und nennt
es, gegen die Vorsehung murrend, Bewohner der elenden Wüste.
Und die einen verfolgt ihr, den anderen stellt ihr Fallen, und die
meisten tötet ihr auch. Die wildesten Tiere aber sperrt ihr in
Käfige und bringt sie in die Städte, nicht um sie beim Ackerbau
zu benutzen oder sonst einen nützlichen Dienst durch sie verrichten zu lassen, sondern um euer und Gottes Werk, den Menschen,
zu verhöhnen und zu vernichten. Und gebunden in gewaltsame
Fesseln werft ihr ihn dem losgebundenen Tier vor, und sitzt da
und blickt mit Lust auf das traurige Schicksal des mit den Tieren

Kämpfenden. Und nachdem dieser durch das Tier umgekommen ist und ihr wiederum das Tier geschlachtet habt, wie verabscheut ihr es dann und schmäht es und sagt: „Elendes Tier, Menschenmörder!" Und was schrecklicher ist als alles, nachdem das Tier mit Blut und Fleisch von Menschen sich gesättigt und ihr es geschlachtet habt, dann eßt ihr es wieder und zeigt euch wilder als die schlechten Tiere, indem ihr eben diese eßt und unversöhnliches Unheil euch in eurem Leib aufhäuft.

Und wieder, indem ihr die Ärmeren ihres Wohnplatzes beraubt, baut ihr Häuser, um durch die Wärme die Verdauung gewaltsam zu befördern, und zwingt durch Anwendung von künstlichen Mitteln eure Eingeweide, sich auszudehnen, alles in Folge eurer grenzenlosen Unmäßigkeit, eurer Gier nach Fleisch und eurer Trunksucht. Wir aber wollen nicht einmal nach Wasser dürsten; denn wir werden ja von der Wahrheit abgezogen, wenn wir den Körper reichlich mit Wasser sättigen; ihr aber freut euch, zu Weingelagen zu gehen und, so lange ihr nicht toll geworden seid, hört ihr nicht auf zu trinken, und dann streckt ihr die Hände aus zur Opferspende und erhebt die Augen zum Himmel, nachdem ihr euren Verstand völlig hinausgetrieben habt und euer Geist vom Wein beschwert ist. Glücklicher sind bei euch die Wahnsinnigen; denn diese sind trunken, ohne Wein gekauft zu haben. Ihr aber macht euch Sorgen um den Preis des Weines, damit ihr, wenn ihr ihn gekauft habt, durch Trunkenheit euren Verstand hinausjagt, euch in sinnlose Raserei versetzt, einander die Hände zerschlagt und jedem, der in der Nähe ist, Wunden beibringt. Und alles dies tut ihr ohne Bewußtsein. Dann aber, nachdem so der Wein verdampft ist, erkennt ihr an den Schmerzen, was ihr getan habt. Und auch dann könnt ihr nicht vor Trunkenheit euch hüten.

Und wiederum, wenn ihr viel gegessen habt, könnt ihr es nicht verdauen, sondern spät zurückgekommen, leert ihr eure Unmäßigkeit durch den Mund aus und kehrt so die Natur völlig um. Ihr füllt euch durch unmäßiges Trinken wie Gefäße, und nachdem der Wein gekocht hat, sprudelt ihr ihn zuletzt wieder heraus, indem ihr in eurem Wahnsinn den Körper umkehrt und statt der

Füße auf den Köpfen einhergeht. Wie die Tiere stopft ihr euch gewaltsam voll, und mit Übermut entleert ihr euch dann wieder; ihr zieht euch Krankheiten zu und reibt dadurch euren Körper auf, und gerade durch das, wodurch ihr euren Körper zu pflegen glaubt, bereitet ihr euch Schmerzen; dadurch daß ihr immer gesättiget seid, beraubt ihr euch jedes Vergnügens; denn die Folge der Übersättigung ist Qual für den Körper und nicht Gesundheit; denn ihr werdet mit Krankheiten gezüchtigt wegen eurer Unmäßigkeit. Was ist aber die Schwelgerei des Körpers gegen das Glück der Seele? Wenn ihr zeigen wollt, daß ihr vieles besitzt, so gebt das Überflüssige denen, die euch darum bitten. Aber wie wir hören, seid ihr in der Tat Bettler, so daß ihr den Bittenden nicht einmal Brot gebt. Unermeßliche Habe wollt ihr euch anhäufen und seid Sklaven eures Leibes und eures unersättlichen Magens; denn wegen der Leiden, die euch in Folge davon treffen, gibt es viele Ärzte bei euch, die eure Überfüllung ausleeren, indem sie teils durch Hunger eure Gefräßigkeit hemmen, teils durch andere Mittel die Krankheit im Zaum halten, und diejenigen, die vorher vielen Wein vergeudeten, durch Durst bändigen und ihnen nicht einmal einen Tropfen Wasser gestatten. Und die, denen vorher vom Wein der Kopf schwer war, werden jetzt durch Trockenheit gefoltert, und die vorher der Natur zuwider den Wein tranken, verlangen jetzt der Natur gemäß nach ein wenig Wasser, und die vorher von unersättlicher Begierde gefesselt waren, werden jetzt durch notgedrungene Enthaltsamkeit gequält.

Wir Brahmanen verlangen nicht nach Wein; Wasser, so viel wir wollen, haben wir durch die göttliche Vorsehung; daran ergötzen wir uns und damit stillen wir mäßig den natürlichen Durst. Wir schaffen uns keinen Wahnsinn; denn wir wollen lieber den Tod erwählen, als von Trunkenheit beherrscht zu werden; es ist weit besser, einem wilden Tier überliefert, als der Ehre Gottes beraubt zu werden durch Völlerei. Denn der Trunkene ist schlechter als unvernünftige Tiere, weil seine Vernunft erstorben ist; denn wer seine Vernunft verloren hat, ist Gott entfremdet.

Und wie ist es mit denen, die bei euch für ihren Reichtum berühmt sind? Sie werden getäuscht, indem sie auf trügerische

Dinge hinblicken, und da sie nur irdischen Besitz erwarten, tun sie einander Unrecht, sie ermorden sogar die Schwächeren und nehmen ihnen das Wenige, was sie besitzen, ab. Jenseits aller dieser Dinge erwartet sie der Tod.

Was aber sollen wir von den Epikureern sagen, salbenbenetzten, weibisch gekleideten Männern, die üppig einhergehen und durch erkünstelte wohlriechende Salben die Luft verpesten? Was soll man von den Stoikern sagen, gelehrten Philosophen, die der Geldgier verfallen sind? Was sollen wir wiederum von den Platonischen Philosophen sagen? Alle diese sind bei euch bewundernswürdig und groß, aber nicht bei den Brahmanen. Wir hören, daß bei euch auch eine neue menschliche Natur erfunden worden ist, indem ihr die Menschen männlichen Geschlechts verschneidet und sie mit Gewalt weibisch macht, und auf diese Weise bei euch der Mensch, nachdem er geboren ist, unfähig wird zu zeugen wie ein Mann und unfähig zu gebären wie ein Weib, und nur zu seiner eignen Schande lebt. Wer sollte euch dennoch nicht beklagen, wenn er bei euch diese Vernichtung sieht? Aber obwohl wir euch bemitleiden, können wir euch doch nichts nützen, weil euer Wille mit dem Vorsatz der Brahmanen nicht zusammentrifft. Wir also hassen den Hochmut und lieben jedes menschliche Wesen; wir sitzen da in dieser Welt wie in einem sehr großen Hause als Lehrer der Wahrheit und Wegweiser zur Gerechtigkeit für diejenigen, die an dieser Wohltat teilhaben wollen: unsere Seele ist nackt für alle Menschen, sowie auch unser Körper, das heißt, mit unserem ganzen Herzen sind wir reich für jedermann. Wir hören auch, daß Makedonien alles bezwingt, nachdem es vorher selbst bezwungen worden ist; denn dem Wechsel des Glückes sind alle unterworfen. Aber davon sind die Brahmanen unberührt, da kein Grund vorhanden ist, weshalb wir jemals bekriegt werden könnten; denn wir begehren nichts von dem, was ihr habt. Du aber, König Alexander, wenn du unsere Denkungsart annehmen willst, nachdem du nach Indien gekommen bist und die Brahmanen gesehen hast, wohne nackt in der Einsamkeit; denn anders nehmen wir dich nicht auf, wenn du nicht zuvor alle die Herrschaft von dir geworfen hast, an der du dich

jetzt erfreust und auf die du stolz bist. Dann werden die Worte
der Vorsehung dich ergreifen, die ich vorhin zu dir sagte, und du
wirst das von Herzen lieben, was du damals gelobt und bewundert hast. Und wenn du mir folgst und so handelst, so wird
niemand dich mehr bekriegen, und keiner wird dir hinfort etwas
abnehmen können, was du nicht besitzt. Denn wenn du mir
folgst, entschieden und sicher, so wird keiner bei dir etwas finden,
was zu eurer Lebensweise gehört; die Wälder werden dich hinfort
nähren, indem die Vorsehung dir alles verleiht wie auch uns, und
in allen Dingen wirst du reich sein, wenn du die Lebensweise der
Brahmanen genau nachahmst. Und mir wird das eine ewige
Freude sein, wenn ich dir genützt habe; denn darum hast du mich
ja zu Anfang gebeten. Wir mißgönnen es keinem, der wahrhaft
fromm gegen Gott sein und unsere Lebensweise nachahmen will,
weil wir mit jedem menschlichen Wesen Mitleid haben."[25]

17. Brief Alexanders an Aristoteles:[26]

„Der König Alexander grüßt den Aristoteles. Was mir Wunderbares im Indischen Lande begegnet ist, muß ich dir unbedingt
mitteilen. Als wir nämlich nach Prasiake[27] kamen – wohl die
Hauptstadt des Indischen Landes – und da ich mit einigen Begleitern nach dem vorerwähnten Orte zog, fanden wir, daß dort
Menschen von weibischer Gestalt wohnten, die von Fischen lebten. Ich rief einige zu mir heran und stellte fest, daß sie eine
barbarische Sprache redeten, und als ich sie über die Gegend
befragte, zeigten sie mir eine Insel im Meere und sagten, dies sei
das Grab eines alten Königs, in welchem viel Gold geweiht sei.
Nach diesen Worten waren die Barbaren plötzlich verschwunden, hatten aber ihre kleinen Schiffchen, zwölf an der Zahl,
zurückgelassen. Und Philon, mein treuster Freund, und Hephaistion und Krateras[28] und die anderen Freunde wollten mich nicht
hinüberfahren lassen, und Philon sprach: „Erlaube mir, vor dir
hinzufahren, damit, wenn irgend etwas Schlimmes dort ist, ich
mich vor dir der Gefahr aussetze, wo nicht, dir nachher das Boot
schicke. Denn wenn Philon umkommt, so wirst du andere
Freunde finden; wenn aber dir, Alexander, etwas widerfährt, so

ist die ganze Welt unglücklich." Ich ließ mich überreden und gestattete ihm hinüberzufahren. Und da er nach Verlauf einer Stunde an der vermeintlichen Insel ausgestiegen war, tauchte plötzlich ein Untier in die Tiefe. Während wir in Bestürzung waren, als das Ungeheuer verschwand, kamen jene samt meinem treusten Freunde um, und wir waren sehr betrübt. Die Barbaren aber, nach denen ich suchen ließ, waren nicht zu finden. Wir blieben acht Tage auf dem Vorgebirge und sahen das Tier Hebdomadarion, das Elefanten auf seinem Rücken trug. Nachdem wir aber eine ziemliche Anzahl von Tagen marschiert waren, gelangten wir wieder nach Prasiake.

Von dem vielen Wunderbaren, was ich geschaut habe, will ich dir das Wesentlichste mitteilen. Ich sah nämlich mancherlei Tiere und für die Naturforschung merkwürdige Gegenden und vielerlei Arten von Schlangen. Das Allerwunderbarste aber ist eine Sonnen- und Mondfinsternis und ein strenger Winter. Nachdem wir nämlich den Perserkönig Dareios und seine Scharen besiegt und das ganze Land unterworfen hatten, zogen wir weiter und betrachteten die Schätze. Es war da Gold und mit Edelsteinen geschmückte Mischkessel von verschiedener Größe und viele andere Sehenswürdigkeiten. Ausgehend von den Kaspischen Toren zogen wir weiter. Um die zehnte Stunde blies die Trompete zur Mahlzeit und zum Schlafengehen; wenn aber die Sonne aufging, gab die Trompete das Zeichen zum Marsch bis zur vierten Stunde. Die Sorge um die Soldaten war so groß, daß ein jeder mit Schuhen und Beinschienen und lederner Hüftbedeckung und Panzer bekleidet war. Denn die Eingeborenen hatten vorausgesagt, daß mancherlei Schlangen in ihrem Land wären, und hatten empfohlen, daß keiner ohne eine solche Rüstung gehen solle. Und nachdem wir wieder zwölf Tage marschiert waren, kamen wir zu einer Stadt, die mitten in einem Fluß lag. In dieser Stadt waren Rohrstämme von vier Ellen im Umfang, von denen auch die Stadt verdeckt war. Sie stand auch nicht auf dem Boden, sondern auf den erwähnten Rohrstämmen. Dort nun befahl ich, das Lager aufzuschlagen. Und da wir in der dritten Stunde des Tages in jene Gegend kamen und zu dem Fluß gelangten, fanden

wir das Wasser bitterer als Nieswurz. Da nun einige in die Stadt
hinüberschwimmen wollten, kamen Flußpferde zum Vorschein
und rafften die Männer hinweg. Es blieb uns nun nichts übrig als
wohl oder übel aus dieser Gegend wegzuziehen. Und nachdem
wir unter Trompetenschall von der sechsten bis zur elften Stunde
marschiert waren, wurde der Wassermangel so drückend, daß ich
Soldaten ihren eigenen Urin trinken sah. Glücklicherweise aber
kamen wir an einen Ort, wo ein See mit einem dichten Wald
war. Dort fanden wir Süßwasser, das uns vorzüglicher als Honig
erschien. Da wir nun hocherfreut waren, sahen wir auf der vor-
springenden Höhe eine Säule von Stein. Darauf stand eingemeißelt: „Ich, Sesonchosis, der Herrscher der Welt, habe diesen Ort
zum Wasserschöpfen angelegt für diejenigen, die das Rote Meer
befahren."[29] Ich befahl nun, ein Lager aufzuschlagen und alles zur
Nachtruhe einzurichten und Feuer anzuzünden. Als aber der
Mond hell und hoch am Himmel stand, um die dritte Stunde der
Nacht, da kamen aus dem ganzen Walde die Tiere zu dem davor-
liegenden See, um zu trinken. Es waren ellenlange Skorpione, die
im Sande kriechen, teils weiß, teils rot. Wir befanden uns in einer
außergewöhnlichen Notlage. Und schon waren einige Soldaten
umgekommen, und allerwärts erhob sich ein schreckliches Weinen und Klagen, da kamen auch vierfüßige Tier auf den Ort zu.
Darunter waren Löwen, größer als bei uns die Stiere und Nashör-
ner; und alles mögliche Getier kam aus dem Rohrdickicht heraus,
wilde Schweine, größer als Löwen (ihre Hauer waren ellenlang),
Luchse, Panther, Tiger, Skorpione, Elefanten, Stierwidder und
Stierelefanten. Männer mit sechs Händen. Riemenbeine (eine Art
Wasservögel), Hundsrebhühner und andere Wesen von Tierge-
stalt. Der Kampf begann ohne Aufschub; wie Helden wehrten
wir diese Geschöpfe ab. Nachtfüchse sprangen aus dem Sand
hervor, die zehn, und andere, die acht Ellen lang waren; aus dem
Wald kamen Krokodile, die die Lasttiere vernichteten. Fleder-
mäuse waren da, größer als Tauben, mit Zähnen; Nachtraben
saßen um den See; auf diese machten wir Jagd und hatten davon
eine große Mahlzeit. Nachdem wir mit allem diesem fertig
waren, kamen wir auf den natürlichen Weg, der in das Prasiaki-

sche Land führt. Und als ich um die sechste Stunde aufbrechen
wollte, zeigte sich in der Luft folgendes Schauspiel. Zuerst entstand plötzlich ein solcher Wind, daß die Zelte umgeworfen
wurden und wir, die wir standen, auf den Boden fielen, so daß
wir mit zusammengerafftem Gepäck an sichrere Stellen der Stadt
eilten. Während wir das versuchen, ziehen sich Wolken zusammen und hüllen der Sonne Licht in dichte Finsternis. Und so blieb
es lange. Denn während fünf Tagen war die Luft so entstellt und
klärte sich endlich nur in soweit auf, daß die Sonne am sechsten
Tag gegen Morgen ihr Antlitz der Welt wieder zeigte; aber eine
solche Masse Schnee war gefallen, daß er über drei Ellen hoch lag
und viele der Unsrigen, die er in freieren Orten überrascht hatte,
tötete und die Lasttiere bedeckte, die man meistens stehend erstarrt fand. Und diese Masse Schnee schmolz kaum in 30 Tagen.
Nachdem aber der Boden wieder frei geworden, kamen wir in
ungefähr fünf Tagen nach Prasiake.[30]

Die Inder kamen bereitwillig herbei und sagten zu mir: „O
König Alexander! Du wirst Städte und Reiche und Berge und
Völker in deine Gewalt bringen, zu denen noch keiner von den
lebenden Königen gedrungen ist." Einige aber aus den umliegenden Städten kamen hinzu und sagten: „König, wir können dir
etwas Wunderbares zeigen, was deiner würdig ist. Denn wir
wollen dir Pflanzen zeigen, die wie Menschen sprechen." Und sie
führten uns in einen Park, wo die Sonne und der Mond mitten in
dem Paradiese waren; nach ihrer Aussage lagen in dem Park die
Heiligtümer der Sonne und des Mondes. Es waren aber da zwei
Bäume, die Zypressen glichen. Ringsum aber wuchsen Bäume,
die den ägyptischen Myrobalanen glichen und ähnliche Früchte
trugen. Sie behaupteten, daß von den beiden Bäumen in der
Mitte des Parkes der eine männlichen, der andere weiblichen
Geschlechts sei. Der Name des männlichen war Helios, der des
weiblichen Selene,[31] was in ihrer Sprache Muthu Emausai heißt.
Um diese waren Felle von mancherlei Tieren herumgelegt, um
den männlichen Baum Felle von männlichen, um den weiblichen
Felle von weiblichen Tieren. Es gab aber bei ihnen weder Eisen
noch Erz, noch Zinn, nicht einmal Ton zum Formen. Und da ich

fragte, was das für Felle wären, sagten sie: „von Löwen und Panthern". Es ist aber nicht erlaubt, daß dort jemand begraben wird, außer dem Priester des Helios und der Selene. Sie kleideten sich mit den Fellen der Tiere. Ich suchte zu erfahren, was es mit den Bäumen auf sich habe. Sie sagten: „Früh morgens, wenn die Sonne aufgeht, ertönt eine Stimme aus dem Baume, und wieder, wenn die Sonne mitten am Himmel steht, und wenn sie untergehen will, zum dritten Mal. Dasselbe geschieht auch bei Mondschein." Und diejenigen, welche die Priester zu sein schienen, sagten: „Gehe rein hinein, und bete an, und du wirst einen Orakelspruch empfangen." Ich nahm mit hinein die Freunde Parmenion, Krateros, Jollas, Machetes, Thrasyleon, Theodektes, Diiphilos, Neokles[32], im ganzen elf Männer. Der Priester aber sprach: „König, Eisen darf nicht in das Heiligtum eingehen." Ich befahl also den Freunden, die Schwerter draußen abzulegen. 300 Mann aus dem Heer gingen mit hinein. Ich gebot nun allen meinen Begleitern, den Ort ringsum zu durchspähen. Außerdem rief ich einige von den mir folgenden Indern zu mir, damit sie mir als Dolmetscher dienten. Und ich schwöre bei dem Olympischen Zeus und Ammon und Athene und allen siegbringenden Göttern: „wenn die Sonne untergeht und ich keine Orakelstimme gehört habe, so werde ich euch lebendig verbrennen." Aber zugleich mit dem Untergang der Sonne erscholl eine indische Stimme aus dem Baume. Und ich befahl den Indern, die bei uns waren, sie zu übersetzen.

Sie aber fürchteten sich und wollten nichts sagen. Ich wurde nachdenklich und zog sie bei Seite. Und die Inder sagten mir Folgendes: „Es ist dir bestimmt, bald durch die Deinigen zu sterben." Und da ich und die bei mir standen, erstaunt waren, wollte ich von dem Monde bei seinem Aufgang am späten Abend wieder einen Orakelspruch vernehmen. Ahnend, was da kommen würde, trat ich hinein und verlangte zu wissen, ob ich meine Mutter und meine wirklichen Freunde vorher noch umarmen würde. Und wiederum erscholl in Gegenwart der Freunde bei dem Aufgang des Mondes aus dem Baume dieselbe Stimme, aber in griechischer Sprache: „König Alexander, in Babylon

mußt du sterben; von den Deinigen wirst du getötet werden und
nicht zu deiner Mutter Olympias zurückgelangen können." Und
indem ich und die Freunde uns sehr verwunderten, wollte ich den
Göttern herrliche Kränze darbringen. Aber der Priester sprach:
„Das darf nicht geschehen; wenn du es aber mit Gewalt tun willst,
so tue es; denn für einen König ist jedes Gesetz ungeschrieben."
Ich war sehr betrübt und bekümmert; Parmenion aber und Philippos rieten mir zu schlafen. Ich aber wollte nicht, sondern blieb
wach, und um Sonnenaufgang ging ich mit den zehn Freunden
und dem Priester und den Indern wieder zu dem Heiligtum,
trennte mich dort von ihnen, und ging nur mit dem Priester
hinein. Dort legte ich meine Hand an den Baum und fragte also:
„Wenn die Jahre meines Lebens erfüllt sind, so wünsche ich dies
von euch zu erfahren, ob ich nach Makedonien zurückgelangen
und meine Mutter und meine Frau umarmen und dann aus der
Welt gehen werde." Und in dem Augenblick, wo die Sonne
aufging und ihre Strahlen auf den Gipfel des Baumes warf, sprach
eine Stimme deutlich also: „Erfüllt sind die Jahre deines Lebens,
und zurückzukehren zu deiner Mutter Olympias ist dir nicht
bestimmt, sondern in Babylon zu sterben. Und nach kurzer Zeit
werden auch deine Mutter und deine Gattin und deine Schwestern eines schmählichen Todes sterben durch die eigenen Angehörigen. Und hierüber frage nicht mehr, denn du wirst keine
Antwort mehr auf deine Fragen erhalten." Um die erste Stunde
brach ich nun von dort auf und gelangte aus Prasiake nach Persis.
Jetzt aber ziehe ich nach der königlichen Residenz der Semiramis.
Dies wollte ich dir unbedingt mitteilen. Lebe wohl!"

18. Nachdem Alexander diesen Brief an Aristoteles geschrieben
hatte, führte er sein Heer nach der königlichen Residenz der
Semiramis zu. Er wollte sie gerne sehen, denn sie war in dem
ganzen Land und in Hellas berühmt. Es herrschte aber in der
Stadt eine Frau von wunderbarer Schönheit, im mittleren Le-
bensalter, eine Nachfahrin der Semiramis.[33] An diese schrieb
Alexander einen Brief folgenden Inhalts: „Der König Alexander
entbietet der Königin Kandake und den ihr untergebenen Statt-

haltern seinen Gruß. Als ich nach Ägypten kam, erzählten mir die dortigen Priester von euren Gräbern und Wohnungen, die bewiesen, daß ihr eine Zeit lang über Ägypten geherrscht habt. Und Ammon selbst hat auf eurer Seite gekämpft. Kurze Zeit vorher aber seid ihr auf Betreiben des Ammon wieder in eure Stadt zurückgekehrt. Deshalb habe ich euch den Tempel und das Schnitzbild des Ammon geschickt. Bringt dies nun an die Grenze, damit wir ihm opfern. Wenn ihr aber nicht kommen wollt, so beratet euch schnell und nennt uns einen Ort, wo es zu sehen ist. Lebt wohl."

Kandake antwortete ihm: „Kandake, die Königin von Meroe, und die ihr unterstehenden Statthalter entbieten dem König Alexander ihren Gruß. Damals gebot uns Ammon durch einen Orakelspruch, gegen Ägypten zu ziehen, jetzt aber gebietet er, daß er selbst nicht von der Stelle bewegt werde und auch niemand in das Land kommen solle und daß wir die zu uns Kommenden wie Feinde abwehren. Verachte uns nicht unserer Farbe wegen; denn wir sind weißer und glänzender an der Seele als die weißen bei euch. Wir sind achtzig Völkerschaften, bereit, gegen alle zu kämpfen, die uns angreifen. Du wirst aber recht daran tun, wenn du den Ammon ehrst. Meine Gesandten bringen dir 100 massive Goldbarren, 500 junge Äthiopier, 200 Papageien, 200 Sphinxe, und für unseren Gott Ammon an den Grenzen von Ägypten einen Kranz von Smaragden und nicht durchbohrten Perlen, zehn versiegelte Perlschnüre, 80 elfenbeinerne Kästchen, und ferner will ich dir noch folgende Tierarten schicken: 308 Elefanten, 300 Pardel, 13 Rhinozerosse, 4 Panther, 300 menschenfressende Hunde in Käfigen, 300 Kampfstiere, 6 Elefantenzähne, 300 Pantherfelle, 1500 Ebenholzstäbe. Schicke sogleich Leute nach deiner Wahl, um dies alles in Empfang zu nehmen, und schreibe mir, wie es dir geht, da du den ganzen Erdkreis unterjocht hast. Lebe wohl!"

19. Nachdem Alexander die Briefe der Königin Kandake empfangen und gelesen hatte, schickte er Kleomenes, den Statthalter
von Ägypten, um die Geschenke in Empfang zu nehmen. Er selbst
aber zog zu ihr. Als Kandake hörte, daß Alexander so mächtige
Könige besiege, rief sie einen ihrer Diener, einen griechischen
Maler, und befahl ihm, Alexander entgegenzugehen und ihn
insgeheim zu malen. Und dieser gehorchte. Kandake aber erhielt
das Bild und legte es an einen verborgenen Ort. Nach einigen
Tagen aber geschah es, daß Kandaules, ein Sohn der Kandake, mit
einigen Reitern von dem Herrscher von Bebrykia[34] überfallen
wurde und ihm seine Gattin geraubt wurde. Und Kandaules, der
Sohn der Kandake, kam fliehend zu den Zelten Alexanders. Die
Wächter ergriffen ihn und stellten ihn vor Ptolemaios Soter, der
der zweite im Reiche des Alexander war; denn der König Alexander schlief. Ptolemäos fragte ihn nun, wie er heiße, wer er sei
und wer seine Begleiter seien. Er antwortete: „Ich bin der Sohn
der Königin Kandake." Ptolemaios fragte: „Warum bist du hier-
hergekommen?" Er antwortete: „Ich zog mit meiner Frau und
meiner kleinen Schar zu den Amazonen, um die jährlichen Mysterien zu feiern. Als aber der Herrscher der Bebryker meine Frau
sah, zog er aus mit größerer Heeresmacht und raubte sie und
tötete die Mehrzahl meiner Krieger. Ich kehre nun zurück, um
ein größeres Heer zu holen und das Land der Bebryker zu zerstören."[35] Da Ptolemaios dies hörte, ging er hinein zu Alexander und
weckte ihn und erzählte ihm, was er von dem Sohn der Kandake
gehört hatte. Alexander erhob sich sogleich, nahm sein Diadem
und setzte es Ptolemaios auf, legte ihm seinen Mantel um und
sprach: „Setze dich nun hin, als ob du Alexander wärst, und
befiehl dem Sekretär, Antigonos, den obersten Leibwächter zu
rufen. Und wenn ich hineinkomme, so sprich: ‚Erzähle mir genauer, was du gesagt hast, und sage mir, was wir hierüber beschließen sollen; gib mir einen Rat.'"

Ptolemaios setzte sich also hin in königlichem Anzug und die
Soldaten, da sie ihn sahen, überlegten, was Alexander nun wohl
wieder vorhabe. Als der Sohn der Kandake ihn in dem königlichen Aufzug sah, fürchtete er, getötet zu werden; denn er

glaubte, daß es Alexander selbst sei. Dann gebot Ptolemaios und
sprach: „Rufet mir den Antigonaios, den Obersten meiner Leibwächter." Und da Alexander kam, sprach Ptolemaios zu ihm:
„Antigonos, dies ist der Sohn der Königin Kandake; seine Frau ist
von dem Herrscher der Bebryker geraubt worden. Was rätst du
mir zu tun?" Alexander sprach: „Ich rate dir, o König Alexander,
dein Heer zu rüsten und die Bebryker zu bekriegen, damit wir
seine Frau befreien und sie ihm zurückgeben zu Ehren seiner
Mutter." Kandaules aber, der Sohn der Kandake freute sich, da er
dies hörte. Und es sprach Ptolemaios: „Wenn du dies willst,
Antigonos, so tue es auch als mein Leibwächter. Befiehl dem
Heer, sich zu rüsten."

20. Und nachdem Ptolemaios, als ob er Alexander wäre, dem
Antigonos dies befohlen hatte, geschah es. Und es kam Antigonos
mit Ptolemaios in einem Tage zu dem Lande der Bebryker, und
Antigonos sprach zu Ptolemaios: „Wir wollen uns nicht bei Tage
von den Bebrykern sehen lassen, damit der Herrscher es nicht
merkt und vor dem Kampf das Weib des Kandaules tötet; welchen Ruhm haben wir von dem Sieg, wenn Kandaules sein Weib
verliert? Sondern bei Nacht laß uns in die Stadt eindringen und
die Häuser in Brand stecken, und das Volk selbst wird sich erheben und das Weib des Kandaules übergeben. Denn es geht ja nicht
um die Herrschaft, sondern um die Zurückforderung einer Frau."
Und da Antigonos also sprach, fiel ihm Kandaules zu Füßen und
sprach: „Welche Klugheit, Antigonos! Wenn du doch Alexander
wärst und nicht sein Leibeswächter Antigonos." Und sie drangen
bei Nacht, als alle schliefen, in die Stadt der Bebryker und zündeten die Vorstädte an. Als die Einwohner erwachten und fragten,
was die Ursache des Brandes sei, ließ Alexander ausrufen: „Der
König Kandaules ist mit einem großen Heer gekommen. Ich
befehle euch, meine Frau herauszugeben, bevor ich eure ganze
Stadt niederbrenne." Die Überraschten drangen alle zu der Wohnung des Königs, öffneten mit Gewalt den Palast, rissen die Frau
des Kandaules, die bei dem Herrscher schlief, von ihm weg und
übergaben sie dem Kandaules, den Herrscher aber töteten sie.

Und Kandaules dankte dem Antigonos für seinen Rat und seine Klugheit, umarmte ihn und sprach: „O Antigonos, vertraue dich mir an, damit ich dich zu meiner Mutter bringe und dir königliche Geschenke gebe." Alexander aber sprach voll Freuden zu ihm: „Bitte den König Alexander, daß er mir gestatte, mit dir zu gehen: auch ich möchte euer Land sehen." Alexander teilte nun dem Ptolemaios mit, daß er ihn als seinen Gesandten mit Kandaules schicken möge. Und Ptolemaios sprach zu Kandaules: „Ich will deine Mutter durch einen Brief begrüßen. Nimm du daher meinen Gesandten Antigonos mit, und sende ihn wohlbehalten wieder hierher zu mir, wie auch ich dich und dein Weib wohlbehalten wieder zu deiner Mutter bringe." Kandaules aber sprach: „Ich nehme diesen Mann mit mir, als wenn es Alexander selbst wäre, und werde dir ihn wiederbringen mit königlichen Geschenken."

21. Und er brach auf und nahm mit sich den Alexander, als wenn es Antigonos wäre, und ein zahlreiches Heer und Vieh und Wagen und Geschenke. Auf dem Wege bewunderte Alexander die mannigfaltigen Gebirge des Kristalle hervorbringenden Landes, die bis zu den Wolken des Himmels reichten, und die hochbelaubten, mit Früchten reich behangenen Bäume, nicht wie die in Hellas, sondern ganz besondere Merkwürdigkeiten. Denn es waren da Apfelbäume, die wie Gold glänzten und deren Früchte so groß waren wie in Hellas die Zitronen, und sehr große Weintrauben, Nüsse so groß wie Melonen und Affen, die so groß wie Bären waren, und andere Tiere, mannigfaltig an Farbe und von fremdartiger Gestalt. Einige Orte aber waren von Göttern bewohnt, und es befanden sich dort Felsenwände mit Stufen. Und es sprach Kandaules: „Antigonos, dies hier wird die Wohnung der Götter genannt, und oft erscheinen in diesen Höhlen die Götter auf einem Ruhelager dem König, der sie ruft. Wenn du willst, bringe ihnen Spende dar und veranstalte ein Opfer an diesem Ort, und sie werden dir erscheinen." Also sprach Kandaules. Sie setzten den Weg fort und gelangten in die Königsburg, und es kamen ihm seine Mutter und seine Brüder entgegen und

wollten ihn umarmen. Kandaules aber sprach: „Nicht eher sollt ihr mich umarmen, Brüder, bis ihr meinen Retter und den Wohltäter meiner Frau, Antigonos, den Gesandten des Königs Alexander, begrüßt habt." Sie sprachen zu ihm: „Wie hat er dich gerettet?" Als Kandaules ihnen aber erzählte, wie sein Weib von dem Herrscher der Bebryker geraubt worden war und wie Alexander ihm geholfen hatte, da umarmten ihn seine Mutter und seine Brüder. Und in der Königsburg wurde ein glänzendes Mahl veranstaltet.

22. Am folgenden Tage erschien Kandake, mit dem königlichen Diadem geschmückt, von sehr großer Statur und fast göttlicher Gestalt, so daß es Alexander vorkam, als sähe er seine Mutter Olympias. Der Königspalast aber blitzte von goldenen Decken und marmornen Wänden. Kunstreich aus Seidengewebe gearbeitete Teppiche lagen auf goldenen Stühlen, deren Füße von Beryll, deren Rücklehnen aber aus goldenen Leisten zusammengesetzt waren. Da waren Tische von Elfenbein; medische Säulen, deren Kapitelle von Elfenbein blitzten; unzählige Bildsäulen von Erz; Sichelwagen, aus Porphyr gebildet, samt den Pferden, so daß sie zu laufen schienen; Elefanten, aus einem ähnlichen Steine gearbeitet, die mit den Füßen die Feinde zertraten und mit ihren Rüsseln ihre Gegner umschlangen; ganze Tempel samt den Säulen aus einem Stein gehauen. Da Alexander dies sah, staunte er. Er aß zusammen mit den Brüdern des Kandaules. Kandaules aber bat seine Mutter, dem Gesandten des Alexander Geschenke zu geben, die seines Sinnes würdig wären, und ihn zu entlassen.

Am folgenden Tage aber faßte Kandake den Antigonos bei der rechten Hand und zeigte ihm durchsichtige Schlafgemächer aus Luftstein, so daß er sehen konnte, wenn die Sonne aufging. Ferner war dort ein Speisezimmer von unvergänglichem Holz, das nicht der Fäulnis ausgesetzt ist und vom Feuer nicht verbrannt werden kann. Und ein Haus war erbaut, dessen Grundmauer nicht fest auf der Erde stand, sondern auf sehr großen viereckigen Holzblöcken und auf Rädern von 20 Elefanten gezogen wurde, und wohin der König zog, um eine Stadt zu bekriegen, blieb er immer in diesem Hause. Und Alexander sprach zu Kandake: „Dies alles wäre der Bewunderung würdig, wenn es bei den Hellenen wäre und nicht bei dir, weil es hier so viele Gesteinsarten gibt." Kandake aber, etwas erzürnt, sprach: „Du hast Recht, Alexander." Alexander, da er bei seinem Namen genannt wurde, wendete sich ab. Sie aber sprach: „Warum wendest du dich ab, da ich dich Alexander nenne?" Er antwortete. „Ich, Herrin, heiße Antigonos und bin der Gesandte des Alexander." Kandake aber sagte: „Magst du auch Antigonos heißen, bei mir bist du Alexander. Ich will dir gleich zeigen, woran ich dich erkenne." Und indem sie ihn an der Hand hielt, führte sie ihn hinein in ihr Schlafzimmer, wo sein Bild war, und sprach: „Erkennst du dich?" Und Alexander, da er sein Bild erkannte, erschrak und zitterte. Kandake aber sagte zu ihm: „Warum zitterst du, Alexander? Warum bist du erschrocken? Du, der Vernichter der Perser und Inder, der die Siegeszeichen der Meder und Parther gestürzt, der den ganzen Orient besiegt hat, bist jetzt ohne Kampf und Heer in die Hand der Kandake gegeben. Daher erkenne jetzt, Alexander, daß wer von den Menschen sich zu hoch dünkt, von der Vorsehung gestürzt wird, wenn sie gestattet, daß von andern eine strenge Probe an ihm gemacht wird; denn kein Mensch besitzt Vollkommenheit." Alexander aber wurde wütend und knirschte mit den Zähnen. Sie dagegen sprach: „Was kannst du tun? Denn du, der gewaltige König, bist von einer einzigen Frau besiegt worden und in ihre Hand gegeben." Alexander wollte nun mit seinem Schwert sich und Kandake töten. Kandake aber sprach: „Auch dies ist edel und königlich; aber sei nicht bange, mein Kind Alexander; denn wie du meinen Sohn und sein Weib von den Bebrykern gerettet hast, so werde auch ich dich vor den Barbaren schützen, indem ich dich Antigonos nenne; denn wenn sie erfahren, daß du Alexander bist, werden sie dich sofort töten, weil du den Inderkönig Poros getötet hast; denn die Frau meines jüngeren Sohnes ist eine Tochter des Poros." Und nachdem sie dies gesagt hatte, sprach sie: „Ich werde dich Antigonos nennen, ich werde dein Geheimnis bewahren."

23. Sie ging nun hinaus mit ihm und sprach: „O mein Kind Kandaules und meine Tochter Harpyssa, wenn ihr nicht zur rechten Zeit das Heer des Alexander gefunden hättet, hätte ich euch nicht wiederbekommen und du hättest dein Weib nicht gefunden. Darum wollen wir uns des Gesandten Alexanders würdig zeigen und ihm Geschenke geben." Und es sprach zu ihr der andere Sohn, der jüngere: „Alexander hat meinen Bruder und dessen Weib gerettet, aber mein Weib ist aufgebracht, weil ihr Vater Poros von Alexander getötet worden ist, und will den Gesandten Alexanders, den Antigonos, ausgeliefert haben und töten." Darauf sprach Kandake: „Und was könnte dies nutzen, mein Kind? Wenn du diesen tötest, hast du dann den Alexander besiegt?" Kandaules aber sprach zu seinem Bruder: „Er war mein Retter und der meiner Frau; auch ich will ihn unverletzt zu Alexander entsenden. So wollen auch wir hier miteinander kämpfen um dieses Mannes willen." Sein Bruder sagte: „Ich, Bruder, wünsche dies nicht; wenn du es aber willst, so bin ich dazu noch mehr bereit als du." Und nachdem sie dies gesagt hatten, wandten sie sich zum Zweikampf. Kandake aber, besorgt, daß ihre Kinder den Kampf beginnen möchten, nahm den Alexander allein und sprach zu ihm: „Alexander, der du so klug bist und so viele Städte zerstört hast, kannst du keinen klugen Ausweg finden, daß meine Kinder nicht um deinetwillen einander bekämpfen?" Alexander sprach: „Ich will hingehen und Frieden unter ihnen stiften." Und er trat zwischen die beiden und sprach: „Höre du und auch du, Kandaules! Wenn ihr mich hier tötet, so wird das Alexander nicht kümmern; denn ich heiße Antigonos und auf die Boten, die man zum Kampf absendet, wird kein großes Gewicht gelegt. Wenn ihr mich also hier tötet so hat Alexander noch viele andere. Wenn ihr aber von mir euren Feind Alexander als Gefangenen erhalten wollt, so versprechet, mir einen Teil des Geschenkes zu geben, damit ich bei euch bleibe und bewirke, daß Alexander hierherkommt; als Vorwand soll dienen, daß ihr ihm die Geschenke; die ihr bereitet habt, persönlich übergeben wollt. Dann werdet ihr euren Feind in Händen haben, an ihm Rache nehmen können und so zur Ruhe gelangen." Die

Brüder ließen sich durch seine Worte bewegen und versöhnten sich. Kandake aber bewunderte die Klugheit des Alexander und sprach zu ihm: „Antigonos, wenn doch auch du mein Sohn wärst; durch dich würde ich alle Völker besiegen. Denn nicht durch Krieg hast du die Feinde und Städte unterworfen, sondern durch große Klugheit." Er freute sich nun, daß er bei ihnen in Sicherheit war, da Kandake sein Geheimnis treu bewahrte. Nach einigen Tagen gab ihm Kandake königliche Geschenke, einen kostbaren Kranz von Diamanten, einen Panzer von Edelsteinen und Beryllen, einen ganz purpurnen, goldgewirkten Mantel, der wie die Sterne schimmerte, und alles, was sie gerüstet hatte, fünf beladene Elefanten, und auf jedem einen Turm von Holz, und vier sehr große silberne Glocken zu jedem der Tiere, zwei vorne und zwei hinten, und acht Männer zu jedem Elefanten. So entließ sie ihn mit vielen Beweisen ihrer Gunst und mit den eignen Soldaten.

24. Nachdem Alexander die bestimmten Tagereisen zurückgelegt hatte, kam er in die Gegend, wo, wie ihm Kandaules gesagt hatte, die Götter sich aufhielten. Und er opferte und brachte Spenden dar und ging hinein mit wenigen Soldaten. Da sah er einen mit Sternen glänzenden Nebel, und wie die Decke von den Strahlen der Sterne schimmerte, und daraus hervor zeigte sich ihm eine Erscheinung von Gestalten und das Blitzen von Feuer. Und Alexander fürchtete sich und war ratlos. Doch blieb er, um zu sehen, was daraus werden würde. Da sah er einige Männer daliegen, aus deren Augen es blitzte, wie mit feurigem Glanze. Und einer sprach zu ihm: „Sei gegrüßt, Alexander! Weißt du, wer ich bin?" Alexander antwortete: „Nein, Herr." Er sprach: „Ich bin Sesonchosis, der Weltherrscher, der ein Genosse der Götter geworden ist. Doch bin ich nicht so glücklich gewesen wie du. Denn du hast einen unsterblichen Namen, da du die viel begehrte Stadt Alexandreia in Ägypten gegründet hast." Alexander sprach: „Wie viele Jahre werde ich noch leben?" Er antwortete: „Es ist gut, daß der Mensch nicht weiß, wann er stirbt. Denn wenn er es erfährt, so ist er in der Erwartung dieser Stunde schon

gestorben. So lange er aber in Ungewißheit über die Zukunft ist, läßt diese Ungewißheit ihn die Todesstunde vergessen, wenn er sicher einmal stirbt. Du aber wirst eine bei allen Menschen berühmte Stadt gründen, und viele Könige werden ihren Boden betreten und dich verehren, und du wirst sie bewohnen, tot und nicht tot; denn die Stadt, welche du gründest, wird dein Grabmal sein." Und als er so gesprochen hatte, ging Alexander hinaus.

25. Und er nahm sein Heer und zog gegen die Amazonen. Es kamen ihm aber die Satrapen entgegen und schmückten ihn mit dem Diadem und gaben ihm das königliche Gewand. Und als er angelangt war und sein Lager aufgeschlagen hatte, sandte er an die Amazonen einen Brief folgenden Inhalts: „Der König Alexander entbietet den Amazonen seinen Gruß. Von meinem Kampf gegen Dareios, denke ich, habt ihr gehört. Von dort zogen wir zu den Indern und besiegten ihre Herrscher und unterwarfen sie durch die Hilfe der himmlischen Vorsehung. Von dort zogen wir zu den Brahmanen, den sogenannten Gymnosophisten, empfingen Tribut von ihnen und ließen sie in ihrem eigenen Land in Ruhe und Frieden bleiben. Von dort nun kommen wir zu euch. Kommt uns entgegen und nehmt uns mit Freuden auf. Denn wir kommen nicht, um euch Schaden zuzufügen, sondern um euer Land zu sehen und euch zugleich Gutes zu erweisen. Lebt wohl!"
Nachdem sie Alexanders Brief empfangen und gelesen hatten, antworteten sie also: „Die mächtigsten und angesehensten der Amazonen entbieten dem Alexander ihren Gruß. Wir schreiben dir, damit du es wohl überlegst, bevor du unser Land betrittst, daß du nicht auf eine unrühmliche Weise wieder abziehst. Durch unser Schreiben wollen wir dir schon jetzt mitteilen, wie es mit unserem Lande steht, und daß wir streng in unserer Lebensweise sind. Wir wohnen innerhalb des Amazonenflusses, zwar auf der entlegeneren Seite, aber doch in seiner Mitte. Der Umfang unseres Landes hat eine Ausdehnung von einer Jahresreise, es ist ringsum von einem Flusse umgeben, der keinen Anfang hat. Es gibt nur einen Zugang zu uns. Hier wohnen 270000 bewaffnete Jungfrauen. Kein männliches Wesen ist bei uns, sondern die Männer

leben jenseits des Flusses samt unseren Herden und Hirten. Jedes Jahr feiern wir ein Fest, die Hippophonie, und opfern dem Zeus und Poseidon und Hephaistos und Ares 30 Tage lang; welche von uns aber dann zu den Männern hinübergehen und sich mit diesen vermählen wollen, die bleiben bei ihnen; die Mädchen, die sie gebären, werden von den Männern ernährt, wenn sie aber sieben Jahre alt sind, so werden sie zu uns gebracht. Wenn Feinde gegen unser Land ziehen, rücken 120000 von uns zu Pferde aus; die übrigen bewachen die Insel; und wir rücken dem Feind entgegen an die Grenzen, die Männer aber folgen uns in Kampfaufstellung. Und wenn eine im Kriege verwundet wird, so wird sie durch unseren Stolz hochgeehrt und reich bekränzt und bleibt stets im Andenken; wenn aber eine im Kriege kämpfend fällt, so empfangen ihre Nächsten viel Geld; wenn aber eine den Leichnam eines Feindes auf unsere Insel bringt, so ist für diese Tat Gold und Silber und Unterhalt für das ganze Leben als Lohn ausgesetzt. Wir kämpfen also für unseren eigenen Ruhm. Wenn wir die Feinde überwinden oder sie fliehen, so bleibt ihnen für alle Zeit schimpfliche Schmach; wenn sie aber uns besiegen, so haben sie eben nur Frauen besiegt. Sieh also auch du, Alexander, dich vor, daß dir dies nicht widerfährt. Berate dich nun und antworte uns; unser Lager wirst du an der Grenze finden. Lebe wohl!"

26. Nachdem Alexander ihr Schreiben gelesen hatte, lächelte er und antwortete ihnen also: „König Alexander entbietet den Amazonen seinen Gruß. Die drei Erdteile[36] haben wir uns unterworfen und nicht aufgehört, überall Siegeszeichen aufzurichten. Es wäre also eine Schande für uns, wenn wir nicht auch zu euch ziehen. Wenn ihr nun wollt, daß ihr umkommt und euer Land unbewohnt ist, so bleibt an der Grenze, wenn ihr aber in eurem Lande wohnen und den Krieg nicht versuchen wollt, so geht über den Fluß und gestattet uns, euch zu sehen, und ebenso sollen auch eure Männer sich in der Ebene aufstellen. Wenn ihr das tut, so schwöre ich bei meinem Vater und meiner Mutter, euch kein Leid zuzufügen, und ich werde den Tribut annehmen, den ihr mir anbietet, und wir werden nicht in euer Land kommen. Und

sendet Reiterinnen zu mir, so viele, wie euch gut scheint; wir wollen jeder von ihnen monatlich einen Goldstater als Lohn und Verköstigung geben. Nach einem Jahr aber sollen diese nach Hause zurückkehren, und ihr schicket andere. Beratet euch und gebt mir Antwort. Lebt wohl."

Nachdem sie das Schreiben Alexanders empfangen und gelesen hatten, berieten sie sich in einer Versammlung und antworteten ihm folgendes: „Die mächtigsten und angesehensten der Amazonen entbieten dem König Alexander ihren Gruß. Wir erlauben dir, zu uns zu kommen und unser Land zu sehen; wir bestimmen, dir jährlich 100 Talente in Gold zu geben, und haben 500 der edelsten von uns an die Grenze geschickt, um dich zu empfangen und dir das Geld und 100 edle Pferde zu bringen. Diese Frauen sollen das Jahr hindurch in deinem Dienst sein. Wenn eine sich mit einem fremden Mann verbindet, so soll sie bei euch bleiben; die übrigen sende zurück und du wirst andere erhalten. Wir gehorchen dir, magst du anwesend oder abwesend sein. Denn wir haben von deiner Tapferkeit und Mannhaftigkeit gehört; denn wir wohnen nicht in der Nähe der Länder, die du durchzogen hast, so daß wir dir die Herrschaft streitig machen sollten, sondern wir haben beschlossen, unser eigenes Land zu bewohnen und dir als unserem Herrn zu gehorchen."

27. Alexander schrieb seiner Mutter Olympias über seine Taten: „Der König Alexander entbietet seiner teuren Mutter Olympias seinen Gruß. Um gegen die Amazonen zu streiten, zog ich zu dem Fluß Prytanis.[37] Und wie ich zu einer Stadt kam, sah ich, daß dort der ganze Fluß voll gefährlicher Tiere war, und die Soldaten verloren den Mut. Denn als es Mittag war, wurde die Luft plötzlich finster und dunkel; denn der Regen strömte ohne Unterlaß; und vielen von den Fußsoldaten schmerzten die Füße, und es blitzte und donnerte. Da wir aber den Fluß Prytanis überschreiten wollten, geschah es, daß viele der Einwohner von den Soldaten getötet wurden. Von dort kamen wir an den Fluß Thermodon, der eine fruchtbare Ebene durchströmt, in der die Amazonen wohnen, Frauen, die an Größe und Schönheit und Kraft andere

Frauen weit übertreffen, sehr kriegstüchtig sind und bunte Kleider tragen. Als Waffen haben sie silberne Äxte; Eisen und Erz aber gab es bei ihnen nicht; sie waren aber durch Verstand und Klugheit ausgezeichnet. Und da wir uns dem Flusse näherten, an dem die Amazonen wohnten, – er ist groß und unpassierbar, und viele Tiere leben darin – kamen sie herüber und stellten sich uns entgegen. Wir überredeten sie durch Briefe, sich uns zu unterwerfen.

28. Nachdem wir Tribut von ihnen empfangen hatten, zogen wir zum Roten Meer an den Fluß Tenon. Von dort kamen wir an den Fluß Atlas. Dort aber konnte man weder die Erde noch den Himmel sehen. Es wohnten dort viele verschiedene Völker. Wir sahen auch Menschen ohne Köpfe, die Augen und den Mund auf der Brust hatten, und andere Menschen, die sechs Hände und ein Stiergesicht hatten, und Troglodyten (Höhlenbewohner) und Himantopoden (Riemenfüße), wilde Menschen, und andere, die dicht behaart waren wie Ziegen, und solche, die ein Löwengesicht hatten, und mancherlei verschiedenartig aussehende Tiere. Von jenem Flusse aus segelten wir ab und gelangten zu einer großen Insel[38] die 150 Stadien vom Lande entfernt war, und fanden dort eine Stadt der Sonne; dort waren zwölf Türme aus Gold und Smaragd gebaut. Die Mauer der Stadt war aus indischen Steinen errichtet; ihr Umfang betrug ungefähr 150 Stadien. In der Mitte der Stadt war ein Altar, aus Gold und Smaragd erbaut, der sieben Stufen hatte; oben auf stand ein mit Rossen bespannter Wagen und ein Rosselenker von Gold und Smaragd. Man konnte aber dies alles wegen des Nebels nicht gut sehen. Der Priester der Sonne war ein Äthiopier, in reines Leinen gekleidet. Er sagte zu uns in barbarischer Sprache, daß wir von jenem Ort zurückgehen sollten. Und nachdem wir von dort zurückgekehrt waren, zogen wir sieben Tage umher. Da fanden wir Finsternis und nicht einmal Feuer strahlte in jenen Gegenden. Wir kehrten also von dort wieder um und kamen zu der Lysosbucht und fanden dort einen hohen Berg. Wir stiegen hinauf und sahen schöne Häuser voll Gold und Silber, und sahen auch eine große Ringmauer von Saphir mit 150 Stufen und oben auf einen run-

den Tempel mit sieben Säulen von Saphir und hundert Stufen. Innen und außen standen Bildsäulen von Halbgöttern, Bacchantinnen und Satyrn und Mystiden (Eingeweihten); der alte Maron[39] aber saß auf einem Lasttier. In der Mitte des Tempels stand ein Lager; darauf lag ein Mann, in Seide gekleidet; sein Gesicht zwar sah ich nicht, denn er war verhüllt, aber seine Kraft und Größe sah ich. In der Mitte des Tempels war eine goldene Kette von hundert Pfund, und daran hing ein durchsichtiger goldener Kranz; die Stelle des Feuers aber vertrat ein kostbarer Stein, der in dem ganzen Tempel hell machte. Es hing auch ein goldener Käfig an der Decke; darin war ein Vogel so groß wie eine Taube; dieser rief mir mit einer menschenähnlichen Stimme auf Griechisch zu und sprach: „Alexander, höre hinfort auf, dich dem Gotte entgegenzustellen; kehre nach Hause zurück und beschleunige nicht durch Unbesonnenheit deinen Übergang in die himmlischen Bahnen." Und da ich ihn herabnehmen wollte und die Lampe, um sie dir zu schicken, sah ich, wie es schien, als ob der auf dem Ruhebett Liegende sich bewege. Und es sprachen meine Freunde zu mir: „Laß ab; denn es ist ein Heiligtum." Und da ich hinausging in den Bereich des Tempels, sah ich da zwei aus Gold gearbeitete Mischkessel stehen, die 60 Metreten[40] faßten; wir benutzten sie auch bei Tisch. Ich befahl den Soldaten, sich dort zu lagern und es sich gutgehen zu lassen. Es war aber dort ein großes Haus, darin waren viele herrliche, prachtvolle Trinkgefäße aus Edelsteinen. Als wir und das Heer uns niederließen und es uns gerade wohl sein lassen wollten, da erscholl plötzlich wie ein heftiger Donner der Klang von vielen Flöten und Zymbeln und Syringen und Trompeten und Pauken und Zithern; und der ganze Berg ward mit Rauch bedeckt, als ob ein starkes Gewitter über uns hereingebrochen wäre. Von Furcht ergriffen zogen wir von jenem Orte weg und kamen zu der Königsburg des Kyros und trafen viele verlassene Städte und eine herrliche Stadt, in welcher ein Haus war, worin der Perserkönig gewöhnlich Audienz hielt. Man sagte mir, daß dort ein Vogel sei, der mit menschlicher Stimme rede. Ich ging in das Haus und sah viele wunderbare Sehenswürdigkeiten. Denn das Haus war ganz von

Gold; in der Mitte der Decke hing ein goldener Käfig gleich dem ersten. Darin war ein Vogel wie eine goldfarbige Taube; dieser, erzählte man, weissage den Königen. Ich sah dort auch einen aus Gold gearbeiteten Mischkessel (dieses war in der Königsburg des Kyros), der faßte 60 Metreten. Die Arbeit war in hohem Grade zu bewundern. Denn ringsum waren Figuren und oben eine Seeschlacht, in der Mitte aber eine Lobschrift; darum her war alles aus Gold gefertigt. Dieser Mischkessel, sagte man, sei aus Ägypten aus der Stadt Memphis und von dort dahin gebracht worden zu der Zeit, als die Perser Ägypten eroberten. Es war da ein Haus, nach griechischer Weise gebaut, wo der König gewöhnlich seine Audienz abhielt, darin ist die Seeschlacht des Xerxes dargestellt. In dem Hause stand auch ein goldener, mit Edelsteinen ausgelegter Thron und eine Lyra, die von selbst spielte. Ringsum war ein goldener Schenktisch von 16 Ellen und daneben ein zweiter von 27 Ellen; dahin führten acht Stufen und darüber hing ein Adler, der seine Flügel über den ganzen Schenktisch ausbreitete. Es gab dort auch einen wilden Weinstock aus Gold mit sieben Ranken, ganz aus Gold gearbeitet. Von den übrigen Sehenswürdigkeiten, was soll ich dir da erzählen? Es ist so viel, daß wir wegen der Menge in einem Tage die überschwengliche Herrlichkeit nicht beschreiben können.

29.[41] Ferner fanden wir dort viele Völker, die Menschenfleisch aßen und das Blut von Lebewesen wie Wasser tranken; denn sie begruben ihre Toten nicht, sondern aßen sie. Und da ich solche verruchte Völker sah und fürchtete, daß sie mit dieser scheußlichen Ernährungsweise die Welt anstecken könnten, so flehte ich zu der Vorsehung im Himmel und bot all meine Kraft gegen sie auf und tötete mit dem Schwerte sehr viele von ihnen und unterwarf ihr Land. Und Furcht ergriff sie allerwärts von den vordersten bis zu den letzten; und da sie hörten, daß Alexander, der König der Makedonen, heranziehe, sprachen sie: „Er wird mit seinem Schwerte alle töten, und er wird unsere Städte verwüsten und unterjochen." Und so wandten sich alle zur Flucht und jagten hinter einander her; und so bekriegte ich eins dieser Völker nach

dem andern, und sie wurden in die Flucht geschlagen. 22 Könige
sind es, und ich verfolgte alle mit Heeresmacht, bis sie zwischen
die beiden hohen Gebirge hineingedrängt waren, die die Brüste
des Boreas heißen; und es gibt keinen anderen Ein- oder Ausgang
jener großen Gebirge; denn ihre Höhe überragt die Wolken des
Himmels und sie erstrecken sich wie zwei Mauern zur Rechten
und zur Linken gegen Norden hin bis zu dem großen Meere. Ich
wandte alle möglichen Mittel an, um ihnen den Ausweg aus dem
Gebiet zwischen den großen Gebirgen, in das sie hineingedrängt
waren, abzuschneiden. Der Zugang zwischen den beiden Gebirgen ist aber nicht breiter als 46 königliche Ellen. Wiederum flehte
ich nun von ganzem Herzen zu der Vorsehung, und sie erhörte
meine Bitte. Und die Vorsehung gebot den beiden Bergen, und
sie erbebten und bewegten sich gegeneinander, jeder zwölf Ellen.
Und dort errichtete ich ein ehernes Tor von 22 Ellen Breite und
60 Ellen Höhe, recht fest und so, daß ich das Tor von außen und
von innen verschmieren ließ, damit weder Feuer noch Eisen noch
irgendeine Kunst das Tor wieder aufschmieden könnte; denn
wenn Feuer daran gebracht wird, so erlischt es, Eisen aber zer-
bricht. Und vor dieses furchtbare Tor setzte ich ein anderes Bauwerk aus Felssteinen, deren jeder eine Breite von elf Ellen und
eine Höhe von 20 Ellen und eine Länge von 60 Ellen hatte. Ich
verschloß auch dieses Gebäude, indem ich die Steine mit ge-
schmolzenem Zinn und Blei bestrich, damit das Tor durch nichts
geöffnet werden könnte und nannte das Tor das Kaspische.
22 Könige schloß ich dort ein. Und der Name der Völker ist
Magog, Kynokephaler, Nuner, Phonokerater, Syriasorer, Ioner,
Katamorgorer, Himantopoder, Kampaner, Samandrier, Hip-
pyer, Epamborer.[42] Und ich reinigte die Gegenden des Nordens
von diesen Ruchlosen, indem ich sie noch durch zwei andere sehr
große Mauern einschloß, gegen Osten 120 Ellen und gegen Westen 80 Ellen und 24 Ellen breit. Ich zog dann mitten durch die
Türken und Armenier, und von dort brach ich auf sie ein wie ein
Löwe auf die Tiere und tötete sie alle mit meinem Schwert und
auch ihren König, den sogenannten Khan[43] und plünderte sein
Haus, und drang in seine Königsburg ein. Dort fand ich Kandau-

les, den Sohn der indischen Königin Kandake, mit seiner Frau, die in dem Hause gefangen waren. Ich befreite sie und fragte ihn, wie er in die Gewalt der Leute gekommen sei, und er antwortete: „Ich zog aus zur Jagd, weil ich mir mit meiner Frau das Vergnügen machen wollte, das Land zu durchstreifen; ich hatte bei mir 300 Jünglinge mit Leoparden und Hunden und Habichten. Und plötzlich griffen sie uns an, töteten alle meine Begleiter, mich aber und meine Frau nahmen sie gefangen und führten uns zu ihrem König, und er ließ uns bewachen, weil er uns seinem Gott opfern wollte. Und jetzt hat deine Tapferkeit dich hierher geführt, und siehe, wir stehen vor dir, erhabenster Herr." Und ich befahl, sie durch eine Wache zu schützen und ihnen alle Ehre zu erweisen; nach zwei Tagen sandte ich sie zu der Königin Kandake. Lebe wohl."

30. Alexander schrieb noch einen anderen Brief an seine Mutter Olympias von Babylon aus, als er kurz davor stand, das menschliche Leben zu verlassen und zu sterben. Er lautete so: „Man erzählt ein merkwürdiges Beispiel göttlicher Voraussicht.[44] Eine Frau gebar ein Kind; dessen Oberkörper bis zu den Weichen war ganz von menschlicher Natur, von den Hüften an aber bis unten hin waren es Tierköpfe, so daß das Kind der sogenannten Skylla ähnlich war; es waren nämlich Köpfe von Löwen und wilden Hunden, und ihre Formen waren allen ganz deutlich, so daß man die Eigentümlichkeit eines jeden erkannte. Der Oberkörper des Kindes aber war tot, der Teil also, der menschlich gestaltet war; die anderen Teile aber bewegten sich und lebten. Nach der Geburt hüllte die Frau das Kind in ihren Mantel, kam in den Palast des Königs Alexander und sprach zu seinem Diener: „Melde mich dem König Alexander wegen einer wunderbaren Sache; denn ich will ihm etwas zeigen." Alexander ruhte gerade um die Mittagszeit in seinem Schlafzimmer. Als er aber aufwachte, hörte er von der Frau und befahl, sie hereinzuführen. Und da sie kam, befahl der König allen Anwesenden, sich zu entfernen. Und da alle hinausgegangen waren, zeigte ihm die Frau das wunderbare Geschöpf, und sagte ihm, daß sie es geboren hätte. Alexander

staunte bei dem Anblick und befahl, sogleich die Zeichendeuter und Magier und Weisen herbeizuholen. Und da sie kamen mit den Chaldäern, befahl er ihnen, ihr Urteil über das Kind abzugeben, und bedrohte sie mit dem Tod, wenn sie ihm nicht die Wahrheit sagten. Es waren aber die angesehensten und einsichtsvollsten der Chaldäer, fünf an der Zahl, und einer von ihnen war allen anderen an Kenntnissen noch überlegen; er war aber zufällig nicht anwesend. Die Anwesenden aber sagten: „Alexander wird in seinen Kriegen stärker sein als alle und alle Völker unterwerfen; denn die starken Tiere, die unterhalb des menschlichen Körpers sind, bezeichnen die Völker." Das also war ihre Deutung. Nach ihnen aber kam der andere Chaldäer zu Alexander, und da er die Beschaffenheit des Kindes sah, schrie er laut auf und weinte und zerriß voll Betrübnis seine Kleider. Da Alexander aber ihn so aufgeregt sah, war er nicht wenig bestürzt und befahl ihm, getrost zu sagen, was er aus dem Zeichen erkenne. Und jener sagte: „O König Alexander, du zählst nicht mehr zu den Lebenden." Da aber Alexander nähere Auskunft über das Zeichen verlangte, antwortete er ihm: „Gewaltigster König! Die menschliche Gestalt bist du, die Tiergestalten aber sind deine Gefährten. Wenn nun die oberen Teile lebten und sich bewegten wie unten die Tiere, so wäre das Zeichen günstig und glücklich. So wie aber dieses aus dem Leben geschieden ist, so wird es auch mit dir, o König, geschehen; und so wie die Tiere unten keine Vernunft haben, sondern wild gegen die Menschen sind, so sind auch deine Gefährten wild gegen dich." Und da der Chaldäer dies gesagt hatte, ging er hinaus. Das Kind aber, sagte er, solle man verbrennen. Und da Alexander dies gesagt hatte, ordnete er Tag für Tag seine Angelegenheiten.

31. Antipater aber hatte sich gegen Olympias, die Mutter Alexanders, erhoben und tat gegen sie, was er wollte. Alexanders Mutter schrieb mehrmals an ihren Sohn wegen Antipater. Als sie nach Epiros gehen wollte, hinderte sie Antipater daran. Als Alexander den Brief seiner Mutter Olympias erhielt und daraus von der Not seiner Mutter erfuhr, sandte er zu Antipater den Krateros

als Statthalter des Landes nach Makedonien. Da aber Antipater
von Alexanders Vorhaben und der Ankunft des Krateros erfuhr
und wußte, daß Alexanders Soldaten nach Makedonien und
Thessalien zurückgeführt wurden, fürchtete er sich deshalb sehr
und faßte den Plan, Alexander durch Hinterlist zu töten; denn er
fürchtete, wegen der Kränkungen, die er Olympias angetan
hatte, ins Gefängnis geworfen und schwer bestraft zu werden; er
hatte nämlich gehört, daß Alexander sehr stolz geworden sei
wegen seiner Taten. Dieses bedenkend bereitete er ein verderbliches Gift, das man weder in einem ehernen noch einem gläsernen
Gefäß aufbewahren konnte, da es sofort zersprengt wurde. Er gab
es also in eine bleierne Büchse, umschloß diese mit einer zweiten
eisernen Büchse, gab sie seinem eigenen Sohne und sandte ihn
nach Babylon an Jollas, den Mundschenk Alexanders. Als der
Sohn Antipaters nach Babylon kam, redete er heimlich mit Jollas,
Alexanders Mundschenk, über die Beibringung des Giftes. Jollas
war damals gerade erbittert gegen Alexander; denn wenige Tage
vorher hatte Alexander ihn, weil er etwas falsch gemacht hatte,
mit einem Stock an den Kopf geschlagen und schwer verwundet;
deshalb zürnte Jollas dem Alexander und half Antipaters Sohn bei
der Ausführung der Tat. Er zog auch noch einen gewissen Medios
zu, der ebenfalls von Alexander beleidigt worden war. Sie ver-
abredeten nun, wie sie Alexander das Gift zu trinken geben wollten. Und nachdem Alexander eines Tages von einem großen
Gastmahl gekommen war und sich ausgeruht hatte, kam am
folgenden Tag Medios zu ihm und bat ihn, in sein Haus zu
kommen. Alexander ließ sich durch die Bitte des Medios bewegen und kam zu dessen Gastmahl. Bei Tische waren noch andere
Personen. Von dem Mordplan, der durch das Gift ausgeführt
werden sollte, wußten Perdikkas, Ptolemaios, Olkios, Antigonos
und Philippos, Seleukos, Lysimachos, Eumenes und Kassander
nichts; die anderen alle aber, welche mit Alexander zu Tische
saßen, waren an dem Frevel beteiligt und hatten mit Jollas, dem
Mundschenken des Königs Alexander, verabredet, König Alexander durch die Hinterlist zu töten; dies hatten sie untereinander
mit einem Eid bekräftigt, denn die Ruchlosen wünschten den

Alexander tot zu sehen, um sein Reich in Besitz zu nehmen. Und nachdem Alexander sich mit ihnen zu Tische gesetzt hatte, brachte ihm Jollas einen Becher, in dem nichts Arges war; da sich aber ein Gespräch zur Unterhaltung entspann und eine ziemliche Zeit vergangen war und das Trinkgelage sich schon in die Länge gezogen hatte, gab ihm Jollas einen anderen Becher, in dem das Gift war. Nachdem Alexander ihn genommen und ausgetrunken hatte, schrie er plötzlich laut auf, wie von einem Geschoß durch die Leber getroffen, und nachdem er kurze Zeit gewartet und den Schmerz ertragen hatte, ging er nach Hause, gebot aber den Anwesenden, bei dem Mahle zu bleiben.

32. Sie hoben aber in banger Besürtzung sogleich das Mahl auf und erwarteten draußen stehend mit Spannung, was erfolgen würde. Alexander aber, der sich verloren gab, sprach: „O Roxane, noch kurze Zeit gewähre mir deine Liebe." Und von ihr gehalten, ging er in seinen Palast und legte sich nieder. Als es Tag wurde, berief er Perdikkas und Ptolemaios zu sich und befahl ihnen, niemand herein zu lassen bis er es verfügen würde. Plötzlich aber entstand unter den Makedonen ein Geschrei und ein Auflauf vor dem Palast: sie wollten die Leibwächter töten, wenn sie ihnen nicht den König zeigten. Als Alexander nach dem Lärmen fragte, ging Perdikkas zu ihm und teilte ihm mit, was die Makedonen gesagt hätten. Da gebot Alexander, sein Bett aufzuheben und auf einen erhöhten Platz zu stellen, so daß das ganze Heer im Vorüberziehen ihn sehen könnte, aber nur die Makedonen herein- und durch eine andere Tür wieder hinauszuführen. Und nachdem Perdikkas[45] die Befehle des Königs Alexander erfüllt hatte, zogen die Makedonen allein in das Zimmer und betrachteten ihn, und es war keiner, der nicht weinte, daß der große König Alexander halbtot auf dem Bette lag. Einer von ihnen aber, ein nicht unansehnlicher Mann, aber ein gemeiner Soldat, trat aus den Reihen in die Nähe des Bettes und sprach: „Zum Segen, o König Alexander, hat dein Vater Philippos regiert, und zum Segen auch du, o König. Du nimmst uns mit dir; es geziemt uns, mit dir zu sterben, der du Makedonien frei gemacht hast."

Und Alexander weinte und streckte seine Hand aus, als wolle er sie trösten.

33. Und er ließ seinen Geheimschreiber kommen und bestimmte über seine Gattin Roxane: „Wenn Roxane mir einen Sohn gebiert, so soll der über die Makedonen herrschen; wenn sie aber ein Mädchen gebiert, so mögen sie zum König wählen, wen sie wollen." Nachdem Alexander dies und vieles andere gesagt hatte, entstand in der Luft ein Nebel, und es zeigte sich ein großer Stern, der vom Himmel auf das Meer herabsank, und mit ihm ein Adler, und das Standbild in Babylon, das sie Zeus nannten, wurde erschüttert. Der Stern aber fuhr wieder hinauf zum Himmel, und es folgte ihm auch der Adler. Und da der Stern im Himmel verschwunden war, schlief Alexander den ewigen Schlaf.[46]

34. Die Perser stritten nun mit den Makedonen, da sie den Alexander mit sich nehmen und ihn als Mithras ausrufen wollten. Die widersetzten sich dem: sie wollten den Alexander mit nach Makedonien nehmen. Da sprach Ptolemaios zu ihnen: „Es gibt ein Orakel des Babylonischen Zeus; von diesem wollen wir uns einen Spruch holen über den Leichnam des Alexander, wohin wir ihn bringen sollen." Der Spruch des Zeus aber lautete:
„Ich will euch sagen, was euch allen nützet,
Es ist eine Stadt in Ägypten mit Namen Memphis;
Dort müßt ihr ihn auf einen Thron setzen..."
Nach diesem Spruch widersetzte sich niemand, sondern sie gestatteten dem Perdikkas, hinzugehen und ihn einbalsamiert in einem bleiernen Sarg nach Memphis zu bringen. Ptolemaios ließ den Sarg auf einen Wagen setzen und zog damit von Babylon nach Memphis. Als die Einwohner von Memphis davon hörten, kamen sie dem Leichnam des Alexander entgegen und führten ihn in die Stadt. Es sprach aber der Oberpriester des Heiligtums in Memphis: „Nicht hier sollt ihr ihn bestatten, sondern in der Stadt, die er in Rhakotis gegründet hat. Denn wo dieser Leichnam auch ist, die Stadt wird unruhig sein und durch Kriege und Kämpfe in Verwirrung gebracht werden." Sogleich führte nun

Ptolemaios den Leichnam nach Alexandreia, errichtete dort in dem Heiligtum, das danach „Leib des Alexander" genannt wird, ein Grab und setzte darin Alexanders Leichnam bei.[47]

35. Alexander lebte 32 Jahre. Sein Lebenslauf war folgender: Von seinem zwanzigsten Jahre an regierte er zwölf Jahre. Er führte siegreiche Kriege und unterwarf 22 barbarische Völkerschaften und 14 griechische Stämme. Geboren wurde Alexander im Monat Januar, zur Zeit des Neumonds um Sonnenaufgang; sein Tod fiel in den Monat April zur Zeit des Neumonds um Sonnenuntergang. Alexander starb im Jahr der Welt 5176 zu Ende des 113. Olympiade. (Eine Olympiade sind vier Jahre; im vierten Jahre des Königs Achaz fing die erste Olympiade an.) Von dem Tode Alexanders aber bis zur Fleischwerdung des Wortes Gottes durch eine Jungfrau vergingen 324 Jahre.[48]

ANMERKUNGEN

ZU CURTIUS RUFUS

ANMERKUNGEN

ZUM DRITTEN BUCH

1 Makedonischer Adeliger, warb zwischen 334 und 332 Söldner auf dem Peloponnes. War in die Ermordung des Parmenion verwickelt. 324 angeblich seiner Räubereien und Erpressungen wegen auf Alexanders Befehl hingerichtet.

2 Alte Stadt im südlichen Phrygien. Unter den Seleukiden wurden ihre Bewohner in das neu gegründete Apamea umgesiedelt. Die alte Stadt verfiel.

3 Der Fluß hatte seinen Namen nach dem phrygischen Flußgott M., den Apoll in einem musikalischen Wettstreit besiegt und anschließend getötet hatte. Aus seinem Blut entstand der Fluß.

4 Während des ganzen Krieges kämpften für Dareios eine große Menge griechischer Söldner. Zweitausend, darunter mehrere Athener, waren am Granikos in Alexanders Hände gefallen und zur Zwangsarbeit nach Makedonien geschickt worden.

5 Die alte Hauptstadt Phrygiens im nördlichen Kleinasien. Der Beschreibung des Curtius liegt die Annahme zugrunde, Gordion sei der Mittelpunkt Kleinasiens. Als Gründer des phrygischen Staates werden sowohl Gordios wie auch sein Sohn Midas genannt.

6 Nach einem Orakelspruch sollte derjenige König werden, der als erster auf einem Wagen zum Zeustempel fahre. Der Wagen des Gordios wurde später als Weihegeschenk dem Tempel gestiftet.

7 Makedonischer Flottenkommandant (s. Anm. 8).

8 Makedonischer Adeliger, seit Frühjahr zusammen mit Am-

photeros Kommandant der neu gebildeten Flotte am Hellespont. Zum Kampf um die von den Persern besetzten Inseln vgl. auch 4, 5, 15.

9 Eine beachtliche Summe, wenn man berücksichtigt, daß Alexanders Finanzlage zu diesem Zeitpunkt sehr angespannt war. 1 Talent entsprach 6000 Drachmen, ein Söldner erhielt 1 Drachme pro Tag.

10 General Philipps, von Alexander bei Antritt des Perserzuges zum Statthalter von Makedonien und Strategen von Europa bestellt.

11 Unter Hellespont ist hier nicht nur die Meerenge, sondern die gesamte Küstenlandschaft zu verstehen.

12 Memnon, ein Rhodier im Dienst des Dareios, befehligte am Granikos die griechischen Söldnertruppen, nahm dann mit der persischen Flotte die Inseln Chios und Lesbos ein und beabsichtigte, von dort den Krieg nach Griechenland auszuweiten, als er bei der Belagerung von Mitylene starb.

13 Heute Ankara. Der Sage nach eine Gründung des Midas, gehörte die Stadt ursprünglich zu Phrygien, später zu Galatien.

14 Nach Livius (1,1–4) und Vergil (Aeneis 1,242–249) sind die Veneter, die in Oberitalien siedelten, Nachfahren der Heneter. Diese gelangten zusammen mit Trojanern nach der Zerstörung Trojas nach Italien.

15 Kämpfte seit 336/35 zusammen mit Parmenion in Kleinasien, um einen Brückenkopf für den Übergang zu gewinnen. Nach Alexanders Übergang wurde er Kommandant der thessalischen Reiterei.

16 Herodot (7,58 ff.) berichtet von der Heerschau, die Xerxes 480 v. Chr. auf dem Marsch nach Griechenland bei Doriskos in Thrakien abhielt.

17 Die nun folgende Aufzählung ergibt eine Summe von 311 200 Mann. Die Angabe über Truppenstärke und Verluste der Perser sind bei allen antiken Alexanderhistorikern stark übertrieben. So kommt Diodor auf ein Heer von 400 000, Plutarch und Arrian sogar auf 600 000 Mann.

18 Medien war nach der Persis die wichtigste Satrapie des Persischen Reiches.

19 Die Barkaner ebenso wie die Hyrkaner und Derbiker wohnten östlich des Kaspischen Meeres. Die Cetra (ein Anachronismus des Römers Curtius) war ein von den Iberern entlehnter leichter Lederschild ohne Holzgestell, nach dem die Römer ihre leichten Truppen „cetrati" nannten.

20 „Rotes Meer" bezeichnet hier nicht den Persischen Golf (so 5,1,15), sondern das Arabische Meer.

21 Athenischer Söldnerführer, der 335 auf Befehl Alexanders verbannt wurde und sich an den Hof des Dareios begab.

22 Mentor ist ein Bruder des Memnon (s. Anm. 12) und wie dieser Söldnerführer; Vorgänger seines Bruders im Oberkommando über Kleinasien.

23 Persischer Admiral, Neffe des Memnon, erhielt nach dem Tod seines Onkels den Oberbefehl über die Flotte in der Ägäis.

24 Die Griechen verwendeten ein gerades, zweischneidiges Schwert (Xiphos).

25 Die Priester der babylonischen Städte, die für ihre Kenntnisse der Magie, Wahrsagekunst, Astrologie und Astronomie im ganzen Altertum berühmt waren.

26 Die Sonne (Mithras) wurde von den Persern als Gottheit verehrt. Ihr geweihte Rosse werden u.a. von Xenophon, Anabasis 4, 5 und Kyropädie 8, 3, 6 erwähnt.

27 Auch das Feuer war den Persern als Symbol des guten Prinzips heilig. Vor einem Feueraltar wird Ahuramazda, der oberste Gott, angebetet.

28 „Magier" ist die Bezeichnung der persischen Priester.

29 Mit Jupiter wird hier Ahuramazda, der Himmelsgott und Schöpfer der Welt, bezeichnet.

30 Die Unsterblichen, so benannt, weil ihre Zahl sofort ergänzt wurde, wenn ein Mann fiel, und so stets erhalten blieb, waren eine schon von Kyros d. Gr. (gest. 529 v. Chr.) eingerichtete Leibgarde.

31 Ein Ehrentitel.

32 Ninos galt als Begründer des Assyrischen, Belos als der des Babylonischen Reiches; der goldene Adler war ein Symbol der persischen Königsmacht.

33 Die Tiara, die nur der König tragen durfte.

34 Längenmaß, ca. 100 m, das später auch einen Lauf und die Anlage, in der er veranstaltet wurde, bezeichnet.

35 Verschließbare Wagen, Kutschen.

36 Hier liegt eine Verwechslung zwischen Kyros d.Gr. und Kyros dem Jüngeren (423–401 v.Chr.) vor; letzterer hatte nach Xenophon, Anabasis 1, 2, 20 an dieser Stelle gelagert.

37 Etwas mehr als 9 km.

38 Das griechische Wort „Pylai" bedeutet „Tore" und dient mehrfach zur Bezeichnung von Gebirgspässen.

39 Lyrnessos ist die Geburtsstadt von Briseis, der Geliebten Achills, Thebe die der Chryseis; allerdings liegt auch hier eine geographische Verwechslung vor, da die Städte nicht in Kilikien, sondern in der von Kilikiern bewohnten Troas lagen.

40 Der Sage nach besiegte das hundertköpfige Ungeheuer Typhon den Zeus im Kampf um die Weltherrschaft, zerschnitt ihm die Sehnen und schleppte ihn in die korykische Höhle. Hermes und Pan befreiten Zeus, der seinen Gegner nun bezwingen konnte und unter dem Ätna begrub.

41 Parmenion, Vertrauter und bedeutendster General Philipps II. und Alexanders. Unter Alexander nahm er mit seinen Söhnen Hektor, Philotas und Nikanor am Perserfeldzug teil. Er operierte häufig selbständig, hatte in den Entscheidungsschlachten zumeist den linken, in der Regel defensiven Flügel inne und gab damit den wesentlichen Rückhalt für die Offensivbewegungen Alexanders. Als Vertreter der konservativen makedonischen Tradition, die eine Beschränkung der Eroberung auf Kleinasien forderte, geriet er in Gegensatz zu Alexander, der schließlich Philotas durch die Heeresversammlung aburteilen und Parmenion ermorden ließ.

42 Dieser Brief ist möglicherweise in dem verlorenen Zweiten Buch erwähnt worden.

43 Mit seiner Mutter Olympias stand Alexander bis zu seinem

Tod im Briefwechsel. Neben einer Schwester Kleopatra aus der Ehe von Philipp und Olympias sind drei Halbschwestern, Europa, Thessalonike und Kymane, bekannt.

44 Bei Antritt des Perserzuges war Alexander zweiundzwanzig Jahre alt.

45 Wahrscheinlich bei Thapsakos, dessen exakte geographische Lage am Euphrat allerdings nicht mehr zu ermitteln ist.

46 An der Südküste Kleinasiens.

47 Aeskulap als Gott der Heilkunde, Minerva (= Athene) vielleicht, weil sie in dieser Gegend besonders verehrt wurde.

48 Milet und Halikarnassos waren die einzigen Städte in Kleinasien, die stärkeren Widerstand geleistet hatten. Myndos, eine karische Stadt, lag nicht weit von Halikarnassos, Kaunos weiter östlich am Kalbis.

49 Kilikische Stadt an der Grenze nach Syrien am Fluß Pinaros (heute Deli-Tschai) und am Golf von Issos (heute Golf von Iskenderum bzw. Alexandrette). Das Tal, in dem Issos lag, war von einer Gebirgskette umschlossen, die Amanos hieß.

50 Satrapie ist die Bezeichnung für die zwanzig persischen Verwaltungseinheiten, an deren Spitze jeweils ein Statthalter, der Satrap, stand.

51 König Philipp, Alexanders Vater.

52 Die Einwohner Kretas hatten in der Antike einen schlechten Ruf, sie galten als lügnerisch, habgierig und erpresserisch.

53 Unter Dareios III. Chiliarch, also Inhaber des höchsten persischen Amtes.

54 Sie waren von Lesbos zu Schiff nach Tripolis in Phönizien gebracht worden. Im folgenden läßt Curtius die Griechen als die besten Soldaten im Heer des Perserkönigs erscheinen.

55 Vgl. 3, 22f.

56 Während die Makedonen am Golf von Issos westlich des Amanos-Gebirges südwärts marschierten, rückte Dareios an der Ostflanke des Massivs vorbei nach Norden vor und gelangte so über die Amanischen Tore in den Rücken des Gegners.

57 Ca. 5,4 km.

58 Über ihn ist weiter nur wenig bekannt.

59 Sohn des Parmenion, Führer des Hypaspisten (Schildträger,
    Knappen), der aus der königlichen Leibwache hervorgegan-
    genen angesehensten Infanterietruppe der Makedonen. Als
    Inhaber dieses hohen Amtes nahm er an allen wichtigen
    Schlachten teil. Beim Aufbruch nach Hyrkanien (330 v.Chr.)
    starb er an einer Krankheit.

60 Koinos, Perdikkas, Meleager und Amyntas sind Taxiarchen,
    also Anführer jeweils einer Taxis, einer Abteilung des schwer-
    bewaffneten makedonischen Fußvolkes. Das Ansehen der Ta-
    xiarchen war groß, sie scheinen dem Kreis der Hetairoi ange-
    hört zu haben, und nahmen mit den anderen hohen Offizie-
    ren am Kriegsrat des Königs teil.
    Koinos war der Schwiegersohn des Parmenion, nahm aber
    offen gegen Philotas Stellung. Am Hyphasis sprach er sich im
    Sommer 326 für die Umkehr aus. Kurz darauf starb er und
    wurde von Alexander ehrenvoll bestattet.
    Perdikkas war seit 330 Somatophylax, einer der sieben „Leib-
    wächter", der dem König am nächsten stehende Auswahl aus
    den Hetairoi, den adeligen Gefährten. Neben dem persön-
    lichen Schutz des Königs stellte diese Gruppe auch den eng-
    sten Beraterkreis. Kurz vor seinem Tod bestellte Alexander
    Perdikkas zum Reichsverweser, es gelang ihm allerdings
    nicht, die Reichseinheit zu wahren.
    Meleager, Taxiarch der Phalanx, nahm an allen entscheiden-
    den Kämpfen teil und gehörte zum engsten Kreis des Königs.
    Nach Alexanders Tod widersetzte er sich den Plänen des
    Perdikkas und wurde von diesem ermordet.
    Amyntas gehörte zu den Hetairoi und ist außer durch seine
    militärischen Leistungen vor allem durch seine rücksichtslosen
    Aushebungen bekannt (vgl. 4, 6, 30; 7, 1, 38). In den Hoch-
    verratsprozeß gegen Philotas hineingezogen, konnte er seine
    Unschuld beweisen und wurde rehabilitiert, starb allerdings
    kurz darauf.
    Ptolemaios war Feldherr und seit 336 Somatophylax Alexan-
    ders. Als Satrap in Ägypten widersetzte er sich 323 ebenfalls

den Plänen des Perdikkas, er lehnte die Reichsverweserschaft ab. 305 nahm er den Königstitel an und begründete in Ägypten die zentralisierte Heeres- und Wirtschaftsverwaltung. Wahrscheinlich zur Rechtfertigung seiner Rolle bei der Auflösung des Alexanderreiches verfaßte er ein Werk über die Kriege Alexanders, das Arrian als Hauptquelle gedient hat.

61 Krateros war vor allem ein bedeutender Feldherr. Er unterstützte Alexander im Philotasprozeß (6, 8, 3ff.). Nach Alexanders Tod kämpfte er im Bündnis mit den anderen Diadochen gegen Perdikkas.

62 Paionischer Volksstamm, im heutigen Bulgarien ansässig. Mit den Makedonen verbündet, nahmen sie an den Zügen Alexanders teil.

63 Tatsächlich müßte unterschieden werden zwischen den Zielen, die sich für die Griechen des Korinthischen Bundes mit dem Perserkrieg verbanden, die den Krieg als Rachekrieg proklamiert und Philipp II. die Führung dieses Krieges übertragen hatten, den immer weiter greifenden Zielen, die Alexander im Laufe des Krieges verkündet hat und den „letzten Plänen" Alexanders für die Weltherrschaft.

64 Die Sage läßt Herkules auf seinen Zügen bis zu den nach ihm benannten Säulen (Straße von Gibraltar), Bacchus bis nach Indien gelangen. Alexander spricht hier also den Plan aus, die Herrschaft über die damals bekannte Welt zu errichten.

65 In Illyrien und Thrakien hatte Alexander im ersten Jahr seiner Herrschaft Krieg geführt.

66 Alexander erinnert hier an die Griechenlandzüge der Könige Dareios I. (490 v.Chr.) und besonders Xerxes (480/79 v.Chr.). Die Zerstörung von Athen und die Niederbrennung der Tempel nutzt A. propagandistisch, indem er seinen Krieg als Vergeltungskrieg deklariert. Vgl. Alexander in Persepolis.

67 Curtius' Schilderung der Schlacht ist reichlich verworren, wenn er auch Einzelheiten lebendig und anschaulich erzählt. Einen klareren Bericht gibt Arrian (2, 10, 3ff.).

68 Atizyes ist möglicherweise identisch mit dem gleichnamigen Statthalter von Phrygien, Rheomithres wird bei Arrian als

Offizier erwähnt, über Sabakes ist nichts weiter bekannt, als daß er bei Issos kämpfte und starb.

69 Das Zerreißen des Gewandes ist ein Zeichen tiefster Trauer.

70 Die Trauernden schlugen sich gegen Brust, Oberarme und Haupt.

71 Persischer Kommandant der Burg von Sardes, der die Burg mit allen Schätzen 334 Alexander übergeben hatte. Später machte Alexander ihn zum Statthalter von Armenien.

72 Die Perser verbrannten ihre Toten nicht wie andere Völker (vgl. 3, 12, 14), da das Feuer von ihnen als göttlich verehrt wurde.

73 Engster Freund Alexanders, mit ihm zusammen aufgewachsen und erzogen. Er unterstützte Alexander am rückhaltlosesten, militärisch war er vor allem in Zusammenhang mit der Indien-Expedition bedeutsam. Zahlreiche Ehrungen weisen auf seine besondere Rolle hin: als Chiliarch kontrollierte er die Provinzstatthalter, 324 wurde er durch die Heirat mit Dareios' Tochter Schwager Alexanders. Sein Tod im Herbst 324 traf Alexander schwer.

74 Ein Nomadenstamm Vorderasiens.

75 Gemeint ist Artaxerxes III. Ochos, der von 361–338 geherrscht hatte.

76 Vornehmer Perser, der durch einen Aufenthalt an Philipps Hof mit den makedonischen Verhältnissen vertraut war. Nach dem Tod des Dareios ergab er sich Alexander und wurde von diesem zum Satrapen von Baktrien bestellt.

77 Die Witwe Memnons hieß Barsine, sie soll Alexander später einen Sohn namens Herkules geboren haben. Vgl. Anm. 18 zum Zehnten Buch.

78 Im Fall des Dropides irrt Curtius: dieser weilte erst 330 an der Spitze einer Gesandtschaft bei Dareios und fiel nach dessen Tod in Alexanders Hände.

ANMERKUNGEN

ZUM VIERTEN BUCH

1 Dieser Name ist sonst nicht bekannt, vielleicht ist Onchai identisch mit Sochoi, wo Dareios gelagert hatte, bevor er das Amanosgebirge überquerte (vgl. Arrian 2, 6, 1).

2 Koilesyrien (das „hohle Syrien") besteht eigentlich nur aus dem Tal zwischen Libanon und Antilibanon und den nördlich davon gelegenen Landstrichen mit den Hauptstädten Damaskos und Baalbeek (Heliopolis); hier scheint das ganze nördliche Syrien gemeint zu sein.

3 Arados, die nördlichste Stadt Phöniziens, lag auf einer Insel unweit des Festlandes, Marathos lag gegenüber auf dem Festland.

4 Bei Issos, meint Dareios, sei er weniger durch Alexander und sein Heer als durch die für ihn ungünstige Örtlichkeit besiegt worden. Die bei Arrian (2, 1, 42) vorliegende Version des Briefes klingt weit weniger hochmütig.

5 Kodomannos scheint den Namen Dareios erst bei seiner Thronbesteigung angenommen zu haben. Zum folgenden vgl. Anm. 66 zum Dritten Buch. Alexander bezieht sich auf die Seeschlacht von Salamis 480 v. Chr., nach der Xerxes sich mit einem Teil des Heeres aus Griechenland zurückzog. 479 schlugen die Griechen das verbliebene Heer unter Mardonios bei Plataiai.

6 Daß die Verschwörung gegen Philipp von Persien aus gesteuert wurde, ist ganz und gar unglaubwürdig.

7 Thersippos ist weiter nicht bekannt.

8 Sidon galt wie Tyros als Gründung des Agenor, des Vaters der von Zeus geraubten Europa. Seine Söhne Kadmos, Phoinix

und Kilix waren der Sage nach die Gründer von Theben, Phönizien und Kilikien. Vgl. Curtius 4, 4, 15 und 4, 4, 19.

9 Ein anderer als der in 4, 1, 6 Genannte.

10 Vgl. Anm. 64 zum Dritten Buch.

11 Seestadt in Phönizien zwischen Arados und Byblos.

12 Die östlichste der in der Antike bekannten sieben Nilmündungen.

13 Wohl der Stellvertreter des bei Issos gefallenen Sabakes.

14 Während Antigonos zu Lebzeiten Alexanders eine untergeordnete Rolle spielte, war er dessen Tod der „gewaltigste der Diadochen".

15 Andros und Siphnos gehören zu den Kykladen.

16 Der Führer der Opposition gegen die Makedonen. 332/31 gelang es ihm, die meisten Staaten des Peloponnes zum Abfall von Alexander zu bringen, wurde aber 331 von Antipater, Alexanders Statthalter in Europa, vernichtend geschlagen.

17 Mit Herakles/Herkules identifizierten die Griechen den Sonnengott Melqart, den höchsten Gott der Phönizier.

18 Als Stammvater der makedonischen Könige galt Karanos, ein Nachkomme des Herkules.

19 Palaityros („Alt-Tyros") lag der Inselstadt Tyros auf dem Festland gegenüber.

20 ca. 720 m.

21 Eine Art Enterhaken, die angeblich von Perikles erfunden worden waren.

22 Spitze eiserne Haken, die sich von den Haapagonen wahrscheinlich nicht sehr unterschieden. Über ihre Anwendung vgl. 4, 3, 24.

23 Gemeint ist hier wahrscheinlich der Antilibanon.

24 Vgl. Curtius 3.1.1.

25 Widderköpfe waren Mauerbrecher, die aus einem langen Balken bestanden, der an einem Gerüst aufgehängt war. An der Spitze befand sich ein eiserner Widderkopf, der gegen die Mauern gestoßen wurde.

26 Diese Angabe ist irrig, da die Syrakusaner erst 310 v.Chr. unter Agathokles nach Afrika übersetzten und Karthago bedrohten.

27 Syrakus wurde nie von den Karthagern erobert. Die erwähnte Bildsäule stammte vielmehr aus Gela auf Sizilien.

28 Mit Saturn identifiziert Curtius den phönizischen Moloch; die
   Historizität der Kinderopfer bei den Phönikern und Karthagern ist unbestritten, jedoch läßt sich seit dem 6. Jahrhundert eine Kritik an solchen Menschenopfern nachweisen.

29 Hatten sich die Haken festgeklammert, wurden die Taue
   wieder angezogen, und man hob damit Menschen, Teile des
   Schiffes, zuweilen sogar das ganze Schiff in die Höhe.

30 Tyros hatte zwei Häfen, deren einer nach Ägypten, der andere
   nach Sidon zu lag. Nach Sidon hin lagen die zyprischen
   Schiffe, denen der Angriff der Tyrier galt, während der grö-
   ßere Teil der makedonischen Schiffe vor dem ägyptischen
   Hafen lag. Um den Zyprern zur Hilfe zu kommen, mußte
   Alexander also zuerst um die Stadt herumfahren.

31 Die Einnahme von Tyros fällt in die Zeit zwischen dem
   22. Juli und dem 20. August 332.

32 Vgl. Anm. 8 zum Vierten Buch. Gades (von Gadir = Burg,
   Festung: heute Cádiz).

33 Zur Frage der Abfassungszeit des Werkes vgl. Einleitung.

34 Es gab mehrere Flüsse dieses Namens (vgl. 7.3.19, wo der
   Araxes in Armenien gemeint ist); hier handelt es sich vermut-
   lich um den Araxes, der durch Persien fließt und in den
   Persischen Golf mündet.

35 Der Hydaspes, ein Nebenfluß des Indos, lag außerhalb des
   persischen Reiches, konnte also von Dareios nicht genannt
   werden. Curtius hatte hier wohl den Vormarsch durch Medien, Hyrkanien und Baktrien nach Indien vor Augen, so daß
   der Hydaspes hier den Abschluß der Aufzählung der zu über-
   querenden Flüsse bildet.

36 Der „Indische Kaukasos", also der Hindukush, und der Jaxartes, der von den Griechen wie der Don Tanais genannt wurde.

37 Einer der zahlreichen Träger dieses Namens, der weiter nicht
   zu identifizieren ist.

38 Landschaft im Norden von Kleinasien zwischen Bithynien
   und Pontos, die Hauptstadt war Sinope.

39 Binnenlandschaft in Kleinasien zwischen Phrygien, Kilikien und Kappadokien, die Hauptstadt war Ikonion.

40 Mit Achaia bezeichnet Curtius hier das ganze Griechenland, das als römische Provinz diesen Namen trug.

41 Methymna und das weiter unten genannte Mitylene waren die Hauptstädte der Insel Lesbos.

42 Insel der nördlichen Sporaden, heute türkisch Imroz adasï.

43 Bedeutender Seehafen in Palästina, südliche Grenzfestung der Philister, heute Gazze.

44 Der Rabe gehörte zu den Vögeln, aus deren Flug und Geschrei man weissagte; daher war er Apollon heilig.

45 Der Turm hatte also wohl dazu dienen sollen, hölzerne Befestigungswerke der Belagerten in Brand zu stecken.

46 Im Text ist hier eine Lücke, die durch die kursiv gedruckten Worte ergänzt ist.

47 Vor Troja hatte Achill den Leichnam Hektors um die Stadt geschleift.

48 Der Tempel des widderköpfigen Ammon befand sich in der Oase Siwah, zwölf Tagesreisen westlich von Memphis. Der vor allem in Oberägypten verehrte Himmelsgott Ammon wurde von den Griechen und Römern ihrem Zeus/Jupiter gleichgestellt.

49 An der westlichen Nilmündung. Auf der Landzunge zwischen dem See Mareotis und dem Meer wurde später Alexandria erbaut.

50 Die Bemerkungen über die Nachbarn der Oase sind ziemlich ungenau. Das Gebiet der Troglodyten (auch Trogodyten geschrieben) war keinesfalls so groß wie hier angegeben. Die Nasamonen lebten nicht nördlich, sondern westlich von der Oase.

51 Dieser Name ist sonst nicht bekannt.

52 Diese Schiffsprozession ist mehrfach auf ägytpischen Denkmälern dargestellt.

53 Die Entfernung der Insel von der Küste betrug nur sieben Stadien (ca. 1,3 km), deshalb ließ Alexander beide durch einen Damm verbinden.

54 Wahrscheinlich bezieht sich Curtius hier auf den von den Griechen als Memnonion bezeichneten Palast des ägyptischen Königs Amenophis III. (1403–1364) in Theben. In der griechischen Sage ist Memnon ein Äthiopenfürst, Sohn der Göttin Eos und des Tithonos, der den Trojanern zu Hilfe kommt und von Achill erschlagen wird.

55 Die Perser hatten in den unterworfenen Städten einheimische Parteigänger als Tyrannen eingesetzt. Einige von ihnen waren den Makedonen in die Hände gefallen (vgl. 4, 5, 15 ff.).

56 Heute Erbil.

57 Heute Zab.

58 Der Boumelos ist mit dem Khazir gleichzusetzen. Das Lager wurde bei Gaugamela, einem Dorf ca. 111 km von Arbela, errichtet. Die genaue Bestimmung des Schlachtfeldes ist umstritten.

59 Von Phönizien aus überschritt er den Euphrat vermutlich bei Thapsakos.

60 Die Paioner waren ein Volksstamm im nördlichen Makedonien.

61 Diese Mondfinsternis ereignete sich in der Nacht vom 20. auf den 21. September 331 v. Chr.

62 Dem einfachen Mann galt der Tigris als der äußerste Fluß des Ostens.

63 Die Gebirge von Kurdistan.

64 Eine ungeheure Summe, vgl. Anm. 9 zum Dritten Buch.

65 Die Donau.

66 Der persische König betrachtete alle seine Untertanen, also auch den im folgenden genannten Mazaios, als seine Sklaven.

67 Die Daher sind Skythen, die von der Gegend am Jaxartes in die Turanische Ebene östlich des Kaspischen Meeres gewandert waren.

68 Beheimatet im östlichen Iran in der Gegend des Flusses Arghandab; ihre Hauptstadt lag in dem heutigen Kandahar.

69 Die Bewohner von Susa, dem Verwaltungszentrum des Persischen Reiches, östlich von Babylonien.

70 Skythisches oder sakisches Volk zwischen Oxos (Amu-Darya) und Jaxartes (Surkhan-Darya).

71 Vgl. Anm. 74 zum Dritten Buch.

72 Die Sogdiana lag östlich des Oxos (Amu-Darya), ihre Hauptstadt war Marakanda (heute Samarkand).

73 Sechs persische Adelige unterstützten Dareios d. Gr. bei seiner
Machtübernahme 522 v. Chr. nach dem Tod des Kambyses.
Dareios' Usurpation wurde von der Familie des Kyros unter-
stützt.

74 Gemeint ist der Teil Armeniens westlich des Euphrat. Diese
Unterscheidung ist anachronistisch: sie kann frühestens im
2. Jahrhundert v. Chr. nach dem römischen Sieg über Antiochos und der Etablierung eines unabhängigen Königreiches
östlich des Euphrat getroffen worden sein.

75 Die Beliten sind sonst unbekannt.

76 Die Kossaier waren ein kriegerischer Stamm im Zagrosge-
birge, das sich nördlich von Susa bis ins südliche Medien
erstreckte.

77 Von den Gortuern und ihrer Abstammung aus Euböa berichtet sonst niemand. Zugrunde liegt vielleicht die Erzählung
von den Einwohnern von Eretria, die nach der Zerstörung
ihrer Stadt durch Datis und Artaphernes verschleppt und in
der Nähe von Susa angesiedelt wurden.

78 Dieser Stamm lebte im Norden des Tauros zwischen Kilikien
und der Kommagene.

79 Ob zwischen den Parthyäern und den Parthern ein Unterschied besteht, ist zweifelhaft.

80 Die Kadusier lebten in den Bergen nördlich von Medien, an
der südwestlichen Küste des Kaspischen Meeres.

81 Arrian (3, 6) gibt die Zahl des Fußvolkes auf eine Million an,
Plutarch und Diodor bewegen sich in einer ähnlichen Grö-
ßenordnung. Vgl. aber Anm. 17 zum Dritten Buch.

82 Verbreiteter ist die Schreibweise Polyperchon.

83 Am Granikos wurde nicht Dareios selbst, sondern nur seine
Feldherren besiegt. Zu Issos vgl. Anm. 4 zum Vierten Buch.

84 Es war der 1. Oktober 331 v. Chr., der elfte Tag nach der
oben erwähnten Mondfinsternis.

85 Das Niederwerfen des Walles erfolgte, um den Ausmarsch aus

dem Lager schneller und in größeren Massen bewerkstelligen zu können.

86 Die Darstellung der Schlachtordnung gibt genauer und richtiger Arrian 3, 1, 8 ff. Die Reiterei auf dem linken Flügel war die sogenannte Hetairenreiterei (d. h. die der Freunde) unter dem Oberbefehl des Philotas, eine Abteilung bildete die Leibgarde unter Kleitos.

87 Kleitos, mit dem Beinamen „der Schwarze", hatte sich einen Namen gemacht, als er Alexander am Granikos das Leben rettete. Im Winter 328/27 wurde er bei einem Gelage von Alexander getötet, als er als Sprecher der älteren Makedonen die Erfolge der Armee unter Philipp II. pries. Vgl. Curtius 8, 1, 19 f.

88 Der älteste Sohn Parmenions. Der Bericht von seiner „Verschwörung" nimmt einen Großteil des Sechsten Buches ein.

89 Tatsächlich waren die Argyraspiden (so genannt nach ihren silberbeschlagenen Schilden) ein Teil der Phalanx. Ihren Namen erhielten sie erst später (vgl. Curtius 8, 5, 4), zu diesem Zeitpunkt hießen sie noch Hypaspisten.

90 Die von Curtius in die Reserve gerückten Einheiten reihten sich tatsächlich links an die Hypaspisten. Es handelt sich hierbei um die Pezhetairen (d. h. „Freunde zu Fuß"), die den anderen Hauptteil der Phalanx bildeten und in sechs Abteilungen geordnet waren.

91 Orestis und Lynkestis hießen zwei Landschaften im südwestlichen Makedonien.

92 Diese Stelle ist handschriftlich nicht gesichert.

93 Malis war eine Landschaft zwischen Thessalien und Lokris, nordwestlich der Thermopylen.

94 Philipp, der Sohn des Menelaos.

95 Aus 4, 14, 8 weiß man, daß es der linke war. Richtiger aber erscheint Arrians Angabe (3, 11, 5), daß sich Dareios, wie bei Issos, auch hier im Zentrum des Heeres befand.

96 Den Verlust der Perser schätzt Diodor auf 90 000, Arrian sogar auf 300 000 Menschen. Vgl. jedoch Anm. 17 zum Dritten Buch.

ANMERKUNGEN

ZUM FÜNFTEN BUCH

1 Dies kann sich nicht auf das eigentliche Arabien beziehen. Zwischen Euphrat und Tigris lebten einige arabische Stämme, was Curtius zu dieser Bemerkung veranlaßt haben mag.

2 Diese lebten im Grenzgebiet Armeniens, Assyriens und Mesopotamiens am Oberlauf des Tigris, ethnographisch sind sie die Vorfahren der heutigen Kurden.

3 Vgl. Anm. 20 zum Dritten Buch.

4 Die Chaldäer bildeten die Priesterkaste in Babylon; früher waren sie der herrschende Stamm gewesen, aus dem auch die Könige, Weissager und Musiker stammten.

5 Alle im folgenden aufgezählten Bauwerke einschließlich der hängenden Gärten werden in der Sage der Semiramis zugeschrieben, gehören aber in die Zeit Nebukadnezars II. (605–562). Die legendäre Semiramis war die Gattin des Ninos, des Begründers des assyrischen Reiches.

6 Auch die Burg ist vermutlich Nebukadnezar zuzuschreiben.

7 Syrien steht hier, wie öfter, für Assyrien.

8 Dies bezieht sich auf den Kult der Mutter- und Fruchtbarkeitsgöttin Mylitta, zu dessen Riten auch die kultische Prostitution gehörte.

9 Menes wurde Statthalter von Kilikien, Syrien und Phönikien, Apollodor Kommandant in Babylonien, während Mazaios als Satrap von Babylonien nur die Zivilgewalt behielt. Vgl. Arrian 3, 16, 4 und 9.

10 Der Denar ist eine römische Silbermünze, die Curtius hier für die griechische Drachme setzt.

11 Nördlich von Babylon am Tigris, auf dem Wege nach Susa.

12 Auf der Halbinsel Chalkidike.

13 Amyntas ist ein häufig vorkommender Name, über die Notiz des Curtius hinaus ist über diese beiden nichts bekannt.

14 D.h. der kleine Tigris, der heutige Kuren.

15 Auch hier weist der Text eine kleine Lücke auf.

16 Von Phaselis nach Perge in Pamphylien, wo das Gebirge dicht ans Meer reicht, zog Alexander auf einem schmalen Küstenpfad, der nur bei ruhigem Wetter oder bei Nordwind zu passieren war, bei Südwind überspült wurde. Wie Arrian (1, 26) berichtet, hatte gerade Nordwind eingesetzt. Nach Strabon aber (14, 3, 9) hatten die Soldaten einen Tag lang bis an den Nabel durch Wasser waten müssen.

17 Im Westen.

18 Der persische Araxes.

19 Der Kommandant von Persepolis, der seine Stellung unter Alexander behielt.

20 Persepolis, die Sommerresidenz der persischen Könige, heute Takht-i Dschemschid, lag in der Ebene Merwdascht 60 km nordöstlich von Schiras.

21 Stadt in Äolien in Kleinasien.

22 Vgl. Anm. 66 zum Dritten Buch.

23 Kriegsgefangene, auch und besonders Frauen und Kinder, wurden von den Siegern in die Sklaverei verkauft.

24 Die üblichere Schreibweise ist Pasargadai; jedoch entspricht Curtius' Version der Ableitung des Namens von Parsa gada = Perserlager.

25 Um die Zeit, wenn das Siebengestirn, die Pleiaden, abends untergeht, zu Beginn des Frühlings, herrscht gewöhnlich stürmische Witterung.

26 Diese werden als räuberisches Gebirgsvolk auch in anderen Gegenden des Perserreiches erwähnt, vgl. Anm. 74 zum Dritten Buch.

27 Gemeint ist die Überbrückung des Hellespont und der Bau des Athoskanals auf der Chalkidike durch Xerxes.

28 Z.B. die wohl um 300 v.Chr. von Makedonen gegründeten Städte Ktesiphon und Seleukia am Ufer des Tigris.

29 In den verlorenen Büchern.

30 Dies spiegelt römische Vorstellungen. Bei den Römern gab jeder neu ausziehende Oberfeldherr durch Opfer und Beobachtung der Vorzeichen seinen Unternehmungen die religiöse Weihe.

31 Iranischer Nomadenstamm.

32 Das persische Hofzeremoniell beinhaltete den Kniefall vor dem Herrscher.

33 Landschaft südöstlich des Kaspischen Meeres im Iran (heute Chorassan).

34 Nach Arrian 3, 19, 5 marschierte Alexander auf die Nachricht, Dareios halte sich in Ekbatana (heute Hamadan) auf, nach Medien und erreichte es in zwölf Tagen. Drei Tagesmärsche vor Ekbatana erfuhr er von der Flucht des Königs. Von Ekbatana aus ordnete er verschiedene Einzelunternehmungen an, u.a. sandte er Parmenion gegen Hyrkanien. Alexander selbst nahm die Verfolgung des Dareios auf, der die Kaspischen Tore bereits passiert hatte. In Parthien erfuhr Alexander von dem Verrat des Bessos.

35 Gebirgslandschaft im westlichen Iran.

36 Hier weist der erhaltene Text eine größere Lücke auf. Der Schluß ist von Johannes Freinsheim (gest. 1660) nach den Berichten des Justin, Diodor und Plutarch ergänzt. Dareios starb im Juli 330 v.Chr., wahrscheinlich in der Nähe des heutigen Damghan, ca. 80 km südwestlich von Shahrud.

ANMERKUNGEN

ZUM SECHSTEN BUCH

1 Auch der Anfang des Sechsten Buches ist nach der Ergänzung
   Freinsheims gegeben.
2 Zu Agis III. vgl. Anm. 16 zum Vierten Buch.
   Archidamos III. war 342 v. Chr. mit einem Söldnerheer den
   Hilferufen der Tarentiner gefolgt und 338 v. Chr. bei Mando-
   nion im Kampf gegen die Lukaner und Messapier gefallen.
   Am 2. August 338 v. Chr. hatte Philipp II. bei Chaironea das
   Heer des Hellenischen Bundes besiegt und damit die Vorherr-
   schaft der makedonischen Monarchie über die griechischen
   Stadtstaaten besiegelt.
3 Das Synhedrion, das seit der Gründung des Panhellenischen
   Bundes unter Philipp II. im Jahre 338 v. Chr. in Korinth tagte.
4 Das ist ungenau, denn die Parthiene hatte er schon bei der
   Verfolgung des Dareios nach der Überschreitung der Kaspischen Tore betreten. Vgl. 5, 12, 18.
5 Dieser Zusatz und die folgenden Bemerkungen beziehen sich
   auf die Skythen im allgemeinen.
6 Der Dnjepr; Tanais bezeichnet hier den Don.
7 Hekatompylos („Die Hunderttorige") war zwar eine Neu-
   gründung des Seleukos, doch hatte sich an dem Kreu-
   zungspunkt vieler wichtiger Straßen sicher schon früher eine
   Siedlung befunden. Vermutlich lag die Stadt in der Nähe des
   heutigen Damghan.
8 Ein kriegerischer Stamm im östlichen Serbien, in der Ebene
   des Niš.
9 Nachdem Bagoas Artaxerxes III. Ochos und dessen Sohn
   Arses hatte ermorden lassen, hatte er 336 v. Chr. Dareios III.

aus einer Nebenlinie der Achämeniden an die Herrschaft gebracht.

10 Fruchtbares Land am Südostufer des Kaspischen Meeres.

11 Ein Jugendfreund Alexanders, der militärisch vor allem bei der Niederschlagung des Aufstandes des Satibarzanes in der Areia hervortrat (vgl. Curtius 7, 3, 2; 7, 4, 32 ff.). Er starb 327 v. Chr.

12 Zwischen Hyrkanien und Parthiene liegen Gebirge, gemeint ist also wohl die bequemere, aber weitere Heerstraße.

13 Dieser Fluß und der unten genannte Rhidagnos lassen sich nicht mehr mit Sicherheit nachweisen.

14 Vom Regierungsantritt des Kyros (559 v. Chr.) an gerechnet.

15 Durch Handschlag, der auch an Dritte weitergegeben werden konnte.

16 Die hier genannten Völker und Orte lagen nicht im Südosten des Kaspischen, sondern des Schwarzen Meeres.

17 Wegen der vielen einströmenden Flüsse ist das Wasser in Ufernähe süß.

18 Man nahm eine Verbindung des Kaspischen Meeres mit dem Schwarzen Meer oder dem Indischen Ozean (vgl. Arrian 5, 5, 4 und 7, 16, 2) an. Doch war auch schon die richtige Ansicht bekannt (Herodot 1, 202).

19 Vermutlich eine Tamariskenart.

20 Der Satrap von Hyrkanien und Parthiene.

21 Diese Stadt ist nicht mehr zu lokalisieren; bei Arrian (3, 23, 6) erfolgt das Zusammentreffen bei Zadrakarta.

22 Vgl. Anm. 25 zum Fünften Buch.

23 Zadrakarta, dessen genaue Lage nicht mehr zu bestimmen ist.

24 Zu dem hier vorliegenden geographischen Irrtum vgl. Anm. 13. Der Thermodon und Themiskyra befanden sich in Kleinasien, der Phasis (heute Rioni) mündete bei Poti ins Schwarze Meer. Plutarch und Arrian verweisen die Begegnung mit Thalestris in den Bereich der Fabel.

25 Hier ist, wie 4, 5, 5, wieder der Jaxartes gemeint.

26 Der Satrap der Areia.

27 Die Residenzstadt des Satibarzanes, vielleicht mit dem heutigen Harat gleichzusetzen.

28 Die Dranger, in der landesüblichen Bezeichnung Zarangaier, lebten im Seengebiet am Unterlauf des Etymandros (heute Helmand). Alexander eroberte zunächst ihre Hauptstadt, die er nach der Philotasaffaire in Prophtasia („das Zuvorkommen") umbenannte.

29 Diese Männer sind in der Mehrzahl unbekannt.

30 Er war damals 70 Jahre alt.

31 Amyntas war der Sohn von Philipps älterem Bruder Perdikkas, also Alexanders Vetter. Nach dem Tod seines Vaters war er der rechtmäßige Thronerbe, und sein Onkel Philipp übernahm die Regentschaft für ihn, verdrängte ihn jedoch vom Thron.

32 Onkel der Kleopatra, die Philipp nach Zurücksetzung von Alexanders Mutter Olympias heiratete. Dies führte zur Feindschaft mit Alexander, der ihn nach dem Tod seines Vaters umbringen ließ (vgl. 7, 1,3.

33 Die Identität mit einem anderen Amyntas ist nicht zu beweisen, wahrscheinlich Befehlshaber eines größeren Truppenkontingents.

34 Beide Völker galten in der Antike als roh, ungesittet und dumm.

35 Die Identität mit dem 3, 1, 19 und 4, 1, 36 genannten Hegelochos ist nicht gesichert.

36 Alexander Philhellen, makedonischer König 494−454 v. Chr. Von seinem gewaltsamen Tod wird nur an dieser Stelle berichtet.

37 Archelaos galt als Förderer der Entwicklung Makedoniens. 399 v. Chr. fiel er einer Verschwörung zum Opfer.

38 Älterer Bruder Philipps II., König der Makedonen 365−359 v. Chr.

39 Dies trifft nur zu für die Begnadigung des Lynkesten Alexander (vgl. 7, 1, 6), die anderen Mörder waren hingerichtet worden.

ANMERKUNGEN

ZUM SIEBTEN BUCH

1 Zusammen mit seinem Schwiegersohn Attalos hatte Parmenion im Auftrag Philipps II. den Krieg gegen die Perser in Kleinasien vorbereitet.

2 Vgl. Anm. 41 zum Dritten Buch.

3. Vgl. Anm. 32 zum Sechsten Buch.

4 Er gehörte dem alten Fürstengeschlecht der Lynkesten, eines in Obermakedonien lebenden Volksstammes an, aus dem auch Eurydike, die Mutter Philipps, stammte. Vgl. auch 6, 11, 26.

5 Vermutlich im verlorenen Zweiten Buch.

6 Dieser hatte Philipp II. 336 v.Chr. bei der Hochzeit der makedonischen Königstochter Kleopatra mit dem Molosserkönig Alexander in Aigai ermordet. Seine Motive entsprangen teils persönlicher Rache, teils sah man in ihm das Werkzeug eines Adelskomplotts, hinter dem sogar Olympias und ihr Sohn Alexander vermutet wurden.

7 Vgl. 4, 6, 30 und 5, 1, 40f.

8 Diese Angabe ist nicht glaubwürdig, da man für diese Reise, selbst wenn man den nächsten Weg durch die Salzwüste nahm, 30 bis 40 Tage brauchte.

9 Der Römer Curtius überträgt hier, wie öfter, militärische Begriffe der Römer auf die Armee Alexanders.

10 D.h. die Wohltäter. Sie lebten am Etymandros (unterer Helmand). Die richtigere Namensform ist Ariaspen, d.h. Reitervolk aus der Areia.

11 Östlich des Etymandros, jedoch wohl kaum bis zum Pontischen Meer. Zur Sicherung des Gebiets wurde eine weitere Stadt namens Alexandreia (heute Qandahar) gegründet.

12 Die Anwohner des Paropamisos, von den Griechen auch Indischer Kaukasos genannt, heute Hindukusch.

13 Das heißt nicht, daß sie bis zum Indischen Ozean hin lebten.

14 Der oben erwähnte Paropamisos (Hindukusch).

15 Die Lage der Stadt ist nicht genau zu ermitteln, doch ist sie wahrscheinlich östlich von Kabul zu suchen.

16 Diese lebten nordwestlich von Baktrien zwischen Dahern und Massageten am Unterlauf des Oxos.

17 Hier ist wieder der Jaxartes gemeint.

18 Vgl. Anm. 66 zum Vierten Buch.

19 Auch hier liegt eine Verwechslung von Schwarzem und Kaspischem Meer vor.

20 Baktrien mit der Hauptstadt Baktra lag im Norden des heutigen Afghanistan. Hauptfluß dieses Gebietes ist der Oxos (heute Amu-Darya).

21 Sogdiana wurde von Baktrien durch den Oxos getrennt. Der hier beschriebene Wüstenmarsch ging also genaugenommen noch durch Baktrien.

22 Baktrischer Adeliger. Sein Ziel war es, Baktrien gegenüber Alexander eine gewisse Unabhängigkeit zu bewahren. 328 v. Chr. wurde er von seinen massagetischen Bundesgenossen ermordet.

23 Branchiden hießen die Priester des Apollon-Orakels Didyma bei Milet.

24 7, 10, 10 berichtet Curtius dagegen in Übereinstimmung mit Arrian (4, 7, 3), Bessos sei nach Ekbatana geführt worden, um dort hingerichtet zu werden.

25 Jupiter Ammon hatte ihn ja als seinen Sohn angenommen.

26 Die alte Hauptstadt der Sogdiana, heute Samarkand, am Rand des iranischen Hochlandes in der Ebene des Polytimetos (heute Seravschan) gelegen.

27 Schon die Ilias (13, 6) erwähnt die Abier neben den Hippomolgen und Galaktophagen als die gerechtesten unter den Menschen. Die Idealisierung des Nordens ist auch bei den Historikern festzustellen.

28 Die Skythen jenseits des Jaxartes werden hier als europäische

Skythen bezeichnet, da Curtius annimmt, daß der Tanais (Jaxartes) und der ins Asowsche Meer mündende Tanais (Don) identisch sind. Der unten erwähnte Bosporos ist der Kimmerische, der das Schwarze und das Asowsche Meer miteinander verbindet.

29 Im Nordosten der Sogdiana, am Jaxartes gelegen. In der Nähe befanden sich die übrigen abgefallenen Städte, in denen nach Arrian 4, 1, 4 die makedonische Besatzung ermordet worden war.

30 Wahrscheinlich in der Gegend des heutigen Leninabad (Chodschent).

31 Vgl. Anm. 28 zu diesem Buch. Auch im weiteren sind Curtius' geographische Angaben sehr ungenau.

32 Die Donau.

33 Kyros und Dareios hatten für ihre Kriege gegen die Skythen jahrelang gerüstet.

34 D.h. der Ruhm, den uns unser Vorhaben einbringen wird, wird ungleich größer sein, als der geringe Raum, den wir noch hinter uns legen müssen.

35 Nach Herodot (4, 3) waren diese Dinge dem Stammvater der Skythen vom Himmel gefallen.

36 Syrien steht hier für Assyrien. Der erwähnte König der Meder ist Kyaxares (633–593 v.Chr.). Auch den Perserkönigen Kyros d.Gr. und Dareios I. war es trotz ungeheurer Rüstungen 529 bzw. 514/13 nicht gelungen, die Skythen zu unterwerfen.

37 Heute Seravschan; er versickert in den Salzseen der Wüste Kyzyl-Kum.

38 Dort bezog er 329/28 sein Winterquartier.

39 Da die Stadt Margiana in der gleichnamigen Gegend (heute Marv/Mary) zu suchen ist, diese Landschaft aber südlich des Oxos liegt, kann diese Angabe nicht richtig sein. Vielleicht meint Curtius Nebenflüsse des Oxos.

40 Des Paropamisos oder Hindukusch.

ANMERKUNGEN
ZUM ACHTEN BUCH

1 Gemeint ist der Kimmerische Bosporos. Vgl. Anm. 28 zum
Siebten Buch.

2 Bazaira lag wahrscheinlich in Baktrien in der Nähe von Marakanda, ist aber sonst unbekannt.

3 305 v. Chr. wurde er König von Thrakien, 286–281 v. Chr.
auch von Makedonien.

4 Nach Justin 15, 3 hat Lysimachos dem grausam verstümmelten Kallisthenes Gift gegeben, um dessen Leiden abzukürzen.
Daraufhin geriet Alexander in Wut und warf Lysimachos
einem Löwen vor. Als es ihm gelang, den Löwen zu erwür-
gen, habe Alexander sich wieder mit ihm versöhnt.

5 Gemeint sind die Mysterien der Kabiren auf Samothrake, in
die Philipp sich hatte einführen lassen.

6 Aus der Andromache, Vers 694 ff.

7 Alexander von Epeiros, der Bruder der Olympias, war 332
v. Chr. den Tarentinern gegen die Bruttier und Lukaner zur
Hilfe gekommen.

8 Die genauere Lokalisierung von Xenippa und dem 8, 2, 119
genannten Nautaka ist unsicher.

9 In Nautaka, wo 328/27 v. Chr. Winterquartier gehalten
wurde.

10 Sie hatten sich 329 v. Chr. dem Spitamenes im baktrisch-
sogdianischen Aufstand angeschlossen.

11 Choirilos aus Iasos in Karien galt im Altertum als *der* schlechte
Dichter überhaupt. Nach Horaz, ep. 2, 1, 232 erhielt er von
Alexander für seine schmeichlerischen Verse viel Geld.

12 Die Dioskuren, das göttliche Zwillingspaar, das vor allem im
Kampf und bei Unwetter angerufen wurde.

13 Die genannten Gottheiten sind ursprünglich sterbliche Söhne des Zeus, die erst später unter die Götter aufgenommen wurden.

14 Griechischer Historiker, Neffe des Aristoteles, der Alexander auf seinem Zug begleitete. Seine Berichte, die in rascher Abfolge an den Orten des Geschehens entstanden, und zur Publikation nach Griechenland gesandt wurden, bildeten die Grundlage für alle späteren Monographien über Alexander. Die erhaltenen Fragmente umfassen allerdings nur die Zeit bis 331 v. Chr.
Kallisthenes widersetzte sich 328/27 v. Chr. Alexanders Versuch, den Kniefall des persischen Hofzeremoniells, den die Griechen verächtlich *Proskynesis* („Anbetung", „Verehrung") nannten, einzuführen.

15 Vgl. 5, 1, 42.

16 Vgl. 6, 11, 20.

17 Nur geborene Makedonen hatten das Recht, von ihresgleichen gerichtet zu werden; die Entscheidung über Kallisthenes konnte also der König allein fällen.

18 Über Kallisthenes' Ende berichten die Alexanderhistoriker unterschiedlich. Nach Chares und Aristobul ist er nach siebenmonatiger Haft an einer Krankheit gestorben, nach Ptolemaios wurde er hingerichtet.
Alexanders Vorgehen gegen Kallisthenes fand die Kritik der Peripatetiker, die bis in die römische Zeit das Bild Alexanders als eines Herrschers, der sich zum Tyrannen wandelte, bestimmte. Dabei wurde Kallisthenes' Konflikt mit Alexander zur Auseinandersetzung zwischen Macht und Geist stilisiert.

19 Das heutige Dehan, die gebirgige Halbinsel Vorderindiens. Mit Kaukasos ist hier der Himalaja bezeichnet.

20 Hier wird die Bezeichnung „Rotes Meer" auf den Indischen Ozean erweitert. Vgl. auch Anm. 20 zum Dritten Buch.

21 Heute Chenab. Die Schilderung des Zusammenflusses von Akesines und Indos ist unrichtig, da der Indos in Wirklichkeit ein sehr sanftes Gefälle hat; dagegen paßt sie auf die Mündung des Akesines in den Hydaspes. Diese Verwechslung kehrt 9, 4, 9 wieder.

22 Vielleicht der Brahmaputra.

23 Dieser Fluß ist nicht zu identifizieren.

24 Der in diesen Gegenden von Mai bis September herrschende Monsun, den Curtius in Analogie zum Passat einen Nordwind nennt.

25 *erythros* (griech.) bedeutet „rot".

26 Jeder Monat wurde also noch einmal geteilt.

27 Curtius berichtet nicht über den Zug von Baktra durch das Kabultal.

28 Der Meros (ind. Meru) liegt an der Kreuzung des Himalaja mit dem Parapamisos. Das griechische Wort „Meros" bedeutet Oberschenkel, so daß es leicht zu einer Verbindung mit der Bacchus-Sage kommen konnte: Der Sage nach hatte Zeus den noch nicht lebensfähigen Dionysos/Bacchus nach dem Tod seiner schwangeren Geliebten Semele in seinen Schenkel eingenäht und ausgetragen.

29 Die Pflanzen des Bacchus/Dionysos. Ähnlichkeiten zwischen dem indischen Schiwahkult und den Dionysosfeiern und der Gleichlaut der Städtenamen – aus Nysa, das allerdings in Thrakien lokalisiert wurde, stammten die Ammen des Dionysos – ermöglichten die Identifizierung.

30 Vgl. 9, 10, 24–28.

31 Wahrscheinlich mit dem von Arrian (4, 23, 2) erwähnten Choes (heute Kunar) identisch.

32 Der Name des Königs stimmt mit dem seines Volkes, den Assakenern, überein.

33 Die den Turm fortbewegenden Soldaten befanden sich zum Teil im Innern des Turmes, zum Teil dahinter.

34 *aornis* (griech.) ohne Vögel, für Vögel unzugänglich, heute Pir-Sar.

35 Der Name ist unsicher, vielleicht ist er mit dem inschriftlich erwähnten Mullenas identisch.

36 Die Wendemarken am oberen und unteren Ende des römischen Zirkus, die von den Wagen siebenmal umfahren werden mußten.

37 Dieser Bericht ist aus Arrian 4, 29 zu ergänzen. Der alte Inder

führte eine Abteilung leichter Truppen, als deren Anführer Arrian Ptolemaios nennt, auf einen der Felsburg naheliegenden Gipfel. Nach hartem Kampf gelang es Alexander, sich mit Ptolemaios zu vereinigen; dann machte man sich daran, die Schlucht, die den Gipfel von der Felsburg trennte, durch einen Damm aufzufüllen.

38 Richtiger Embolima, wahrscheinlich das heutige Kabulgram.

39 Die 16 Tagesmärsche sind von Embolima aus zu rechnen, das Heer ist also nicht unmittelbar am Indos entlang marschiert. Den eigentlichen Übergang, der zum Teil mit Schiffsbrükken, zum Teil mit Kähnen bewerkstelligt wurde, erwähnt Curtius gar nicht. Übergangsstelle war wahrscheinlich Und bei Attock.

40 Also bereits jenseits des Indos. Nach einer Nachricht des Strabon (15, 1, 17) erfolgte der Abstieg in die Ebene im Frühjahr 326 v.Chr., so daß angenommen werden kann, daß das Winterquartier irgendwo in der Nähe des Indos gehalten wurde.

41 Westlichster Strom des Pandschab, heute Dschilam.

42 Vgl. 6, 6, 36.

43 Im Herbst und im Winter konnte der Fluß leichter überschritten werden. Alexander erreichte ihn aber Ende April oder Anfang Mai, als das Wasser durch Regenfälle und Schneeschmelze stark angestiegen war.

44 Eine genauere Schilderung des Übergangs gibt Arrian 5, 11 ff. Die Truppen, die die Aufmerksamkeit des Poros auf sich lenken sollten, führte nicht Ptolemaios, sondern Krateros. Der Übergang sollte zunächst nachts erfolgen, wurde aber durch das Unwetter bis zum Morgen verzögert.

45 Dies widerspricht dem 8, 13, 18 ff. Gesagten. Vgl. dazu die vorige Anmerkung.

ANMERKUNGEN
ZUM NEUNTEN BUCH

1 Nach 8, 3, 23 erhielten sie die Namen Boukephala und Nikaia.

2 Natürlich als Feind, vgl. Arrian 5, 20, 5.

3 Heute Ravi.

4 Sangala, die Stadt der Kathaier. Sie lag vermutlich in dem
Gebiet zwischen Lahore und Amritsar.

5 In Rom wurde jedes neugeborene Kind dem Vater vor die
Füße gelegt; nur wenn er es vom Boden aufnahm, wurde es
aufgezogen. Kindesaussetzung, besonders von Mädchen, war
in Griechenland und Rom verbreitet.

6 Gewöhnlich Hyphasis geschrieben, heute Bias.

7 Dies kann sich nur auf 9, 1 beziehen, wo aber nicht vom
Akesines (heute Chenab), sondern vom Hydaspes (heute Jhe-
lum) die Rede war. Ebenso lagen die beiden 9, 3, 23 genannten Städte Boukephala und Nikaia nicht am Akesines, sondern am Hydaspes.

8 Nach Diodor 17, 96 war es das Volk der Agalasser.

9 Die Maller lebten wahrscheinlich in dem Gebiet zwischen
Akesines und Hydraotes, sowie jenseits des Hydraotes, die
Oxydraker östlich davon.

10 Wie Leonnatos und Aristonos gehörte Peukestes zu den sieben
Somatophylakes (Leibwächtern) oder Generaladjutanten des
Königs. Nach Arrian 6, 16, 1 hatten Peukestes, Leonnatos und
ein sonst nicht bekannter Abreas zusammen mit Alexander
die Mauer erstiegen und konnten ihm noch vor seiner Verwundung zu Hilfe kommen.

11 Alexanderhistoriker, dessen Teilnahme am Zug umstritten ist.

Seine Schrift entstand vermutlich gegen Ende des 4. Jahrhunderts. In der Antike hatte sein Werk große Nachwirkung, auch Curtius hat es als Quelle gedient. Nach Cicero, leg. 1, 7 ist er der meistgelesene Alexanderhistoriker seiner Zeit. Nur wenige Fragmente sind erhalten.

12 Timagenes von Alexandreia kam 55 v.Chr. nach Rom und verfaßte historische Schriften unterschiedlichen Inhalts. Neben anderen hat ihn auch Curtius als Quelle benutzt.

13 Ptolemaios verfaßte eine Geschichte der Alexanderzüge, die Arrian als Hauptquelle diente. Vgl. Anm. 60 zum Dritten Buch.

14 Vgl. Anm. 8 zum Sechsten Buch.

15 Großer thrakischer Volksstamm am mittleren Strymon, mit den Makedonen lange im Krieg.

16 Dies bezieht sich auf den Übergang über den Jaxartes, der fälschlich mit dem Don gleichgesetzt wurde. Vgl. 7, 7, 2 und Anm. 8 zum Siebten Buch.

17 Damals (326 v.Chr.) stand Alexander genauer im 30. Lebensjahr und ihm zehnten seiner Herrschaft.

18 Philipp wurde von Pausanias im Theater ermordet.

19 Ort auf dem Peloponnes.

20 Der Oxydraker und Maller.

21 Bei anderen Schriftstellern heißt er Korragos.

22 Was *ferrum candidum* genau bedeutet, ist nicht klar, vielleicht handelt es sich um eine Art Legierung.

23 Diese Gründung ist in der Nähe des heutigen Uch zu suchen. Nach Arrian und Diodor hieß der König nach seinem Volk Mousikanos.

24 Der Vater der Roxane.

25 D.h. er gehörte zu den sieben Somatophylakes.

26 Vielleicht lag das antike Pattala in der Nähe von Brahmanabad.

27 Nach Arrian 6, 18, 3 nahm Alexander nur einen Teil der Flotte mit und fuhr zunächst den rechten Mündungsarm des Indos hinab.

28 Des Jahres 325 v.Chr. Nach Arrian 6, 20 fuhr Alexander auch

noch den linken Flußarm hinab und untersuchte die Meeresküste nach Westen hin.

29 Seit 334/33 v. Chr. Statthalter von Lykien und Baktrien, ist
Nearchos vor allem als Admiral hervorgetreten. Seine Fahrt
hat er unter dem Titel „Paraplous" (Küstenfahrt) beschrieben,
Teile davon sind bei Arrian erhalten. Daß er auch für den
geplanten, durch Alexanders Tod aber nicht mehr ausgeführ-
ten Arabienzug als Admiral vorgesehen war, zeigt, in welchem Ansehen er beim König stand.
Onesikritos, der Obersteuermann bei dieser Expedition, hat
eine Alexandergeschichte geschrieben, in der er versuchte,
Alexander als idealen König im Sinne seiner, d. h. der kyni-
schen Philosophie darzustellen.

30 Der Bericht des Curtius ist hier wieder unklar und ungenau,
so erwähnt er u. a. die Teilung des Landheers nicht.

31 Unter diesem Namen sind hier auch die Völker westlich von
Indien am Indischen Ozean zusammengefaßt.

32 Gemeint sind die Ichthyophagen.

33 Die Hungersnot trat auf dem sechzigtägigen Marsch durch
die Gedrosische Wüste (Grenzgebiet von Iran und Pakistan),
die erst mit der Ankunft in Poura (vielleicht beim heutigen
Iranshar), der Hauptstadt der Gedrosier, gemildert wurde.

34 Wohl eher das Mark und die Früchte der Palmen.

35 Nach Plutarch, Alexander 66 brachte er nur ein Viertel des
Heeres zurück, das ihn aus Indien begleitet hatte.

36 Curtius berichtet nicht, daß Krateros wie Leonnatos mit
einem Teil des Landheeres auf einem anderen Weg zurückgekehrt war.

ANMERKUNGEN

ZUM ZEHNTEN BUCH

1 Vgl. Anm. 25 zum Achten Buch.

2 Vgl. 4, 4, 18.

3 Der heutige Ebro.

4 Dies widerspricht dem oben erwähnten Feldzugsplan. Nach Arrian 7, 1 und Plutarch, Alexander 66 wollte der König aus dem Persischen Golf Arabien und Afrika umfahren und bei den Säulen des Herkules (Gibraltar) in das Mittelmeer einlaufen.

5 Vgl. 5, 6, 10; der Name bezeichnet auch den persischen Stamm, dem die Achaimeniden entstammten. In der Nähe des heutigen Madar-i Sulaiman befindet sich das unten erwähnte Grabmonument des Kyros.

6 Die Nachrichten über Orsines' Schuld sind unterschiedlich. So waren viele Klagen über seine Verwaltung lautgeworden. Vgl. Arrian 6, 30.

7 Vgl. 8, 3, 17.

8 Hier ist eine größere Lücke im Text, die Freinsheim ergänzt hat. Vermutlich stand in dem verlorenen Abschnitt aber mehr, so wird Curtius die Hochzeit Alexanders mit Stateira, der Tochter des Dareios, in Susa, die Aufnahme asiatischer Truppen in das Heer (vgl. 10, 3, 6ff.) u.a. nicht übergangen haben.

9 Harpalos mit seinen Söhnen.

10 Nach Arrian 7, 8ff. ereignete sich dieser Aufstand in Opis am Tigris.

11 Ihr Name war Stateira, vgl. 4, 5, 1. Außer mit Stateira hatte sich Alexander in Susa auch mit Parysatis, einer Tochter des

Artaxerxes III. Ochos vermählt. 80 der angesehensten Männer aus seiner Umgebung, außerdem 10000 makedonische
Soldaten hatten in Susa ebenfalls Perserinnen zur Frau genommen.

12 Der Schluß der Rede und die nachfolgende Erzählung sind
verloren.
Die ergriffenen Makedonen wurden verhaftet und ertränkt.
Fortan erhielten Perser das Kommando über ausgewählte Ein-
heiten und wurden mit dem Schutz Alexanders betraut. Die
Worte zu Beginn des 4. Kapitels sprach einer der verhafteten
Makedonen.

13 Hier weist der Text wieder eine größere Lücke auf, deren
Inhalt durch Freinsheim ergänzt wurde.

14 Am 10. Juni des Jahres 323 v. Chr.

15 Vgl. Anm. 11.

16 Artaxerxes III. Ochos hatte aus Furcht vor einer Verschwörung zahlreiche Verwandte hinrichten lassen.

17 Gemeint ist der mehrfach erwähnte Oxathres, vgl. 7, 5, 40 f.

18 Die Existenz eines gemeinsamen Sohnes namens Herkules
von Alexander und Barsine, der Tochter des Artabazos und
Witwe Memnons, ist mit gutem Grund bestritten worden, da
eine Verbindung zwischen beiden historisch unglaubwürdig
ist.

19 Arrhidaios, nach anderer Schreibweise Arridaios, war ein
Sohn Philipps II. und der Thessalierin Philinna. Seine Geistes-
schwäche wurde auf ein von Olympias verabreichtes Gift
zurückgeführt. Nach Alexanders Tod wurde er als Philipp III.
zum König ausgerufen, 317 v. Chr. von Olympias ermordet.

20 Zu dieser für die Datierung des Werkes wichtigen Stelle vgl.
Einleitung.

21 Eine auch bei anderen Völkern geübte Form der Entsühnung.

22 Der eben erwähnte Kassander. Dieser ließ nicht nur Olympias, sondern auch Roxane und deren Sohn Alexander umbringen.

ANMERKUNGEN
ZUM
ALEXANDERROMAN

ANMERKUNGEN

ZUM ERSTEN BUCH

1 Nektabenos II., der letzte selbständige Herrscher Altägyptens. 341 v. Chr. floh er vor den Persern nach Nubien, wo er verschollen ist. In Ägypten kursierten zahlreiche Legenden von seiner bevorstehenden siegreichen Rückkehr.

2 Zaubereien dieser Art waren im Altertum sehr verbreitet, so berichten auch Theokrit, Vergil und Horaz von solchen Praktiken.

3 Die Aufzählung der Ägypten bedrohenden Völker ist in den Handschriften sehr unterschiedlich und fehlerhaft. Tatsächlich wurde das Land von den Persern erobert, wie der Romanautor 1, 3 richtig vermerkt.

4 Der Kult für Serapis (besser Sarapis, der Name ist eine Zusammenziehung aus Osiris und Apis) wurde erst von Ptolemaios I. verbreitet. Die wichtigsten Kultstätten (Serapeien) lagen in Alexandreia und Memphis. Vgl. Anm. 35.

5 Gemeint ist vielleicht der Beryll, ein weißlicher Edelstein.

6 Den Ägyptern galt der Falke als Traumbringer.

7 Die bis zu sechs Meter hohen Halme der Papyrospflanze, deren Fasern als Speise, Schreib- oder Nähmaterial genutzt wurden.

8 Apollon und Asklepios zeigen sich in den griechischen Mythen öfter als Schlange.

9 Von diesem verstorbenen Sohn Philipps namens Alexander ist weiter nichts bekannt.

10 Anlaß für solche öffentlichen Kranzfeste konnten Ereignisse im Herrscherhaus sein. Häufig trugen Priester und Opfertiere Kränze, auch wurden Weihegeschenke vielfach in Form von

Kränzen dargebracht. Mit den Opfern, die bei solchen Gele-
genheiten für das Herrscherhaus gebracht wurden, waren
auch zusätzliche allgemeine Steuern verbunden.

11 Lanike war die Schwester des „schwarzen" (gr. *melas*) Kleitos;
Leonidas, ein Verwandter der Olympias, war für seine
Strenge berüchtigt. Polyneikes, Leukippos und Melemnos
sind als Lehrer Alexander außer an dieser Stelle nirgends erwähnt.

Anaximenes hat am Asienzug teilgenommen und ein Ge-
schichtswerk darüber verfaßt. Seine Tätigkeit als Lehrer Alexanders wird aber aus chronologischen Gründen angezweifelt.
Aristoteles unterrichtete Alexander 343/42 v. Chr. in Pella.
Wie stark der Einfluß des Philosophen auf den jungen Mann
tatsächlich gewesen ist, ist sehr umstritten.

12 „Vater" ist die übliche Anrede für einen älteren Mann.

13 Die heilige Quelle in Delphi, deren Wasser zu kultischen
Reinigungen diente.

14 *Boukephalos* (griech.) = Stierkopf, Ochsenkopf.

15 Die Landschaft, in der Olympia liegt.

16 Alexanders Teilnahme an den Olympischen Spielen ist nicht
historisch. Auch fuhren nicht die Besitzer der Gespanne die
Wagenrennen, sondern besondere Wagenlenker. Vgl. dazu
auch die wohl durch die Vermengung zweier Fassungen etwas
undurchsichtige Schilderung des Sturzes 1, 19, wo von einem
Wagenlenker die Rede ist.

17 In klassischer Zeit erstreckten sich die Olympischen Spiele
über fünf Tage und umfaßten neben dem Wagenrennen Ringen, Boxen, Fünfkampf, Pankration (griech. = Allkampf,
bei dem außer Beißen und Kratzen fast alles erlaubt war),
Wettkampf der Knaben in diesen Disziplinen außer dem Pankration, Wettlauf in Waffen, Rennen mit Mauleselgespannen,
einfachen und doppelten Pferdegespannen und den Wettkampf der Trompeter und Herolde.

18 Kleopatra war die Nichte des Attalos, der durch die Bemerkung über den legitimen Nachfolger den Bruch zwischen
Alexander und Philipp herbeiführte. Den Namen Lysias

(griech. *lyein* = lösen) hat der Romanautor vielleicht aus aitiologischen Gründen eingeführt.

19 In der griechischen Sage war es bei der Hochzeit des Lapithen Peirithoos mit Hippodameia zu einem Kampf gekommen, als trunkene Kentauren sich an den Frauen vergriffen. Als Odysseus nach 20 Jahren nach Ithaka heimkam, fand er seine Frau Penelope von Freiern bedrängt. Mit seinem Sohn Telemach tötete er die Freier.

20 Die Griechenstadt Methone in der makedonischen Landschaft Pierien war 354 v. Chr. von Philipp erobert und zerstört worden.

21 Dies bezieht sich nicht auf das Vorhergehende. – Thessalonike ist eine Gründung Kassanders, des späteren Königs von Makedonien († 298 v. Chr.).

22 Im folgenden vermischt der Romanautor zwei Reden, deren eine sich an die Veteranen Philipps, die sich in Pella befanden, richtete, während die andere an die Mitglieder des Hellenischen Bundes, der in Korinth tagte, adressiert war.

23 Ein Flüßchen in Theben, das seinen Namen von der Nymphe Dirke hatte, die den kleinen Dionysos aufgenommen hatte, bevor ihn Zeus in seinen Schenkel einnähte. Jedes neugeborene Kind in Theben wurde im Wasser des Flusses gebadet.

24 Hier ist die Handschrift „verderbt".

25 Nach den sogenannten „letzten Plänen" (überliefert bei Diodor XVIII 4), deren Echtheit allerdings mit guten Gründen bezweifelt wird, beabsichtigte Alexander auch die Eroberung des westlichen Mittelmeerraumes zur Errichtung der Weltherrschaft. Daß der Romanautor die Eroberung des Westens und die Unterwerfung der Römer hier als Faktum wiedergibt, mag eine Reaktion auf die römische Herrschaft im Osten sein.

26 Eine alte Meergottheit, als deren Wohnort die Insel Pharos vor dem späteren Alexandreia in Ägypten angenommen wurde.

27 Ammon wird hier als Phoibos (Beiname des Apollon als Sonnengott) bezeichnet, weil er mit dem ägytpischen Son-

nengott Re gleichgesetzt wurde. – Das Orakel wird 1, 33 wiederholt.

28 griech.: *paratonon*.

29 Aus dieser Stelle und der relativ exakten Beschreibung der Stadt schließt man, daß der Romanautor aus Alexandreia stammte.

30 Die genaue Lage von Pandysia (Pandysis) ist nicht bekannt; die herakleotische Mündung lag im Westen des antiken Nildeltas, wie auch das kleine Hermupolis, heute Baklije, vom Autor fälschlich als Hermesstadt bezeichnet. Das Bendisheiligtum war am Großen Hafen.

31 *Hyponomos* ist das griechische Wort für Kanal, Kloake. Hier wie auch bei der Ableitung der Namen der Stadtviertel und öfter macht sich die Neigung des Autors zu (häufig falschen) Aitiologien bemerkbar.

32 Griechisch: *Alexandros Basileus Genos Dios Ektise polin amimeton*. Jeder Anfangsbuchstabe bezeichnet einen der fünf Stadtbezirke Alexandreias.

33 *Agathos Daimon* (griech.: guter Dämon) bezeichnet neben jeder wohlmeinenden, persönlich unbestimmten Gottheit insbesondere einen schlangenförmigen Schutzgeist des Hauses.

34 Diese Stelle ist verderbt.

35 Wiederholung des Orakels aus 1, 30. Gemeint ist Serapis (vgl. Anm. 4), der in seiner ursprünglichen Funktion als Unterweltsgott (Osiris) mit Pluton gleichgesetzt wurde. Die Verlegung des Kultes von Memphis nach Alexandreia und die zunehmende Hellenisierung der Gottheit – so ähnelte sein Standbild im alexandrinischen Serapeion den Darstellungen des Zeus – erfolgte allerdings erst von Ptolemaios I., der durch die Schaffung dieses ägyptisch-hellenischen Kultes die Griechen in Ägypten und anderen Ländern stärker an seinen ägyptischen Staat anbinden wollte. Der Kult verbreitete sich schnell, besonders in Griechenland und Sizilien. Die fünf Gipfel des Orakelspruchs bezeichnen vielleicht die Stadtteile Alexandreias, deren erhöhte Lage allerdings nicht mehr nachzuweisen ist.

36 Hier ist eine Lücke in der Handschrift.

37 Gemeint sind die als Zahlzeichen gebrauchten Buchstaben: 200 (S) 1 (A) 100 (R) 1 (A) 80 (P) 10 (I) Wiederholung des ersten Buchstabens (S).

38 Mit Hephaistos, ihrem Gott des Feuers und der Schmiedekunst, identifizierten die Griechen Phthas, den Hauptgott von Memphis, dem ursprünglich vor allem der Schutz der Handwerker oblag.

39 Plutarch 24, 8 gibt eine sinnvollere Version des Traums: Alexander träumte, „ein Satyr erscheine ihm und schäkerte von fern mit ihm, als er ihn aber greifen wollte, lief er davon; schließlich aber ließ er sich nach vielem Bitten und Herumlaufen von ihm fangen. Die Wahrsager zerlegten nun das Wort in ,Sa Tyros' und deuteten recht einleuchtend: ,Dein wird Tyros werden.'" (Nach der Übersetzung von Konrat Ziegler) *Sa* (griech.) = dein.

40 Die Belagerung von Tyros dauerte sieben Monate und war für Alexander mit großen Verlusten verbunden (vgl. Curtius 4, 2, 12–24 und 4, 3, 2–4, 19

41 Tatsächlich ist der Name der Stadt eine Präzisierung des phönikischen Namens tarpol (= Neuland), der Ort wurde als eine Gründung der Städte Tyros, Sidon und Arados betrachtet.

42 Vielleicht mit Kassander identisch.

43 Nach Plutarch, Alexander 14, 8 ereignete sich dieses Wunder noch in Leibethra in Makedonien: „ . . . das Schnitzbild des Orpheus bei Leibethra . . . vergoß in diesen Tagen viel Schweiß. Während alle anderen durch dieses Zeichen in Furcht gerieten, sagte Aristander zu Alexander, er solle vielmehr guten Mutes sein: er werde preisenswerte und rühmliche Taten vollbringen, welche Dichter und Musiker, die ihn besängen, viel Schweiß und Mühe kosten würden." (Übersetzung von Konrat Ziegler)
Der Auftritt des mythischen Sehers Melampos im Roman soll der Episode Nachdruck verleihen.

44 In der Ilias 21 hat diese Begebenheit eine etwas andere Bedeutung.

45 Ein feiger Hetzredner bei Homer (Ilias 2, 211 ff.).
   Vgl. auch Anm. 11 zum Achten Buch des Curtius.

46 Gemeint ist vielleicht Bottike auf der Chalkidike; dann läge
   eine Verwechslung zwischen Chalkidikern und den in der
   Handschrift überlieferten Chaldäern vor.

47 1, 45–2, 4 ist mit Ausnahme von 1, 46 in den Handschriften
   der Gruppe B nicht enthalten und wurde daher aus der Rezension A übernommen. – Der Abfall der Thebander wurde
   von anderen griechischen Städten unterstützt: so sandten die
   Athener Waffen, und die Peloponnesier stellten ein Heer auf.
   Mit der Auslöschung der Stadt brach Alexander jeglichen
   Widerstand in Griechenland.

48 Amphion und sein Zwillingsbruder Zethos, Söhne des Zeus,
   hatten der Sage nach die Mauern von Theben gebaut. Zethos
   bewerkstelligte es mit seiner ungeheuren Kraft, während Amphion seine Leier zu Hilfe nahm, nach deren Klang sich die
   Steine von selbst zusammenfügten.

49 Tatsächlich wurde Theben erst 316 v. Chr. durch Kassander
   wieder aufgebaut; ihre alte Bedeutung konnte die Stadt jedoch nicht mehr erreichen. – Der Athlet Kleitomachos lebte
   erst zu Ende des 3. Jahrhundert.

ANMERKUNGEN

ZUM ZWEITEN BUCH

1 Vielleicht mit Leonnatos identisch. – Unter den Politikern, deren Auslieferung Alexander verlangte, waren Demosthenes und Charidemos (vgl. Curtius 3, 2, 10).

2 Vertreter der makedonenfreundlichen Politiker in Athen, Gegenspieler des Demosthenes.

3 Der Romanautor vertauscht hier die Rollen: Demades war einer der Führer der promakedonischen Partei, der 338 v.Chr. den Frieden zwischen Philipp und Athen vermittelt hatte. Er führte nach Alexanders Forderung, die führenden antimakedonischen Politiker auszuliefern, die Verhandlungen.

4 Bruder des Dichters Aischylos, er fiel in der Schlacht von Marathon (490 v.Chr.)

5 Der berühmteste Redner der Antike, Führer der antimakedonischen Partei in Athen. Überliefert sind seine Reden gegen Philipp. Seinem Einfluß sind die athenischen Rüstungen gegen Philipp und die Parteinahme der meisten griechischen Städte für Athen zuzurechnen. Nach der athenischen Niederlage von Chaironea trat er tagespolitisch in den Hintergrund. Antipater verlangte 322 v.Chr. die Auslieferung des Demosthenes, der nach Alexanders Tod versucht hatte, einen allgemeinen Aufstand gegen die Makedonen herbeizuführen. Seiner Festnahme entzog er sich durch Selbstmord.

6 Diese Episode ist schon 1, 41 erzählt.

7 Den Brief, der in der Überlieferung des Romans nur bruchstückhaft erhalten ist, gibt der Übersetzer auf der Grundlage der lateinischen Fassung.

8 Die Aufzählung der Länder und Städte entspricht natürlich

nicht der historischen Situation vor dem Entscheidungskampf mit Dareios. Antiochia wurde erst 301/0 v. Chr. gegründet.

9 Hier wird – wie öfter – der Name einer Landschaft mit einer Stadt gleichgesetzt.

10 In der Antike wurde ein Fluß dieses Namens in Mesopotamien lokalisiert.

11 Das Grab Nebukadnezars befand sich in Babylon. Nach der Eroberung des neubabylonischen Reiches hatte Kyros die Heimkehr der Juden aus dem babylonischen Exil begünstigt, die Kultgegenstände zurückerstattet und den Wiederaufbau des Tempels in Jerusalem einleiten lassen.

12 Gemeint ist Ekbatana, wo Alexander erfuhr, daß Dareios sich bei den Kaspischen Toren aufhielt.

13 Bei anderen Schriftstellern heißt er Nabarzanes.

14 Roxane war die Tochter des Sogdianers Oxyartes (vgl. Curtius 8, 4, 21 ff.); Stateira, die Tochter des Dareios, heiratete Alexander 324 v. Chr. in Susa.

15 Richtiger Abulites, der Satrap der Susiana, der aber nicht mit Dareios verwandt war. Vgl. Curtius 5, 2, 8 f. und 5, 2, 17.

16 Stateira, die Frau des Dareios, war kurz vor der Schlacht von Gaugamela gestorben (Curtius 4, 10, 18 ff.). Die Mutter des Perserkönigs hieß nach den Alexanderhistorikern Sisygambis.

17 Bis 2, 14 folgt der sogenannte Wunderbrief, der in seinen märchenhaften Zügen die Gestalt Alexanders ins Mythologische verklärt – eine Fortsetzung bietet 2, 43 – bildet den Übergang zu der Erzählung der Sagen. Da die Überlieferung B, die der Übersetzung im wesentlichen zugrundeliegt, nur einen Teil bietet, hat der Übersetzer weitere Erzählungen aus C ergänzt. Um die in der Überlieferung unterschiedliche Erzählperspektive zu vereinheitlichen, wurde der gesamte Passus in der dritten Person wiedergegeben.

18 *aiges* (griech.) = Ziegen.

19 Zu Mazakes vgl. Curtius 4, 1, 32 und 4, 7, 4. Iberien ist der Name einer Landschaft im Kaukasos.

20 2, 24—31 ist nur über C überliefert.

21 Hier, wie auch 2, 28 und 2, 43, läßt Alexander seine Verehrung für den Gott der Juden zum Ausdruck kommen. Vermutlich handelt es sich um Elemente der jüdischen Alexan-
dertradition.

22 Die dritte Variante der Philippos-Episode: vgl. 1, 41 und 2, 8.

23 Seleukos I. Nikator hatte sich zwar 326 im indischen Feldzug
bewährt, spielte zu Alexanders Lebzeiten aber noch nicht die
Rolle, die ihm hier zugeschrieben wird.

24 Arrian erwähnt zwar zwei Männer dieses Namens im Heer
Alexanders, doch ist es wahrscheinlicher, daß der Romanau-
tor hier Antiochos, den Sohn des Seleukos, gedacht und in
Verbindung mit Alexander gebracht hat.

25 Den historischen Hintergrund der folgenden Erzählungen
bilden die Ereignisse während und nach dem Indienzug; in
diesem Land, das man in der Antike weitgehend nur vom
Hörensagen kannte, siedelte man solche Sagenvölker an.

26 Sesonchosis III. (1877—1839 v.Chr.), der Eroberer Numidiens.

27 Dieses Kapitel stammt aus B, das folgende ist über B und C
überliefert.

28 Die *Kynokephaloi* (griech. = Hundsköpfe) sind Fabelwesen,
die von den antiken Schriftstellern in verschiedenen entlegenen Gegenden der Welt angesiedelt wurden.

29 2, 35 ist nach C übersetzt.

30 Die Alexanderhistoriker nennen keinen Philon unter den
Freunden des Königs.

31 Hier folgt in C das Gespräch mit den Brahmanen, das A und
B in 3, 5f. geben. S. dort. Der Anfang von 2, 36 setzt das
Gespräch voraus.

32 2, 36 ist C entnommen, in Teilen auch in B enthalten; 2,
37—41 ist in verschiedenen Versionen überliefert. Der Übersetzung liegt weitgehend C zugrunde.

33 Das Land der Seligen lag nach antiker Auffassung hinter dem
Ende der Welt. — Grundlage für das folgende bis zum Ende
des Kapitels ist die Tradition B.

34 Ägytpisches Längenmaß, das allerdings regional unterschiedlich gemessen wurde. Es umfaßte 5 bis 10 Kilometer.

35 2, 42–44 stammen aus C.

ANMERKUNGEN

ZUM DRITTEN BUCH

1 Den historischen Hintergrund für die folgende Erzählung bilden die Meutereien am Hyphasis (326 v. Chr.) und in Opis (324 v. Chr.).

2 Zur Identifizierung des Dionysos mit dem indischen Schiwa vgl. Curtius 8, 10, 7 ff. mit Anmerkungen.

3 Die Schlacht gegen Poros, deren Ausgang bei der Übermacht Alexanders kaum fraglich war, schildern Arrian 5, 15, 3–18, 3, Curtius 8, 14, 1 ff., Diodor 17, 87, 1–89, 3 und Plutarch, Alexander 60.

Nach der Schlacht gründete Alexander zwei Städte, Bukephala zu Ehren seines getöteten Pferdes und Nikaia (vgl. Curtius 9, 1, 6 und 9, 3, 23).

4 Poros wurde nicht getötet, sondern ehrenvoll behandelt und in seiner Herrschaft bestätigt (vgl. Curtius 8, 14, 40 ff.).

5 Anregung für diese Erzählung gab wohl Alexanders Verhalten gegenüber dem toten Dareios.

6 Die indische Priesterkaste, deren Angehörige als Einsiedler und Asketen lebten. Im folgenden werden sie auch als Gymnosophisten (griech. = nackte Weise) bezeichnet. Die Gleichsetzung mit den Oxydrakern beruht wohl darauf, daß der Romanautor die Brahmanen fälschlich als Volk versteht.

7 Die Erzählung von der Begegnung zwischen Alexander und den Gymnosophisten, die in mehreren Versionen überliefert ist, geht zurück auf den Bericht des Onesikritos, Alexanders Obersteuermann, der vielleicht selbst mit den Brahmanen zusammengetroffen ist (vgl. Anm. 29 zum Neunten Buch des Curtius).

8 Die Antworten der Gymnosophisten spiegeln vor allem ky-
   nisches Gedankengut und sind auf Onesikritos, den Schüler
   des Diogenes, zurückzuführen.

9 3, 7–16 folgt die Schrift „Über die indischen Völker und die
   Brahmanen". Der dem Bischof Palladios von Helenopolis in
   Bithynien (ca. 346–vor 431 n. Chr.) zugeschriebene Einschub
   entstammt einer Zeit heftiger geistiger Auseinandersetzung
   zwischen Heiden- und Christentum. Neben der Kritik an
   Machtstreben und Lebensführung sind die in dem Passus ent-
   haltenen Angriffe auf die griechische Philosophie Bestandteil
   christlicher Apologetik. U.a. mit Alexander d. Gr. beschäftigte sich zur gleichen Zeit der Presbyter Orosius, dessen
   „Sieben Geschichtsbücher gegen die Heiden", ein Auftrags-
   werk des Augustinus, zu beweisen suchten, daß die Mensch-
   heitsgeschichte seit der Geburt Christi zum Besseren gewendet hat. Die Zeit Alexanders d. Gr. wurde entsprechend blut-
   rünstig und grausam geschildert.

10 Die Einwohner von Adule oder Adulis, einer Handelsstadt
   am Südwestufer des Arabischen Golfes.

11 Gemeint sind die zwölf Altäre, die Alexander am Hyphasis
   errichten ließ, als ihn die Meuterei der Soldaten zur Umkehr
   zwang (vgl. Curtius 9, 3, 12).

12 Landschaft am Südwestufer des Arabischen Golfes.

13 Handelsstadt an der Südwestküste Indiens, heute Cranganore.

14 Der antike Name der Insel Ceylon. Die im folgenden genannten Makrobier („die Langlebigen") lebten der griechischen Sage nach in den Gebieten südlich von Ägypten. Der
   Romanautor hat hier verschiedene Mythen miteinander vermengt.

15 Inselgruppe im westlichen Indonesien.

16 Gemeint ist der Alexanderhistoriker, der tatsächlich ein
   Schüler des Stoikers Epiktet war. Zu Ende des 1. Jahrhunderts
   geboren, brachte er es im römischen Staatsdienst bis zum
   Consul suffectus, er starb nach 170 n. Chr. Daß die folgende
   Erzählung auf ihn zurückgeht, ist unwahrscheinlich.

17 Dieselbe Deutung findet sich bei Curtius 4, 7, 25–30.

18 Der Gymnosophist Kalanos hat Alexander auf seinem Zug begleitet. Nach einer Erkrankung gab er sich selbst den Feuertod (vgl. Arrian 7, 3, 1–6 und Plutarch, Alexander 8, 5 und 69, 6–70, 1). Die Schilderung der indischen Weisen bei Curtius (8, 9, 32) geht vielleicht auf diesen Vorfall zurück. Daß Kalanos die Ideale der Gymnosophisten verraten hat, ist nicht allgemein überliefert.

19 Für die Rede des Dandamis scheint die Begegnung zwischen Alexander und Diogenes als Vorbild gedient zu haben: auch der Kyniker betont Freiheit und Bedürfnislosigkeit des Philosophen gegenüber dem Machtmenschen.

20 Gemeint ist Onesikritos, auf den die indischen Erzählungen zurückgehen.

21 Gades, heute Cádiz, und die Säulen des Herakles (Gibraltar) galten als westlichste Punkte der Erde. Dandamis spielt hier auf die nicht verwirklichten Welteroberungspläne Alexanders an.

22 Zum Mißerfolg der skythischen Expedition vgl. Arrian 4, 5, 1.

23 Auch hier ist die Parallele zu Diogenes offensichtlich.

24 Vgl. Anm. 18.

25 Alexanders Abschied von Dandamis ist zu Anfang von 2, 36 erzählt.

26 Der Brief Alexanders an seinen Lehrer Aristoteles stammt in dieser Form aus der Überlieferung A. In B und C ist der Briefinhalt in die Erzählung integriert.

27 Das Land der Prasier, des kriegstüchtigsten Volkes Indiens, das Alexander tatsächlich nie betreten hat.

28 Zu Hephaistion und Krateros vgl. Anm. 61 und 73 zum Dritten Buch des Curtius.

29 Historischer Kern der Erzählung sind die Erlebnisse auf dem Marsch durch die Gedrosische Wüste.

30 Das nur verstümmelt vorliegende griechische Original hat der Übersetzer durch die lateinische Version des Iulius Valerius Polemius ergänzt.

31 *Helios* (griech.) = Sonne, *Selene* (griech.) = Mond.

32 Zu Parmenion vgl. Anm. 41 zum Dritten Buch des Curtius. Iollas, richtiger Iolaos, wurde später beschuldigt, Alexander das tödliche Gift gegeben zu haben (vgl. 3, 31). Die übrigen Namen bezeichnen vermutlich keine historischen Personen.

33 Der Palast der Semiramis lag in Babylon. Kandake ist kein Eigenname, sondern der Titel der äthiopischen Königinnen. Meroe war die jüngere Hauptstadt des äthiopischen Reiches. Die Kandake des Romans vereinigt Züge verschiedener historischer Personen, so finden sich z.B. Elemente der Erzählung von Alexanders Begegnung mit der Inderfürstin Kleophis (vgl. Curtius 8, 10, 34f.). Die Vermengung verschiedener Geschichten bedingt die Unklarheit über den Ort des Geschehens.

34 Ein in historischer Zeit nicht mehr existierendes Volk, das der Sage nach in Bithynien lebte.

35 Eine Variante der Geschichte findet sich in Alexanders Brief an Olympias (3, 29).

36 Asien, Europa und Afrika.

37 Bis auf den in Kleinasien gelegenen Thermodon sind die Namen der im folgenden genannten Flüsse schlecht überliefert und nicht zu identifizieren.

38 Auf der Flottenexpedition kam Nearchos auch zu der Insel Nosala bei den Ichthyophagen, die als Insel des Helios galt.

40 Griechisches Hohlmaß, ca. 39 Liter.

39 Sohn oder Enkel des Dionysos, der den Gott auf seiner Indienfahrt begleitete.

41 Der Erzählung vom Einschluß der menschenfressenden Völker liegt die Prophetie Ezechiels (38f.) zugrunde, nach der „am Ende der Jahre" Gog und Magog Israel überfallen, aber von Jahve vernichtet würden. Daß Alexander diese Völker, die damals mit den Skythen identifiziert wurden, eingeschlossen und unschädlich gemacht hat, berichten Flavius Josephus, Der Jüdische Krieg 7, 7, 4 und Plinius, Naturgeschichte 6, 11, 30. Die Legende taucht in Varianten immer wieder auf.

42 Die Namen der Völker sind in den Handschriften unterschiedlich überliefert, die Nennung biblischer Stämme weist

jedoch auf die Herkunft der Legende aus der jüdischen Apo-
kalyptik.

43 Titel hunnischer Herrscher; mit dem Hunneneinfall erhielt
die Legende neue Nahrung.

44 Von zahlreichen Vorzeichen berichten auch die Historiker. –
Über die letzten Tage Alexanders sollen nach Arrian und
Plutarch die sogenannten Ephemeriden (griech. Tagebücher)
berichtet haben. Ob es sich dabei um eine Fälschung handelte,
die die Ereignisse um Alexanders Tod in ein besonderes Licht
stellen sollten, oder um Aufzeichnungen über den ganzen
Zug, kann anhand der drei erhaltenen Fragmente nicht entschieden werden.

45 Curtius 10, 5, 4 und Diodor 17, 117, 3 und 18, 2, 4 berichten,
daß Perdikkas den Siegelring von Alexander erhalten hat. Da
er nach Alexanders Tod auch das Oberkommando über Asien
innehatte, ist er der eigentliche Regent des Reiches.

46 Bereits den Griechen war der Adler als Symbol für die Erhebung eines Menschen unter die Götter geläufig, das bekannteste Beispiel ist aber die Vergöttlichung des Kaisers Augustus.

47 Tatsächlich blieb der Leichnam Alexanders zwei Jahre in Ba-
bylon, bis ihn Ptolemaios zunächst nach Memphis, später
nach Alexandreia überführen ließ. Mit der Schaffung eines
Reichskultes für Alexander suchte er seine Stellung unter den
Diadochen zu sichern.
Das Heiligtum (griech. *soma* = Leib oder *sema* = Grabmal
Alexanders) wurde in der ganzen Antike viel besucht.

48 Alexander wurde im Sommer 356 geboren und starb am
10. Juni 323. Auch die folgenden Angaben sind ungenau: bei
der Zählung der Weltjahre geht man von der Erschaffung der
Welt im Jahre 5509 v.Chr. aus, die Olympiadenzählung begann im Jahre 776 v.Chr., die Regierung des Königs Achaz
(oder Ahas) von Juda fällt in die Zeit von 733–718 v.Chr.

BIBLIOGRAPHIE

BIBLIOGRAPHIE

I. Gesamtdarstellungen zur Alexandergeschichte

Berve, H.: Das Alexanderreich auf prosopographischer Grundlage, 2 Bände, München 1926

Droysen, J.G.: Geschichte Alexanders des Großen

Krafft, K.: Der rationale Alexander, Kallmünz 1971

Lauffer, S.: Alexander der Große, München, 2. Aufl. 1981

Schachermeyr, F.: Alexander der Große. Das Problem seiner Persönlichkeit und seines Wirkens, Wien 1973

Seibert, J.: Alexander der Große, Darmstadt 2. Aufl. 1981 (Erträge der Forschung, Bd. 10)

Seibert, J.: Die Eroberung des Perserreiches durch Alexander d.Gr. auf kartographischer Grundlage, Wiesbaden 1985 (Beihefte zum Tübinger Atlas des Vorderen Orient Reihe B Nr. 68)

Tarn, W.W.: Alexander der Große, Darmstadt 1968 (engl. Original Cambridge 1948)

Wilcken, U.: Alexander der Große, Leipzig 1931

Will, W.: Alexander der Große, Stuttgart 1986 (Geschichte Makedoniens Band 2)

Wirth, G.: Alexander der Große, Reinbek bei Hamburg 1973

Wirth, G.: Studien zur Alexandergeschichte, Darmstadt 1985

II. Q. Curtius Rufus

1. Textausgaben, Übersetzungen und Kommentare

Q. Curti Rufi Alexandri Macedonis libri qui supersunt, besorgt von K. Müller (Heimeran) o.O. o.J.

Q. Curtius Rufus, Geschichte Alexanders des Großen. Lateinisch und Deutsch (K. Müller/H. Schönfeld), München 1954

Q. Curti Rufi Historiarum Alexandri Magni Macedonis libri qui supersunt. Nach Text und Kommentar getrennte Ausgabe für den Schulgebrauch (P. Menge/F. Fried), 2 Bändchen, Gotha 1911 und 1912

Atkinson, J.E.: A Commentary on Q. Curtius Rufus' Historiae Alexandri Magni Books 3 and 4, Amsterdam/Uithoorn 1980 (London Studies in Classical Philology 4)

2. Sekundärliteratur

Bödefeld, H.: Untersuchungen zur Datierung der Alexandergeschichte des Q. Curtius Rufus, Diss. Köln 1982

Instinsky, H.U.: Zur Kontroverse um die Datierung des Curtius Rufus, in: Hermes 90 (1962), S. 379–383

Korzeniewski, D.: Die Zeit des Quintus Curtius Rufus, Diss. Köln 1959

Lindgren, H.: Studia Curtiana, Uppsala 1935

Ruegg, A.: Beiträge zur Erforschung der Quellenverhältnisse der Alexandergeschichte des Q. Curtius Rufus, Basel 1906

Rutz, W.: Zur Erzählkunst des Q. Curtius Rufus, in: Aufstieg und Niedergang der römischen Welt, hrsg. von Wolfgang Haase II 32.4, Berlin/New York 1986, S. 2329–2357

Stroux, J.: Die Zeit des Curtius, Philologus 84 (1928/29), S. 233–251

III. Alexanderroman

1. Textausgaben und Übersetzungen

Historia Alexandri Magni (Pseudo – Callisthenes), Vol. I
(W. Kroll), Berlin 1958 (= 1926)
Der griechische Alexanderroman, Rezension β, (L. Bergson),
Stockholm 1965
Der griechische Alexanderroman, Rezension γ; Buch I (U. v.
Lauenstein), Meisenheim am Glan 1962 (Beitr. z. Klass. Philo-
logie 4); Buch II (H. Engelmann), ebd. 1963 (Beitr. z. Klass.
Philologie 12); Buch III (F. Parthe), ebd. 1969 (Beitr. z. Klass.
Philologie 33)
Leben und Taten Alexanders von Makedonien: Der griechische
Alexanderroman nach der Handschrift L hrsg. u. übers. von
Helmut van Thiel, Darmstadt 2. Aufl. 1983 (Texte zur For-
schung, Bd. 13)
Der Alexanderroman mit einer Auswahl aus verwandten Texten
übers. von F. Pfister, Meisenheim am Glan 1978 (Beitr. zur
Klass. Philologie 92)

2. Sekundärliteratur

Merkelbach, R.: Die Quellen des griechischen Alexanderromans,
München 1954
Pfister, F.: Kleine Schriften zum Alexanderroman, Meisenheim
am Glan 1976 (Beitr. z. Klass. Philologie 61)

ZEITTAFEL

356 Sommer: Alexander wird als Sohn Philipps von Makedonien und der Olympias in der makedonischen Residenzstadt Pella geboren.

342 Aristoteles als Erzieher des Prinzen in Pella.

340 Alexander wird zum Stellvertreter Philipps in Makedonien ernannt.

338 August: Schlacht bei Chaironeia: Philipp besiegt den
Hellenischen Bund und schließt damit die Eroberung
Griechenlands ab. Erste militärische Bewährung Alexan-
ders.

338/37 Versammlung der Vertreter der griechischen Städte in
Korinth, Konstituierung des Korinthischen Bundes. Beschluß eines Asienfeldzuges unter Philipps Führung.

337 Philipp heiratet Kleopatra, die Nichte des Attalos. Alexander und Olympias verlassen Makedonien.

336 Ein makedonisches Expeditionsheer unter Parmenion
und Attalos überschreitet den Hellespont und eröffnet
den Asienfeldzug. Bei der Hochzeit seiner Tochter Kleopatra mit Alexander von Epeiros wird Philipp ermordet.
Dareios III. Kodomannos wird Großkönig in Persien.
Alexander wird in Griechenland als Nachfolger Philipps
bestätigt.

335 Widerstand in den östlichen und nördlichen Randstaaten
Illyrien und Thrakien, Niederschlagung der Unruhen.
Aufstandsversuche in Griechenland, der Abfall Thebens
wird von Athen unterstützt. Mit persischen Subsidien
bezahlt der attische Politiker Demosthenes Waffen für die
Stadt.

Völlige Zerstörung Thebens, die Einwohner werden getötet oder in die Sklaverei verkauft.

Memnon von Rhodos drängt die Makedonen in Kleinasien zurück.

334 Frühjahr: Sammlung der griechischen und makedonischen Verbände in Pella. Alexander bricht mit annähernd 40000 Mann nach Kleinasien auf. Frühsommer: Überschreitung des Hellespont, Besuch in Troja. Sieg über die persischen Satrapen am Granikos. Einnahme von Sardes, Ephesos und Milet. Belagerung von Halikarnassos.

334/33 Winterfeldzug in Pamphylien und Lykien.

333 Frühjahr: Sammlung der makedonischen Streitkräfte in Gordion. Der Versuch Memnons, im Rücken Alexanders den Krieg nach Griechenland zu tragen, scheitert, er stirbt bei der Belagerung von Mitylene. Der Großkönig beordert seine Truppen nach Kilikien zurück.

Vormarsch der makedonischen Truppen nach Kilikien.

Schwere Erkrankung Alexanders.

Sammlung der persischen Truppen in Babylon, Vormarsch durch die Amanischen Tore. Oktober oder November: Schlacht bei Issos, Niederlage und Flucht des Dareios. Erbeutung des persischen Trosses bei Damaskos. Alexander verzichtet vorläufig auf die Verfolgung und versucht statt dessen, die persische Flotte von ihren Häfen abzuschneiden.

332 Achtmonatige Belagerung von Tyros.

Kampflose Eroberung Ägyptens. Winter: Alexander läßt sich in Memphis zum Pharao krönen.

332/31 Winter: Gründung von Alexandreia im Nildelta. Zug in die Oase Siwah zum Orakel des Ammon.

331 Frühsommer: Zug nach Mesopotamien.

Sommer: Spartanischer Aufstand unter Agis III. gegen die Makedonen.

Alexander überschreitet Euphrat und Tigris.

1. Oktober: Entscheidungsschlacht bei Gaugamela (Arbela), erneute Niederlage des Großkönigs. Alexander be-

setzt Babylon und Susa und erbeutet den Schatz des Dareios.

331/30 Einzug in Persepolis. Einäscherung der Residenz als Rache für die Zerstörung der Akropolis von Athen im Jahre 480 durch Xerxes: Ende des sogenannten Panhellenischen Rachefeldzuges.

330 Frühjahr: Verfolgung des Dareios. Sommer: Ermordung des Dareios durch den baktrischen Satrapen Bessos. Alexander läßt seinen Leichnam nach Persepolis überführen.
Alexander durchzieht Parthien, Areia, Drangiane und Arachosien.
Aufdeckung der sogenannten Philotas-Verschwörung: Hinrichtung des Philotas und Ermordung seines Vaters Parmenion.

330/29 Winterquartier südlich des Hindukusch.

329 Überquerung des Hindukusch. Gefangennahme und Hinrichtung des Bessos.
Am Jaxartes erreicht Alexander die nördliche Grenze des persischen Reiches.

328 Kämpfe in Sogdien und Baktrien. Ermordung des Kleitos. Herbst/Winter: Tod des aufständischen Spitamenes.
Endgültige Unterwerfung des iranischen Nordens.
Hochzeit Alexanders mit Roxane.

327 Übernahme persischer Sitten durch Alexander. Vergeblicher Versuch, die Proskynese einzuführen. Sogenannte Pagenverschwörung: der Historiker Kallisthenes wird unter dem Vorwand der Anstiftung verhaftet und hingerichtet.
Überquerung des Hindukusch, Zug nach Indien.

326 Überschreitung des Indos. Sommer: Schlacht am Hydaspes gegen den indischen Fürsten Poros, Niederlage und Unterwerfung des Poros.
Weitermarsch zum Hyphasis. Meuterei der makedonischen Truppen, Umkehr Alexanders.
Fahrt zur Indosmündung.

325 Krateros zieht mit einem Teil des Heeres nach Arachosien

und Karmanien, Alexander mit einem anderen Teil durch die Gedrosische Wüste. Dieser Marsch fordert fast 45000 Tote. Alexanders Admiral Nearchos findet den Seeweg vom Indosdelta zum Euphrat.

Strafmaßnahmen gegen Satrapen.

324 Flucht des Schatzmeisters Harpalos aus Babylon.

Frühjahr: Massenhochzeit in Susa zwischen makedonischen Soldaten und orientalischen Frauen. Alexander heiratet Stateira, die Tochter des Dareios, und Parysatis, eine Tochter des Artaxerxes Ochos.

Ein Dekret Alexanders befiehlt die Rückführung der Verbannten der griechischen Städte gegen die Vereinbarungen des Korinthischen Bundes.

Ankunft des Harpalos in Athen, Flucht nach Kreta und Ermordung.

Entlassung von 10000 Veteranen in Opis. Meuterei der Truppen.

Antipater, der makedonische Statthalter in Europa, wird nach Babylon befohlen, um sich zu rechtfertigen.

324/23 Winter: letzte militärische Aktion Alexanders: blutige Unterwerfung der Kossaier.

323 Frühjahr: Rückkehr Alexanders nach Babylon. Rüstungen für einen Arabienfeldzug. Griechische Gesandte zu Verhandlungen in Babylon. Ende Mai: Erkrankung Alexanders. 10. Juni: Tod.

PERSONEN- UND ORTSREGISTER

ZU CURTIUS RUFUS

Ammonier 4, 7, 20.
Amphoteros 3, 1, 19; 4, 5, 14; 4, 5, 17; 4, 5, 21; 4, 8, 15.
Amyntas (Sohn des Andromenes) 3, 9, 7; 4, 6, 30; 4, 13, 28; 5, 1, 40; 5, 1, 42; 5, 4, 20; 5, 4, 30; 6, 4, 2; 7, 1, 10; 7, 1, 15; 7, 1, 18; 7, 2, 1; 7, 2, 8; 7, 2, 10.
Amyntas (im persischen Heer) 3, 11, 18; 4, 1, 27; 4, 1, 31; 4, 1, 33; 4, 7, 1.
Amyntas (aus der Lynkestis) 5, 2, 5.
Amyntas (Verschwörer) 6, 7, 15.
Amyntas (Sohn des Perdikkas) 6, 9, 17; 6, 10, 24.
Amyntas (praetor regius) 6, 9, 28; 6, 9, 29.
Amyntas (Statthalter in Baktrien) 8, 2, 14; 8, 2, 16.
Amyntas (Chiliarch) 5, 2, 5.
Andromachos 4, 5, 9; 4, 8, 9; 4, 8, 11.
Andromenes 5, 1, 40.
Andronikos 7, 3, 2.
Andros 4, 1, 37.
Ankyra 3, 1, 22.
Antigenes (Chiliarch) 5, 2, 5.
Antigenes (Offizier) 8, 14, 15.
Antigonos 4, 1, 35; 4, 5, 13; 5, 2, 5; 10, 10, 2.
Antikles 8, 6, 9.
Antipater 3, 1, 20; 4, 1, 39; 5, 1, 40; 6, 1, 17 ff.; 6, 6, 35; 7, 1, 7; 7, 10, 12; 10, 7, 9; 10, 10, 14; 10, 10, 18.
Antipater (Verschwörer) 8, 6, 9.
Antiphanes 7, 1, 15; 7, 1, 17; 7, 1, 32; 7, 1, 34 f.
Äolien 4, 5, 7; 6, 3, 3.
Aornis 8, 11, 2.
Aphobetos 6, 7, 15.
Apollodoros 5, 1, 43.
Apollon 4, 3, 21 f.
Apollonides 4, 5, 15 ff.
Apollonios 4, 8, 5.

Araber 4, 6, 30; 4, 7, 18; 7, 2, 18.
Arabien 4, 3, 1; 4, 3, 7; 5, 1, 12.
Arabos 9, 10, 6.
Arachosier 4, 5, 5; 4, 12, 6; 7, 2, 26; 7, 3, 4 f.; 8, 13, 3; 9, 7, 14; 9, 10, 7.
Arados 4, 1, 5.
Araxes (in Armenien) 7, 3, 19.
Araxes (in Persien) 4, 5, 4; 5, 4, 6; 5, 5, 2; 5, 7, 9.
Arbela 4, 9, 9; 4, 9, 14; 4, 16, 9; 5, 1, 2 f.; 5, 1, 10; 6, 1, 21; 9, 2, 23.
Archelaos (makedonischer König) 6, 11, 26.
Archelaos (Statthalter in Susa) 5, 2, 16.
Archepolis 6, 7, 15.
Aretes 4, 15, 13; 4, 15, 18.
Argos 8, 5, 8.
Ariarathes 10, 10, 3.
Arier 6, 6, 20; 6, 6, 25; 7, 3, 1 f.; 7, 4, 32.
Arimaspen 7, 3, 1; 7, 7, 3.
Arimazes 7, 11, 1; 7, 11, 5; 7, 11, 23; 7, 11, 27 f.
Ariobarzanes 4, 12, 7; 5, 3, 17; 5, 4, 15; 5, 4, 20; 5, 4, 33.
Aristander 4, 2, 14; 4, 6, 12; 4, 13, 15; 4, 15, 27; 5, 4, 2; 7, 7, 8; 7, 7, 22 f.; 7, 7, 29.
Aristogeiton 3, 13, 15.
Aristomedes 3, 9, 3.
Aristomenes 4, 1, 36.
Ariston 4, 9, 24 f.
Aristonikos 4, 5, 19; 4, 5, 21; 4, 8, 11.
Aristonos 9, 5, 15; 9, 5, 18; 10, 6, 16.
Armenien 4, 9, 14; 5, 1, 44; 6, 3, 3.
Armenier 3, 2, 6; 4, 12, 10.
Arrhidaios 10, 7, 2 f.; 10, 7, 5 f.; 10, 7, 10; 10, 7, 12 f.; 10, 8, 16; 10, 9, 18.
Arsakes 8, 3, 17.
Arsames (Satrap in Kilikien) 3, 4, 3.

Leonidas 7, 2, 35.
Leonnatos 3, 12, 7; 3, 12, 10; 3, 12,
12; 6, 8, 17; 8, 1, 46; 8, 6, 22; 8,
14, 15; 9, 5, 15; 9, 5, 17; 9, 10, 2;
9, 10, 6f.; 9, 10, 19; 10, 7, 8; 10, 7,
20; 10, 8, 4; 10, 10, 2.
Lesbos 3, 1, 19.
Leukosyrer 6, 4, 17.
Libanon 4, 2, 18; 4, 2, 24; 10, 1, 19.
Lokrer 4, 13, 29.
Lyder 4, 14, 24.
Lydien 3, 4, 1; 4, 1, 3f.; 4, 5, 7f.; 4,
11, 5; 6, 3, 3; 6, 6, 35; 7, 8, 19; 10,
10, 2.
Lykaonien 4, 5, 13.
Lykien 3, 1, 1; 5, 4, 10f.; 7, 10, 12;
10, 10, 2.
Lykos (in Phrygien) 3, 1, 5.
Lykos (in Assyrien) 4, 9, 9; 4, 16, 8;
4, 16, 16.
Lynkestier 4, 13, 28.
Lyrnessos 3, 4, 10.
Lysimachos 8, 1, 14f.; 8, 1, 17; 8, 1,
46; 8, 2, 35f.; 10, 10, 4.

Makaria 9, 7, 4.
Makedonen passim
Makedonien 3, 1, 24; 3, 6, 1; 3, 7, 8;
4, 1, 8; 4, 1, 10; 4, 1, 39; 4, 6, 30;
4, 11, 13; 5, 2, 18; 5, 8, 16; 6, 2,
15; 6, 6, 10; 6, 9, 17; 7, 1, 37; 7, 2,
36; 7, 8, 30; 9, 1, 2; 9, 3, 20; 9, 6,
8; 9, 6, 19f.; 10, 5, 12; 10, 10, 16;
10, 10, 18.
Maider 9, 6, 20.
Malier 4, 13, 29.
Maller 9, 4, 15.
Mallos 3, 7, 5.
Manapis 6, 4, 25.
Maiotischer See 6, 4, 18.
Marakanda 7, 6, 10; 7, 6, 24; 7, 9,
20; 8, 1, 7; 8, 1, 19; 8, 2, 13.
Marathos 4, 1, 6.

Marder 3, 13, 2f.; 4, 12, 7; 5, 6, 17;
6, 5, 11; 8, 3, 17.
Mardonios 4, 1, 11.
Mareotis 4, 7, 9; 4, 8, 1.
Margiana 7, 10, 15.
Marsyas 3, 1, 2.
Massageten 4, 12, 7; 4, 15, 2; 6, 3, 9;
8, 1, 3; 8, 1, 6; 8, 1, 8.
Mazaga 8, 10, 22.
Mazaios 4, 9, 7; 4, 9, 12; 4, 9, 14; 4,
9, 23; 4, 10, 14; 4, 11, 20; 4, 12, 1;
4, 12, 4f.; 4, 12, 15; 4, 12, 18; 4,
15, 5; 4, 16, 1; 4, 16, 4; 4, 16, 7; 5,
1, 17; 5, 1, 20; 5, 1, 44; 5, 8, 12; 5,
13, 11; 8, 3, 17.
Mazakes 4, 1, 31; 4, 7, 4.
Medates 5, 3, 4; 5, 3, 12; 5, 3, 15.
Meder 3, 2, 4; 4, 12, 11f.; 4, 14, 24;
7, 4, 8; 7, 8, 18.
Medien 4, 5, 4; 5, 1, 9; 5, 1, 14; 5, 4,
2; 5, 7, 12; 5, 8, 1; 5, 13, 1; 6, 2,
11; 6, 3, 3; 6, 8, 18; 6, 9, 11; 6, 9,
22; 6, 11, 6; 7, 2, 15; 8, 3, 17; 10,
10, 4.
Medos 5, 4, 7.
Megalopolis 10, 8, 15.
Megalopolitaner 6, 1, 20.
Meleager 3, 9, 7; 4, 3, 27; 5, 4, 14; 7,
6, 19; 7, 6, 21; 8, 12, 17; 10, 6, 20;
10, 7, 1; 10, 7, 7; 10, 7, 10; 10, 7,
14; 10, 7, 17; 10, 7, 19; 10, 8, 1ff.;
10, 8, 5ff.; 10, 8, 22f.; 10, 9, 7ff.;
10, 9, 13; 10, 9, 17f.; 10, 9, 20.
Melon 5, 13, 7.
Memakener 7, 6, 17; 7, 6, 21.
Memnon (General des Dareios) 3, 1,
21; 3, 2, 1; 3, 3, 1; 3, 4, 4; 3, 13,
14.
Memnon (im Heer Alexanders) 9,
3, 21.
Memnon (Fürst der Äthiopen) 4, 8,
3.
Memphis 4, 1, 30; 4, 7, 4f.; 4, 8, 2;
10, 10, 20.

PERSONEN- UND ORTSREGISTER

ZUM ALEXANDERROMAN